Die Zeit in Gedanken

Die deutsche Philosophie
im zwanzigsten Jahrhundert

张汝伦 著

二十世纪德国哲学

在思想中的时代

中国出版集团　东方出版中心

图书在版编目（CIP）数据

在思想中的时代：二十世纪德国哲学 / 张汝伦著
—上海：东方出版中心，2023.6
ISBN 978-7-5473-2159-1

Ⅰ. ①在… Ⅱ. ①张… Ⅲ. ①哲学史－德国－20世纪
Ⅳ. ①B516.5

中国国家版本馆CIP数据核字（2023）第033396号

在思想中的时代：二十世纪德国哲学

著　　者　张汝伦
策划编辑　万　骏
责任编辑　陈哲泓
封面设计　钟　颖
版式设计　陈绿竞

出版发行　东方出版中心有限公司
地　　址　上海市仙霞路345号
邮政编码　200336
电　　话　021-62417400
印 刷 者　上海万卷印刷股份有限公司

开　　本　710mm×1000mm　1/16
印　　张　47
字　　数　705千字
版　　次　2023年8月第1版
印　　次　2023年8月第1次印刷
定　　价　188.00元

目　录

序 言

严格来说,这不是一部完整的现代德国哲学史,它不但没有写新康德主义和法兰克福学派,也没有写罗森茨维格和哈特曼,更不用说西美尔、韦伯或普莱斯纳和盖伦,当然也没有德国的分析哲学家和埃尔朗根学派。从时间上讲,它基本上没有涉及20世纪最后四分之一的德国哲学。之所以如此,原因颇多,不说也罢。不过,这也不是什么了不得的事,很少有面面俱到的哲学史,美国学者朱利安·罗伯茨写的《反思的逻辑——二十世纪德语哲学》一书就只写了弗雷格、维特根斯坦、胡塞尔、哈贝马斯和埃尔朗根学派,没有海德格尔,遑论其他。[1]

相比之下,这部现代德国哲学史涉及面要更广一些,它论述了狄尔泰、胡塞尔、舍勒、海德格尔、雅斯贝斯、伽德默尔以及施米特、施特劳斯和阿伦特三位政治哲学家的思想。虽然不是面面俱到,但也基本能勾勒出现代德国哲学的主要面貌。

与德国古典哲学相比,现代德国哲学似乎还缺乏像康德和黑格尔这样的哲学巨匠,但也出现了众多足以彪炳哲学史的人物。可以肯定的是,这部著作所论述的现代德国哲学家,基本上都将在西方哲学史乃至人类哲学史上占有一席之地,而海德格尔则肯定将在哲学史上享有康德和黑格尔同样崇高的地位。如果我们把尼采也纳入现代德国哲学范畴的话,那么现代德国哲学与德国古典哲学无论在人物、成就和影响方面,都不遑多让。

与德国古典哲学不同的是,现代德国哲学几乎一产生就对整个西方哲学产生重要影响。没有现代德国哲学(尼采、现象学和海德格尔)的影

---

[1] Cf. Julian Roberts, *The Logic of Reflection. German Philosophy in the Twentieth Century* (New Haven and London, 1992).

响,现代法国哲学肯定不是现在这个样子。另外,众所周知,是弗雷格奠定了分析哲学最初的基石。如果我们将德国哲学的"德国"理解为"德语文化"或"文化德国"的话,那么,没有维特根斯坦,分析哲学肯定不会是今天的样子。分析哲学最初其实是一种德语哲学的现象,这也为重要的分析哲学家承认。著名的英国分析哲学家达米特在其《分析哲学的起源》中写道:"在希特勒上台前,与其把分析哲学看作一种英国现象,不如看作一种中欧现象。"[1] 从这个意义上说,现代德国哲学是现代西方哲学的主要发动机。现代西方哲学从现代德国哲学中获得了一些关键的内在养料和动力。现代德国哲学和德国古典哲学一起,构成了人类哲学史上两块不朽的里程碑、两颗璀璨的明珠、两座难以逾越的高峰。

现代德国哲学有如此骄人的成就,并非偶然。从苏格拉底开始,哲学就总是将时代的问题上升为哲学问题,通过回答哲学问题来回答时代的问题。德国哲学最好地体现了哲学的这个传统。现代德国哲学产生于德国历史,产生于人类历史上最动荡、最残酷的一个时代。在这个时代里,德国经历了帝制的倾覆和魏玛共和国的灭亡,经历了两次毁灭性的世界大战,经历了纳粹专制统治和战后国家的分裂,经历了经济大萧条和价值迷失,经历了现代性给人类带来的种种灾难。任何真正的哲学家,不能不面对严峻的历史提出的时代课题。

与此同时,德国哲学也经历了从黑格尔逝世后陷入的低谷到恢复生命力和创造力,重新繁荣,给德国哲学乃至人类哲学写下灿烂篇章的过程。无论是德国古典哲学还是现代德国哲学,都起源于应对和回答现代化和现代性向人类提出的种种问题。德国古典哲学始于德国启蒙运动。作为启蒙运动的殿军和集大成者,康德一方面从哲学上阐明了现代性的若干基本原则;另一方面也已经觉察到现代性的一些根本缺失。黑格尔同样如此,他在肯定现代性的历史合理性的同时,深刻地揭示了现代性内在的种种矛盾和问题。

然而,随着现代化的发展而深入人心的现代性原则,也就是启蒙的原则,却在黑格尔去世后轻而易举地在德国哲学界取得统治地位。工具

---

[1] 迈克尔·达米特:《分析哲学的起源》,王路译,上海:上海译文出版社,2007年,第2页。

理性依仗其在自然科学领域中的成功,到19世纪下半叶,逐渐形成了一种新的世界观,这种世界观以工具理性(合理性)和科学性为判断一切事物的标尺。对于哲学,它要求概念没有矛盾,清楚明白;规律具有确定性;最后就是要求哲学实践有用,即实用性,这就使得在德国古典哲学中具有崇高地位的哲学思辨作为无用的形而上学赘疣被断然摒弃。

在这种世界观的观照下,不仅作为自然科学对象的自然,而且个人和人所构建的文化世界都被用于自然科学的方法,从自然方面来解释。进化论在此时的传播和流行更进一步丰富和加强了这种科学主义的世界观。人们把力学和进化论的思维模式强加给传统哲学。只有实证的给予、能通过自然规律确定因而无可怀疑的东西,才是世界和生活实践的基础。从19世纪中叶以后,这种实证主义思潮逐渐统治了德语哲学界。宣扬物质主义的毕希纳(Ludwig Büchner, 1824—1899)的《力与物质》和海克尔(Ernst Haeckel, 1834—1919)宣传进化论的著作《宇宙之谜》一时成了畅销书。在这种混杂着物质主义、机械决定论、自然主义和经验主义因素的实证主义中,根本没有形而上学或超越的地位,也没有意志和精神的地位。这种实证主义在当时可以说所向披靡,套用恩格斯描述启蒙运动的话来说,好像"一切必须在自然科学的法庭面前为自己的存在作辩护或者放弃自己存在的权利"。哲学本身也不例外,它必须在这种世界观面前证明自己的合法性。

但在实证主义和科学主义顺之者昌、逆之者亡的时代,这是一个很难完成的任务。自古以来,哲学之所以有特殊的地位,是因为它有自己特殊的领域。这个领域就是人本身,无论是德尔斐神庙的神谕"认识你自己",还是苏格拉底的教诲"不经过反思的生活是不值得活的",都指明了哲学的特殊领域是人本身。康德在第一批判中提出"我能认识什么""我应该做什么"和"我能希望什么"三个基本问题又进一步肯定了这点。哲学探讨人的内在自我体验,它保证了人的意识、自由和人格。然而,随着传统探讨这些问题的思辨哲学和形而上学被抛弃,哲学的基本问题就失去其中心的意义。

与此同时,新兴的心理学(主要是实验心理学)把一切心灵和精神的东西要么还原为纯粹物质,要么就是承认精神生活作为一个物质世界之外的研究对象的独特性,但还是用表象和冲动的纯粹机械过程来解释它,从而把它降低为一个伴随现象。根据这种观点，意识产生于一个心灵过程，而这个心灵过程则根据自然规律显露。在德国古典哲学那里，心理学是哲学的一部分，但现在心理学把自己理解为是自然科学的学科，因为它直接或间接研究心灵生活的规律。因为它也可以作为社会心理学或文化心理学研究人类社会生活和文化生活的主要现象，所以它相信过去的一切哲学问题只能从心理过程及其类似的大脑功能来解释和回答。这就产生了所谓的心理主义，它对19世纪下半叶和20世纪的德国哲学产生了深刻的影响。

尽管实证主义和心理主义几乎要解释一切，但它们却没有，也无法填补哲学思辨没落后留下的精神空间。无论是实证主义还是心理主义，都是把一切还原为自然现象及其机械过程，但这显然无法回答哲学思辨所处理的上述人类的终极性问题。自由、人格、不朽等问题显然不是自然科学或自然科学的方法所能回答的。这时，在德国几乎与实证主义同时兴起的历史主义似乎看到了自己的机会。严格意义上的历史主义自称是历史的科学（die Wissenschaft von der Geschichte）。它声称能说明人类真正的构成。它的主要代表人物德罗伊生说"历史学就是人类对自己的认识"。这样，哲学似乎就被作为严格科学的史学所代替了。

然而，狭义的历史主义本身也在实证主义的影响之下，它处处用纯粹实证主义的观察方式来观察人类历史和社会，把它们看作一种价值无涉的客观主义意义上的纯粹事实的聚集，并且用历史相对主义来理解它们。作为历史世界观的哲学最终退化为哲学史本身，但不是作为哲学的哲学史，而是历史的哲学史。自然科学倾向和史学倾向的学科——社会学和社会科学在此时的兴起也反映了哲学从"科学的科学"或"科学的女王"的地位退居边缘。这并不是说学院哲学没有发展，而只是说哲学渐渐失去了它发展的内在动力。

这就是现代德国哲学所面临的挑战。要么重新恢复哲学的活力，使它重回时代精神的中心；要么甘作科学的附庸，退化为对科学的哲学解释或对科学方法的逻辑解释和重建。当时学院哲学，如新康德主义正是在朝着这个方向发展。时代既是伟大的提问者又是伟大的教师，正是多难的时代使得德国获得了新生。科学主义和实证主义的世界观是建立在人们的科学万能的迷信基础上的。一旦这个迷信破灭，人们的思想就获得了空前的解放。第一次世界大战的爆发及其惨烈的后果,迫使人们睁开眼睛,看到了一直被物质文明和进步表象遮蔽的现代性的阴暗面。对于西方人来说,第一次世界大战的效应用"天崩地裂"来形容也不为过,从此以后,西方思想全面进入了批判反思启蒙和现代性的时代。

但是,哲学家要比一般人敏感得多,他们在人们还普遍沉浸在科学带来无限进步的乐观主义美梦中时,就已经感觉到时代的危机迫在眉睫。现代德国哲学以狄尔泰和胡塞尔为开山。他们都在第一次世界大战之前就清醒地看到了西方文化,尤其是西方哲学的深重危机,并试图从哲学上找到危机的根源和化解危机的出路。不看到这个根本背景,他们哲学的革命性就无法得到真正理解。

在德国现代哲学家看来,现代性危机的一个突出标志就是人的无家可归,即他失去了安身立命的依靠。科学可以回答一切,却不能给予生活的意义和对存在价值的整体把握。人们在虚无主义的迷雾中越陷越深,找不到普遍有效的价值系统。在外部世界越来越理性化的同时,人的生活却越来越无理性。生命的唯一动力是欲望,生命的唯一目标是欲望的满足。历史主义把一切相对化,而实证主义和心理主义干脆取消意义问题。胡塞尔在《作为严格科学的哲学》中给哲学提出的任务就是同时反对历史主义和与自然科学的心理学联系在一起的自然主义,确立科学的哲学的普遍有效性。在1935年的维也纳演讲中,他回顾了哲学从希腊人发现概念和理论思维以来的发展轨迹。他发现,对于希腊人来说,科学的抽象与生活世界的具体问题处于一种对话关系中。哲学不仅要关心它本身,更要关心它出现的语境,因为在某种意义上是它决定了哲学。当伽利略和笛卡尔用数学世界来代替生活世界的特殊性,从而把世界对象化时,生活世界及其种种问题实际上被排除在外了。

而现代德国哲学家所处的时代,以及他们对西方哲学深层次问题的思考,都使他们必须将生活世界,以及在生活世界中存在的具体的人作为思考的主要问题,因为这才是哲学最特殊且无可替代的研究领域。而德国哲学在黑格尔以后的疲软不振,恰恰是因为远离了这个领域。"回到事情本身"的口号本由黑格尔提出,但在黑格尔的时代并未引起人们的注意,而胡塞尔重新加以提出后却风靡一时,原因就在于它反映了现代德国哲学总的走向。

"回到事情本身"首先就是要回到被实证主义、心理主义和历史主义置若罔闻的人类现实的生存状态和生存危机,反思造成这种危机的现代性。黑格尔的名言"哲学就是在思想中被把握的时代"表明,德国哲学向来有将哲学问题看作时代问题,同时又将时代问题看作哲学问题的传统。这个传统在现代德国哲学中表现得尤为明显。现代德国哲学的主要代表人物无一不对时代的紧迫问题和人类面临的根本问题有自觉的意识,并且这种意识成为他们哲学工作的主要动力。这种基本状况决定了现代德国哲学大都具有明显的实践哲学性质。现代德国哲学中固然也有像弗雷格这样的纯粹理论哲学家,但这只是少数;即使是胡塞尔哲学也不乏实践哲学的因素。

对时代问题的反思在现代德国哲学家那里一般表现为对现代性的批判思考。哲学家亲身经历和见证的西方文明的危机使他们不能不把反思这一危机作为自己哲学的主要任务。当然,这种批判反思不是以社会批判和政治批判的形式,而是以哲学批判的形式,即从哲学上寻找现代性危机的原因。这就使得他们对现代性的反思和批判不能不是谱系学的,即追溯现代性的哲学根源,甚至追溯西方思想和文明的哲学根源。这实际上导致了对西方哲学史的重述和重构。但是,这种重述和重构不是历史的,而是哲学的,即通过对哲学史的释义学叙述和阐述,间接得出叙述者想暗示的结论。

虽然这种哲学史的追溯一直上探到前苏格拉底,但主要目标却是近代哲学的一些基本原则:主体性原则、主客体分裂、确定性原则、符合论真理观、片面的知识论,等等。其中最重要的是主体性原则,主客体分裂、确定性原则、符合论真理观、片面的知识论等都与它有关。所谓主体性原则,就是把人抽象化为一般意识和自我意识,人的一切具体规定都被剥除,成为一个抽象的自我和主体,这个自我或主体的唯一规定就是一般意识和自我意识。与之相对的是客体,这客体包括自然界和人类社会的一切,他人甚至自我。客体虽然是主体意识和思维的对象,却与主体有明确的距离。主体只是通过意识才与客体有联系,但从存在论上说,却是两个不同的存在领域。正因为意识在沟通主体与客体中起了决定性作用,它成了近代西方哲学主要关注的对象和一切问题围绕的轴心。

意识是已经提纯和抽象了的一般意识,它缺乏一切具体的、特殊的规定，它高高在上，不食人间烟火，超越现实的一切。而哲学在追求这种一般意识时，不可避免地将现实的一切置于脑后，包括在现代化过程中人自身面临的种种困境。哲学与时代问题的脱节使得哲学失去了它的现实关怀，越来越成为学院中少数哲学从业人员的智力游戏。主客体分裂的思维方式也造成了大量其本身无法克服的困难。哲学要前进，必须克服和超越近代哲学主体与主体性原则。这正是许多现代德国哲学家致力解决的问题。

但主体—客体二分的思维模式正是近代科学的思维模式，近代科学的成功使人们认为这是天经地义的唯一思维模式，因而，哲学越来越以科学作为自己效法的榜样。但这种做法也导致了哲学越来越边缘化。哲学要发展，必须划清与科学的界限，并批判地反思科学本身。科学已经成为改变人类生活的主要力量，重新思考科学的本质已经成了哲学一个刻不容缓的任务，回应科学的挑战及其在现代社会造成的种种问题，恢复或重申哲学的独特地位与作用，成为现代德国哲学家工作共同的出发点和任务。

自古以来，哲学的独特地位是建立在它的独特功能基础上的，这就是提供存在的意义。当哲学将自己的努力从传统的存在问题转向知识问题的时候，它实际上放弃了这个问题。而这与近代虚无主义浮出水面的过程是一致的。当韦伯一方面主张社会科学研究价值无涉，另一方面宣布价值观上"众神的战争"时，哲学在存在意义方面的无所作为暴露无遗。虚无主义是现代德国哲学家面临的共同问题，他们的工作尽管各不相同，却都是要以自己的方式来回应虚无主义。回应虚无主义成了现代德国哲学的基本动力，就像回应启蒙运动是德国古典哲学的基本动力一样。

虚无主义归根结底是价值虚无主义，但它不是一个价值论的问题，而是一个存在论的问题。当存在问题作为形而上学问题被摈弃，主体性成为一切事物的唯一基准时，虚无主义就已经站在门口了。意义如果只是主观价值的话，就不可避免是相对的，因而是没有基础和根据的。意义如果不是主观价值，而是客观存在的意义的话，那么虚无主义问题实际上是一个存在论的问题。如果传统的存在论思想必然导致虚无主义的产生，那么解决虚无主义的出路在于重新思考存在论的问题。这样，存在论问题重新成了现代德国哲学家思考的核心问题。尽管他们的表述有异，但他们的存在论都与传统存在论有根本的不同，即存在论都是有关存在的可能性而不是存在的实在性的科学。虽然并不是所有人都像海德格尔那样明确区分存在与存在者，但反其道而行之的人几乎没有。

具有讽刺意味的是，近代哲学在高扬主体性时，恰恰忘记了人本身。主体只是抽象化的一般意识，而不是有血有肉，既理性又感性，生活在特殊的历史条件下的具体的人。近代西方哲学实际上把具体的、个别的人给遗忘了。它的出发点其实不是人，而是作为一般意识和反思意识的主体性。这样，哲学就把人类的生存问题完全排除在外。克尔凯郭尔对黑格尔哲学遗忘个人生存的控诉实际上是对整个近代西方哲学的控诉。现代德国哲学家大都接受这种控诉，重新把历史的、具体的人而不是抽象的、理性的人作为自己关注的焦点。而黑格尔揭示的非理性，终于在现代德国哲学中成为哲学家的主要课题。

如果人总是历史的、具体的人，而不是抽象的一般意识，那么，人类知识和真理不能不受人的这种基本特征的影响，存在的历史性不可避免制约着真理的普遍性。如果是这样的话，柏拉图以来西方哲学家追求的确定性原则，最多只有相对的意义，实际上是一个无法绝对实现的目标。真理的存在论性质在现代德国哲学家那里得到了明确的揭示，传统符合论真理观的局限性随即也暴露无遗。全体的真理在不断的过程中，而不是在超时间的超验领域中，是现代德国哲学发展指向的结论。

一部现代德国历史即使不能用"天翻地覆"来概括，也是危机和悲剧不断交织在一起的历史。读现代德国哲学，不免使人心生"其有忧患焉"之感。现代德国哲学家很少有人对时代的问题无动于衷。相反，他们大都试图对时代的问题作出回答。不仅如此，他们大都愿意把他们的工作理解为理论，同时也理解为行动、理解为实践。这部书里论及的德国哲学家，除了胡塞尔外，都被人们视为实践哲学家。即使是胡塞尔的哲学，也不是没有实践哲学的内容。但实践哲学不仅是这些德国哲学家哲学的一个组成部分，而且是他们哲学的基本品质。在此意义上，他们的哲学都是康德"世界概念"意义上的哲学，而不是"学院概念"意义上的哲学。正因为这样，他们才能引起人们的持久兴趣，他们的哲学才能产生持久的影响。

今天，德国哲学又陷入低谷，这并不是德国哲学独有的命运。向来被西方人视为文化核心的哲学，西方人已经多次宣判了它的"终结"。但哲学是无法终结的，即使没有新的哲学和哲学家产生，只要产生哲学的问题存在，伟大的哲学家就会与我们同在。在未来的岁月里，这部书所叙述的德国哲学家，会一再来到我们的身边。

哲学史有很多写法，不管什么写法，都与作者写作哲学史的目的有关。本书的目的很简单，就是要帮助读者了解现代德国哲学。我以为，多数人读哲学史首先是想了解哲学史上有影响的哲学家及其思想，其次是在此基础上了解一个时期哲学发展的脉络和概貌。因此，一部有价值的哲学史，至少应该能满足读者的这两个要求。

无论是专业还是非专业的读者，往往是因为阅读哲学家本人的著作有困难才先读哲学史，因为哲学史总比哲学家的原著好读。并且，一部原著也往往不能反映一个哲学家的全貌，哲学史却可以使读者对哲学家有个大致了解。这就要求哲学史对它所叙述的哲学家的基本思想和基本概念有比较全面的介绍。虽不必面面俱到，但主要的思想不能遗漏。哲学史就像一张游览图，虽然只能简单介绍各个景点的内容，却不能遗漏必看的景点。另外，如果读者是因为直接阅读原著有困难而来读哲学史，哲学史家就应该在研读原著的基础上，用深入浅出的语言向读者介绍有关哲学家的主要思想，不能以其昏昏，使人昭昭。更不能不懂装懂，糊弄读者。好的哲学史应该起到导读的作用，即读者在读了哲学史之后再读原著会觉得轻松不少，至少有点方向，不至于仍然一头雾水，完全无所措手足。最后，哲学史不应该像博物馆的说明牌那样只是简单地告诉读者"是什么"，而应该像剧情说明书那样告诉读者是"怎么回事"。这就要求哲学史家不仅要知其然，而且要知其所以然。不但能够说明哲学家的观点，而且能够说明他的问题其来所自，以及解决的办法。

总之，哲学史不能过于简略，太简略不但容易挂一漏万，而且即使阐述了哲学家的主要思想也容易点到为止，大而化之，读者读后只记得一些专业概念和术语，却对所叙述的内容并不理解，更谈不上不仅知其然而且知其所以然。我见过的一些国外学者写的德国哲学史就非常简单，蜻蜓点水，只起到一个备忘录的作用，比教科书都简单，读者读后所得极为有限。有鉴于此，本书避免对所涉及的哲学家及其思想简单处理，而尽可能把他们的基本思想论述充分，既交代他们面临的问题和挑战，更交代他们的回应和创新。另外，了解西方哲学家的思想，关键在于了解他们特有的概念和基本术语，一旦破解了他们的特有概念和术语，离真正理解他们的思想就不远了。出此考虑，本书尽量对有关哲学家的基本概念和术语加以明确解释，以方便读者进一步理解该哲学家的思想。为避免道听途说和自说自话，本书坚持从一手资料出发，坚持从原文原著出发，能不用中文译本尽量不用。

哲学史既然是"史"，就应该将哲学家思想的发展脉络，以及它所处理的那个时期的哲学发展的一般概括呈现给读者。常见的一些哲学史采取的叙述方式类似于摆地摊的方式，把所论述的哲学家的思想条块分割后，按存在论、认识论、方法论、伦理学等名目一一罗列，却不见哲学家本人思想发展的脉络与过程。大哲学家思想博大精深，但唯其博大精深，有一个逐渐的发展过程，其间通过与各种思想的不断交锋与互动，通过对自己思想的不断反省与批判，逐渐展开与成熟。循着哲学家思想发展的脉络与线索，读者可以对该哲学家的思想有一个完整有机的认识和理解。可是，一般哲学史很少采取这种历史叙述的方式，只着眼于问题，而不着眼于问题产生史和发展史。本书虽不严格按照编年史或年谱的叙述方式来写哲学史，但也尽可能按照哲学家思想发展的线索来叙述，俾使读者看出哲学家思想发展的脉络，及其各方面思想的产生过程。

由于本书论述的九位德国哲学家，除了狄尔泰外，其他八位几乎可说是同时代人，而说胡塞尔与狄尔泰是同时代人也未尝不可。这就使得这部著作不可能像时间跨度比较大的哲学史那样可以比较清晰地展现一个时期哲学的发展线索。这九位哲学家之间的思想关系与其说是发展，不如说是互动更加恰当。但在他们的互动中，还是可以看出德国哲学本身的若干发展，只是不甚明显。例如，胡塞尔的某些思想对狄尔泰产生了积极的影响，促进了他思想的发展，而狄尔泰反过来又影响了胡塞尔；狄尔泰和舍勒的某些思想在海德格尔那里得到了发展，而海德格尔的某些思想又在伽达默尔和汉娜·阿伦特的哲学中得到发展。现代德国哲学就在哲学家这样彼此积极的互动中发展。

我相信，哲学史与文学史或化学史不同，它就是哲学。真正的哲学史不应该有实证主义意义上的那种客观叙述。虽然哲学史家不必都像或都能像黑格尔那样通过哲学史来阐述自己的哲学观点，但从自己的哲学立场和哲学观点出发去写哲学史却是不可避免的。严格来讲，一个没有自己的哲学观点和哲学立场的人没有资格撰写哲学史，因为他还在哲学的门外。没有一个自认是专业哲学家的人会说自己没有哲学立场和观点。也因此，专业哲学家写的哲学史就不可能不透露作者的立场。本书对所论述的哲学家的思想采取理解之同情的态度，但也不掩盖自己的立场和观点，只是作者的立场与观点一般不表现为对叙述对象的直接批判，而更多间接表现在叙述角度、叙述内容的取舍和叙述语言上，表现在作者对他所论述的对象的理解和阐释上。

I

威廉·狄尔泰

Wilhelm Dilthey
1833—1911

第一章

现代德国哲学显然应该以狄尔泰开篇。没有狄尔泰，20 世纪的德国哲学可能会是另外一个样子。胡塞尔在 1929 年 6 月 27 日写给狄尔泰的学生兼女婿米希的信中承认，与狄尔泰的相遇改变和引导了他思想的发展。[1] 海德格尔在《存在与时间》里也承认他们那一代人受到狄尔泰的重大影响。[2] 在伽达默尔看来，海德格尔是在狄尔泰的哲学目标上揭示他自己的哲学方向的。[3] 而他自己的哲学释义学没有狄尔泰的工作也是无法想象的。狄尔泰对现代德国哲学家的影响当然不仅仅限于现象学传统的哲学家，事实上，他对韦伯、舍勒、西美尔、雅斯贝斯、特罗尔奇、卡西勒、勒维特、布尔特曼、曼海姆这些重要的德国哲学家和思想家都有直接或间接的影响。

当然，狄尔泰作为现代德国哲学的开篇，并不仅仅因为他影响了众多重要的现代德国哲学家，更在于他的思想无疑是属于现代德国哲学的。他不但清理和扬弃了实证主义、历史主义和心理主义等 19 世纪的哲学遗产，也为我们的时代开辟了崭新的哲学方向。虽然他被西班牙哲学家奥特加称为 19 世纪下半叶最重要的思想家[4]，但他和尼采一样，本质上是我们的同时代人。

狄尔泰常常被视为过渡性人物。在某种意义上他的确是。但就狄尔泰而言，"过渡性"绝不意味着不重要或过时；而是首先意味着"继往

---

[1]　Cf. Georg Misch, *Lebensphilosophie und Phänomenologie* (Darmstadt: Wissenschaftliche Buchgesellschaft, 1967), SS. 327－328.

[2]　Cf. Heidegger, *Sein und Zeit* (Tübingen: Max Niemeyer Verlag, 1967), S. 397.

[3]　Hans-Georg Gadamer, *Gesammelte Werke*, Bd. 4, S. 428.

[4]　Cf. José Ortega y Gasset, *Concord and Liberty* (New York: Norton, 1963), p. 129.

开来"，他是伟大的德国古典哲学（不仅包括康德、费希特、黑格尔这样的观念论哲学家，也包括施莱尔马赫和谢林这样的浪漫主义哲学家）的继承者与发扬者，同时又是它的超越者，他和尼采一起把德国哲学带进了一个新的时代。当然，就狄尔泰而言，"过渡性"也意味着他的思想是复杂的、异质的和新旧交织的，充满暧昧与矛盾，留下的问题远多于结论。正是他特有的"过渡性"使他成为现代德国哲学最合适的先驱者。[1]

狄尔泰的生平、著述及根本问题

威廉·狄尔泰（Wilhelm Dilthey, 1833—1911），1833年11月19日出生于莱茵河边一个叫比布里希（Biebrich）的小城。他的父亲和祖父都是为拿骚公爵服务的加尔文教派牧师。他的母亲是一个有名的指挥家的女儿，她使狄尔泰从小就热爱音乐，并能演奏音乐。对音乐一生的热爱也影响了狄尔泰哲学的方方面面。他视听音乐为"一种宗教行为"。有时为了从紧张的学术工作中放松，他自己也弹弹钢琴。

在家乡上完小学后，狄尔泰去威斯巴登上中学。在威斯巴登上中学时他就已经在啃康德的书了，他曾回忆说，是他父亲藏书中康德的《逻辑学》一书使他真正开了窍。在中学里，他非常喜欢古典文学和古代语言。1852年，他以全班第一的成绩从中学毕业。按照他父亲的愿望，他进入著名的海德堡大学学神学，而他自己当初却想学法学。在海德堡读了两个学期后，狄尔泰转学到柏林大学。1856年，也就是他到柏林两年以后，通过了神学和古典语文学的国家考试，然后暂停神学学习，在柏林的中学里教了两年书。1860年，狄尔泰对施莱尔马赫释义学的历史与批判的研究被施莱尔马赫学会授予双倍奖金。这时他已决心终身从事学术工作，学习的重点也转到哲学、古典语文学和历史。1864年，狄尔泰以《施莱尔马赫的伦理学原理》的博士论文获博士学位。同年，又以《道德意识试析》获得在大学授课资格。在柏林大学当了两年私人讲师后，狄尔泰先后去

---

[1] 尼采当然也是，但尼采的影响远不限于现代德国哲学，而是整个现代西方思想，这是狄尔泰所没法比的。直到不久前，狄尔泰在德国之外，除了在西班牙（由于奥特加的缘故），还少有人注意和阅读。

了巴塞尔（1867—1868）、基尔（1868—1871）和布雷斯劳（1871—1882）等地大学教书。1883年，狄尔泰去柏林接替洛采留下的教授职位（这也是黑格尔担任过的职位）。狄尔泰无愧于他伟大的前任，他并不是一个十分张扬的教师，但很受学生欢迎，他的课总是在有600个座位的大厅里上。1886年，狄尔泰成为普鲁士科学院院士。狄尔泰于1907年退休，退休后全力想完成他的著作计划，但还是没有最终完成。1911年，狄尔泰在去意大利旅行途中不幸染上传染病，于9月30日客死途中。

　　由于狄尔泰一生不愿意透露自己的私人生活，所以人们对他的个性与为人了解得很少，连他的学生都称他是"谜一样的老人"。除了音乐之外，狄尔泰似乎没有什么业余爱好，他把自己的生命完全献给了学术。从学生时代起，他就每天工作12到16个小时，这对于常人来说是难以想象的。一分耕耘一分收获，狄尔泰学问的博大精深，让同时代人与后辈都钦佩不已。狄尔泰可能是最后一位真正的百科全书式的思想巨人、学术大师。他在哲学、思想史、文学研究、史学、艺术、教育学、伦理学和法学领域的成就有口皆碑。他在人类学、心理学、生理学、社会学这些所谓实证科学的领域同样是行家里手。他对当时自然科学的了解也非常人所及。他在巴塞尔大学的同事，瑞士著名文化史家布克哈特对他有如下的评价："每次与他的谈话都立即表明，他活力四射。他并不只是理智地讲话——人们感到他关于世界、历史、文学和艺术的思想从一个灿烂的中心向外散发。他给人一种将能完成他进行的任何事的印象。"[1] 而见过狄尔泰的美国哲学家詹姆士则说，学问对狄尔泰这种人就像呼吸那么自然。[2] 奥地利诗人霍夫曼斯塔尔在他颂扬狄尔泰的文章中说他是"浮士德博士的同类"[3]，这的确是对狄尔泰的一个最贴切的描述。狄尔泰著作等身，但许多作品都没有最终完成，这些未完成的作品证明的不是他的无能，而是他思想始终处于矛盾发展中，先前的计划往往被后来的思考所无限搁置或重新开始。《狄尔泰全集》的编纂延续了将近一个世纪，计划要编32卷，现已出到20卷。

---

[1]　Quoted from Michael Ermarth, *Wilhelm Dilthey: The Critique of Historical Reason* (Chicago, 1978), p. 32.

[2]　William James, *The Letters of William James*, 2 vols, (Boston, 1920), 1: 110.

[3]　Cf. Michael Ermarth, *Wilhelm Dilthey: The Critique of Historical Reason*, p. 36.

从狄尔泰的生平看,他似乎与大多数德国教授没有什么两样,出生、上学、教书、死亡就足以勾勒他们人生的轨迹了。但狄尔泰却不是那种皓首穷经、一辈子躲在象牙塔里不食人间烟火的书呆子。相反,他是一个有着很强实践倾向和实践关怀的思想家,他思想的根本动力不是纯学术的追求,而是一种对于人类命运的关切和使命感。对于他来说,哲学不仅仅是一种在课堂和象牙塔里从事的活动,哲学家从事的是改变世界的事业。所以他对道德、社会和教育问题有强烈的兴趣,他甚至也想对政治发挥他的作用。他认为,他作为哲学家可以最好地对这些不同的领域作出贡献。[1]他说:"我们正在经历的科学与欧洲文化的巨大危机如此深刻和完全占据了我的精神,渴望对此有所助益消灭了一切无关的个人野心。"[2]在逝世前几年,他迫切地说起要给在这个世纪(20世纪)巨大危机中的个人与社会的生活以安全和力量。[3]基于上述对危机的认识,狄尔泰从一开始就对无思想、无生命、纯思辨的学院学术不感兴趣。他的理论著作虽然也用学术语言写成,却有明显的实践意向。狄尔泰相信人生在世不只是存在,而是要行动。他甚至说:"哲学思想只有有效应才有权存在。"[4]所以,他想为之在理论上奠定基础的科学是"行动的人和实践世界的科学"[5]。在他看来,一切理论都是实践的理论。"一切真正哲学的成果和目标是最广义的教育学,人的教化。"[6]

狄尔泰不仅追求实践的理论,也从事实践的活动。在这一点上,他秉承了莱辛、斯劳塞和施莱尔马赫的传统,认为不能思辨地孤立地追求独善其身的理想。他试图把学术和科学的精神带进人们的日常生活。为此,从19世纪50年代开始,狄尔泰在流行的报刊杂志上发表了数以百计的文章、评论和短评。他这些文字包括的范围极其广泛,从光学的最新发

---

[1] Cf. H. P. Rickman, *Dilthey Today* (New York Westport, Connecticut London: Greenwood Press, 1988), pp. 2–3.

[2] *Der junge Dilthey: Ein Lebensbild in Briefen and Tagebüchern, 1852–1870*, hg. von Clara Misch, (Stuttgart, 1960), S. viii.

[3] Dilthey, *Gesammelte Schriften*, Bd. V, (Göttingen: Vandenhoeck & Ruprecht, 1957), S. 356.

[4] *Der junge Dilthey: Ein Lebensbild in Briefen and Tagebüchern, 1852–1870. S. 6.*

[5] Dilthey, *Gesammelte Schriften*, Bd. 18, (Stuttgart, 1977), S. 225.

[6] Dilthey, *Gesammelte Schriften*, Bd. 9, (Stuttgart, 1960), S. 7.

展到日本小说。他不但评论已有定评的思想界和文学界的伟人,也评论当世的人物,如孔德、达尔文、马克思、恩格斯、费尔巴哈、密尔、洛采、朗格、文德尔班、冯特、泰纳,等等。

在政治上,狄尔泰属于左翼自由知识分子,他们拒绝用自由来交换统一,用精神来交换权力。但是,如同许多德国自由主义者,狄尔泰对完全的民主也心存疑虑,因为担心多数人的暴政。所以他主张渐进主义和改良。他在他巴塞尔大学的就职演讲中说,他的时代的任务不是建构一个遥远的理想,而是控制社会进程和人的当下世界。狄尔泰对国家的权力始终不肯稍借。在他晚年,他反对德国皇帝威廉二世要建立国家资助的研究机构的计划。

但从根本上说,狄尔泰是一个哲学家,他对人类命运和时代危机的关切,归根结底是以哲学的方式。狄尔泰从青年时代起就对西方文明的危机有敏锐的洞察和体认,这种危机感随着时间的推移与日俱增。在多数西方人歌舞升平的时候,他却认为大灾难正在以可怕的速度到来。他感到自己的时代是一个混乱和不确定的时代,思想与行动的最终前提都成了问题,人类社会及其基础都在动摇。这个危机就是现代性危机,它是从法国大革命开始的。"法国大革命开始了一个新的时代。科学改变了生活;世界性规模的工业;机器;工作是社会秩序的唯一基础;反对社会寄生虫的战争,别人已经为他们的闲暇付出了代价;一种新的对于人类掌控的骄傲的感情,这种掌控征服了自然,并许诺要消灭激情在社会中的盲目作用:这些就是一个世界时代的基本特征,它的黑暗和可怕的轮廓正在我们面前出现。"[1]

时代的危机也表现在知识和文化上,其基本症状是知识和生命的根本脱节。理论与实践日益加剧的分离产生了多少无思想的生命和无生命的思想。伦理学、美学、法学和教育学这些与人类的理想、目标有关的理论领域成了大学的学科,却与普通人的内心越来越远。科学越发展,生命的意义和目的越空洞,这种荒谬的结果就是"空虚的痛苦"。之所以会有这种"空虚的痛苦",是因为一切知识的基础之学——形而上学出了问题。更确切地说,形而上学已不再可能。

---

[1] Dilthey, *Gesammelte Schriften*, Bd. 6, (Stuttgart, 1958), S. 239.

狄尔泰与他同时代的尼采及他后面的海德格尔一样,将西方文化的危机归结为形而上学的危机,当然不是故弄玄虚,危言耸听;而是有深刻的道理在。从Metaphysik(形而上学)一词的产生来看,形而上学似乎只是由于亚里士多德著作的编纂者偶然的发明,他们将他自然科学著作之后编纂的著作叫Metaphysik(意为"物理学之后");可在长达两千年的时间里形而上学一直占据西方思想,尤其是西方哲学的中心,却绝非偶然。

我们知道,亚里士多德的《形而上学》讨论的是第一哲学的问题。在古希腊语中,"哲学"意为"爱智慧",第一哲学是第一智慧的完美形式,它追求事物的根本原因,事物的第一原因(archē)。archē这个概念不是亚里士多德的发明,前苏格拉底时代的阿那克西曼德就已经用它来指事物的原始根基和起点,由此延伸出"终极原理""不朽"和"无限"的意思。追究事物的原因和原理,隐含着要预知事物和预先把握事物的愿望。因此,"原因"和"原理"总会趋向逻辑和必然性,就像archē总是和logos和nous有关一样。从后两个概念中派生的"逻辑"与"理性"在西方思想中密不可分,是因为离开理性,逻辑就无法理解和解释。如果有关原因的知识取决于隐含在它之中的推理和逻辑必然性的话,那么"原因""终极原因"或"根据"其实都系于理性,而"理性"在一些西方语言中与"理由"是同一个词很可能与此有关。另外,柏拉图的理型,亚里士多德的范畴,也多多少少与logos和nous有关。因此,西方科学(它在古希腊就是哲学)的基本特点是由概念组成命题,经过逻辑推理形成思想或知识体系。概念离不开理性,命题从理由或原因经推理得出。理性既给予理由(根据),又进行推理。理性是科学的根本,当然更是追根(据)寻原(因)之学——形而上学的根本。康德就是据此将科学称为由原理而来的知识(Erkenntnis aus Prinzipien),而将哲学称为概念知识(Begriffserkenntnis)。

如果说各门具体科学寻找的是特殊事物的特殊原因的话,那么形而上学就是寻找事物的一般原因和终极原因;并且,它不但追寻事物的一般原因,它还给各门科学奠定基础,即给予它们最终的根据和理由。之所以终极,是因为这些原因和理由本身不能再进一步追问或确定了(康德就据此提醒人们,所有形而上学都是超越经验的)。因此,形而上学是科学的基础,是科学的科学。至少在现代之前,形而上学在西方文化中牢牢占据着这种崇高的地位。由亚里士多德提出的第一哲学或形而上学的概念得到了后来西方主要哲学家们的拥护。"如果形而上学从根本上得到人们的承认，那它就必然会根据它的概念使所有个别科学从属于它。"[1] 实际上，不仅科学，就连"宗教和国家、法律和历史的文献，绝大部分都是在它的支配之下出现的"[2]。

但是，这种情况在现代发生了根本的变化，形而上学的根本地位在现代发生了根本的动摇，形而上学失去了它作为科学的基础、作为科学的科学的地位。这种情况完全是由现代造成的。根据狄尔泰的叙述，现代生活使生活的总体性发生了分化，宗教、艺术、科学逐渐摆脱了中世纪基督教对它们的总体性控制，具有了相对的自主性。与此同时，个体生活也逐渐摆脱了群体生活。这一变化形成了植根于现代人心理结果的精神文化框架，正是这种现代人的精神文化框架，使得形而上学不再可能发挥它在历史上所发挥过的作用——为科学，也为人类精神文化生活提供理由或奠定基础。

在中世纪，形而上学是把各种各样的文化生活的方面，如宗教、科学和艺术集合在一起的纽带，但现在，这个纽带破裂了。造成这种破裂的，归根结底是现代生活本身。现代科学和现代工业造成了种种伟大的发现，人们不再相信自然界是神圣的作品；相反，他们越来越相信，通过自己的双手可以掌握自然背后的力量和秘密。人们依然要寻找事物的原因，但不再是通过形而上学，而是通过科学。他们所寻找的也不再是超验的终极原因或第一原理，而只是并不声称表达了事物本质的自然法则。科学只是要发现实在的因果联系，按照实在在经验中给定的那样来研究实在。因为现代科学的任务是由社会、商业、医学以及工业等方面的实际利益提出的。这就需要将复杂的实在分解为组成它的各种因素，尤其是通过实验过程来做到这一点。自然科学认为，为了认识这个世界，我们的智力必须破坏它、把它分解成原子，就像对待一架机器那样拆卸它。形而上学因此失去了它作为科学的基础的地位，成为一种完全个人的表达。

---

[1]　Dilthey, *Gesammelte Schriften*, Bd. I (Göttingen: Vandenhoeck & Ruprecht, 1959), S. 125.

[2]　Ibid., S.126.

本来,形而上学是人类对知识乃至自己的生活的一种总体性把握。但现代在使社会发生剧烈分化的同时也使文化整体发生了分化。首先是自然科学脱离了作为一个整体而存在的精神生活。[1] "人们把越来越多的在精神生命中的总体性中给予的预设前提,从关于自然界的知识之中清除出去了。这样的知识所具有的各种基础都得到了简化,并且越来越严格地局限于通过外部知觉给定的东西。"[2] 自然科学现在不但不需要形而上学为它奠定基础,反而"逐渐削弱了有关各种实体形式的形而上学"[3]。自然科学在分解自然事物的同时,也分解了给予世界精神统一的形而上学。但它不能,也无意于填补形而上学留下的空场。

自然科学在拒绝形而上学作为它基础的同时,也瓦解了形而上学作为精神科学(Geisteswissenschaften)基础的地位。因为在自然科学的影响下,"人们开始用存在于各种具体精神科学之中的真正的分析,来代替这种形而上学的一般概念"[4]。与此同时,历史学、人类学和其他精神科学的发展,在破除各种宗教神学和神话观念的同时,"也破除了来源于这些且由这些概念组成的各种精神科学的形而上学"[5]。人们很自然地以为,只要模仿自然科学的做法,就可以给精神科学奠定基础。霍布斯和斯宾诺莎就试图把机械论的方法扩展到对人和国家的研究上。休谟的心理联想理论也是如此。

但是,精神科学要处理的问题并不仅仅包括对实在进行描述,也包括旨在指导社会的各种命令和理想。近代精神科学一开始试图以人性论来解决实在判断和价值判断的统一问题,但其根本方法却是由数学的方法决定的。孔多塞相信,用一种像力学方法那样确定的方法才能发现人权。这种信念隐含的却是自然界的因果关系与人类精神的真理之逻辑关系直接的同一性。

斯宾诺莎和莱布尼茨的哲学都不同程度地反映了这一点。前者的泛神论实际上取消了与这个世界判然有别的上帝。"观念的次序和联系

---

[1] 这是英国人斯诺在20世纪提出的所谓"两种文化"的根本原因。

[2] Dilthey, *Gesammelte Schriften*, Bd. I, SS. 359–360.

[3] Ibid., S. 360.

[4] Ibid., S. 374.

[5] Ibid., S. 375.

与事物的次序和联系是一样的。"[1] "认识结果有赖于认识原因,并且也包含了认识原因。"[2]《伦理学》中这两段话充分表明斯宾诺莎世界统一性的思想是建立在自然科学世界观和方法论基础上的。"毕竟这个世界关联整体的统一性和那些构成它的基础的、固定不变的事物—原子的多元性,只不过是有关这个世界的同一种机械论体系的两个侧面而已,也就是说,都不过是这同一个机械的,即逻辑的世界关联整体所具有的两个侧面而已。"[3]泛神论无非可以系统证明这一点。

充足理由律本来是一种形而上学原理,然而,莱布尼茨和沃尔夫的表述却总使人想起自然科学的因果律。充足理由律本来表达的是思维与实在之间关系的规则,而不是一种单纯的思维法则。因此,"如果我们从莱布尼茨和沃尔夫往前看,那么,充足理由律原理所包含的一个有关逻辑的世界关联整体的预设前提,就是最终在黑格尔那蔑视对悖论的恐惧的体系之中得到系统论述的"[4]。这就是"凡是合乎理性的都是实在的;凡是实在的都是合乎理性的"[5]。如果实在是合乎理性的,世界是理性的世界,那么世界和认识世界的科学就有了一个共同的基础,这就是理性;理性给世界理由,给科学根据(奠定基础)。以理性为基础的形而上学,照样可以恢复其原来的地位。无论是斯宾诺莎、莱布尼茨还是黑格尔,似乎都想沿着这条思路来拯救形而上学。但在狄尔泰看来,这种努力注定是要失败的。

之所以会失败,是因为世界不是理性的,世界也不是逻辑的。逻辑的原理和实在的原理(Realprinzip)、逻辑理由和实在理由(Realgrund)不是一回事。由概念和逻辑形成的概念知识(Erkenntnis)和构成我们精神事实的直接知识(Wissen)也不是一回事。就精神事实的领域而言,充足理由律并不是一种可以支配所有实在表象的法则。因为这个领域的特征就是偶然性和个别性;而偶然性与个别性从根本上来说是没有理由或没

[1] 斯宾诺莎:《伦理学》,贺麟译,商务印书馆,1983年,第49页。
[2] 同上书,第4页。
[3] Dilthey, *Gesammelte Schriften*, Bd. I, S. 388.
[4] Ibid., S. 390.
[5] Hegel, *Grundlinien der Philosophie des Rechts* (Frankfurt an Main: Suhrkamp, 1993), S. 24.

有道理的（Ungründlich），即并不合乎理性的。世界本身就是一个个体，绝不能通过规律或法则，只能通过直观才可通达。"但是，一个真实的、自然强壮的人的生命感受，以及给予他的世界形态，是不可能被一门普遍有效的科学的逻辑体系加以穷尽的。经验所具有的、就其起源而言彼此分离的各种具体内容，是不可能通过思想而传达给另一个人的。"[1] "在我们的存在的总体性而给定的东西，是永远无法完全化解为思想的。"[2] 从斯宾诺莎到黑格尔的通过理性来拯救形而上学的企图，最多只能导致一种"逻辑主义"（Logismus）。[3] 形而上学的根本问题就是这种逻辑与自然对应的教条。[4] 然而，正是由于这种教条，形而上学所要寻求的基础、根据或理由，包括变化不定的现象的不变的承载者——无论是柏拉图的理型还是近代哲学家的实体，都只是 Logismus，理性的创造物或理性的结论。

在狄尔泰看来，我们所拥有的不过是关于自然过程的一种意象，和有关这种过程的外部系统的概念性知识而已。对于我们的意识来说，这种自然过程与它的系统一道，都仅仅作为一种现象而存在。那种旨在使经验科学得出的终极性概念与一个具体的整体联系起来的形而上学，不仅永远无法克服这些概念展示出来的经验领域所具有的相对性，而且也永远无法克服那把各种经验统一成一个整体的理智的立场和构造所具有的相对性。狄尔泰由此得出结论："形而上学作为科学是不可能存在的。"[5]

狄尔泰不像后来的海德格尔那样要克服形而上学，因为他认为形而上学已安然死去。造成形而上学死亡的并不仅仅是因为它本身是一个历史现象，因而与所有历史现象一样不可能万世长存；也不仅仅是因为它的基础已被现代科学所瓦解。真正使形而上学不可能的，是我们存在的偶然性和历史性："个人的精神生命的形态现处于一种持续不断的历史转化过程中；它是不可计算的、相对的、有限的，因此，它不可能以某种普遍

---

[1] Dilthey, *Gesammelte Schriften*, Bd. I, S. 395.

[2] Ibid., S. 396.

[3] Logismus 一词来自古希腊文 *lōgismós*，意为"计算"和"理性结论"。狄尔泰用它来指黑格尔式的世界是合乎逻辑或逻辑的世界的思想。但它的最初表达应该是巴门尼德的"思有同一"说。

[4] 维特根斯坦的《逻辑哲学论》仍属于这种教条。

[5] Cf. Dilthey, *Gesammelte Schriften*, Bd. I, SS. 402-403.

有效的方式把各种经验统一起来。这是我们关于形而上学的现象学所得出的最深刻的真知灼见……"[1]

但是,狄尔泰明白,形而上学的去世不能仅仅给它发个讣告就完事。相反,哲学家必须面对形而上学所留下的巨大空白。形而上学的去世并不像孔德所想象的那样,人类从此进入了一个更高的精神发展阶段。相反,它标志着西方文化面临前所未有的巨大危机:科学没有基础、文化发生分裂、生命失去意义。它导致"可怕的思想无政府状态"。狄尔泰对此危机的严重性有充分的认识,在他看来,自从希腊—罗马世界没落以来,人类社会及其基础还没有被如此动摇过。[2]如何从哲学上应对这个危机,是狄尔泰哲学的根本问题。[3]看不到这一点,就不可能正确理解狄尔泰哲学的真正意义。

历史理性批判

狄尔泰的名字和他未完成的"历史理性批判"计划连在一起。仅仅这个计划的名称,就足以使人将他与《纯粹理性批判》的作者康德联想起来。而狄尔泰本人似乎也不隐讳这一点。早在1864年,他在其巴塞尔大学(它给了狄尔泰第一个固定教职)的就职演讲中公开宣称:"我们这代人的任务清楚地摆在我们面前:遵循康德的批判道路,但与其他领域的研究者合作,我们必须建立一门人类精神的经验科学。这就必须知道认识社会、思想和道德现象的规律。"[4]七年后,在一篇纪念他的朋友和亲戚宇伯威格(Friedrich Überweg, 1826—1871)的文章中,狄尔泰又重申:"今天哲学基本的和最重要的任务之一就是建立一个有效的科学的认识论。"[5]

---

[1] Cf. Dilthey, *Gesammelte Schriften*, Bd. I, S. 406.

[2] Dilthey, *Gesammelte Schriften* (Stuttgart & Göttingen, 1958), Bd. X, S. 14.

[3] 有人说,在狄尔泰的几乎所有著作中,都可以看到危机、无政府状态、矛盾和焦虑这些主题,它们规定了狄尔泰的探索道路和质疑模式 (Cf. Charles R. Bambach, *Heidegger, Dilthey, and the Crisis of Historicism*, p. 148)。

[4] Dilthey, *Gesammelte Schriften* (Göttingen: Vandenhoeck, 1957), Bd. V, S. 27.

[5] Dilthey, *Gesammelte Schriften* (Göttingen: Vandenhoeck & Ruprecht, 1970), Bd. XV, S. 156.

在被伽达默尔称为"他的划时代的主要著作"[1]《精神科学引论》中,狄尔泰告诉人们,"历史理性批判"是要系统论述一种精神科学的认识论基础,"历史理性批判"是一种对于人类认识自己、认识他人所造成的社会和历史的能力的批判。[2]这一切都让人觉得狄尔泰是要效法康德的"纯粹理性批判"给自然科学奠定基础的故技,用"历史理性批判"来给精神科学(即广义的人文科学)[3]奠定基础。狄尔泰的哲学是精神科学的哲学,或精神科学的认识论。他是要在实证主义和科学主义的压迫下,为精神科学(人文科学)确立其作为知识和科学的正当性基础。这些理解不能说错,却是皮相之论。

从表面上看,狄尔泰的论题与康德的论题有些相似,而他也的确一再说哲学的基本问题已由康德一劳永逸地提出了,他的任务只是跟着康德亦步亦趋。但正如美国学者班巴赫所指出的:"我们不应该假定论题的相似变成哲学的一致。在许多方面狄尔泰与康德的分歧证明对于理解他的工作是决定性的。"[4]狄尔泰对于现代哲学的革命性贡献,也正是在他与康德的分歧中初露端倪。

先让我们来看看狄尔泰对康德有哪些肯定。首先当然是康德的问题:"现象世界的知识如何可能?"这个问题实际上问的是知识的条件问题,当然也隐含着知识的基础或根据问题。康德对这一点十分清楚。休谟哲学之所以对他有那么大的震动,把他从"独断论的迷梦"中惊醒,就是因为它向他表明知识已失去了其以往的形而上学基础。但康德并不想

---

[1] Hans-Georg Gadamer, *Gesammelte Werke*, Bd. 4, S. 423.

[2] Dilthey, *Gesammelte Schriften*, Bd. I, S. 116.

[3] 虽然Geisteswissenschften并不是狄尔泰的发明,却是他哲学的一个关键概念。一般认为,德文的这个词最早是由德国人Schiel用来翻译穆勒《逻辑体系》中的"moral sciences"的。但狄尔泰显然不是在穆勒的moral sciences意义上使用Geisteswissenschaften一词,moral sciences对他来说意义太狭窄。他是在黑格尔的精神科学(Wissenschaft des Geistes)这个短语中的Geist意义上使用Geisteswissenschaften一词,它指的是构成人类历史—社会世界的那些领域:历史、心理学、社会学、语文学、人类学、政治学、宗教、文学,等等。它不仅在研究对象上不同于自然科学,也在研究方法上不同于后者。自然科学的方法是说明,而精神科学的方法是理解。因此,精神科学从本质上来说就是释义学(Cf. Charles R. Bambach, *Heidegger, Dilthey, and the Crisis of Historicism* [Ichaca and London, 1995], p. 128)。

[4] Charles R. Bambach, *Heidegger, Dilthey, and the Crisis of Historicism*, p. 142.

放弃亚里士多德以来的形而上学传统，"他的理性批判的出发点就是亚里士多德原因的概念"[1]，因而他的"纯粹理性批判"的目的也显然不仅是认识论的，也是形而上学的[2]。"他希望按照他的认识论立场，根据形而上学认识方面的起源来设想形而上学。"[3] 这个认识论立场就是知识始于意识，限于经验。这个立场也是狄尔泰所认同的，但仅此为止。

概而言之，狄尔泰赞同康德追问知识的条件或科学的条件的做法，他也主张从认识论上开始做。他和康德一样，要给科学奠定基础。但是，针对康德还想将形而上学改造为科学的幻想，他明确提出形而上学作为科学不可能。他也不认为光靠认识论就能给精神科学奠定基础。狄尔泰是在康德回避的一个方向上重新提出科学的可能性之条件的问题的。[4] 另外，他的认识论与康德的认识论也有根本的区别。他认为认识论必须成为更广泛的心理学、思想史、生命哲学和文化哲学的探究，它应该对生命与意识作哲学和历史的反思。康德的认识论以先验主体性为中心，以固定的认识模式和范畴为基干，以逻辑和数学为意识的范型，以孤立静止的观点来看待经验。而狄尔泰的认识论在这些主要方面都与康德截然不同。虽然狄尔泰被人称为"历史学的康德"，但他不是康德的继承者，而是康德的批判者。

狄尔泰发现康德不是真正批判的，因为他不是历史的。他对绝对确定性的追求使他看不到知识本身的历史性。他把自然科学发展的某一个阶段当作知识的本然，将它提升到普遍有效的地位。由于他这种静止的、形式主义的知识观，康德认识论脱离知识本身的发展研究知识的可能性之形式与逻辑的条件，把知识当作一个对象而不是一个过程，真正对知识批判的考察必须从正在进行的科学的实践出发，而不是从抽象的、假设的模型出发。因此，康德先验先天主义根本不能充分说明人类知识。由于康德的知识论本身是抽象的、形式的和高度独断的，所以它不能公平

---

[1]　Dilthey, *Gesammelte Schriften*, Bd. I, S. 130.

[2]　有关这一点他的《任何一种能够作为科学出现的未来形而上学导论》表述得非常清楚。

[3]　Dilthey, *Gesammelte Schriften*, Bd. I, S. 131.

[4]　Cf. Manfred Riedel, "Diltheys Kritik der begründen Vernuft", in Ernst Wolfgang Orth, *Dilthey und die Philosophie der Gegenwart* (Freiburg / München: Alber, 1985), S. 185.

对待人类精神生活的全部领域和知识与经验的真正内容。尽管它拒绝旧形而上学，但仍从超验的彼岸世界（Hinterwelt）引进绝对的形式与原理。在狄尔泰看来，知识的理论与实践，它的内容与形式，都是不可分隔的。在知识的来源——我们的经验中，它们是一体的。我们不可能在实际经验之外来检验精神运作的有效性。我们不可能有康德讲的一般意识（Bewusstsein überhaupt），因为意识始终在实际的世界经验中。[1]

在《精神科学引论》的引言中，狄尔泰对他自己的认识论立场是这样论述的：

> 所有经验最初的关联以及它们由这关联决定的形态在我们意识的种种条件，它出现在我们的意识，出现在我们本性的总体中。我们将这种立场称为"认识论"的立场：它合乎逻辑地看到我们不可能回到这些条件后面，就仿佛没有眼睛就不能看，或在眼睛本身的背后不可能有认识的目光；现代科学只能承认这样一种立场。[2]

这里关键是两点。一点是一切经验要与"我们的本性所具有的总体性"，也就是我们的整个历史存在联系在一起，它是经验产生的意识条件和意识活动的语境。另一点是意识的历史存在的条件是终极条件，这是意识的界限，也是存在的界限。很显然，这是一种将存在论引入认识论的认识论立场，或者说存在论的认识论。它与康德认识论的根本不同在于，它在考虑认识问题的时候，要求我们意识到我们的存在论条件。

狄尔泰对自己的认识论与旧认识论的区别有明确的阐明：

> 洛克、休谟和康德构造的认识主体的血管之中并没有流淌着真正的血液，而只存在作为纯粹思维性的、经过稀释的理性的汁液。对于整个人类的历史探讨和心理学探讨，使我开始把人的多方面力量，把这个意愿、感受和表象的存在者作为解释知识及其各种概念（诸如外部世界、时间、实体以及原因）的基础，虽然知识似乎是由知

---

[1] Cf. Michael Ermarth, *Wilhelm Dilthey: The Critique of Historical Reason* (Chicago and London: The University of Chicago Press, 1978), pp. 150–153.

[2] Dilthey, *Gesammelte Schriften*, Bd. I, S. xvii.

觉、表象和思维的材料组成。……我将把当代的抽象科学思想的所有内容与全部人类本性……联系起来,并且寻求这些组成部分之间的联系。这样做的结果是,我们关于实在的图像和知识最重要的组成部分,如个人生命的统一、外部世界、我们之外的其他个人、他们在时间中的生命及其相互影响,就都可以根据全部人类本性得到说明,意愿、感受和表象只是人实际生活过程的不同方面。不是关于我们僵硬先天的认识能力的假设,而只有从我们本质的总体性出发的发展史才能回答我们所有人得向哲学提出的那些问题。[1]

从这段话里我们可以看到,狄尔泰的认识论是要从历史存在的具体的人出发,探讨人认识自己,认识他所创造的历史与社会的能力。这种能力不是先天的,而是历史形成的,是历史发展的产物。如果康德的认识论可以称为先天认识论的话,那么狄尔泰的认识论就是历史认识论。这不仅是两种不同的认识论,而且还是相当对立的两种认识论。一种将知识理解为人的主观能力及其产物;另一种则将知识视为人的存在方式与存在结果。这两种认识论都将知识归结为意识的活动,但康德认识论将意识基本理解为理性;而狄尔泰对意识的理解则要复杂得多,对于狄尔泰来说,意识由意愿(意志)、感知(感情)和思维三方面组成,它们共同构成知识产生的条件。这从根本上突破了近代西方认识论思想的窠臼,也因此,从传统意义的认识论去理解狄尔泰的认识论是不合适的。

康德对意识和经验的理解在很大程度上受到当时自然科学,尤其是数学和物理学的影响。他的一个根本思想就是知识必须是普遍必然的。而狄尔泰由于深受德国历史学派的影响,对于人的历史存在特别在意。在他看来,意识绝不是"纯粹的"或"绝对的",意识只存在于人类生命的语境中。这种语境既是时间性的,又是文化的。所以没有一般的意识,只有特殊意识,即某某人的意识。他明确指出,康德的错误就在于没有掌握这种观察的历史宽度。[2] 他尤其反对康德的先天(a priori)概念,他说:

[1] Dilthey, *Gesammelte Schriften*, Bd. I, S. xviii.
[2] Cf. Charles R. Bambach, *Heidegger, Dilthey, and the Crisis of Historicism*, pp. 145-146.

康德的先天概念是僵死的；意识的真正条件和它们的预设，如我所以为的，是一个活生生的、历史的过程，一个发展的一部分；它们有一个历史，这个历史的过程是它们与越来越准确地、归纳地认识到的多种多样的感性内容相一致。历史的生命也包含我们思维的明显僵死的条件。意识的历史条件绝不会毁灭，因为正是通过它们我们才能思维，但它们在发展着。[1]

没有纯粹意识，当然也就没有纯粹理性。"历史理性批判"不仅要批判认识历史的理性，还要表明理性总是历史理性。理性出于生命，如果生命生生不息，不断在变化，那么理性就不可能是静止的，而必然是历史的。换言之，历史性和时间性应该是理性的基本特征。正因如此，我们拥有的知识不是先验形式演绎的结果，而是从人类累积经验中提取的成果。知识本质上是历史的、发展的。在这方面，狄尔泰显然受到施莱尔马赫和他的老师特伦登堡（Friedrich Adolf Trendelenburg, 1802—1872）的影响。

针对康德先验的范畴学说，特伦登堡在他的《逻辑研究》中提出，范畴不是出于先验演绎，出于知性的逻辑功能及其思维形式，而是出于一种叫作"构造性"运动的自然条件，正是这种构造性运动在直观中使范畴呈现出来；就趋向总体是其特征而言，这种运动是目的论的。思想首先在世界直观中达到其完全符合存在的目的。这目的就是上述运动的自然条件，它内在于那运动，也因此内在于正在浮现的范畴序列。狄尔泰进一步将这个目的的自然条件自然化，说它是出于人性原始幽暗的本能。必然性是目的论的，因为这种运动本身是主观合目的性，它们遵循理性的自然驱动。必然性只是满足人的自然需要。如果范畴只是精神的运动，这些运动构成人类理性的本质，那么范畴就不是固定的东西，而是运动的东西，是直观的观察点，它们能根据本能和需要而不同和变化。最活动的范畴就是符合自然的（康德意义上的）理念，它们是世界观的视点，总是不同地或历史地为人们认识。如果说康德的先验演绎是要追问范畴的主观起源，那么狄尔泰则要进一步追问它们的历史。如果范畴有历史的话，那

---

[1] Dilthey, *Gesammelte Schriften*, Bd. XIX, S. 44.

么它们的数目就不能像康德那样根据流行的逻辑教科书加以确定。范畴的基础不在理性本身,而在理性的历史条件。我们只能通过对范畴的历史研究才能理解范畴,而不能像康德那样以理性来给它们奠定基础。在狄尔泰这里,理性的功能不再是奠基(begründen),而是理解(verstehen)。按照德国哲学家李德尔的说法,由此开始了哲学的释义学转向。[1]这个转折也可以说是将理性的诉求归结为了解当下、有限、时间性的个别实在,也就是后来海德格尔讲的"事实性"(Faktizität),而不是有限事物背后的普遍本质,或存在的根本原因。

促使狄尔泰走向这个转向的,既有时代的因素,也有他个人的因素。从上述狄尔泰对康德认识论的批评我们可以看到,他与康德最根本的分歧在于反对康德的先天概念及其反历史的形式主义的普遍主义。这样一种形式主义的先验哲学的根本问题是完全排除了我们认识事物本身的可能性,我们只能思考它们。虽然康德坚持知识不能超越经验,但他对知识问题的探究却是先验的,而不是经验的。康德以后的德国哲学家都试图克服康德哲学内部的这个矛盾。费希特把精神不可观察的先验活动视为物自体,将世界的根据和无条件的绝对置于人的精神之中。在费希特的哲学中,实在不仅由精神所组织,而且也由精神所假定;然后在行动中实现;但行动的主体,仍是一个空洞的、与真实世界隔着一道不可逾越鸿沟的先验自我。

以施莱尔马赫为代表的浪漫主义哲学家,试图以当下的自我感知来纠正康德和费希特先验意识的空疏,这种自我感知并不排斥或超越世界,而是以一种总体方式将自我与世界统一在一起。施莱尔马赫以感觉为手段将客观的经验内容注入主观的精神。他特别强调个体性范畴,并且避免了谢林同一哲学"黑夜见牛牛皆黑"的毛病,注重差异和区分,和黑格尔一样,主张一切统一都是差异中的统一。他也主张特殊与普遍、个人与群体、主观意识与自然世界间持续的互动关系。施莱尔马赫绝不为了逻辑的融贯一致而牺牲经验。这些都对狄尔泰产生了很大的影响。他称施氏的思想是"划时代的",称他为他的"神"和"科学向导"。[2]但是,在他

---

[1]   Cf. Manfred Riedel, "Diltheys Kritik der begründenden Vernuft", SS. 193–196.

[2]   Cf. Michael Ermarth, *Wilhelm Dilthey: The Critique of Historical Reason*, p. 48.

看来,施莱尔马赫由于受到柏拉图的巨大影响,不能允分认识具体条件对观念的影响,不能把握人的历史性。虽然他在其思想中也赋予现实生活和历史以实质作用,但他未能深入分析它们的种种具体表现。他的观念论的个体概念是像单子一样不能分析的"教规式的个体性"。

狄尔泰把雅可比、赫尔德、歌德、谢林、施莱格尔兄弟和威廉·冯·洪堡这些哲学家的思想叫作"诗学观念论"。这些人的特点是试图以直觉来直接达到可能经验的对象。他们认为,除了物理学之外,艺术、宗教、神话和历史也都是知识的正当来源和对象。狄尔泰称他们的思想是生命对思维过分形式化和理智化的反应。但他觉得他们神秘兮兮的思想只是"半瓶子醋"。无论先验观念论还是诗学观念论,它们的根本问题都是与现实生活脱节:

> 在康德和费希特那里哲学自己沉浸在自己中,它试图从纯粹意识解释世界。在其自我确定性中的哲学意识和日常事物观之间出现了一道不可弥合的裂缝。诗人们在自由运用想象力时感受到了一个遥远的美学上完美的世界;在他们用来创造这些意象的自由的平静与普通人混乱折磨人的生活之间没有联结的环节。哲学观念论否定日常实在,诗学观念论则把它忘了。然而,它最大的任务是去改造它。[1]

黑格尔将精神视为一个历史过程,但这历史归根结底是理性的延续,是精神获得绝对知识的过程。历史的确在黑格尔那里获得了巨大的重要意义,但它是一条通往绝对真理的康庄大道,在这条康庄大道上,个别、偶然性和当下性都没有真正的地位。不是历史参与者的当下经验,而是理性对全体的把握才是历史的真正内容和实在。黑格尔的泛逻辑主义的一元论取代了康德有限的、二元论的知识概念。但它以纯粹理性思想来包含一切实在的做法仍是传统的形而上学的做法。狄尔泰说在黑格尔那里"历史理解牺牲给了形而上学图式。"[2]黑格尔辩证的观念论在自

---

[1] Dilthey, *Gesammelte Schriften* (Göttingen: Vandenhoeck & Ruprecht, 1960), Bd. XII, S. 4.

[2] Dilthey, *Gesammelte Schriften* (Göttingen: Vandenhoeck & Ruprecht, 1959), Bd. IV, S. 249.

称绝对知识时,把它自己变成了一种独断论,这种独断论把生活的中心重新放进超验,在生活和思想之间留下一条更压抑的裂缝。[1]

然而,黑格尔哲学成了传统形而上学的绝唱。黑格尔去世后,传统形而上学遭到了来自哲学与科学两方面的攻击。青年黑格尔派的"人类学转向"可以说是哲学领域里一次新的哥白尼革命。哲学从纯粹思维转向了具体的人,转向他的现世生存的现实条件。黑格尔左派关心的不是思想的先天必然的前提条件,而是生活的实际条件,存在的实际情况(Daß-Sein)。从他们开始,无论是叔本华和晚年谢林的"意志"概念,费尔巴哈的"感性"概念,马克思的"对象性"概念,还是克尔凯郭尔的"生存"概念,都是意指具体有限的事实性。

等到狄尔泰走上哲学舞台的19世纪60年代,也就是黑格尔死后30年,哲学风气大变,传统纯粹抽象的思辨几无立锥之地。狄尔泰对这一时期的德国哲学有如下描述:

> 哲学精神引导生活的功能已经从形而上学的宏大体系移到实证研究的工作上。19世纪中叶以来,各种因素都导致体系哲学对科学、文学、宗教生活和政治的影响的惊人衰退。自从1848年以来为民众自由的斗争,德国和意大利民族国家的巩固,快速的经济发展和阶级力量的相应转换,最终是国际政治——所有这些都引起了抽象思辨兴趣的隐退。[2]

思想界的这种风气在哲学上的表现自然是实证主义。由于狄尔泰正是在实证主义流行的19世纪60年代开始他的哲学工作,他自然也受到实证主义的影响。这种影响应该与他对旧哲学的不满有关。实证主义对他的影响主要在于他一生坚持要将经验研究与哲学研究结合在一起,而反对传统哲学抽象的体系化研究。但是,他对实证主义一开始就不是全盘接受,而是有所保留和批判的。他接受的是实证主义主张的经验研究

---

[1] Dilthey, *Gesammelte Schriften* (Göttingen: Vandenhoeck & Ruprecht, 1960), Bd. VIII, S.177.

[2] Dilthey, *Grundriss der allgemeinen Geschichte der Philosophie*, 6th ed. rev. and enlgd. by Hans-Georg Gadamer (Frankfurt an Main, 1949), S. 231.

的方法论理想,因为这可以使哲学回到活生生的生命与当下经验。但是,他发现实证主义在骨子里不脱经验主义的窠臼。而经验主义由于将经验从实际生活世界和经验发生的整体语境中切割与抽象出来,因而与理性主义哲学一样,是一种脱离现实生命的抽象哲学。"经验主义和思辨性思想一样,都是完全抽象的。各种富有影响的经验主义学派从那些感觉和表象出发想的人,就像从各种原子出发所构想的人一样,都是与内在经验……相抵牾的……从这种经验主义观点之中产生出来的社会关联整体,和那些思辨的学派所确立的社会关联整体一样,是一个从抽象因素设计出来的构造。"[1]实证主义鼓吹将物理学的方法(外部观察)应用于经验的一切领域,是与经验主义一样抽象地对待丰富生动的经验,最终与真正的经验绝缘。而狄尔泰的态度是"要经验,不要经验主义"(Empirie und nicht Empirismus)[2]。实际上是一种经验主义的孔德的社会学,在他看来是"一种粗陋的自然主义的形而上学"[3],在对待历史过程的事实方面还不如黑格尔或施莱尔马赫的形而上学。[4]

穆勒的实证主义虽然没有孔德的形而上学味道,但他让自然科学的方法论理想支配一切,这对他自己的方法产生了有害的影响。这样他就无法正确对待社会—历史世界的经验。在穆勒《逻辑学》一书的书页上,狄尔泰曾写下这样的批语:"穆勒由于缺乏历史教育而是独断的。只有在德国才有取代独断的经验论的有害方法的真正经验方法。"[5]这就是德国历史学派的经验方法。

历史学派是由尼布尔、萨维尼和兰克等历史学家组成的一个史学思想流派,他们不满黑格尔历史哲学的抽象和体系演绎的方法,反对对历史的思辨建构,主张历史是历史,哲学是哲学,"历史哲学"的名称就是矛盾的。哲学通过抽象和观念反思的方法认识实在,而历史则通过对特殊之物的研究来认识实在。历史学派不仅拒绝抽象,而且也倾向于怀疑理论本身。兰克在他写于1832年的一篇题为"论理论的影响"的论文中,就

---

[1]   Dilthey, *Gesammelte Schriften*, Bd. I, S. 124.

[2]   Dilthey, *Gesammelte Schriften*, Bd. V, S. 434.

[3]   Dilthey, *Gesammelte Schriften*, Bd. I, S. 107.

[4]   Ibid., S. 105.

[5]   Dilthey, *Gesammelte Schriften*, Bd. V, S. lxxiv.

重申了歌德的观点,一切理论都标志着一种无希望的唯理论偏见,它诱使它的拥护者试图从一套第一原理中推出所有实在。[1]兰克认为理性的理论不能产生或掌握活生生的实在。所有理论都是灰色的,不能抓住事物生命的绿色。与黑格尔左派的"人类学转向"一样,历史学派的"历史学转向"是要打破传统本质与存在的隔阂,将先验的力量变为历史生成的过程。他们主张,任何特殊现象的本质只能在其发展过程中把握;历史的每一阶段都得根据它自己内在的规范来判断。他们的目标不是要在一个理性的、概念的总体性中把握多样性,而是要描述个体性永远变化种种形式的不断演化。[2]

狄尔泰在柏林大学上学时,曾在历史学派诸大师门下受教,他在70岁时回忆那段经历时还说是"无法估量的幸运"[3]。历史学派的思想对他有关键的影响,他一生主张哲学要与经验研究结合起来,但经验研究对他自己来说主要是历史研究的方法,他甚至说自己的工作就是"有着哲学目标的历史研究。"[4]然而,历史学派对他最重要的影响,应该是唤醒了他的历史意识。他在评价历史学派的贡献时就说,历史学派通过将个人规定为"本质上是历史的存在者",认识到人和一切社会秩序的历史性。他把历史学派的这个发现叫作"历史意识的解放"。[5]狄尔泰认为,这个对人类状况的历史性的洞见,导致了与18世纪自然法观念、自然宗教、抽象政治理论和抽象政治经济学的彻底决裂。在政治上,它代表了通过重申被法国哲学家及其社会体系思想破坏的德国千年传统对法国大革命和拿破仑法典的胜利。在科学上,历史学派所取得的成就将德国科学从普遍理性的形而上学体系中解放了出来。[6]历史意识是对本质上非历史或反历史的现代性的根本挑战。历史意识也是狄尔泰思想的基本支柱。

历史学派的另一个重大贡献,则是提供了一种与自然科学方法不同的科学研究方法。但对于这个方法,狄尔泰并不满意。他批评说:"直到

[1] Cf. Michael Ermarth, *Welhelm Dilthey: The Critique of Historical Reason*, p. 56.
[2] Ibid.
[3] Dilthey, *Gesammelte Schriften*, Bd. V, S. 7.
[4] Dilthey, *Gesammelte Schriften*, Bd. xliii, S. 35.
[5] Ibid., S. 11.
[6] Cf. Dilthey, *Gesammelte Schriften*, Bd. I, SS. xv–xvi.

今天，历史学派也还没有在突破那些必然会限制它的理论发展、限制它对生活的影响的内在限止。它对于各种历史现象的研究和评价，仍然与对于各种意识事实的分析毫不相干；因此，它在那归根结底是唯一可靠的知识之中不具有任何根基；简而言之，它没有一个哲学基础。"[1] 这样，它就有可能流于对特殊现象的描述，而不能对历史有一般的理解。知识与存在（生命）之间仍然隔着一道鸿沟。

前面已经说过，康德的"知识如何可能"的问题，实际上问的是基础的问题，狄尔泰接过康德这个问题，也是觉得知识的基础问题，尤其是历史—社会世界或人类世界的知识的基础问题，还没有解决；或者说，知识还没有基础（Grund）。在狄尔泰看来，知识的基础不在于理性，而在于我们的生命本身。有生命方有知识，无生命则无知识。说知识没有基础，有两层含义：表层的含义是形而上学作为科学不可能之后，知识没有了基础；深层含义则是指知识与生命的分离和脱节。狄尔泰将为精神科学的知识即人自己的知识奠定基础作为自己毕生的生命，确切地说，他要寻找和建立一门能代替旧形而上学，给精神科学奠定基础，即作为"科学之科学"或"基础科学"（Grundwissenschaft）的科学。很显然，这门科学必须以人文知识的存在论基础——生命及其体验作为对象，否则它无法履行使命。

生命与经历

狄尔泰在他生命的最后一年说，他哲学思想的支配性推动是要从生命本身去理解生命。[2] 在他看来，形而上学最内在的事情，它的真正问题，是将生命的总体性投射于存在之上。但是，由此也产生了感性和知性，直观与思维之间的裂缝，形而上学将它无生命和无时间的对象——灵魂、世界和上帝插入这裂缝，但并不能弥合这裂缝。相反，康德的理性批判以及追随它的观念论哲学不仅没有弥合裂缝，反而加剧了问题。用狄

---

[1]　Cf. Dilthey, *Gesammelte Schriften*, Bd. I, S. xvi.

[2]　Dilthey, *Gesammelte Schriften*, Bd. V, S. 4.

尔泰的话来说,形而上学是在"大声嚷嚷的超越中工作,主体性的超验和对象的超越"。[1]超越的最大问题是无论对象还是主体性,都完全不考虑时间,都是无时间的,这也意味着它们与生命的经历(Erlebnis)无关。要从其起源上颠覆这种形而上学,必须回到生命本身。不是存在,而是生命才是第一位和始终当前的东西,认识的抽象是第二位的,只是使自己与生命发生关系。[2]

狄尔泰把自己的哲学叫作"生命哲学"。这引起很多人不明就里,将他的生命哲学理解成与尼采或柏格森的生命哲学一样的东西,这是一个很大的误解。的确,就像狄尔泰自己也提到,他绝不是第一个发现生命是具体的存在与经历,将生命作为哲学主题的思想家。在他之前和与他同时,斯多葛派、蒙田、莱辛、叔本华、卡莱尔、爱默生、罗斯金、尼采、柏格森和托尔斯泰都拒斥超越的东西,而要竭力接近生命。他们都推崇现实存在的独立价值而不喜欢形而上学的宏大体系。但是他们基本上都是以自我直观和内省的方式来接近生命,这使得他们的观点不免"任意"甚至"专制"。也就是说,在狄尔泰看来,这些思想家对待生命是不讲方法的(unmethodisch),因此,他们对生命的探讨是不严谨的、不科学的。

狄尔泰认为,虽然生命不是一个物理或化学对象,但同样可以对它进行科学的分析和研究,精神科学就是对生命进行理性研究的科学。给精神科学奠基,就是将对生命的研究建立科学的基础上。狄尔泰之所以有这个想法,与他独特的生命观念有莫大的关系。与尼采或柏格森的生命概念不同,狄尔泰的生命概念并不指也包括人类生命的宇宙生命,而就是指人类实在,它构成了精神科学的特有材料。狄尔泰是这样来描述他的生命概念的:

"生命"这个表达式指的是每一个人最熟悉和最亲密的东西,但同时又是最幽暗,甚至最无法估量的。一切惊讶、思想和探究都是从这最不可思议的东西产生的。一切知识都根植于这个最深不可

---

[1]   Dilthey, *Gesammelte Schriften*, Bd. VII, S. 333.
[2]   Dilthey, *Gesammelte Schriften*, Bd. I, S. 148.

测的东西。人们可以描述它。人们可以解释它特殊和独有的性质。可以说,人们可以探究它的基调、韵律和旋律。但人们不能将它完全分解为它的所有因素,因为它不是可以这样来整体解析的。它是什么不能用一个简单的公式或解释来表达。思维不能完全走到生命背后,因为它是生命的表达。[1]

对于狄尔泰来说,生命不是什么神秘的形而上学实体或先验理念,而就是我们每个人都经历的经验实在,但生命却是一个终极实在,在生命之外没有实在,因为我们能思考、感受或想象的一切归根结底在植根于我们的经验,也即我们的生命。它是一个最基本的"事实性"。生命作为一种经验的实在是通过意识当下即是地给予我们的,不需要"我思故我在"的推理把它推出来。用狄尔泰自己的话说,"生命是它自己的证明",它不需要也没有更基本的基础或推理。[2] "生命是一个基本事实,它必须形成哲学的起点。我们从内部认识它。它是我们无法走到其后面的东西。生命不能被带到理性的法庭前。"[3] 但狄尔泰的生命概念绝不同于传统形而上学或存在论那个作为基础的"存在"概念,物理学和形而上学对生命来说都是不合适的。

"生命"概念在狄尔泰那里至少有以下三个内容:(1) 生命不是指个人个别的存在,而是指生命联结人的共同性。生命不是生物现象,而是人文现象,生命的世界是人文的世界。(2) 生命不是孤立的主体性,而是包括自我与世界的共同关系的整体性。(3) 生命不是无形流动的什么东西,而是在历史过程中展开自身的各种生命关系的整体。[4] 生命就是历史,它具体表现为人类社会文化的各个方面:哲学、文学、宗教、政治制度、神话、价值系统等等。生命既是精神科学的基础,也是精神科学的对象。反过来说,精神科学是我们认识和把握生命的途径。

生命是具体经验(Empirie),而不是物理学和形而上学意义的经验,

---

[1] Quoted from Michael Ermarth, *Wilhelm Dilthey: The Critique of Historical Reason*, p. 109.

[2] Dilthey, *Gesammelte Schriften*, Bd. V, S.131.

[3] Dilthey, *Gesammelte Schriften*, Bd. VII, S. 359.

[4] Vgl. Otto F. Bollnow, *Dilthey*, (Stuttgart, 1955), SS. 43－44.

它由我们每个人所当下经历，不能与我们的意识分开。"世界就在我们中。因此，它由我们自我意识的材料织就。"[1] 这听上去很像贝克莱的立场，实际上却与之相去甚远。对于狄尔泰来说，生命不是一个实体，而是一种关联总体（Zusammenhang），是自我和世界的关系。[2] "生命是精神充满生命力的关联整体。它先于一切认知。生命力、历史性、自由的发展是其标志。……我们的世界意识和我们对我们自己的意识都是从我们自己的生命力中产生的；它不仅仅是理性（Ratio）。"[3] 意识并不决定世界，也不决定生命；生命是"掌握自己的存在"。[4] 但世界与生命只是通过意识为我们存在（Für-uns-Dasein）。

强调生命为我们而存在，不是要强调意识产生生命，或生命起源于意识，而是要强调原始的生命经验不同于自然科学的经验，强调我们应该尽可能全面充分地观看和描述我们的原始经验，即先于科学的模型、图式和假设、未被它们格式化的经验。狄尔泰把这种立场称为"生命的立场"。在现代西方哲学中，狄尔泰不乏这方面的同道。詹姆斯的"彻底的经验主义"、杜威的"经验的自然主义"、胡塞尔的"现象学描述"都是要直逼原始经验。

稍有不同的是，狄尔泰明确将这种经验限于人文世界。他心目中的意识不是自然科学家设想的中性的意识，而是渗透了人文意蕴的意识，这才是真正意义上的原始意识。例如，当我们看到一棵树时，我们并不只是接受到一组视觉刺激，这些视觉刺激可以进一步被分析为中立的光学材料。我们对树的经验总是渗透着意义、兴趣和价值，它不但向我们显示树的"什么"，也向我们显示树的"怎么"。经验这个词实际上包含着所有这些东西。这才是自然的经验。"生命的立场"就是要从这种经验出发的立场。或者说，思想要从生命出发，生命先于一切概念的思想和知识。生命是思想的底线，思想不可能再走到生命后面，生命背后是无。思想既不从自己产生也不从自己开始；它起于生命，最终又回到生命。在我们试图认识生命之前，我们已经在生命中了。生命是思想的基本条件，而不是

[1] Vgl. Otto F. Bollnow, *Dilthey*, (Stuttgart, 1955), S. 143.

[2] Dilthey, *Gesammelte Schriften*, Bd. XVIII, S. 137.

[3] Dilthey, *Gesammelte Schriften*, Bd. V, S.196.

[4] Dilthey, *Gesammelte Schriften*, Bd. XVIII, S.166.

相反。一切思想的形式,无论多么复杂,最终都可追溯到生命。精神并不创造生命,而只是对生命作出反应。

但狄尔泰并不像叔本华、尼采或柏格森那样,多少是在生物学意义上去理解生命,因而把思想看成是维持生命的工具。生命既不是生物学意义上的生命,也不是纯粹思维或纯粹意识。说它为意识而存在,是说它必须被人们经历,在此意义上自我意识是生命的特征。但这种自我意识不是像胡塞尔的先验自我那样的一个原点,而是必然间接和不可分隔地与"非自我"缠绕在一起。生命纵然有反思和超越的能力,但它不能离开自然和社会文化世界。

生命的自然基础是一些基本的趋向与冲动,它们构成了精神的"动力内核"。狄尔泰认为"人首先是一个趋向系统"[1],这些趋向是"生命之钟的强力弹簧"[2]。这些对于衣食住行及安全和生儿育女的基本趋向本身无所谓好坏,它们是人类意志一切作用的自然基础。"我们自己就是自然,自然通过隐秘趋向无意识地在我们身上起作用。"[3]但人并不只有自然的一面;他还有由文化构成的"第二天性"。自然与文化不断在人及其发展中交互起作用。在人性的问题上狄尔泰的生命哲学既不是理性主义,也不是非理性主义,而是介于两者之间。他曾引用歌德的话说:"没有没有自然的精神,也没有没有精神的自然。"他认为,如果以自然为唯一出发点,就绝不能超越自然。[4]

狄尔泰生命概念的一个显著特点是,它不是一个静态的实体或自然规律性,而是时间性的活动。也许是受了赫拉克利特的影响,他曾形象地这样表述生命:"它是一团火,不是一个存在;是能量,而不是实体。"[5]生命彻头彻尾是时间的和历史的,为了强调生命这种运动的活动性质,狄尔泰有时用Lebendigkeit(生命力)来代替较为静态的Leben(生命)。"历

[1] Dilthey, *Gesammelte Schriften*, Bd. V, S. 95.

[2] Dilthey, *Gesammelte Schriften* (Göttingen: Vandenhoeck & Ruprecht, 1958), Bd. VI, S. 154.

[3] Dilthey, *Gesammelte Schriften*, Bd., VIII, S. 80.

[4] Cf. Michael Ermarth, *Wilhelm Dilthey: The Critique of Historical Reason*, pp. 114–115.

[5] Quoted from Michael Ermarth, *Wilhelm Dilthey: The Critique of Reason*, p. 115.

史性"和"时间性"是生命的基本范畴。[1]人本身是"时间的创造物"[2]。狄尔泰关于生命的时间—历史维度的思想对海德格尔产生了重要的影响。

从生命的运动和变化中产生出狄尔泰生命概念的另一个特征,就是它的自我分裂和"自我辩证对立"。生命并不是一个同质的过程。它本身包含在传统逻辑看来是矛盾的东西:它是时间的和变化的,但也有强烈的追求稳定和静止的冲动;既包含自然力又有人意志的自主性;生与死、理性与偶然、规律与自由都是生命最常见的矛盾。狄尔泰把它们称为生存的"大秘密"。[3]

虽然生命变化无常,但它也有相对稳定的结构。狄尔泰和尼采一样,认为生命是"生成"而不是"存在",但它的生成不是毫无章法、没有连贯性的。生命是一个过程,且是一个有连贯性的过程。这种连贯性不是由于经验外在的物理性质,而是由于其内容。生命有内在的关系和结构。我们的经验之所以不是杂乱无章的,就是因为它们最终都被整合进生命的关联中(Lebenszusammenhang)。生命是一个运动的关联整体,它的各种结构将新的经验纳入过去经验组成的结构整体中。"生命的整个进程是一个广泛分散在时间里的经验的结构关联整体,它从内部结构,注定要成为一个统一体。"[4]生命的结构内在地是目的论的,所以它能不断超越自己。

就像海德格尔强调人的存在是在世界生存一样,狄尔泰将人的生存特征描述为"在生命中存在"(Darinnensein im Leben)。我们不是生命外的旁观者,实在也不是像镜像那样的死的、被动的客体。从生命的观点看,实在不是抽象的建构,而是生命意欲和生命关系的复合体。存在于生命中,表明我们不可能有一个不偏不倚的中立立场,我们总是在某一个地方(立场、视域),与生命处在一定的关系中。我们对生命、世界总是有立场、倾向和态度的,只要我们活着。存在于生命中,就是存在于世界中,因为我们与生命的关系不是外在的关系,而是内在的关系。生命是联结我

---

[1]   Cf. Dilthey, *Gesammelte Schriften*, Bd. VI, S. 314.

[2]   Dilthey, *Gesammelte Schriften*, Bd. V, S. 364.

[3]   Dilthey, *Gesammelte Schriften*, Bd. VIII, S. 80.

[4]   Dilthey, *Gesammelte Schriften*, Bd. VII, S. 335.

们与世界的内在纽带。我们不是安坐在世界舞台前的看客,而是这个舞台上的演员。因此,我们与世界的关系归根结底不是一种理论的关系,而是一种实践的关系。

狄尔泰把体现我们与世界的原始关系的经验叫"经历"(Erlebnis),而把我们自然世界的经验称为"外在经验"(äussere Erfahrung)。[1]Erlebnis 一般人们将它译为"体验"。但中文"体验"一词主观味道太重,且没有体现Erlebnis 的时间性意味,不太切合狄尔泰Erlebnis概念的特定含义。[2]Erlebnis不是与表象和概念有关的感觉和知觉之类的东西,即不是属于认识能力范畴的东西,而是前主体的生命本身的活力。[3]狄尔泰本人说Erlebnis是"实在对我存在的独特方式"[4]。Erlebnis不是主体的经验,而是前主体的经验,或者说生命的经验。经历也是意识,但不是近代认识论哲学作为其出发点的主观意识,而只是意识内容在时间中被给予的模式,也是一般意识(Bewusstsein überhaupt)的模式。狄尔泰的经历概念的根本意义在于它否定了传统哲学意识必定是主观意识的思路,而提出了实际上是前我或忘我的存在论意义上的意识。这就为最终克服近代认识论形而上学迈出了最重要的一步。没有这一步,近代主体主义认识论无法得到根本的克服。后来海德格尔的"理解"概念虽然进一步去意识化了,但基本是与狄尔泰在同一个思维方向上。

如上所述,按狄尔泰的看法,人存在于生命中,这意味着我们总是对生命、对世界有某些态度。这些态度大致可分为三大类,这就是认知的态度、情感的态度和意愿的态度。我们在分析时可以将它们区分开来,但在

---

[1] 这里需要指出的是,狄尔泰经常用"外在"来指自然界,用"内在"来指社会世界。但是,在他那里,"外在"与"内在"的含义不同于唯心主义。"外在"指的是自然对于我们而言是一个异己的存在。"内在"并不是指内心或精神,而是指我们的生命所在,我们的世界。因此狄尔泰讲的"外在经验"不能理解为与像喜悦、痛苦这样的主观经验相对立的经验;而应理解为我们对自然世界的经验。也因此,对生命和社会—历史世界的经验就不能称为"外在经验",尽管对社会和历史世界的经验按照传统认识论看来也是"外在的"。

[2] 我将 Erlebnis 译成"经历",主要是考虑到"经历"一词没有很强的主观意味,且有明显的时间含义。

[3] Cf. Manfred Riedel, *Verstehen oder Erklären?* (Stuttgart: Klett-Cotta, 1978), S. 51, and H. A. Hodges, *The Philosophy of Wilhelm Dilthey* (London: Routledge and Kegan Paul Ltd., 1952), p. 39.

[4] Dilthey, *Gesammelte Schriften*, Bd. VI, S. 313.

实际生活中它们往往混合在一起。近代西方哲学的一大毛病就是将人的意识活动主要看作认知活动,将意识对象主要视为置于我们之前的对象或表象(Vorstellung),而忘了我们对世界的情感的和意愿的态度可能更原始和更普通。世界是通过我们对世界的态度被给予我们的。我们能意识通过这种态度被给予我们的内容,但我们无法意识这种态度(甚至认识活动也不能认识它自身,而只能认识它的对象内容)。我们经历(erleben)它。"经历"是我们经验我们的生命态度、世界态度和精神活动的模式。它不同于其他的意识模式之处在于它是当下直接的经验。这种经验不是自我或其状态的知识。我们的确可以通过反思来认识认识活动,但那样的话那个认识活动不是被它自己认识的,而是被一个进一步的认识活动认识的,它是那个认识活动的内容。这个进一步的认识活动同样不能认识它自己。因此,生命作为精神活动及其内容的统一的整体,绝不能将自己认识为一个整体,而只能经历它。[1]

与海德格尔的理解(verstehen)一样,经历不是一个认识论的行动,而是一个存在论的行动,所以狄尔泰又把它叫"内存在"(Innewerden, Innesein)。经历或内存在不能译为"内感觉"或"内觉",因为它们的意思只是指在生命中存在及其当下经验。如果说生命是一个过程,那么经历就是这个过程的一部分,生命过程其实是在经历中展开的。活着就是经历生命。经历首先不是认识活动,而是生命过程。因此,经历是一个具有时间性的概念。狄尔泰说:"凡是在时间过程中由于具有统一的意义而在'现在'形成一个单元,就是最小的单元,这种单元可以称为'经历'。进而言之,由许多生命部分所构成的范围较广的单元,只要这些部分对生命进程具有共同意义,我们也称之为'经历',哪怕这些部分因为穿插进来的活动而分裂,也算是一个经历。"[2]经历不是客观感知的内容,因为它不是与一个感知主体客观相对的对象;在经历中主客体区分尚未出现。狄尔泰说:"Erlebnis并不在我面前作为一个知觉对象或被表象的东西(ein Vorstelltes)出现,它并不被给予我们,但……通过我们存在于其中(ihrer innewerden),通过我就像在某种意义上它属于我那样直接拥有它

---

[1] Cf. H. A. Hodges, *The Philosophy of Wilhelm Dilthey*, pp. 38 – 39.
[2] Dilthey, *Gesammelte Schriften*, Bd. VII, S. 194.

个事实为我们存在。只有在思维中它才成为客观的。"[1]但它本身纯粹是被经历的东西,"不能被给予,也不能被思维"。[2]它不是通过感觉器官来把握的,而是当下在它自己并通过它自己被把握的。它存在于被经历,它就是被经历的东西。"它的给定和它的实在是互相不分开的。"[3]它永远是具体的,是不能被抽象。经历是具体世界的经验,而不是一个封闭主体的经验。[4]经历使我们和世界水乳交融。世界就是经历,我们就是经历,经历证明了人与世界的原初统一。

虽然经历是主客未分的原始经验,但它从来不是一个没有内容的意识。相反,它有着与布伦塔诺的意向性概念同样的结构,即它总是按照意识的三种主要态度(认知、情感、意志)与某物相关。在经历活动中意识不是自身封闭的,而总是已经在其他东西那里了。但这里并没有意识与根据知识论的因果模式作用于它的对象的分裂,没有康德物自身和现象的区分,没有内在世界和外在世界的二元化。[5]

很显然,狄尔泰着意提出经历概念来,是为了找到能够直达生命的原始经验,能够抓住具体、特殊、时间性的东西的当下经验,能够克服近代认识论哲学主客体两分的存在经验。这种经验也就是精神科学的材料。但这并不意味着狄尔泰否定自然科学经验概念的正当性。他与当时的新康德主义一样,承认社会—历史世界与自然世界的不同:"自然是异于我们的。它只是一种外在性,而不是一个内在实在。社会是我们的世界。我们一起经历种种社会力量与我们整个存在的所有力量的相互作用,因为在我们之中我们有构成社会系统的种种条件和力量。"[6]但自然不是由我们构成的,我们不能像经验社会—历史世界那样来经验自然。如果说经历必然包括价值、目的和意义这些因素,因为生命是一个目的论的过程与实在;那么自然科学的经验就要尽可能去除这些具有人的特点的性质,经验的终点不是具体当下的特殊,而是抽象、化约和形式化。精神科

[1] Dilthey, *Gesammelte Schriften*, Bd. VI. S. 313.

[2] Ibid., S. 314.

[3] Dilthey, *Gesammelte Schriften*, Bd. VII, S. 27.

[4] Ibid., S. 20.

[5] Cf. Manfred Riedel, *Verstehen oder Erklären?*, S. 76.

[6] Dilthey, *Gesammelte Schriften*, Bd. I, SS. 36–37.

学需要描述；而自然科学离不了建构或演绎性假设。自然科学必须将事物分解为最小的抽象物；精神科学却要处理个别和具体的整体。这里并无好坏高低之分，自然科学和精神科学在各自的领域里都是合理的。虽然狄尔泰认为自然科学的经验是派生的，而作为经历的经验是原始的，但这并不意味着他认为后者比前者有某种认识上的优越性。虽然经历与经验有所不同，但"给予我们的绝不只是内在生命或外部世界——两者不仅是一起被给予，而且在最密切的结合中相互关联。这种关联首先是在理智构造物的连接中被切断的"[1]。

但是，对于狄尔泰来说，经历与感性经验或外在经验，精神科学与自然科学的区分不是绝对的和不可沟通的截然二分。在《精神科学引论》中他明确说精神科学与自然科学的关系是相对独立的（relative Selbständigkeit）[2]，而不是绝对分开的。自然科学的条件与精神科学的条件是混合在一起的。在精神和自然之间并没有一道存在论的断裂，在精神科学和自然科学之间也没有一个绝对的认识论的分裂。狄尔泰经常使用"精神—物理的生命统一体"（die psycho-physische Lebenseinheit）这个术语来代替"精神"甚至"人"。他认为，身体和灵魂、感性和理性、唯物主义和精神主义的二分都是"无益的假设"。[3]自然科学和精神科学的区分不是由于它们的研究对象的不同，而是由于意识的不同观点。离开意识，"自然对象和精神对象之间的区别就不存在"[4]。

当然，因为世界只能通过意识被给予我们，而意识的模式不止一种，所以对象必然有区分。精神科学的对象是生命的直接表达，与自然对象的区别是本质性的；但这种区分是由于我们的意识模式，而不是由于对象本身造成的。我们可以以生物学的方式研究人，也可以以历史学的方式研究人。在前一种情况下，人是自然科学的对象；而在后一种情况下，人是精神科学的对象。

狄尔泰对精神科学有过许多定义，如"社会—历史实在的科学""道

[1] Dilthey, *Gesammelte Schriften*, Bd. VIII, S. 16.
[2] Dilthey, *Gesammelte Schriften*, Bd. I, S. 17.
[3] Dilthey, *Gesammelte Schriften* (Göttingen: Vandenhoeck und Ruprecht, 1966), Bd. XIV/I, SS. 167–168.
[4] Dilthey, *Gesammelte Schriften*, Bd. V, S. 248.

德—政治科学""人、社会和国家的科学""实践世界的科学"和"行动的人的科学"。所有这些定义尽管表面上不同,实际上却是一个意思,精神科学就是实践(亚里士多德意义上的)的科学。狄尔泰其实对"精神科学"这个术语是不满意的,因为他觉得它唯心主义味道太明显,并且没有将人的精神生命与心理—物理生命区分开来。但是,使用这个术语,至少可以指出一种与自然科学不同的知识。

与自然世界不同,人文世界不是用概念建构起来的世界,而是我们原始经历的世界。我们不是通过推理和假设来认识这个实在的,而是通过我们的经历。"精神科学有优于自然认识的地方,它们的对象不是在外部感觉中给予的纯粹现象,作为某个真实的东西的纯粹现象反映,而是当下实在本身。此外,这个实在是在从内部经历的一个整体关系中被给予的。"[1]它不是一个与我们相对的客体或对象,而是我们也身在其中的关系和意义的整体。这个世界,其实就是生命本身。而作为生命的科学的精神科学,它们与生命的关系当然也完全不同于自然科学与自然对象的关系。它们与生命的实践有一种实践的旨趣和关系。[2]"精神科学既决定我们能在世界上从事什么,也决定世界对我们有什么影响。"[3]因此,从根本上说,精神科学的目标不只是理论,更是实践。

作为基础科学的描述心理学

如前所述,狄尔泰在一篇纪念宇柏威格的论文中提出,今天最重要的哲学任务之一就是建立一个有效的科学知识论。他心目中的这种科学知识论,就是能够提供有效知识,并给精神科学奠定基础的基础科学,这种基础科学要能够将哲学和精神科学的成果整合在一起。他一生都在追求这种基础科学。

最初,他觉得人类学可以成为这样的基础科学。这是受了德国浪漫派诗人诺瓦利斯的影响。诺瓦利斯最先提出人类学是哲学和人文研究的

[1] Dilthey, *Gesammelte Schriften*, Bd. V, SS. 317-318.

[2] Dilthey, *Gesammelte Schriften*, Bd. VII, S. 316.

[3] Ibid. S. 276.

基础。但狄尔泰在接受诺瓦利斯的这个思想时，显然也受到实证主义的影响。在他看来，"哲学最重要的对象是人类精神。哲学最具生命力和最明显的形式和最接近具体科学的形式是人类学。它结合了自然科学、地理学、历史学和一切哲学学科"[1]。可见，人类学之所以有资格成为基础科学，是因为它既是哲学的（哲学人类学），又是经验的。

　　与此同时，狄尔泰又觉得心理学也具备这个条件。[2]对于今天的人们来说，心理学是一门属于自然科学的学科；但是，从古希腊到近代，心理学首先属于哲学，就像逻辑学一样是哲学的分支学科。英国经验主义的联想主义心理学对近代哲学产生了重大的影响。到了狄尔泰的时代，实验心理学已经产生，并对哲学产生了一定的影响。狄尔泰从一开始就清楚表明，他所追求的作为基础科学的心理学不是实验心理学，除非它能极大地拓宽它的研究目标，不再是纯粹的形式研究，除了知觉和思维外也研究精神生活的其他方面，把人看作社会存在者。但对于当时哲学界流行的联想主义心理学，他最初似乎是赞同的。直到写《精神科学引论》时，他才对联想主义心理学表示异议，认为除非它改变自己的方法和程序原则，变说明心理学为描述心理学。

　　将心理学定位为"描述心理学"，目的是要使心理学脱离自然科学的窠臼而真正成为精神科学的基础科学。他发现，心理学家的因果性观念和他们的说明模式都是从物理学家和化学家那里来的。感觉主义和联想主义心理学实际上就是这样产生的。休谟并不隐瞒他是在模仿物理学。在物理学中事物被分解为许许多多微小的单元。休谟也把精神分解为感觉、知觉和观念这样的小单元。但休谟错了。如果在物理学中原子不是通过观察发现，而是理论的构造，那么心理学的那些原子式的小单元也是如此。这套分解程序在物理学中是合理的，因为在那里对象不是作为一

---

[1] Dilthey, *Gesammelte Schriften*, Bd. XVI, S. 373.
[2] 狄尔泰对"人类学"和"心理学"，尤其是他的描述—分析心理学之间没有作明确的区分，在他那里很多时候心理学被算作人类学，或与人类学混用。这显然是受了诺瓦利斯的影响。诺瓦利斯认为人类精神表现在历史中，他要深入精神隐藏的秘密。起先他求助于经验心理学，但发现无济于事，因为他从一开始就像歌德和谢林那样将人视为一个整体、一个系统，他要从整体上把握人。他将能这样来研究人的科学叫实在心理学或人类学。参考狄尔泰：《诺瓦利斯》，《体验与诗》，胡其鼎译，生活·读书·新知三联书店，2003年，第222—286页。

个系统整体呈现于知觉,是理论建构的方法将秩序读入事物。但在心理学那里这套程序不能用,因为精神始终是作为一个有自己统一性的系统出现的。可是,当代心理学的问题恰恰是在这里:"当代心理学是一个膨胀了的感觉和联想的学说。精神生活的基本理论在心理学的范围之外。心理学成了只是一个心理过程的形式的学说;因此,它只掌握我们实际在精神生活中经验到的东西的一部分。"[1] 狄尔泰关心的是整个人,而不是他的精神过程的特殊方面和支配它们的规律;他不是像一个不受个人情感影响的观察者那样,从外部看整个人,而是从内部,作为这个人本身看和感受他自己。这才是生命的观点,它典型地表达在抒情诗、自传和宗教沉思录中。[2] 他心目中能成为精神科学的基础科学的心理学,应该是能够整体把握精神生活的科学。

为此,狄尔泰和他的同时代人布伦塔诺和斯图姆普夫一样,要提出一种不同于上述那种作为自然科学的心理学的心理学,他把它叫作描述和分析心理学。狄尔泰认为,知识不能是抽象原则演绎的结果,而是经验的产物。笛卡尔—康德传统认识论的问题,即在于脱离具体经验。因此,本身作为经验科学的心理学,应该成为认识论的基本前提。狄尔泰指出:"认识论的基础包含在活生生的意识和对它的心理整体结构的描述中。认识论并不需要一门完成了的、已经实施的心理学,但一切得到实施的心理学只是在科学上完成也建立在认识论基础上的东西。认识论是运动中的心理学。当然,是朝向一个特定目标运动的心理学。认识论的基础在于一种自我反思,它包括精神生命完整的、不支离破碎的内容。普遍有效性、真理和实在,它们的意义首先和主要由这个基本内容决定。"[3]

在1894年写的《描述与分析心理学的观念》中,狄尔泰详细阐述了他的描述心理学与在近代哲学中流行的说明心理学(die erklärende Psychlogie)的根本区别,论证了他心目中的描述心理学应该成为精神科学的基础科学的理由。狄尔泰把说明心理学又叫作建构心理学,其根源可以上溯到斯宾诺莎和莱布尼茨,但主要源于英国哲学家:休谟、哈特利、穆勒父子以及斯宾塞。而它的数学方面则要归功于德国人赫尔巴特,

[1] Dilthey, *Gesammelte Schriften*, Bd. V, S. 183.

[2] Cf. H. A. Hodges, *The Philosophy of Wilhelm Dilthery*, pp. 200-201.

[3] Dilthey, *Gesammelte Schriften*, Bd. V, SS. 151-152.

费希纳和赫尔姆霍茨则把实验技术带给了它。说明—建构心理学之所以不能成为精神科学的基础,首先是因为它自己尚缺乏确定的基础。

这种本质上是自然科学意义的心理学完全套用自然科学的一般程序,用抽象、分析和假设,用说明和构造的方法来研究精神的人为造成的片断。它根本不能把握精神生命的整体关联,因而也就根本无法成为精神科学的基础。在狄尔泰看来,说明心理学只有通过联结各种假设才能达到其目标。但是,说明心理学的假设概念完全是自然科学的假设概念。狄尔泰肯定,不要说在心理学中,就是在日常生活中我们也不能没有假设。但自然科学的假设有其自身的特点。自然科学的假设概念是建立在自然认识诸条件基础上的。自然认识始于感性观察,在感性观察中,我们只看到现象的同时并存或前后相续,它们原始的关联整体并没有在感性观察中给予我们,因果关联是通过增补才在我们的自然观中出现的。因此,假设是自然知识必要的辅助手段。如果有好些假设同样可能,我们就得通过发展从假设中得出的东西并将它们与事实比较,通过实验确定一个而排除其他的。但是,假设与以推理为基础的命题不一样,我们对事物中可以有不同的说明,总有不同的假设。建立在归纳基础上的理论假设的可能性程度再高,与数学所具有的那种无可置疑(Apodiktizität)之间还隔着一道无法跨越的鸿沟。以假设为基础的说明—结构心理学本身就没有确定无疑的基础,它又怎么能为精神科学奠定基础?

与说明—建构心理学相反,描述心理学自身的基础是最无可置疑的,这就是生命本身。狄尔泰说:"我在描述心理学名下理解的是描述在每一个发展的人类精神生命中同样出现的种种要素和关联,它们是怎样联结在一个独一无二的关联整体中的。这个关联整体不能推测或推断,而是被经历。因此,这种心理学是描述和分析一个关联整体,它最初并始终是作为生命本身被给予的。"[1]正因为描述心理学以生命这个最最基本的关联整体为基础,所以它,也只有它,才能成为精神科学的基础。每一门单独的精神科学都需要心理学的知识。例如,当我们分析宗教时,一定会涉及像感情、意志、从属、自由、动机这些概念,它们只有在心理学的关联整体中才能得到解释。宗教与精神生命(Seelenleben)的种种关联有

---

[1] Dilthey, *Gesammelte Schriften*, Bd. V, S. 152.

关，神的意识就是在那里出现并获得力量。其他精神科学无不和宗教一样，要求心理学的分析。甚至像家庭、社群、教会和国家这样社会的外在组织，由于是从人的生命关联中产生，最终也只能从这个关联整体中得到理解。[1] 以这个关联整体为基础和对象的心理学因此自然有资格，也只有它有资格取代形而上学，成为为一切精神科学奠定基础的"基础科学"。由于它以生命关联为基础，它就避免了将我们对全部精神生命的理解建立在假设上，也因而成为说明心理学的经验基础和支配者。

描述心理学是要从精神活动的内部研究精神本身，它的出发点和可能性之所在便在于我们经历精神活动，或我们在精神事实之中（Innewerden）。我们经验物理对象要通过感性材料的中介，物理世界的系统统一并不在这些材料中，而是由思想加于它的。但我们直接就有精神事实，就在它们的实在中，没有中介，没有外加。这意味着它们的系统统一直接在经历中呈现给我们。精神生命每一个或每一组过程都是由功能统一构成的单独整体。我们的确绝不能一下子掌握整个精神系统，而只能掌握它不断变换的部分；但默会的思想使我们能发现这个系统永久的形式，在经验其各个部分时认出并命名它们。内在于这个系统是我们理解其各个部分的首要条件。描述心理学不仅关心与认知有关的精神过程，也"考虑共同构成一个具体的历史个人的情感、冲动和目的"[2]。

因此，描述心理学不能像当时流行的心理学那样，只是偶然地，或者机械因果地把孤立的、原子式的表象和感觉连在一起。心理现象联系的基础是我们体验的内容和意义的结构整体，即心理结构。这种心理结构完全不同于任何自然的因果过程，不能用联想主义的因果解释方法、实验的方法，而只能用描述的方法来对待。所谓描述的方法，就是没有任何关于心灵本质的假设，无论是形而上学的还是物理主义的。所以描述的方法又叫"纯粹经验的"方法。它只"告诉它发现的东西"[3]。当然，描述的方法并不排斥解释的方法，而是必须和解释方法结合在一起。

狄尔泰的心理学与传统心理学相比，还有一个巨大不同就是它并不仅仅研究个人的精神，而且也研究社会和文化的精神，即共同体的精神。

---

[1]　Dilthey, *Gesammelte Schriften*, Bd. V, S. 147.

[2]　鲁道夫·马克瑞尔：《狄尔泰传》，李超杰译，商务印书馆，2003年，第49页。

[3]　Dilthey, *Gesammelte Schriften*, Bd. V, S. 221.

传统心理学的另一个缺点是它方法论上的个体主义。它只是个人心理学,而不是社会和文化的心理学。然而,对于狄尔泰来说,人的存在是社会文化和历史的存在,作为精神科学基础的心理学,必须考虑历史生命的内容。他受到当时德国出现的"群体心理学"(Völkerpsychologie)的启发,觉得心理学应该将自己的研究范围扩大到非个人的心理关系、事件和创造上。但他不同意群体心理学学派将心理学理解为只是研究精神生命的形式。他主张的心理学是社会和文化的心理学,关心的是历史生命的真实内容和像忠诚、工作、爱、维护等特殊的社会关系。

为此,描述心理学不能挪用自然科学的方法,而必须有自己的方法。它必须将分析和描述我们精神的结构系统作为主要目标。自然科学的观念不能用于内在经验(经历)的事实。在经历中,没有实体和属性的区分,没有原因与结果的数学等式,只有生命、活力、历史性、自由和发展。[1]我们只能在精神的系统内部来把握这个系统。也就是说,我们只能在生命经历中、在精神的事实中来掌握这个结构系统。

在狄尔泰看来,精神生命的整体关联构成了认识构成和一般人类意识的真正基础。真正的知识理论不能从抽象原理中演绎出来,而必须从这个精神整体关联的关系与内容中解读出来。认识论应该以对这个精神系统整体进行充分描述为目标的心理学为基础:

> 认识论的基础在鲜活的意识和对这个精神整体关联的有效描述中。认识论并不需要完全完整的心理学,但一切充分实施的心理学只是也构成认识论基础的东西的完全科学的形式。认识论是运动的心理学,当然,是朝向一个确定的目标。认识论的基础在于一种自我反思,它包含了精神生命完整的内容。普遍有效性、真理和实在,它们的意义首先是从这个基本内容决定的。[2]

这就是说,认识论以心理学为基础和前提。但这里有个问题:认识论要提供有效知识的标准,它必须是规范性的,必须提供特殊物质内容的先验

---

[1] Dilthey, *Gesammelte Schriften*, Bd. V, S. 196.
[2] Ibid., SS. 151–152.

规范和理想形式；但心理学给我们的却是经验事实。它如何能提供一般的有效知识的标准？经验事实不等于能构成科学知识的规范。康德与黑格尔就因此而认为心理学与知识论和哲学没什么关系。

狄尔泰则正相反。在他看来经验心理学照样可以保有先验哲学的某些东西。但是，心理学先要适于具体经验和精神生命的全部内容，但不能走实验心理学和其他流行的心理学的路，即模仿自然科学。另外，要把精神生命关联整体的意识引进心理学。这种精神生命的关联整体并不显示严格的先后相继的因果律和统一性，而是显示典型的模式和过程。狄尔泰说："它不是因果统一性，而是在一个整体中的典型过程，它构成我们经验反思的目标。"[1]精神生命的关联整体是一个结构性的系统，它的结构与范型赋予我们的经历和知识以秩序和规范。

在狄尔泰看来，描述心理学应该避免形而上学和物理主义关于精神本质的假设，它应该是经验的、无偏见的，即不受思辨、假设、构造和错误的解释模型的歪曲影响。描述方法只是要"告诉它所发现的东西"，因此是"无偏见的科学性"（unbefangene Wissenschaftlichkeit）的先决条件。[2]狄尔泰的描述方法实际上与后来胡塞尔的现象学描述方法有异曲同工之妙，都是要"回到事物本身"。实际上狄尔泰的心理学观念与胡塞尔的老师布伦塔诺的心理学观念相近，而他的描述方法也受到布伦塔诺的心理学著作《经验观点的心理学》里阐述的描述方法的影响。不过他认为布伦塔诺描述得还不够，他最终为了构造牺牲了"经验的观点"。[3]

狄尔泰认为，说明心理学的大错就在于过早地将理论和观察混在一起。在他看来，心理学不要匆忙建构理论模型，而应该充分追踪经验。科学对最经济地说明材料的偏好必然会将丰富复杂的经验化约为假设的模型。前面已经说过，狄尔泰并不绝对反对假设，他只是要防止由观念论者的思辨方法和实证主义的化约方法而来的滥用建构。

大部分精神的假设模型都是静态的和形式的，但精神生命是运动的和历史的，真正对它的描述应该也是运动的，充满了内容。如果心理学

---

[1] Quoted from Michael Ermarth, *Wilhelm Dilthey: The Critique of Historical Reason*, p. 171.

[2] Dilthey, *Gesammelte Schriften*, Bd. V, S. 221.

[3] Cf. Michael Ermarth, *Wilhelm Dilthey: The Critique of Historical Reason*, p. 174.

以运动的、历史的生命经验为对象的话,它就应该是一种对生命经验动态的、历史的描述。事实上,狄尔泰强调精神生命的整体性,就意味着要动态地、历史地把握它。后来胡塞尔在《现象学心理学》中说,狄尔泰应在两方面受到称赞。一是他试图使心理学不仅仅研究单个经验,而是从一开始就研究经验之流的整体。另一方面,他具有把一种历史动力并入其心理学框架的能力,从而使得对于超个人主体的诉诸成为完全不必要的。[1]将历史延入心理学,并不仅仅是内容上的扩大,也反映了狄尔泰独特的心理学观念。

与流行的心理学不同的是,狄尔泰反对将心理学严格限于内省和实验的方法,因为心理学不是直接考察精神,而是间接地通过它的创造物和各种表达来考察精神。不仅人的意识行为,而且历史、艺术、文学、宗教、语言、神话,甚至科学本身都是心理学的材料。其根本原因就在于:"人肯定不是通过反复思量他自己和在心理实验中,而是通过历史来经验他是什么的。"[2]他的描述心理学就是建立在这个基本观点上,因而实际上已不是传统意义的心理学,而是一门将哲学与经验科学结合在一起的"基础科学"。只有这样理解狄尔泰的心理学,才不致误解他的思想。

狄尔泰并不否认,在他直指生命与历史本身的描述心理学之前,像塞涅卡、马克·奥勒留、奥古斯丁、马基雅维里、蒙田、帕斯卡和别的"生命哲学家"也都能在人的全部经验实在中去理解人,他们的方法也很有价值,一切说明心理学远远落在他们对人的理解后面。但他们的方法基本上是文学性的,还得提升到方法论和严密知识的高度。只有心理学才能描述精神生命合规则性的关联整体,诗人和作家的作品是做不到这一点的。心理学可以包括文学家和宗教家们的反思内容,但文学家和宗教家却无法达到心理学的那种严密的科学性。但是,像赫尔巴特、哈特利、穆勒父子、泰纳、费希纳和赫尔姆霍茨这些人提倡的心理学,根本无法把握精神的丰富内容,还不如那些伟大的文学作品,因为他们的心理学完全模仿自然科学并使用自然科学的范畴。对同时代的心理学家,狄尔泰只肯定冯特和威廉·詹姆士,认为他们的心理学比较重视意识创造性的一面。

---

[1] 鲁道夫·马克瑞尔:《狄尔泰传》,第49—50页。

[2] Dilthey, *Gesammelte Schriften*, Bd. V, S. 180.

但描述心理学要把握的却是精神生命当下全部的丰富内容,而不是作为自然事件发生的意识过程。自然过程的种种联结可以通过脱离经验的构造来达到,但精神世界本身的种种联结作为当下的实在和"原初的生命关联"只能从内部给予。[1]生命的关联整体是第一位的,所有其他的因素都是派生出来的。精神生命是一个在此为我们存在的生命整体关联,而不是构造出来的因果序列。心理学最紧迫的任务就是忠实地描述和追踪这个关联整体。因此,心理学描述也必然是历史的描述。

在人文世界里,事实和价值是缠绕在一起的。狄尔泰认为只有他的描述心理学才能合适地把握这种情况。描述揭示精神生命中价值、目的和类型的关联整体。"典型"(Tye)是狄尔泰后期著作中的一个重要概念,它是沟通事实与价值两个领域的中介因素。狄尔泰举例说,当我们看到一个滑冰者或一个舞蹈者时,对他们实际动作的感知一定是与他们的动作做得好不好的想法结合在一起的,感知和判断是相互渗透的。对真实的情况的把握总是与价值观念连在一起的。典型就表示人类某类行动最合适的操作,表示它们的规范。但典型表示的只是局部的规范,它们是从生命的关联整体中恒常的结构性要素而来。

描述心理学既然以把握生命关联整体为鹄的,那么它就不应该像传统心理学那样以感性知觉为出发点,而应该从发展了的精神及其全部功能范围,包括记忆、语言、想象和意愿出发。描述心理学虽然讲究综合,但不是不要分析。它也必须从生命的关联整体中将一再发生的精神关系剥离出来,清楚地分析它们。分析总是与描述连在一起的,它们是互相依赖的。为了充分说明精神,综合与分析都要用。综合表明精神运作的深度和广度;而分析起到澄清和区分的作用。心理学必须从整体到分析地剥离出来的部分,再回到整体。[2]总之,狄尔泰认为他的描述——分析心理学可以胜任作为精神科学的基础科学的复杂任务,把握生命的关联整体,克服"增长着的生命和知识的断裂"[3]。

然而,《描述与分析的心理学观念》发表后,立刻遭到了著名心理学家艾宾豪斯(Hermann Ebbinghaus, 1850—1909)的猛烈批评。埃宾豪斯

[1] Dilthey, *Gesammelte Schriften*, Bd. V, S. 143.

[2] Cf. Michael Ermarth, *Wilhelm Dilthey: The Critique of Historical Reason*, p. 176.

[3] Dilthey, *Gesammelte Schriften*, Bd. V, S. 145.

说狄尔泰过高估计了自己的能力,也过高估计了别人的缺点。他对说明心理学的批评说明他根本就不了解情况。心理学方法和原则绝不像他讲的那样教条。心理学家始终准备改变他们的思想以使它们与发展着的经验一致。到目前为止,经验已经引导他们抛弃了大部分狄尔泰批评的观点,而采纳大部分狄尔泰提出的观点(只要它们是对的)。狄尔泰的攻击实际上已经过时了,他是在敲一扇开着的门。他说精神生命的关联整体只能直接经历是错的。内省或自我反思的确揭示了意识中的各种统一,但它没有揭示整体的深层统一。狄尔泰对那个统一的说明是一种假设的构造,是把片断的材料拼在一起。做假设的构造并没有错,狄尔泰错在认为自己没有做。那就意味着狄尔泰为了精神科学要求心理学的那种作为精神科学基础的确实性,即使他自己的心理学也是达不到的。[1]

埃宾豪斯对他的批评给狄尔泰打击很大,[2]但也促使他的哲学走向一个新的方向。狄尔泰在得知埃宾豪斯的批评后以各种途径对他的批评作出了回答。他回答的要点是埃宾豪斯在关联整体的问题上误解了他。的确,我们对我们自己的精神的知觉是不完整的;但每一个片断本身是一个有机整体,在其中统一的原则是可以看得出来的。我们给予整体的那种统一与我们在每一个部分发现的统一是一样的。这种统一是不容否认的,因为我们一切系统联系的思想都是从那儿来的。[3]

但是,这个回答并没有解决埃宾豪斯对他批评最关键也是最难以回答的地方,这就是描述—分析心理学要把握精神生命的关联整体,但我们的经历却总是片断的,永远也不可能经历这个整体,那么立足经历来操作的描述—分析心理学靠什么来把握这个整体? 它又凭什么肯定这个整体。当时除了心理学家外,新康德主义哲学家也对狄尔泰的心理学提出了批评。他们的批评中有一条也与此有关,这就是内在经验本身并不能显示狄尔泰所谓的那个整体,只有片断的经验材料,我们必须像处理外部知觉那样,运用范畴才能将它们纳入一个理智的秩序;自我只是像物理世界一样的现象,而不是狄尔泰意义的实在。这实际上是说,狄尔泰要把

[1] Cf. H. A. Hodges, *The Philosophy of Wilhelm Dilthey*, pp. 212-213.
[2] 有关这方面的情况可参看谢地坤:《走向精神科学之路》,江苏人民出版社,2003年,第174页。
[3] Cf. H. A. Hodges, *The Philosophy of Welhelm Dilthey*, p. 213.

握的那个生命本身其实不过是镜花水月一类的东西，根本就是虚构，而不是什么当下的实在。

狄尔泰一开始并没有感到问题的严重性，他认为别人对他的批评是因为没有正确理解他的思想。但随着时间的推移，他渐渐发现自己的理论的确存在着相当的困难。困难之一是虽然经历可以给我们精神生命的过程中的关联整体或形式统一，但它不能揭示这过程的实际运动，因为我们的经验本身就在这过程中。经历是一个时间中的过程，在此过程中每一个状态在成为固定对象前就已经变了。每一瞬间，在它被把握前，就已经过去了。古希腊哲人赫拉克利特提出人不能两次涉足同一条河流时，就已经看到了这种存在论的困境。从那时起，存在与生成的两难就成了基本的哲学问题。形而上学在近代的破产就与这个问题有莫大的关系。任何宣布形而上学破产的人本身都必须面对这个问题。尼采是如此，狄尔泰是如此，后来的海德格尔也是如此。

为了注意任何东西，我们必须在它那里停留一会儿，将它稳定地置于我们面前一会儿。因此，为了注意一个精神事件，我们必须在它已不再是当前的事件时仍将它置于我们之前；这只能求助于我们的记忆，我们将它置于记忆中，以此将时间之流变为固定的东西。"过去的在场（Präsenz）代替了我们直接的经历。当我们希望观察时间时，这观察破坏了它，因为它通过注意固定了它；它使流逝的东西变成停止的东西，使生成变成固定。"[1] 我们可以观察到我们当前的经验与刚才的经验一样，即我们能观察到持存的东西；或者当前的经验与刚才的经验不同，即我们能观察到变化。但在这两种情况下我们做的只是注意到在时间之流里某事已经变了，或某事还持续着。但我们不能把握这个时间之流。"无论人们在自身如何加强时间之流的意识，被观察到的生命本身的每一刻是记住了的一刻，而不再是流；因为它被注意固定住了；它现在抓住本身是流逝的东西。因此我们不能把握这生命本身的本质。"[2]

困难之二是，观察能看到的精神生命的范围是有限的。有些精神过程实际上是观察不到的。狄尔泰用判断作例子来说明这一点：甚至实验

---

[1]   Dilthey, *Gesammelte Schriften*, Bd. VII, S. 195.

[2]   Ibid., S. 194.

的方法也不能清楚观察判断。他问道："无论是通过观察、记忆，甚至实验，我们对判断过程能知道什么？"[1] 此外，即使我们能通过内省很好地观察到一个过程，精神生命中总是还有许多与其结构相关的东西内省是无法揭示的。狄尔泰举例说："如果我们只有诗人关于他们创造性活动的陈述，但他们的作品都已佚失，那么这些陈述告诉我们的会是多么微不足道！"[2]

困难之三是我们用来向内省提问题和解释其结果的术语"属于被许多因素制约的语言用法"，不可避免会影响真正的问题。例如，"如果我问我自己或其他人一座山脉的美学印象是否包括移情，那么移情登时就出现了"[3]。即使不是如此，只是纯粹去观察精神事实的努力，也会改变有待观察的事实。"因为对这些过程有意的注意改变并破坏了这些过程本身的活力，甚至它们的存在本身。"[4]

最后，狄尔泰开始怀疑是否通过直接内省可以发现关联整体本身；因为在纯粹观察基础上不可能严格区分不同类型的精神事实，如区分感觉和感情。"当下经验状态间的界限是不确定的。有没有不与一个内容发生关系的感情？憎恨是一种感情，抑或它也包括一种冲动？等等。"[5] 当狄尔泰这样诘问时，他显然意识到实际上是自然认知的观察方法内在化的内省，其实与观察同样简单，根本不可能把握复杂的精神生命的关联整体。非常吊诡的是，本以为可以直指生命的内省，实际证明无法把握生命本身这个关联整体。这迫使狄尔泰另寻新路。如果没有通向生命本身的捷径，那么只有通过间接的途径了。这个间接的途径，当然不是新康德主义还在鼓噪的先验构造，而是生命的表达（Ausdruck）。

在这方面，胡塞尔的《逻辑研究》对狄尔泰产生了重要影响，狄尔泰本人在提交给普鲁士科学院的一篇论文中也公开承认胡塞尔对他的影响。[6] 胡塞尔的《逻辑研究》发表于1900—1901年间，此时正是狄尔泰思想处于一个从心理学向释义学过渡的重要时期。《逻辑研究》给处于怀

---

[1] Dilthey, *Gesammelte Schriften*, Bd. VII, S. 321.
[2] Ibid.
[3] Dilthey, *Gesammelte Schriften*, Bd. VI, S. 318.
[4] Dilthey, *Gesammelte Schriften*, Bd. VII, S. 319.
[5] Dilthey, *Gesammelte Schriften*, Bd. VI, S. 318.
[6] Dilthey, *Gesammelte Schriften*, Bd. VII, S. 14.

疑、困惑和探索中的狄尔泰提供了及时的帮助。如上所述,狄尔泰在发现内省方法的局限后,便开始思索一条通过中介来描述生命的道路。他发现布伦塔诺和胡塞尔作为内省的批评者已经在某种程度上运用了这一方法:"这种通过表达来进行的间接的做法,布论塔诺和胡塞尔在某种程度已经运用了。"[1] 从狄尔泰晚年思想转变的角度看,胡塞尔《逻辑研究》对他的影响莫过于表达和意义(Bedeutung)这两个概念。由于狄尔泰和胡塞尔两个人的追问的问题(Fragestellung)是不同的,所以即使在这两个概念上,狄尔泰也不是照着胡塞尔讲,而是按照他自己的问题和思路来讲他自己的,但胡塞尔的影响仍是明显的和不容否认的。[2]

在狄尔泰20世纪前写的著作中,"表达"根本就不是一个有着专门内容的重要术语。当然,这并不是说后来"表达"概念的某些思想在狄尔泰完成释义学转向前他没有丝毫想到。在1894年出版的《描述与分析心理学的观念》中狄尔泰已提到,在天才人物的著作中可以比通过自我观察更好地认识精神过程。[3] 在1900年写的《释义学的兴起》中,他也谈到"感性给予的符号"和"固定的生命表现"[4],谈到伟大诗人的作品是"其精神生命的真正表达",[5] 但是胡塞尔关于表达的思想让他看到表达作为经历与生命之间的一个中间物的可能性与正当性。表达"没有心理学概念的构成而发生,也不需要它"。[6] 任你经验怎么流逝,表达总是固定地在那里,不会随经验而去,也不会被经验歪曲。表达来自精神生命深处,它包含人们实际经历的经验远比自我观察能发现的要多。通过理解表达,我们把握生命。

表达这个概念必然是和意义这个概念联系在一起的,因为表达之为表达,全在于它包含意义。虽然在狄尔泰释义学转向前的著作中意义范畴已经算是生命的范畴,但只是在他后期著作中才得到了强调,成为生命

---

[1] Dilthey, *Gesammelte Schriften*, Bd. VI, S. 318.
[2] Cf. Otto Friedrich Bollnow, "Dilthey und die Phänomenologie", *Dilthey und die Philosophie der Gegenwart*, SS. 31−61, Elisabeth Ströker, "Systematische Beziehungen der Husserlschen Philosophie zu Dilthey", *Dilthey und die Philosophie der Gegenwart*, SS. 63−96.
[3] Dilthey, *Gesammelte Schriften*, Bd. V, S. 180.
[4] Ibid., S. 318, 319.
[5] Ibid., S. 320.
[6] Dilthey, *Gesammelte Schriften*, Bd. VI, S. 317.

首要的和基础性的范畴，"意义是生命得以理解的广泛范畴"。[1] 利科告诉我们："1900年后，狄尔泰自己作出极大的努力将他在胡塞尔《逻辑研究》里发现的那种理想性引进他的意义理论。在狄尔泰的后期著作中，关联整体……就类似于是弗雷格和胡塞尔认为是命题意义的东西。"[2] 总之，通过胡塞尔的影响，狄尔泰在表达和意义这两个关键的概念那里找到了克服他的心理学理论种种困难的途径，这就是释义学。

走向释义学

正如美国学者马克瑞尔所说，"狄尔泰向释义学的转向代表了其思想的根本性成熟"[3]。狄尔泰的释义学转向大致可以以他1900年发表的《释义学的兴起》为标志。在那篇著作中他明确提出释义学是精神科学基础的想法："在认识论、逻辑学和精神科学方法论的语境中，解释理论成为哲学和历史科学之间的重要联结，成为精神科学基础的主要部分。"[4] 虽然是心理学的困难直接促使狄尔泰走向释义学，[5] 实际上他从一开始就对释义学有兴趣。

释义学是一门古老的学问，起源于古希腊，最初的内容是解释古代的典籍与作品，如荷马和其他诗人的作品。到了中世纪，解释的范围有所扩大，包括《圣经》经文、各种法典和史籍。解释的方法一为语言语法的疏通，典故的讲解和文本的考证；一为义理的阐发。总之，有点像我们传统的训诂学。文艺复兴和宗教改革运动大大促进了释义学的发展，但并未改变它只是一种解释技术和方法的学问的基本事实。

德国哲学家和神学家施莱尔马赫（Friedrich Daniel Enst Schleiermacher,

---

[1] Dilthey, *Gesammelte Schriften*, Bd. VII, S. 232.

[2] Quoted from Michael Ermarth, *Wilhelm Dilthey: The Critique of Historical Reason*, p. 255.

[3] 鲁道夫·马克瑞尔：《狄尔泰传》，第271页。

[4] Dilthey, *Gesammelte Schriften*, Bd. V, S. 331.

[5] 狄尔泰走向释义学并不意味着他完全放弃心理学，有关这个问题可参考鲁道夫·马克瑞尔的《狄尔泰传》和H. A. Hodges 的 *The Philosophy of Wilhelm Dilthey*。

1768—1834）将释义学引进了哲学，使它成为一种普遍的方法论。如前所述，施莱尔马赫对狄尔泰思想有很大的影响，尤其是他的释义学，为此他称施莱尔马赫是"释义学的康德"。他曾中断自己研究中世纪思想史的计划，参加施莱尔马赫学会举办的有奖征文活动，写了最终获奖的论文《施莱尔马赫释义学的独特贡献》。在这篇论文中，他高度评价施莱尔马赫的释义学。他认为施莱尔马赫已经超越了以前种种解释理论，而接近提出一个一般的释义学理论了。虽然他在许多方面热情赞扬施莱尔马赫的释义学理论，但仍批评他的释义学太受柏拉图理型论的影响，不能将历史性原则引入他的释义学。尤其是施莱尔马赫释义学的"起始决定论"（Keimentschluss），实际上是人类创造的"预成论"。它认为作品的"理型"从创造过程一开始就隐含在那里了，所以创造只是那个起始原则的展开。作品因而被看作一个自足的、个别的理型，不需要与它的世界互动。作者与文本都像一个封闭的单子那样与周围世界没有关系。这样，"对人类文化的历史生成的描述变成了静态的、无时间的形式。生成被看成是处于永恒的领域（*sub specie aeternitatis*）" [1]。从狄尔泰早年对施莱尔马赫的批评可以看出，从一开始释义学对他来说就是一种处理人类历史存在（生命过程）和创造的方法。

　　虽然狄尔泰是到了晚年才完成他的释义学转向，但释义学的思想并不是直到他晚年才进入他的视野。在要实现转向发生之前，他多多少少已表达了一些释义学的思想。狄尔泰从心理学到释义学的思想发展，固然与同时代人（如心理学家艾宾豪斯、新康德主义巴登学派和胡塞尔）对他的批评和影响分不开，但主要还是由于他自身思想的原因。从一开始他对心理学的态度就是有所保留的，早在1860年他在一篇关于释义学的文章中就讲到"心理学化"（Psychologisieren）使精神活动变得支离破碎，结果造成精神生命的消散和一种错误的历史观。[2] 他也早已看出："心理学只知道心理过程……（不知道）什么对心灵是有价值的。" [3] 因此，"文化无论如何不能心理学地解释，既不能以康德的方式，也不能以经验主义者

[1]　Dilthey, *Gesammelte Schriften*, Bd. XIV/2, S. 692.
[2]　Ibid., S. 705.
[3]　Dilthey, *Gesammelte Schriften*, Bd. VI, SS. 29-30.

的方式,而只能以真正历史的概念来解释"[1]。正是这些考虑,使狄尔泰在心理学能否是基础科学的问题上心存疑虑:"我们为历史和实践生活期待的科学基础只能在一个人类学里提供,它的基础比我们目前的心理学要宽得多。"[2]

在《描述与发现心理学的观念》中,他明确提出"我们说明自然,我们理解精神生命"。[3] 理解是精神科学的特有方法。他这样写道:

> 我们通过纯粹理智过程来说明,但在把握中我们通过一切精神力量的共同作用来理解。在理解中,我们是从整体的关联来进行的,它是在生命中给予(lebendig gegeben)我们的,由此我们可以把握个别的东西。我们生活在整体关联的意识中这个事实使我们能理解一句特殊的句子、一个特别的手势或一个特别的行动。所有心理学思想都有这个基本特征,即把握整体就能解释个体和决定对个体的解释。即使心理学对一般人性的理论重构也必须坚持理解原初的处理方法,如果它要健全地、有生气地、通达地、有成效地理解生命的话。[4]

这表明,在狄尔泰热衷心理学的时候,他已经将理解作为把握精神生命的整体关联的主要方法了。只是在那时表达概念还未形成,并与理解和经历一起构成他释义学理论的三鼎足。只有这三者有机地关联在一起,狄尔泰的释义学理论方告完成。

狄尔泰的释义学,以经历—表达—理解的三角关系整体为基本理论构架,而以人的历史存在(生命)为真正对象。也因此,释义学不再是单纯的文本解释的技术,而成了科学和人文研究的一般方法。狄尔泰将释义学的领域从特殊的文本意义扩大到包括人文世界一切意义形式。虽然它还不是后来海德格尔和伽达默尔的那种存在论的释义学,但也已不再是一种技术意义上的方法,而是方法论意义上的方法,是一种哲学的释义学了。

---

[1] Dilthey, *Gesammelte Schriften*, Bd. V, S. lxxv.

[2] Ibid., SS. 432–33.

[3] Ibid., S. 144.

[4] Ibid., S. 172.

狄尔泰明确提出:"像人所生活的那样去理解生命,这就是今天人的目标。"[1]理解生命,具体而言,就是理解它的种种表达式。根据狄尔泰的生命哲学,生命是一个历史的存在,它既是一个人文关系的总体,又是一个自身展开的历史过程。在这个历史过程中,它必然要表现为种种外在的形式,即表达(Ausdruck),大到如语言、宗教、哲学、文学、音乐、艺术、社会政治制度、科学理论,等等;小到人的手势、表情、文本、工具,等等。其中语言表达最重要,因为"只有在语言中精神生命找到了它充分详尽的表达,从而可以客观把握它"。[2]以理解生命为最终目标的释义学,必然要以这些东西为理解的对象。这样,释义学就从单纯的文本解释理论变成了历史存在的解释理论。这种解释理论,它的起点是经历,它的对象是表达,它的方法是理解,它的目的是把握生命。体验、表达式和理解三者间没有谁更基本的问题。

虽然释义学是狄尔泰最成熟的思想成果,但也是其哲学最遭误解的部分。这种对他释义学思想的误解,主要来自对他理解概念的误解,一言以蔽之,就是将他的理解概念理解为一个主体主义和心理主义的概念。对狄尔泰理解概念最流行的一个误解,就是他实际上是主张用移情的方法来进行理解;而狄尔泰的文本似乎也提供了不少这方面的证据。例如,他主张理解是推己及人(Transposition),以自己的经验类推出理解对象的经验。"我们首先只是在我们有这样的生命经验,我们靠类推来洞察另一个人的内心。"[3]"理解就是在你中重新发现我。"[4]"经历自己的状况和重构一个陌生状况或一个陌生个体性转向过程的实质是彼此一样的。"[5]这些话,再加上他的"重历"(Nachleben)和"重构"(Nachbilden)的概念,使得上述对狄尔泰释义学思想的误解一直延续到今天。正是这种误解使得狄尔泰在哲学史上一直是一个遭到忽视的人物,他的哲学贡献一直未能得到公正的评价。

实际上,狄尔泰的理解概念远比上述的误解要复杂。狄尔泰不但很

[1]   Dilthey, *Gesammelte Schriften*, Bd. VIII, S. 78.

[2]   Dilthey, *Gesammelte Schriften*, Bd. VII, S. 217.

[3]   Dilthey, *Gesammelte Schriften*, Bd. V, S. 67.

[4]   Dilthey, *Gesammelte Schriften*, Bd. VII, S. 191.

[5]   Dilthey, *Gesammelte Schriften*, Bd. V, S. 276.

少使用"移情"（Einfühlung）这个词，而且明确表示理解不能与移情或纯粹感受混为一谈。[1]将狄尔泰的"理解"理解为"移情"，实际上是把理解当作一种直观行为。狄尔泰有时也的确说理解是"直觉"，但同时强调这是一种非常特殊的直觉，它始终是从个人经历、一般的生命经验和对生命对象化的理解的相互关系出发进行的。[2]事实上他在早年那篇关于施莱尔马赫释义学的得奖论文中已经把建立在直觉的解释叫"感性神秘主义"和"热情的晦涩"。[3]至于他讲的"类推""重历"和"重构"等，也不能从字面上去理解，而要放在他思想和文本的整体关联中去理解，更要放在他的基本哲学立场上去理解。

应该承认，"理解"概念本身就不是一个容易确定的概念。传统释义学使得这个概念与逻辑学、修辞学、辩证法、语文学和心理学等诸多学科相关，又不能归结到任何一个单一的学科。而近代认识论哲学又给这个概念增加了浓重的主体主义和知识论的色彩。这使得哲学释义学（狄尔泰、海德格尔、伽达默尔）的理解概念成了最容易遭误解的概念。与海德格尔和伽达默尔的理解概念一样，狄尔泰的理解概念不是像自然认识那样的简单的精神活动，而是生命对待世界的一种"自然"或实践的态度[4]；经过批判的控制和提纯后，成为精神科学的方法。但理解是原始经验过程的一部分，它与原始经验相互关联，不可分离。因此，它要先于一切"客观的"自然认识，是后者的前提条件。狄尔泰说："我们理解的总是比我们认识的要多。"[5]事物只有首先被理解后才能被认识，如果我们不理解什么是植物，我们就不可能有对植物的科学认识。只有有了最初对世界意义的理解，世界万物才能成为我们理性认识的对象、客观知识的对象。但是，知识和知性无法穷尽我们理解到的东西。

由于理解始终在人类生命的历史过程中，所以它既无起点，也无终点。理解的这种无始无终性表现为"释义学循环"，即我们在理解和解释某事物时，我们已经对它有所理解。否则理解根本不可能。如果我们要

---

[1] Dilthey, *Gesammelte Schriften*, Bd. VII, S. 125.

[2] Cf. Michael Ermarth, *Wilhelm Dilthey: The Critique of Historical Reason*, p. 259.

[3] Cf. Dilthey, *Gesammelte Schriften*, Bd. XIV/2, SS. 650‒658.

[4] Cf. Dilthey, *Gesammelte Schriften*, Bd. VII, S. 84, 118.

[5] Dilthey, *Gesammelte Schriften*, Bd. I, SS. 119‒120.

理解哲学,却压根不知什么是哲学,就不可能有任何理解。用狄尔泰借用洪堡的话说,就是:"为了去理解,我们必须在某种意义上已经理解。"释义学循环不是什么新发现[1],古典释义学家就已经注意到它。但狄尔泰并不因为它犯了形式逻辑循环论证之忌而忐忑不安。相反,他认识这是一切解释都有的特征,理论上无法解决,但实践上却是建设性的,而不是坏的循环。解释总是从暂时的、可替换的假设开始,在进一步的研究和解释的循环往复中不断修正开始时的理解和解释。在理解中没有阿基米德点和物前提的起始,只有这种循环往复的解释运动。后来海德格尔与伽达默尔在此问题上的观点与狄尔泰如出一辙。狄尔泰不但肯定理解和解释的循环,还像黑格尔一样认为释义学循环属于一切人类思想。[2]释义学循环实际上已经暗示了理解不是一种主观的认识行为,而是历史的生命行为。

在充分了解狄尔泰关于释义学循环的思想后,我们对于他所讲的"类推"就可以有不那么皮相的理解了。我们理解他人当然要从我们在自身已经理解的东西出发,但这不等于说我们要理解的他人与我们是完全一样的;那样的话他人就不是他人,而是我们自己,也就没有必要去理解了。释义学循环毕竟不是唯我论的操作,狄尔泰其实一开始就是在"相互"和"对话"的意义上使用"类推"这个术语的。狄尔泰秉承了黑格尔的传统,从一开始就是从"你"来理解"我",从人的相互性来理解人的。在他看来,自我的意识与对他人的意识一样原始,不可分离。他说:"最重要和最核心的知觉,'我'的知觉……只是由于'你'的观念才存在。"[3]"我们只有在设定一个世界时才能设定一个自我,最重要的接近它的形成的方法是表现另一个自我。"[4]如此看来,在"你"中重新发现"我"就不是推己及人,或将自身投射到他人,而是通过理解他人来增加对自己的了解;不是以自我规定他者,而是以他者来规定自我,这是一个范围不断扩大的过程。此外,由于个人的经验实际上是在与他人不断的互动过程中构成的,

[1]   Dilthey, *Gesammelte Schriften*, Bd. V, S. 336.

[2]   Cf. Dilthey, *Gesammelte Schriften*, Bd. VIII, SS. 160–161.

[3]   Quoted from Michael Ermarth, *Wilhelm Dilthey: The Critique of Historical Reason*, p. 254.

[4]   Ibid.

所以"重历"（Nacherleben）就像经历一样，既是世界的经验又是自我的经验，而不光是自我的经验，更不是内省或内感觉之类的东西。[1]

尤可注意的是，在狄尔泰从心理学转向释义学之后，他基本上放弃了他的类推理解的理论，越来越强调表达和对象化的特殊性质，也就是说，理解的非主体性和间接性越来越明显，越来越和他的意义理论结合在一起。他明确指出，在理解中，"认识主体与其对象是一致的。"[2]理解就是我们通过被给予感性的表达认识精神生命的过程。理解就是将表达再放回到产生它的生命，即我们从中看到的生命本身。这才是狄尔泰讲的重构（Nachbilden）精神生命的意思。而他讲的"移情"，不是想象自己是他人，而是歌德讲的，人只能理解他爱的东西。或者陈寅恪讲的"理解之同情"。这指的是理解的感情条件，而不是理解的具体方法和过程。重构（Nachbild）不是复制（Abbild），而是建构（Aufbau）。

另一方面，狄尔泰晚年也越来越强调理解对象的理想内容和理想意义。所谓的理想内容和理想意义，就是独立于表达的作者和理解者主观经验的客观内容。这个理想内容是任何理解都不能穷尽的。但是，在这方面，狄尔泰的态度不如后来海德格尔和伽达默尔那么明确和彻底。然而，不管怎么样，狄尔泰在晚年不再把重历视为在自己内心把别人的精神过程再过一遍的心理学活动，而是理想内容的重组。[3]"我们只理解关联整体。关联整体与理解互相对应。"[4]

由于生命本身是非理性的，所以在理解中总有非理性的成分，因而不能用纯粹逻辑功能的公式来表述。[5]狄尔泰甚至认为理解就像是某种元现象（Urphänomen）一样神秘的事情。[6]但这绝不是说理解本质上是神秘的或非理性的，是非逻辑或反逻辑的，而是说它不能完全用逻辑形式

---

[1] Quoted from Michael Ermarth, *Wilhelm Dilthey: The Critique of Historical Reason*, p. 255.

[2] Dilthey, *Gesammelte Schriften*, Bd. VII, S. 191.

[3] 狄尔泰晚年对"理解"的非心理学理解，实际上做了与弗雷格和胡塞尔在反心理主义时同样的事情：区分精神过程和精神内容。我可以理解别人的希望，这不等于我要像他一样希望。

[4] Dilthey, *Gesammelte Schriften*, Bd. VII, S. 257.

[5] Ibid., S. 218.

[6] Dilthey, *Gesammelte Schriften*, Bd. V, S. 277.

来表达。但理解仍有它可理解的一面,比方它要用归纳法、要运用普遍与特殊的逻辑关系、要使用比较方法、等等。狄尔泰一再强调精神科学的理解必须用有效的概念和判断来表述。它也要使用分析和抽象。理解是通过表述精神的内容,而不是通过心理活动来进行的。卢卡奇批评狄尔泰说非理性主义进入了他的科学学说的中心是完全站不住脚的。[1]

事实上,正如马尔瑞克所言,在狄尔泰那里,"理解不是一个直接的行为,而是一个间接的反思过程"[2]。这里"间接"的意思一是指理解不是一种直觉的行为;再就是指理解要通过表达这个中介才能把握生命。狄尔泰晚年越来越认识到:"我们自己的自我只是在经历中是不能把握的,在它发展的形式中,在它包容的一切的深度中也是不能把握的。因为就像一个岛,意识生命小小的领地是从无法深入的深度中产生的。但表达就是从这些深度中产生的。它是创造性的。因此,生命本身通过理解才能通达我们,理解是对创造过程的重构。"[3]生命不是什么隐藏在事物后面的本质,生命总是客观化自己,这个客观化的生命从整体上说,就是历史;从个体上说,就是各种各样的表达。狄尔泰相信,人"只能通过理解他人的弯路"理解自己。[4]而"在精神客观化自己的一切东西中,都包含有对你我共同的东西"[5]。这就是说,理解表达就是理解自己的生命,也是理解人类的生命,理解历史的途径。由此看来,释义学的意义在狄尔泰那里也绝不仅仅是精神科学的方法,更是人类自我理解的基本方法。

狄尔泰把表达分为三大类。一类是科学理论判断;另一类是人类实践行动;第三类是经历表达(Erlebnisausdrücke)。这三类表达都是广义的生命表达(Lebensausdrücke),但有些广义的生命表达并不一定就是第三类的经历表达。第一类表达由逻辑和科学命题构成,包括概念、范畴、规律和科学思想的种种模式。它们的内容是纯粹理论和理智的。它们是严格意义上的知识,不依赖于经历。理解和判断它们的标准是真假。虽然科学与逻辑也是"生命的形式",它们包含客观真理。第二类表达是自

[1]　参看卢卡奇:《理性的毁灭》,王玖兴等译,山东人民出版社,1997年,第373页。

[2]　鲁道夫·马尔瑞克:《狄尔泰传》,第231页。

[3]　Dilthey, *Gesammelte Schriften*, Bd. VII, S. 220.

[4]　Ibid., S. 78.

[5]　Ibid., S. 208.

愿的行为。这些表达产生于人的目的和意图。这种意图不是向人传达什么事,而是要贯彻一个目标或目的。虽然行动是有目的的,但其意义不受行动者原始的意图左右,而要看它的直接结果。因此,理解行动的目的不等于理解行动者的精神状态。判断行动的标准是是否达到其目的。第三类表达是内在精神生命的直接表现。它们主要是因袭的、无意识的和无意的,例如,手势或面部表情;或高度反思和深思熟虑的,如艺术作品。这些表达揭示了人类精神最幽深的方面。这类表达的解释往往最复杂,而又是临时的,但也最能揭示生命,无论是个人的生命还是一般的生命。狄尔泰最关心的也是这类表达及与之适合的理解。判断这类表达的标准是是否本真。[1]任何一类表达都有其独立于作者的意义,但这绝不是说表达的意义是先验的或超越的,相反,表达的意义总是在经历的视域之内,它们的最终根源在客观精神。

"客观精神"这个概念也是在狄尔泰晚年走向释义学以后才出现的,它标志着理解的内容从当下经验转向经过文化中介的经验,从精神过程转向理想内容。从释义学循环思想出发,狄尔泰认为客观精神既是理解的前提,又是理解的标的。像他的许多概念一样,狄尔泰的客观精神概念也是一个容易引起误解的概念,人们往往会以为它是像黑格尔的绝对精神或新康德主义的先验主体性,或浪漫主义者的"民族灵魂"和"群体精神"之类的东西,其实都不是,狄尔泰的客观精神,就是生命本身。它就是精神科学研究的全部实在(umfassende Gegebenheit)。狄尔泰是这样来规定他的客观精神的:

> 我所理解的客观精神是个人间的共同性在感性世界客观化自身的各种形式。在客观精神中过去持续呈现于我们之前。它的范围从生活方式、交往形式伸展到社会设定的目的关联,伸展到道德、法律、国家、宗教、艺术、科学和哲学。[2]

客观精神不仅包括一般所谓的"文化",还包括生活价值、社会组织和行

---

[1] Cf. Michael Ermarth, *Wilhelm Dilthey: The Critique of Historical Reason*, pp. 272-273.

[2] Dilthey, *Gesammelte Schriften*, Bd. VII, S. 208.

为方式。它的基础是历史存在,而不是新康德主义的先验规范。

毫无疑问,狄尔泰的客观精神概念是来自黑格尔,但他自觉地要显示与黑格尔的不同。在黑格尔那里,客观精神还是通向绝对精神的一个台阶;艺术、宗教和哲学属于绝对精神而不是客观精神。而狄尔泰却把它们纳入客观精神的领域。黑格尔的客观精神从属于他的形而上学体系;而狄尔泰的客观精神就是生命的整体关联。因此,他的客观精神既有理性的成果,也有非理性的冲动。黑格尔的客观精神是普遍理性逻辑演绎的一个阶段;而狄尔泰的客观精神却是时间中真实的历史过程。如果说黑格尔的客观精神概念代表了旧形而上学的最后挣扎的话,狄尔泰的客观精神概念则是后形而上学哲学的最初一步。这个散发着浓郁形而上学气味的概念,在狄尔泰那里不过是指我们历史存在的基本精神与文化条件,我们的"精神财富"(geistiger Besitz)。

但不管怎么说,狄尔泰关于人类要走"弯路"才能理解自己的思想,部分也是受到黑格尔精神通过中介来实现自己的思想的影响。黑格尔和胡塞尔的影响使他越来越相信,真正的理解是要把握人类在广阔的历史文化世界里的经验,而不是心理学的材料。作为精神科学基础的释义学,它不是要回到主观精神,而是要打通生命与世界。

释义学和历史性难题

如果理解的目的是生命本身,理解归根结底是人的自我理解的话,那么理解就不仅仅是精神科学的方法,而也是人类历史生命的基本运动。狄尔泰素有"历史学的康德"之称,他对于现代西方哲学的一个重大贡献就是在哲学上深刻揭示了人的历史性,并使之成为哲学的基本概念。历史性最初是由黑格尔所提出,但只是到了狄尔泰这里,它才成为一个基本的哲学概念。"历史理性批判"就是要以历史性来解释和考察理性。历史性这个概念的实质如伽达默尔所说,不仅人的知识是历史的,而且人的存在方式也是历史的。用狄尔泰的话说,就是"人的本质就是其历史"[1]。对

---

[1] Dilthey, *Gesammelte Schriften*, Bd. VIII, S. 224.

于精神科学的理解来说,这个存在论的人类历史性条件比知识为历史所决定这个认识论条件更关键。事实上狄尔泰在涉及历史性问题时基本是站在存在论立场上来论述问题的。

狄尔泰认为,历史学派已经把历史从神学和道德哲学的羁绊下解放了出来,不仅开辟了一条到达过去事实的丰富性的道路,也开创了一种全新的看世界的方式——历史意识。这种新的意识促进了人本质上是历史的存在者的深刻发现。对于狄尔泰来说,历史是具体的人的历史,但它既不是纯粹个人的活动,也不是超人的力量和制度的运作,而是两者的相互关系。历史是一个生命关系的过程,而不是一个个别的、孤立的存在。历史不仅包括过去,也包括将来。历史是人本质的体现。历史性不是一个外在的规定,可以后来加在人事先确定的本质上,而人的本质没有历史性基本上也可以把握。相反,人的本质就是通过历史性构造的。在此意义上狄尔泰说"人是一个历史的东西",[1] "一个历史的存在者",[2] "我在我自我的最深处是一个历史的存在者",[3] 因此,"人的精神是什么只能通过对于精神经历和产生的东西的意识来揭示。正是这种精神的历史自我意识才能逐步达到一种科学系统的人的知识。……只有历史才能说人是什么。如果精神选择抛弃历史来减轻它的负担,那么它就失去了它活着和运作的手段。拒绝历史研究等于预先诅咒人本身的知识——那是知识倒退到一个天生破碎的主体性"。[4]

如果历史性构成了人存在的基本条件,那么以人的存在为基本研究对象的精神科学,其知识可以在广义上理解为历史知识。历史性构成了精神科学的基本事实,它帮助确定了个人生命在整个历史中的时间结构,这种时间结构强调了我们知识的有限性和我们存在于时间中。[5] 而释义学的任务,就是"必须确定理解能为历史知识贡献什么"。[6] 如果人的存在总是历史的存在,那么理解必然是历史的,人的历史性决定了理解的

[1] Dilthey, *Gesammelte Schriften*, Bd. VII, S. 291.

[2] Dilthey, *Gesammelte Schriften*, Bd. VIII, S. 151.

[3] Dilthey, *Gesammelte Schriften*, Bd. VII, S. 278.

[4] Dilthey, *Gesammelte Schriften*, Bd. IV, S. 529.

[5] Dilthey, *Gesammelte Schriften*, Bd. VI, S. 108.

[6] Dilthey, *Gesammelte Schriften*, Bd. VII, S. 205.

历史性。理解是与历史同步前进的,它是历史进程的一部分。从根本上说,理解和历史一样,始终是个正在进行的过程,没有绝对的开始和结束。"我们只是在不断接近的过程中理解生命",[1] 因此,"所有理解总是相对的,绝不能完全完成"。[2] 从历史性原则来看,这样的论断固然很彻底,但对要想作为精神科学基础的释义学的基础地位,却不能不构成疑问。如果所有的理解都是暂时的、相对的,永远不可能有最后的定论,那么以这样的理解为主要运作方法的释义学,又怎么能成为"基础科学"?熟悉狄尔泰原始问题的人不能不有这样的疑问。尤其是那些认为狄尔泰并未最终抛弃近代主客体分裂的认识论偏见的人,更会觉得狄尔泰陷入了历史相对主义的困境不能自拔,历史性原则使他无法实现给精神科学提供普遍有效的科学知识的初衷。[3]

这里关键点还在于如何认识狄尔泰的历史性概念:它究竟是个存在论范畴,还是一个认识论的概念?毫无疑问,在狄尔泰那里就像后来在海德格尔那里一样,它是一个存在论范畴,它规定的是人类的基本存在条件。由于"在我们是历史的研究者之前我们首先是历史的存在者,只是因为我们是前者我们才能成为后者"[4]。所以历史知识与自然知识不一样,后者是与研究者本身无关的关于自然的知识;而前者却是研究者自身存在的一部分。归根结底历史知识是人的自我理解。因此,如果说知识的话,那么历史知识是与自然知识根本有别的存在论知识,而不是笛卡尔—康德传统认识论意义上的知识,它要受到人存在的历史性的制约。但这是否意味着它根本没有普遍有效性,而只是任意的虚构?在历史性条件的制约下,人们能否获得普遍有效的历史知识?

面对这样棘手的问题,狄尔泰并没有像很多人以为的那样走向相对主义和怀疑论。他明确表示:"必须把相对的东西纳入一个更深的与普遍有效的东西的关系中。"[5] 他断然拒绝胡塞尔对他的"历史主义"和

---

[1] Dilthey, *Gesammelte Schriften*, Bd. VII, S. 236.

[2] Dilthey, *Gesammelte Schriften*, Bd. V, S. 330.

[3] Cf. Charles R. Bambach, *Heidegger, Dilthey, and the Crisis of Historicism*, pp. 127-185.

[4] Dilthey, *Gesammelte Schriften*, Bd. VII, S. 278.

[5] Dilthey, *Gesammelte Schriften*, Bd. VIII, S. 204.

"相对主义"的指控；在给胡塞尔的一封信中，他重申他"倾向精神科学普遍有效的基础，倾向表述历史知识的客观性"[1]。他试图用世界观学说（Weltanschauungslehre）来解决这个难题："世界观学说的任务……与一切相对主义相反，是要使人类精神与世界和生命之谜发生关系。"[2]

"世界观"并不是狄尔泰的发明，在他之前，歌德、施莱尔马赫、黑格尔、特兰德伦堡和叔本华等人都谈过世界观。随着先验哲学的破产的历史意识的兴起，世界观越来越成为人们关注的对象。在狄尔泰看来，历史意识就是"视觉的工具"，它使世界观成为关注的焦点和特殊的分析对象。可以说是历史意识导致世界观意识。历史意识使人们认识到认识主体不是抽象的和逻辑的，而是具体的和历史的。主体的这种具体性和历史性，体现在它受到文化、社会、历史、环境，甚至无意识的因素和旨趣的制约。世界观就是这些东西的关联整体，狄尔泰在他的世界观学说中对世界观的发生、关联、比较和发展作了全面的论述和研究，提出了哲学史上第一个完整的世界观理论。在某种意义上，这个理论可以说是他一生工作的总结，它结合了现象学、释义学和思想史，试图回答现代西方思想转折中最棘手的一些问题。然而，就像狄尔泰本人一直没有得到哲学研究者足够的重视一样，他的世界观理论也一直没有得到足够的重视，甚至在他的某些研究者那里，也往往被忽略。

世界观不是哲学家的发明，而是我们生活中不能没有的东西。人生在世，总会对世界和人生有某种态度。另一方面，世界和生命之谜，如生生死死、岁序轮替、世事无常、人类自由与自然力量与必然性的无穷斗争等，都会使人们想要有个说法。世界观就是这样的态度，这种说法。而在狄尔泰看来，世界观不是由特殊的个人，而是由生命本身产生的。世界观是意义的全体，它来自我们"在生命中的存在"（Darinnensein im Leben）。它是对我们全部经验的一个有机整体的解释。当然，世界观并不是纯粹理论的、科学的和哲学的，它包含无意识的态度和深层的预设，但这并不等于说它是非理性的。世界观不是一个逻辑的判断体系，而是知、情、意的综合体。这是因为，世界观是我们全部精神对我们经验整体的回应，

[1] From "Der Briefwechsel Dilthey und Husserl", ed. Walter Biemel, *Man and World* 1(1968): 428–446.

[2] Dilthey, *Gesammelte Schriften*, Bd. V, S. 406.

相对于我们对世界知、情、意三种态度,世界观也显示了精神的这三重结构。(1) 它给我们提供一个世界图像,即一批关于实在世界的知识和信念;(2) 一个建立在它们之上的价值判断结构,它表达了我们与世界的关系,以及我们在世界上发现的意义;(3) 由这价值结构和意义系统支撑的目的、理想和行为准则系统,它是世界观与实际世界的接触点,它使世界观成为个人和社会发展的一股力量。[1] 狄尔泰有时把它叫作"生命情绪"（Lebensstimmung）。[2]

世界观不是理论,世界观学说就是理论了,它研究表现在精神主要思想体系和作品中的意义。它是狄尔泰年轻时就想追求的"哲学的哲学"。世界观是相对的,世界观学说则不一定。但人们往往在混淆了两者后就轻易给狄尔泰扣上相对主义和历史主义的帽子。如果说世界观是人对实在的整体性解释的话,那么世界观的科学就是解释是解释。它解释的不是个别的心灵,而是历史、文化和社会中共同态度的一般结构整体。它还要区分世界观的类型,它是世界观的形态学。

狄尔泰区分了三种哲学世界观的类型。第一种是自然主义。自然主义认定感性知觉中的物理世界是唯一真实的世界。它所要理解与认识的是物理实在的规律性,精神现象在它看来只是派生与从属的。精神只是外部事物被动的感受者和记录者,自发的精神、自由意志都不存在,或都可以归结为物理或生理现象。价值与目的是人为的虚构,根本没有一点实在性。自然主义作为形而上学表现为唯物主义,作为伦理学表现为享乐主义,作为认识论表现为感觉主义,在艺术中表现为现实主义。狄尔泰认为当时流行的实证主义就是最新牌号的自然主义。但世界观不是封闭和静止的体系,它自身内在的辩证法（这是狄尔泰的讲法,实际是内部的矛盾和紧张）迫使它不断修正自己的前提。自然主义也不例外。自然主义内部的紧张是:事物对意识显现,但不能从显现的事物中派生出意识来;精神受自然制约,但它又能控制自然。这就迫使自然主义世界观向其他世界观转化。[3]

---

[1] Cf. H. A. Hodges, *The Philosophy of Wilhelm Dilthey*, pp. 85–86.

[2] 后来海德格尔的 Stimmung 概念与狄尔泰的这个概念相去不远,它们都不是指心理学意义上的"情绪",而是指意识最原始、最深层的倾向和态度。

[3] Cf. Dilthey, *Gesammmelte Schriften*, Bd. VIII, SS. 100–107.

第二种世界观类型是主观唯心主义，也叫自由唯心主义。它是古代雅典人的创造，基督教又对它加以保存和改造，成了基督教的官方哲学。对于主观唯心主义来说，精神高于自然实在，类型高于现实，应然高于本然。精神是主动的力量，它能将自己的形式加于自然。精神是一种创造性的力量，物理因果性对它无效。这就是为什么基督教能提出上帝从无中创造世界。在宗教中这种世界观表现为人格有神论；在艺术中它表现为史诗和戏剧形式；在哲学中它表现为先验主义和意志主义。主观唯心主义世界观是内在不稳定的世界观，因为它以作为"自我"或"主体"的精神相始终，就只能给社会文化世界提供一个脆弱的基础。它的预设必然经不起经验的检验。因此，它被迫要迁就经验传达的实在，否则就只有走向费希特式的主观唯我论。[1]

第三种世界观类型是客观唯心主义。客观唯心主义将精神与自然视为一个有机整体。这种世界观构成了传统形而上学的大部分。客观唯心主义将主体或自我视为与宇宙统一成一个发展的整体。特殊东西只是这个囊括一切的整体的各种功能，部分只有对整体而言才有意义。在宗教上这种世界观表现为泛神论和万有在神论，神人距离消失了。这种世界观内在的紧张存在于它渴望认知的整体和它把握的特殊之间。它最后往往只好承认大全只是一个象征或设定，而不是完全把握的实在。[2]

虽然给出了三个世界观类型，但狄尔泰一再声明，这种类型划分是临时的，只是为了帮助我们研究，为了让我们历史地看得更深一些。[3]世界观的学说就像一切方法一样，本身只是帮助我们去看，而不是目的。并且，狄尔泰区分的三种世界观类型其实是像韦伯的"理想类型"一类的东西，它们彼此间的界限其实没有那么清晰，往往是你中有我，我中有你。但不管怎么说，他的世界观类型论还是对后来的许多哲学家发生了影响，他们纷纷用这个理论来作为克服"原子论经验主义"的工具，这其中就有雅斯贝斯和斯宾格勒。他的世界观的科学也开了后来知识社会学和意识形态理论的先河。

然而，狄尔泰的世界观学说，却比他别的思想更容易"证明"他的

[1] Cf. Dilthey, *Gesammmelte Schriften*, Bd. VIII, SS. 107 - 112.

[2] Ibid., SS. 112 - 118.

[3] Dilthey, *Gesammelte Schriften*, Bd. VII, S. 86.

"相对主义"，甚至会觉得世界观学说就是他相对主义的登峰造极。狄尔泰是如何用这样一个理论来对付那棘手的相对主义问题的呢？其实，只要始终看清世界观学说或世界观理论与世界观不是一回事，狄尔泰的答案就不那么费解了。世界观当然是相对的，研究世界观的人的确也只能在世界观内部来研究它；但这不意味研究者只能在内部接受它，而不能在内部批判它，不能感到它们的局限和超越它们。人类思想发展史告诉我们，这是完全可以办到的。此外，世界观不是静止不变，而是发展着的，它要根据外在的情况不断重构自己。狄尔泰把这叫世界观内在的辩证法。

但不管是内在批判还是内在辩证法，都不能得到绝对的真理。在近代，绝对真理的概念是和先验哲学联系在一起的。而狄尔泰始终坚持反先验主义的立场，他的历史意识，使他根本无法接受建立在知识的阿基米德点上的绝对真理的概念；他和尼采一样主张视角主义。但这并不意味他拒绝普遍有效的知识。知识者也是他所考察的生活的参与者，但这不等于说他注定只有一个内在的视角。恰恰是历史相对性的意识提供了朝向超越世界观的客观知识的冲动。[1] 在他的著名论文"梦"中，狄尔泰承认历史意识使我们面对哲学体系和世界观的无政府状态。时间毁灭一切，只剩下一片思想的废墟。但这并不等于什么也没留下。每个体系本身都有真理，但是片面的，"纯粹的真理之光是通过残缺不整的光线给予我们的"[2]。"一切世界观，如果它们都寻求完全解决生命之谜的话，不变地包含着相同的结构。"[3] 精神及其创造的确是受制约和相对的，但这种受制约性也是真理的源泉。我们没有黑格尔和孔德那样的普遍科学，但仍然可以有有效的知识和真理。

然而，即便如此，任何根源于世界观的知识的普遍性主张与历史意识之间的矛盾还是无法消除的。狄尔泰承认，这是"当前哲学默默承受的最深刻的痛苦"[4]。绝对真理的强烈愿望和历史意识之间的紧张构成了历史最基本的反讽。[5] 在这里，狄尔泰实际上碰到了现代性反思所产生

[1] Cf. Michael Ermarth, *Wilhelm Dilthey: The Critique of Historical Reason*, p. 336.
[2] Dilthey, *Gesammelte Schriften*, Bd. VIII, S. 224.
[3] Ibid., S. 82.
[4] Dilthey, *Gesammelte Schriften*, Bd. V, S. 364.
[5] Dilthey, *Gesammelte Schriften*, Bd. VI, S. 60.

的一个根本悖论。康德以后，这个问题就越来越清晰、越来越紧迫地压迫着德国哲学家。狄尔泰把自己毕生的工作看作要解决这个问题。他在他七十诞辰演讲中这样总结他的工作：

> 我研究了历史意识的本质和条件——历史理性批判。这个任务引导我到这个最一般的问题：如果我们追究历史意识到它最终的结果，一个似乎不可接近的矛盾就产生了。一切历史现象的有限性，不管它是一个宗教、一个观念或一个哲学体系，因而一切人类关于事物联系的思想的相对性就是历史世界观的定论。一切都在过程中流动；没什么是稳定的。另一方面，产生了思想的需要和哲学对普遍有效认识的追求。历史世界观将人的精神从自然科学和哲学还没有打碎的最后锁链中解放出来。但克服威胁着打扰我们的信念无政府状态的手段在哪里？
>
> 我毕生在一长串本身与这问题相联问题上工作。我看到了目标。如果我倒在路边，我希望我年轻的同伴和学生继续走到这条路的尽头。[1]

很显然，晚年的狄尔泰已经完全超出了他当初的问题视域，他完全不像有人认为的，仍然还是笛卡尔、康德和近代早期自然哲学的认识论的提问思路，要追求绝对确定和普遍有效的知识理想。[2]历史意识早已使他明白那是一个不可能的理想。况且，狄尔泰的问题从一开始就不仅是认识论—方法论的给精神科学奠基的问题，或证明与精神科学联系在一起的历史—美学意识的正当性问题，而且是理论知识与实践的生命确定性的关系问题，即实践哲学的问题。精神科学对他来说首先是道德—政治科学。[3]他的思想，尤其是他的释义学，有很强的实践哲学倾向。

狄尔泰的"历史理性批判"从一开始就要克服近代科学与近代哲学造成的"理论科学与实践科学的错误分离，奠定区分自然科学与精神科

---

[1] Dilthey, *Gesammelte Schriften*, Bd. V, S. 9.

[2] Cf. Charles R. Bambach, *Heidegger, Dilthey, and the Crisis of Historicism*, p. 181.

[3] Cf. Manfred Riedel, *Verstehen oder Erklären?* S. 65.

学的基础"。[1] 近代形而上学一方面套用自然科学的知识模式来处理实践哲学问题；另一方面将实践哲学化约为私人的认识形式。结果不但是实践哲学的式微，也是知识与生命、科学与良知的分离。狄尔泰对这一问题有清醒的认识。他的"历史理性批判"不是建立精神科学的认识论，让它们能与自然科学分庭抗礼，而是要使它们所包含的经验和知识对哲学产生影响，以及解决人类理性自主性的根据问题。"历史理性批判"要追究精神科学经验（实践经验）可能性之条件，这条件就是人的历史生存，人特有的自发性（Spontaneität），即他的自由，本身在一定程度上是在历史世界的影响关联中自己决定的。这也意味着理性的自主性只能是相对的、历史的、有限的，取决于时间和环境，取决于社会—历史和科学经验过程。

在精神科学的研究中，知识与良知是不可分的。理解以人的全部经验，包括实践经验为前提。研究者不应该是一个纯粹的我思或无我的主体，而应该有他这么个人。狄尔泰批评兰克要在对象面前勾销他自己的做法是要去除理解的生命前提。狄尔泰的释义学以及他的整个思想始终强调科学与实践生活的相互关系。理解就是理解人类的目的，它是从人的实践关怀中产生。"科学思想的关联整体不是抽象而高悬于生命之上的，而是从生命本身产生，与实践兴趣的力量一切增长。"[2] 也因此，理解不是中立的，而是始终是批判的。但不是外在的批判，而是以批判对象的标准为基础的内在批判。狄尔泰思想的实践哲学本质使得任何对他思想的传统认识论理解都从根本上误解了他的思想。

狄尔泰拉开了20世纪德国哲学的大幕，他提出了许多重要的哲学问题——虽然没有解决，但他坚信可以解决。但是，对于现代性的根本问题——虚无主义（他把它叫作无政府状态），他却表示不知所措。虽然他不像尼采和海德格尔那么悲观，他仍想逼近对这个问题的解决，但他已没有时间了——时间把这个问题交给了他的后来者。

---

[1] Dilthey, *Gesammelte Schriften*, Bd. I, S. 225.

[2] Quoted from Michael Ermarth, *Wilhelm Dilthey: The Critique of Historical Reason*, p. 312.

II

埃德蒙·胡塞尔

Edmund Gustav Albrecht Husserl
1859—1938

第二章

虽然"现象学"一词现在在哲学界可谓无人不晓,但它并不是一个现代才出现的新概念。早在1736年,德国虔信派教徒欧廷格(Christoph Friedrich Oetinger)就已经用"现象学"(Phänomenologie)这个词来指可见世界表面事物间"神圣的关系系统"。后来,18世纪德国数学家、物理学家和哲学家兰贝特(Johann Heinrich Lambert)用"现象学"一词来指对一切经验理论都是基本的那种现象理论。康德在相似的意义上接受了这个词。黑格尔则写了《精神现象学》。由于兰贝特更为人所知,所以一般人都以为他是"现象学"一词的创始人。但是,现象学作为现代西方哲学中影响很大、至今仍在持续的一个哲学运动,与这个词的历史关系不大,而与胡塞尔的关系不小。虽然现象学运动包括许多观点立场有很大的差异哲学家,不同的哲学家对现象学有不同的理解,以至于《现象学运动》一书的作者施皮格伯格称它是"无定形的复杂的现象领域"[1],不少人(如海德格尔)对胡塞尔持批评态度,而胡塞尔也不认同他们的观点,但现象学自成一个传统,却是没有疑义的。现象学有今天的局面,绝非一人之功,但它得以出现,却与一个人的杰出贡献分不开。这个人就是胡塞尔。可以这么说,没有胡塞尔,就没有现象学。现象学在后来的影响的确不能完全归功于胡塞尔,甚至主要不是因为胡塞尔,但现象学的出现,没有胡塞尔却是不可想象的。

---

[1] 赫伯特·施皮格伯格:《现象学运动》,王炳文、张金言译,商务印书馆,1995年,第39页。

胡塞尔的生平和志业

　　1859年4月8日，胡塞尔（Edmund Husserl）出生于当时属奥匈帝国，现属捷克共和国的摩拉维亚一个叫普劳斯尼茨的小城，父亲是一个受人尊敬的说德语的犹太布商。胡塞尔9岁就去维也纳上文科中学。据他的妻子后来回忆，那时他是一个对学习有点冷漠的学生，没有拿过好成绩，上课睡觉，但已经显示出对数学的一种颖悟。[1]中学毕业后，他先是在莱比锡大学学了三个学期的天文学，旁听数学、物理和冯特（Wilhelm Wundt, 1832—1920）的哲学课，但没什么收获。他在莱比锡大学最大的收获是结识他的同乡，后来成了捷克斯洛伐克第一任总统的托马斯·G. 马萨里克（Thomas Garrigue Masaryk, 1850—1937），马萨里克年长胡塞尔9岁，当时已是博士。马萨里克是个自学成才的铁匠之子，专攻哲学和数学，非常钦佩布伦塔诺。在马萨里克的影响下，胡塞尔的兴趣从数学转向哲学，主要对近代哲学家笛卡尔、莱布尼茨和英国经验论，尤其是对贝克莱的思想感兴趣，常常在与其他同学的交谈中为贝克莱辩护。[2]这当然是因为马萨里克的影响，而马萨里克的这种哲学取向，又是来自他的老师布伦塔诺。

　　尽管马萨里克对胡塞尔的哲学兴趣有很大影响，他还不能使胡塞尔决心以哲学为业。1878年胡塞尔转到柏林大学学习数学与哲学，数学家魏埃斯特拉斯（Karl Weierstrass, 1815—1897）对他一生有特别的影响。胡塞尔后来经常提到魏埃斯特拉斯和布伦塔诺的人格与做学问的方式对他有塑造性的影响。他说他要为哲学做像魏埃斯特拉斯为算术做的事，即将它置于一个单一的基础上。在柏林他也听康德派哲学家泡尔生（Friedrich Paulsen, 1846—1908）的课，但由于兴趣不对路而收获不大。出于他父亲的愿望，和为以后就业考虑，胡塞尔没有在德国大学拿学位，而是于1881年转学去奥地利的维也纳大学，于次年在哥尼斯贝格（Leo Königsberger, 1837—1921）指导下，以一篇关于变量计算理论的博士论

---

[1]　Malvine Husserl, "Skizze eines Lebensbildes von Edmund Husserl", ed. Karl Schuhmann, *Husserl Studies 5* (1988), pp. 105‑125.

[2]　Dorion Cairns, *Conversations with Husserl and Fink*, Phaenomenologica 66 (Den Haag: Nijhoff, 1975), p. 47.

文获得他的数学博士学位。在维也纳大学,他与当时在那里任私人讲师(即不拿大学工资的编外讲师)的马萨里克重新聚首。马萨里克着手给了他两个影响终身的忠告:去听布伦塔诺的课和研读《新约》。这两件事对他产生了同一个结果——以哲学为终身志业。他后来在给一个学生的信中说,驱使他从数学转到以哲学为业,是由于强大的宗教经验和完全转变。《新约》对一个23岁的人的有力影响,产生了一种要去发现通过严格的哲学探究通向上帝和一种新的生活之路的动力。"[1]也是通过读《新约》,胡塞尔于1886年改宗路德新教。

1883年,在获得博士学位后,胡塞尔回到柏林去担任魏埃斯特拉斯的助手,帮助他写讲稿,但他对这个工作没什么热情,所以当魏氏生病时,他决定作为志愿兵去服兵役,以有时间冷静思考自己的未来。一年以后复员,胡塞尔终于能够像马萨里克劝告的那样,走进了布伦塔诺在维也纳大学的课堂。可以毫不夸张地说,正是布伦塔诺使胡塞尔成了一个真正的哲学家。在此之前,胡塞尔虽然也听过不同的人的哲学课,但如海德格尔所说:"他听到的哲学的东西不超过任何学生在这些课上得到的……只是在他毕业后,胡塞尔出席了那个当时被很多人讨论的人的课。布伦塔诺对问题和反思的热情给胡塞尔印象至深,他从1884年到1886年和布伦塔诺在一起待了两年。"[2]布伦塔诺是一个很有人格魅力的教师。他给胡塞尔的印象就是一个始终意识到伟大使命的人。他课程的语言没有任何做作,充满智慧。那种特别的、柔软而模糊的音调和像教士一样的手势,使他就像一个看到了永恒真理的人和另一个世界的宣告者。他脸部的线条似乎不仅证明了精神劳作,也证明了深刻的精神斗争。胡塞尔说他不能抗拒布伦塔诺的人格力量。布伦塔诺的课使他深信,哲学是一个真诚工作的领域,它只能以最严格的科学精神来对待,因而他打定主意要以哲学为业。[3]

布伦塔诺是一个有强烈科学倾向的经验论哲学家,对德国古典观念

[1] Husserl, *Shorter Works*, trans. by Frederick Elliston and Peter McCormick (Nortre Dame: University of Nortre Dame Press, 1981), p. 360.

[2] Heidegger, *Prolegomena zur Geschichte des Zeitbegriffs.* Gasamtausgabe 20 (Frankfurt: Klostermann, 1994), S. 29.

[3] Cf. Marvin Farber, *The Foundation of Phenomenology. Edmund Husser and the Quest for a Rigorous Science of Philosophy* (New York, Paine-Whitman Publishers, 1962), p. 9.

论哲学持极端的批评态度。黑格尔就不用说了，连康德他也根本否定：
"我认为康德整个哲学是一个混乱，一个产生甚至更大错误的混乱，最终
导致完全的哲学无秩序。我的确相信我从康德那里学了很多；但我学到
的不是他要教我的，而首先是哲学史依靠的那些名字的名声是多么诱人
和多么靠不住。"[1]布伦塔诺对英国经验论情有独钟。胡塞尔跟着布伦塔
诺读休谟，读穆勒，还有马赫。胡塞尔对休谟一直有很高的评价，认为他
是一个真正的先验哲学家和现象学的实践者，因为他对我们天真地把因
果性归于世界，而没有问问它是如何由我们构成的提出了疑问。布伦塔
诺对德国观念论哲学的态度也影响了胡塞尔，他后来承认，他花了相当时
间才认识到德国观念论哲学本质上是笛卡尔先验主体性的继续，是作为
严格科学的哲学这个理想的一个不成熟的版本。[2]

　　在胡塞尔看来，"布伦塔诺主要和令人钦佩的力量在逻辑理论"[3]。
1884年到1885年，布伦塔诺在维也纳大学开了一门题为"基本逻辑及其
必然改良"的课。这门课使胡塞尔获益良多。后来他把《逻辑研究》看作
试图证明布伦塔诺出众的天才。[4]柏林大学时，魏埃斯特拉斯已经向他介
绍了捷克数学家、逻辑学家和哲学家波尔查诺（Bernhard Bolzano, 1781—
1848）关于数和无限集的工作，他研读了波尔查诺的《无限的悖论》一书。
布伦塔诺则向他介绍了波尔查诺的科学理论（Wissenschftlehre）的思想。
波尔查诺真理本身和命题本身的思想一直为胡塞尔所坚持。

　　胡塞尔既然决心要当一个职业哲学家，就要着手按规矩写教授资格
论文。可是，此时布伦塔诺由于他的婚姻问题而被大学当局从教授降为
讲师。[5]这也意味着他没有资格指导教授资格论文。为此，他建议胡塞

---

[1]　Franz Brentano, *The True and the Evident* (London: Routledge & Kegan Paul, 1966), p. 10.

[2]　Cf. Husserl, *Aufsätze und Vorträge 1911–1921*, Husserliana XXV (Den Haag: Nijihoff, 1986), S. 309.

[3]　Ibid.

[4]　Husserl, *Vorlesungen über Ethik und Wertlehre*, Husserliana XXVIII (Den Haag: Nijhoff, 1988), S. 460.

[5]　布伦塔诺曾经当过天主教教士，按照当时奥地利与天主教会协议，只要当过教士，即使后来放弃了神职，也不能结婚。但布伦塔诺此时却要与哲学系一位同事的女儿结婚。他的婚姻当然被认为是非法的、无效的。在他的案子被复审时，他被降为讲师。

尔到哈勒大学去跟他的学生施通普福（Carl Stumpf, 1848—1936）做教授资格论文。正是在施通普福的指导下，胡塞尔于1887年完成了他的教授资格论文《论数的概念，心理学分析》。14年后，胡塞尔将《逻辑研究》题献给施通普夫。在与布伦塔诺在一起的两年里，胡塞尔对数学与逻辑的关系越来越感兴趣，感到需要搞清数学的基本概念，《论数的概念，心理学分析》就是处理这个主题的。"心理学分析"在这里是指描述心理学。胡塞尔要通过分析我们如何形成数的概念来从心理学上澄清算术。

完成教授资格论文后，胡塞尔成家立业，与一个叫玛尔维娜·施泰因施奈德的犹太女子结婚，婚后育有一女二子；同时在哈勒大学得到一个私人讲师的教职。胡塞尔在哈勒14年的经历是压抑和不愉快的，感到孤立和不被承认。[1]1891年他的第一部著作《算术哲学》出版，他把它题献给布伦塔诺。他本来准备写第二卷，是关于计算理论的，包括欧几里得几何学的哲学理论。但几乎第一卷甫一出版，他就发现这个计划有问题，后来放弃了。他写信给施通普福说，他认识到负数、无理数和虚数不是以基数为基础的，他不能以他最初设想的方式解释整个算术。他现在看到算术实际上是形式逻辑的一个部分。[2]1890—1900年这10年间，胡塞尔写了许多关于逻辑学的论文，这些论文的主题后来《逻辑研究》中得到了发展。1900年，《逻辑研究》第一卷出版。次年，他因此书被普鲁士教育部任命为哥廷根大学副教授。

到哥廷根后，胡塞尔精神为之一振，主要是因为那里的学术环境。哥廷根当时是德国数学研究的中心，大名鼎鼎的希尔伯特就在那里工作。希尔伯特曾对胡塞尔寄予希望，希望他能作为新逻辑的代表与他合作。可是希尔伯特最终失望了，因为胡塞尔的兴趣越来越在"主体性"问题、"先验观念论"和现象学方法上。虽然他继续读逻辑和数学方面的东西，也在哥廷根数学学会作过报告，但他的兴趣逐渐转到传统哲学，包括笛卡尔和康德。这在一定程度上是由于与那托普的交往。《逻辑研究》第一卷出版后，那托普给它写了一篇书评，称赞这部著作，但也指出胡塞尔低估

---

[1]　Cf. Dermot Moran, *Introduction to Phenomenology* (London and New York: Routledge, 2000), p. 72.

[2]　Ibid.

了康德的作用。[1]狄尔泰也对《逻辑研究》大加赞赏,将其誉为从康德的《纯粹理性批判》以来哲学的第一个大进步,说使他在自己的研究中有了一个突破。

有狄尔泰和那托普这样的哲学耆宿为之美言,胡塞尔及其现象学名声大震,影响远远超出胡塞尔在哥廷根的学生圈子。当时慕尼黑大学哲学教授李普斯(Theodor Lipps, 1851—1914)的一群学生在胡塞尔的影响下反叛师门。有个叫多贝尔特(Johannes Daubert)的学生在1902年就读了《逻辑研究》,1903年,他从慕尼黑骑自行车去哥廷根,与胡塞尔长谈12个小时,回去后成为一个死心塌地的现象学者。"现象学运动"这个词就是由多贝尔特的这个小组用来描述其活动的。当然,这个小组不仅对胡塞尔的思想感兴趣,也对布伦塔诺和他的学派,以及与之相联系的逻辑学、语言学、经验和理论心理学的发展感兴趣。慕尼黑的哲学现象学者是现象学的有效宣传者。后来,一些成员去了哥廷根,正式受教于胡塞尔,其中特别值得一提的是阿道夫·莱纳赫(Adolf Reinach, 1883—1917),他也是德国第一批读弗雷格的人。此人后来在胡塞尔指导下写他的教授资格论文,并担任胡塞尔的助手,胡塞尔对他有高度评价。施皮格伯格将1905年夏季学期发生的事称为"慕尼黑对哥廷根的入侵"[2]。这个"入侵"反过来使胡塞尔在哥廷根的教学产生了效果,为现象学运动奠定了坚实的基础,但没有为它的作者的学术生涯带来明显好处。虽然开始有了一定的名声和追随者,但胡塞尔的学术生涯并不一帆风顺,他申请正教授曾被拒,同事的贬低和自我怀疑一度使他对自己几乎失去信心。1906年胡塞尔终于升任正教授,此时他47岁。

在第一版《逻辑研究》中,胡塞尔把他的工作称为"描述现象学",到了哥廷根后,他开始只用"现象学"来指称自己的工作,并且不断试图彻底将他的现象学与一切心理学,包括经验心理学、实验心理学和布伦塔诺的描述心理学区别开来。在胡塞尔看来,心理学是一门正当的实证科学,它研究作为自然事件的心理过程,因而误解了意识;而现象学不

---

[1]   Cf. Dermot Moran, *Introduction to Phenomenology* (London and New York: Routledge, 2000), p. 76.

[2]   Barry Smith, Introduction to *The Cambridge Companion to Husserl* (Cambridge: Cambridge University Press, 1995), S. 6.

管和排除意识行动的生理性和它们在自然中的因果性,以便专注于它们构造意义的功能。现象学是通过纯粹直观和反思来进行的,它"排除任何同时设定异于意识的对象"[1]。随着他对德国古典哲学传统的日益重视(他在1907—1908年冬季学期曾作过一个4小时的演讲"康德和后康德哲学"),他开始认真重读康德,并开始用先验术语来描述他现象学的特征。这标志他开始了所谓的"先验转向",尽管这个转向要到1913年《纯粹现象学和现象学哲学的观念》出版才大白于天下。1911年,胡塞尔应李凯尔特之邀写了《作为严格科学的哲学》一文,发表在李凯尔特主编的《逻各斯》杂志上。比莫尔把这篇文章称为胡塞尔现象学的"战斗檄文"(Kampfschrift)[2],它既批判自然主义,又批判导致相对主义的历史主义。分别阐明了现象学描述的本质和现象学作为一切科学中最严格的科学的纲领性理想。1913年出版的《纯粹现象学和现象学哲学的观念》(即《观念I》)宣告先验现象学的正式诞生,但也使他的许多追随者离他而去,他们不能接受胡塞尔偏离《逻辑研究》的实在论立场而转向先验立场。但胡塞尔不为所动,坚持自己认定的方向不动摇。并且,为了与《观念I》的思想相一致,胡塞尔出版了《逻辑研究》第二版。这一版明确放弃将现象学与描述心理学相等同,并且把还原观念从自然事物引向意识的先验特征。此外,在第一版中,他基本按照休谟的路子,把自我看作只是一束意识行为,而在第二版中先验自我的理论占据了中心位置。

胡塞尔仅用8个星期就写完了《观念I》,紧接着他用3个月的时间写了《观念II》和《观念III》,但最终都未能在他生前发表。第一次世界大战使胡塞尔的精神状态陷入低谷,战争公债使他失去了在哥廷根的房子,使他两个天分很高的孩子一死一重伤。胡塞尔和当时大多数德国人一样,是爱国的民族主义者,认为上帝在德国人一边,直到1918年还相信德国会取胜。虽然战争使他的家庭付出了惨重代价,他还是为自己家庭对战争所作的贡献感到骄傲。他还写信鼓励当时也在前线驻扎的海德格尔。但他没有像舍勒和那托普那样写狂热的关于战争的爱国书籍。战争

---

[1] Husserl, *Aufsätze und Vorträge 1911－1921*, Husserliana XXV (Den Haag: Nijhoff, 1986), S. 75.

[2] 见 Walter Biemel 给 Husserliana IX (Dordrecht: Kluwer, 1991) 写的"编者导言", S. xvi。

后期,他在弗莱堡为服役的士兵作了三次题为"费希特的人性理想"的演讲,为此获铁十字勋章。[1]

1916年胡塞尔去弗莱堡大学接替李凯尔特的教授职位。弗莱堡是新康德主义西南学派的重镇,胡塞尔去弗莱堡也与他对新康德主义的欣赏与日俱增有关。1917年3月3日,他在弗莱堡大学作了题为"纯粹现象学:它的研究领域和方法"的就职演讲。在这个就职演讲中,胡塞尔表示他关心人类的精神生命,声称哲学只有通过现象学才可能成为严格的科学,说:"一切哲学学科都根源于纯粹现象学。"[2]现象学被他定义为"每一种对象的科学",而"对象"的意思只是指无论什么在意识中遇到的东西。经过世界大战的惨剧,胡塞尔清楚地看到,人类的精神需要通过哲学实践更新。在给日本的一家思想杂志《更新》写的三篇文章中,胡塞尔谈到了哲学和科学在创造一个普遍道德秩序中的作用。克服当时混乱的现实政治的唯一希望就是从精神上恢复人的目的感,复兴欧洲启蒙的理想。这种复兴在于确立作为一门严格科学的哲学。由此胡塞尔提出"人类精神性之本质的先天科学"[3]。1923年,柏林大学想聘他去,但他和后来的海德格尔一样,选择留在弗莱堡。

胡塞尔在弗莱堡遇到了海德格尔,对他的天才极为欣赏,提携帮助不遗余力。海德格尔正是靠他大力举荐才得以战胜普凡德(Alexander Pfänder, 1870—1941)和卡西尔而成为胡塞尔的接班人。但海德格尔从一开始就既认识到胡塞尔现象学的重要性,又觉得胡塞尔的思想还不到位,还不是真正的现象学,所以在课上不断公开或隐蔽地批评胡塞尔的思想。只是胡塞尔一直未察觉,还认为海德格尔最忠实于他的思想,现象学就只是他和海德格尔。等后来发现海德格尔与他的分歧后才写信给普凡德说他是"瞎了眼",没有看透海德格尔。这里当然也应该包括对海德格尔为人的不满。不过他还是承认海德格尔是一个出色的助手,曾经遵循他先验现象学后来的发展,而他早年慕尼黑的追随者没有一个做到过。[4]但

---

[1]　Cf. Dermot Moran, *Introduction to Phenomenology*, p. 81.

[2]　Husserl, *Aufsätze und Vorträge 1911 - 1921*, Husserliana XXV, S. 69.

[3]　Husserl, *Aufsätze und Vorträge 1922 - 1937*. Husserliana XXVII (Dordrecht: Kluwer, 1989), S. 9.

[4]　Husserl, *Briefwechsel*, vol. II, (Dordrecht: Kluwer, 1994), Ed. Karl Schuhmann, SS. 180 - 184.

《存在与时间》背叛了他的先验哲学。胡塞尔认为海德格尔在该书中只是透彻描述了自然态度，而没有试图将它悬置起来。在他看来，《存在与时间》只是一种现象学的人类学，以自然态度考察了在世的存在。彻底的先验批判正是要克服那种自然态度。此外，他认为海德格尔转向了狄尔泰和舍勒的生命哲学，对此深为不满。

胡塞尔在思想上是孤独的，虽然他不乏忠实的学生，但许多曾经的追随者或志趣相投者都与他产生了分歧而走上自己的思想道路，如海德格尔、舍勒和普凡德（慕尼黑学派成员）。就像马克思有一次说他自己不是一个马克思主义者一样，胡塞尔1931年在写给朋友古斯塔弗·阿尔布莱希特的信中说，他感到是那么孤独和与学生隔膜，他现在可把自己算作著名的"胡塞尔现象学运动"的最大敌人。[1] 他实际上意识到自己没有真正的继承者，说自己是"没有追随者的领袖"[2]。

胡塞尔1928年退休，推荐海德格尔接任。这时胡塞尔已经名满天下了。1929年，胡塞尔七十诞辰时，他主编的《哲学和现象学研究年鉴》为他准备了寿庆专号，4月8日的祝寿聚会，许多学生都躬逢其盛，包括海德格尔。国际荣誉也纷至沓来，胡塞尔成为美国艺术与科学学院荣誉成员，巴黎道德和政治科学学院通讯院士，英国科学院通讯会员。

胡塞尔的一生是典型的德国教授的一生：出生，上学，教书，死亡。但作为生在一个艰难时世的犹太人，胡塞尔经历过许多不幸，他的精神不会太愉快。他会习惯性的一段时间陷入精神低谷，消沉发呆。渡过低谷之后又会进入一个高度精神亢奋时期，进入工作狂（Arbeitsfieber）的状态。纳粹上台后，作为享誉世界的哲学家的胡塞尔，虽已退休，但仍未逃脱纳粹的迫害。他被吊销德国公民身份，不许使用大学图书馆，禁止出国开会，禁止进入大学，名字从哲学系的名册上抹去，从各种哲学组织中被开除，直到从自己家里被扫地出门。只有少数几个学生去看他。然而，胡塞尔以一个哲学家坚忍的态度来对待这一切，无论环境多么恶劣，坚持自己的哲学思考和研究。他甚至在纳粹禁止他进入大学的禁令反面写下了他的研究笔记，以至于有人将他在生命最后时刻表现出来的尊严与阿基

---

[1]　Husserl, *Briefwechel*, vol. IX, S. 79.

[2]　Husserl, *Briefwechel*, vol. II, S. 182.

米德"别碰我的圆"那句话的尊严相提并论。[1]纳粹的淫威并不能使胡塞尔停止自己的研究工作。在他生命的最后几年，胡塞尔主要关注发生现象学和他称为"世代性"（Generativität）的问题，即历史生成的发生方式问题。由于已经被禁止在大学讲课，他就在一系列在国外的演讲中发展了他的后期思想，其中包括1935年5月在维也纳作的《欧洲人危机中的哲学》，1935年11月14、15日在布拉格作的两次演讲。这些演讲后来成为《欧洲科学的危机》的一部分。这部著作本来计划有5个部分，但他后来写信给捷克哲学家帕托契卡（Jan Patocka, 1907—1977）说，这部著作已经太大了。1936年开头两个部分发表，第三部分完成了但没有出版，这部书胡塞尔没有最终完成就去世了。胡塞尔死于1938年8月15日，身后萧条，仅存的女儿和儿子已经移居美国。弗莱堡大学哲学系只有里特尔（Gerhard Ritter）一个人以私人身份出席了他的丧礼，海德格尔缺席，因为他卧病在床。[2]胡塞尔葬在弗莱堡，墓很朴素，没有墓志铭。但如果用他自己写的一段话作为他的墓志铭的话那就再恰当不过了："我们老人仍然在这里。时代的一个独一无二的转折：它给了哲学家——如果它没有夺走他的呼吸的话——太多的东西去思考。但现在：我思故我在，我证明我有权利活在永恒的形态中（*sub specie aeterni*）。这个，一般的永恒，世俗的权力无法触及。"[3]

胡塞尔著作等身，生前出版的著作不算，光死后留下的以速记方式写的手稿就超过45 000页。胡塞尔死后，比利时的一个教士海尔曼·列奥·范布雷冒着风险将胡塞尔的手稿从德国偷运到比利时，于1939年在比利时卢汶大学建立胡塞尔档案馆。胡塞尔已经发表的主要著作除《逻辑研究》和《纯粹现象学和现象学哲学的观念》外，还有《内在时间意识现象学》《形式和先验逻辑》《经验与判断》《笛卡尔式的沉思》《欧洲科学的危机和先验现象学》等。《胡塞尔全集》现在已出了30多卷，还出版了他的10卷《书信集》。但已经出版的著作与尚未出版的著作相比，只是

---

[1] Vgl. H. Lübbe, *Bewußtsein in Geschichten. Studien zur Phänomenologie der Subjektivität* (Freiburg, 1972), S. 32.

[2] Cf. Dermot Moran, *Introduction to Phenomenology*, p. 88.

[3] Quoted from Marvin Farber, *The Foundation of Phenomenology. Edmund Husserl and the Quest for a Rigorous Science of Philosophy*, p. 23.

冰山一角。

胡塞尔生活的时代是一个危机时代,这个危机不是一般的危机或暂时的危机,而是根本的危机,全面的危机。这种根本的危机,自黑格尔死后,就不断被人感觉到。到了胡塞尔的时代,稍有头脑的人都不否认危机的存在了。在胡塞尔看来,这个危机从表现形式上来看,是科学的危机,即科学失去了基础,但从根本上看,却是欧洲人生活的深重危机,也就是西方文明的危机,欧洲人一度稳定的价值系统为相对主义的各种世界观所取代,人们失去了自己生活的方向。胡塞尔就像公元前5世纪的苏格拉底和柏拉图一样,面对礼崩乐坏的世界,想要通过找到确定可靠、普遍的、永恒的东西,来重新给文明奠定基础。对于柏拉图来说,理型就是这样的东西;而对于胡塞尔来说,通过给科学奠定基础,找到科学的基础。这个基础,或这个基础所体现的东西,就是那绝对确定的普遍永恒的东西,也就是文明不变的基础。胡塞尔认为:"我们时代的真正的唯一有意义的斗争,是在已经崩溃的人性和尚有根基并为保持这种根基,或为新的根基而奋斗的人性之间的斗争。"[1]

胡塞尔的这个基本想法,支配了他一生思想的发展。他先是要使逻辑和数学免于偶然性和相对性的侵扰,将它们确定为纯粹先天的科学,或者说,将它们奠定在不变的认知形式或意识结构的基础上。然后他逐步展开意识内容的本质,阐明对象性的构成及其与意识的相关性,得出存在的意义和存在的有效性都只是意识的能力所致的结论。这样,以纯粹意识为研究对象的先验现象学就成了哲学的基本科学,成了"第一哲学"。虽然意向性作为意识行为的结构整体在后期胡塞尔那里成了包括自我和对象两极的"生命",但它的先验主体性并未因后期胡塞尔引入历史概念、它变成历史意向性而有所改变。因为意向性生命的时间,或历史,也是意识的先验先天性所致。生活世界概念的提出不是要否定这种先验先天性,而是要进一步肯定它的基础作用,因为胡塞尔在《欧洲科学的危机和先验现象学》中不是要将多元的生活世界作为基础提出;正好相反,他是要通过先验还原表明,即使是像生活世界这样产生意义的普遍境域,其

---

[1] Husserl, *Die Krisis der europätschen Wissenschften und die transzendentale Phänomenologie*, Husserliana VI, S. 13.

本身还必须回到一个更隐蔽的不变的基础上去。胡塞尔的现象学就是以这样一种寻找基础和奠定基础的哲学,或基础科学自诩。胡塞尔说它是"整个近代哲学的隐秘的憧憬"[1]。就此而言,我们甚至可以说胡塞尔仍属于近代哲学的传统。他以后的著名现象学传统的哲学家,从海德格尔起,却很少有人再去追求这个基础了。现象学的现代意义,正是通过那些人才得到彰显和发扬的。

布伦塔诺和胡塞尔

胡塞尔艰苦卓绝的哲学工作持续了半个多世纪。虽然胡塞尔的哲学道路中没有像康德的《纯粹理性批判》或维特根斯坦的《哲学研究》这样的革命性转折,但也还是可以分为几个明确的阶段。比较普通也比较流行的是胡塞尔晚年的学生和助手芬克(Eugen Fink, 1905—1975)的三阶段论,即胡塞尔一生的哲学发展可分为心理主义阶段(1887—1901),这个阶段叫"心理主义阶段"不是说胡塞尔自己信奉心理主义,而是指他与心理主义的斗争;第二个阶段是描述现象学阶段(1901—1913);最后一个阶段为先验现象学阶段。而美国学者莫汉蒂则提出四阶段论,即哈勒时期(1886—1900);哥廷根时期(1900—1916);弗莱堡教学时期(1916—1928)和弗莱堡退休后的岁月(1928—1938)。[2]但不管是三阶段还是四阶段,起点不可能有二。这个起点,应该是布伦塔诺的哲学。

之所以将布伦塔诺作为胡塞尔哲学的出发点来论述,当然不是因为他经常在课堂上说"我的老师布伦塔诺"[3],也不仅仅因为是布伦塔诺的课以及平时的教导、点拨使他选择了哲学,走上了哲学道路,更是因为布伦塔诺的哲学倾向和思想如他多次明确承认的那样,对他有形成性的、

---

[1] Husserl, *Ideen zu einer reinen Phänomenologie und phänomenologischen Philosophie. Erstes Buch: Allgemeine Einführung in die reine Phänomenologie.* Husserliana III/1, S. 118.

[2] J. N. Mohanty, "The Development of Husserl's Thought" in *The Cambridge Companion to Husserl*, p. 47.

[3] Cf. Marvin Farber, *The Foundation of Phenomenology. Edmund Husserl and the Quest for a Rigorous Science of Philosophy*, p. 8.

决定性的影响。[1]胡塞尔并不是从德国古典哲学家那里,而是从布伦塔诺那里知道了"现象学"。说布伦塔诺把他引上现象学之路,丝毫也不夸张。因此,不了解布伦塔诺对胡塞尔的具体影响,以及胡塞尔后来对布伦塔诺超越,就不可能真正掌握胡塞尔现象学的一些基本特征。胡塞尔的现象学必须从布伦塔诺开始讲起。

布伦塔诺(Franz Clemens von Brentano, 1838—1917)1838 年出生于德国莱茵河边马林贝格一个富有的贵族家庭,祖上从意大利移居德国。从个性上讲,他与胡塞尔形成强烈的反差。胡塞尔是典型的一板一眼的德国小资产阶级(雅斯贝斯对他的印象),而布伦塔诺则是一个热情奔放的、迷人的保守主义者,拉丁血统使他喜欢唱歌和讲俏皮话,他甚至还编过一本谜语书。但是,在哲学倾向上,布伦塔诺却更像英国人。布伦塔诺最初想在维尔茨堡大学跟托马斯主义者克莱门斯(Franz Jacob Clemens, 1815—1862)做研究苏亚雷斯的论文,但未几克莱门斯就去世了,他只好改换门庭,去柏林拜著名的亚里士多德研究者特兰德楞堡(Friedrich Adolf Trendelenburg, 1802—1872)为师,写了以"亚里士多德论存在的多重意义"为题的博士论文。海德格尔就是读了这部著作后与存在问题结下了不解之缘。1864 年,布伦塔诺在维尔茨堡大学完成他的教授资格论文《亚里士多德的心理学,尤其是他的能动理智的学说》。这篇论文为他后来说明心理行动奠定了基础。尤其值得注意的是,布伦塔诺反英国经验论之道而行之,提出当我们感到"冷"时,那么冷就"客观地"在我们身上。此外,布伦塔诺也认同亚里士多德的观点,心灵是意外地把握自己的,即在它思维其他对象时把握自己。在教授资格论文答辩时,布伦塔诺批评了康德的先验哲学和德国观念论,主张哲学是自然科学的继续。[2]

教授资格论文通过后,布伦塔诺成为维尔茨堡大学的私人讲师,学校主要让他讲哲学史,可他却对经验主义情有独钟,开课讲孔德和实证主义。由于反对天主教会的教皇无错论,他失去了在维尔茨堡的教职。1874 年,

---

[1] 胡塞尔晚年的学生法伯说胡塞尔承认布伦塔诺对他一生有决定性影响应该照字面上来理解(Marvin Farber, *The Foundation of Phenomenology. Edmund Husser and the Quest for a Rigorous Science of Philosophy*, p. 10)。

[2] See Eliam Campos, *Die Kantkritik Brentanos* (Bonn: Bouvier Verlag Herbert Grundmann, 1979), Dermot Moran, *Introduction to Phenomenology*, p. 28.

部分是由于洛采鼎力相助,他被教育部任命为维也纳大学的正教授。同年出版了他的代表作《经验观点的心理学》第一版。也就在这一年,冯特出版了他的《生理心理学原理》。这两部著作现在被视为经验心理学的基础文本。布伦塔诺接受早期新康德主义者朗格(Friedrich Albert Lange,1828—1875)的"没有灵魂的心理学"的口号,说传统上人们把灵魂作为"表象的实体承载者",而现在一切对灵魂实体的形而上学思辨都得避免。如此可以就心理过程本身研究它们,而不要提出实行它们的自我的性质问题,或产生支撑它们的因果生理过程。这里,布伦塔诺显然大致秉承了休谟的思路:我们经验的只是心理过程本身,而不是自我。[1]

1889年,布伦塔诺作了许多公开演讲,其中题为"论真理概念"的演讲对胡塞尔和海德格尔的真理观都有很大的影响。在这篇演讲中,布伦塔诺批评了当时的几种把真理解释成思想与事物符合的观点。布伦塔诺指出,符合论真理观的问题是需要一个进一步的判断来比较最初的判断与实在是否符合,这是不可能的,因为我们无法不靠我们的判断直接达到实在。布伦塔诺提出用"自明"(Evidenz)这个观念来重新解释"符合"。有些判断一看就是真的,即是自明的。它们断定什么存在,或是什么。判断不是像传统亚里士多德的说法,是"结合"或者"分隔"各要素,而是肯定某物存在,或就是这个样子。布伦塔诺和亚里士多德、笛卡尔一样,强调在判断中找到本身自明或确定的知识的必要性。真理就是认出被断定的东西,符合是给定的事物与它的自给性(Selbstgegebenheit)之间的符合。当我们把握某个判断为自明时,我们把它看作对所有人都自明;我们也理解它的否定对任何别人都不能是自明的。判断可以有自明性也可以没有。如果被判断的事物被给予了证明,那么这个被判断的事物就是自明的。正确判断就是像有证据的人断定某事物那样去断定该事物。[2]布伦塔诺的这个思想,是后来胡塞尔的"自明"观念的张本。

前面已经提到,胡塞尔认为布伦塔诺的逻辑学课程是最吸引他的。早在维尔茨堡时,布伦塔诺就提出改良亚里士多德的谓词逻辑。在布伦

---

[1] See Eliam Campos, *Die Kantkritik Brentanos* (Bonn: Bouvier Verlag Herbert Grundmann, 1979), Dermot Moran, *Introduction to Phenomenology*, pp. 29–39.

[2] Cf. Dermot Moran, *Introduction to Phenomenology*, p. 31.

塔诺看来，逻辑是正确判断的理论，而不是纯粹推论的技术。按照亚里士多德经典的看法，判断是将主词与谓词结合或分开。但在布伦塔诺看来，判断的主要形式是断定或否定，仅仅结合或分离还不是判断。一个神学家只肯定"上帝"而不是"上帝存在"。那么，判断就主要是断定存在，不需要采用主—谓形式，例如，"下雨了"就是一个存在判断，没有传统意义的主词。此外，布伦塔诺接受康德的观点，认为存在不是一个真正的谓词，因为它没有给所断定的东西加上新东西。虽然布伦塔诺接受传统判断的质与判断的内容的区分，但他不接受传统对命题内容或"判断内容"的性质的说明。在他看来，判断的内容始终是"表象"，经验的任何内容都是个别的。判断行动断定特殊物的存在，它们都是个别对象，它们根本不肯定或否定内容。在布伦塔诺看来，因为表象也能成为判断的对象，被判断的东西只是被表象的对象，而不是命题内容。布伦塔诺似乎不能区分判断本身的意义内容和如果判断是真的就保持的事态。他并不完全理解判断内容和判断对象的区别，即使在他的学生如波兰哲学家特瓦多夫斯基（Kasimir Twardowski, 1866—1938）提出这种区别时还是这样。这主要是由于他所谓的 Reism（唯个别实在事物存在）。[1] 但不管怎么说，布伦塔诺修正亚里士多德的逻辑理论的一个结果是判断行动，而不是事物或概念，才是真理之所在，真理取决于人的精神行动，胡塞尔后来称这种观点为心理主义。[2]

布伦塔诺认为哲学是一门精确科学或严格科学，这一思想对胡塞尔影响至深。这其实是把笛卡尔确定知识的理性彻底化。而这个哲学观与布伦塔诺思想中的科学主义倾向有很大关系。布伦塔诺的观点是，哲学的方法就是自然科学的方法。在布伦塔诺眼里，德国古典哲学几近神秘主义，唯独英国经验论让他心醉。对实证主义者，无论是孔德还是马赫，他都好评有加。但他反对休谟和英国的联想主义心理学，反对将心灵看作被动地接受印象，而主张用内知觉（innere Wahrnehmung）代替英国经验论的内省论（introspectionism）。所谓内知觉，就是意识行动的知觉。我们所有的外知觉，如看到一棵树，或听到一个声音，都伴随着对这个意

---

[1] Reism 是波兰哲学家考塔拉宾斯基（Tadeusz Kotarabinski, 1886—1981）发明的一个术语，意指只承认个别实在的事物存在的存在论思想。

[2] Cf. Dermot Moran, *Introduction to Phenomenology*, p. 38.

识行动（看或听）本身的意识。亚里士多德已经发现，看本身不能是视觉的对象。用布伦塔诺的话说，我们晓得我们有知觉，但我们不能直接观察这些知觉。而这些不能外在观察的内知觉，恰恰是最重要的，因为它们其实就是意识行动本身，是人类一切其他行动的基础。描述心理学就是以它为对象，它是关于内知觉的无可置疑的科学，研究心理行动诸要素和它们的关系。描述心理学将使哲学建立在科学方法的基础上。胡塞尔完全接受布伦塔诺哲学是一门严格的科学的思想，并将此作为自己的哲学理想。而描述心理学似乎是提供了一条通向作为严格科学的哲学的方便途径。因此，胡塞尔在从事哲学研究最初10年就认为自己的工作是推进布伦塔诺的"描述心理学"，把现象学等同于描述心理学。

被人们谈得最多也被认为是布伦塔诺对胡塞尔最重要的影响，无疑是他的意向性思想。一般认为，"意向性"这个概念最初是由经院哲学家发明并带入哲学的，布伦塔诺只是继承了中世纪经院哲学的这个概念并加以改造。但根据美国学者 B. 史密斯的研究，意向性这个概念起源于亚里士多德。亚里士多德认为，在知觉中，心灵接纳的是被认识对象的形式，而不是它的质料。例如，眼睛的质料是由于被看见的东西的颜色我们才对它有印象。中世纪的阿拉伯哲学家改进了亚里士多德的理论。阿维森那区分心灵中的形式和对象中的形式，将前者称为 ma'ná，即意义或信息。中世纪哲学家用拉丁词 intentio 来翻译阿维森那的这个术语，它的动词形式意思是对着或伸向某物（尤其是通过拉弓弦），于是，心灵形式就意向对象形式。在此意义上的意向内容的观念是许多中世纪哲学的共同特征。英国经验论的"观念"（idea）概念和德国观念论哲学都把一切对象纳入心灵，从而抹去了对象与思维对象的区别，古典的意向性观念湮没了。[1]

布伦塔诺的功绩就是将这个重要的哲学概念从历史的尘封中重新带到哲学的前台。然而，他自己并没有使用"意向性"这个观念，而是说意向对象或意向关系。在《经验观点的心理学》中布伦塔诺写道："每一种精神现象都可以用中世纪经院哲学家称为一个对象的意向（或精神）内存（Inexistenz）来描述其本质特征，我们可以，虽然不是完全明确的，将

---

[1]　Barry Smith, Introduction to *The Cambridge Companion to Husserl*, p. 15.

其称为与一个内容的关系、指向一个对象或内在对象性。每一个精神现象都在自身包括作为对象的某个东西，虽然它们包括的方式不同。在表象中某物被表象，在判断中某物被肯定或否定，在爱中被爱，在恨中被恨，在欲望中被欲望，等等。"[1]在1889年的演讲"我们对和错的知识的起源"中他说："一切心理东西的共同特征，不幸人们常常用'意识'这个误导的术语来指它，在于我们与一个对象的关系。这关系被称为意向的；它是一种与某物的关系，此物可不实际存在却被表象为一个对象。除非有某物被听见就不会有听，除非某物被相信就不会有相信，除非有物被希望就不会有希望，等等，适于一切其他心理现象。"[2]这就是说，意识行动或心理现象总是与一个意向对象联系在一起的。

意向对象的概念使布伦塔诺可以区分心理现象和物理现象。心理现象的特征就是它们是对象意向的或精神的内存在，是与一个对象或内在对象性的一种关系。但由于它们包含对象的方式不同，它们的对象的性质也就不同。布伦塔诺一开始承认有非实在（Irrealia）对象存在，但后来由于他的唯个别具体实在事物存在论（Reism），他认为承认"非实在"对象是错误的。胡塞尔以及他的别的一些学生，如特瓦尔多夫斯基、梅农等就在这个问题上与他分道扬镳了。在布伦塔诺看来，心理现象只能在内知觉中感到，只有外知觉才能感知物理现象。物理现象只是现象和意向地存在，而心理现象实际存在也意向地存在。因而，认识、快乐和欲望现实地存在，但颜色和热只现象地和意向地存在。

胡塞尔在作为严格科学的哲学观念上、在描述心理学上、在逻辑和数学的基础问题上、在意向性和自明观念上都受到了布伦塔诺积极的、可以说是决定他一生哲学路向的影响。但是，就像亚里士多德之于柏拉图和后来海德格尔之于他一样，胡塞尔也不是一个亦步亦趋的学生。他在所有这些问题上都与老师有重大的分歧，以至于布伦塔诺明确对他的著作表示反对和担忧。布伦塔诺其实已经完全无法理解胡塞尔的工作，就像胡塞尔后来无法理解海德格尔的工作一样。他甚至怀疑胡塞尔批判心

---

[1] Franz Brentano, *Psychologie vom empirischen Standpunkt* (Hamburg: Meiner, 1973), SS. 124-125.

[2] Franz Brentano, *The Origin of Our Knowledge of Right and Wrong*. Trans. R. M. Chishmold and E. H. Schneewind. (London: Routledge & Kegan Paul, 1969), p. 14.

理主义矛头就是指向他。与后来海德格尔批评他没有把握现象学的真正精神一样,胡塞尔也认为布伦塔诺没有把握意向性的真正性质,因而也没能在哲学中使用它。胡塞尔指出,在他的第一部著作(即他1887年的教授资格论文)中他的整个思想模式已经完全不同于布伦塔诺的了。从表面上看,布伦塔诺寻求一种心理学,它的整个主题是"心理现象",即对某物的意识。但他的心理学根本不是一门意向性的科学,意向性的真正问题从来就没有对他揭示过,他甚至没有看到,也没说清有关的意向对象本身。对于意向隐含、意向变式、自明问题、构造问题等等,他也都没有深入想过。他老年的著作被胡塞尔看作"蒸馏过的经院哲学"[1]。这些毫不留情的批评表明,胡塞尔从一开始就非常自觉地要走自己的路,虽然是沿着布伦塔诺布下的路牌。

《算术哲学》

胡塞尔的第一部著作是《算术哲学》,这部著作往往不被人注意和重视,似乎它是一部胡塞尔早期不成熟的著作,甚至是失败的著作,其心理主义方法论的取向不仅遭到弗雷格的批评,而且胡塞尔自己最后也得出了与弗雷格同样的结论,这似乎在暗示,《算术哲学》是一部胡塞尔本人后来也否定的著作。然而,胡塞尔晚年的学生法伯却告诉我们,"《算术哲学》在很多方面都是一部独特和重要的著作"[2],"可以说,这部著作含有理解胡塞尔哲学的最佳线索。即使现在,读《算术哲学》还是有很好回报的"[3]。胡塞尔的另一个学生,捷克哲学家帕托契卡也说:"《算术哲学》是一切未来那些关心的根。"[4]这就提醒人们不能对《算术哲学》掉以轻心,而应将它视为胡塞尔哲学的发轫。

---

[1] Marvin Farber, *The Foundation of Phenomenology. Edmund Husser and the Quest for a Rigorous Science of Philosophy*, p. 15.

[2] Ibid., p. 54.

[3] Ibid., p. 25.

[4] Jan Patocka, *Introduction to Husserl's Phenomenology*, trans. by Erazim Kohák, ed. with an introduction by James Dodd, (Chicago and La Salle, Illinois: Open Court, 1996), S. 24.

胡塞尔后来在《逻辑研究》第一卷里回顾说，在《算术哲学》中他是要"从哲学上澄清纯粹数学"[1]。但胡塞尔的这个陈述不能使我们误以为他的兴趣只是在数学，因为他的专业背景是数学。相反，这个陈述应该提醒我们，他的这部著作的目的是哲学。如前所述，胡塞尔完全接受布伦塔诺作为严格的科学的哲学的理想。所谓"严格的科学"，在西方人看来，至少要具备如下四个特征:(1)证明(Evidenz);(2)批判;(3)解释;(4)逻辑同一。要求证明是要避免任意;要求批判(包括自我批判)是要避免错误;要求解释是要澄清主张和避免隐藏的假定;要求逻辑同一是为了避免矛盾。数学是最符合这四个特征的。所以，从古希腊开始，数学在西方科学中就有独特的地位。到了近代，随着哲学家对知识确定性的追求越来越强烈，数学在许多哲学家那里也就有了严格科学的典范的地位。哲学家自觉以数学为榜样来构建自己的哲学，从笛卡尔开始就不绝如缕。但胡塞尔不是以数学为榜样来构建自己的哲学，而是要通过阐明纯粹数学的基础从而阐明哲学的基础。

数学的东西(如数、圆、直线或三角形)与语言一样，我们不能像遇见鸟兽虫鱼这些自然物和房屋桌椅这些人造物那样在世界中遇见它们，并且，它们也不像那些自然物和人造物那样，它们只在我们计算时存在，绝不能自在自为地存在。然而，它们具有普遍有效性，不管谁计算，不管在什么不同情况下计算，只要计算正确，结果对所有人都是一样的。在此意义上，数学是客观的。逻辑的情况也与此相类似。在古希腊，数学和逻辑是哲学的工具，同时也是哲学的榜样，哲学从它们那里学会理解宇宙的秘密。到了近代，哲学屡遭怀疑，数学与逻辑却安然无事。可是，哲学概念与数学概念在性质上并无两样，它们同样是理想的一般化，先于经验却能用之于经验。弄清数学的基础，作为严格科学的哲学的基础也就基本清楚了。归根结底，它们有同一个基础。阐明这个基础，其实就是直面它的正当性和合法性。

胡塞尔在《算术哲学》的"自白"中说，他在这部著作中有两个任务，一是分析算术的基本概念;二是从逻辑上弄清算术使用的符号方法。

---

[1] Husserl, *Logische Untersuchungen I*, Husserliana XVIII (Den Haag: Nijhoff, 1975), S. v.

这部著作的两个部分就对应这两个任务。[1]具体而言,前一个任务是要用心理学方法来分析数学的基本概念:多、一、数。为什么?因为"那时我从流行的信念出发,即从哲学上阐明演绎科学的逻辑学和一般逻辑学,必须寄希望于心理学"[2]。心理学方法在胡塞尔眼里显然成了哲学的基本方法。但逻辑分析的方法同样是胡塞尔的基本方法。逻辑分析导致一些基本公理,它们包括由于其简单性无法定义的那些概念。严格来说,《算术哲学》的方法是逻辑方法论和心理学方法论的结合。将逻辑学与心理学结合在一起是当时一些哲学家的流行做法,但胡塞尔却因此形成了标志着后来现象学方法的"双重分析模式"。

在《算术哲学》的第一部分中,胡塞尔从心理学的角度探究多、一和数这些数学的基本概念,他不把它们看作在符号形式中给予的东西,而是看作类似柏拉图的理型一样的理想或抽象对象,具有客观存在或客观性。然而,这些理想的对象又总是作为我们的表象,即某种主观的东西出现在我们的认识中。这种对象似乎既是自在的,又是在认识中被给予的。这说明我们的经验存在着主观和客观两个方面。这两方面的关系,始终是胡塞尔工作的中心主题。《算术哲学》用心理学方法分析数学的基本概念,是要从主观方面着手来探讨这种关系。此时胡塞尔的基本哲学思想和方法论思想还是来自他的两个老师(布伦塔诺和魏埃斯特拉斯),即认为要弄清一个观念就要决定它的心理学起源;数学主要是一种计算艺术;算术主要与实数有关;有两种表象:直观表象和符号表象。《算术哲学》的第二部数学事物的符号表象,表明一般算术的逻辑起源限于符号和数字的表象。

胡塞尔在《算术哲学》中使用的心理学方法具体而言,就是反思和分析基本思维过程的体验(Erlebnis),这是他老师布伦塔诺主张的以事实为基础的经验主义的方法。胡塞尔将这种方法用于我们获得多和量这些基本数学概念的体验。一方面,多、量和数这些算术观念会有力地把它们的性质表象为一般和理想的意义单位,在处理相同的意义单位的不同思维过程中是客观的和同一的。但另一方面,算术这门学科清楚表明,算术关系没有特

[1] Husserl, *Philosophie der Arithmetik* Husserliana, XII, (Den Haag: Nijhoff, 1970),
     SS. 287–288.
[2] Husserl, *Logische Untersuchungen I*, Husserliana XVIII (Den Haag: Nijhoff,
     1975), S. vi.

殊的精神活动是不可能的，它们不是外在事物加于我们的关系的纯粹内在图型化。客观性并不完全独立于主体的活动。胡塞尔要通过说明数是如何发生的来处理数学的主观性和客观性的问题。胡塞尔的说明如下：

> 量是一个种，是对多的一个说明。量和多是抽象概念。具体各种思维对象构成了人们从中抽象出它们的基础。与这种抽象相关的，当然不是质或任何化在一个聚集中的事物的各个方面，而是将这些对象统一在一起的方式，它们被引入的那种特殊关系。[1]

胡塞尔根据布伦塔诺对物理现象和心理现象的区分，区分出原始关系和心理关系这两类关系。如上所述，"物理现象"在布伦塔诺那里是指颜色、声音、风景、气味、冷暖等完全在"外部世界"的东西，而"心理现象"是指与对象有意向关系的现象，如颜色的表象、关于某事的判断，等等。同样，对胡塞尔来说，原始关系就是非意向地包含它们的基本部分的那些关系；心理关系则是意向地包含它们的那种关系。原始关系的基本部分是根据内容关系在一起的：相等、分等、连续、广延和质的结合（如颜色）、逻辑限定。相等或类似这些关系只能通过其成员有某种特殊内容才能实现。相反，心理关系是它们的内容只是由于我们心灵的行动才联系在一起。对象并不要求心理关系，心理关系对内容完全无所谓，内容的任何变化都对它没有影响。[2]

心灵对象总括在一个统一中就是一种心理关系。它在于无论统一什么对象，都不考虑具体内容，只是通过心灵行动把它们简单地作为"一个东西"统一起来。这种聚集可以无限继续下去。多就在于这种纯粹聚集而不具体说明聚集的种类（1＋1＋1……）。一个被具体说明为是某类聚集（一个什么＋一个什么＋一个什么，……）的多构成一个量。因此，量是从纯粹心理的总括关系中，从一个聚集统一中产生的。反思，就是看到这种纯粹意向关系，使得那种总括过程成为一个对象，产生了量的概念。胡塞尔就这样用他的经验主义的心理学方法得到一个普遍理性

---

[1] Cf. Jan Patocka, *Introduction to Husserl's Phenomenology*, pp. 20–21.

[2] Ibid., pp. 21–22.

的、理想的结果。[1]

但这里有一个明显的矛盾。帕托契卡对此有很好的分析：经验方法能做的只是接受给予的个别材料，从它们派生出经验抽象，最终形成用来阐明给定观察的种种假设。但真正需要阐明的东西并没有这样的材料的特征，而是理想的概念。这样的概念是精确科学最严格的真理的基础，不依赖于经验。我们根本就不可能从根本经验材料达到这种概念。此外，胡塞尔在《算术哲学》中讲的对个别体验的反思把一个主观始终作为它的对象。从这样一个经验过程得到的一个抽象只能达到经验的概括，不可能达到包含普遍必然认识的量和数这样的对象。胡塞尔没有明确，他分析的那些数学概念，究竟是客观对象，还是某种主观的东西。即使是主观的东西，也没有明确究竟是取它的经验偶然性，还是取它有某种必然结构。这就造成一种悖论：即使我们发现的是一个主观过程，但这个主观过程也可以导致一个客观的、对象性结构。因此，胡塞尔的"心理关系"也是暧昧不清的。一方面，这种关系可以被理解为是一种心理实在；另一方面，又是某种理想的东西，一个普遍的统一。[2]胡塞尔这里暴露的矛盾，要等到他掌握了意向性的思想后才能得到解决。但可以肯定，他在《算术哲学》中并不是要把数学概念心理化，而是要说明它们如何产生。

尽管有种种不足，《算术哲学》仍可算是胡塞尔的一部重要著作。它的重要性在于它试图处理的问题，即理想概念的实质的客观性，以及有关它们的规律的特殊性质，这些规律并不取决于经验概括，还有能达到这样的客观规律的主观性的性质。它们构成了胡塞尔哲学的主要动机。这些问题若能得到圆满的回答，哲学作为严格科学的地位也就确定无疑了。《算术哲学》对我们的意义也就在这里。"仔细的现象学的研究者肯定能发现《算术哲学》是有启发的，有助于理解胡塞尔思想中始终有效的那些动机。"[3]

此外，胡塞尔在《算术哲学》中显示了他杰出的分析才能。他对原始关系和心理关系的区分对于他后来理解种种数学构成起到了关键作用，

---

[1] Cf. Jan Patocka, *Introduction to Husserl's Phenomenology*, p. 22.

[2] Ibid., pp. 22–23.

[3] Marvin Farber, *The Foundation of Phenomenology. Edmund Husserl and the Quest for a Rigorous Science of Philosophy*, p. 54.

它们不是经验给予的,而是自发活动自由构成的。除了原始关系与心理关系的区分外,《算术哲学》的另一个区分也值得一提,就是数的内在概念与数的符号概念的区分,它导致后来对纯粹赋义行为及其实现的分析。[1]

《算术哲学》发表后得到了一些正面的书评,但也遭到了弗雷格1894年在《哲学和哲学批评杂志》上的严厉批评。弗雷格的批评并不能说完全公正,这里有对胡塞尔对他的批评的反批评。但最主要的批评还是站得住脚的。首先,他批评胡塞尔由于其心理主义混淆了心理学和逻辑学,因而未能区分表象和表象的对象,例如月亮的观念和月亮本身。其次,弗雷格根据波尔查诺对表象和意义的区分,批评胡塞尔未能区分表象(Vorstellung)和概念(Begriff)。胡塞尔的心理主义使他不懂得区分"真"(概念)和"信以为真"(表象)。据在胡塞尔弗莱堡时期的学生,也是《观念I》英译者的吉普森(W. R. Boyce Gibson)在日记中记载,胡塞尔感到弗雷格的批评像在他头上砸了一根钉子。[2]一般认为,正是弗雷格的批评,使胡塞尔看到了心理主义的危险,从心理主义立场走向反心理主义。但美国学者莫汉蒂不同意这个看法。弗雷格批评胡塞尔未能区分表象和表象的对象,当然是根据他的意义与指谓的学说。但据莫汉蒂说,胡塞尔在1891年就已经区分一个术语的意义和指谓了。胡塞尔克服心理主义和接受客观纯粹理解理论不取决于弗雷格对《算术哲学》的评论。[3]尽管如此,胡塞尔《算术哲学》的立场的确是心理主义的。

从《算术哲学》发表到《逻辑研究》这段过渡期间胡塞尔的兴趣始终在与逻辑有关的哲学问题上。部分是由于弗雷格的批评,部分是由于他自己的探索,他渐渐转向反心理主义的立场。其间有两篇文章值得注意。一篇是大约写于1896年的对瓦多夫斯基的《表象的内容与对象》的书评。瓦多夫斯基在他的这篇教授资格论文中,区分了表象的内容和表象的对象。被表象的是表象的内容;通过表象被表象的是它的对象。这种区分解决了无对象的表象的悖论。按照布伦塔诺的唯个别具体事物存

---

[1]　Cf. Jan Patocka, *Introduction to Husserl's Phenomenology*, p. 25.

[2]　Cf. Dermot Moran, *Introduction to Phenomenology*, p. 73.

[3]　J. N. Mohanty: "Husserl and Frege: A New Look at Their Relationship", in *Husserl, Intentionality, and Cognitive Science*, edited by Hubert L. Dreyfus with Harrison Hall (Cambridge, Massschusetts: The MIT Press, 1984), p. 51.

在论（Reism），这其实是一种极端的传统实在论，"方的圆"和"当今法国皇帝"这样的表达式或表象显然是悖论，因为不存在这样的东西。瓦多夫斯基通过区分"意向存在"和"真正存在"解决了这个问题。每个表象都有一个意向存在意义上的对象，也就是表象内容，但不是每个表象都有真实存在意义上的对象。像"方的圆"或"当今法国皇帝"这样的表象只有意向存在的对象，即表象的内容，但没有表象的真正对象。胡塞尔不同意瓦多夫斯基区分意向或"内在"对象和真正存在的对象的做法。在他看来，不能把对象分为两类，一类真实地存在，一类只是意向地存在。他说，狮子就是狮子，没有两类不同的狮子，倒是有两类表象。这就意味着，对象的存在论地位取决于表象的种类和判断的种类。这是胡塞尔现象学很重要的一个思想。在胡塞尔看来，"一个对象"和"一个实际存在的对象"完全是一回事（他在《逻辑研究》中坚持了这个立场）。属于对象最根本的东西是它的意义（Beduetung），而与对象的关系（gegenständliche Beziehung）指向真理或判断的整体关系。表象的内容不是像一幅图像那样的"内在"对象，而是它的意义。真理，作为意义与其对象的符合，得理解为意义与实现它的直观的一致（Deckung）。[1] 此时胡塞尔还未把意义看作某种存在物，而只是表象在某种判断语境中具有的功能。[2] 该过渡时期的另一篇重要文章是写于1894年至1896年间的《意向对象》。[3] 在这篇文章中胡塞尔区分了意识行为实在的心理内容和理想的逻辑内容，后者也就是意义。这些区分使得胡塞尔可以将精神过程的心理成分与逻辑中使用的不变的理想意义分开，从而将这两者与作为意义构造的行为的现象学特征相区分，这对于理解现象学的真正领域非常关键。

《逻辑研究》及其突破

　　《逻辑研究》是现象学的奠基性著作，也是胡塞尔最重要、最有影响

[1]　Cf. Husserl, *Aufsätze und Rezensionen (1890–1910)*, Husserliana XXII (DeN Haag: Nijhoff, 1979), S. 345.

[2]　J. N. Mohanty, "The Development of Husserl's Thought", p. 50.

[3]　Husserl, *Aufsätze und Rezensionen (1890–1910)*, Husserliana XXII, SS. 349–356.

的著作之一。这部著作分为两卷,第一卷的副标题是"纯粹逻辑学导引"（以下简称《导引》）,第二卷副标题为"现象学和知识论研究",由六个不同的研究组成。这部著作已经被公认是20世纪西方哲学最重要的著作之一,也是胡塞尔现象学的奠基之作。这部规模宏大的著作是胡塞尔10年辛勤劳动的结果,是他对数学和逻辑学的本质不断反思的结果。

　　《逻辑研究》实际上是从胡塞尔认为他在《算术哲学》中失败的地方开始的。他在第一卷的前言中告诉我们,用心理学给逻辑学奠基的方法不能使他满意,在思维的心理联系如何过渡到思想内容的逻辑统一（理论统一）这一关键问题上他实际是失败了。失败的原因他也很清楚,就是他的心理学方法。他感到不得不对"逻辑学的本质,尤其得对认识的主观性和认识内容的客观性之间的关系作出普遍必然的反思"[1]。在胡塞尔看来,逻辑不是正确思维的技术或推理规则,也不是纯粹的思维方法,而就是可以给一切科学理论奠基的科学的哲学。数学基本概念的基础,也只有逻辑学,而不是心理学才能给予。但是,胡塞尔发现,他那个时代的逻辑无法完成这个任务。当时的逻辑学家对于逻辑学究竟是一个理论学科还是实践学说,或换句话说,是科学还是技术,还聚讼纷纭、莫衷一是。有些人认为,逻辑学是一门理论学科,它的主题本质上独立于心理学,它处理的是纯粹的认知形式而不涉及内容,因此是像算术那样先天的学科。对于其他人来说,它是一门实践艺术,以心理学为基础,即以一门经验学科为基础,因而依赖经验内容,在一切实质方面都是后天的。例如,J. S. 穆勒就认为,逻辑只是心理学的实践应用,尤其是认知心理学的实践应用。心理主义必然由此产生。产生心理主义的论证如下:如果我们把逻辑规定为思维术、判断和证明的艺术、追求真理的艺术,那么这种实践技术的对象就始终指着某种心理的东西,一种精神的活动或它的产物。因此,心理的东西就是逻辑学实践地和规范地处理的内容,而处理精神,尤其是心灵过程之规律的心理学,因而就包含作为一种技术的逻辑学的基础。

　　但是,胡塞尔自己在反思数学和逻辑学基础的过程中,已经发现这

<hr>

[1] Husserl, *Logische Untersuchungen I*, Husserliana XVIII (Den Haag: Nijhoff, 1975), S. vii.

种思路根本是错的。要真正把握逻辑学的本质以及与此本质相关的哲学的基本问题,即主观性与客观性的关系问题,必须首先批判心理主义,然后深入到纯粹逻辑学的种种问题领域中去阐明各相关问题。这也就是先破后立的思路。《逻辑研究》两卷基本上是对应着破与立两大任务。第一卷是破,第二卷是立。

《逻辑研究》第一卷除了第十一章外,都是用来批判各种形式的心理主义。在给《导引》写的广告性质的"自述"中,胡塞尔告诉人们,他在这部著作中要完成两个任务:首先,他要规定纯粹逻辑的界限以反对把逻辑视为一种艺术、一种技术和一种规范科学的思想。"纯粹逻辑是理想规律和理论的系统科学,它纯粹以理想的含义范畴的意义为基础,即以基本概念为基础,它们是一切科学的共同财富。……在此意义上纯粹逻辑是理想的'可能性之条件'的科学,是一般科学的科学,或概念理论理想构造的科学……充分阐明纯粹逻辑……要求非常深刻的现象学(即描述的而非发生学—心理学的)和知识论的研究。"[1]其次,他要拒绝作为一种逻辑理论的心理主义,它把逻辑规律奠基在支配人心的心理规律上。为此,胡塞尔提出,逻辑学的认识论和理论基础就在逻辑学基本概念的意义中。

《导引》的基本内容就是按照胡塞尔上述两个任务安排的。"纯粹逻辑"的观念不是胡塞尔首创,而是在莱布尼茨和波尔查诺那里就已提出了,胡塞尔现在要恢复这个旧观念,同时要为设定理想的对象物(ideale Gegenständlichkeiten)辩护。Ideal 可以译为"观念的",但这样就与 ideell 这个词没有区别;另外,这个词来自柏拉图的"理型"概念,指只有非个别具体实在事物才有永恒不变的完善、标准的性质和特征,例如"三角形"这个几何学概念就是理想的,没有任何一个具体的三角形东西有它那么标准、规范和完善的三角形性质。Gegenständlichkeiten 可以译为"对象性",但胡塞尔既然用了复数形式,说明这个词不是指某种抽象性质,而是指所谓"非实在对象",如规律、概念等等,以区别于一般对象。

长期以来,西方哲学家一般都认为,凡是存在的事物都是实在地存

---

[1] 转引自 Kurt Wuchtel, *Bausteine zu einer Geschichte der Philosophie des 20. Jahrhunderts* (Stuttgart; Wien, 1995), S. 41。

在,非实在的事物不存在,布伦塔诺的唯个别具体事物存在论就是这个传统的一个极端例子。胡塞尔一直尽力强调,世上除了实在存在的事物,如山川人兽外,还有另外一种对象领域,它包括像"毕达哥拉斯定理"和"数字4"这样的"非实在的"或"理想的"对象物。为什么他要强调这样的对象物?因为"这样非实在的,或像人们也说的,理想的对象,在数字上同样是单个,就像实在事物一样,是真假判断的基础;相反,最普遍的逻辑意义上的'对象'只是指事关事实上可以有意义作出什么陈述的东西"[1]。因此,必须区分不同种类的对象,并不是所有对象都是存在于时—空中,可以感性把握的。在《逻辑研究》中,胡塞尔力图阐明不同种类的对象物和它们彼此是如何相关的。

除了区分实在事物和理想对象物外,胡塞尔还将意义与它们相区别。无论对于理解胡塞尔哲学,还是对于理解一般现代西方哲学,"意义"都是一个非常值得我们注意的概念。前面已经提到,无论是亚里士多德还是中世纪阿拉伯哲学家和经院哲学家,都已经明确认识到意义与对象的区别。同一个对象可以有不同的意义。然而,近代西方哲学家,无论是经验论者、唯理论者还是德国古典哲学家,都把这一点给忘了。好像主体与对象之间是赤裸裸的直接关系,没有对象的意义这个必不可少的要素。也因为忘了这个要素,主体与对象之间的关系似乎只剩理论认识关系这一种。弗雷格区分意义和指谓,凸显了意义的独立性和重要性。而纯粹逻辑学研究的就是纯粹意义。

什么是意义?胡塞尔接受洛采的思想,也认为意义就是种属（Spezies）。例如,当我们碰到一个有特殊的红颜色的特殊对象时,那个实际存在的红色,胡塞尔称为红的要素,这种特殊的红色是对象的一个附属部分,该对象不存在它也就不存在了。但在把那对象的颜色看作"红"时,我们也把握了"红"和"颜色"的意义,或者说,我们直观到了"红"和"颜色"的种属。这两个种属例示在对象特殊的红的要素中。[2]胡塞尔这里举的是一般名词的例子,句子或命题当然也有意义。一般名词的意义

---

[1] Husserl, *Phänomenologische Psychologie. Vorlesungen Sommersemester 1925.* Husserliana IX ,(Den Haag: Nijhoff, 1968), S. 22.

[2] Husserl, *Logische Untersuchungen I*, Husserliana XVIII (Den Haag: Nijhoff, 1975), S. 135.

是对应表象的种属。句子或命题的意义是判断行为的种属。

《逻辑研究》第一卷的目的是要表明,科学,至少作为一种理想,作为一套理想真理,需要设定意义统一体和其他理想物,这些东西都不能被还原为在物理世界中事实发生的东西。它们是数学、逻辑学和哲学研究的主要对象。在这些研究中,心理主义是危险的敌人,因为它混淆了这些领域。

"心理主义"是埃尔德曼(J. E. Erdmann, 1805—1892)发明的一个术语,但心理主义在19世纪的逻辑学家中却非常流行,一个最有名的例子就是英国哲学家穆勒(John Stuart Mill, 1806—1873),他和他的《逻辑体系》在德国哲学界也很有影响。但是,波尔查诺从一开始就反对心理主义,开了德语哲学家反心理主义的先河。他明确区分思维过程和思想。洛采和他的学生弗雷格,都是心理主义的反对者。新康德主义者柯亨、李凯尔特、文德尔班和那托普,也都反对心理主义。他们的立场是,逻辑学处理的是有效性判断,而不是事实性领域。胡塞尔深受那托普的影响,和洛采等人的立场相仿,认为逻辑学是独立的、纯粹的理想对象物和它们之间关系的理论科学。大约在1896年左右,胡塞尔就开始反对将逻辑学看作一种推理艺术。他的老师布伦塔诺仍遵从传统观点,将逻辑学看作一种Kunstlehre(艺术理论)。而在胡塞尔看来,逻辑学是一种纯粹的理想真理和理想规律的科学,这些规律奠定了不同领域里规范规则的基础。[1]规范科学以一门理想真理的理论科学为基础,这门理论科学就是逻辑学。胡塞尔的任务就是要阐明纯粹逻辑的本质目标。

要确实理解真理的理想领域,必须将逻辑学对象——思想与一切实际发生的心理过程相区分。逻辑学是基础科学,逻辑规律是先天规律。因此,纯粹逻辑不能以心理学的经验为基础,而必须以先天必然的东西为基础。逻辑规律不是像穆勒认为的那样,是从心理活动中归纳得来的一般的思维规律,而是具有必然规范性的规律。心理学是一门事实的、经验的意识科学,它所谓的"心理学规律"完全是模糊不清的,是从心理活动中归纳得来的[2],只有或然性,而没有必然性,最多只是接近理想规律。

[1]　Cf. Husserl, *Phänomenologische Psychologie. Vorlesungen Sommersemester 1925.* Husserliana IX, SS. 33–34.

[2]　Husserl, *Logische Untersuchungen I*, Husserliana XVIII, S. 72.

但逻辑命题却是精确的、普遍必然的和理想的。用心理活动来解释逻辑规律,将逻辑规律等同于自然规律,我们就无法将逻辑规律奠基在先天性上,就会导致怀疑主义和相对主义。逻辑学是一门先天的科学,不能建立在一门事实科学的基础上。逻辑学并不假定精神状态的存在或性质,它不知道表象或判断。逻辑规律不是关于心理生活的事实性。[1]传统逻辑学把逻辑规律理解为推理规范,但推理规范并没有告诉我们有关精神现象或推理过程的事情,而是陈述命题之间的关系。

胡塞尔对心理主义批判的关键是区分思维活动和思维内容。心理活动总是主观的,而逻辑形式和规律却是客观的。逻辑学作为科学的科学或基础的科学,它自己的基础必须是绝对必然的、确定的,而不可能是一个或然的心理过程。因此,对纯粹逻辑的研究不能是发生学—心理学的,而应该是现象学的,即描述和分析的。不是描述和分析心理过程,而是描述和(本质)分析作为逻辑的先天基础的意识的结构,这就是作为方法的现象学的基本任务。胡塞尔的现象学在很大程度上是围绕着这个基本任务展开的。他要用这个方法来为一切科学奠定基础,使哲学成为以此为己任的第一哲学。

虽然胡塞尔拒绝经验主义逻辑观与新康德主义相当一致,但他也批判新康德主义受心理主义倾向诱惑后对逻辑的某些解释,他们把逻辑理解为每个人都拥有的一套先天心理结构。胡塞尔认为康德都犯了把他的先验心理学恰恰当作是说明人类事实拥有的结构的心理学的错误。像朗格这样的新康德主义者试图主张逻辑规律的一种"双重地位":一方面它们是决定实际推理的自然规律;另一方面它们是规范性规律。[2]但在胡塞尔看来,支配这两个领域的规律在种类上是极端不同的。自然规律是概括的和归纳的,而逻辑规律是理想的和精确的。

在批判了经验主义和新康德主义对逻辑的误解后,胡塞尔指出,心理主义是一种相对主义和主观主义,因而归于"荒谬"(Widersinn)。尤其值得注意的是,胡塞尔从批判心理主义的相对主义和主观主义走向了反对人类主义,因为心理主义的那种相对主义其实就是普罗塔哥拉"人

---

[1]   Husserl, *Logische Untersuchungen I*, Husserliana XVIII, S. 81.

[2]   Ibid., SS. 93 – 97.

是万物的尺度"这句话所表达的,真理是相对于人而言的,无论是个人还是人类这个种属。把逻辑规律当作描述人类思维的东西将导致种属相对主义(der spezifische Relativismus)或人类主义(Anthropologismus),一种延伸到整个人类的主观主义。前现象学的认识论在不同程度上是这种人类主义的主观主义。

人类主义认为,真理是相对于人类而言的,没有人类,也就不会有真理。胡塞尔认为康德的知识论就是这样一种人类主义。他批评康德误解了主观领域,好像它是某种自然的东西,因而把先天的东西解释为好像是人类的一个本质部分。但胡塞尔认为这是一个矛盾,因为那样的话,"没有真理"这句话本身会是真的。真理本身并不取决于任何事实,包括人性的事实。如果没有人去思考它们,逻辑规律仍然有效,虽然它们作为理想的可能性没有在现实中实现。[1]此外,不应混淆一个真判断、一个符合真理的判断和判断的真理,即判断客观的真内容。[2]前者是主观行为的结果,后者却是客观的理想存在物。

令人颇感困惑的是,胡塞尔在《逻辑研究》的第一卷旗帜鲜明地批判和反对心理主义,可《逻辑研究》的第二卷常常让人觉得他又回到了心理主义。在《逻辑研究》第一版给第二卷写的导论中,胡塞尔明确说:"现象学就是描述心理学。因此,认识论批判本质上是心理学,或至少能建立在一个心理学基础上。"[3]他甚至认为现象学作为认识和认知行为的分类学,将有助于"经验心理学"。[4]这表明他此时还公开认同布伦塔诺和施通普福的描述心理学。但如果认识论批判(纯粹逻辑)是建立在心理学基础上,那么第一卷批判心理主义岂不是多此一举?胡塞尔的回答是,逻辑学和心理学都依赖同一个对现象描述的准备性领域,它们都建立在这个领域基础上。现象学是描述逻辑学从中得出它的本质理想意义行为的那些具体行动。所以它又叫认识论,它研究产生认识的那些行为,即表象、判断和认识。

[1] Husserl, *Logische Untersuchungen I*, Husserliana XVIII, SS. 135-136.

[2] Ibid., S. 126.

[3] Husserl, *Logische Untersuchungen. Zweiter Band: Untersuchungen zur Phänomenologie und Theorie der Erkenntnis.* Husserliana XIX/1 (Den Haag: Nijhoff, 1984), S. 24.

[4] Ibid., S. 7.

但这个回答显然不能使胡塞尔自己满意。将近30年后,在《形式逻辑和先验逻辑》中他承认自己在《逻辑研究》中陷入了某种"先验心理主义"或"本质心理学"。所以在1913年第二版时,他修订了这个导论,把"描述心理学"这个标签给去掉了。在以后的许多著作中,如1925年的《现象学心理学》的演讲和1929年在阿姆斯特丹的演讲,他都竭力区分现象学和一切类型的传统认为的心理学,包括布伦塔诺的描述心理学。他明确指出,心理学是描述作为自然中事件和事实的精神过程的,而现象学是在对各种经验典型的个别直观基础上思考纯粹本质。现象学就是观看本质(Wesenserschauung),它考察知觉、判断、感觉等等的本质本身,而不是在这个或那个动物有机体上来考察它们。由此,胡塞尔打开了作为科学的现象学的领域,这门科学确定一般知识种种先天本质的可能性,而不管它是体现在人、动物或还是其他任何可想象的有意识能力的生物那里。这是现象学先验转向的一个先决条件。

但在《逻辑研究》的两个版本中,现象学都被规定为对一般意识的纯粹描述的科学,它描述的就是在直观自明(Evidenz)中直接给予的东西。现象学要追溯认知行为到它们的澄清和实现直观的基础上。在《逻辑研究》第二卷的导论中,胡塞尔这样来陈述现象学的描述对象:

> 这里处理的不是在经验的、与某种历史给予的语言相关的意义上的语法研究,而是要研究属于一个客观的认识理论的较为广阔的领域,以及与之密切相关联在一起的思维与认识体验的纯粹现象的最一般方式。这种纯粹现象学就像包括它的一般体验的纯粹现象学那样,只关心在直观中可在其本质普遍性上被把握和分析的体验,而不关心那些在显现的、被设定为经验事实的世界中由经验统觉为实在事实和体验着的人或动物的体验的那些体验。这种现象学,像范围更广的纯粹一般体验现象学那样,将可在其纯粹本质普遍性上把握和分析的经验,而不是把作为实在事实感知和对待的经验、作为经验在现象世界(我们断定它是一个经验事实)中的人或动物的经验,作为它唯一关心的事情。这种现象学必须纯粹表达本质,必须根据它们的本质概念及其对本质的支配性准则来描述本质,本质在直观中直接使自己被认识。每一个这样的对本质的陈述

都是一个在先天这个词最高意义上的先天陈述。[1]

对于熟悉传统西方哲学的人来说,这样一个对现象学描述对象的描述是令人困惑的。从上述引文中可以看到,现象学要描述的其实是本质,而根据传统西方哲学,"现象"与"本质"有根本的区别。可是,在胡塞尔这里,本质,或本质的经验,似乎就是现象学要描述的现象。因为现象学的"现象"是"纯粹"现象,是在直观中直接和绝对被给予,后面不再有一个比它更为根本的"本质"的现象。说它是"纯粹的",是说它不是经验主义和实证主义的现象,而是既是主观的、又具有普遍客观性,就后一个特点而言,它就是本质。胡塞尔也不接受康德"现象"与"事物本身"或"物自体"的区分,对他而言,现象就是"事情本身"。

在《逻辑研究》中,胡塞尔第一次提出了"回到事情本身"的口号。他说:"我们要回到'事情本身'。"(Wir wollen auf die "Sachen selbst" zurückgehen)[2]胡塞尔的这个口号并不是要人们回到事实的、经验的事物上去。与他的老师布伦塔诺相反,他对物理的、个别的、实在的东西本身没有兴趣。"回到事情本身",意思是我们使用的概念只有通过回到它们在直观中的源始根源处,才能得到真正澄清。这就是现象学要做,而别的哲学未能做的事。所谓"事情本身",是意识当下被直观到的各本质要素,不是心理过程,而是结构性的意义意向(Beduetungsintentionen)和它们相互关联的意义实现(Bedeutungserfüllungen),是一切理解中都包含的本质结构。[3]胡塞尔的"事情本身",就像他哥廷根时期的助手莱纳赫所说的那样,是构成理想对象物的行为的纯粹先天本质。[4]因此,将die Sachen译为"实事"是不妥的,它并不那么"实",无论什么以它出现的那种方式在意识行为或直观中当下显现的东西,包括虚构、幻相、想象、记忆、方的圆这些纯粹的"虚事",都是die Sachen selbst。将Zu der Sachen selbst翻译成"面向实事本身"更是不妥,因为胡塞尔不仅在《逻

---

[1]   Husserl, *Logische Untersuchungen. Zweiter Band: Untersuchungen zur Phänomenologie und Theorie der Erkenntnis.* Husserliana XIX/1, S. 6.

[2]   Ibid., S. 10.

[3]   Ibid., S. 11.

[4]   Cf. Dermot Moran, *Introduction to Phenomenology*, p. 108.

辑研究》，也在《观念 I》中多次于这个口号中用 zurückgehen（回去）这个动词。

《逻辑研究》第二卷的副标题是"现象学和知识论研究"。构成第二卷的六个研究关心的是无论何种知识形式都需要的最基本的要素。它们不是将经验或体验作为事实发生的心理过程来研究，而是根据它们作为它们那种行为的必然结构来研究它们。胡塞尔要回答的问题是：我们的认知行为如何变成真正的知识？认知行为如何不仅获得意义意向，也获得了意义实现？对象的知识如何在一个认识主体中可能？如何在主体性中获得客观性？这也就《逻辑研究》贯穿始终的问题。现象学的本质就是致力于主观性和客观性的统一。胡塞尔拒绝用经验主义的方法回答这些问题。因为在他看来，这些问题不是事关认识行为的经验事实，而是事关它们的本质。他要追问种种认识行为：知觉、思维、判断等等的本质。本质是种种理想的可能性和关系之网，构成了经验的一个特殊领域。胡塞尔把现象学看作先天理想意义的领域。

《逻辑研究》第二卷由六个独立的研究组成，分为两个部分，分别研究语义学问题、共相问题、整体与部分的关系问题、意向性问题和真理问题。胡塞尔自己认为只有第一、第五和第六研究才是真正现象学的，因为它们探讨了种种意义构造行为，正是这些行为构成科学需要的理想对象物。[1] 实际上，六个研究所要处理的都是任何形式科学都需要的某些关键问题，如意义问题，特殊与普遍、部分与全体的关系问题，决定一般意义的先天规则的问题，意向行为的结构和表象的性质，以及意向行为实现的种种样式的性质等问题。

第一研究的标题是"表达式和意义"。由于成熟科学都是用句子或命题来表达的，所以胡塞尔认为我们首先必须从研究表达式（Ausdruck）本身的性质开始。胡塞尔仔细描述了一般意义（Bedeutung）行为的性质，区分了它们的不同功能，集中在那些通过意义与它们所指的对象相关的符号复合体上。每一个符号都意指什么，但胡塞尔区分纯粹只是起指示（Anzeichen）作用的符号和超出自身指别的东西的符号，以及作为表达式起作用的符号，表达式要求一个意义，无意义的表达式，严格来说，根本

---

[1] Cf. Dermot Moran, *Introduction to Phenomenology*, p. 99, 110.

就不是表达式。表达式由意义组成，而不是像传统认为的那样由物理的声音或书写标记，或精神状态组成。表达式的目的是交流。第一种符号的例子如烟，它指示火；或一面国旗，它代表一个国家，但没有"内在的"意义或内容把符号和它指示的东西联在一起。符号和被指示者的"指示关系"是外在的。指示物本身并不表达意义。表达式当然也指示，指示意义给交流的人们。逻辑只对表达式感兴趣，对被表达的意义和它们的形式相互关联感兴趣。胡塞尔强调表达式的交往特征即公共性特征，否认它们的私人性。这一点与维特根斯坦反对私人语言有异曲同工之妙。他认为，即使在我们"孤独的心灵生活中"（im einsamen Seeleben），表达式仍然如它们在公开交流中那样起作用。词仍然表达的是客观的意义，而不是私人独有的东西。一个独自思考的人也不需要向他自己指出他有这么个思想。对于胡塞尔的现象学来说，这个研究的重要还在于它区分了给予意义的行为和实现意义的行为，意义意向和它们的实现。他在第六研究中对这些行为和它们的相互关系有更充分的说明。此外，胡塞尔还区分了一个表达式的意义和它客观的相关物，即它所指的对象物（Gegenständlichkeit）。表达式与其意义的关系是理想关系，意义是理想的、自我同一的统一体（例如，"一个三角形的三条垂直线相交于一点"），它不会逐渐存在也不会消失，它始终在那里，可以为所有说话者共有。意义完全不同于伴随思维行为的精神意象。表达式不仅表达意义，它们表达某物的这些意义。一个表达式指向一个对象。表达式不仅有意义，也有所指（Beziehung）。不同的表达式可以通过不同的意义指同一个对象，例如，"耶拿的胜利者"和"滑铁卢的失败者"这两个不同的表达式指的是同一个对象——拿破仑。同样，有着同样意义的表达式实际上可以指不同的对象，如我们用"马"这个词可以指不同的马。表达式不仅指或命名个别对象，它们还可以指更复杂的情况或事态，如"猫在席子上"。胡塞尔还举例说不同的命题意义（a比b大和b比a小）可以指同一种事态。这种对意义和指谓（所指）的说明与弗雷格区分意义和指谓的思想如出一辙。在胡塞尔看来，表达式只要有意义，都有它们意向所指，但这些意向所指可以是非常模糊和一般的，要在具体语境中才能变得明确具体。像"方的圆"这样的表达式不是没有意义，而是它们的所指无法实现。

第二研究的标题是"种属的理想统一和近代的抽象理论"。在这个研究中,胡塞尔提出,种属是普遍对象,是一种不能还原的东西。他仔细考察和批判了经验主义和唯名论的抽象理论。他论证了对共相的领会是一种特殊的意识样式,不能还原为各种领会特殊物的样式。在胡塞尔看来,逻辑学的主题是理想的意义,而理想的意义对于思想来说是必要的。前面已经说过,胡塞尔把理想的意义视为种属。种属也就是共相,共相对于任何知识都是必不可少的。可以说现象学的主要研究对象之一就是理想的意义。然而,胡塞尔发现,当时流行的三种对于种属这样的普遍对象的态度都是他无法接受的。一种是传统柏拉图主义实在论的形而上学态度,认识种属是在思想之外存在的东西;一种是心理学的态度,认为种属只有在思想中才尤其真正的存在;第三种是唯名论的态度,它有许多形式,但都是以个别事物来接受共相或普遍的东西。在他的时代,以英国经验论者为代表的后两种态度影响最大。胡塞尔在第二研究中对英国经验论的共相观和抽象理论进行了深入细致的分析批判。在他看来,英国经验论的抽象理论是一种心理学的解释,而他的抽象理论是本质分析和知识批判的解释。作为种属的理想意义有其独特的存在,即意向性存在。它们绝不能被归结为是个别事物的概括和抽象。

第三研究是"关于整体和部分"的学说。整体与部分的问题向来是哲学的基本问题之一。胡塞尔在这一研究中对这一问题作出了重要的发展。他根据他两个老师布伦塔诺和施通普夫区分依附内容和独立内容的做法,区分依附对象和独立对象;区分各种部分和整体的概念、各种依附和独立、可分和不可分的意义;区分在不可分本质中得到的"质料"规律和形式—分析规律。所有这些概念和区分都对一般对象的领域适用。对整体和部分的研究为一个先天的对象理论奠定了基础。决定构成整体的本质规律导致胡塞尔区分分析规律和综合规律,在对象理论中区分形式的东西和质料的东西。

第四研究的标题是"独立和不独立意义的区别和纯粹语法的观念"。这一研究继续了第一研究开始的对意义的分析。除了对意义进行分析之外,它还提出了一个作为范畴意义的先天形式理论的纯粹逻辑语法。纯粹语法的观念包括各种意义结合的规律,因而说明了意义和非意义的区别,它先于一致与矛盾的逻辑规律。胡塞尔在这个研究中提出了一个藏在语法领域后面的意义领域的一个区别,即区分自义与合义、完全的和不完全的表达式。阐明这种区别导致胡塞尔将独立对象和依附对象的区别用于意义领域,揭示独立意义和依附意义之别。这是确立意义的本质范畴的必要基础,许多意义的先天规律就根源于此基础。这些先天规律给予纯粹逻辑各种意义的可能形式,即复合的、统一的、重要的意义的先天形式,它们的"形式"真理和"客观性"支配着逻辑规律。意义的先天规律防止无意义、逻辑规律形式的或分析的荒谬。表明决定意义的可能形式的先天规律给古老的一般或先天语法的观念提供了一个完满的基础。在纯粹逻辑中有一个从所有客观性中抽象出来的规律领域,它不同于通常意义的逻辑规律,胡塞尔把它称为纯粹逻辑的、语法的规律。它们属于一般的和理性的语言,也就是哲学语法,哲学语法处理的是意义形式的先天性。

一般认为,《理解研究》的第五研究,即论述意向性问题的那一部分"意向经验和它们的内容"是此书最重要的部分,虽然胡塞尔自己认为第六研究才是最重要的部分。人们之所以认为《逻辑研究》讨论意向性问题的第五研究是该书最重要的部分,是因为不但胡塞尔自己说,意向性是涉及整个现象学的问题名称,[1] 人们也认为意向性理论是胡塞尔对哲学的主要贡献。这个研究从界定意识观念为意向经验和意向行为开始,反复论述了种种意向行为的性质,尤其是表象行为。胡塞尔强调意向性概念对于分析意识的基础重要性,但他的意向性思想已经从根本上超越了历史上的任何意向性概念,包括他的老师布伦塔诺的意向性观念,虽然他是通过布伦塔诺才知道这个概念的。

德语中意向性一词Intentionalität来自拉丁文 *intendere*,意思是"指向"或"对准"。一般认为,是中世纪经院哲学家将"意向性"概念引入哲学,但布伦塔诺却一直追溯到亚里士多德。亚里士多德在讨论认知问题时提出,虽然认知者当然不是被认知的事物,但却是被认知的事物的形式。意思是说,事物是怎样的,要看我们以什么方式去认知它。被认知的

---

[1] Husserl, *Ideen zu einer reinen Phänomenologie und phänomenologischen Philosophie. Erstes Buch: Allgemeine Einführung in die reine Phänomenologie.* Husserliana III/1, S. 303. 胡塞尔直到晚年仍认为意向性是"基础研究最本真的主题"(参看《欧洲科学的危机和先验现象学》,第22节)。

对象,也就是被意向的对象并不是实在本身,而是起到一种在心灵与实在之间的中介作用,或者说是一种透明的符号(亚里士多德把它称为"内在的词""形式的概念""被表达的种"),心灵通过它与实在发生关系。不少近代西方哲学家继承了这个思路,也认为认知只是在心灵内部认知事物的表象(它的"概念"或"观念");但中世纪的经院哲学家却认为意向对象就是事物本身。布伦塔诺恢复了意向性理论的传统,将意向性强调为意识的基本特征。

但胡塞尔认为,布伦塔诺区分心理现象或精神现象和物理现象会对意向性的性质产生误导。此外,胡塞尔对布伦塔诺的"心理行为""表象""内在内容",以及他对"内知觉"的描述都有意见,觉得布伦塔诺没有说清楚。胡塞尔现在要放弃"心理现象""心理行为"之类的说法,而代之以意向性概念,如"意向经验"(也叫"体验"Erlebnis[1]),或"意向行为"。意向行为并不必然指主体部分任何有意识的活动,或提出物理事物性质的主张。例如,一个知觉行为可以是一个被动的行为,例如突然听到鞭炮声。根据胡塞尔对布伦塔诺的解释,意向性是心理行为的本质:"在知觉中某物被知觉,在想象中某物被想象,在陈述中某物被陈述,在爱中某物被爱,在恨中某物被恨,在欲望中某物被欲望,等等。"[2]我们看到,这完全是布伦塔诺的说法,但布伦塔诺只说了三种意向行为,即表象、判断和爱与恨;而胡塞尔极大地扩充了意向行为的范围,从来没有规定过它们的范围。

意向经验和体验可能是简单的,也可能是复合的,如"我记得我对某事感到愤怒"。我们的大部分经验都包含复合结构,它们需要仔细加以区别。胡塞尔自己喜欢举的一个例子就是对一个审美对象的审美欣赏和理论评估之不同。它们的不同在于一个存在于一种经验行为中,且这个经验行为是行为者生活的一部分,而另一个是一种对对象超然的思考。复合行为其实是一种部分—整体的结构,在这种结构中,整体以部分为基

---

[1] Erlebnis这个词是胡塞尔现象学的基本术语,一般译为"体验",这不是一个理想的译名。本书按照约定俗成的规则,也用这个译名,实际上它在胡塞尔那里基本就是"意向经验"的意思。

[2] Husserl, *Logische Untersuchungen. Zweiter Band: Untersuchungen zur Phänomenologie und Theorie der Erkenntnis.* Husserliana XIX/1, S. 380.

础。在讲到精神过程的部分时,胡塞尔区分了行为实在部分和意向的、抽象的、理想的因素。

但是,在描述一个行为的意向结构时,我们远离一切经验实在的东西。此时胡塞尔还未产生"还原"的思想,他只是强调(意向)经验的内容与超越心灵的对象的种种属性的不同。当我看到一个对象时,我只能从一边看它、在某种光线下看、从某个角度看,等等。例如,当我绕着一个盒子走时,我看到的是盒子不同的侧面(Abschattungen),但我知道我在不同的知觉行为中看到的是同一个对象,但"意识内容"是不同的,每转到一个新的角度,就会有新的意识内容。胡塞尔强调我们实际看到的是一个盒子,而不是某些视觉。我看到的不是颜色的感觉,而是有颜色的东西,这些东西总是以某种"表象样式"被给予的。我听到的不是单纯的声音,而是听到了关门。我哼了几个音节,你马上就知道我在哼什么歌。我可以在音乐厅里,也可以在外面隔着墙听同一场音乐会,不管在这两种情况下听觉如何不同,我深信我听的是同一场音乐会。

胡塞尔提出他的意向性理论则根本不是要论证心理学不是自然科学,而是要表明一切科学的基础究竟何在。与布伦塔诺不同,胡塞尔并不认为意向对象只是意识内部用来代替所指对象的替代物。相反,他认为,以种种形式表现出来的意向对象与实际事物是一回事,并没有一个意向对象之外的物自体,意向活动意向的就是世界上的事物。但这个事物是怎样的,要看它在我们什么样的意向方式中出席。诗人审美意向中的花鸟是"感时花溅泪,恨别鸟惊心"的花鸟,与生物学家判断意向中出现的花鸟是同一个对象,但又不完全相同。相同的是它们的"什么",不同的是它们的"怎么"。也就是说,诗人与科学家有相同的对象,但他们对该对象的"意识内容"不同。正因为意向对象和意识内容不是一回事,不实际存在的事物,如虚构的人物或荒谬的观念,同样能成为意识意向的对象。对象是否实际存在,与知觉经验的本质不相干。胡塞尔的意向性理论的基本立场恰恰就是:凡是对我们意识呈现出来的东西,作为意向对象,都是同样合理的,都是我们世界的一部分;至于事物是否客观存在,即独立于我们的意识而存在,那是意识走到第二步,即反思意识才会有的问题。到了《逻辑研究》第二版时,胡塞尔多次提到要把自然态度(即认为事物自在地实际存在着)悬置起来,而立足于意识的纯粹本质结构,就大大强化了他的这个基本立场。这样,人类的一切意识行为及其内容,都有了同样合法正当的地位。

胡塞尔并不认为心外无物,但他更关心的是使一切事物(实际存在或不实际存在)得以向我们呈现的意识。毕竟,"独立于我们的意识而存在的事物"或"客观存在的事物"也必须以某种形式在我们的意识中出现(无论是作为一个假定、一种信念、一种想象,或一种知识),否则,它只能是个绝对的无。然而,足够反讽的是,"绝对的无"作为一种想象或纯粹名称也已是我们的意向对象了。总之,离开了意识,世界的一切都无从谈起。就此而言,无论对于科学还是对于我们人的行为,意识都是根本的、基础性的东西。现象学既然以为一切科学奠定基础为职志,意识自然就是它要研究的主要对象,意向性理论实际上就是一种意识理论。

以意识作为研究对象在哲学史上并不罕见,但胡塞尔认为,以往人们研究意识往往不自觉地为各种成见和预设所扰,不能见到原始的意识。再有就是以往对意识的研究没有区分经验的研究与先验的研究,往往以经验的东西来解释先验的东西,心理主义就是一个例子。因此,胡塞尔明确指出,他的现象学是纯粹科学或先天科学,他不是在经验的意义上,而是在先验的意义上来研究意识。所以,意识在他那里不是作为经验的心理活动过程,而是排除了特殊心理因素的纯粹意识,作为人的先天认知结构而被研究。意向性既不是指人的主观认知能力,也不是指人经验的认知活动,而是人的意识活动的先天结构整体。这并不是说意向性与经验无关,而只是说,胡塞尔不是从心理学、生理学或其他经验研究的角度对它进行研究。

在《逻辑研究》的第五研究中,胡塞尔提出了如下三个意识概念:(1)意识是经验自我全部实质的(reelle)现象学的持续存在(Bestand),是交织在体验流的统一中的心理体验。(2)意识是对自己心理体验的内在觉察。(3)意识是一切"心理活动"或"意向体验"的总称。[1]

从第一个意识的定义可以看到,意识当然与经验的自我分不开,但我们可以现象学地对待它,即通过切断它与经验自我的关系来把握它。这样,心理学意义上的体验(意识)概念就成了现象学意义上的体验概念,传统认识论经验主体与经验客体的关系便变成了意识内容与意识的

[1] Husserl, *Logische Untersuchungen*,(Tübingen, 1980), Bd. II, S. 346.

关系,或显现的事物与事物的显现的关系。很显然,这里讲的意识,不再是传统认识论意义上的主体,而是统一于意识对象的体验的复合,也就是意识的结构关系整体,或者叫现象学的自我。

胡塞尔明确指出,第一个意识概念起源于第二个意识概念,第二个意识概念比第一个意识概念"更原始"。[1]从表面上看,这个定义似乎说的只是传统的反思意识或自我意识。实际不然。传统的反思意识指的是对内心心理活动的意识。而胡塞尔这里讲的"对心理体验的内在觉察"却不是反思意识,而是意向性。布伦塔诺认为意向性是心理现象的特征,是意识与一个内容的关系。这就是说,意向性不仅仅是意识行为,也包含意识内容。这是对传统意识概念的一大突破。

胡塞尔进一步把布伦塔诺的心理现象概念定义为意向关系,又称它为意向体验,这就更加突出了意向性是意向活动与意向内容的结构整体的意思。胡塞尔特意指出:"一个对象在它们(指意向体验——笔者按)中'被意指','被对准',……并非两件事情在体验中显现出来,并非我们体验到这个对象,同时也体验到对准这个对象的意向体验;……而是显现出来的只有一件事,这就是意向体验,它的本质描述特征正是有关的意向。"[2]这就是说,在胡塞尔那里,意向体验(即意识)统一了"我思……"和对"我思……"的反思。此外,在胡塞尔那里,除了认知外,情感也是意向性的,即各种情感,如欲求、喜欢、赞同等,也都有其意向对象或意向内容。胡塞尔承认有非意向性的感受,如触觉感受,它们本身不是意向活动,而是意向对象,但却组成了意向活动。传统的意识哲学其实只是研究人的认知意识,而意向性概念则将一切意识都包括在自己的范围内,这就使得意向性研究具有普遍的意义。

意向体验可分为实质的(reell)和意向的组成部分。前者是指对构成意向活动的那部分体验;后者则是指意向内容。意向内容有三个相关的主题:(1)意向对象;(2)意向行为的质料;(3)意向行为的意向本质。胡塞尔把古典逻辑学传统的质料和性质的区分引进对意向行为的研究中。在现象学看来,意向行为其实是一个意指行为,当我们意向一个对象

---

[1] Husserl, *Logische Untersuchungen*, Bd. 2/1, S. 356.

[2] Ibid., S.372.

时,这对象总是一个特定的"什么",就是说,任何意向对象都有特定的意义。质料就是意向对象得以区别自身的基本意义,例如,使水成其为水的东西,就是质料,胡塞尔有时把它称为"领悟性意义"（Auffassungssinn）。但构成意向活动的不但有质料,还有意向活动的性质。意向活动的性质指的是意向活动的样式,也就是它的抽象部分,如它可以是一个希望、判断、怀疑等,它们也是事物被给予我们的样式。所谓意向活动的本质就是意向活动的质料与性质的结合,它们共同决定了我们的意指活动。意向行为的性质与质料的区分相当于当代逻辑学讲的命题态度和命题内容的区分。当我判断2+2=4时,行为性质就是一个判断,行为质料就是命题内容"2+2=4"。行为性质和行为质料是体验两个相互依赖的部分。质料是使行为确定的东西。行为质料决定了意向指向一个对象,也决定了该对象被把握的方式:"因此,质料一定是一个行为中那个首先使它指向一个对象的要素,所指完全确定,它不仅以一般方式确定意谓的对象,而且也确定意谓它的确切方式。"[1] 在胡塞尔看来,一个行为的内容总是包含某种"领悟性意义"（Auffassungssinn）,它取决于行为性质,一个问题、一个判断、一个希望,内容当然是不一样的。"他是否会来?""他肯定会来"和"希望他来"内容之不同显而易见,而此内容之不同,取决于上述三种不同的意向行为。因而意向性理论的重心在分析意向行为。

　　意向行为决定了事物向我们呈现的方式,从而决定了事物的意义。有人认为,胡塞尔分析种种意向样式中极为重要的一个因素就是他区分各种各样对象呈现或给予的方式。[2] 在第一研究中,他已经提到,在知觉中,我们是亲身（propria persona）直接意识到意向对象,即以身体（leibhaftig）来感知对象,而在回忆和幻想中,我们仍然能充分直观到对象,但对象不再是有血有肉地呈现在我们面前。而在语言中,我们只有对象的一种意谓的形式,它只能是对象的一种"空意谓"（Leermeinen）,即对象不再形象地呈现。

　　胡塞尔还区分被把握的对象和它呈现的特殊样式。在这里,胡塞尔区分了意向的对象（der Gegenstand, welcher intendiert ist）和被意向那样

---

[1]　Husserl, *Logische Untersuchungen. Zweiter Band: Untersuchungen zur Phänomenologie und Theorie der Erkenntnis.* Husserliana XIX/1, S. 429.

[2]　Cf. Dermot Moran, *Introduction to Phenomenology*, p. 117.

的对象（der Gegenstand, so wie er intendiert ist），这是他后来区分对象与意向内容（noema）的基础。胡塞尔以当时的德国皇帝威廉二世为例。人们可以说他是"弗里德利希三世的儿子"和"维多利亚女王的外孙"。这里，威廉二世是意向对象，而"弗里德利希三世的儿子"和"维多利亚女王的外孙"则是被意向那样的对象。两个人可以作同样的判断并用同样的质料，但得出的是两个不同的意义构成。

第五研究使我们看到，胡塞尔的意向性思想不仅在一些基本问题上与布伦塔诺有重大区别，而且他对意向性问题域种种复杂性的仔细分析，也使他的意向性理论不仅远远超越了布伦塔诺，就是后来谈论意向性理论的西方哲学家，也难望其项背。胡塞尔看到，我们的意识行为一般而言，都是指向对象的行为，即意向行为。在指向一个物质对象时，这个行为总是对此对象的一个不完全的观看，我们只能看到事物的一面；但即使我们只看到一棵树或一只盒子的一面，我们也知道它是一棵树或一个盒子。为什么？因为我们的意向行为有一种把握感，虽然只是感知事物的部分，却能感到如一个对象所是的那样把握了一个对象。这种把握感是由于一种解释行为形成的非意向经验，这种解释行为产生"解释意义"，这种意义以这种或那种形式为行为性质认出，无论它是一个判断、一个希望还是别的什么行为。[1]

《逻辑研究》的第五研究尽管极其重要，但它很大程度上还只是一些基本的区分，这些基本的认识论区分既为胡塞尔的进一步分析提供了工具，也为整个现象学研究奠定了基础和方向，但从它的结果看，第五研究还只是一个序幕，是第六研究的一个准备，前面几个其他的研究也可以这么说。因此，胡塞尔说第六研究才是最重要的是有道理的。第六研究不仅篇幅上接近前五个研究篇幅的总和，涉及的内容也极为重要。胡塞尔在这里不但系统阐述了现象学的知识论，而且提出了他的真理概念，以及范畴直观、明见等重要的现象学概念，这些概念本身就构成了他现象学的主要内容。他把第六个研究看作他对逻辑学的中心问题的最成熟的讨论，尤其是第六研究从现象学上阐明了判断的性质，以及判断与真理关系的方式。胡塞尔在这个研究上花了大量的时间，它在篇幅上也比其他五

[1] Cf. Dermot Moran, *Introduction to Phenomenology*, p. 118.

个研究都大。此外，正是在写这个研究时胡塞尔第一次充分了解了他所发现的现象学领域的本质。

第六研究的标题是"现象学认识阐明诸要素"，讨论了许多现象学的重要问题，其中最值得注意的是围绕着意义意向（Bedeutungsintention）与意义实现（Bedeutungserfüllung）展开的对真理的说明。也就是在这个研究中，胡塞尔提出了他著名的范畴直观的思想，给海德格尔的基础存在论提供了一个重要的理论工具。第六研究和范畴直观的思想后来在哥德尔的逻辑哲学中也起了重要作用。[1]

前面说过，现象学认为，意识是个意指活动。意指离不开语言符号。在《逻辑研究》的第一研究中，胡塞尔曾经区分过标志和语言表达式。标志要么代表它们所标志的东西，如国旗是一个国家的标志；要么指出某种不在场的实在的存在，如烟是火的标志。标志和被标志的东西靠联想联系在一起。而语言表达式则有意义的平面，我们使用它们是在表达意义，或给予意义。意指活动就是给予意义的活动，也就是所谓的意义意向。但是，纯粹使用语言表达式的意指意向还是空洞的，它打开的意义空间有待直观地加以充实或实现，这就是所谓的意义实现。意义意向与意义实现之间的关系不是一个概念形式和质料内容静态的相合或一致，而是一个动态的统一。"纯粹意指的活动以一种对准意向的方式在直观行为中得到实现。……我们体验到，在符号活动中'单纯被思考'的同一个对象，在直观中直观地具体呈现出来。"[2]认识就是意义意向的实现。例如，当我们意向或意指一棵树时，这棵树还是纯粹的概念，随着我们对树的种种直观，树的意义得以实现，而它也就得以显现出它的同一性来。由此可见，认识实际上是由表达式、意义意向、直观活动和实现这四个因素组成的一个整体结构。认识对象也正因为少不了意义给予和意义实现，而被认为是构造的。构造的意思当然不是说意识制造事物，而是说它给予事物以意义。

实现行为是一个上升的过程，也就是不断完善的过程。实现行为将单纯意向越来越直接地带到事情本身，这个上升过程最终就是认识对象

---

[1]　Cf. Dermot Moran, *Introduction to Phenomenology*, S. 119.

[2]　Husserl, *Logische Untersuchungen*, Bd. 2/1, S.32.

充分的自我表现,即思想与事物在直观中完全一致,这也就是对象意义的最终充实,即绝对知识。实现行为是行为的完成,即它们达到了对客观性的直观。例如,当我亲眼看到一座桥时,我有对它的实现了的直观。经验将这座桥有血有肉地(leibhaftig)呈现出来。我后来可以再体验这个直观,但只是作为一个记忆,虽然也指向那座桥,但它不是以同样的在场和当下的意义呈现的。同样,当我做一个有关桥的白日梦时,这桥也是在一种直观中呈现,但既不是在知觉也不是在记忆中呈现。这座桥就在这里这样的感觉是没有的。这些不同的心理关系的形式有不同的本质结构。还有其他的意向形式纯粹是"空的"。例如,当我以一种因果方式使用一些语词却不真正在想我说的东西时,或当我谈一座桥却没有真正在想这座桥时,就是如此。胡塞尔把这种空洞的意向行为称为非真正的意向行为,反之则是真正的意向行为。[1]

现象学认为:"对象之物就是被意指的东西,是现实地'当下的'或'被给予的'。"[2]因此,真理不能是主观认识与外部事物的符合一致。但是,胡塞尔并未完全放弃意识的对应模式,而是重新现象学地规定它们。胡塞尔把这些模式叫作"自明见的体验"。"自明"(Evidenz)与证据没有什么关系,也没有什么特殊的对象对应于自明的体验。相反,自明是一个事物自我给予的体验,即意向对象在直观中自我显现的体验。真理就是在这种体验中出现的,所以胡塞尔又把自明叫作"真理的体验"。在此意义上,真理首先是对象性的东西,它对应于明见。其次,真理是事物与思想绝对的相应的观念,这观念属于意识活动形式。再次,我们也可把意向理想的实现称为真理、真或存在。胡塞尔的真理概念囊括对象化活动的全部领域,所以存在也包括在真理的定义中。最后,真理是意向的正确性。[3]

胡塞尔在《逻辑研究》第六研究的第二章讨论范畴形式的实现问题。如上所述,意义需要用直观来实现。感性直观比较好理解,例如,我看见窗外有只鸟,也就是我对窗外的一只鸟有感性直观。但感性直观只能在当下直接的、对某一事物或某些事物的知觉领域中起作用。可是,意

---

[1] Cf. Dermot Moran, *Introduction to Phenomenology*, p. 119.

[2] Ibid., S. 118.

[3] Ibid. S. 123.

识不仅要把握事物,还要把握事态、集合、分离等复杂的情况,这些情况包含了非感性的、范畴的因素,处于一个更高层次的综合。这就需要范畴直观来实现其意义。范畴直观的确是胡塞尔的一个大胆发现。众所周知,康德认为,我们只有在感性中才有直接的当下直观,它类似于感性知觉,但没有理智直观。理智直观属于上帝。这就是说,我可以直观窗外的鸟,但我不能直观"我看到这扇窗户很大"这个事态。而这恰恰是范畴直观的对象。范畴直观不但是对事态的直观,更是对本质的直观。范畴直观分为形式—范畴直观和质料—范畴直观。前者主要用来发现逻辑真理的意义,而后者则是为了弄清本质的知识,所以胡塞尔也把它叫作本质直观。可惜在《逻辑研究》中胡塞尔主要分析了形式—范畴直观,而对本质知识讲得不多。[1]有了范畴直观,就可以说明"这个美人"和"这人很美"这两种表达式的不同了。

当然,范畴直观的意义绝不限于逻辑学,它对于哲学的意义更为重要。根据康德的观点,我们的经验有两个组成部分:感性直观的接受因素和反思的概念性因素(康德称之为"自发性")。但康德明确拒绝人有理智直观的能力。胡塞尔同意康德我们没有纯粹理智直观;但另一方面,他认为我们有一系列有等差的较高的范畴性层面的直观,它们虽然以感性为基础,但感性成分越来越少:

> 直接直观的行为,我们称为"感性的":无论是直接还是间接回到感觉,建立在那基础上的行为,我们称为"范畴的"。但在范畴行为范围内值得我们区分那些纯粹范畴的行为,"纯粹知性行为"和与感觉混合在一起的知性混合行为。问题的本质就在于,一切范畴的东西最终依靠感性直观,一个"范畴直观",一个理智洞见,一个最高的思想情况,没有任何感觉基础,是毫无意义的。[2]

但承认范畴直观的感觉基础,绝不等于它们都可以还原为感觉。像把握

---

[1]　Cf. Elisabeth Ströker, *Husserl's Transcendental Phenomenology* (Stanford, 1993), p. 36.

[2]　Husserl, *Logische Untersuchungen. Zweiter Band: Untersuchungen zur Phänomenologie und Theorie der Erkenntnis.* Husserliana XIX/2, S. 712.

逻辑范畴这样的范畴行为，就无法还原为感觉。胡塞尔的范畴直观的思想，大大丰富了直观概念，也突破了传统感性和知性行为模式的规定。范畴直观把握事物的存在（这个苹果是红的），而不只是个别性质（红色）。海德格尔为此认为这是胡塞尔最重要的贡献之一。传统的直观理论认为，我们可以通过外感觉来直观具体物质的东西，用内感觉直观像存在与不存在、统一、多、整体、数、原因、结果这些抽象的观念。但胡塞尔指出，像定冠词和不定冠词、"是""和""或""如果""那么"这些重要的命题要素也都有它们的意义，它们的意义既不能通过外感觉，也不能通过内感觉，只能通过范畴知觉，或者范畴直观来实现。虽然康德"存在不是一个真正的谓词"的说法是正确的，但这个主张没有看到，我们还有另外一种直观形式，即范畴直观，通过这种直观，我们可以直观像事态（S是P）这样的范畴客观物，直观到"是"。我看到一种颜色，但我不能看到有颜色这种状态。[1]范畴直观可以使我们"看到"（直观）"是……"。

虽然胡塞尔在《逻辑研究》中对本质直观讲得不多，但本质直观对于胡塞尔的现象学却有关键的意义。布伦塔诺曾提出有从感官经验中产生的直观的一般的知识，胡塞尔把它变成观念直观（Ideation）或本质直观。本质直观是一种认识方式，胡塞尔认为，凡受过现象学训练或进行过现象学还原的人，都会有这种认识方式。本质直观向我们显现先天的东西。对所有人都有约束力的先天之物（Apriori）的概念，康德就已提出；但在康德那里，它只是指先验范畴和直观形式，只是与我们知识的形式有关。但在现象学里，先天之物的概念大大扩大，它不仅与联结的形式有关，也与联结的质料有关。所以直观也可以是范畴的，不但形式可以是先天必然的，质料也可以是先天必然的，可以有以同样方式对所有人都必然而不能改变的内容因素。这是胡塞尔本质现象学（die eidetische Phenomenology）的一大发明，它将西方哲学本质主义的传统推到了极致。这样，现象学不仅可以成为我们自然世界中一切经验内容的根据，而且也是我们一切科学的基础。[2]

---

[1] Husserl, *Logische Untersuchungen. Zweiter Band: Untersuchungen zur Phänomenologie und Theorie der Erkenntnis.* Husserliana XIX/2, S. 780.

[2] Vgl. Kurt Wuchterl, *Bausteine zu einer Geschichte der Philosophie des 20. Jahrhunderts*, S. 34.

《逻辑研究》发表后,胡塞尔一直把《逻辑研究》视为现象学的突破之作,但读者不能将这部著作的第一卷和第二卷这两部分理解为一个内在的统一、一个有机整体,他也一直为此苦恼。第二卷的目的是提出现象学研究的一些方法论原理,而现象学本身是要为科学找到一个可靠的基础,为此,必须捍卫逻辑结构的先天客观性以反对主观主义和相对主义。他在第一版前言和许多其他地方都一再声明,他的目的是要阐明认识的主观性和知识内容的客观性之间的相互关系。同时,他也看到《逻辑研究》还有一些缺点,其中最重要的有二。其一,他看到把现象学说成是描述心理学是误导的。现象学必须是一门本质科学,即一门研究意识的本质结构的科学。《逻辑研究》在许多地方也是这么做的,可是却给人一个错误印象,他所做的是描述心理学。其二,《逻辑研究》,尤其是第一卷,没有区分关乎行为(noetic)和关乎相关对象物(noematic),结果,意义的行为方面被片面强调而忽略了相关的对象物方面。这些思考构成了胡塞尔现象学进一步发展的内在动力。[1]

先验现象学

　　虽然《逻辑研究》是一部堪称经典的著作,但它本身还不是一个完整的理论体系,而只是一些非常不同的个别主题的集合,它自己都没有一个完整的计划。另外,说是对意识的研究,其实际的主题却是逻辑学和认识论,是像逻辑学和数学这样高端的对象。胡塞尔逐渐看到,他应该使他的现象学有一个比较完整系统的表述,使他的基本立场更加鲜明和彻底,使《逻辑研究》开始的主题得到进一步的阐述和发展,进一步拓宽现象学研究的问题域,也许正是这些理论上的考虑,促使胡塞尔从本质现象学走向先验现象学。

　　1904—1905年间,胡塞尔开了一门叫"现象学与知识论的主要部分"的课程。该课程包括如下四个部分:(1)知觉;(2)注意和特殊意谓;(3)幻想和图像意识;(4)时间现象学。胡塞尔承认,到目前为止,他一

[1]　Cf. J. N. Mohanty, "The Development of Husserl's Thought", p. 56.

直致力于比较高端的理智行为（数学运算和逻辑行为）。现在他计划要关注像知觉、记忆、幻想和图像表象这样基础性的行为。[1] 这是一个胡塞尔开始扩大自己思考范围的明显标志。从这时开始，胡塞尔不再把现象学视为只是从认识论上阐明逻辑学和数学，而是把现象学发展成为一门关于意识的本质特征的先天科学，一门纯粹的"本质科学"（eine Wissenschsft），它将为一切科学知识提供基础，它就是哲学本身，现象学哲学。一切出现在意识中的东西，从几何学到道德，都是它的研究对象。现象学要阐明支配颜色、声音、广延、时间之本质的必然规律，以及同一性、统一、差异、整体和部分、个体和种属等事物的更形式的本质。它的任务可以说是无限的。

胡塞尔通过走向先验哲学或先验现象学来完成这个雄心勃勃的计划。这里必须指出，国内将胡塞尔的 transzendentale Phänomenologie 译成"超验现象学"或"超越现象学"是很不妥当的。transzendent 和 transzendental 是一对西方哲学常用的基本概念。前者一般中译为"超验"或"超越"，后者一般译为"先验"。transzendent 一词来自拉丁词 *transcendere*，意为"超越"（hinüberschreitend），在晚期经院哲学中它指事物的普遍性质，按照当时流行的新柏拉图主义的理论，它们是形而上学的本质存在，在个别性谓词或范畴之外，如 *res*（物）、*ens*（存在者）、*verum*（真）、*bonum*（善）、*aliquid*（某物）、*unum*（一），等等，因为它们不是具体的个别物，所以很容易从那里产生与上帝的关系，上帝是在一切人类概念之上的存在。现在 transzendent 这个词一般在三种意义上使用：（1）超越经验的界限；（2）在我们通过感官可以认识的自然世界界限之外；（3）超出人类意识范围之外。[2] 康德就是在这三种用法的意义上将在一切可能的经验界限之外才能找到其对象概念的客观实在性的主张称为 transzendent（《纯粹理想批判》，B809）。因此，将 transzendent 译为"超验"或"超越"应该说基本正确。胡塞尔基本上也是在这个传统意义上使用 transzendent 一词的，超越的东西是作为与经验相分离的对象存在的

[1] Husserl, *Zur Phänomenologie des inneren Zeitbewusstseins*, Husserliana X (Den Haag: Nijihoff, 1969), S. xiii.
[2] Cf. Johannes Hoffmeister, *Wörterbuch der philosophischen Begriffe* (Hamburg: Verlag von Felix Meiner, 1955), S. 617.

东西。[1]正因为如此，将 transzendentale Phänomenologie 译成"超验现象学"和"超越的现象学"是很成问题的。这等于说胡塞尔的现象学无论对象、方法和目的都是在经验范围之外，是超越经验的。可是，胡塞尔自称是一个威廉·詹姆士意义上的彻底的经验主义者。[2]

　　transzendental 是与 transzendent 相对的一个概念，在拉丁文中都是 transcendere，在经院哲学家那里它们基本没有区别。transzendental 只是到了近代才有它独特的含义。这要归功于康德，是他赋予了这个概念全新的意义。他在《纯粹理性批判》的导言中说："我把一切不是一般地关注对象，而是就其应该是先天可能的而言关注我们对对象的认识方式的知识，叫作先验的（transzendental）。这样的概念的体系就叫作先验—哲学（Transzendental-philosophie）"（《纯粹理性批判》，B 29）。在《任何一种能够作为科学出现的未来形而上学导论》的"附录"的一个注中，康德又特意说明："这个词（指 transzendental）并不意味着超过一切经验的什么东西，而是指虽然是先于经验的（a priori 先天的），然而却仅仅是为了使经验可能的东西说的。如果这些概念超出经验范围，它们的使用就叫 transzendent（超验的）。"[3] 所以在康德那里 transzendental 和 a priori（先天）经常可互换使用。根据上述康德引文，将 transzendental 译为"先验的"并无大错，甚至可以说是基本正确，"先验"在这里的意思不是像许多人望（中）文生义理解的那样，把"先于经验"理解为在经验之外，而恰恰是在经验之内，是经验的先决条件和本质要素。为防止把它理解为"在经验之外"，康德才特意强调："这个词并不意味着超过一切经验的什么。……如果这些概念超出经验范围，它们的使用就叫超验的。"

　　胡塞尔最初受他老师布伦塔诺的影响，对康德哲学不以为然。然而，他后来渐渐改变了看法，1905 年左右，他认真重读了康德，感到他的哲学与康德哲学有一种"本质的亲缘性"（Wesensverwandtschaft）。也就是从这时起，他开始把他的现象学称为"先验的"。他后来甚至说，《逻辑

---

[1]　Cf. Husserl, *Die Idee der Phänomenologie: Fünf Vorlesungen*, Hsserliana II (Den Haag: Nijhoff, 1973), S. 23.

[2]　Cf. Dermot Moran, *Introduction to Phenomenology*, p. 127.

[3]　康德：《任何一种能够作为科学出现的未来形而上学导论》，庞景仁译，商务印书馆，1982 年，第 172 页，译文有改动。

研究》就已经是一个向先验现象学的突破。[1]这个突破的意思首先就是指关注认识的相互关系模式，根据这种模式对象始终处于它们特有的与它们的主观给予方式的整体关系中，要理解对象的意义，必须关注它们的给予方式。胡塞尔最终接受康德"先验的"这个概念，是因为他深信，康德及其追随者以"先验"之名从理论上研究的那些问题，最后都一定会回到现象学上来。[2]《纯粹理性批判》第一版中的先验演绎就是"在现象学领域中进行的"[3]。1906年，胡塞尔首次在一次课程中将解决"先验任务"作为"真正的哲学任务"。[4]在《笛卡尔式的沉思》中，胡塞尔明确指出："先验这个概念和与它相互关联的超越的概念，只是从我们哲学思考的形式中得到的。正如还原了的自我不是世界的任何一部分一样，反过来，世界以及每个世界上的对象也不是我的自我的一部分。"[5]因为这个与自我相对的世界是在自我之外的，即超越的，虽然它只是"从我的经验中，从我的每次表象、思维、评价、行动获得并能获得它规定的全部意义和它的存在有效性。……如果非实在地被包容的超越性属于世界特有的意义的话，那么，那把它作为有效的意义在自身把它承担起来，并必然从自己方面被预设的自我本身，就是在现象学意义上先验的；从这种相互关系中产生的问题相应地就叫作先验的一哲学问题。"[6]很显然，胡塞尔和康德一样，认为世界与自我（意识）在存在论上不是一回事，世界存在于自我之外，也就是说，它超越我之外，在此意义上，它就是超越性（Transzendenz）。世界在我之外，但它的超越性是对我而言的，或者说世界作为超越性的有效意义是通过先验自我实现的，所以说这种超越性是

[1] Husserl, *Die Krisis der europätschen Wissenschften und die transzendentale Phänomenologie*, Husserliana VI (The Hague: Nijihoff, 1954), S. 168, 169.

[2] Cf. Husserl, *Erste Philosophie (1923－1924). Erster Teil: Kritische Ideengeschichte.* Husserliana VII (The Hague: Nijhoff, 1956), S. 230.

[3] Husserl, *Ideen zu einer reinen Phänomenologie und phänomenologischen Philosophie. Erstes Buch: Allgemeine Einführung in die reine Phänomenologie.* Husserliana III/1, S. 119.

[4] Husserl, *Einleitung in die Logik und Erkenntnistheorie. Vorlesungen 1906/07*, Husserliana XXIV (The Hague: Nijhoff, 1984), S. 237.

[5] Husserl, *Cartesianische Meditationen und Pariser Vorträge.* Husserliana I (Den Haag: Nijhoff, 1973), S. 65.

[6] Ibid.

被包容的超验性,也叫内在的超越性。也因为如此,世界的超越性预设了自我,没有自我,就没有世界的超越性,在此意义上,自我是在先的(a priori),即康德意义上先验的。恰恰是在经验(意识经验)的范围内它才是在先的,"先验的"意思不是"先于经验",而是就经验而言它是前提性的,和它是经验最先的要素。当然,胡塞尔的先验现象学与康德的先验哲学是有分歧的,但这分歧主要在问题的前提和方法上,与胡塞尔接受康德的"先验"概念无关。胡塞尔当然不是一个康德主义者,他自己说:

> 我自己是为了这个原始动机在最广义上使用"先验的"这个词的……它通过笛卡尔把意义授予所有近代哲学……它是追问一切知识构成的终极根源的动机,是认识者反思他自己和他的认识生活的动机,在此动机中对他有效的一切科学结构有目的地发生,被作为收获储备起来,成为和继续成为可自由得到的……它是一个普遍哲学的动机,它纯粹以这个根源为基础,因而被最终奠定了基础。这个根源有个名称我——我自己,它有我所有实际和可能的认识生活,最终,有我一般的具体生活。[1]

可见,不管胡塞尔与康德有多少不同,有一点是他们共同的,就是意识或自我是一切科学与知识的先决条件,这也是他们共同的先验立场。

在胡塞尔走向先验现象学的过程中,"还原"思想起了关键的作用,"还原"为先验现象学奠定了根本的基础。可以这么说,没有"还原",就没有胡塞尔的先验现象学。反过来说,由于"还原",胡塞尔的现象学才是"先验现象学",还原将一切超越(超验)的东西悬置起来,将意向经验的领域确定为现象学唯一适当的研究领域。先验的东西只有通过还原这个胡塞尔认为是最彻底的做哲学的方法才是可设想的。在《笛卡尔式的沉思》中,胡塞尔声称,先验的东西必定在还原本身的领域中发现(第11节)。

先验立场也好,还原也好,都不是胡塞尔心血来潮的产物,而是他对长期困扰他的问题深入思考的产物。如前所述,在胡塞尔看来,哲学无论

---

[1] Husserl, *Cartesianische Meditationen und Pariser Vorträge.* Husserliana I, SS. 100−101.

是作为严格的科学,还是作为各门科学的基础,都必须是一门纯粹本质的科学,因为科学本身就是关注本质有效性的领域,关注支配它们所研究的现象领域的必然规律和结构。这意味着它必须摆脱我们经验纯粹偶然的、事实的特征,而能将对于一切经验本质性的东西提纯出来,作为它合适的研究对象。所以,现象学必须克服一切"偶然性"和"事实性"。[1]否则它就不能成为本质的科学,而必然屈服于主观主义和相对主义。《逻辑研究》批判心理主义,也是为了要使现象学成为纯粹本质的科学。

然而,胡塞尔在写完《逻辑研究》不久,就逐渐看到他并没有完全摆脱心理主义,而这与他的早期研究没有摆脱自然主义有关。自然主义是这样一种观点,它认为一切现象最终都包含在自然规律中,用自然规律来解释;所以实在事物都属于物理自然或可以还原为物理自然。胡塞尔在《作为严格科学的哲学》中这样界定自然主义:"因此,自然主义者只看到自然,主要是物理自然。无论什么存在的东西,要么本身是物理的,属于物理自然统一的整体,要么它事实上是心理的,但只是一个依附物理东西的变体,最多是一个次要的'平行完成'。无论什么存在的东西都属于心理物理自然的东西,这就是说它只是为严格的规律所决定。"[2]自然主义作为一种理论,涉及某种将科学对世界的观点在哲学上绝对化,"它是一种关于好的程序的坏理论"[3]。自然主义把一切价值和规范性都还原为纯粹物理或心理事件,犯的是心理主义用实际发生的心理状态和支配它们的经验规律来解释逻辑的规范性时同样的错误,必然导致主观主义和相对主义。

自然主义的荒谬就在于它从根本上排除自然所有的那种存在。[4]在胡塞尔看来,一切知识、一切科学、一切理性都依赖于意识行为,意识行为根本不能在自然观点中得到正确的理解。不能自然主义地把意识看作世

[1] Husserl, *Ideen zu einer reinen Phänomenologie und phänomenologischen Philosophie. Erstes Buch: Allgemeine Einführung in die reine Phänomenologie.* Husserliana III/1 (Den Haag: Nijhoff, 1976), S. 9.

[2] Husserl, *Aufsätze und Vorträge (1911–1921)*, Husserliana XXV (Den Haag: Nijhoff, 1987), SS. 8–9.

[3] Ibid., S. 28.

[4] Cf. Husserl, *Aufsätze und Vorträge (1911–1921)*, Husserliana XXV (Den Haag: Nijhoff, 1987), S. 29.

界的一部分，因为意识恰恰是为什么首先有一个世界在那里的原因。当然，这绝不是说任何存在论意义上的意识创造世界，好像意识是原因，世界是结果，这本身就是某种自然化倾向或者说自然主义的变种。而只是说，世界通过意识而展现、而有意义、而得到揭示。离开意识的世界是不可设想的。将意识当作世界的一部分，将世界物化，恰恰是忽视了意识的这种基础性的揭示作用。因此，一切自然科学在关于它们的出发点问题上都是幼稚的。[1]

但胡塞尔没有因为批判科学中的自然主义而不承认自然态度在日常生活中的合理性甚至主要作用。他在1924年说过："人类整个生活在其自然实践过程中就是以自然态度这种形式实现的。"[2]自然态度是我们正常的对待世界的态度，"我们不容易克服天生的根据自然态度来生活和思维的习惯，因此也不容易克服自然主义地歪曲精神的东西"[3]。所谓"自然主义地歪曲精神的东西"，是指把意识或者认识完全当作是和任何自然的东西一样的自然的东西，理所当然，无须再问："在自然思维中认为理所当然的是认识的可能性。人们不断忙于产生新的结果，在科学越来越新的各分支中从一个发现推进到另一个发现，自然思维方向没有必要提出认识本身的可能性问题。……认识是自然中的一个事实。它是一个在认识的有机存在者的经验。它是一个心理学事实。"[4]不但普通人对意识持自然主义的态度，所有传统哲学家，包括笛卡尔和康德，在胡塞尔看来都是把意识当作某种有完全自然存在的东西，只是自然的一部分，一个依附和附带的部分。甚至康德也将先验心理学误以为是一种心理学。自然态度在日常生活中固然合理，但一旦上升为一种解释一切的理论观点时，就不但远离了自然态度，而且也在很大程度上歪曲了自然态度。自然主义的哲学并不那么"自然"。

胡塞尔认为自然主义观点是他那个时代占支配地位的哲学观点，由

[1] Cf. Husserl, *Aufsätze und Vorträge (1911－1921)*, Husserliana XXV (Den Haag: Nijhoff, 1987), S. 13.

[2] Husserl, "Kant and the Idea of Transcendental Philosophy", trans. Ted E. Klein and William E. Pohl, in *Southwestern Journal of Philosophy* 5 (Fall, 1974), p. 20.

[3] Husserl, *Aufsätze und Vorträge (1911－1921)*, Husserliana XXV, S. 31.

[4] Husserl, *Die Idee der Phänomenologie: Fünf Vorlesungen*, Hsserliana II, S. 19.

于源于我们天生对世界的自然态度,极难克服,成为作为严格科学的哲学的极大障碍。要克服这种根深蒂固的思维习惯,必须采取极端的方法。胡塞尔在笛卡尔那里找到了自己的榜样。笛卡尔极端地怀疑甚至将世界的存在都先放在一边,从而使我们可以找到一个绝对可靠、绝无问题的阿基米德点,给了胡塞尔很大的启发。现象学也必须对现实性问题采取极端的方法。现象学既然是一门"纯粹的"科学,那么就应该像康德所理解的那样,"纯粹"就是剥去一切经验的内容,提供在一切认识、知觉、想象等行为中有效的不变结构的本质知识,而不管在实际世界的存在。现象学要做到即使世界停止存在也能继续它的发现。要做到这点,必须像笛卡尔那样,把一切实在东西的存在与否放在一边,或悬置起来,使我们能只关注纯粹意识。这就是还原所要解决的问题。还原就是将自然态度搁置起来,清除掉意识中一切"客观现实的东西",包括"物质自然的现实性"和心理经验的侵入,使作为意义构建领域的纯粹意识领域成为现象学研究的唯一正当领域。现象学"需要一个全新的出发点和一个全新的方法",[1] 使它有别于一切形式的自然科学。

胡塞尔1907年在哥廷根大学作了五次演讲,这五次演讲的讲稿后来以《现象学的观念》为题出版,标志着胡塞尔转向了先验现象学。先验的概念使人想起康德先验哲学。康德的先验哲学是一种理性批判,它关心的不是事物本身,而是我们认识对象的方式,以及认识对象可能性之条件。而胡塞尔现在想要做的,也正是理性批判。在经受了教育部欲任命他为教授,而被他的大学所拒绝的打击后,胡塞尔曾怀疑自己能否是一个哲学家。他觉得:"如果我能够称自己为哲学家,那么我首先提到的是我必须为自己解决这个一般的任务。我指的是理性批判,是逻辑理性和实践理性、普遍价值理性的批判。"[2] 但胡塞尔比康德在先验的道路上走得更远,理性不但是认识对象的条件,还是对象的构造者。胡塞尔的理性批判的目标,就是要确立意识的构造性。

人们一般认为,近代西方哲学的主要问题是认识论问题,也就是人的理智与事物的关系问题。这种问题框架,是建立在两个基本概念上,即

---

[1] Husserl, *Die Idee der Phänomenologie: Fünf Vorlesungen*, Hsserliana II, S. 24.
[2] Ibid., S. vii.

内在与超越。内在，指的是我们的意识，它是一个封闭的整体，就是说它永远也走不出自己，所以叫内在。超越则是指意识之外的种种事物，它们超越了意识，在意识的彼岸，所以叫超越。也正因为如此，内在是可达到的，超越是无法达到的；内在是确定的，超越则是可疑的，甚至是不可知的。解决内在与超越的断裂问题，成了近代西方哲学家的主要任务。

然而，在胡塞尔看来，以往哲学家们对内在和超越的理解是不对的。以往哲学是以自然思维来进行的，它以自然科学的方法为楷模，以自然科学的成果为基础。但真正的哲学必须批判自然认识，必须有全新的出发点和全新的方法，必须在原则上与自然科学区别开来。其中最关键是要有一种全新的方法。这种方法的精神与笛卡尔的方法一样，是怀疑，而它的目的则同样是要通过怀疑达到一个全新的出发点。

胡塞尔把他的方法叫"加括号"（Einklammerung）或"悬置"（epoché）。悬置不是胡塞尔的发明，而是出于古希腊怀疑论哲学家，在他们那里epoché一词的意思是"停止"。皮浪认为，我们实际上无法认识事物本身，我们的意见永远是主观的，因此，对待事物唯一正确的态度就是悬置判断。古代怀疑论者认为，当我们遇到每一个似乎都有同样分量的冲突的论证时，最好的办法就是停止判断，不对它们做决定。在古代怀疑论者看来，这种态度就意味着宽容和心灵开放。[1]可胡塞尔引进"悬置"概念的目的却很不一样。胡塞尔认为，近代哲学的传统是一种后天认识论，它把认识问题解释为主观性或内在性如何超越自己达到客观世界。这种内在与超越观，其实是一种自然主义的观点，它相信意识（自我）生活在内在性中，而对象是超越的存在。而胡塞尔引进"悬置"这个概念，就是要将我们的一切自然信念搁置起来，或括在括号内，以达到一种现象学的态度。他要求："在认识批判一开始，整个世界、物理的和心理的自然、最后还有人自身的自我以及所有与上述这些对象有关的科学都必须被打上可疑的标记。它们的存在，它们的有效性被存而不论。"[2]胡塞尔用了各种各样数学的类比来说明态度悬置的意思：它就像在一个等式中用括号把一个式子括起来，如$2+2=(8\div4)+2$，它使得人们可以使用一个

[1] Cf. Johathan Barnes, *The Toils of Scepticism* (Cambridge: Cambridge University Press, 1990), p. 11.

[2] Husserl, *Die Idee der Phänomenologie: Fünf Vorlesungen*, Hsserliana II, S. 29.

式子而不把括号里的东西从属于括号外的运算。我们需要把那些自然信念、某些思想结构用括号括起来，这绝不是一个消极的否定步骤，绝不意味着通过悬置会失去什么，悬置并不否定任何东西。悬置只是态度的改变，即从自然态度转变为现象学的态度。哲学家通过悬置一无所失，世界仍然如以前一样存在，只是通过悬置它变成了现象，悬置使得更多基本的对象化的意识行为自身彰显出来，这是由自然的世界经验变为现象学的世界经验的第一步，所以这个方法又叫还原。通过现象学的还原我们可以剥离经验的现实特征，将它作为纯粹现象来把握："因此在这点上我们说到这样的绝对材料；即使这些材料通过它们的意向与客观现实相关，它们内在的特征是在它们之内；关于现实存在还是不存在没有任何假定。"[1]

在自然态度下，我们相信事物真正在空间中，我们意识到时间流逝，意识到我们自己和世界一起处在某种延续中。当我们实施现象学加括号或现象学悬置后，所有这些都消失了，照胡塞尔的看法，我们只剩下纯粹意识的剩余物，作为绝对存在的意识，它的对象总是意识相互关联者，而不是超越意识之外的东西。胡塞尔坚持认为，这就是笛卡尔普遍怀疑的方法论真正的意义。意识在这里由自我的行为组成，胡塞尔称之为 cogitationes，而这些行为的相互关联者就是思想的统一体，他称为 cogitata，它们可以指物理对象的暗示，或理性对象物和事态。这个相关意义的世界是一个对一切可能存在者而言的世界。对象的存在被揭示是偶然的，意识则是绝对的。

不管是悬置也好，还原也好，都只是要使我们"回到事情本身"。"回到事情本身"这个口号并不是像它看上去那么简单。首先，这个"事情本身"绝不是指自然事物，胡塞尔说的"事情本身"，既指在意识中被意指的东西，也指使这种意指可能和构成被意指物意义的意识的种种功能。[2]回到事情本身，也就是要突破经验科学自然主义的思维方式的种种成见和误解，回到我们原始的直观经验。"每一种原初给予的直观都是认识的合法源泉，在直观中原初地……给予我们的东西，只应按如其被给予的那

[1] Husserl, *Die Idee der Phänomenologie: Fünf Vorlesungen*, Hsserliana II, S. 45.

[2] Vgl. Kurt Wuchterl, *Bausteine zu einer Geschichte der Philosophie des 20. Jahrhundert*, S. 33.

样,而且也只在它在此被给予的限度之内被理解。"[1] 胡塞尔把这称为"原则之原则"。这样,内在和超越处在了同一个现象学的平面上,它们的区分只是对我们表现的方式不同,而无存在论上的区别。作为现象,它们的地位是一样的。它们都是意向的对象。这样,传统精神与事物、内在与超越的鸿沟,就此消弭于无形。

胡塞尔指出,在日常生活中,我们总是以自然态度去想象、去判断、去感觉、去意愿。我们认为:"这个世界始终是同一的世界,尽管由于其内容组成的不同而改变着。它不断对我'在身边',而且我是它的一员。此外,这个对我存在的世界不只是纯事物世界,也以同样的直接性是价值世界、善的世界和实践的世界。"[2] 物质事物既客观存在,又有价值特性和实践特性。但是,现在现象学要求我们把这一切想法都悬置起来,但"这并不是设定转为反设定,把肯定转为否定;也不是将设定转化为猜测、假想、未定状态和某种怀疑"[3]。而只是将它们悬置起来,对它们中止判断。

在把我们的自然态度和自然信念用括号括起来之后,我们就可以思考本质的世界了。但这还不是胡塞尔的目的,他关心的是意识的本质。他要通过悬置获得一个新的存在领域,这就是先验意识的领域,也就是先验现象学的专门领域。先验意识是悬置过后的现象学剩余,悬置不但要使本质得以在直观中显现出来,而且也要直接导向先验意识。换言之,悬置的目的是要发现我们主体性的内在核心。还原直接导致先验主体性。胡塞尔说:"主体性,这是我普遍和唯一的主题。它是一个纯粹自成一体和独立的主题。表明这是可能的和它如何是可能的,是现象学还原方法描述的任务。"[4]

最初,胡塞尔认为还原是从一个经验的个体自我的自然的精神生活还原到内在知觉自我确定的领域。那样的话,还原是将注意力从意识中

---

[1] Husserl, *Ideen zu einer reinen Phänomenologie und phänomenologischen Philosophie. Erstes Buch: Allgemeine Einführung in die reine Phänomenologie.* Husserliana III/1, S. 44.

[2] Ibid., SS. 50-51.

[3] Ibid., S. 54.

[4] Husserl, *Zur Phänomenologie des Intersubjektivität. Texte auf dem Nachlass*, Husserliana XIII (Den Haag: Nijhoff, 1973), S. 200.

给予的对象转到因为我们注意行为的对象而通常没有被注意的意识本身的内容。但后来胡塞尔看到,仅仅这样还是不够的。这只是还原的第一步。因为还原归根结底是要从经验自我还原到先验自我:"通过现象学悬置我把我的自然的人的自我和心灵生活——我的心理自我经验的诸领域——还原到我的先验现象学的自我,先验现象学自我经验的领域。"[1]

因此,现象学还原要分两步走:本质还原和先验还原。本质还原是用对事实状态的贴近描述从事状态回到它的本质结构。这种描述不是对各个事态依样画葫芦,而是描述意识行为及其对象的本质一般性。胡塞尔把现象学者的这种本质方法与几何学家直观其理想对象的类似方法相比。几何学家在纯粹地规定线、面和球体时,可以脱离一个特定的线、面或球体的具体的空间对象。他在想象中透彻地改变和穷尽个别对象可能被给予的一切可能性。这样,通过自由想象,他在一个具体对象的种种变异中得到了一个不变的常态,其特征内容就是这个具体物的本质。现象学家也是这样来把握事物本质的。

而先验还原则是要把内在与超越最终还原为先验意识和先验主体,意识和存在同属先验意识的领域。一方面,意识与实在、内在与超越是两种基本的存在方式;另一方面,事物是意识意向的统一,尽管它是超越的,但它总是被感知物(被意向物)。超越物的世界不管怎样,只是我们意识的设定,所以说它是完全依存于意识的,是偶然的。内感觉是不可怀疑的,超越的知觉却是可怀疑的。"一切在有机体上被给予的物质物都可能是非存在的,但没有任何有机体上被给予的体验可能是非存在的。"[2]这就将一切事物的存在都还原为意识的存在。经过这番先验还原后,剩下的就只有"作为世界消除之剩余的绝对意识"了。绝对的意识也就是绝对的存在,"内在的存在无疑在如下的意义上是绝对的存在,即它在本质上不需要任何'物'的存在"[3]。另一方面,超越的事物总是为意识所规定的。"整个时空世界,包括人和作为附属的单一现实的人自我,按其意

[1] Husserl, *Cartesianische Meditationen und Pariser Vorträge.* Husserliana I, S. 65.
[2] Husserl, *Ideen zu einer reinen Phänomenologie und phänomenologischen Philosophie. Erstes Buch: Allgemeine Einführung in die reine Phänomenologie.* Husserliana III/1, S. 86.
[3] Ibid., S. 92.

义仅只是一种意向的存在,因此人仅只有对某意识的一种存在的次要的和相对的意义,它是这样一种存在,它被意识在其经验中设定着,这个意识本质上只可被规定为和直观作某种有一协调一致性动机的复合物的同一物——除此之外,别无所有。"[1]这当然不是说胡塞尔愚蠢到不知道没有人的物质存在就不会有意识。我们不应忘记,胡塞尔并不是要质疑常识的观点或自然科学的观点,他是要以现象学的态度,在意向性这个基本事实下来讨论意识的本质。当我们在讲什么什么存在时,"存在"不也是意识的一种规定吗?没有肉体当然没有意识;但没有意识事物既不存在,也不不存在,就像对于石头来说,人或任何别的东西,包括它自己,既不存在,也不不存在一样。因为"存在"对它来说不存在。

不过,胡塞尔渐渐还是担心那种笛卡尔式的还原规定既将世界与自我隔开,因此掏空了自我,也失去了对经验的主体间性的掌握。那种笛卡尔式的把世界作为一个完全的幻相来处理的极端方式,虽然在方法论上有用,却模糊了世界始终在那里作为我们一切经验的视域这个事实,此外,也模糊了我们意义经验始终可以被其他人肯定的方式。必须要有其他还原的方式来修补这种破坏。胡塞尔后来在《欧洲科学的危机和先验现象学》中就提出这样一种方法,来引导自我回去考虑在我们一切经验中世界源始的预先给定性。[2]

胡塞尔这种极端的先验主义的立场虽使许多早期的追随者不满,却使他得以打开纯粹意识的领域。但要进入这个领域,还要排除一切自然科学和精神科学的构造物,排除超验的上帝,排除作为普遍科学的纯粹逻辑,排除各种实质—本质性学科,"只运用我们能在意识本身中和存在内在性中洞见到的东西"[3]。还原的关键在于,必须把意识经验的一切特征就像它们在我们意识中出现的那样来接受,不把它们从范畴上分为"真的""错的"或"虚幻的",等等,也不评估它们的有效性。胡塞尔认为这

[1] Husserl, *Ideen zu einer reinen Phänomenologie und phänomenologischen Philosophie. Erstes Buch: Allgemeine Einführung in die reine Phänomenologie.* Husserliana III/1, S. 93.

[2] Cf. Dermot Moran, *Introduction to Phenomenology*, p. 152.

[3] Husserl, *Ideen zu einer reinen Phänomenologie und phänomenologischen Philosophie. Erstes Buch: Allgemeine Einführung in die reine Phänomenologie.* Husserliana III/1, S. 113.

是一个本质上笛卡尔式的行动。笛卡尔可以考察他经验的内容（他称为"客观实在"）而不管它们是现实知觉或只是梦或幻觉。胡塞尔也要求，我们只就经验的自明性来考察它们，而不管它们究竟是知觉的经验还是幻想的经验。在现象学中，事实经验并没有优先地位。记忆、幻想和其他种种注意的形式，与作为事实经验的知觉行为一样都能揭示事物的本质。无论我是做梦还是醒着，我都在经验 cogitationes，最广义的思想，我们考察这些思想同样能揭示行为和行为的对象。整个世界对于还原了的意识来说是一个可能经验的领域。[1]

需要指出，这里说的"经验"不是经验主义和自然主义意义上的经验，而是纯粹经验，就是排除了（或加括弧）此时此刻发生的物理因素和心理因素的本质经验，它能产生绝对自明的洞见和普遍真理。所以我们应该从经验的内在性中来看经验，而不管现实性问题。在《现象学的观念》中，他对此作了具体说明：

> 我对红有一个特殊直观，或有几个这样的直观。我严格坚持纯粹内在性；我仔细完成现象学还原。我剪去红的任何进一步意义，任何可能将看作超越东西的方式，如我桌上有墨渍的一张纸上的红色，等等。现在我在纯粹"看"中把握一般红这个观念、种属之红、在这个那个东西中被普遍"看到"是同一的东西的意义。它不再是像被指称的特殊东西本身，不是这个或那个红色的东西，而是一般的红。……一个神，一个无限的理智能比"看见"它是普遍的东西做得更多以把握红的本质吗？[2]

很显然，把握普遍或者说把握本质的方式是直观，这也就是胡塞尔所谓的"本质直观"。胡塞尔相信，从个别到普遍的道路实际上就在我们的意识行为本身。换言之，本质在某种意义上已经例示在我们对个别红的色块的感性直观中了。在《逻辑研究》第一版中，胡塞尔认为我们是从一种感性经验的抽象中认出红的本质的；但到了写《观念I》的时候，胡塞尔认

---

[1] Cf. Dermot Moran, *Introduction to Phenomenology*, p. 153.

[2] Husserl, *Die Idee der Phänomenologie: Fünf Vorlesungen*, Hsserliana II, SS. 56－57.

为有一种自发的对种属的直观,即对种属的"观念直观"(Ideation)。

胡塞尔认为可以有一种对事物的本质性质的直观,类似可以知觉地看到一个物理对象,我们也可以"看到"事物的本质。胡塞尔把这种本质的看叫作"看本质"(Wesensschau)或"本质之看"(Wesenserschauung)[1],但这是一种复合的行为。本质不是在我们的思维中产生的,而是在我们的思维行为中被把握、被"框定"。本质还原就是要去除特殊的经验因素,直接呈现本质。本质还原的关键就在于要明白,在看一块红色的色块中作为红给予的东西不是个别的材料,而是对本质本身的把握。我理解纯粹的红,由此出发我也可以认出纯粹颜色本身的现象。这里关键在于,我不仅从实际知觉一个红色的色块把握颜色的本质,而且从想象红色色块、记忆红色色块中也可以把握颜色的本质。本质直观不是哪一种意识行为的专利,而是所有意识行为都具有同样的这种可能性。因为本质的科学与实际存在没有关系,而是在纯粹可能性领域中行动。[2]现象学就是看本质用概念和语言将它们"固定"下来。[3]

把握本质的那种看虽然是直观,但并不是像看一个物理对象那么简单的看,有时需要一定的操作,"想象的自由变更"就是其中之一。所谓"想象的自由变更",就是通过想象或在想象中不断变更事物的各个方面和各种规定性,不断打开经验新的方面,注意经历这种想象的自由变更而仍保持不变的方面,这些方面就属于事物的本质。笛卡尔曾经在他的《第一哲学的沉思》的第二个沉思中做过类似想象的自由变更的事。在那里笛卡尔请我们想象一块有着某种形状、颜色、密度、气味等性质的蜡。然后我们把蜡加热,直到所有这些性质都改变了,它不再有同样的形状、颜色、气味、密度,但我们判断它是同一块蜡。在笛卡尔看来,蜡的本质只能被心灵,而不是被感官掌握是自明的。现在,胡塞尔让我们做同样的思想实验,以把握事物的本质。胡塞尔在《笛卡尔式的沉思》中给的例子是

[1]   Husserl, *Ideen zu einer reinen Phänomenologie und phänomenologischen Philosophie. Erstes Buch: Allgemeine Einführung in die reine Phänomenologie.* Husserliana III/1, S. 10.

[2]   Cf. Dermot Moran, *Introduction to Phenomenology*, p. 135.

[3]   Husserl, *Ideen zu einer reinen Phänomenologie und phänomenologischen Philosophie. Erstes Buch: Allgemeine Einführung in die reine Phänomenologie.* Husserliana III/1, S. 124.

我们正在寻找知觉行为本身的本质。例如,我们在看一张桌子,然后试图改变它的构成部分,但保留这个行为中的知觉要素。桌子的本质特征就是那些不能被我们的想象改变的东西。想象的自由变更让本质彰显了出来。"从这个作为例子的桌子知觉开始,我们用完全自由的选择改变这个知觉对象,桌子,但不管怎样,我们以这样一种方式,即我们保持将知觉固定为某物的知觉。也许我们从虚构地完全任意改变对象的形状或颜色开始。……换言之,我们避开接受它的存在,把这个知觉的事实变为一个纯粹的可能性,许多完全'任意选择的'纯粹可能性之一———但是可能的知觉的可能性。因此说,我们把实际知觉变为非现实的领域,变为好像的领域。"[1] 这个例子实际告诉我们,想象和幻想正因为其非现实性,恰恰可以避免自然主义的陷阱,而直接切入本质领域。想象的自由变更也贯彻了还原的原则,就是摒弃一切物理经验的、偶然的东西。

唯一不被还原排除的是纯粹的我,也就是纯粹意识,它是还原的目的与终点。还原就是要把它暴露在研究者的面前,使人能对它进行结构分析。在《逻辑研究》中,胡塞尔追随布伦塔诺多少是休谟式的思路,把自我看作一束行为。但通过对时间意识的研究,他发现他忽视了自我把我们的精神经验综合成一个单一的生活的功能。《逻辑研究》把精神过程(体验)多少看作孤立的、个别发生的事件,而没有考察它们在个别自我活灵魂的生活中是如何统一在一起的。直到1902—1903年胡塞尔还坚持说现象学家对自我不感兴趣。他甚至说需要"排除自我"(Ausschaltung des Ich)。在他分析时间意识经验过程中,他看出忽略自我损害了对精神过程本身的性质的理解。我们日常知觉行为有过去(记忆)和对未来的预期的因素。胡塞尔对知觉行为记忆和预期的时间结构的思考,以及他强烈的心灵生活统一感,促使他修正对自我的态度。他感到需要关注在意识的时间展开下面的统一因素。这个统一因素就是自我。回到自我不可避免意味着回到笛卡尔和康德。正是在笛卡尔和康德的影响下,他从1905年到1906年开始了观念论、先验的转向。[2]

分析纯粹意识的结构,对胡塞尔来说就是分析意向性结构。意向性

---

[1] Husserl, *Cartesianische Meditationen und Pariser Vorträge.* Husserliana I, S. 104.

[2] Cf. Dermot Moran, *Introduction to Phenomenology*, p. 138.

包含我们的一切体验。这些体验可分为两个层面：感性的层面和意向的层面。前者指感性的体验，胡塞尔把它称为感性的质素（hyle）；后者指带有意向性的体验或体验因素，它是给予意义的层次，胡塞尔把它叫作直观的形态（morphe）。这个区分有点相当于传统上讲的形式与质料的区分。相应于这个区分，意向性结构可以区分为意向内容（Noema）和意向活动（Noesis）两个成分，前者指意向活动所给予对象的意义，后者指给予意义的活动或功能。这个意向内容—意向活动的结构不仅构成感性知觉的领域，也构成判断、情绪和意志领域。不像康德将理性分为理论理性和实践理性，胡塞尔的意向性是一切理性乃至非理性意识的基本结构，因此，它可以成为我们一切活动的基础。但是，胡塞尔认为，一切意识都是设定性的，即总要设定对象，所以情感行为和意志行为也都是"对象化的"。但这绝不是说它们是认知行为的相似物，而是说，它们也有对象，并且，它们的对象是由它们构成的。总之，任何种类意识的任何对象，都是意识，或者说意向经验构成的。

虽然《逻辑研究》奠定了胡塞尔意向性思想的基础，但意向性思想真正成熟完整的表达，是在胡塞尔的先验现象学时期。这时他要探讨一般意向经验的本质，弄清意向行为及其对象的"本质要素"。为了与心理主义和自然主义彻底划清界限，其中也包括他早先的描述心理学的立场，他特意强调意向性行为的结构性，并且引进了一对希腊术语noesis和noema来说明意向性结构。noesis在古希腊文中是"思维行为"的意思，而noema则是"所思"即"思维内容"的意思。这是精神过程两个相互关联的部分。在《观念I》中，胡塞尔说：掌握noema的学说"对于现象学最为重要，对于正当地奠定现象学的基础的确是决定性的"[1]。

按照胡塞尔的说法，noesis是"具体完全的意向精神过程"[2]，它包括胡塞尔以前称为行为的"质"的东西，它决定意向行为的种类，从而也决定对象呈现的性质，是希望的对象，还是询问的东西，等等，是一切行为共有的。因此，noesis实际上赋予了对象以意义，构成行为对象的意义，

[1] Husserl, *Ideen zu einer reinen Phänomenologie und phänomenologischen Philosophie. Erstes Buch: Allgemeine Einführung in die reine Phänomenologie.* Husserliana III/1, S. 200.
[2] Ibid., S. 199.

它是一个赋义行为。虽然胡塞尔在《观念 I》中第一次正式讨论noesis和noema这一对概念,但他在1906—1907年的演讲《逻辑和知识论导论》中已经提出了noetisch的概念,[1]在1908年夏季学期关于意义理论的演讲中发展了noema的理论,虽然并没有使用这个概念。之所以不直截了当还是用原来用过的"意义"或"内容"等概念,而要别出心裁从希腊文引进noema这个一般人陌生的概念,与胡塞尔重新考虑个别经验行为与它把握意义和指谓对象的种种行为的关系有关。胡塞尔现在是在悬置存在的条件下重新思考意向对象。他对实际的所指没有兴趣,而只对指谓行为和这个行为的意向所指感兴趣。换言之,他只对赋义行为与意向的意义和对象的关系感兴趣。

noesis和noema的关系,绝不是传统认识论意义上的主体与客体的关系。那种关系在胡塞尔看来是一种自然态度,即思维者对着一个外在的超越对象认识或思考。经过还原将超越对象加括弧或悬置后,现在呈现在面前的是noema。当然,noema也不能用一般的自然意识行为来把握,而要由一种特殊的先验反思的行为来把握。它不是像我的知觉行为指向一个苹果,或我的希望行为指向一种前景那样的行为指向的对象,而是提供了一个载体,把我当前的思想与意向对象联系在一起。通过它对象得以被把握;它是通向对象之路。胡塞尔一直强调,我们最初在知觉方面是素朴的实在论者;我们看到的总是具体的事物,如那儿的一棵树,而不是noema。但我们之所以看见树不仅是因为我们有视觉,更因为我们的知觉行为有一种赋义—意义构造,因为我们的行为有noema。[2]

Noema就是事物的意义,胡塞尔在《观念 I》中用一棵树为例来说明它的特点:"这棵树本身,这个属于自然界的物理事物,只不过是这棵*如被知觉那样的被知觉的树*,后者作为知觉意义,不可分割地属于知觉。树本身可以烧毁,可分解为它的化学成分,等等。但这个意义,这个知觉的意义,是必然属于其本质的东西——不可能烧毁;它没有化学成分,没

[1] Husserl, *Einleitung in die Logik und Erkenntnistheorie. Vorlesungen 1906/07*, Husserliana XXIV, S. 134.

[2] Cf. Dermot Moran, *Introduction to Phenomenology*, p. 157.

有力，没有实在的属性。"[1] 这就是说不管意向对象实际是否存在，它的noema是永恒的，由于这永恒的noema，无论事物是否实际存在，都能以某种方式为我们所意向，也就是向我们显现。像方的圆、独角马或星球大战这样的东西事实上并不存在，可照样像真实存在的东西一样可以为我们所意向，或出现在我们的意向行为中。按照传统认识论或素朴实在论，有关上述并不存在的东西或事态的陈述不会被人当成是认识陈述，如果是的话，那就会被认为是一个"错误的"或"虚假的"陈述。想象、希望、幻想这些意识行为都根本不是"认识"（知识），它们的内容没有认识（知识）价值。现在，可以将它们看作具有同样认知意义的行为。再者，也因此，在相当的意义上，所谓事物本身是没有意义的，甚至我们可以说，经过现象学还原后，没有事物本身，事物是什么，要看它以什么方式向我们显现，一棵梦中的树和一棵希望的树和想象的树显然不同，甚至"事物本身"也未尝不是相对某种意向方式而言。但自我不同的意识行为是以不同的样式呈现noema，它是不同的行为样式中的恒定因素，正是由于它，我们才能把在梦中、希望中或幻想中出现的树都认为是树。

胡塞尔向来认为，我们对对象的把握不可能一步到位，《逻辑研究》提出的意义实现理论就有这个意思在，而他在先验转向后提出的"境域"（Horizont）概念，则更是为了说明这个问题。对象有许多方面，我们不可能一下子直接掌握它的所有方面，掌握了它的正面，掌握不了它的侧面和背面；掌握了它现在，不一定能掌握它的过去和未来；掌握它的物理方面未必掌握它的美学方面，等等。"境域"由事物没有在知觉中直接给予而能在进一步的知觉或反思行为中给予的种种可能性或潜在性组成。在《笛卡尔式的沉思》中胡塞尔说，真正的知觉总是从知觉对象"真正被知觉的"方面指涉那些同时"也被意谓"，但还没有知觉而是被预期的方面。[2]

传统经验论和感觉论都根据感觉材料的呈现来描述我们知觉的实际性质，而忽视了所有知觉都在许多境域中发生，这些境域是我们原始经验本身隐含的结构方面。胡塞尔看到，当我们有某物的知觉时，在这知觉

---

[1] Husserl, *Ideen zu einer reinen Phänomenologie und phänomenologischen Philosophie. Erstes Buch: Allgemeine Einführung in die reine Phänomenologie.* Husserliana III/1, S. 184.

[2] Husserl, *Cartesianische Meditationen und Pariser Vorträge.* Husserliana I, S. 82.

经验中总是包含一些预期,这些预期可以进一步被肯定或否定。例如,我拿起一个苹果,预期可以吃它。如果它是蜡具博物馆中的一个蜡苹果,那么我的预期就被否定,而如果它是一个真的苹果,则肯定了我的预期。每一个行为都在真正预期的境域中发生,我看到一张桌子的正面,但我也知道,如果我绕着桌子走一圈,也可以看到它的其他各面;我还知道,触摸它会觉得它很坚固,我无法把它举起来,等等。后续的知觉要么肯定这些预期,要么也建立起一个新的预期领域。胡塞尔特别意识到知觉是一个时间性过程,它不可能完全发生在现在,而总是朝向未来的经验,同时从过去经验延续至今的一个经验。在胡塞尔的后期哲学中,他越来越关心阐明我们经验的境域重叠和相互关系的方式,它们以这种方式产生我们世界本身的经验。这导致胡塞尔反思生活世界的性质,以及在生活世界中时间性经验凝结成历史和文化意识的方式。[1]

构造、自我与主体间性理论

在《观念I》写完后,胡塞尔紧接着又写了《观念II》和《观念III》。1915年,他又重写了《观念II》,想把它发表在他主编的《哲学和现象学研究年鉴》上,但没有实现,而是一直在修改,直到1928年彻底放弃,部分原因是他觉得没有处理好构造问题。尽管如此,《观念II》仍然是"胡塞尔最有原创性和最成功的著作之一"[2]。

《观念I》是一般现象学的导论,主要处理方法论问题和处理纯粹意识。《观念II》是想把研究目光转向自然世界,研究现象学与自然科学和人文科学以及一切先天科学的关系。但后来证明它是一部"构造现象学"的杰作。《观念II》从讨论一般的"自然的观念"开始,然后详细说明物质、动物和人性,最后是人格和精神领域的构造。在讨论人格"我"时,胡塞尔讨论了我们与我们的身体和周围世界关系的方式。胡塞尔在弗莱堡最初几年的课程就是关于自然与精神的关系。他在研究先验主体性的

[1]   Cf. Dermot Moran, *Introduction to Phenomenology*, pp. 162－163.
[2]   Ibid., p. 80.

同时,也在研究社会构造和人格世界,这表明他并不认为这两种研究是冲突的。相反,在他看来,这两者对于理解对象世界,包括自然和文化领域的构造都是必要的。

爱尔兰现象学者莫兰认为:"在某种意义上,现象学全部问题可以归结为构造问题。"[1]"构造"的概念首先出现在康德的先验哲学中,但康德自己很少用这个术语,倒是在新康德主义那里,"构造"这个概念取得了中心地位。在康德哲学中,"构造"指感性直观和范畴综合建构起意识的对象。胡塞尔的"构造"概念也基本上未摆脱这个路数。早在《算术哲学》中,胡塞尔已经用了"构造"这个术语,后来他说他这第一部著作就是要研究数学的构造。但在他成熟哲学中,构造成了一个非常重要的现象学概念,它指意识对象拥有它们种种"意义与存在"的方式和主体性实施它赋予意义功能的方式。根据胡塞尔学生芬克的说法,"构造"可以是在"建构""产生"甚至"创造"意义上的"放在一起"(Zusammenstellung)。[2]

"构造"是一个非常容易引起误解的概念。最常见的一个误解就是"构造"意味着世界整个存在是由意识产生的。胡塞尔明确将这种观点作为主观唯心论加以拒绝。但另一方面,胡塞尔的确讲过先验意识给予世界以意义和存在,但"存在"在这里不是存在论意义上的,而是指存在者对意识出现的方式,是与自在对立的为我们存在。这并不是回避世界,无论是构造还是还原都不是回避世界。世界始终是在我们一切精神过程中的视域,它始终是先给予的。在《形式逻辑和先验逻辑》中,胡塞尔明确指出,意识与世界的关系既不是由上帝,也不是由世界自身的演化产生的一个偶然事件,世界始终是一个施行构造的自我的产物。海德格尔深得他老师胡塞尔构造思想的真义,在《时间概念历史导引》中这样解释胡塞尔的构造概念:"构造的意思不是在制造和制作意义上的产生;它的意思是让存在者在其客观性中被看见。"[3]海德格尔进一步指出,认为构造是心灵把形式加于由世界给予的感性材料上是误导的;形式/质料的类比对于构造的结构是不合适的。存在者所有的那种客观性是意识赋予

---

[1]   Dermot Moran, *Introduction to Phenomenology*, p. 164.

[2]   Ibid. p. 165.

[3]   Heidegger, *Prolegomena zur Geschichte des Zeitbegriffs*. Gasamtausgabe 20, S. 97.

的,离开意识对象是无法想象的,但存在者的存在在意识中被经验为不同于意识的东西。在此意义上,胡塞尔始终强调存在对于意识的超越性,存在不是意识。胡塞尔强调构造并不排除承认世界的事实性,以及内容在意识中出现的方式。构造包括一种所有在意识中发现的意义的被动构造。整个对象本身被经验为从世界中给予的东西。[1]胡塞尔认为,想象世界被划分为两个领域,主观领域和客观领域,这两个领域彼此外在,是荒谬的。世界唯一的意义就是作为为意识的世界。

胡塞尔在《观念II》中论证说,构造是意识生命的普遍特征。在自然界和文化世界中一切可经验的东西都是构造的。在构造的次序中,物质事物是最初的对象,所以首先分析自然的物质事物的构造,物质事物属于"实在的"环境。物质实在的本质是因果性。事物的统一是在一个经验自我感性直观持续而统一的多样性中构成的。而这又是与一个经验主体活生生的身体有关系。"身体"这个概念在《观念I》中已经出现,但在那里,身体只是众多事物之一,没有特殊的作用;而在《观念II》中,身体是"取向点的承载者",是"零点",它在通过运动感觉的系统构造空间世界上起重要作用。人和动物的"心灵实在"或心灵生命与人或动物的躯体有一种实在的关系。心灵生命不是物质实在意义上实在的,虽然它通过与经验的人或动物的躯体相联系而有"实在"的意义。"精神实在"这个意义是通过活生生的身体构成的。"活生生的身体"的构造表现为几个阶段。首先,作为种种有局限的感觉的载体,然后作为意志的工具和自由运动的执行者,最后是作为与其他物质事物相对照的一个物质事物。身体作为倾向中心的作用,身体种种现象的多样性,身体作为因果相互联结的一个部分,都是作为物质事物的身体的题中应有之义。这里特别要注意的是胡塞尔这里讲的是"构造",即怎样在现象学意义上进行构造的,而不是实在论意义上的物质事物的产生。心灵实在是通过移情在身体构造的基础上构造出来的。

心灵生命不同于精神世界。心灵生命属于心灵实在,作为人格和作为一个社会世界的成员的自我属于精神世界。精神的主体是意向性的主体。精神世界的基本法则是动机。动机是一种独特的不同于物理因

---

[1]　Dermot Moran, *Introduction to Phenomenology*, p. 166.

果性的因果性形式，[1]它的结构有一种"因为—因而"的形式（"因为我知道它是 B, C……因而我假设它是 A"）。[2]精神的主体是人格的自我，"人格"在这里的意思是有血有肉的意思，但它不仅仅是有生物冲动的、确定的人，还是一个更高层面的、自主的、自由行动的存在者，受理性动机的指引。人不仅是"我在"，而且是"我能"。胡塞尔区分了各种各样的"我能"，例如，逻辑的可能性与实践的可能性、物质的可能性与精神的可能性，等等，讨论了"我能"的意识，也就是自由的意识，是如何构成一个人的精神生命的。"精神"并不是康德意义上抽象的主体性，不是一个抽象的自我，而是一个完完全全的人。我既有经验的层面又有自然的层面。[3]精神的实在不与属于自然界的实在环境相关联，而与人的周围世界，与其他精神，即社会中的人相关。身体的关系既是精神的又是因果的。身体不是纯粹的生物机体，它是人自由意志的领域。[4]自然和精神在胡塞尔那里不是等量齐观的。在他看来，自然是一个相对性的领域，而精神是绝对的存在。[5]自然界是 X，原则上只是有待一般规定决定的 X，而精神不是 X，而是本身就在精神的经验中被给予的。[6]这就是说，自然界是被精神规定而在此意义上是被决定的；但精神却是自我决定的。

　　构造还可进一步分为静态构造和发生性构造。所谓静态构造的意思是指赋义行为和意义的结构使得对象在意识中被直观到。而发生性构造则是指对象在我们经验的时间之流中出现的方式。胡塞尔逐渐看到，时间性方法对我们理解人类和文化对象是极为重要的，发生性构造要说明时间性对象，即历史—文化对象的构造。"发生"这个概念在胡塞尔那里属于一个完全不同于自然和自然—科学发生的先验世界。从这个发生性构造的思想出发，胡塞尔又提出"发生现象学"的概念，它研究像社会与文化对象和种种制度这样本质上是历史事物的构造。胡塞尔相信，静

[1]　Husserl, *Ideen zu einer reinen Phänomenologie und phänomenologischen Philosophie. Zweite Buch: Phänomenologische Untersuchungen zur Konstitution*, Husserliana IV (Den Haag: Nijhoff, 1984), S. 169.

[2]　Ibid., S. 229.

[3]　Ibid., S. 280.

[4]　Ibid., S. 283.

[5]　Ibid., S. 297f.

[6]　Ibid., S. 302.

态构造的分析不足以捕捉到我们的事物经验和对作为历史存在者的我们自己的经验的历时性分层。静态构造是在事物的类型中考察事物并把它们安排在共时的等级次序中。而发生性构造考察事物以时间性方式构造的结构过程。

对胡塞尔看来，一切在意识中经验的对象，一切意义，意识的本质本身，都是构造的。所有构造的根源，都在"绝对自我"。在胡塞尔看来，意识是一条意向体验之流，这条体验之流作为一个统一体，就是那个体验主体——我。种种体验都归于我，种种设定和构成都由于我。当然，这个我不是一个经验的我，而是一个先验的我。与康德不同的是，胡塞尔没有把我形式化为一个单纯的我思，它在自然态度中仍然是一个自然的生物，只是经过还原后它才成为"纯粹的我"。换句话说，用自然的态度看，体验之流的主体是作为世界一分子的生物的我；以现象学的态度看，它就是先验的我。意向性没有作为意向主体的先验的我是不可想象的；世界的构造没有构造主体的先验自我也是不可想象的。因此，先验还原以先验主体为终点。我和自我(Ego)的概念在胡塞尔的现象学中占有重要的地位。

胡塞尔把现象学理解为本质上是"自我论"(Egologie)，它研究自我及其"自我经验"。自我论最简单的定义就是整个世界是主体性或自我的完成。但这绝不能在贝克莱主义的意义上理解，胡塞尔认为那是一种幼稚的唯心论。胡塞尔的自我不是经验自我，而是先验自我。那么，什么是胡塞尔的先验自我？先验自我不仅是经验可能性的必要条件，而且是一个世界的可能性条件。胡塞尔甚至认为，即使世界毁灭，先验自我也能存在。许茨回忆在他与胡塞尔最后几次谈话中，当时胡塞尔行将就木，胡塞尔谈到，即使他死了，他的先验自我还将活下去。[1]在《笛卡尔式的沉思》中胡塞尔说，先验自我不仅要为意义负责，也要为世界的存在负责。[2]先验自我将世界构造为一个意义世界，一个对象世界。自我必须被理解为意义的一切有效性的根源。但胡塞尔坚持，转向先验自我不是离开世界，而只是说它是理解世界的可能性的条件。

虽然只要谈到胡塞尔，就不能不谈他的自我概念，但他的自我概念有

---

[1]　See Dermot Moran, *Introduction to Phenomenology*, p. 169.

[2]　Husserl, *Cartesianische Meditationen und Pariser Vorträge.* Husserliana I, S. 117.

一个发展过程,在某种意义上可说是他哲学发展的一个缩影。如前所述,最初胡塞尔由于受布伦塔诺的影响,只承认经验的我,后来才承认"纯粹的我",并把它理解成一个"关系中心"。而经验自我是从先验自我中意向地构成的。[1]这有赖于还原思想的发现。在《逻辑研究》第一版时,在自我问题上胡塞尔基本接受康德的立场,即伴随着一切经验的"我思"起了一个纯粹形式的作用。随着他根据先验哲学的立场修改《逻辑研究》,尤其是将还原的概念引进该书的第二版,自我概念也发生了根本的变化。在他看来,在还原将经验自我加括弧之后,剩下的就只有纯粹自我本身。在《逻辑研究》的第一版,他是拒绝纯粹自我的。只是在《纯粹现象学与现象学哲学的观念》第一卷中,他才提出"纯粹自我"的概念,但他仍然把"纯粹自我"解释成"除了其'关系方式'或'行为方式'以外,完全不具有本质的成分,不具有可说的内容,不可能从自在和自为方面加以描述。"[2]但我的纯粹自我的论题是"必然的"和显然不能怀疑的。自我不能先验还原,不能加括弧,因为它本质上是意识行为必需的。自我在任何情况下都不能缺席。它是无条件和不可消解的。自我不是意向经验意义上实在的(reell),而是超越的。它不是经验,而是经验的主体。但这超越不是指在意向经验之外,而是像所有的noemata一样,是内在超越。所谓"内在超越"是指在绝对与意识不可分隔的意义上内在于意识。正因为如此,自我才可能是先验的。而在《观念》第二卷里,我是在时间中绵延着的我。在题为《第一哲学》的讲座中,"我必然是思维的我,我必然思维着客体,我必然在思维的同时与同一个客体世界发生关系"[3]。但只是在《笛卡尔式的沉思》中,胡塞尔的自我概念才得到了系统的发挥和发展。

胡塞尔的先验自我的概念,既与笛卡尔和康德思想对他的影响有关,但也与他们的自我概念有本质的不同。"先验"的意思是为世界的意义和存在所预设,或是它们的先决条件,因此是先于世界的存在。当然,这个"先"是从认识观点出发先于世界,而不是时间顺序上的"先"。作

[1]   Husserl, *Cartesianische Meditationen und Pariser Vorträge.* Husserliana I, S. 370.

[2]   Husserl, *Ideen zu einer reinen Phänomenologie und phänomenologischen Philosophie. Erstes Buch: Allgemeine Einführung in die reine Phänomenologie.* Husserliana III/1, S. 160.

[3]   Husserl, *Erste Philosophie*, Bd. 1, Husserliana VII (Den Haag, 1956), S. 398.

为被意向和构造的东西，世界必然预设一个给予意义的意识。这就是纯粹意识或自我本身在现象学意义上是"先验的"之意思。[1]

在胡塞尔看来，虽然笛卡尔正确地看到我思对我在的先天条件性，看到我是一个自我—认识（思）—认识对象的结构，但他把自我看作自然世界的一部分、一个思维物（res cogitans）、一个思维的实体。也就是说，笛卡尔未能将自我还原为纯粹自我。在胡塞尔看来，我不是世界的一部分，世界也不是我的一部分。还原就是把一切与我们身体和心理经验的有关的东西都剥去，这样就可发现一般意识的本质，或在其本质中的意识，在其纯粹可能性中的意识。这样，我们进入了一个意义的领域，而不是个人的意识。

在写《观念 I》的时候，胡塞尔已经明确，自我不是精神关系的一部分，而是这些过程的必要条件。他引用康德的话说："'我思'必须能伴随我的一切表象。"[2] 它是自我同一的根源。它给内在经验的统一提供了形式条件。这个纯粹自我自身本质上是没有内容的，它肯定不是任何经过现象学纯化的（活生生的）人的概念。然而，这个立场在《观念 II》中有了变化。在那里，"自我是在同一个意识流的一切行为中起作用的同一主体；它是这样一个中心，一切意识生命从那里发光并接受它们，它是一切情感和行动的中心，是一切注意、把握、关系、联结的中心"[3]。所以胡塞尔又把这个自我称为"零点"（Nullpunkt），一个指谓和取向的中心，距离、时间等就从那里向外发散。远近上下，前后左右，都以我自己为空间的中心。自我本身需要一个身体取向和空间位置。先验自我体现在一个活生生的肉体中，而不是无身体的幽灵。这是胡塞尔的先验自我与康德的先验自我的明显不同之处。物质身体只是被悬置，绝没有被勾销，它是先验自我的一个（内在）超越因素。

---

[1] Cf. Douglas Heinsen, "Husserl's Theory of the Pure Ego", in *Husserl, Intentionality, and Cognitive Science*, pp. 154–155.

[2] Husserl, *Ideen zu einer reinen Phänomenologie und phänomenologischen Philosophie. Erstes Buch: Allgemeine Einführung in die reine Phänomenologie.* Husserliana III/1, S. 109.

[3] Husserl, *Ideen zu einer reinen Phänomenologie und phänomenologischen Philosophie. Zweite Buch: Phänomenologische Untersuchungen zur Konstitution*, Husserliana IV, S. 105.

正是由于这个内在的超越因素，自我也可以被动地为它的经验影响。自我不是一个空无内容的形式观念，而是充满了种种态度、信念，它有一种由不断增长的"信念"和"习性"构成的特性。这些信念和习性层层叠叠形成"精神自我"，它有种种自由的要素，这些要素表现在行为的习惯模式中。这个自我也有一整套能力。这个体现在身体中的自我是一般的先验自我的特殊化，自我由附属于它的种种习性构成。基于这些认识，胡塞尔在《笛卡尔式的沉思》中明确表示，自我不是一个空洞的中心或同一极。它有许多持久的性质。[1]

不仅如此，胡塞尔这时开始发现，他早年过多关心作为正在发生的个人精神行为或过程是不够的。不但要把精神行为看作发生的，还要把它们看作具有心性气质的，得说明自我是如何具有有内容的人格特征的，怎样成为一个相信地球是圆的，如此等等的自我。胡塞尔看到，当我决定某事时，决定的行为过程很快就消失，但决定始终伴随着自我，即使在自我睡觉时也是如此。我处在"如此这般决定"的状态，这种状态不应该被误解为一个在能动进行的意识流，在胡塞尔看来，实际上根本没有正在进行的体验过程，而是自我通过自己能动的发生把自己构造为一个固定和持久的人格自我。[2] 在《笛卡尔式的沉思》的第四沉思里，自我不仅被规定为流动的生命，而且还是构成这个流动的生命的东西。在生命中，我们不断地作出种种决定，这些决定以及其他的意识行为，最终成为我们的习性，我们反被它们决定。但不管怎么说，"我却是，并且始终是一个如此这般做决定的我"[3]。在某种意义上，自我的构造是一个固定、持久的自我在它自己种种信念的基础上能动的发生。但自我绝不能等同于它的人格和人格规定性。它是这些属性或性质的单独同一的载体，是它们的中心或统一的极。虽然人格自我的概念并不排斥体验和体验流，但却表明胡塞尔在舍勒和海德格尔的影响下（尽管他不承认）开始将眼光更多地转向人的社会历史性质，社会—历史—文化的因素在悄悄渗入他的先验自我的概念，这也使他的先验自我概念与康德的先验自我概念有明显不同。

胡塞尔直到20世纪20年代才开始正面阐述先验自我的本质和作用

---

[1]　Husserl, *Cartesianische Meditationen und Pariser Vorträge*. Husserliana I, S. 100.

[2]　Ibid., S. 101.

[3]　Ibid., S. 100.

的问题。《笛卡尔式的沉思》是他这方面工作的一个最重要的成果。胡塞尔看到,自我的构造是与时间意识的根源深刻关联的。在他的后期著作中,他是根据时间流来思考自我:自我不仅是一系列关联在一起的认识作为,而且是"一种产生意识统一的关联性"[1]。在他的早期著作中,胡塞尔认为靠直观就可以一下子把握内在心灵过程。但后来胡塞尔逐渐认识到,自我是在时间中给予的。《笛卡尔式的沉思》的第37节的标题就是"时间是一切自我学发生的统一形式"。用时间来理解自我的话,那么自我就有许多不同的本质结构,例如,儿童的思想就不同于科学推理的思想。胡塞尔开始看到有必要谈论自我的"历史"。

"我"一方面是体验的极,另一方面是习性的基础。习性决定了人的同一性,决定了个人的性格。与作为同一极和习性的基础的我(Ich)这个概念相区别,胡塞尔提出了自我(Ego)的概念,专门指被具体看待的自我,胡塞尔借用莱布尼茨的单子概念,把它叫"单子"。这个概念最早出现在《作为严格科学的哲学》和《观念 II》中,但只是在《笛卡尔式的沉思》中才得到充分表述。这个概念是对他以前自我概念的一个突破。他以前一般都是把自我理解为一个一般的形式的思维主体,缺乏具体内容,与近代唯心主义哲学的主体概念区别不大。而"单子"概念指的是自我具体的意识生命,既包括现实的意向经验,也包括可能的意向经验。不仅如此,单子概念还包括自我的历史和世界,因为它是有窗户的单子。这样,通过单子的概念,笛卡尔—康德传统的一般的主体概念变成了处在一定的传记和历史处境中的具体的个人,例如从头开始的现象学家。单子性的自我包括全部现实的和潜在的意识生活,这样,历史性与可能性就进入了自我。虽然在胡塞尔之前,黑格尔和狄尔泰的主体概念也曾被这样规定过,但对于胡塞尔自己的自我理论来说,却不能不说是个发展。

尽管如此,胡塞尔还是强调要区分素朴的日常自我与先验自我,但这不等于说这两者完全不同。纯粹极的自我(即意识的能动主体)是具体自我或日常自我的一个决定性组成因素。在某种意义上,先验自我是一套无个性特征的本质结构,个别意识在这些结构中有它们的意义经验,但居住和生活着的是一个单独的个体生命。胡塞尔常常谈到先验自我是

---

[1]　Husserl, *Cartesianische Meditationen und Pariser Vorträge.* Husserliana I, S. 79.

我的先验自我。在《欧洲科学的危机和先验现象学》中他说先验自我只是一个看待在世界领域中揭示的人的自我的一种方式。[1]

一般认为，胡塞尔主体间性的思想是他后期哲学的产物。其实，大约在1910年前后，在开始仔细探讨自然态度时，他已经开始在为我们主体间性的构造而苦恼。[2]他清楚地看到，我们的自然生活是在共同体中的生活，我们生活在一个共有对象、共有环境、共有语言、共有意义的世界中。我看到一棵树，别人也可以看见这棵树。换言之，我对树的知觉告诉我，这是一棵大家都能看到的树。胡塞尔说，我甚至能将经验还原了的世界经验为一个主体间性的世界。[3]

胡塞尔始终坚持认为，尽管应该对我进行先验悬置或还原，但我同时是与我以外的各种事物一起存在于一个空间世界中的自然人，世界上除了我以外，还有无数其他的人。但我们如何意识到作为另一个主体的他人？最初胡塞尔是用移情这个概念来处理这个问题。所谓"移情"就是将心比心，推己及人。胡塞尔在弗莱堡时的第一个助手斯特恩（Edith Stein, 1891—1942）举过这样的例子来说明"移情"：一个朋友告诉我，他的兄弟死了，我能意识到他的痛苦，所谓感同身受也。胡塞尔是从李普斯那里接受这个概念的。尽管是感同身受，但移情不是直接的原始经验，而是建立在自己经验上的对他人经验的体验。

主体间性的问题涉及该如何解释我们对世界的构造，或我们对事物和真理的明见的客观性。在《笛卡尔式沉思》之前，胡塞尔已经处理过这样的问题。他认为事物的客观性在于主体间的承认。例如，一个相对稳定的空间位置对我们的客观感是很重要的，但它很难从一个完全排他的私人视角中产生出来。我们通过逐渐看出一个人的"这里"可能就是另一个人的"那里"而把我们自己置于一个公共的坐标系中，然后同意某种约定，将所有位置与一个稳定的地点网络联系在一起。[4]这就是一个典

---

[1] Husserl, *Die Krisis der europätschen Wissenschften und die transzendentale Phänomenologie*, Husserliana VI, S. 264. Cf. Dermot Moran, *Introduction to Phenomenology*, p. 174.

[2] See Dermot Moran, *Introduction to Phenomenology*, p. 175.

[3] Husserl, *Cartesianische Meditationen und Pariser Vorträge*. Husserliana I, S. 91.

[4] Cf. Richard Cobb-Stevens, "The Beginning of Phenomenology: Husserl and his Predecessor", in *Routledge History of Philosophy*, vol. VIII, (London & New York, 1994), p. 24.

型的主体间承认如何达成的例子。

但是,承认事物的客观性,绝不等于承认有康德意义上的物自体,"这种认识论与从一种被臆指的内在性中自相矛盾地推论某些被臆指的超越性,即任何一种据称是原则上不可知的'自在之物'的超越性毫无关系,"[1]因为"任何一种形式的超越性都是在自我内部构造出来的一种存在特征"[2]。设想有人的意识以外的存在是没有意义的。构造不仅对我的自我有效,而且也对被我先验构造的别的自我有效。说别人是我的构造当然意思不是说他们是我们制造出来的,而是说他们以我们意向他们的样式对我们呈现。

但胡塞尔仍不禁要问:"当我这个沉思着的自我通过现象学的悬置而把自己还原为我自己的绝对先验的自我时,我是否会成为一个独存的我(solus ipse)?……一门宣称要解决客观存在问题而又要作为哲学表现出来的现象学,是否已经烙上了先验唯我论的痕迹?"[3]胡塞尔自己的回答当然是否定的。他认为现象学找到了一条从自我的内在性通往他人的超越性的道路,这条路就是先验的陌生经验理论或移情理论。"最终人们必须注意这个事实,即一个一般的可能的先验主体性不仅被理解为一个可能的单一主体性,而是也被理解为一个可能的共同体主体性,并且首先被理解为纯粹根据意识的主体性,就是说,通过意识可能的主体间行为,它把个别先验主体的多种多样性包括在一个可能的全体中。在什么程度上一个'唯我论的'主体性在思想中是完全可能的,本身就是一个先验问题。"[4]

对于胡塞尔来说,问题不是我如何理解他人,而是他人如何为我构造、他人如何进入我的意识?移情并不能消除他人与我之间的鸿沟。他人的经验是我的意识的一个自然和不能摆脱的部分,但他人不是像对象给予的那种方式被给予的,我们对他的身体的经验是像对象经验那样被给予的,但他人的自我(主体性)却不是那样被给予的。推己及人归根结底是从我出发来经验他人。胡塞尔虽然承认我们经验的主体间性质,但

---

[1]　Husserl, *Cartesianische Meditationen und Pariser Vorträge.* Husserliana I, S. 118.

[2]　Ibid., S. 117.

[3]　Ibid., S. 121.

[4]　Husserl, "Kant and the Idea of Transcendental Philosophy", S. 31.

始终把它放在主体性的基础上："世界持续为我们在那里，但首先它是为我在那里。"[1] 我们的确属于一个主体间的世界。他人给我们起名字，教我们母语，把我们移入我的社会的世界。胡塞尔把这称为"共同体化"（Vergemeinschaftigung）。但所有这些之所以可能，是因为我作为自我能懂得这些指点、鼓励、指出等意思。没有什么是从外面进入自我的；而是一切外部的东西都已经在内部，就像胡塞尔在《形式逻辑和先验逻辑》中说的那样。[2] 1931 年，在"现象学与人类学"的演讲中，胡塞尔说："我在我自己的私人自我的内容中构造存在的意义，正是从这个我自己我达到先验他人，它是某个像我一样的人；这样我达到开放和无限的先验主体间性的整体。它是这样的整体，我在它共同体化的先验生活中，首先将世界构造为一个客观世界，一个对每个人都同一的世界。"[3] 他人的构造始于还原到先验自我。

首先是向先验的本己领域还原，即还原到彻底孤立的自我，把自然世界经验中的他人都排除掉。这时剩下的超越之物只有我的身体。这个身体就是所谓先验本真的领域。它不仅是单纯的躯体，而也是一个客体，我们直接以它来行动。这些身体行为以肌肉运动的方式进行，因此，我把自己经验为心理物理学的统一体和人格的我。在行动中，他者的经验就出现了。"这样一来，我这个已被还原了的'人类自我'（'心理物理学的自我'），就作为这个'世界'的一员而与多样的'外在于我'的东西一起被构造出来了，但是，我本人在我的'心灵'中不仅构造出了所有这些东西，而且在我之中还意向地拥有了这些东西。"[4] 但我们不要忘了，这些话只是就经历了现象学还原的自我说的。在日常生活中，"当自我直接地经历到它自己的世界时，它就把自己视为是这个世界'外部现象'中的一员，并在自己和'外部世界'之间作出区分"[5]。和他人的区分，同样也是

[1] Husserl, *Formale und transzendentale Logik. Versuch einer Kritik der logischen Vernunft. Mit ergänzenden Texten.* Husserliana XVII (Den Haag: Nijhoff, 1974), S. 249.

[2] Ibid., S. 257.

[3] Husserl, *Aufsätze und Vorträge 1922–1937*, Husserliana XXVII (Dordrecht: Kluwer, 1989), SS. 178–179.

[4] Husserl, *Cartesianische Meditationen und Pariser Vorträge.* Husserliana I, S. 129.

[5] Ibid., S. 130.

如此。总之，"在这个本己者（指先验自我）内部并借助于它，就构造出了一个'客观的'世界，即一个完全不同于它的存在的宇宙，并且在第一个层次中也构造出了具有另一个自我样式的陌生者。"[1]

这个"第一个层次"就是经过本真还原以后得到的结果，它是意向性最基础的层次，胡塞尔把它称为"原真世界"。但这个原真世界却不是一个单纯的世界，总有一些东西要作为意向性的间接性表现出来，换言之，它的意向性总是共现的意向性，即总是有什么异己的东西会共同在此（Mit-da），共现出来。这其中就有非本己的躯体。我们将心比心，通过意义递推，发现它也是一个身体，只不过是他人的身体。这个他人和我一样，也能构造他自己，构造我们，也有他的原真世界，他也是一个自我。不难想象，有无数这样的自我，也有无数的原真世界。无数的自我就构成了一个自我共同体，他们共同的主体性就是交互主体性或主体间性，它在主体间构成了一个客观的世界。交互主体性是世界与真理客观性的保证。

胡塞尔在《笛卡尔式的沉思》里表述的上述思想，容易让人觉得他起了一个名不副实的书名，他实际上已最终超越了主观唯心主义的主体哲学。其实不然。胡塞尔在《沉思》的结束语中说："我们的整个沉思基本上实现了它的目的：即把笛卡尔的哲学观念的具体可能性表示为了一门源于绝对奠基的普遍科学。"[2]但是，胡塞尔心目中普遍科学的基础，并不是主体间性，而是主体性，即先验自我。从我们的上述叙述可以看到，胡塞尔的主体间性，是从自我的陌生经验构建出来的，它是第二层次的东西，而不是第一层次的东西，即奠基性的东西。没有先验自我，主体间性就无从谈起。因此，胡塞尔在《沉思》中不但没有放弃他的先验哲学的立场，反而加强了这种立场。

历史和生活世界

"生活世界"的理论是胡塞尔最后一个，也是最有影响的理论成果。

[1]　Husserl, *Cartesianische Meditationen und Pariser Vorträge.* Husserliana I, S. 131.
[2]　Ibid., S. 178.

在某种意义上，它也可以说是胡塞尔的晚年定论。胡塞尔最初将意向性视为意识的本质关系，后来它又成了先验意识的功能概念，特别是自己产生自己的主体性，而在他的后期哲学中意向性变成了"生命"，它包括我极和对象极。这说明意向性概念在向与世界发生感性的具体的人过渡。生活世界的理论广义地理解的话包括下列内容：意识不是无时间的、永远不变的绝对，而本身就是一个历史的意向性的发生、生命和创造。意向生命的时间就是历史。当下的生命体验的意义来自一个普遍的境域，这个境域就是生活世界。它是一切经验的历史基础，先于科学给我们描述的自然世界，或科学世界。[1]

　　"生活世界"的概念胡塞尔早在1917年就提出，[2]但据莫兰的研究，胡塞尔对生活世界的兴趣甚至可以上溯到1913年写《观念I》的时候，在他生前未出版的《观念II》中，他多次提到"环境"和"周围世界"（Umwelt），以及文化和精神生活，但直到20世纪20年代生活世界并没有成为他的主要论题。有人认为胡塞尔生活世界的理论受到了海德格尔《存在与时间》的影响，因为在那里，"世界"和"在世界存在"是主要的概念。可事实上，倒是《观念II》中周围世界的概念在形成海德格尔的在世界存在的概念上起了很大作用（海德格尔读过《观念II》的手稿）。[3]但一直到他晚年，才真正成为他思考的主题。这不是偶然的。生活世界的理论在某种意义上可以说是他思想发展的必然归宿。现象学从考察数学和逻辑的本质开始，然后向意识领域的纵深发展，还原打开了意识领域的大门，主体各种各样的行为都成为现象学研究的对象。胡塞尔渐渐看到主体不是一个空无内容的同一极，静态分析的方法也不能完全把握意识体现在时间中的丰富性，从而提出了发生现象学的思想。同时，自我在身体中的体现、他人问题、主体间性问题，文化和历史事物的构造问题，都一一成为胡塞尔现象学的主题。这些问题最后都指向生活世界的问题。

[1]　Vgl. Kurt Wuchterl, *Bausteine zu einer Geschichte der Philosophie des 20. Jahrhunderts*, SS. 34-35.

[2]　Husserl, *Ideen zu einer reinen Phänomenologie und phänomenologischen Philosophie. Zweite Buch: Phänomenologische Untersuchungen zur Konstitution*, Husserliana IV, S. 375.

[3]　Cf. Dermot Moran, *Introduction to Phenomenology*, p. 182.

无论是自然世界还是人文历史世界的构造,最终是生活世界的构造问题。生活世界是一个前理论经验的世界,它可以使我们与自然界互动,发展我们自己的文化形式。这种世界的概念也是通过还原得到的,但这是一种不同于《观念I》那种笛卡尔式还原的新的还原。这种新的还原不是要依笛卡尔的方式还原到一个空无内容的自我,而是要还原到一个已经以许多种方式密切系于世界的自我。这种新的还原要从生活世界开始,问"世界是如何预先给予的"[1]。

　　另一方面,时代的问题也推动胡塞尔走向对生活世界及相关问题的思考。虽然胡塞尔哲学的确相当学院化,但他本质上并不是一个学院哲学家。促使他献身哲学的主要动力,是对欧洲文明,也就是西方文明危机的思考。胡塞尔认为,欧洲文明是一个哲学的文明,自从哲学在古希腊诞生以来,欧洲人就生活在一个科学文化中,这个文化使西方人在自由、理性的理论活动中可以希望最终理解自己和人在宇宙中的位置。但现在科学似乎让我们疏离了我们的世界和自身,科学让我们疏离了自己的生命。而应该是人类公务员的哲学家,不但没有负起沟通科学和生命的责任,反而唯科学马首是瞻。用米兰·昆德拉的话说,哲学家把表述人对他世界的具体感受的任务让给了诗人和小说家。

　　然而,就在哲学家跟在科学后面亦步亦趋时,科学自身却陷入危机。这个危机不是内部的,而是外部的危机,科学危机是生活危机的表现:生活意义的丧失。它的具体表现是自然主义和历史主义。自然主义用量化分析的方法来对待一切,包括人的生命。而历史主义则用偶然的世界观来把一切有永久价值的东西相对化。总之,科学失去了其真正的基础——生活世界。现象学既然是一切科学的基础科学,那么,它就必须揭示这个基础,并将各门科学奠定在这个基础上。生活世界的问题不解决,"我们迄今所从事的全部哲学研究都是缺少基础的"[2]。因此,生活世界的问题不是局部的问题,而是哲学的普遍问题。现象学最终应该是生活世界的现象学。

---

[1]　Husserl, *Die Krisis der europätschen Wissenschften und die transzendentale Phänomenologie*, Husserliana VI, S. 157.

[2]　Ibid., S. 134.

在胡塞尔看来,科学的危机实际上是西方文明本身的危机。西方文明的核心是以理性为依归的哲学和科学,在古希腊人那里,哲学就是科学的基础。这基础的意思是,哲学能阐明科学的最终统一和意义。但哲学在现代却无法履行它的这个职责。这导致西方文明滑向非理性主义。胡塞尔把纳粹运动在德国兴起就视为是西方文明转向非理性主义的一个可怕征兆。他把纳粹的威胁解释为我们对世界更大的畸形理解的一部分,这种畸形理解是由近代科学对世界的片面理解引起的。胡塞尔不顾自己所受的迫害着手写《欧洲科学的危机和先验现象学》(以下简称《危机》),就是要使世界警惕从希腊时代以来标志着西方进步的真正的科学观和哲学观日益增加的崩溃危险。

近代西方文化的种种危机,包括纳粹运动,在胡塞尔看来,都是近代科学灾难性的社会后果。这种科学的特征就是还原论的科学主义和朴素的经验主义。标榜理性的启蒙运动的结果只是一种误导的、畸形的理性主义,它把精神自然化,满足于朴素的客观主义,而没有注意使真正的理性客观性可能的那种主体性。我们现在对世界的看法,包括他在《作为严格科学的哲学》中批判的自然主义和历史主义,都是现代性的产物。胡塞尔开始把历史解读为现代性的形成,因此,我们生活的构造需要历史地加以研究,欧洲理性的现象,只有追溯它的历史发展才能得到真正的理解。为此,需要一种彻底的历史反思:"为了在一切决定之前提供一种彻底的自我理解,必须进行深入的历史和批判的反思。"[1]

但胡塞尔的历史反思不是一般对历史的反思,而是哲学家真正的自我反思,是对哲学家真正追求的东西的反思,是对他所处的哲学传统的反思。所以他的这种反思就像黑格尔的《精神现象学》的反思那样,是要说明(西方)人类文化概念的演变。但胡塞尔的视野没有黑格尔那般开阔,他只关心近代的哲学史:

> 我们所需要的是理解哲学的,特别是近代哲学的历史发展中的目的论,同时使我们明确意识到,我们自己是这种目的论的承担者,

---

[1] Husserl, *Die Krisis der europätschen Wissenschften und die transzendentale Phänomenologie*, Husserliana VI, S. 16.

我们通过我们个人的意图参与实现这种目的论。我们试图认出和理解支配着一切历史上的目标设定，和这些目标设定的相互对立而又彼此配合的种种变化的统一性。[1]

这里所谓的"目的论"是指哲学根据其概念、问题和方法所指的目标，就此目标而言，哲学家是过去的继承人，哲学家需要历史反思揭示他的真正任务，因为哲学家不仅有一份精神遗产，而且完全是并且仅仅历史—精神形成物。[2]胡塞尔说，他进行的历史反思是最深刻的反思，是对于作为人、作为历史存在者而存在的我们真正追求的东西所进行的自我理解。[3]

早在《作为严格科学的哲学》中，胡塞尔就指出，研究必须不是从各种哲学开始进行，而要从事情和问题开始。研究哲学史不是研究事情本身，而是研究别人关于事情所说的话。但是，哲学史上哲学家关于事情本身说的话，却不是与我们意识无关的东西，它们构成了胡塞尔心目中的"历史"和"历史性"。"不是生活世界的概念，它通常被看作一个新的出发点，而是历史问题的出现，是《危机》中极端新的东西。"[4]

历史问题的提出，与发生现象学有很大关系。在《逻辑研究》中对象被认为是由作为赋予意义的意向经验或行为给予的。在《观念I》中，这个思想通过态度概念，尤其是自然态度得到了扩展，态度本身不是行为，但它潜在于并表现在一切行为中。行为和态度的概念都是静态的，它们没有说明意识流动的特性。而在发生现象学看来，对象的给予必须被认为是一个时间性事情，因为对象是通过它在时间中的多样出现而作为一个统一体被给予的。因此，在分析任何时间中的东西时，必须引进保持、延续、回忆等概念。每一个行为不仅意向它的对象，而且把它自己与它的过去统一在一起，根据那个过去意向它的对象。因此，意识不是一个

[1]　Husserl, *Die Krisis der europätschen Wissenschften und die transzendentale Phänomenologie*, Husserliana VI, SS. 71-72.

[2]　Ibid., S. 72.

[3]　Ibid., S. 73.

[4]　David Carr, *Interpreting Husserl. Critical and Comparative Studies* (Dordrecht: Martinus Nijhoff Publishers, 1987), p. 71.

纯粹由记忆连在一起的经验的相继,或系于一个不变的自我,而是一个在相互关系和影响中累积的过程。为了说明对象是如何被给予或构造的,必须提到意识的自我构造。世界的给予需要意识的统一,这种统一不是一个没有理性的事实,而是一个自我统一的过程的结果,它就是意识生活的形式。胡塞尔的"历史"和"历史性"就是描述这种形式的。[1]

在《笛卡尔式的沉思》中讨论主体间性问题时,胡塞尔提出了我如何超越我实际的和可能的经验的"自己的领域",通过与一个不是我自己的经验相遇与一个不是我的私有财产的世界相遇的问题。这个问题的关键是另一个自我如何被给予。胡塞尔用"共现"(Appräsentation)和"类推把握"的观念来解决这个问题。我通过"共现"和"类推把握"与另一个主体相遇。但这意味着我遇到的是另一个现实和可能的经验流,以及所有它的对象。"我的世界"现在面对"他的世界"。但这只是抽象的描述,因为只有一个世界。我实际上遇到的是另一种对世界的看法,一种不是我自己的看法。由于我意识到这个异己的看法,我经验的世界始终不仅仅是我直接经验到的或能直接经验到的东西。但通过与他人相遇,那个异己的看法至少间接通过类推被给予了。这就是为什么甚至在最简单的两个人无言相向的情况下,对另一个人的经验也是一种交流行为和形成了一个初步的共同体,如前所述,胡塞尔把它称为"共同体化"。就像对象可以通过提到它在时间中对我显现的多样性而被认为是一个对象那样,主体间对象也可以通过提到它同时对我和其他人显现的多样性而是一个对象。[2]

很显然,世界对于个别主体的意义至少可以部分追溯到他所生活的共同体,更确切地说,可以追溯到他通过与别人的交流而占有的别人的经验,这别人当然也包括前人。任何共同体都不可能只是当代人的共同体,前人的经验积淀在主体间经验和对象中。被给予的对象总是要通过行为时间和社会的境域。那些历史积淀下来的东西构成了伴随一切行为的境域,形成了决定呈现的东西的特性的种种预设的背景。每一个主体的过程都不仅表达了它自己的过去,而且也表达了它所在的共同体的

[1] David Carr, *Interpreting Husserl. Critical and Comparative Studies* (Dordrecht: Martinus Nijhoff Publishers, 1987), pp. 77–78.

[2] Ibid., p. 79.

过去,它通过它与其他人的共同生活享有这个过去。意识的历史性就在于此。

意识的历史性决定了我们是历史的存在者,我们的意识生活就在于"在历史的统一中",构造它自己。说我们是历史的存在者不仅是说我们存在于历史中,我们在客观历史时间的某一刻出场和退场。这是通常人们对历史性的理解,而不是胡塞尔的意思。胡塞尔意识的历史性的思想要积极得多。哲学家是过去的继承者,他们并不仅仅被动地接受过去哲学家的种种理论和学说,而且也要批判地研究它们,甚至对整个哲学传统加括弧。哲学意识是历史的,就是说它承载了它的社会—历史环境产生的种种偏见。只有通过历史反思,"只有通过批判地理解历史—我们的历史的整体统一"[1],才能看清楚决定哲学和当今世界的事情和问题的种种偏见,明白哲学的真正目标。由于胡塞尔关心的是我们现有的种种偏见,这些偏见产生于我们是其中一部分的特殊传统,即近代哲学的传统,这个传统就成了他历史反思的对象:

> 为了能理解现今"危机"的混乱,我们得把欧洲的观念阐明为理性无限目标的目的论;我们得表明欧洲"世界"是如何从理性的观念中产生的,即从哲学精神中产生的。然后才能将这个危机辨认为理性主义明显的失败。然而,如我们所说,理性文化失败的原因不在于理性主义本身的本质,而只在于它变得肤浅了,在于它陷入了"自然主义"和"客观主义"。[2]

胡塞尔把欧洲理性主义等同于西方的命运。"欧洲"这个词在他那里不是一个地理名词,指一个在亚洲西面的大陆,而是指"精神生活、活动、创造的统一"[3]。"欧洲"代表一个普遍科学的梦想,代表一种新的理论态度,这种态度起源于古希腊,它的实质与自然态度刚好相反,是超越当下的自然生活,向着社会的善,为了社会的善而对一切生活和一切生活目标采取一

---

[1] Husserl, *Die Krisis der europätschen Wissenschften und die transzendentale Phänomenologie*, Husserliana VI, S. 72.

[2] Ibid., S. 347

[3] Ibid., S. 319.

种普遍批判的态度,其目的在于"在绝对的理论洞见的基础上绝对的自我负责"[1]。胡塞尔自己在《危机》中就实践了这种态度。

胡塞尔认为:"哲学人的理论态度最根本的是他批判态度的特有的普遍性,他绝不接受没有质疑过的任何预先给予的观点和传统,这样他就能在整个传统上预先给予的领域中追求本身是真的东西,一种理想性。"[2]这也是他对近代哲学传统的历史反思的目的。胡塞尔把近代哲学问题追溯到近代科学的兴起,他以伽利略为线索,追溯了近代科学的形成过程及特征,这个特征就是数学化。我们今天的人不难发现,科学家告诉我们的自然世界,与我们的生活世界有时都对不上号。胡塞尔认为,这种科学世界与生活世界的脱节,是从伽利略将自然数学化开始的,伽利略忘了科学真理在我们生活世界中的根源,反而认为它们只是量化事物的主观标志。这就遮蔽了我们在生活世界中所感受到的事物对数学对象的优先性。其实,在生活世界中,事物早就以不同的方式呈现给我们了,但现在自然却变成了一种理念。

伽利略的目标是克服我们日常描述周围世界方式的主观相对性,达到精确的、主体间一致的对世界的特征描述。这种精确性已经在从希腊传下来的数学学科,尤其是几何学中找到。在将自然数学化时,伽利略很可能是受了纯粹几何学的启发。但几何学很可能起源于测量和度量的实践技术。人们将所感知到的具体事物的种种形式,通过抽象和逐渐理想化从而得到几何学的理想图形。有了这些理想的图形,我们就可以进行精确的数学活动,这种精确性在原始的经验实践中是根本不可能的。等到人们将这种纯粹几何学变成在天文学领域里运用的应用几何学时,就有可能以不可抗拒的必然性来计算从来不能经验测量的事件的相对位置,甚至事件的存在。到了伽利略的时代,人们相信:"如果形成相应的测量方法,那么整个具体的世界肯定会表明是可数学化的客观的世界。"[3]如果我们能用几何学的术语来描述世界,我们的描述也就有几何学的精确。这就是伽利略将自然数学化的基本想法。但在这么做的同时,他却

---

[1] Husserl, *Die Krisis der europätschen Wissenschften und die transzendentale Phänomenologie*, Husserliana VI, S. 329.

[2] Ibid., S. 333.

[3] Ibid., S. 37.

忽略了几何学是从被感知事物的性质派生出来的。

在将世界数学化的过程中，几何学的算术化是很重要的一步。笛卡尔发明的解析几何使之得以实现。伽利略已经看出，欧几里得几何学现在可以解释为一种一般的发现的理解，而不是限于纯粹形状领域的理论。传统几何学要求论证的每一步都要洞见其理由，但代数却只是一种计算技术，它不再要求这种把握，而只要求盲目执行程序的规则。这种事态的发展对理性向工具理性转变也起到了巨大的作用。理性的活动成了适应性活动，它的运作遵循的是机械的因果律，而完全不要直观的洞见。这一方面使科学家可以更好地控制自然；但另一方面也导致人们忘记对所感事物的洞见优于技术性技巧。量化的结果必然是个性的悬置，近代科学的自然主义态度要求人们把一切实践的、美学的、伦理学的态度用括号括起。也要求人们将实用的、美和道德的因素从事物本身剔除，以为这才是科学的态度，才能认识事物的真相。殊不知这样一来，事物反而失去了原始面貌，前科学的生活世界被忘得一干二净。

胡塞尔对伽利略的想法不感兴趣，他对它的哲学解释感兴趣。在近代哲学家手里，伽利略的计划变成了存在论的主张：存在就是可用理想术语度量。这就发生了胡塞尔所谓"我们将只不过是方法的东西认作是真正的存在"[1]。数学科学就是一种方法。现在，科学的问题不同于哲学问题：前者寻求主体间精确的关于世界的知识，后者希望确定世界的真正性质。但这里，对第一种问题的解答被当作对第二种问题的解答，意义隐蔽的转换发生了。所有随后与世界有关联的问题——它的范围，它的开始和结束，人在世界中的地位，尤其是他对世界认识，从今往后就以这个实在观念为前提来展开。理性主义把科学方法作为一种就像显微镜那样的工具，通过它我们能看到实在；经验主义认为，所有我们看到的只是实在对我们的心灵产生的因果效应，然后提出我们看到的东西是否准确提供我们关于存在东西的信息这个正当的问题。这个发展以休谟的怀疑论告终，它之所以可能只是因为理性主义的实在观被认为是理所当然的。[2]

---

[1] Husserl, *Die Krisis der europätschen Wissenschften und die transzendentale Phänomenologie*, Husserliana VI, S. 52.

[2] Cf. David Carr, *Interpreting Husserl. Critical and Comparative Studies*, p. 86.

但对于胡塞尔来说,近代哲学中的真正对立不是唯理论和经验论,而是客观主义和先验主义。休谟表明,追求客观证明我们的知识最终是徒劳的,但康德把哲学这个明显的失败变成了积极的进步。他取得这个成就是靠回到笛卡尔只是临时考虑过的彻底反思,把它确立为真正的严格哲学的方法。认识的客观性在于通过考察思想形式建立在主观基础上。这样一种主观或先验的奠基观念是康德对近代哲学史的贡献。但康德哲学也必须根据它的基础问题和动机来考察。康德看到给客观世界先验奠基的必要性和可能性;但胡塞尔要问,这个可以和需要这样一个奠基的客观世界的本质是什么?胡塞尔认为,康德的世界实际上还是唯理论者和经验论者的世界,是自然科学家数学化的世界。但通过对伽利略的反思,胡塞尔表明,这个科学的世界概念只是对世界的解释,是一种为了某些目的看它和处理它的方式。

胡塞尔分析说,康德哲学是建立在一些未经考察的前提之上,其理论的确有一些重要的发现,但他对自己理论的前提并不清楚。康德未言明的前提,就是生活世界,"由于康德的提法,我们大家(包括我这个现在进行哲学思考的人)有意识地生活于其中的这个日常生活的周围世界,预先就被假定为存在着的;同样,作为这个世界中的文化事态的诸科学,以及它们的科学家和理论,也预先被假定为存在着的"[1]。生活世界是前科学的世界,一切科学对世界的解释必须从它开始,一切科学假设只有回到它才能得到直接证明。所以,生活世界才是一切科学和哲学的前提和基础,现在需要的是一门生活世界的科学。但是,只要人们将认识视为客观世界对心灵的因果效应,生活世界的前科学特征就会被解释为"纯粹现象"。但如果要为知识先验奠基,就必须考虑生活世界的作用。

胡塞尔说,康德没有做到这点。所以,虽然在某种意义上他推翻了他的前人朴素的客观主义,但他的哲学中仍藏有从他们那里继承来的隐蔽前提。在康德那里,先验的世界问题预先为从近代科学借来的世界概念决定了。倒是休谟,虽然没有明确的先验转向的思想,却对"最深刻、最终意义上的世界之谜"[2]有清楚得多的意识,因为他对"日常世界的确

[1] Husserl, *Die Krisis der europätschen Wissenschften und die transzendentale Phänomenologie*, Husserliana VI, S. 107.

[2] Ibid., S. 100.

定性,和建立在这种日常世界之上的复杂的科学理论建构的确定性的朴素的不言而喻性"[1]提出了疑问。但康德却从来没有进入世界之谜中,休谟认为有问题的东西在他那里却是"不言而喻"的。

胡塞尔的历史反思揭示了现代性的一个主要特征,也揭示了人类今天的历史处境。正如他的学生古维奇后来写的那样:"由于将我们的历史处境说明为近代科学传统的继承人,世界在它可能的数学理想化方面,并根据它的数学理想化向我们呈现了自己,包括我们中那些不是职业科学家的人,或甚至对科学理论的细节一无所知的人。"[2]

有人认为,胡塞尔在《危机》中对康德的批判实际上是对他自己的批判,即对他早期先验哲学的批判。当然,胡塞尔从一开始就没有像康德那样把世界等同于自然科学的种种事物。他也始终批判康德这么做,坚持其他形式的客观性,那些在人文科学、社会科学、心理学,甚至生命科学中处理的客观性,应该用它们自己的术语,根据它们自己的"范畴"来处理。但这只是暗示一种附加的世界概念,好像它是由一个又一个各种科学领域组成的。胡塞尔在这里批判的世界概念恰恰是他自己在《观念Ⅰ》中提出的世界概念,它是对象的总体,在实际经验的基础上,用正确的理论思维可认识。但是,在《危机》中,胡塞尔却用生活世界的概念来批判上述世界概念。[3]

胡塞尔认为哲学最迫切的任务就是要恢复对我们日常关于生活世界的直观理性的信任。我们必须表明科学对自然的叙述总是依赖日常经验的自明性,科学方法的应用范围不是无限的,生活世界必须恢复它的基本权利。现象学对人类意识的分析早已表明,科学的量化方法和化约论方法对于真实的生命来说是完全不合适的。意识并不是所有时间,甚至大部分时间是理论的,在有科学之前就已经有意识了,在科学解释它之前就有一个世界了。生活世界应该是现象学这个"先验哲学的最终形式"的根本出发点。

---

[1] Husserl, *Die Krisis der europätschen Wissenschften und die transzendentale Phänomenologie*, Husserliana VI, S. 99.

[2] A. Gurwitsch, "Problems of the Life-World", in *Phenomenology and Social Reality*, ed. by M. Natanson (The Hague: M. Nijhoff, 1970), p. 48.

[3] Cf. David Carr, *Interpreting Husserl. Critical and Comparative Studies*, p. 88.

胡塞尔在《欧洲科学的危机和先验现象学》中是想在新的基础上，即生活世界的基础上重新奠定现象学的基础。他在该书的第三部分处理这个问题，但这个重要的部分由于胡塞尔要加以改写而未最终完成，现在出版的只是未定的草稿。

生活世界是前科学的世界，它是我们原始的感性世界和我们的文化—历史世界的复合体。生活世界是预先给予意识的东西，不仅先于自然科学，而且也"在一切科学确立的东西之前，不论是生理学、心理学、社会学等等确立的东西之前"[1]。生活世界要求它自己的构造理论，一种前科学的世界—生活理论，它的意向性不是将它的对象从属任何一种理论的意向性，它的兴趣不是由理解一致性的要求或理论范围的完整性决定的。在《笛卡尔式的沉思》中，生活世界被描述为是普遍的，既是前科学的，也是前文化的。所以，生活世界在三重意义上先于科学世界。首先，生活世界在历史上先于科学世界。其次，生活世界是普遍给予的，而科学世界则不然，并非所有文化和民族都有近代科学所描述的自然世界。相反，任何文化都有它自己的生活世界和日常实践的事情经验。有近代自然科学的社会和无近代自然科学的社会皆然。生活世界第三重也是更强得多意义上的优先性是所谓创造次序上的优先性。胡塞尔认为，科学所假定的描述世界是通过抽象、概念化，以及对生活世界提供的具体直观归纳而来的一种高层次的建构。因此，如果没有生活世界对我们的生存有效性，科学世界既不能有生存的有效性，也不能那样对我们"存在"；甚至在有效行为中科学的抽象或理论的存在物都不可能有。因此，生活世界是科学世界的基础。

在《危机》中，胡塞尔把生活世界看作人类行为，包括科学行为的普遍框架，是一切人类成就的最终境域。作为有意识的存在者，我们始终住在生活世界中；它预先被给予，被经验为一个统一体。生活世界是一个普遍结构，它使得客观性和事物得以以它们在不同文化中出现的不同方式出现。虽然不同社会有不同的自然观和不同的理解自然的方式，但胡塞尔相信，对这些文化差异更基础的研究将揭示生活世界不变的结构。

---

[1] Husserl, *Die Krisis der europätschen Wissenschften und die transzendentale Phänomenologie*, Husserliana VI, S. 107.

生活世界的科学是一般科学,而不是专门科学,因此,它有自己独特的科学性,不是客观—逻辑的科学性,而是生活世界本身所要求的并且是按其普遍性所要求的科学性。这不是一种较低的科学性,而是一种较高的科学性。因为科学的客观真理的理念是通过与前科学和科学以外的生活的真理理念的对比而预先规定的。生活的真理的理念在纯粹经验中,在知觉、记忆等的全部样式中,有其最终最深刻的证明。因此,"真正第一位的东西是对前科学的世界生活的'单纯主观的—相对的'直观"[1]。新的科学(即生活世界的现象学)必须以此为基础。从强调本质直观的本质现象学到强调单纯主观—相对的直观的生活世界现象学,胡塞尔的现象学显然有了很大的发展。

但这里讲的主观的东西不是心理学的对象,心理学是研究主观东西的"客观的"科学,但生活世界的主观的东西不是客观世界的存在者。"后者是一种理论的—逻辑的构成物,是原则上不能知觉的东西的,就其固有的自身存在而言原则上不能经验的东西的构成物;而生活世界中的主观的东西,整个说来,正是以其现实地可被经验到为特征的。"[2]客观科学只是生活世界中一种特殊的实践,它们不管多么观念化,都会与人类的、主观的构成物发生关系。科学的认识以生活世界的明见为基础。科学家也是具体的生活世界中的具体的人。[3]理解了这一点,我们就可以知道生活世界的问题要比具体科学的问题更重要、更普遍和更深刻。

要将生活世界作为哲学的普遍问题来研究,也必须用悬置的方法,先将客观的科学悬置起来,然后再将自然的生活态度悬置起来,"纯粹从自然的世界生活出发,提出关于世界是如何预先给予的问题"[4]。世界如何预先被给予的问题,其实和事物是如何被给予的一样,在胡塞尔那里就是它如何表现出来的问题。世界和事物如何表现出来的问题,离开主体

[1] Husserl, *Die Krisis der europätschen Wissenschften und die transzendentale Phänomenologie*, Husserliana VI, S. 127.

[2] Ibid., S. 130.

[3] Cf. Husserl, *Die Krisis der europätschen Wissenschften und die transzendentale Phänomenologie*, Husserliana VI, S. 132.

[4] Ibid., S. 157.

的意向性是无法解释的。这是现象学的基本立场，胡塞尔的这个基本立场一直没有变。"直接将一切实践构成物（甚至作为文化事实的客观科学的构成物，尽管我们克制自己不对它们发生兴趣）吸收到自身之中的生活世界，在不断改变的相对性中当然是与主观性相关联的。"[1]

因此，生活世界的问题最终仍要通过还原到唯一绝对的自我才能得到解释。世界当然在我们之前就存在着，我们无法决定它，而是它能决定我们的生活环境和思想。现实世界及其种种设制，对我们都是有效的。这是常识的态度，或自然的态度。但现象学要求我们通过悬置向后追溯，一直追溯到自我的明见性。这个自我是人类的自我，尽管悬置后成了先验的自我，成了它的活动、习惯和能力的自我极。它的成就，或者说主体性系统的成就，就是世界。"这个在给予方式的不断变化中永远为我们存在着的世界，是一种普遍的精神获得物，它在作为这样的东西生成的同时，作为精神形态的统一，作为意义的构成物——作为普遍的主体性的构成物——继续发展。这里本质上属于这种构成世界的成就的，就有主体性将自己本身客观化为人的主体性，客观化为世界中的组成部分。"[2]

很清楚，生活世界最终仍只是先验自我的一个成就。因此，生活世界只有相对的历史性和多元性。胡塞尔可以承认中国人、印度人和刚果黑人有不同的生活世界，但他仍认为不同的生活世界有共同的一般结构，这个一般结构本身不是相对的，因为它的根据是普遍的、无历史的先验性。这样，我们就可看到，作为科学基础的生活世界，本身也是相对的，绝对的是那不变的普遍的先验主体性。胡塞尔最终还是守住了他的先验哲学的立场，却失去了自我超越的可能性。生活世界理论丰富的内涵，只能等待后来的现象学家来发掘和发扬了。胡塞尔要以先验主体性来给科学，甚至给世界奠基，其成败的关键，在于悬置。他可以悬置科学、自然态度以及逻辑，但他却不能悬置历史和时间，因为它们是悬置主体的条件。当他将时间与意向体验相提并论时，实际上已经触及了这个事实。然而，当他要以主体性作为世界的绝对根基时，他只能将它也"悬置"起来。但

---

[1] Cf. Husserl, *Die Krisis der europätschen Wissenschften und die transzendentale Phänomenologie*, Husserliana VI, S. 176.

[2] Ibid., S. 116.

是,历史性和时间性被悬置的先验自我注定没有基础,这就如同生活世界的问题没解决好,哲学就没有基础一样。

从来的先验哲学都是要为知识或世界找基础,但最后都证明自己还缺乏基础。康德的批判哲学如此,胡塞尔的现象学也是如此——一切先验哲学都会如此。

III

马克斯·舍勒

Max Scheler
1874—1928

第三章

马克斯·舍勒（Max Scheler）在现代德国哲学中是一个非常特殊的人物。一方面，他得到了同时代许多哲学家的高度赞扬。如西班牙哲学家奥特加·伊·加塞特称他是"天才中的第一人，新天堂中的亚当"[1]。艾狄特·施泰因（Edith Stein, 1891—1942）在她的自传中写道："舍勒给人的第一印象是迷人的。我再也没有在一个人身上遇到如此纯粹的'天才现象'。"[2] 尼古拉·哈特曼（Nicolai Hartmann）说："不是每个人都有不断改变思想方法的高超艺术。历史上的伟人中也很少人对这种艺术着迷。在这方面舍勒与费希特、谢林、尼采，还有柏拉图是一致的⋯⋯他根本上是个思考问题的人。问题不断将他驱回本源。"[3] 连对同时代哲学家很少肯定的海德格尔也对他推崇备至，也在他去世后不久的一次纪念演讲中称，从舍勒创造性的规模和样式看，他是当代哲学最强的力量。[4] 另一方面，他又是在现代德国哲学家中较少得到关注的哲学家之一。甚至一度是一个"哲学家世界中被遗忘的人物"[5]。人们对他的兴趣不但远远比不上对胡塞尔或海德格尔，甚至也比不上哈贝马斯或伽德默尔。这从目前出版的有关他的研究文献的数量就可以看出。在他逝世20周年后的1948年

[1]　Quoted from Stephen Frederick Schneck, *Person and Polis* (Albany: State University of New York, 1987), p. 14.

[2]　Quoted from John H. Nota S.J., *Max Scheler. The Man and his Work* (Chicago: Fraciscan Herald Press, 1983), p. 18.

[3]　转引自 Wilhelm Mader, *Scheler* (Hamburg: Rowolt, 1980), S. 144。

[4]　Heidegger, "In memoriam Max Scheler", in *Martin Heidegger Gesamtausgabe* (Frankfurt am Main: Vittorio Klostermann, 1978), Bd. S. 62.

[5]　John H. Nota S.J., *Max Scheler. The Man and his Work* (Chicago: Fraciscan Herald Press, 1983), p. 3.

曾经成立过一个舍勒研究学会,但很快就偃旗息鼓,直到1993年,才建立了第二个国际性的舍勒研究学会。随着时间的推移,研究舍勒的著作和文献在不断增加,但舍勒在相当程度上还是一个当今哲学研究的边缘人物,这与他在哲学上的天才创造和贡献很不相称。

舍勒其人及其著作

在西方哲学史上,有一些哲学家的生命与他们的思想是融为一体,不可分割的,如奥古斯丁、尼采、维特根斯坦等。舍勒也是这样,他的哲学"在一种特别程度上是'生命的作品':生命与哲学、思想与文字表达构成了一个复杂的不断形成和改建的张力结构"[1]。相对于胡塞尔、海德格尔或伽达默尔这样的哲学家,舍勒的生活与他的哲学是息息相关的,他自己对此也有明确的意识。他始终强调,哲学在其作者的人格中有其深刻的统一。在给他第二任妻子麦丽特的信(1924年1月24日)中,舍勒承认,他的宗教生活在按照他的形而上学的意义慢慢改变。[2]在给麦丽特的另一封信(1924年4月2日)中,他告诉她,他在其人类学著作中给一生作了一个简短的总结。[3]这些都说明,舍勒的哲学在相当程度上就是他生命的表达。或者我们可以说,在他的哲学后面有他这个人。

马克斯·舍勒于1874年8月22日出生在德国慕尼黑的一个地主家庭。慕尼黑当时是巴伐利亚王国的首都,居民大部分是天主教徒。但舍勒的父亲是新教徒,而他的母亲是犹太人,信奉犹太教。但父母的宗教信仰对舍勒似乎并没有太大的影响,相反,据他自己说,在家里的一个女仆和文科中学(Gymnasium)的一个信天主教老师的影响下,他15岁时就成了一个天主教徒,虽然教会的正式文件记载他是在10年后,也就是25岁时(1899年)才正式成为天主教徒。天主教信仰对他的哲学产生了极为重要的影响,虽然23年后(1922年)他正式与天主教会决裂。

宗教信仰的选择在很大程度上反映了舍勒的个性,相对于刻板严苛

---

[1]　Wolfhart Henckmann, *Max Scheler* (München: Verlag C. H. Beck, 1998), S. 11.

[2]　Cf. John H. Nota, *Max Scheler. The Man and his Work*, p. 148.

[3]　Ibid., p. 153.

的路德教或犹太教，天主教是温暖而有人情味的，它肯定甚至丰富了生命的种种乐趣。这对于舍勒来说非常重要。

舍勒的家庭教育相当糟糕，父亲对他基本不管。舍勒的母亲是一个外表漂亮、内心冷酷的女人，喜欢奢华的生活。他的母亲虽然对他相当溺爱，但对他的教育也不闻不问。从小的家庭气氛让舍勒感觉不到家的温暖。他母亲对他妹妹的冷酷无情使舍勒对他的母亲非常反感，以至于后来他母亲的葬礼他都不到场。由于父母都对他的教育撒手不管，只好由他的一个舅舅承担起教育他的责任。

舍勒与胡塞尔一样，在中学里表现平平。虽然当时舍勒已经读了很多书，尤其对哲学感兴趣，读了叔本华和尼采的许多著作；但学校成绩却不及格。这使他到一个专门给成绩不好的富家子弟额外补习的私人学校待了两年，才得以从高中毕业。随即进入慕尼黑大学学习哲学（1894年），一个学期后转而学医学。这也说明舍勒这时对自己究竟想要什么还不清楚。幸亏这时他遇到了后来成为他第一任妻子的阿梅丽·封·德维茨－克莱伯斯（Amélie von Dewitz-Krebs）。

为奖励他高中毕业，舍勒的舅舅恩斯特·富特尔（Ernst Fürther）出资让舍勒去奥地利著名的度假胜地南部提罗尔去旅行，舍勒就在那里遇到了当时正与丈夫分居的阿梅丽。虽然舍勒一开始就预感他们的邂逅不会有好结果，但两人还是很快相爱了。虽然阿梅丽后来的确给舍勒的生活带来很大的麻烦，但当时对舍勒却起到了促进作用。正是由于她的影响，舍勒约束了自己不确定的学习生活，集中精力于有系统的学习上来。

也因为阿梅丽住在柏林，舍勒于1985年冬季学期开始转到柏林大学去学医学。当时西美尔和狄尔泰都在那里教书，舍勒听了西美尔社会心理学的课和狄尔泰哲学史的课程，这两个人对他的思想产生了重要的影响。19世纪末的柏林是欧洲最大的工业城市之一，现代性的许多恶果在那里暴露得非常充分，舍勒在柏林开始自己哲学生涯的同时，也接触到了时代提出的现实问题，在此后的岁月里，他自觉地把这些问题变成哲学的思考和对现代资产阶级文化的批判。

但舍勒在柏林大学只待了一年，就转学到耶拿大学。耶拿大学和耶拿这个城市一样，规模很小，但却有些有名的哲学教授，如自然哲学家海克尔（Ernst Haeckel, 1834—1919）和新康德主义哲学家李普曼（Otto

Liebmann, 1840—1912），但舍勒选择奥伊肯（Rudolf Eucken, 1846—1926）做他的博士论文导师。奥伊肯不但是他的导师，也是他父亲般的朋友。奥伊肯对舍勒一生产生了持久而重要的影响。

　　尽管奥伊肯曾获1908年的诺贝尔文学奖，但现在已经很少有人提起他了。可是，对于19世纪末的德国哲学史来说，奥伊肯是一个不能忽视的人物。19世纪末的德国哲学界基本是唯物主义和新康德主义哲学的天下。奥伊肯师承特伦德楞堡（Friedrich Adolf Trendelenburg, 1802—1872），提倡以人格、文化、历史和宗教这些价值为核心的生命哲学，一方面反对粗俗的唯物主义，同时试图克服新康德主义和心理主义的片面性。奥伊肯被人称为"新唯心主义者"，与旧唯心主义不同的是，他提倡行动，他对纯粹从理论上解释世界不感兴趣，他和斯多葛学派一样，把哲学看作生命的智慧、生命的表达。如果哲学不仅仅具有主观和纯粹个人的意义，它就应该是普遍生命的表达。这个普遍生命，也就是精神生命。精神生命是一个能动的实在，奥伊肯把他的"精神生命的唯心主义"建立在费希特的行动唯心论（Tatidealismus）的基础上。为了反对心理主义和先验主义，奥伊肯提出了所谓noologische（精神生命学）方法。Noologie（精神生命学）是奥伊肯生造的一个新词，由希腊词nous和logos结合而成。奥伊肯用它来表示他的精神生命理论。精神生命的理论既反对将精神活动归结为心理过程，也反对把精神活动与生命和历史的发展相隔绝。精神生命学的方法试图沟通生命和精神、现象与本体。这种沟通最终体现在人的人格上。我们可以在舍勒的人格概念中看到奥伊肯这种思想的影子。奥伊肯的生命哲学也使得舍勒哲学从一开始就指向人的问题，更确切地说，现代人最切近的种种问题：伦理学、宗教、情感和文化。

　　1897年12月，舍勒在耶拿通过了他的博士论文《确立逻辑原则和伦理学原则之间种种关系刍议》。这部博士论文已显示了引人注目的精神独立性。尽管标题说是要"确立逻辑原则和伦理学原则之间的种种关系"，但这部论文更多谈的是伦理学原则而不是逻辑学原则。它要解决一个"哲学的原则问题"，就是我们看到的思想和意志、认识和行为、善与真之间存在着不可弥合的鸿沟。在舍勒看来，人自然地生活着，人是一个"生活的综合"。只是在抽象中才有上述的区分，而在现实生活中它们是综合在一起的。人是上述种种对立的和谐。但这些对立是不可解决的。

道德行为的确不取决于思维,而取决于情感、取决于价值感、取决于体验,所有这些与判断有关,但不能归结为思维,意志也不能归结为思维。思维与意志、认识与行为、善与真的对立是不可克服的,任何要把道德还原为思维的企图必然失败。在亚里士多德、托马斯·阿奎那、笛卡尔和别的人那里,道德问题陷入了恶性循环,要么认为只有思维才是道德的基础,要么道德是非理性的。但舍勒认为,知识本身在性质上绝不是伦理的;只有感情可以在伦理行为上指导我们。舍勒在这里似乎从康德理性主义的道德哲学立场退回到了苏格兰哲学家哈奇森(Francis Hutchenson, 1694—1746)的道德情感论。

1898年,舍勒去海德堡大学学习了一年,熟悉了马克斯·韦伯的文化研究。之后,他又回到耶拿开始着手他的教授资格论文《先验方法和心理学方法》,1900年他以这篇论文取得在大学授课的资格,并担任了耶拿大学的认识论和伦理学的私人讲师。此时他把他的哲学立场等同于奥伊肯的精神生命学。1899年他正式皈依了天主教,并与阿梅丽结婚。但他们的家庭生活却是不幸福的,舍勒的波希米亚式的生活方式和阿梅丽的歇斯底里与妒忌都使他们的家庭生活矛盾重重。

1902年舍勒参加了一次由《康德研究》创办人法欣格尔在哈勒举办的招待会,在那个招待会上遇到了其时正在哈勒大学任教的胡塞尔,[1] 这次相遇从根本上改变了舍勒的思想轨道。在此之前,舍勒是在奥伊肯的精神生命学的影响下思考,还谈不上有什么自己的东西,而从此以后他逐渐走上了自己的思想道路。所以他后来一再表示他在思想方法上受惠于胡塞尔。当时胡塞尔对哲学界的影响远没有狄尔泰、尼采和柏格森的生命哲学大,舍勒却一下子被胡塞尔吸引。他发现胡塞尔与他有相同的知识旨趣,就是要通过回到超越纯粹感性经验的直观概念克服新康德主义远离生活的方法论和构造主义。据斯特恩回忆,当胡塞尔还是哈勒大学

---

[1]　一般研究舍勒的著作都根据舍勒后来在《当代德国哲学》中的回忆 (见《舍勒全集》第7卷,第308页) 把他与胡塞尔的第一次个人相遇定在1901年。但根据舍勒1901年12月14日给法欣格尔 (Hans Vaihinger, 1852—1933) 的信,他接受法氏 (《康德研究》和康德学会的创立者) 给《康德研究》同仁举办的招待会的邀请,该招待会定在1902年1月3日。因此,舍勒和胡塞尔的首次相遇应该在1902年 (Cf. Wolfhart Henckmann, *Max Scheler*, S. 242)。

的一名讲师时,他们两人就定期接触讨论(哈勒离耶拿不远)。但舍勒并不是胡塞尔亦步亦趋的学生,他逐渐发展了自己的现象学,随着胡塞尔的先验转向,他与胡塞尔现象学渐行渐远。此外,舍勒后来的哲学很难说是严格意义上的现象学。把他看成一个独立的哲学家可能比把他看成一个单纯的现象学家更好。

奥伊肯非常器重他的这个最有天赋的学生,总想让他做些有秩序的工作。无奈舍勒天性散漫,奥伊肯给他介绍在《康德研究》编辑部做事(1903/04),不久他就放弃了这个职务。介绍他给库诺·费舍尔编的《20世纪初的哲学》写一篇关于伦理学的研究报告,这是一个很光荣的任务,但他也放弃了。后来奥伊肯又介绍他给一个出版社写一部逻辑学的书,以备申请教授职位之需,但第一卷印出来了又被他抽回,计划就这么不了了之。这当然有他性格上的原因,但也表明了他已经不能安于奥伊肯哲学的那种唯心论气氛了。

此时由于舍勒私行不检和阿梅丽极度的神经过敏,他们在耶拿闹出了丑闻,无法再在耶拿待下去,1906年底舍勒经胡塞尔推荐去慕尼黑大学担任李普斯(Theodor Lipps, 1851—1914)的助手。李普斯是个心理主义倾向的哲学家,但他对他的学生和同事中的现象学倾向很宽容。他们形成了现象学的慕尼黑学派,舍勒与他们接触后很快成为中坚分子。在慕尼黑舍勒认识了后来成为他第二任妻子的麦丽特·富特文格勒,她是一个考古学家的女儿,她的哥哥是大名鼎鼎的指挥家威廉·富特文格勒。他们的关系使舍勒本来就摇摇欲坠的婚姻更加靠不住,同时也使舍勒的学术生涯差点就此结束。妒火中烧的阿梅丽到一家报纸上说舍勒由于拈花惹草欠了很多债,使得他的妻子和孩子一文不名;还说他向学生借钱等等。虽然舍勒起诉了那张报纸,但大学却逼他辞职,并吊销了他的授课资格,从此他不能在任何德国大学教书。

舍勒陷入了绝望的境地。为了养活自己和家人,他只得到处找工作,拜访各个出版商,想让他们为他将来写的著作预支一部分钱来维持生计。他也的确写了一些著作,与此同时到处找工作挣钱。后来总算可以在哥廷根正式演讲,但不允许在大学贴演讲的广告,学生只能口口相传他在何时何地讲什么。舍勒此时的遭遇可以用"走投无路"来形容。与此同时,家里当然更不太平。后来麦特丽用她的全部嫁妆作为补偿,才使阿梅丽与舍勒在1912年离婚,同年舍勒与麦特丽结婚。

这对新婚夫妇婚后移居柏林,靠舍勒的演讲收入生活。1914年第一次世界大战爆发,舍勒和许多德国知识分子一样,一开始陷入战争的狂热,[1]他志愿报名参军,因年龄和视力不适合服兵役而没有被接受。他转而用别的方式来为国效劳,在战争爆发后几个月就写了《战争的天才和德国的战争》一书。虽然这本书不乏哲学的论述,但基本是战争狂热的产物。可是,舍勒并没有完全丧失理智,虽然他出于宣传的目的为德国的战争努力辩护,但他还是承认,不管怎样,战争带来的不是生命,而是千百万人的死亡;不是爱,而是恨和复仇欲;不是自由,而是"反动"和新的政治与社会束缚;不是精神和人格和个性,而是物质暴力、不尊重人以及他的存在和价值,我们灵魂中种种纯粹机械的力量得到了加强,个人淹没在种族的原始感觉和大众的精神中。这是"一件荒谬的事"[2]。《战争的天才与德国的战争》出版后在德国是一片叫好,但是舍勒在1916年给这本书的第二版写的前言中就开始怀疑这究竟是不是一本好书。他说这本书只是反映了战争开始时的种种感情的一个记录,言下之意他已经不认可这部书的内容了。其实舍勒在1915年对战争的立场就有明显的改变。在那一年写的《战争与重建》中,他不再把战争视为某种辩证过程,通过这个过程德国精神战胜了英国布尔乔亚的堕落和俄国令人窒息的正教。相反,他把战争看成西方人道德和精神破产的悲剧结果。

舍勒不但在他的演讲、文章和书中广泛谈论战争,还代表德国政府去荷兰和瑞士执行外交使命。战争期间他走了许多地方,经验了他的时代种种现实和它们的方方面面。他在战争时期的工作使他与德国社会的各个阶层都有接触,这样他比从前更好地认识到更新人类和社会精神的必要性,也使他以后的哲学著作有同时代其他主要德国哲学家著作中少有的现实关怀。

战争虽然使舍勒名声大震,但并没有消除太多的生活压力。他的收入对于一个家庭来说仍然太少。战争结束,舍勒的霉运也随之结束。当时的

---

[1] 不独德国知识分子是这样,交战双方的知识分子大都这样。罗素因反战立场而被牛津大学三一学院取消他的讲座任期,而他的同事孟太格就赞成这个决定。

[2] Schehler, *Der Genius des Krieges und der Deutsche Krieg. Gesammelte Werke* Bd. 4 (Bern und München: Francke Verlag, 1982), S. 13.

科隆市长阿登纳要恢复科隆大学来与受普鲁士控制的波恩大学相对抗,选了他认为能代表天主教思想传统的舍勒作为新成立的社会科学研究所所长,兼在科隆大学教伦理学和形而上学。他被公认是德国的主要哲学家之一。此时舍勒的思想也日益开阔,他的视野已经超出德国自身的条件和问题,而讲到了欧洲更新的问题,甚至东西方思想文化交流的问题。

在科隆,舍勒认识了一个有吸引力的年轻姑娘玛丽亚·肖(Maria Scheu)。舍勒被她迷住了,但他真正爱的仍然是麦丽特,玛丽亚不过是他激情的新对象而已。所以他向麦丽特提出让玛丽亚当他的情人而她仍然是他的妻子,为麦丽特拒绝。同时玛丽亚又逼他离婚,与之结婚。这样舍勒在1923年与麦丽特离婚,次年与玛丽亚结婚。舍勒在私生活上的所作所为当然不能为当时的天主教会所容,科隆大主教认为这个伦理学教授不适合教大学生。而舍勒对宗教的态度也在这时发生了变化,他于1922年正式与教会决裂,思想也从有神论变为泛神论,在他最后几年的著作中,宗教色彩越来越淡。

与玛丽亚的结婚并没有给舍勒带来多少幸福,因为他终究爱的是麦丽特。他为他对她做的一切感到有罪。舍勒生命最后几年的生活是比较糟糕的,他1920年发作过一次心脏病,身体每况愈下。离开了麦特丽后,他生活在孤独中。他在1927年7月的一封信中写道:"我常常感到想要睡几个星期,然后哭几个星期。"他的一个学生在出席他那年的一个演讲后说:"舍勒正在死去。"[1]他想离开科隆,却没有别的大学要他。终于在1928年他在法兰克福谋到一个教职,这使他非常兴奋。他希望与那里的卡西尔、曼海姆、阿多诺和鲁道夫·奥托等人接触。但他的生命已经走到尽头,还未等到在法兰克福大学正式开课,他就因为心肌梗塞死于1928年5月19日。

在舍勒时代的资产阶级正人君子和天主教会看来,舍勒无疑是一个道德败坏、不配为人师表的教授。但他深爱的麦丽特在他死后给了他的人格以高度的评价:"在个人关系上,几乎很少有人像舍勒那样不被与他不是十分接近的人理解。几乎没有人会相信他实际上就像他证明的那么天真。相反,人们怀疑那是他自己高度精细的伪装。但那是大错,因为他

---

[1] Cf. John H. Nota S.J., *Max Scheler: The Man and his Work*, p. 150.

的天真是真的,常常给他带来麻烦。……除了他的精神人格外,他根本的善良和他试图解决一切人类问题的特点是他最重要的品质。"[1]

即使从整个西方哲学史上看,舍勒也是个罕见的天才人物。他对哲学充满热情和奇思妙想,对人类的根本问题有无限的兴趣。他可以在任何时候、任何地点忘我地投入哲学沉思,一旦有思想产生,马上写在任何身边的东西上——衣服、菜单、餐巾、废纸,等等。就像他控制不住自己的激情一样,他也控制不住自己的思想。虽然他一生坎坷,但却没有影响他的哲学灵感,他往往思如泉涌,不能自已。一个计划还未完成,另一个计划又开始了。正如他说狄尔泰那样:"他着手很多,完成很少。"[2] 但就他54年不算太长的人生来说,他还是给人类留下了许多哲学精品。舍勒的著作先是由他的最后一任妻子玛丽亚整理,玛丽亚去世后由弗林斯接手,编为总数为15卷的《全集》,已全部出版。从这15卷《全集》中可以看到,舍勒的涉猎极为广泛,举凡形而上学、存在论、认识论、伦理学、知识社会学、宗教哲学、哲学人类学、政治哲学、心理学等,他都有重要的研究和贡献,有些则是开创性的。他的《伦理学中的形式主义和质料价值伦理学》一书更是被人认为在哲学史上是像亚里士多德的《尼各马可伦理学》和康德的《实践理性批判》一样等级的伦理学经典。[3]

舍勒哲学面对的时代问题

与许多现代德国哲学家一样,舍勒对时代的问题,也就是现代性问题非常敏感。舍勒也是一个对现实问题非常关心的人,"他是我们时代少有的几个从实践上关心人类未来历史的哲学家之一"[4]。这就使得舍勒的著作更多现实感而更少学究气。

舍勒对自己的时代有清楚的认识,这是资本主义的时代。在他看

---

[1] Quoted from John H. Nota S.J., *Max Scheler. The Man and his Work*, p. 198.

[2] Scheler, *Versuche einer Philosophie des Lebens, Gesammelte Werke* Bd. 3 (Bern und München: Francke Verlag, 1972), S. 318.

[3] Cf. M. Frings, *Max Scheler* (Pittsburgh: Duquesne University Press, 1965), p. 103.

[4] 弗林斯:《舍勒思想述评》,王芃译,华夏出版社,2003年,第132页。

来:"资本主义首先不是经济的财产分配制度,而是一个完整的生活和文化制度。"[1] 它不仅表现为政治、经济、社会种种外在的制度,更表现为一种总体的精神,即资本主义精神。这种精神喂养了资本主义秩序,形成了资本主义世界观。它颠覆了以往传统的价值观,使得我们的生活秩序走向衰亡。第一次世界大战只不过是一个严酷的警示而已。所有这一切迫使舍勒对资本主义精神的本质和起源提出问题。当他在其博士论文中把哲学规定为"对意识的价值批判"时[2],已经预示了他整个哲学的时代批判性质。

在舍勒看来,现代性(他把它叫"资本主义精神")并不是一个历史连续发展的产物,而是一个"突然的、断断续续的、通过猛烈的跳跃发生的过程"[3];对于古代文明(包括中世纪文明)来说,它可谓横空出世,我行我素,与先前的一切迥然不同。它是精神和世界观的全面转换,一个突出的特征就是相信人的意志可以支配一切。自主统治(souveräne Herrschaftsgedanke)的观念就是这种意志的支配力思想的体现。它表现在人类精神文化的各个方面:"在神学中(司各脱的意志主义、新教,尤其是加尔文教和清教主义以及它们对上帝权力意志的抬高),在心理学的人的学说中(联想心理学),在国家和社会理论中(波狄乌斯、马基雅维利、霍布斯),在政治中(重商主义、绝对国家思想的发展、主权的概念、权力平衡理论),也以同样的原创性和同时显现在机械的自然观中。有待控制的对象的形式原子主义和'客观形式'—理型的瓦解同时出现在自然知识(因而有唯名论)和国家和社会观中(原子主义的单元论和原子主义),出现在生物学(笛卡尔)和心理学中(联想心理学和马赛克理论)。"[4]

资本主义精神这样的一种普遍性和整全性,也说明它首先不是一种经济制度。马克斯·韦伯对新教和资本主义精神关系的研究给舍勒以相当的启发。在他看来,资本主义精神的产生是由于欧洲人心智和价值体

[1]   Scheler, "Die Zukunft des Kapitalismus", *Gesammelte Werke* Bd. 3, S. 382.

[2]   Scheler, *Beiträge zur Feststellung der Beziehungen zwischen den logischen und ethischen Prinzipien. Gesammelte Werke* Bd. 1 (Bern und München: Francke Verlag, 1971), S. 14.

[3]   Scheler, *Die Wissensformen und die Geselschaft. Gesammelte Werke* Bd., 8, S. 98.

[4]   Scheler, *Erkenntnis und Arbeit. Gesammelte Werke* Bd. 8 (Bern und München: Francke Verlag, 1980), S. 257.

系的根本改变。现代人对宗教和形而上学的绝望使他们的精力和意志向外扩张,这种向外扩张的意志不仅在经济上产生了资本主义制度,也伴随着知识、科学、艺术等文化制度。资本主义精神先于它的一切制度体现。

吊诡的是,人在把"一种新的控制自然和灵魂的意志"[1]扩充到无以复加的地步的同时,抽去了自古以来世界所具有的种种价值和意义。"只有没有价值的世界才能发展出无限的工作能量。"[2]在近代西方人看来,世界根本是一个无理性、无价值的机械物,而不是具有种种意义的有机物。只有这样,才能使人们产生控制它和征服它的欲望和冲动。"这里,与人的劳动无关的世界成了一个各种事物不确定的、混乱的、什么都不是的和无价值的,无意义和无理性的简单堆积。对它任何可能的改造和控制都是不受限制的。"[3]

这种世界观当然与近代的自然科学很有关系,它把世界看作由完全同质的原子组成的实在,没有客观的性质和形式,更没有生命的意义。自然按照机械律发展,像一台精确的钟表那样运行,各部分之间只有机械的互动,而没有任何别的性质。事物的性质(颜色、声音、价值,等等)在这种自然主义看来,只是有机物和世界之间虚幻内容的积聚。它完全忘了"真实的"世界始终要比任何"给予的"世界"更丰富"。它错误地假定无论什么最简单、最无价值的东西一定也具有存在论优先的性质。这样的东西当然也最容易从一心要控制和支配世界的人类知性的观点来把握。之所以如此,是因为与更复杂、更有价值的因素相比,这样的东西更容易控制,更普遍、更容易传达。但舍勒认为,这不是假定存在和价值是安排来适应根据实践目的行动的人的方便的理由。[4]

现代机械论世界观方法论的特征是还原论,即把一切内容和价值还原为惯性的、无价值的微粒的运动。科学家在这种还原论的基础上将事

[1] Scheler, *Die Wissensformen und die Geselschaft. Gesammelte Werke* Bd., 8, S. 125.

[2] Scheler, "Der Bouggeois und die religiösen Mächte", *Gesammelte Werke* Bd. 3, S. 375.

[3] Scheler, *Vorbilder und Führer. Gesammelte Werke* Bd. 10 (Bern und München: Francke Verlag, 1986), S. 310.

[4] Cf. Scheler, *Wesen und Formen der Sympathie. Gesammelte Werke* Bd. 7, SS. 181-182.

物一视同仁,事物的不同等级被拉平,人和石头一样,都是宇宙机制的一个不独立的成员。生命和精神的独特本质被完全忽视了。价值从所有事物中被排除。表面上看,这的确非常客观、中立和科学,可这种人为地将世界去价值化实际上是为了一种价值的缘故,这就是为了控制世界的那种价值。

这种机械论的自然观和世界观首先通过近代自然科学形成。与此同时,它也根本影响了哲学。在西方思想文化史上,科学最初(在古希腊人那里)基本上被归在哲学的名下,只是到了近代,各门自然科学开始脱离哲学独立。尽管如此,在舍勒看来,哲学与实证科学或自然科学有根本的不同。首先,"哲学作为实在的知识,各种表象与某个'绝对的'特殊存在者(Daseindes)在它那里相关联"[1]。这个"绝对的"特殊存在者,就是本质,哲学事关事物的本质;而实证科学关心的是事物的功能。其次,"哲学认识的方向不同于'科学认识',科学认识在结构形式上……停留在'自然的世界观',哲学认识并不在这种扩大对周围世界之存在的知识介入,也不在认识上获得一个(对人)'普适的'周围世界。不如说哲学认识指向完全另外一个存在领域,这个存在领域在存在纯粹的周围世界领域之外和彼岸"[2]。最后,哲学本质上必然的前提条件是一种道德立场。[3]而无论实证科学本身还是其前提都无关道德。

然而,资本主义根本颠倒了哲学、信仰和科学之间的关系。在古代,哲学是科学的女王和信仰的婢女,但到了近代哲学从信仰"自由的女仆"变成了信仰的篡夺者,同时成为科学的婢女。[4]哲学家好像突然放弃了其方法论上独立的认识原则,向哲学以外的东西投降了。[5]舍勒并不认为自然科学的机械世界观是完全错的,而是认为它的合理性和有效性知识在一定的范围内。但哲学忘了这一点,哲学不知道科学的图式的有效性是有限的,相反,认为这是一种绝对图式。结果,哲学就把自己的任务

[1] Scheler, *Die Wissensformen und die Geselschaft. Gesammelte Werke* Bd., 8, S. 128.

[2] Scheler, *Vom der Philosophie und der moralischen Bedingung des philosophischen Erkenns. Gesammelte Wrerke* Bd. 5 (Bern und Müchen: Francke Verlag, 1968), S. 89.

[3] Ibid., S. 78.

[4] Ibid., S. 73.

[5] Ibid., S. 70.

规定为替科学检验其前提、方法和目的,如舍勒时代德国的学院哲学新康德主义所做的那样。

另一方面,哲学心甘情愿接受科学的影响。近代西方哲学的一些基本论题和基本概念无不透着这种影响。哲学由存在论变成了认识论,在舍勒看来,西方认识论无论是经验论还是观念论,都透着机械论世界观的影响,这种影响渗透到认知的各个过程——知性、推理、思维。但哲学努力向自然科学看齐,也要成为“科学的哲学”,却忘了“只有在某个世界观的一个既定结构内,如欧洲世界观的结构范围内,科学才可能原则上无止境地进步”[1]。相反,哲学放弃了这个大局观,作为认识论,它也从认识开始的层面,也就是认知者与世界相交的原始层面——知觉层面出发,但它的知觉观就是自然科学的知觉观。

这种知觉观的根本错误就是将一个心理给予的刺激建立在独立于一切生命过程的自然基础上,也就是说,将知觉看成是一个由物理对象造成的结果。这个错误的根源在于,哲学家渴望将整个被感知的物理对象的世界及其实在视为一个因果推理的结果,无论是有意识还是无意识的。因此,物理学规定的事物被说成是因果地产生了被给予意识的表象和知觉意象。但这些事物本身真正是什么又被哲学家认为是纯粹的思想建构(Aufbau),是设计来解释某些意识的内容的。

舍勒在一篇早期论康德和近代文化的论文中反复重申,近代机械论的知觉理论已经去除了古代—中世纪那种把自己传达给感性的形式和实体。机械论的理论用模糊的因果刺激来代替这些形式和实体。结果,现在没有外在的自然秩序可以传达给感性层面上的知觉者。而且,知觉到的秩序是否符合存在于知觉者之外的无论什么东西是可疑的。这就必然导致最终认为是人类思维、知性和理性给予刺激以秩序并说明它们的内容。古代和中世纪的哲学是要模仿和回到预设的对象的秩序,而近代哲学则要承担组织因果秩序和使自然合理的责任。近代认识论试图创造一个封闭的概念和规律系统,这样不连续的和无规律的感性知觉就可以在一个统一的自然中各得其所。

---

[1] Scheler, *Vom der Philosophie und der moralischen Bedingung des philosophischen Erkenns. Gesammelte Wrerke* Bd. 5 (Bern und Müchen: Francke Verlag, 1968), S. 78.

康德哲学就是这种思路的典型和集大成者。按照这种思路,认识的目标及终极目的不是感性,而是概念和规律。用康德的话说,研究自然的知性弄出它的概念建构的部件不是为了达到感性世界"后面"的思想事物的秩序,而是为了从无序的印象中创造出一个与自然体系一致的理性原理,只是为了"可能的经验"的目的。[1] 舍勒敏锐地发现,其实这种思路并非康德所独有。其实对立的近代西方哲学的种种流派都在这种无序的感性和给予秩序的思想二分的架构内竞争活动。英国哲学同样排除现实世界任何自己的结构,强调依靠时代全能的意志和某种主权,在惯例的基础上在这个世界建立秩序。休谟秉承这个思路,发现知觉的时间性变化将导致我们得出矛盾的结论:同一个东西既连续存在又不连续存在。所以他拒绝流动的知觉后有一个持续存在的实体的观念。[2]

康德无批判和不自觉地接受了英国和法国感觉主义者的偏见,就是唯一被给予我们的东西是无序和混乱的感性。康德的结论是,经验中一切反感性和超感性的内容都不是最初给予的,而是自我立法和综合的知性与推理活动的成果。像关系、次序、实体性、功效、形式、运动、形态、实在、质料性、空间、时间、数、价值等等在这种观点看来都不是真正的给予物,而是理性的建构和产物。舍勒在《伦理学中的形式主义和实质的价值伦理学》中这样来分析康德的结论与英法感觉主义的关系:"如果世界首先被粉碎为感性的混合,人被粉碎为本能冲动(它们——顺便提一下,这也是不可理喻的——应该为维持人的现实存在服务)的话,那当然需要一个能动的组织原则,它能回复到自然经验的内容。简言之,休谟的自然需要一个康德的知性,霍布斯的人需要一个康德的实践理性,只要这两者与自然经验的事实相像。"[3]

这就是说,经验主义的自然观,也就是机械论的自然观是康德先验哲学的前提,它最终需要理性的先验构造以避免怀疑论。当然,只有在这种自然观中,才会产生霍布斯笔下那种自利自爱的原子式的个人,对霍布斯来说,人是一束机械的本能,是纯粹的自然存在物(Naturwesen),它

---

[1] Cf. Scheler, *Kant und die moderne Kultur. Gesammelte Werke* Bd. 1, S. 361.

[2] Cf. Schehler, *Der Genius des Krieges und der Deutsche Krieg.* S. 227.

[3] Scheler, *Der Formalismus in der Ethik und die materiale Wertethik. Gesammelte Werke* Bd. 2 (Bern: Francke Verlag, 1954), S. 87.

需要一个约束规范它的实践理性。机械论世界观最终把事物的存在变成了人类理论理性（知性）的创造成果；另一方面把世界变成了没有生命意味的物质世界，它必然需要某种观念论（唯心主义）来解释。这也说明为什么哲学从存在论转变为认识论，既然上帝和世界是由人形成、建构和说明的，没有认识以外的"事物本身"，那么认识论问题当然是唯一重要的问题了。

从笛卡尔到康德的认识论尽管不尽相同，但都是以机械论自然观为基础，以力学科学为蓝本，因而很容易排除哲学真正应该追求的问题，即形而上学问题。它们都没有看到事物相对于人的不同样式，舍勒称为此在相对性（Daseinsrelativität），更没有看到价值和价值各层面的相对性和价值差异。它们只关心可感性观察的材料，关心演绎的无穷过程和归纳的或然性。因为这对于控制物质世界是重要的。它们根本看不到它们自己和自然科学所属的那个广阔语境。

这个广阔的语境就是资本主义。如前所述，舍勒把资本主义首先理解为一种完整的"生活和文化制度"，一种"精神"，它渗透在世界的一切方面。因此，近代哲学与资本主义精神有着内在而不是外在的关系。后者不是前者的背景或"经济基础"，而是它们有着结构性的统一，同出一源："理论的世界图像之所以与各个实践的（政治的、经济的、社会的）现实世界相一致，不是因为这些世界中的一个因果引起了另一个，而是因为它们双方在起源上同样都是由新的伦理生活结构和本能结构的统一所规定。"[1]正因为如此，资本主义经济与近代机械论自然观之间存在着某种平行关系："货币经济有完全剥夺一切价值的倾向，就像机械自然观对可直观的感性性质所做的那样。事物的'商品价值'并不在于这些事物本身的某种内容特征，而只在于它们为了增值的可交换性，事物的这个'商品野性'似乎变成了一个实体，所有其他的品质，如美学品质，首先附着于这一实体。这并非像人们以为的那样，是一种纯粹偶然的相似，而是两个事实（货币经济和机械自然观——笔者注）有同一个根源。两个现象遵循同一个法则。"[2]

---

[1] Schler, *Die Wissensformen und die Geselschaft*. S. 107.
[2] Scheler, *Die Idole der Selbsterkenntnis. Gesammelte Werke* Bd. 3, SS. 273-274.

就像思想把秩序加给被机械世界观剥夺了自身结构的世界一样,劳动把价值和结构赋予这个无结构的世界。劳动成了一切价值和文化创造者。洛克、亚当·斯密和李嘉图就是因此而将财产权建立在劳动的基础上,马克思的劳动价值论也是以此为前提。劳动成了人存在的主轴,闲暇、教育、享受、家庭、政治和宗教都失去了独立价值。与此同时,一种新类型的人产生了。这种人除了拼命工作外不知道怎么打发自己的时间,他们不能祈祷、反思和享受自己。舍勒称这种人为"资产者"。

　　与古代人相比,这种人从一开始就处于维持自然生命的生存压力下,害怕危险和冒险。这种生命类型产生了关心自己的精神,也使他们在一切事物中寻找"保险"和"安稳",寻找规律性和算计事物。这种人必定自己去挣得自己的存在和价值。他必须通过他的成就来证明自己,因为他们的灵魂空空如也。他们没有对世界的爱,只有操不完的心,操心怎么了结充满敌意的事物,怎么从量上规定事物,怎么根据他自己的目的安排和塑造事物。这种人一心要超过别人,对无限竞争的制度和进步思想情有独钟。这种人整天忧心忡忡,精打细算,由于只关注手段而忘了目的的特殊价值。他注意"关系"而忽视事实和事物的本质。[1]

　　就像机械世界观发现事物的基本因素,并将一切较高类型的存在还原为这些因素一样,资本主义也颠覆了一切较高层次的价值。"怨恨"就集中体现了这样一种价值体系的颠覆:"道德的优先规则似乎反常,先前为'恶'者,而今好像是'善'。"[2]这种价值体系的颠倒也表现在资本主义使快乐从属于较低的有用性的价值,不是手段为目的服务,而是目的为手段服务。舍勒出于德国人的偏见,特别拿英国思想家作例子。休谟根据荣誉的有用性和它能为它的所有者带来的好处评估荣誉感。亚当·斯密认为利益和劳动,而不是理性和洞见决定世界观。培根说天文学是"无聊的事情"[3]。但黑格尔在《精神现象学》中已经明确指出有用性是启蒙(现代性)的真理[4],这要比舍勒高明得多。

---

[1]　Cf. Scheler,"Der Bourgeois", *Gesammelte Werke* Bd. 3, SS. 356－357.

[2]　Scheler, *Das Ressentiment im Aufbau der Moral. Gesammelte Werke* Bd. 3. S. 70.

[3]　Cf. Schehler, *Der Genius des Krieges und der Deutsche Krieg*. S. 229.

[4]　Cf. Hegel, *Phänomenologie des Geistes. Werke 3* (Frankfurt am Main: Suhrkamp, 1991), S. 424f.

在有用性成为现代世界最高价值的同时,世界的去价值化也在同步进行。机械论世界观的倡导者认为,在整个经验实在领域只有机械因果性在其作用,而没有价值。价值只是主观意识的产物,"善就是我们想要的,恶就是我们不想要的"。世界本身并不带价值。没有人的意识,世界就是一个不带价值的存在和发生,韦伯就是这么认为的。所以他把研究实在的任务交给实证科学,它们不作价值判断,只提供实际和技术的指导。在舍勒看来,世界的去价值化和功利原则至上与机械论世界观歪曲生命现象有很大的关系。

舍勒在尼采和柏格森的影响下,将机械论生物学和功利主义价值观看作价值颠覆的根源。当笛卡尔将现实世界的实体分为广延和思维两种时,实际上没给生命现象留出地盘。广延和思维都不能等同于生命,这是显而易见的。结果,生命现象被简单地理解为对周围环境的刺激作出机械反应以维持它自身的生存。休戚相关和冒险这种生命特征完全被忽视,同情被归结为自私自利。

在《道德建构中的怨恨》中,舍勒归纳了现代机械论生命观的四个基本特征:(1)它把每一个生命整体(无论是个体、器官、种、类等)看作部分之和;它们在它们的共同作用中产生生命过程。(2)它从一开始就把"器官"置于"工具"的图像下,即用"工具"来解释"器官",但工具是由死东西构成的,只是它才源始地称得上"有用",可机械论生命观却把工具看作器官生成过程的一个"直接的进步"(如斯宾塞)。(3)机械论生命观将一切"发展和生长现象"归结为"保持"自身存在的倾向,结果,这些现象变成了这个维持过程的伴随现象,变成"对环境的适应"。它把个体为同时活着的生命同类献身和为后代作出牺牲的倾向都归结为自我保存的倾向。机械论生命观认为生殖过程是个体的活动,为此所需的材料的力量是部分的,即个体的部分功能和个体功能。(4)"生命"和"有机体"概念的关系是,身躯机体不仅是通过独立统一的力量产生的生命现象的所在和载体,而且"生命"只是一种内在的组合特性,是材料和力量结合在一起的有机体,随这种材料和力量的组合的消失而消失。[1]

由此可见,机械论的生命观实际上把生命看作一个与其他物质事物

---

[1] Cf. Scheler, *Das Ressentiment im Aufbau der Moral.* SS. 136–137.

没什么两样的东西。生命当然不限于人的生命,但舍勒在这里谈论的显然是机械论对人的生命的看法。这种看法典型反映在爱尔维修的"人是机器"的论断中。而到了生物进化论那里,干脆把人作为自然科学的对象纳入生物学加以考察。舍勒不禁要问,这样来处理人,人"究竟是上升到了他自己? 还是下降到他自己?"[1]机械论的生命观并不像表面上看起来的那样是纯粹科学的观点。相反,舍勒深刻地看到:现代机械论生物学最深的根源不是在自然科学,而是在功利主义的道德中;达尔文关于"适者"或"有用者"生存的学说把器官判断为一个有用的工具;马尔萨斯理论的出发点,地球上的食物对于人类生存下去是不够的,诸如此类的学说都不过是把群氓的价值和群氓的担忧投射到有机自然界。[2]有机生命被理解为"维持此在"和"适应"这样的价值和能力,这表明在现代人那里,生命是在没落而不是在上升。

这种机械论生命观到斯宾诺莎和霍布斯那里,就变成了自我保存和利己主义的个人,他们从中推出现代人的道德动机和理念,国家基于契约的思想也与这种机械论的形而上学有关,它的目的就是抑止过于利己主义的个人。与此同时,上帝成了一个威力无比的工程师和机械师。机械论形而上学把对存在的加工、改造和技术控制的象征情景与存在及其内涵等量齐观。[3]舍勒把将有生命的东西变成死物、将有机体变成机械事物、将世界机械化的近代机械论世界比作"黑暗的牢房",这牢房里的囚徒就是早已忘了上帝和世界的今天和昨天的欧洲人。[4]

对于舍勒来说,时代的问题就是哲学的问题,反之亦然。因此,他对现代问题的诊断,也就是对现代哲学问题的诊断。他的整个哲学发展的内在动力,来自他的这个诊断。他对机械论生命观的批判与否定,直接导致他的人格主义和哲学人类学的学说。舍勒对现代机械论形而上学的批判,一方面来自奥伊肯、尼采、狄尔泰和柏格森这些人的生命哲学思想;另一方面也显然受到新康德主义对价值问题的发掘和思考的影响。但要迈出他自己的独特步子,他还需要一种新的方法。

---

[1] Scheler, *Zur Idee des Menschen. Gesammelte Werke* Bd. 3, S. 173.

[2] Scheler, *Versuche einer Philosophie des Lebens*, S. 317.

[3] Ibid., S. 323.

[4] Ibid., S. 339.

舍勒和现象学

舍勒最初在哲学方法上主要受康德主义影响,但生命哲学家对他的影响又使他不能接受康德主义中的主体主义因素。在生命哲学家那里,生命是一个统一的超主体的实在过程。所以他们断然反对笛卡尔的身心二元论和康德的现象—本体二分。作为生命的实在是个有机的发展过程。舍勒基本接受生命哲学家的这种实在观,因而对机械论形而上学持坚决的批判否定态度。可是,机械论形而上学的立场,却成了近代西方哲学的出发点。

这种机械论形而上学的立场,是建立在特殊的对世界的理智倾向基础上的。它的"事实"抽去了原始给予的现象的丰富性。被胡塞尔称为"自然观点"的立场从表面上看,似乎与之相反。自然观点认为事物的实在是不依赖于我们自己而存在的,是超越我们对它的经验的。事物独立于心灵而存在,能动或被动地相互影响。然而,这种"自然观点"在舍勒看来却并不那么"自然",它已经是高度哲学的和反思的,并不是我们经验中的原始现象。它只是将世界思考为给定的哲学家的视角,他接受某种形而上学(机械论)的观点而拒绝其他的。科学观点的事实和自然观点的事实,都还不是生命哲学家所要接近和切入的原始给予的东西,即现象学所谓的"事情本身"或"现象"。但生命哲学没有提供到达这种原始给予的方法论手段。

以"回到事情本身"为号召的现象学给了舍勒这样的方法论手段,现象学的直观和还原的方法不仅要回到事情本身,还要把握事物的本质结构。现象学并不满足于对事情如它们所给予的那样的细节描述,它更要从给予的东西中确定本质。而这正是舍勒哲学所想要达到的目标。就此而言,胡塞尔及其现象学对舍勒哲学的确有关键性的影响。对此舍勒丝毫也不否认,正是胡塞尔使他看到了我们直观原始给予的内容要比通过感性存在、它们的派生物以及这个内容上的逻辑统一形式能发现的丰富得多。胡塞尔让他看到了康德哲学的根本问题,使他毅然将他用康德哲学观点写的、已经印了一半的逻辑学著作抽回不出版。他说他在胡塞尔的洞见中看到了新的及时的重建理论哲学的原则。[1]

　　但是,舍勒的个性、学术背景和思想基础与胡塞尔的巨大差异,都决定了他不可能是胡塞尔的学生,[2]他是在生命哲学的基础上接受现象学的:"他认为这个新运动的主要目的就是发展和运用尼采、狄尔泰和柏格森在胡塞尔以前很久给予现代思想的推动。"[3]而胡塞尔是绝不会把自己的思想与这些生命哲学家联系在一起的。除了生命哲学的立场外,舍勒对于形而上学的态度也与胡塞尔有着根本的不同。

　　但不管怎么说,现象学还是给了舍勒一种对待实在的态度(Einstellung)。舍勒自己是这样来理解现象学的:"首先,现象学既不是一门新的科学的名称,也不是取代'哲学'的词,而是一种精神观看态度的名称,以这种态度人们可以看到或体验到某个没有这种态度会仍然隐藏着的事情:即一种特殊种类'事实'的王国。我说'态度'——而不是方法。方法是目标确定的关于事物的思维程序,例如,归纳或演绎。然而,这里它首先关涉所有先于逻辑固定的新的事实本身,其次关涉一种看的程序。"[4]舍勒在这里说的"新的事实",就是现象学事实或纯事实。之所以叫"新的事实",是因为在现象学之前,西方人只知道科学事实和自然事实,而不知道现象学事实。他们认为,所谓"自然事实"就是最基本的事实。可是,现象学通过其直观和还原的方法使人们看到了一种更为纯粹、更为原始的事实,这就是现象学事实。

　　这种事实不是知性的构造,不是纯粹的感性内容,即不是通过感性或知性被给予,而是通过直观被给予的。在康德那里,只有感性或经验直观,而没有别的直观。但在现象学那里,恰恰除了经验直观外还有本质直观。舍勒这里讲的直观,当然是本质直观,舍勒又称之为"现象学直

[1]　Cf. Scheler, *Die deutsche Philosophie der Gegenwart. Gesammelte Werke* Bd. 7, S. 308.

[2]　施皮格伯格在《现象学运动》中正确地指出:"把舍勒看作胡塞尔现象学最杰出的学生和继承人,并把舍勒在现象学方面的所作所为归功于或归罪于胡塞尔,都是没有根据的。"(施皮格伯格:《现象学运动》,王炳文、张金言译,商务印书馆,1995年,第387页)

[3]　施皮格伯格:《现象学运动》,第398页。

[4]　Scheler, *Phänomenologie und Erkenntnistheorie. Gesammelte Werke* Bd. 10 (Bonn: Bouvier Verlag, 1986), S. 380.

观""现象学经验"或"本质之观"(Wesenschau)。这种直观的内容就是
"现象",它与传统讲的实在事物的现象(Erscheinung)的那种"现象"毫
无共同之处。[1]虽然它是在直观和体验中被给予的,但它不是主观建构
的产物,而是最原始又最直接的事实,甚至都不带语言符号。现象学经验
是最原始的经验,它给予的事实是最原始的事实。因此,与这种事实接触
就是与世界本身接触,经验这种事实就是经验世界本身:"一门建立在现
象学基础上的哲学首先必须作为基本特征具备的东西是与世界本身最生
动、最丰富、最直接的体验往来。"[2]理论也好、批判也好、观念也好、方法
也好,都不能先于事物的原始经验。在此意义上,他又把现象学叫作"最
彻底的经验主义和实证主义"[3]。

但是,现象学的这种经验主义和实证主义与通常意义的经验主义和
实证主义有根本不同,后者把一切都归结到经验;而现象学虽然承认所
有被给予之物都以经验为基础,但所有关于事物的经验都最终导向一个
被给予之物。而这也是舍勒与胡塞尔的分歧之所在。胡塞尔虽然批判
经验主义和实证主义不遗余力,但他关注的现象是表现在意识的意向性
中的现象,而不是舍勒实在论意义上的"事情本身"。这种"事情本身"
不仅包括后天具体的物理事件,也包括像逻辑命题、形式、观念、理想、一
般概念这样的先天本质。但是,这种现象学的先天论不同于柏拉图或康
德的先天论:"先天并非通过某种'构成活动'或一种综合或诸如此类的
东西,更不是通过一个'我'或一个'先验意识'的活动成为经验的组成
部分。"[4]这种先天论不是唯心论的先天论,而是实在论的先天论。"现象
学为一种新型的先天论奠定基础,这种先天论不仅包括逻辑学和价值论
的各个亚学科(伦理学、美学,等等)中的逻辑学和价值论的纯形式命题,
而且也发展了种种质料存在论。"[5]这清楚表明了舍勒现象学的实在论立
场。这种实在论的立场与胡塞尔现象学的立场,尤其是他先验转向之后

[1] Cf. Scheler, *Lehre von den drei Tatschen. Gesammelte Werke* Bd. 10, S. 433.
[2] Scheler, *Phänomenologie und Erkenntnistheorie. Gesammelte Werke* Bd. 10
(Bonn: Bouvier Verlag, 1986), S. 380.
[3] Ibid., S. 381.
[4] Ibid., S. 383.
[5] Scheler, *Die deutsche Philosophie der Gegenwart.* S. 309.

的立场,大相径庭。舍勒是从奥伊肯的新唯心论和新康德主义的先验主义走向现象学的实在论,而胡塞尔则从早年的实在论走向了先验论。

这种立场的不同决定了他们对待日常经验也有明显差异。在《观念I》中,胡塞尔声称感性的质料是由赋义(noetisch)结构"激活"的。意象对象的出现是由于感性材料如此被激活。但在舍勒看来,对象是在主体关于世界的本质事实的知识的先天背景和他的周围环境的结构基础上出现的。农夫认识他农田里的对象是如此这般的对象,是因为他已经以一种特殊方式与他的环境相协调,因为他已经掌握了这些对象所有的价值的知识,以及像时间、空间、统一、事物性这样的源始的本质事实的知识。因此,经验不仅在于发现在它内部的东西,也在超越自身到一个作为认知对象、在它之外存在的世界。如果说对于胡塞尔来说,现象学从一种对在意识的意向性之外存在的实在的矛盾态度开始,而以主张实在是在赋义行动(noesis)和意义内容(noema)的关系中构成的先验唯心论告终的话,舍勒的现象学始终肯定世界不可避免的实在和在世界中活动的人独一无二的实在。他始终关心人作为实质的(自然和历史的)和形而上学的实在的存在论地位。而这些都不是胡塞尔感兴趣的问题,相反,常常被他贬为"人类学"而不屑一顾。

胡塞尔的笛卡尔主义使得他一心要通过主体使哲学获得作为科学基础的确定性,避免客观形而上学的柏拉图主义和心理主义的还原论,他的意向性概念就是为此而提出的。而舍勒可以说正相反,他早就对康德哲学的主体主义因素不满,只是苦于找不到克服它的适当方法和途径。现象学使他能够通过直观和还原澄清和发现人的客观实在基础,最终使他设定一个存在论的实在的交汇点,在那里主体和客体融合无间,普遍与特殊聚为一体。胡塞尔拼命要从特殊中引出普遍,而舍勒认为普遍与特殊同出一源,有共同的基础。这个共同的基础,就是"人格"。

舍勒哲学与胡塞尔现象学的一个主要不同是他们对形而上学的态度。胡塞尔早期受布伦塔诺的影响,基本上拒斥形而上学,他甚至把形而上学视为自己哲学的对立面。先验转向之后,他对形而上学的态度稍有不同。他区分了关于实在的形而上学和科学形而上学,后者是关于先验事实的科学,它作为第二哲学可以和作为第一哲学的先验现象学一起构成哲学的整体。而舍勒恰恰相反,在一个普遍拒斥形而上学的时代,他却要复兴形而上学。在他看来，哲学就是形而上学。[1]形而上学不是人们要不要的问题，它是人的本质使然：“是否形成一个形而上学观念或一种形而上学情感，人没有选择，即一个如此这般存在，通过自身存在（Ens per se），所有其他存在者都取决于它，人本身和世界也以之为基础的东西的观念，人无法选择。人有意或无意，通过努力得来或继承得来，都必然有这样一种观念和这样一种情感。……但在思维意识前就有一个绝对存在的领域，属于人的本质，它同自我意识、世界意识、语言和良知一起构成一个不可分裂的结构。”[2]这并不意味舍勒要拒绝自然科学的经验有效性，恢复传统形而上学。相反，他要超越原来自然科学的感性世界和形而上学的超验世界非此即彼的对立，建立一种新的形而上学。

舍勒认为，心与物的区别不应该导致唯心论和实在论的二分。科学和哲学在追求它们的共同目标——真理时不是相互矛盾的。胡塞尔把严格科学的概念绝对化和韦伯将哲学归结为知识论和方法论都是他不赞成的。他同意胡塞尔认为哲学必须是“严格的科学”的看法，但把这种形式的哲学仅限于现象学的先验知识。除了这种无个人特色的“严格的科学”外，还有与人的特性有关的“世界观哲学”，“哲学形而上学就是确立世界观”[3]。形而上学是一个自身建构的，同时又在不断重新建构的关于实在整体和绝对实在的东西的、与人格相关的知识（即世界观）开放体系。

在舍勒看来，人类本质上有三种认识世界的形式，即自然世界观、哲学本质学（philosophische Eidologie，即现象学）以及科学。自然科学的确揭示和发现了实在，但它们将其特殊追求当作唯一正当的认识世界的样式，没有看到它们本身依赖一个形而上学立场。形而上学是上述三种认识世界形式的统一。[4]它并不排斥个别科学对实在问题的讨论，了解它们的实际研究状态。舍勒本人就对心理学、生物学、医学和社会学十分熟

---

[1] Scheler, *Weltanschuungslehre, Soziologie und Weltanschuungssetzung. Werke* Bd. 6 (Bonn: Bouvier Verlag, 1986), S. 21.

[2] Scheler, *Philosophische Weltanschuung. Gesammelte Werke* Bd. 9 (Bern und München: Francke Verlag, 1976), S. 76.

[3] Scheler, *Weltanschuungslehre, Soziologie und Weltanschuungssetzung.*, S. 20.

[4] Ibid.

悉,也加入当时物理学和数学的基本争论。作为哲学本身的形而上学与现象学更不矛盾,它以现象学的本质知识为支持。但形而上学更重要的任务在于将实证科学不断分解的知识追求和自然世界观的经验与人相关联,并根据人与世界相互关系规律在本质规律上归入人的整体结构。人类学就是根据形而上学的这种要求起了这种基本整合作用。[1]

众所周知,无论是世界观还是人类学,都是胡塞尔不喜欢和坚决批判的。加上形而上学,舍勒哲学与胡塞尔现象学的重大分歧已昭然若揭。虽然这种分歧是后来才越来越明显地表现出来,却是从一开始就注定了。正因为如此,舍勒对于现象学的一些基本观念,如意向性和还原的认知和理解与胡塞尔有明显不同。

胡塞尔认为,意向性是一种包含对某物的意识的认识和构造关系。意识与对象不可分解地结合在意向性结构中,离开意向关系,它们就不能存在。但意向性在舍勒那里没有这么无所不包。与胡塞尔一样,他也认为意向性这种关系包含了行动,尤其是为了某物或对着某物的行动。但是,舍勒的行动不是现象学自我那种狭隘的认知行动。在他的现象学中,行动是前认知的,归根结底是评价行动,是任何后来的认知行动的前提条件。舍勒对意向性的理解在严格意义上既不是认知的,也不是构造的。不是认知的,是因为认识必须遵循自我给予的实在的经验。实在首先是实践的实在,意向性因而也首先是实践的意向性。意向性先于认知。不是构造的,是因为我们行动时的抗阻经验无疑揭示了被经验事物本身特有的实在,这种实在先于意向性行动。"抗阻"是舍勒从狄尔泰那里接受过来的一个概念,表示意向行动所遇到的客观实在的种种阻力。但抗阻并不是纯粹消极的,实在恰恰是在抗阻中给予我们的。但即使是实在的这种给予,也远没有穷尽无论是行动者还是对象的充分实在。因此,它们的存在根本不是在意向性中构造的。[2]

在胡塞尔那里,意向行动就是意识行动,所有意识行动都是反思的,即意识到它们自己。因此,对于胡塞尔来说,一个意向行动就是一个意识的、反思的精神状态。与胡塞尔不同,在舍勒看来,意向行动可以表现在

[1] Cf. Wolfhart Henckmann, *Max Scheler*, S. 51.
[2] Cf. Stephen Frederick Schneck, *Person and Polis*, pp. 40-41.

自然观点意义上的知觉中，它们可以是反思的（有意识的），也可以是非反思的（无意识的）。这种非反思的意向行动也就是康德以及后来哈贝马斯所谓的"兴趣"，它们制约着我们特殊的知觉行动。在舍勒那里，意向性主要关心的不是认识和认知，而是揭示被给予的东西的特殊实在。在意向性结构中，我们通过揭示作为一个对象的给定事物特殊的存在模态，人意识到他自己的作为行动的存在的模式。在舍勒那里，存在可以是对象，也可以是行动。在他创造力最旺盛的时期，也就是从慕尼黑时期到20世纪20年代早期，意向性更多被用来强调行动的义务论和意志特性。在《伦理学中的形式主义和质料伦理学》中，他就把意向性结合到评价行动的人格统一中。也就是说，舍勒让价值因素进入了意向性。赋义行动不只是一个认识行动，也是一个情感行动，价值与这种情感行动有关。但价值本身是实在的和客观的，而不是出于意向主体的建构或创造。在我们的原始经验中最先出现的就是实在的价值。实在价值的意动先于与意向性中给予的东西的一切其他关系，包括知识和工具性的功利性。在他的后期，意向性概念的价值含义不再那么强调，而将抗阻、生命的情感冲动和精神无力的意向糅合成一个更为辩证的意向性概念。[1]

在还原问题上，舍勒与胡塞尔的分歧就更明显。对胡塞尔来说，还原首先意味着将事物的存在与否的问题或判断"加括号"，悬而不论。但对于舍勒来说，抗阻现象已经表明事物的实在性是无可置疑的。因此，舍勒从来就不谈要给事物的存在"加括号"；相反，他在后期的一部著作《唯心论—实在论》中对胡塞尔的悬置做法提出了尖锐的批评："'阻隔'（Ausschaltung）和'持保留态度'（Zurückhaltung）始终隐含在自然世界观中的实在设定（Daseinssetzung）绝不能让人满意。这里的问题不是对实在判断（Daseinsurteils）持保留态度，而是剥夺了给予存在判断的谓词以内容的实在因素本身，更确切地说，是阻隔了给予这个因素本身的那些行动。可是，对纯粹存在判断持保留态度是很容易的，但要通过废除（无意识地）给予实在因素的功能去除实在因素本身则非常困难。"[2] 舍勒非常深刻地指出："只有忽略过于反思的城市文明的一整个特定历史阶段才能

---

[1]　Cf. Stephen Frederick Schneck, *Person and Polis*, p. 42.

[2]　Scheler, *Idealismus-Realismus. Gesammelte Werke* Bd. 9, S. 207. 此处我将 Dasein 译为"实在"是因为在这部著作中一开始舍勒就把 Dasein 等同于 Realität (S. 185)。

使意识的事实成为一切理论哲学的出发点,而不进一步指出意识的存在方式的特征。"[1]

当然,还原在舍勒那里也是要回到"事情本身",但事情本身不仅是知觉的对象,也是本质本身。还原就是要切入本质领域,以发现构成我们日常世界经验的意义。本质就是舍勒所谓的"纯粹事实",它在我们知觉日常世界的事物时作为意义结构起作用。现象学的任务就是去探究世界的本质结构。这些胡塞尔也都会同意,他也是要通过还原直观本质。但是,胡塞尔的本质不具有实在论的意义。可对于舍勒来说,本质是实在的,而不是主体或心灵的建构,这就与胡塞尔有明显的分歧了。舍勒断然拒绝胡塞尔的构造观念,他借用康德的话说,知性不创造任何东西,不制造任何东西,不构造任何东西。[2]

但是,人对世界的开放态度特有的生命和情感结构还是制约着我们对偶然实在的认识。因此,还原不是像胡塞尔那样把事物的存在悬置起来存而不论,也不是纯粹从心理、物理机制抽离,而是要使精神行为脱离为生命及其目标、任务、需要服务。[3]此外,现象学还原是要排除一切来自冲动的观点,包括那些包含因果关系和时空关系的观点。在还原过程中排除这些冲动也就消除了建立在它们在其存在中相关的价值基础上的那些意向。舍勒后期甚至将还原与佛教的四大皆空相类比。

综上所述,舍勒现象学与胡塞尔现象学有重大的差别。舍勒的现象学不想因意向性而与现实世界隔着一道不能穿透的意识之幕,它要直接沉浸在世界之中。舍勒强调现象学是一种对整个世界的开放态度,人(人格)通过态度和种种行动与世界不可分隔地融合在一起。现象学不拒绝任何经验,它既接受本质先天的和普遍的"事实",也接受物质世界和历史世界的事实;现象学也不拒绝自然主义和心理主义的事实,只是反对它们对事实的自然主义或心理主义的还原。范畴、普遍概念和观念、价值等本身都是客观实在的,而不是出于意识的主观构造。也因此,认识首

---

[1]   Scheler, *Idealismus-Realismus. Gesammelte Werke* Bd. 9, S. 190.

[2]   Scheler, *Phänomenologie und Erkenntnistheorie*, S. 415.

[3]   Scheler, "Manuskripte zur Erkenntnis-und Methodenlehre der Metaphysik als positive Erkenntnis", *Gesammelte Werke* Bd. 11 (Bern und München: Francke Verlag, 1979), S. 95.

先不是像康德和胡塞尔所认为的那样,是对认识对象的主动构造,而首先必须素朴和积极地接受在经验中被给予的东西,只有在这样接受之后才能思维事物。不能把舍勒讲的这种积极接受理解为一种自然主义的立场。相反,自然主义的立场在舍勒看来并不是一种"自然的"立场,而是一个人为的、哲学的立场。持自然主义立场的人没有看到,成熟的文明人称为"知觉"的东西其实不是从纯粹感觉中产生,而是从一个不断剥离和揭露社会、集体、历史、传统的种种影响的精神和历史过程中产生的。知觉不是这个精神过程的开始,而是这个精神过程的结束和目标。要求先接受被给予的东西就是要求从前知觉的原始经验出发。胡塞尔希望达到无前提的知识,可是在舍勒看来,如果不首先接受和理解,然后超出我们关于事物的前提的话,怎么会有无前提的知识?在我们反思使我们有可能有世界的认识结构之前,我们早已生活在世界中了。那些已有的结构是不可避免的,它们构成了我们的日常世界。因此,哲学必须从探究这个世界及其构造开始,而不是从主观意识的结构开始。最后,舍勒现象学的实在论立场也使他避免了后期胡塞尔接近的现象主义。在现象学态度中出现的不是实在的"图像",而是实在本身,当然,经过还原,实在已经去除了主体加在它上面的种种符号和理论。

随着胡塞尔的先验论转向和舍勒自己哲学思想的发展,他与胡塞尔渐行渐远。舍勒哲学几乎所有的内容都与胡塞尔现象学有明确区别,是胡塞尔无法接受的。加上舍勒对胡塞尔公开或私下的批评,使他们的关系越来越紧张。胡塞尔在提到舍勒哲学时认为它是假货(Talmi)。[1]另一方面,舍勒认为他和海德格尔独立于胡塞尔产生了一种牢固而概括类型的现象学和系统重建哲学的基本路线。[2]甚至觉得"现象学"这个词都不应该再用了,因为它所做的不过就是哲学一直在做的事。[3]事实上,舍勒后期在知识社会学、形而上学和哲学人类学方面的种种努力的确不是"现象学"一词可以概括得了的。不像胡塞尔,对他来说,现象学并不就等于哲学,哲学是形而上学,而现象学只是达到形而上学的一个途径。这种对现象学的态度倒是比较接近海德格尔。如果用"现象学"去理解

---

[1]　参看施皮格伯格:《现象学运动》,第387页。

[2]　Scheler, *Die deutsche Philosophie der Gegenwart.* S. 330.

[3]　施皮格伯格:《现象学运动》,第397页。

海德格尔哲学不甚妥当的话,那么用它去理解舍勒哲学也不十分周全。

人 格 学 说

在《人的理念》这部著作的开头,舍勒就说:"按照某种理解,哲学的所有核心问题可以归结为这个问题:人是什么,人在存在、世界和上帝的整体中占有何种形而上学的地位?"[1]这段话也是舍勒哲学的一个最简约的概括。在他去世前不久,他写道:"从我哲学意识觉醒以来,'人是什么?'和'他在存在中的地位是什么?'的问题就比任何其他哲学问题更使我感兴趣。"[2]舍勒哲学复杂多变,涉及领域和问题众多,但不管怎样,都是围绕着人的问题展开的。从伦理学到宗教现象学,从知识社会学到哲学人类学,舍勒在所有这些领域中的努力和贡献,都是以他对人的问题的思考为基础的。

近代以来,人一直是西方哲学关注的焦点。从笛卡尔开始,西方哲学家一般是在身心二元论的基础上来考察人的问题的,同时又常常是还原论的,不是把人归结为精神或心灵,就是把人还原为身体。但是,在舍勒看来,这种简单的二元论根本无法说明人的复杂性。人是统一的,但不是简单的统一,而是复杂的统一,即在精神和生命中都有许多"层级",它们都有各自的特征,不能归结为别的任何东西。

人首先当然有身体,但这个身体也有许多方面。主要是身躯(Leibköper)和身心(Leibseele)。身躯指可以外在感觉到的躯体(Körper),就本身而言是没有生命、无机的、死的东西。但与身(Leib)结合后就成了一个生命的统一体。所谓"身心"是身体的一个不同方面,即通达内在意识的方面。内在意识产生了有一个"自我"的经验。这个"自我"是心。心和体加在一起并不等于人,人的心和体必有其环境,身和心都无法超越这个环境。因此,不能在生物学—心理学意义上理解人和人的生命。舍勒一直重申,在人生命的演化中,出现了某些在起源上超越生物学的价

[1] Scheler, *Zur Idee des Menschen. Gesammelte Werke* Bd. 3, S. 173.
[2] Scheler, *Die Stellung des Menschen im Kosmos. Gesammelte Werke* Bd. 9, S. 9.

值。这些价值不受环境所限,向世界开放。除了物质生存和思考,人还能祈祷和承诺。这种生命的超越是动物没有的。这种超越是通过精神发生的。精神的具体形式就是"人格"[1]。

按照西方哲学的传统,"精神"总是与理性思维有关。可是,在舍勒那里,精神指爱、恨、思维、判断、意志、情感等所有超越有机意义上的生命的行动的总和。精神具体的存在样式就是人格。精神的存在形式就是人格的存在形式。就像此在对于海德格尔哲学一样,人格概念对于舍勒哲学也异常关键和重要。同样,就像Dasein并不是海德格尔发明的新词,而是德国哲学中一个常见概念一样,Person不但在德国哲学中,在西方思想中也很常见。但海德格尔和舍勒都分别赋予它们他们自己独特的意义。

什么是人格?"人格是不同种类的本质行为的具体的、自身本质的存在统一。"[2]在西方哲学中,人先被认为是理性的动物,后来又被归结为肉体或精神,被规定为劳动的人、工具的人、作为机器的人、超人、智人、权力的人、作为社会经济存在的人,等等,不一而足。但这些对人的规定在舍勒看来都是把人当成物,是物的观念,但人不是物。[3]前面说过,舍勒认为存在有两种样式:作为对象的存在和作为行为的存在。人格是种种行为的一个统一体,属于后一种样式。而事物则属于前一种样式。然而,近代以来,人们往往只是以第一种样式理解存在,即把存在理解为对象。舍勒把这种理解占支配地位归因于资产者的出现。他们渴望掌握一切和解释一切。把存在理解为对象,便于他们评价、整理、归类和计算事物。人不像低级形式的生命只要适应环境就能生存下去,人也能改造和操控周围环境的客观因素以为他的生存提供不时之需。因此,对象本身的起源和对象在现代占支配地位是与人自身的改变分不开的。人把自己也变成了对象,变成了物。

或曰,从笛卡尔以来的西方哲学都是把人看作主体,看作思维的我(*ego cogito*)。并且,如前所述,舍勒认为近代哲学的一个特点就是把事物的存在看作主体或自我的建构。说人或自我本身也是对象岂非自相矛

[1]　Cf. John H. Nota S.J., *Max Scheler: The Man and his Work*, p. 45.

[2]　Scheler, *Der Formalismus in der Ethik und die materiale Wertethik*. S. 393.

[3]　Scheler, *Philosophische Weltansschuung. Gesammelte Werke* Bd. 9, S. 151.

盾？对此，舍勒的回答是，对象的存在并不完全是主体的构造。另一方面，自我本身在人的主体性，更具体说在"内知觉"面前也只是一个对象。自我像别的东西一样被知觉。既然是像别的东西一样被知觉，它就一定属于作为对象的存在样式。而人格作为各种不同行动的具体的形式统一，是不能被对象化的统一，它的存在样式是作为行动的存在。因此，自我（包括胡塞尔的先验自我）与人格有存在论上的本质区别。胡塞尔意向性那种对事物的意识实际上只是一个事物与一个自我—对象之间的感知关系，而不是对象与人格之间相互构成的存在论关系。[1]

就像海德格尔的此在与其他存在者的关系不是主体与客体的认识论关系一样，人格与对象的关系也绝不是这种认识论关系，而是存在论关系。一方面，世界的种种对象，自然的和历史的，构成了行动潜在性和可能性的框架；另一方面，世界上的种种对象又是通过行动彼此联系在一起，构成一个世界整体。在此意义上，人格和对象相互构成。这里的"构成"绝不是先验哲学意义上的，而是说世界的对象因与行动（人格）有关而有其意义和功能，但它们存在的客观本质却不是人格构成的。另一方面，世界的生存框架构成人格行动得以表达的中介和可能性，但人格本身是独立的。如果自我和对象都是物，那么它们的关系就是物—物或对象—对象的关系，行动把它们联系在一切，而行动是前反思的，是出位的（ekstatisch），[2]也就是非主体的。这就使舍勒得以克服传统的主客体二分。

人格不是对象、不是主体、不是自我，不是一个认识过程或作用，而是一直在进行的种种行为的聚态，一个统一。在此意义上，它不是种种行为的相加和总和，不是种种行为拼成的马赛克。它不是实体，[3]而只是行

---

[1] Cf. Scheler, *Erkenntnis und Arbeit. Gesammelte Werke* Bd. 8 (Bern und München: Francke Verlag, 1980), S. 204.

[2] 这里值得注意的是，舍勒和海德格尔一样用 ekstatisch 来克服传统西方哲学的主客体二分。

[3] 一般的舍勒研究者都认为舍勒讲的人格不是实体，但荷兰学者诺塔对此提出异议，并引用舍勒自己的话为证。但即便是诺塔自己的解释，舍勒讲的也是超时空的形而上学意义上的行为实体，即诸潜能和可能性中的同一性，而不是时空中的物理实体（Cf. John H. Nota S.J., *Max Scheler: The Man and his Work*, pp. 47−48）。

动的执行："人格的本质就是它只生存和活在执行意向行为中。"[1]就像海德格尔的此在就是一种特殊的存在方式,是怎么而不是什么一样,人格不是什么东西,而只是正在做的行为的具体统一,是作为行为的存在样式。海德格尔在舍勒那里找到知音的确不是偶然的。作为一切行为的根基,人格先于一切特殊的行为,在此意义上,它是先验(先在)的。

人格意义上的行为并不只是心灵活动,它还包括前意识的情感和偏好。并且,与许多行为哲学家不同,舍勒认为,行为不是出于盲目的意志,而是取决于对价值的感受和倾向于某种价值。价值系统提供了行为得以施行的范围。价值不是被人发现的,而是就在人之中。通过人格,更确切地说,通过情感人们感知价值。

舍勒区分了四种不同的情感,即感性情感、生命情感、心理情感和精神情感。感性情感就是生理上的感觉状态,如痛、痒等生理机制层面的感觉。生命情感是指身体状态方面的情感,如疲劳、焦虑、生病、健康等。心理情感是指心理感觉状态,如高兴、悲伤等。精神情感与上述三种情感不同,它不是主观的感觉状态,而是绝对的人格情感,与人格外的价值无涉,平和、绝望、至福等就是这样的精神情感。人可以同时有这四种情感,但这四种情感不是平行的,而是有等级的高低,感性情感最低,精神情感最高。但绝不是说,精神情感可以还原为感性情感,相反,它是一个不可还原的过程。

在西方哲学传统中,人们一般都认为只有理性才是清明的、能认识事物的;而情感则是盲目的、混乱的,不但不能认识事物,反而妨碍我们认识事物。恋爱中的人是盲目的就反映了这个思想。但也有少数哲学家像奥古斯丁和帕斯卡尔,指出情感不同于思维,但并不是混乱而不能认识的,它们有自己的规律、规则和认识价值。舍勒继承了这个传统,认为情感有它独特的认识价值:"有一种经验样式,其对象完全对'知性'封闭;就像耳朵和听觉不能看见颜色一样,知性对这些对象也是盲目的——但这种经验样式把我们引向真正的对象,引向它们之间的一个永恒秩序,即价值,以及它们之间的等级顺序。"[2]就像表象指向它的对象一样,情感也

---

[1] Scheler, *Der Formalismus in der Ethik und die materiale Wertethik*, S. 401.
[2] Ibid., S. 269.

有它的对象,即价值。

价值的给予和事物中价值的区分在我们经验中先于这些对象在我们中产生的情感状况。价值先于欲望,我们只能追求我们通过价值欲求的东西。举例来说,花朵不管我们的眼睛是否看见它都是美的,所以我们才想要它。价值表现在情感中,但并不是产生于情感,价值是客观的实在,虽然它并不脱离情感而存在。"所有可能的价值都建立在一个无限的人格精神和在他面前的'价值世界'上。就绝对客观的价值'在'它那里施行而言,把握价值的行为本身只把握绝对客观的价值,就它们在这个领域中显现而言,价值只是绝对价值。"[1]

价值归根结底存在于爱和恨中。因为"爱是情感的基础,情感本身是思想的基础,是对全部对象进行感知和认识的基础,因而可以说,人类的行为、选择、意愿以及思维,都是以爱和恨的吸引和排斥的运动为基础的"[2]。人与其说的理性的人或劳动的人,不如说是爱的存在者(ens amans)。爱在舍勒的人格学说中有核心的地位,人格最深的核心是爱的经验。"谁把握了一个人爱的秩序,谁就把握了这个人。"[3]在舍勒看来:"爱始终是唤醒认识和意愿的使女,是精神和理性之母。"[4]如果说在柏拉图那里爱是哲学的原动力,那么在舍勒这里爱是人一切行为的原动力。没有爱就没有知识和德行。只是因为人们爱存在和本质,人们才会追求德行或卓越。哲学不仅是非功利地追求知识和真理,也是在道德和精神上追求人格的启蒙。在某种意义上爱构成了舍勒哲学的基础。因此有人说,他给了我们一种真正的爱的哲学。[5]

如果说人格是行为的统一体的话,那么在这个统一体中情感领域就有优先地位,而爱和恨又在诸情感行为中居于首要地位。它们不是情感,而是原始现象。"人在他是思之存在者或意愿的存在者之前,他就已是爱的存在者了。"[6]爱和恨不是感觉,要比感觉远为持久和深刻。我们当然

[1] Scheler, *Der Formalismus in der Ethik und die materiale Wertethik*, S. 116.
[2] 弗林斯:《舍勒思想述评》,第47页。
[3] Scheler, *Der Formalismus in der Ethik und die materiale Wertethik*, S. 348.
[4] Scheler, *Ordo Amoris. Gesammelte Werke* Bd. 10, S. 356.
[5] Cf. John H. Nota S.J., *Max Scheler: The Man and his Work*, p. 59.
[6] Scheler, *Ordo Amoris*, S. 356.

也可以在日常一般意义上说爱,如爱下象棋或爱吃蛋糕。但真正的爱总是预设了一种指向更高价值的动力,但当意向性指向非人格的事物时,就缺乏这种动力。所以舍勒不太谈感性的爱或性爱,因为在这种爱中,爱指向的不是人格,而是享受一个人的某些方面,人在这里被用作享受的对象或手段。在这种爱中,另一个人格不是得到尊重,而是被贬低了。因此这种爱不是严格意义上的爱。[1]

舍勒这种爱的思想使他迥然有别于弗洛伊德和其他自然主义思想家。弗洛伊德把爱看作利比多的升华是没有看到爱这个现象有许多方面,尤其是没有看到在生命和人性的演化中出现了许多全新的行为。这是一跃而成,而不是逐步发展的。因此,感性爱和精神爱有本质的不同,精神的爱并不是幻觉。它是从较低价值向较高价值的运动。"爱是每一个有价值的个体对象根据它的理想规定达到一个它的最高的可能价值的运动;或者它在这运动中达到它特有的理想的价值本质。"[2]

舍勒讲的爱很像古希腊人的 Eros,是一个从低级到高级,从不完善到完善的运动。"爱是倾向或根据倾向而来的行为,这行为试图将每个事物引入自己特有的价值完善的方向,并在没有阻碍时实施这一行为。"[3]由此可见,爱在舍勒那里是人一切行为的原动力,所以他又把它叫作"原行为"(Urakt),是在万物内部和身上起作用的无所不在的力量。[4]相比之下,爱情只是爱的一个特殊变种,只是这种无所不在的力量的一个部分。不仅是爱情,我们所有的行为都以爱这种原行为为前提。是爱使世界上的事物以某种方式(在精神上)互相分有,休戚相关,形成一个世界。舍勒把这个爱叫作上帝,它是作为一个宇宙和整体的世界的人格中心。[5]正因为如此,爱不能还原为任何情感、认识或意愿的形式。斯宾诺莎将爱定义为"为一个外在原因的观念伴随的快乐"[6]在舍勒看来是胡说八道。爱不是一个反过来由别的什么东西引起的一种情感。因此,移情也完全

[1]　Cf. John H. Nota S.J., *Max Scheler: The Man and his Work*, p. 60.

[2]　Scheler, *Liebe und Haß. Gesammelte Werke* Bd. 7, S. 164.

[3]　Scheler, *Ordo Amoris*, S. 355.

[4]　Ibid., S. 356.

[5]　Ibid.

[6]　斯宾诺莎:《伦理学》,贺麟译,商务印书馆,1983年,第110页。

不同于爱。

　　爱作为原行为当然一定是自发的行为而不可能是对别的行为或事情的回应。爱也不是善行。爱一个人不等于给他或她若干好处，如若那样的话，恰恰说明不是爱。舍勒指出，爱上帝是对上帝慈善是非常可笑的。当然，我们爱一个人的话希望他好，但这是爱的结果而不是爱本身。此外，爱本身并不寻求实现什么或获得什么。这样，爱也就不能被义务约束，如果那样的话，它就被贬低为善行了。应该是一切义务建立在爱的基础上，在并且通过爱上帝而爱人是道德行为的主要动机。

　　作为原行为，爱与价值情感和偏好行为也有根本区别。爱先于它们，是它们的基础。"爱的行为本质上不是在感到价值或偏爱这个价值后指向该价值'以回应'，而是在我们把握价值时起真正的发现作用——只有它才能起这个作用——，它仿佛是一个运动，在此运动的过程中新的、更高的，即这个有关的存在者完全不知的价值闪烁出现了。因此爱的行为并不在价值感和偏爱行为之后，而是作为先驱和引导者先于它们。"[1]爱使被爱者的种种可能性得以显现出来，爱美者看到的美远过于不爱美者就是由于这个道理。爱通过偏爱行为使价值为人所感所知，在此意义上爱有一种特殊的认识论功能，它给人类打开了价值的可能性，并且始终在创造新的可能性使人类得以深入价值领域和爱的领域。奠定有限人格行为基础的行为就是爱。爱是感受价值（Wertnehmen）的领域，它先于人的一切其他的世界关系：理论的、道德的、审美的世界关系。正确的而不是被怨恨误导和歪曲的爱将引导人越来越深入价值王国，使他逐渐与客观存在的价值等级次序一致。

　　爱与激情不同，爱不是盲目的。相反，它使人看到隐藏的东西。"人们也许可以说，爱张开了人精神之眼看到所爱对象更高的价值：它使人们看见，而不是使人'盲目'。……但它本身不是一种在爱的对象中'寻找'新价值的'态度'。正相反，这样一种寻找'更高'价值无疑是现在缺乏爱的一个标志。……真正的爱恰恰表现在我们能很好地看到那个具体对象的'缺点'，但爱它连同那些缺点。"[2]恨则使人盲目，使人无法发现

---

[1]　Scheler, *Der Formalismus in der Ethik und die materiale Wertethik*, S. 275.

[2]　Scheler, *Liebe und Haß*, SS. 160-161.

价值。爱是创造性的，根据基督教的教义，上帝是创造者，因此，上帝本身就是爱，爱最终是上帝之爱。爱是心灵的升华，它必然导向对上帝的爱。在舍勒看来，对上帝的爱就是上帝之爱，上帝之爱就是它对人类的爱，因此，爱上帝同时就是爱人类。这两种爱必须是一体的，不能分开。

舍勒这样一种爱的观念决定了他的人格概念不可能是个体主义的，而必然是主体间的。他坚决反对他那个时代个体主义的人格主义，而主张人是群体的存在者。但他的这个主张不是建立在经验事实归纳的基础上，而是建立在对一个现象学经验分析的基础上，这个分析表明与他人生活在一起是人的本质。就像海德格尔在论述人的共在时用鲁宾逊的例子来说明一样，舍勒也几次用鲁宾逊的例子来说明人是群体的存在者。[1]鲁宾逊虽然独自一人困于荒岛，但他仍是一个群体的存在者，因为他掌握的种种行为都是指向他人，指向一个共同体的。这种由于他人不在场而"潜在的"行为有服从、命令、承诺和各类爱。因此，即使他人并不在场，人本质上还是与他人联系在一起的。[2]

早在马丁·布伯之前，舍勒就看到了"你"对于人的根本性。他指出："你性（Du-heit）是人类思想最基本的生存范畴。原始人总是把它用于自然现象；整个自然界对他们而言最初是一个表达领域，在这些现象后面是神灵和魔鬼的'语言'。"[3]但舍勒并不把自己限于仅仅描述我一你关系。在他看来，人存在的社会性和群体性必然要求不但要承认个体人格，也要承认总体人格。总体人格表现为一种特殊的人类社会存在。舍勒根据人生存的层次区分了下列四种人的群体存在的形式。

首先是"人群"。这是最低等级的社会共同体，相当于动物的"兽群"（Herde），因为它是人们出于本能的需要凑合在一起产生的。它是一个纯粹感性的领域，人们的个体行为以及他们的相互影响往往不可理喻。比人群高一级的社会共同体是"生命的自然共同体"，它表现为家庭、家族、部落、原住民以及非政治意义上的"民族"。在这里，共同体的成员有了成员的自觉意识，彼此能够认出成员与非成员。换言之，他们有共属性

---

[1] Cf. Scheler, *Die christliche Liebesidee und die gegenwärtige Welt. Gesammelte Werke* Bd. 5, S. 372.

[2] Cf. Scheler, *Der Formalismus in der Ethik und die materiale Wertethik*, S. 525.

[3] Scheler, *Probleme einer Soziologie des Wissen*, S. 57.

的意识,但不太能区分我的体验和你的体验。他们天然倾向彼此体验、彼此倾听、彼此看、彼此想、彼此希望,无须真理的标准就可达到真理的共识;无须承诺就可以达到一个共同的意愿。如果说人群是一个一盘散沙式的共同体,那么生命共同体就有建立在共同责任基础上的凝聚力。但生命共同体还不是一个人格的统一,即还不是总体人格。因为它还不能设定和选择目标,还没有伦理上完全负责的意志。[1]

比生命共同体更高一级的社会共同体是"社会"(Gesellschaft)。舍勒提到了滕尼斯对社会和共同体(Gemeinschaft)的区分。如果说生命共同体是自然的社会统一体的话,那么社会就是人为组织的社会统一体,但它以生命共同体为基础。社会是人们为了快乐或功利的目的的人为联合,它的凝聚靠契约。因此,人为的社会不可能像生命共同体那样拥有持久性。一旦组织社会的目的不再存在,这个人为组织也就会归于消失。

最高的社会统一体是总体人格(Gesamtperson)。它是"在一个独立的、精神的、个体的总体人格'中'的独立的、精神的、个体的单一人格的统一"[2]。如前所述,在舍勒看来,人格是种种行为的统一体。有限的个体人格既有个体性的方面,又有社会性的方面。个体人格的存在在于他的个体行为,而总体人格的存在则在于特殊的社会行为。总体人格不是大写的个体人格;它的存在在于构成它的独立的、精神的、个体的人格的某些社会行为。总体人格有三种类型:宗教、文化和国族(Nation)。这三种总体人格不仅包含生命共同体和社会,也包含在教会成员与社会个体的共在中形成的截然不同的经验。[3]但是,个体人格并不从属于总体人格。个人要共同为整体负责任,反过来总体人格也要为它的每个成员负责任。在社会领域,没有道德上的休戚相关,只有契约约束;在生命共同体中,只有生命共同体本身的责任,没有个人的责任。但在总体人格中,总体和个体互相负责。

舍勒之所以将总体人格作为最高形式的社会统一体,是因为它是处

---

[1]　Cf. Scheler, *Der Formalismus in der Ethik und die materiale Wertethik*, SS. 529-531.

[2]　Cf. Scheler, *Der Formalismus in der Ethik und die materiale Wertethik*, S. 536.

[3]　弗林斯:《舍勒的心灵》,张志平、张任之译,上海三联书店,2006年,第117页。

于同样性质的总体人格的多样性中的个体的、独立的、精神的个别人格休戚与共的爱的王国。如果我们考察这个爱的王国的观念与生命共同体和社会的观念的关系，我们就会看到，生命共同体和社会作为社会统一的根本形式，都以不同方式从属于这个最高的本质形式，为它服务，它们的现象以不同方式被决定。但总体人格这个最高的社会统一的形式不是生命共同体和社会的综合，但生命共同体的社会特征在总体人格中得到了体现：总体人格既使独立个体的人格像在社会中一样有其独立性，又有生命共同体那种休戚相关和真正的整体性。[1] 很显然，舍勒是想用总体人格的观念提出一种理想的社会统一的形式。

总体人格和个体人格不是两种不同的人格，更不是从属关系。因为人格不是物、不是对象，而是行为的统一。个体人格侧重个体行为，总体人格侧重社会行为或集体行为，如此而已。个体人格和总体人格只是舍勒人格概念的两个方面，它们同样基本。要说从属的话，它们都从属一个最高的人格——上帝。

质料价值伦理学

伦理学在舍勒哲学中有非常重要的地位，也是他哲学中最有影响的部分。舍勒把自己的伦理学称为人格主义的质料价值伦理学，这就是说，他的伦理学是建立在价值论基础上的价值论伦理学。因此，在了解他的伦理学之前，我们首先要了解他的价值理论。

价值原本是个经济学概念，洛采于19世纪末将它引进哲学，成为世纪之交许多德国哲学家关注的焦点。舍勒从一开始就对价值问题有强烈的兴趣。他在博士论文中已经提出心理体验与在纯粹心理因素之上的价值的关系问题，和逻辑学、伦理学、美学三种价值的基本类型间的关系问题。两个问题归结为一个"意识的价值批判"的总问题。[2] 舍勒感兴趣的是，不同的价值种类以何种方式可以追溯到一个把不同种价值彼此

---

[1] Cf. Scheler, *Der Formalismus in der Ethik und die materiale Wertethik*, S. 541.

[2] Scheler, *Beiträge zur Feststellung der Beziehungen zwischen den logischen und ethischen Prinzipien*, S. 12.

联系在一起的价值意识, 是否可以把宗教理解为所寻找的产生统一的基础。[1] 他将一个一般的价值理论置于逻辑学、伦理学和美学这些特殊的价值学科之前。

舍勒在博士论文中已经提出了价值的存在问题。他和洛采一样, 认为价值的存在就是不能归结为其他东西的"有效"(Gelten)。他区分客观的有效内容和在感受中给予的对价值的主观体验。[2] 他又把价值感与那些无关价值、表现纯粹心理事实的感受, 如快感和不快感区分开来。区别就在于价值感有一种客观的对象性意义。他试图在知觉和一种一般表象在的生命中的综合中证明价值感的客观意义。他把这种生命的综合称为"我们的理智生活和我们的伦理生活的最终动力"[3]。

舍勒的教授资格论文主要不是处理价值问题, 但它提出了一个对于价值理论非常重要的观点, 就是各种价值统一的起源在精神, "不但认识功能而且终极目的的伦理行为的功能都必须设想为植根于精神中"[4]。虽然舍勒的价值理论是在以后才展开的, 但他最早的这两部论文已经可以看出他对价值论不一般的兴趣了。舍勒价值理论的展开是在他一生创造力最旺盛的时期, 即第一次世界大战前后和20世纪20年代初。舍勒价值哲学的一些经典著作, 如《道德建构中的怨恨》(1912)、《现象学和同情感理论及爱与恨的现象学》(1913)、《爱的秩序》(1914—1916)、《伦理学中的形式主义和质料价值伦理学》(1913—1916)和《宗教的问题》(1921)等都是在这个时期写的。

舍勒把价值定义为"不可还原的感受直观的基本现象"[5]。价值是可知的实体, 先天地在我们对善意的感知中起作用, 道德价值则是一般价值的一个属。价值既不是超感觉的模型, 也不是从人的活动中产生的特质, 或相对于那个活动可能采取的社会形式。在舍勒的本质存在论看来, 不可化约的存在方式有三种, 即本质(Sosein)、实在(Dasein)和价值存在

[1]   Scheler, *Beiträge zur Feststellung der Beziehungen zwischen den logischen und ethischen Prinzipien*, S. 14.

[2]   Ibid., S. 99.

[3]   Ibid., S. 103.

[4]   Scheler, *Die transzendentale und psychologische Methode. Gesammelte Werke* Bd. 1, S. 280.

[5]   Scheler, *Der Formalismus in der Ethik und die materiale Wertethik*, S. 278.

（Wertsein），它们本身和从存在论上说是不可区分的，只是在精神中才能区分。[1]但他又表示这三者是一个存在的三种特质。按照近代西方哲学的观点，事物的属性是我们通过经验归纳得来或由主体建构的。但价值既不能归纳得来，也不能建构。舍勒举友谊为例。我们对友谊这个价值的知识不是从一个朋友对我的微笑、握手、在我缺钱时给了我一笔钱以救燃眉之急等这些经验事实中抽象得来的。我们在他人和我们自己的行为中发现友谊和使它起作用，但不能建构它。友谊是一个关于人际一种可能关系的本质事实。

此外，价值与可以感性知觉的事物属性，如颜色有明显的不同。感性可感知的事物属性不是像概念或判断那样涉及各种理论方式，而是直接被给予的，通过某种可感内容、价值内容或价值质料被规定。但所有价值都是通过价值内容被"客观"或"对象性"地被规定，不能进一步再追溯到其他的给定性，价值是原现象（Urphänomene），是最终的给定性。价值内容只能描述地传达给能感受它的人，它们不能被定义，只能被经验。与具体经验相比，价值性质是"先天的"，完全不依赖体验价值的主体的心理物理组织。所以无论是否被经验，它们都存在和有效。[2]

价值可以分为肯定的价值和否定的价值。舍勒接受布伦塔诺的思想：一个肯定价值的存在本身就是一个肯定的价值，一个否定价值的存在是一个否定的价值，一个肯定价值的不存在是一个否定的价值，相反，一个否定价值的不存在是一个肯定的价值。因此，同一个价值不能同时既肯定又否定。但一个价值不是肯定的价值就是否定的价值，不是否定的价值就是肯定的价值。相应地，我们也不能既肯定又否定地对待同一个价值。[3]舍勒把价值分为肯定的价值和否定的价值，目的是要为它们的价值性（Wertigkeit）划分等级，以突出他要突出的价值，抵制现代性的价值一体化。

如果说自然事物和事实是通过感性经验被给予的话，那么价值作为客观实在的东西是在一种"意向性感受"中被给予的。意向性感受是一种对有确定的质的价值内容的感受，他是一种特殊的认识能力。为了让

---

[1] Scheler, "Liebe", *Gesammelte Werke* Bd. 11, S. 242.

[2] Cf. Woldhart Henckmann, *Max Scheler*, S. 103.

[3] Cf. Scheler, *Der Formalismus in der Ethik und die materiale Wertethik*, S. 102.

这种特殊的认识能力避免非理性主义的嫌疑,胡塞尔和希尔德布兰特仿照Warrnehmen(知觉)这个词造了Wertnehmen这个词来指对价值的感知。舍勒在这上面与他们完全一致。[1]

但舍勒并不认为他们是最先看到感受的认识能力的人,帕斯卡尔才真正是主张感受的特殊认识能力的先驱,他提出在逻辑理性之外独立于它还有一种"心之理性"(raison du coeur)。洛采暗示感受是价值的源泉,布伦塔诺在"某种感受"那里看出了一种对象关系。这些都给舍勒以根本性的启发。他在《伦理学中的形式主义和质料价值伦理学》中提出"情感生活现象学"的概念[2],并在情感生活现象学的语境中提出"意向性感受"的概念,意向性感受的对象就是价值。

但是,价值世界有不同的维度,认识这些维度需要不同的感受行为方式:认识价值性质的是"感受功能"(Fühlfunktionen);认识价值级别顺序的是偏好和偏恶(Nachsetzen);发现新的价值和价值领域的是爱。此外,并不是所有属于情感生活的行为、功能和状况都指示一个意向内容,并不是所有意向功能和行为都有同样程度的意向性。舍勒区分了意向生活的四个层面,它们深度增加,意向能力也增加。情感生活的这四个层面是:感性感受的层面、生命感受层面、灵魂感受层面和精神感受层面。[3]

"感性感受"就是通常所谓的感性知觉,它就是身体的局部的确定的快乐与不快乐的感觉,所以没有意向内容。舍勒把痛或痒的感觉、"现状感"、情绪和激情、情感上的"反应性感受"(Antwortreaktionen)都算作感性感受,因为它们的内容不是内在于感受,而是通过另一个来源(如表象)被给予的。"生命感受"是对自己身体的整体性而不是局部的感受,如健康和疲劳的感受。舍勒认为有些动物种类也可以有生命的价值感受。"灵魂感受"不再是身体方面的感受,而是心理感受,如悲哀、悲伤、高兴等等。"精神感受"是涉及精神人格的行为的感受,如尊敬、极乐、绝望等。[4]

这四种不同种类的意向性感受分别指向四种不同种类的价值样态,

---

[1] Cf. Woldhart Henckmann, *Max Scheler*, S. 104.

[2] Scheler, *Der Formalismus in der Ethik und die materiale Wertethik*, S. 341.

[3] Cf. Woldhart Henckmann, *Max Scheler*, S. 105.

[4] Cf. Scheler, *Der Formalismus in der Ethik und die materiale Wertethik*, SS. 345ff.

即感性价值、生命（心理）价值、精神价值和宗教和神圣价值。这四种价值是根据它们特有的对象性来区分的，并且各自根据这对象性再分为肯定和否定两种价值：感性价值是有用和无用；生命价值是高雅和粗俗；精神价值是正确和不正确（伦理学的基本价值）、美和丑（美学的基本价值）和真与假（纯粹知识的基本价值）；宗教价值是神圣和非神圣。在《典范和领袖》中，舍勒再从感性价值中分出实用价值，这样，就有了五种价值样态，感性价值的肯定和否定的价值是舒适和不舒适。但按照现象学行为与对象的对应原则，实用价值应该有它自己的感受模式，但舍勒始终没有交代实用价值的感受模式。

现代西方文化面临的一个最大问题就是价值平面化基础上的价值相对化，它最终导致形形色色的虚无主义。舍勒不但对此坚决反对，而且试图加以克服。一个具体的做法，就是区分不同价值样态的等级次序。他在1912年写的《道德建构中的怨恨》就明确提出："在各种价值中存在着明显永恒的优先法则和与之相应的永恒的等级次序。"[1] 但是，这个价值的等级次序不是任意得出的，而是建立在对价值本身的现象学分析基础上，有明确的标准。但这不等于说价值的等级次序是演绎和推导出来的，相反，它是通过偏好被把握的。偏好不同于选择、追求和意欲，偏好是先天的，它是一种自明的对价值高低先后的认识。

舍勒提出五条决定价值高低的标准。第一是持久性。价值的等级越高，它们持续的时间也越长。反之亦然。像正义、神圣、美、知识等价值显然具有永恒的意义，所以它们的等级也最高。第二是可分性。越是不可分的价值，等级就越高，反之亦然。像上述那些永恒价值，都是不可分的。相反，可分的、可量化的、可以通过技术生产得到满足的价值，如声色犬马等物质享受，则是等级最低的。第三，越是基础性的价值，即不以其他价值为基础，而为其他价值奠定基础的价值等级就越高，反之亦然。第四，提供满足的程度越深刻，越充实的价值，等级就越高，反之亦然。例如审美给予我们的满足的深度和充实度远过于身体舒适给我们的满足程度，所以美要高于身体舒适。第五，相对价值与绝对价值的关系。绝对价值是纯粹的感受，不依赖感性生命和生命本质的感受而存在，例如伦理价

---

[1]　Scheler, *Das Ressentiment im Aufbau der Moral*, S. 69.

值。而相对价值则相反。依赖感性生命和生命本质的感受的程度越高，价值等级就越低。

价值和价值等级次序是客观的，但新的价值从价值次序中出现却有赖于人，但不是随便什么人，也不是在随便什么时候，而只能通过人类的典范，他们所处的历史状况已成熟得足以使新的价值和价值体系的出现。相对于五种价值样式有五种典范：相对于感性价值的是享受行家；相对于实用价值是文明的引导者；相对于生命价值的是英雄；相对于精神价值的是天才；相对于宗教价值的是圣人。

舍勒要追求的是一种"绝对伦理学"，但"绝对伦理学"不克服近代以来甚嚣尘上的价值相对主义是不可能的。舍勒试图用他的"价值的现实相对性"（Daseinsrelativität）理论来克服价值相对主义。这个理论的关键在于区分先天领域和现实（Dasein）领域。舍勒从一开始就坚持，价值的等级次序是客观的，不依赖于我们人感受价值的行为和价值知识。但这不等于放弃价值与价值感受的对应关系，因为价值只能在意向性感受和其他种类的价值行为中出现这个论题并未被触动。但就意向性感受不是客观存在的条件，而只是认识价值的条件而言，这个论题被相对化了。也就是说，我们对价值的认识是相对的，价值及其等级次序是绝对的。价值本身并不相对于人，它们独立于人的精神或心灵，它们是实体（*sui generis*）。

在舍勒看来，价值相对主义的问题在于，它们总是不自觉地把自己的立场绝对化，例如，人类价值经验演化论就是如此。而这与它们声称的相对主义立场自相矛盾。之所以会如此，是因为在相对现实的价值知识的整体领域中，只能有归纳的经验知识。而所有关于价值的相对性的陈述，如果不把自己相对化的话，只能声称自己具有绝对的有效性，尽管它涉及了先天的本质知识，仍然是在一个通过先天知识预先给予的相对于现实的各种变种的框架内。

价值相对主义一方面把自己时代的伦理评价不加批判思考地当作"不言而喻"的唯一价值评估，并因而错误地把自己时代的价值强加给所有时代，或把从自身出发对这些价值的体验"移入"过去的人中去；[1] 另

---

[1] Cf. Scheler, *Der Formalismus in der Ethik und die materiale Wertethik*, S. 318.

一方面用文化的相对性来证明价值的相对性。舍勒以冯特为例。冯特在他的《伦理学》中论证良知是多样的，说并不是所有民族和所有时代的人都认为谋杀是一种罪行，也可能有人出于种种现代人会反对的理由而认为谋杀是值得称赞的。在舍勒看来，冯特的这种看法惊人地侮辱了历史上人类的荣誉，虽然他不是故意的。人类道德一致的纽带把所有的人联在一起。舍勒不知道冯特是否心里想的是条顿人的道德观，他们认为谋杀是允许的。但冯特没有提到条顿人的律法把谋杀仅仅规定为暗杀，而不是公开攻击别人。因此，正确理解的话，条顿人的这个规定并不与冯特自己时代的成文法有多么不同。也许冯特想到的是在不同文化中盛行的以人为牺牲的习俗。舍勒认为，即使在那样的例子中也不存在属于谋杀的本质定义的要否定人的存在的企图。倒不如说，在这样的牺牲中有一种伴随的要肯定人的存在的意图。事实上，那些被杀的人被认为已经转到了一个更高的存在和价值领域，例如，天堂。当然，这样的文化绝不允许和赞同为了个别人的功利目的以人为牺牲，除非是被滥用。这样的牺牲是让生命的价值从属于神圣的价值。谋杀本质具有憎恨和否定他人存在的意向，在这里是没有的。[1]

但舍勒并不否认文化的特殊性，不否认价值评判的相对性，相反，"价值的现实相对性"理论就是要承认价值认识对于人所具有的相对性。"人类就像每一个种族、每一个民族和每个个人一样，是一个原则上可变的、在其心理物理构造上完全是普遍生命发展生成的结果。"[2]只要是讨论单一个体的价值评判，心理学关于价值相对性的陈述，社会学关于价值的条件的论述，人种学关于不同种族有不同价值尺度的表述，历史科学和文化史关于价值尺度变迁的论述，他都同意。他甚至主张，整个人类在某个时候一下子出现在宇宙的历史中，是一个彻头彻尾偶然的价值经验承载者。所以他把所谓"人类伦理学"和每一种"人类价值论"作为"人类学主义"来拒绝，认为价值认识只能是相对于人的。[3]

为了解决价值相对性的问题，舍勒还提出了伦理（Ethos）的概念。

[1]　Cf. Scheler, *Der Formalismus in der Ethik und die materiale Wertethik*, SS. 323–329.

[2]　Ibid., S. 284.

[3]　Ibid., SS. 288–289.

伦理是一个时代占统治地位的、内在于伦理意识的价值偏好和偏恶规则的全体,它支配着行为规范和伦理的正当和不正当;[1]因此,它为所有其他的问题领域奠定基础。伦理总是相对于个别文化而言的,伦理形式会随着不同文化和时代而变迁。这种伦理形式的变迁理论不关心特定的个人、社会阶级和民族所作的单独的价值评判,也不涉及价值观念适应变化了的历史—社会关系,而是试图发现伦理的典型形式,即"价值和内在于它们的偏好规则的体验结构"[2]。舍勒并不纯粹从经验上去认识伦理形式,而是从一种绝对的价值理论把它们理解为一个必然的结果。但这种绝对主义恰恰要求一种最极端可能的相对主义。所以舍勒说:"在*最极端*的伦理评价的'相对性'中没有支持价值本身和它们的等级次序的相对主义的基础。对价值宇宙以及它的等级次序完整而适当的体验,从而展示世界的伦理意义,本质上是和不同的并且按照它们自己的固有法则历史展开的伦理形式合作联系在一起的。"[3]舍勒相信不同伦理形式历史出现的必然性,虽然有许许多多伦理形式,时间会很长,最终绝对价值秩序的整体内容一定会出现,但这是一个无限的过程。[4]基于这种不同伦理形式的必然性,舍勒否认在一个时代和一个理论中客观价值等级次序和人类精神的感受能力可以完全实现。[5]

价值相对主义的一个直接受害者就是伦理学,直到今天,它仍然是伦理学挥之不去的梦魇。它使伦理学的基础发生了动摇。而舍勒的质料价值伦理学,就是要为"哲学伦理学奠定严格科学的、实证的基础,……而不是在具体生活的范围内建构伦理学学科"[6]。这就是说,舍勒的质料价值伦理学实际上是一种元伦理学。

西方元伦理学立场大致可分为动机论、内在论(也叫义务论)和目的论三种。前两种通常叫道义论(deontology)。它们关注从属于道德判断的行为,关注该行为与道德相关的善和恶的动机,和该行为与道德相关的

---

[1]　Cf. Scheler, *Ethik. Gesammelte Werke* Bd. 1, S. 373.

[2]　Scheler, *Der Formalismus in der Ethik und die materiale Wertethik*, S. 315.

[3]　Ibid., S. 317.

[4]　Cf. Scheler, *Ethik. Gesammelte Werke* Bd. 1, S. 387.

[5]　Cf. Scheler, *Der Formalismus in der Ethik und die materiale Wertethik*, S. 499.

[6]　Ibid., S. 9.

善和恶的后果。目的论伦理学根据行为的结果来判断人类行为的对错；决定该行为道德价值的既不是动机，也不是道德规则。功利主义就是目的论伦理学的典型。对一个边沁式的功利主义者来说，牺牲自己的舒适施惠于他人（只要我的不舒适不比我产生的好处更大）对我来说就是善的，不管我施惠他人的动机是否纯粹，也不管我的行为是否符合一个可接受的道德准则。但对于义务论者来说，决定行为的对错时唯一要紧的是行为是否是道德法则所要求的。施舍穷人是善的，即使我的动机是有问题的（我给乞丐钱是为了给和我在一起的人一个好印象，或只是为了摆脱他），即使行为的结果并不好（乞丐可能拿了我给他的钱去买枪杀人）。对于动机论者来说，判断行为对错唯一要紧的是该行为的动机是否纯粹。爱人如己，或根据爱的命令对待邻人，道德上就是善的，哪怕爱产生的结果与道德法则并不一致，哪怕我对邻人的行为由于错误或偶然因素可能对他有伤害。[1]康德要把道义论的这两种立场统一起来，以对付目的论。在他看来，经验主义的目的论将最终使道德不可能。

舍勒基本赞同康德对经验主义伦理学的批判立场，康德正确地看到将人的善恶的意志行为取决于与世上特殊的、偶然的善事的关系所蕴含的危险。那样的话，道德价值就看它是否保持或鼓励这些善事的存在，因而是偶然的了。结果，伦理学将随着不断变化的世界的历史经验而动摇不定。所有伦理学必然都是相对的，只是由于经验—归纳的环境而有效。这对于康德和舍勒都无法接受。善和恶与人的物理或精神的特质没有关系，不能把超验价值等同于它的体现。此外，舍勒也赞同康德，认为价值的某个东西的简单实现，如一个审美或经济成就并不必然是善的。道德规范和义务绝不应该从属于达到某个实践目的。相反，所有目的和假言命令本身首先都得服从道德规范。总之，舍勒完全同意康德拒绝从经验事实中派生伦理学立场，坚持伦理学标准是评估经验事例的一个批判标准。

但是，在舍勒看来，康德把经验论的意志心理学当作不言而喻的东西接受，把它作为他伦理学立论的前提。而这种心理学是与把世界描述

---

[1] Cf. Eugene Kelly, *Structure and Diversity* (Dordrecht: Kluwer Academic Publishers, 1997), p. 67.

为一个决定论的因果关系网的近代机械论世界观密切相关的。也就是说，康德先验哲学的前提在舍勒看来仍然是他所批判的经验论共有的近代机械论世界观。康德并不否认这种经验论的意志理论的经验正确性，也正因为如此，他拒绝将伦理学建立在这种理论的基础上，因为那将使人们把善和恶变成事物对我们感性情感状态产生的影响，把所有价值判断归结为事物可能在我们本性中产生的确定效果。如果人们接受这种意志理论，伦理学将失去所有批判能力，而只与手头的经验因果因素相关。出于这个考虑，康德拒绝一切质料伦理学，[1]因为所有质料伦理学都会是"成功伦理学"，道德价值就变成了达到某种功利目的的手段。[2]

针对经验论伦理学的上述问题，康德试图建立一个以纯粹理性为基础的形式伦理学。善与恶取决于自我是否能始终按照理性存在者的特征来行动，自我的行为准则能否成为普遍的道德法则，而无关行为的内容。但在舍勒看来，康德没有看到，可以有一种既不涉及经验自然，也不涉及宗教或文化史预先给予的对人的幸福或终极目的的解释的质料原则，这就是价值。每一个意愿某事物的行为都预设了意愿者感到了意愿对象的价值，这价值独立于意愿行为而存在。人们将某些东西作为所想要的东西（好东西）选出是以他自己道德倾向中的价值等级次序为基础的。康德没有看到人道德倾向的价值结构已经限制了意志的对象。道德法则的根源在于价值对人类最高的善和人意志趋向的普遍目的的实质（质料）规定。

舍勒的质料价值伦理学就从他与康德的这些基本分歧出发，一方面要论证意向性感受和偏好的先天合法则性；另一方面要认识相对于这些行为方式的价值的客观等级次序，在一个一般的价值学说的框架中为伦理学奠定基础。因此，理论价值的本质和它们的知识问题就是伦理学的基本问题。这样一种奠定基础的工作必须包括所有"在严格的先天的本

---

[1]　"质料"（material）是由亚里士多德提出的与"形式"概念相对的一个概念，它的基本含义是"实质材料"和"内容"。用在伦理学中，"质料"主要是"内容"的意思，质料伦理学可以理解为与形式伦理学相反的、有实质内容的伦理学。它的实质内容或它的质料，在舍勒这里就是价值。

[2]　Cf. Scheler, *Der Formalismus in der Ethik und die materiale Wertethik*, S. 52.

质观念和本质总体关联中可指明的东西"[1]。伦理事物的历史和社会现实的问题和形而上学问题一样,不在它的考虑之内。

如上所述,按照舍勒的价值理论,不同种类的价值是在不同种类的感受方式中被给予的。伦理价值作为精神感受给予的东西具有不依赖于其特殊性的精神价值的标志:它们是客观给予的,有明确可经验的质料内容,这种质料内容是先天的,既不取决于伦理知识主体的心理物理构造和价值经验的时空结构,也不取决于实际经验的多寡。它们也有肯定价值和否定价值之分,需要一个价值承载者才能被经验,价值承载者和价值内容的关系是有规律的。

伦理价值中基本的价值是作为肯定价值的善和作为否定价值的恶。一般的伦理学也都会这么认为。但是,在舍勒这里,这两个价值不是孤立的,而是本质上必然地作为一个全面的价值等级次序中的组成部分被给予的。舍勒通过规定善恶来为形式价值论的公理奠定基础。舍勒在前述布伦塔诺关于肯定价值和否定价值论述的基础上,这样来定义善恶:(1)在意愿领域中附着于一个肯定价值实现的价值是善。(2)在意愿领域中附着于一个否定价值的实现的价值是恶。(3)在意愿领域中附着于一个较高(最高)价值实现的价值是善。(4)在一个意愿领域中附着于一个较低(最低)价值实现的价值是恶。[2]换言之,"只要我们实现了(在偏好中被给予的)较高的肯定价值,'善'这个价值就显现出来;它在这个意愿行为上显现。所以它绝不可能是这个意愿行为的质料"[3]。

舍勒对善恶的这个定义是针对康德的。在康德看来,善恶是主观意愿的性质,符合内心道德法则的行为是善的,反之则是恶的。但对于舍勒来说,善和恶是客观存在的"人格价值",是人格本身的存在。[4]善不是一个事先的规定,而是人格不断创造实现的较高价值的形式。"人格仅仅存在于它的行为的实施中"[5],联系到善,这也就是说,人格的实现在于善的不断提升,最终达于神性。

----

[1] Cf. Scheler, *Der Formalismus in der Ethik und die materiale Wertethik*, S. 9.

[2] Ibid., S. 49.

[3] Ibid.

[4] Ibid., S. 50.

[5] Scheler, *Der Formalismus in der Ethik und die materiale Wertethik*, S. 51.

伦理价值不是事物的价值,而是人格价值,所以舍勒又把自己的伦理学称为"伦理学人格主义"。如前所述,舍勒把人格定义为"所有只是可能的行为的具体统一"[1],这里面当然包括非道德行为,如理论或宗教行为。"统一"代表一个分等级的秩序,人格把它的各行为方式与之相连接。人格最基本的行为方式就是爱,因此我们可以把人格定义为"爱的秩序"[2]。但爱可能在客观的价值等级次序中用错自己,成为降低了的或不合适的人格形式。这表明了舍勒的伦理学人格主义的绝对伦理学的立场。基本上不应该把人格纯粹理解为个体的、自为存在的人格,而也要理解为是一个知道自己是与上帝连在一起的人格,是在爱中朝向世界,感到与整个精神世界和人类休戚与共地统一在一起的人格。[3]

就像康德的伦理学一样,舍勒质料价值伦理学的最大对手是幸福论,它用感性或生命价值偷换伦理价值。但同时将质料的意志规定从道德法则中排除,否定价值的先天性的康德形式主义伦理学也是舍勒质料价值伦理学的最大对手。康德认为,道德行为是出于实践理性的绝对命令,即"你应该……"。然而,在舍勒看来,这个理想的应该不是道德行为的最后根据,它本身是由我们的价值知识产生的,也就是说,"应该"以价值,确切地说,以价值的知识为基础。像"应该有一个地狱给作恶者"或"无家可归的人不应该被迫生活在街上"这样的判断从表面上看好像是给上帝或政府下命令,实际上它们并没有这样的所指。如第一个陈述不过意味着说话者有某种先天的正义的知识,并且他想消除他相信正义要求的东西和事实上这世界上作恶者往往能够逃避惩罚而活得好好的这个事实之间的差距。这就是为什么这个"应该"是理想的。一切肯定的价值都必然被经验为一个"应该是";一切否定的价值都应该被经验为一个"不应该是"。或者说,肯定的价值应该存在;否定的价值不应该存在。[4]

舍勒认为,应该的目标总是否定的价值,即应该肯定价值的不存在或否定价值的存在,而不是设定肯定价值。因为理想的应该是建立在现实情况和有价值的事情的差距基础上的,它的目的是要消除这种差距。

---

[1] Scheler, *Der Formalismus in der Ethik und die materiale Wertethik*, S. 51.

[2] Cf. Woldhart Henckmann, *Max Scheler*, S. 123.

[3] Scheler, *Der Formalismus in der Ethik und die materiale Wertethik*, S. 15.

[4] Ibid., S. 100.

"正确"就是理想上应该的情况和现实情况的吻合一致,但我们感觉到这种"正确"时,我们不再说"应该"。"因此,每一个应然命题都以一个肯定价值'为基础',但它本身永远不能包含这个价值。因为只要是'应该是'的东西,本源上绝非善的存在,而只是恶的不存在。因而就排除了这种可能:一个应然命题就会与对肯定善的东西的洞见相抵触或凌驾于这种洞见之上。例如,如果我知道做什么对我是好的,我就丝毫不会去关心'我应该做什么'。应该预设了我知道什么是善。如果我直接和完全知道什么是善,那么这种感受性的认识也立刻决定我的意愿,而无须通过一个'我应该'的途径。"[1]

舍勒明确区分理想的应该与义务规范。义务也意味着"应该",但义务的应该不同于理想的应该。理想的应该的基础是价值与实在的关系,而义务的应该的目标始终是实现一个非实在的价值。[2]比起理想的应该来,义务的应该是派生的和有限的。舍勒描述了义务的四个特征。首先,人不完全是理性的动物,而是在相当程度上为种种欲望、意愿和倾向所支配,光有价值的知识是不行的,那不是命令和强迫,而是对于价值内容的洞察。义务就不同了,它是强迫,甚至是逼迫。只有在这种强迫或逼迫下,价值才能实现。其次,义务是一种不管价值知识的强迫,它就像一个(内心)权威的命令,不需要进一步论证,只要求接受和执行。再次,义务是我们自己给自己的命令,是一种内在的强迫,我们不是服从一个外在的权威,对一个外部权威的命令的服从可以建立在对服从的价值的洞察,因而不是盲目的;但对我们自己内心的义务命令的服从可以是"盲目的"。最后,义务本质上有一个有限、否定的特征。它更多地是禁止,而不是要求。[3]

因此,舍勒拒绝纯粹义务伦理学,而主张从伦理动机出发的价值伦理学。但他并不否定义务意识对伦理学的特定意义,即它是无可替代的对已有的伦理洞见"经济化"的手段,但不是伦理学的原则。换言之,义务关涉道德的实施,而不是道德的原理。因此,它不能是伦理学的基础。

[1] Scheler, *Der Formalismus in der Ethik und die materiale Wertethik*, S. 224.

[2] Ibid., S. 201.

[3] Cf. Scheler, *Der Formalismus in der Ethik und die materiale Wertethik*, SS. 207-209.

舍勒也根据同样的理由批判规范伦理学。规范伦理学认为规范、道德尺度是从外部提供给人们的。根据其内涵,规范与两个因素有关:一方面与理想的应然内容有关,这内容本身又以价值为基础;另一方面与一个实际的追求方向有关。[1]这样,规范必然是从外部让人们承担的,起源于一个现存的道德,但现存道德本身首先得表明它的正当性。规范伦理学和义务伦理学一样,是建立在"命令式"应该的基础上的,它们总是把应该理解为命令式应该,不需要认识价值,只要求盲目服从。这样,人恰恰丧失了自己的自主性,而不是像康德认为的肯定了人的自主性。善并不在道德法则,而在价值。伦理洞见表明,每个命令都建立在一个价值的基础上,在理想的应该基础上,即在一个先天的价值内容的基础上,它的存在与实现与否无关。因此,道德命令不等于价值内容,而是它的结果。[2]

从对理想应该和义务应该的分析出发,舍勒提出他的德性学说。近代之前,西方伦理学传统的主流基本是德性伦理学。德性伦理学的创始者是柏拉图和亚里士多德。但到了近代,德性伦理学渐渐退出西方道德哲学舞台的中心,直到20世纪五六十年代以后才开始渐渐复兴。但舍勒在他的博士论文中就已经详细讨论了德性问题;[3]在1913年更是写了《恢复德性的权利》。在他看来,康德伦理学的问题之一就在于他缺少一门真正的德性论。德性对于所有个别行为的伦理价值都是奠基性的。因此,德性论先于义务论。[4]舍勒这样定义德性:"德性是直接体验到的做应该做的事的力量(Mächtigkeit)。"[5]这种"力量"是一种"能力",是"实现通过各种最终的价值特质得到区分的理想应该诸领域"的能力。[6]

但这种能力不是人们达到"应该"加于他的目的的效能,也不是理性的一种纪律,或莱布尼茨对德性的定义"按照智慧行为的习性"。[7]它

[1] Cf. Scheler, *Der Formalismus in der Ethik und die materiale Wertethik*,S. 231.

[2] Ibid., S. 218.

[3] Cf. Scheler, *Beiträge zur Feststellung der Beziehungen zwischen den logischen und ethischen Prinzipien*, S. 112ff.

[4] Cf. Scheler, *Der Formalismus in der Ethik und die materiale Wertethik*, S. 51.

[5] Ibid., S. 220.

[6] Ibid., S. 51.

[7] Liebniz, *Political Writings*. Ed. and trans. by Patrick Riley, (Cambridge: Cambridge University Press: 1988), p. 83.

是一种"我们能做"的感觉,不是能做任何事,而是能实现我们感到是有价值的事。当一个人感到他被召唤不仅去实现普遍的道德规范,而在行为中去实现从包围他日常世界的价值领域向他说话的那些特殊价值时,他就感到了他自己的命运。这些价值可能并不提出外在于他和他可以理想的成为的事物的理想的应该;实际上它们根本不隐含任何义务的应该。但它们召唤我们,告诉我们我们自己的形象,和我们能是什么和在共同的世界里和他人一起做什么。德性的基础必须在个体人格及其命运中寻求,而不是像柏拉图和亚里士多德认为的那样只在城邦中或普遍目的中寻求。道德之所在就是对各种价值的洞见,在自己不仅能理解积极有价值的东西,而且也能达到它的体验中。[1]

德性以人格的伦理存在为前提。根据舍勒,人格在它的行为中实现自己。人格的伦理存在通过道德行为得到实现。道德行为是一个体验的意义统一体。舍勒把它分为七个方面,这七个方面各自独立变化,各自以自己特殊的方式使伦理价值的承载者和本身成为伦理的。这七个方面是:(1)当前的处境和行为的对象;(2)通过行为所要实现的内容;(3)对这个内容的意愿和意愿的各个阶段,从志向到意图、思考、打算直到决定;(4)对着身体的种种动作,它们导致肢体的运动("做的意愿");(5)与它们相连接的感觉和感受状态;(6)被体验的内容本身的实现("施行");(7)由实现了的内容决定的状态和感受。[2]舍勒这么划分和规定行为的七个方面,是要反对近代机械论世界观用因果性来解释道德行为,把它看作内在意志的决定的结果。

一般伦理学家在讨论道德行为时,总要把它和自由联系在一起。但舍勒在分析行为概念时却没有提到自由的概念。这是因为他早就认为,意志自由的问题是"伦理学最不清楚的问题"[3]。自由问题要比为伦理学奠定基础所要求的人格概念的维度更深。[4]舍勒在讨论能够意识(Könnensbewußtsein)时接近自由问题。自由是德性和不道德行为(Laster)的先决条件,也是形成意志的先决条件。能够意识是自由意识的

[1] Cf. Eugene Kelly, *Structure and Diversity*, p. 99.

[2] Scheler, *Der Formalismus in der Ethik und die materiale Wertethik*, S. 141.

[3] Scheler, *Ethik*, S. 405.

[4] Scheler, *Der Formalismus in der Ethik und die materiale Wertethik*, S. 489.

一个方面,另一个方面是能做不同的事的意识(选择自由)。在他的第三任妻子玛利亚·舍勒整理的舍勒遗稿《现象学和自由的形而上学》中,舍勒区分了意愿自由、能做自由和做的自由。他提出,自由问题本身必须按照对在意愿和行为各个独立可变的形成阶段上的行为的分析的标准重新提出和相应地阐明;自由问题必须纳入宇宙的形成阶段,有一个形而上学的问题维度。[1]在《宗教问题》中,概要地叙述了一个自由通过行为实现的等级系统,这些行为被归入不同的价值等级阶段,只有这些行为有助于较高的价值等级阶段,它们才能在它们的价值等级阶段完全实现可能的自由。[2]

以往的伦理学往往着眼于个体的人来讨论道德问题,可是在舍勒看来,有限的、个体的人总已是社会的一员。人的社会维度并不是在他人中发现自己,而是一般人格存在的本质特征。每一个人格既是单个的人格,也是总体人格的一分子。个体人格和总体人格之间的并不存在任何原则上的、伦理学上的隶属关系。[3]也就是说,个体性和社会性是人格同样原始的本质。正因为如此,他坚决反对契约论,因为按照那个理论,人格的社会性变成了纯粹外在的偶然联合。为此,他提出了一个"休戚与共"或"休戚相关"(Solidarität)的概念作为他的社会伦理学的主要原则。

如前所述,舍勒在《伦理学的形式主义和质料价值伦理学》中区分了人的社会性的四种本质形式: 人群、生命共同体、社会和总体人格。它们每一种都显示一种共在(Mitsein)特殊形式。休戚相关的原则的形成可能性就通过这些本质形式预先确定了,即个体为社会联合体的意愿、行为和作用,社会联合体为个体的意愿、行为和作用共同责任性的形成。休戚相关的原则说到底就是一人为大家,大家为一人。这个原则是舍勒中期从基督教的爱的观念种发展出来的。[4]他也把这个原则称为道德—宗教的

---

[1] Cf. Scheler, *Zur Phänomenologie und Metaphysik der Freiheit. Gesammelte Werke* Bd.10, S. 163.

[2] Cf. Scheler, *Probleme der Religion*, S. 116. Cf. Woldhart Henckmann, *Max Scheler*, SS. 129-130.

[3] Cf. Scheler, *Der Formalismus in der Ethik und die materiale Wertethik*, S. 528.

[4] Cf. Woldhart Henckmann, *Max Scheler*, S. 131.

相互性原则，[1]在它那里看到了社会哲学和社会伦理学的最高准则。[2]

舍勒认为，人群这种社会形式不知道什么是休戚相关或相互负责。因为这个观念以个体和社会联合体的区别为前提，而人群中的人还只知个人，不知社会。生命共同体发展了一种"可代表的休戚相关"。个人可以为共同体共同负责，但他的个体性与共同体不对称，随时可以被另一个个体替换和代表。在社会这种共同体形式中个体的自我意识是得到了加强，可人格的共同存在却被降低为纯粹协议或契约，也就是共同存在与个体存在不对称。这里的休戚相关是利益休戚相关。只有在总体人格中才真正达到了共同责任性。"单独人格不仅作为一个职务、一种尊严或社会结构中的一个地位价值的代表'在'总体人格的作为它的成员共同为所有其他单独人格负责，而且它也是，并首先是独一无二的人格个体和一个个体良知的承载者。"[3]只有是个体人格和总体人格具有同样源始和根本地位的地方，才可能有真正的休戚相关，即"不可代表的休戚相关"。

舍勒公开声称他的质料价值伦理学是绝对主义伦理学，他明确表示要与"几乎普遍支配近代哲学的所谓价值的主体性和相对性学说决裂"[4]。他认为近代的相对主义学说是西方价值观念错误发展的结果，与西方人深层的"心灵失序"有关。它在资本主义的市民社会的伦理中达到登峰造极的地步。绝对主义伦理学就是试图克服这种价值相对论。但是，他的绝对主义的价值伦理学绝不是要在"历史的某个时间点上提出一个唯一的、绝对有效的和包括一切可能的伦理价值的公式"[5]。相反，他给自己的质料价值伦理学提出的任务是研究伦理意识在历史和社会中变迁和发展的规律。为此，舍勒划分了对价值利益进行历史研究的五个主要层次：（1）伦理（Ethos）的变更；（2）伦理学的变更；（3）制度统一类型、善业统一类型和行为统一类型的变更，即制度、善业、行为总体的变更；

[1]　Cf. Scheler, *Die christliche Liebesidee und die gegenwärtige Welt. Gesammelte Werke* Bd. 5, S. 375.

[2]　Cf. Scheler, *Vom fremden Ich. Gesammelte Werke* Bd. 7, S. 211.

[3]　Scheler, *Der Formalismus in der Ethik und die materiale Wertethik*, S. 537.

[4]　Scheler, *Ethik*, S. 384.

[5]　Ibid., S. 386.

（4）实践道德的变更;（5）风俗习惯领域中的变更。[1]

　　这其中伦理的变更是最重要的,因为伦理本身的内部历史就是"一切历史中最核心的历史"[2]。伦理是"价值的体验结构和内在与价值的偏好规则"[3]。伦理不仅体现了历史确定的价值的有秩序的统一,还决定了我们体验特定价值的方式和价值的等级次序。在此意义上它是先天的,因此,不能把伦理的变更理解为一个特定伦理对变化的文明（社会）与文化的调整适应,也不能理解为伦理对整个自然现实的适应。[4]伦理的变动恰恰说明价值宇宙及其本质可能的等级次序在各个时代、种族和民族那里逐渐实现。舍勒完全承认伦理在各个时代、种族和民族那里是不同的,但并不能由此得出价值相对主义的结论。各民族和种族"合作"实现绝对价值内容,因此,在舍勒看来,价值相对主义和价值绝对主义是相互联系在一起的。由于价值宇宙的无限性,不同伦理形式的发展史是不会终结的。

　　人们可能会说,舍勒自己的伦理学也受制于一种社会甚至宗教信仰限制的道德。对此,舍勒不但用他的论述的证明来反驳,也用他的绝对主义主张和相对性之间保持平衡的理论来反驳。因为他能够解释道德的历史—社会相对性,所以他不怕它使价值有限化和相对化的影响。他并不要证明某种道德的正当性,而是要洞察在每一种道德中都有效的合规律性。

　　作为基督徒,舍勒最终用神圣的价值,用上帝之爱来证明他的绝对主义主张。所有其他价值都是历史地相对的,但神圣的价值却是绝对的。具体的上帝观念可以有许多,但它们有一个共同的基础,这就是对一个绝对者的爱。"因此,这个价值因素并不构成一个已经被给予的上帝观念的谓词,而是构成它的最终核心,而后一切关于现实的东西的概念理解和形象表象才围绕着它凝结而成。它们是只在对上帝之爱的感受和意向中给予的、特别精微的神性东西的价值特质,它们对于构建神的观念和神的概念起引导作用。"[5]

---

[1]　Cf. Scheler, *Der Formalismus in der Ethik und die materiale Wertethik*, SS. 312-314.

[2]　Ibid., S. 318.

[3]　Ibid., S. 315.

[4]　Ibid., S. 314.

[5]　Ibid., S. 308.

宗 教 哲 学

　　虽然有人认为,舍勒的《论人的永恒》是现象学派对宗教问题最重要的贡献,[1]但舍勒的宗教哲学却与其他的哲学学科,如伦理学不同,并不始终是舍勒研究兴趣所在,而只限于他思想发展的中期。在这之前和之后宗教哲学都不是他关注的焦点。尤其是在他与教会决裂后,宗教对于他已经不再是人类精神的一个本质范畴了。[2]他用宗教社会学消解了宗教的神圣性,又将宗教哲学的一些基本问题转化为形而上学的问题,因而宗教哲学似乎不再必要了。尽管如此,宗教哲学在舍勒的整个哲学自有其特殊的价值,不容忽视。

　　舍勒最初的宗教哲学思想基本受他老师奥伊肯的影响。他1903年给奥伊肯的著作《宗教的真理内涵》写的两篇书评就表明了这一点。他同意奥伊肯的观点,认为逻辑、伦理和美学价值都是从一个"超自然的精神生命",从神的领域推导出的,但宗教和文化不是一回事。他在1906年写给海尔特林(Georg von Hertling)的信中承认:"我同意我的老师奥伊肯宗教和伦理基本真理有一个有机的整体关联的观点,认为虽然伦理(Ethos)没有宗教性是可能的,但(客观的)伦理学没有一种宗教是不可能的。宗教对于我绝不是纯粹的'生命价值'、'文化价值'或没有实践目的(康德),而是以一系列形而上学真理为基础,但这些真理首先在与基督教生活的传统和虔诚忍受的人格行为的整体关联中保存了宗教价值。"[3]

　　在《伦理学中的形式主义和质料价值伦理学》中,舍勒把人的本质理解为"寻神者"(Gottsucher),[4]把他在那里关于宗教的论述叫作"神的观念现象学"。[5]在他的价值等级次序中,神圣的价值居于最高。在那本

---

[1]　Cf. John H. Nota S.J., *Max Scheler: The Man and his Work*, p. 126.

[2]　Cf. Scheler, *Probleme einer Soziologie des Wissen*, S. 73.

[3]　Quoted from Woldhart Henckmann, *Max Scheler*, SS. 138 – 139.

[4]　Cf. Scheler, *Der Formalismus in der Ethik und die materiale Wertethik*, S. 304ff; "Zur Idee des Menschen", *Gesammelte Werke* Bd. 3, S. 186.

[5]　Ibid., S. 309.

书的结尾他预告要写一部题为《论神的本质及其经验形式》的书,这部著作没有完成,它的一部分以《绝对领域和神的观念的实在设定》为题作为遗稿出版(《全集》第10卷,第179—253页)。舍勒宗教哲学最主要的著作是写于第一次世界大战及大战结束后不久的,收在1921年出版的《论人的永恒》中的《宗教问题:论宗教的更新》。它像《伦理学中的形式主义和质料价值伦理学》要为系统全面论述伦理学问题奠定基础一样,要为系统全面论述宗教哲学问题奠定基础。可惜这样的系统全面论述最终没有出现。反而在1922年到1923年间舍勒形而上学和宗教哲学思想发生了很大的变化,他已经不再把自己称为"有神论者"。[1]他甚至说他"一刻也没有想过将伦理学奠基于某种关于神的本质和实在、观念和意愿的前提上。……伦理学对于每一门绝对存在的形而上学来说是重要的,但形而上学对于伦理学的论证来说并不重要"[2]。这种形而上学和宗教哲学立场上的重大改变,是在了解舍勒的宗教哲学时必须注意的。

舍勒认为,所谓宗教哲学,就是上帝和宗教本身成为哲学的对象。直到康德和施莱尔马赫的时代,还没有宗教哲学的名堂,但形而上学已经有了一个分支,认识上帝的本质和实在,当时人们把它称为"自然神学",它是整个神学和哲学形而上学的一个共同部分。[3]宗教哲学是自然神学的后继者,但舍勒还是将它与形而上学相区别,后者是关于存在本身(ens a se)的纯理性科学;而宗教哲学只研究与宗教有关的问题,如上帝启示的各种形式及与之相应的宗教行为等。这里面最重要的当然是宗教对象和宗教行为,因为对于现象学来说,没有什么比对象和行为的相互关系更重要的了。"宗教行为及其客观的对象领域、存在领域(和)价值领域就像外部知觉的本质行为和外部世界一样,表达了一个同样源始的、自身完整的整体。"[4]

首先是宗教哲学或宗教现象学的对象。宗教哲学的对象是表现为人格神的绝对、神圣的存在本身(Ens-a-se)或世界的根据。这个绝对的

[1] Cf. Scheler, *Der Formalismus in der Ethik und die materiale Wertethik*, S. 304ff; "Zur Idee des Menschen", *Gesammelte Werke* Bd. 3, S. 17.

[2] Ibid.

[3] Cf. Scheler, *Problem der Religion*, S. 126.

[4] Ibid., S. 169

本质可以用两种不同的、不能相互还原的认识方式来确定,这就是形而上学的认识和宗教的认识。但这并不意味着人的精神是不统一的,也不意味着形而上学的上帝和宗教的上帝是不同的实在;这两种认识方式会聚于同一个实在,这就是同一个唯一的上帝。另一方面,人的意识中天生具有一种朝向绝对的形而上学倾向,这种倾向是一切宗教的"本质前提"(wesensvoraussetzung)。[1]

绝对有三个本质规定,这就是存在本身(无限性)、无所不能(Allwirksamkeit)和神性。[2]它们表达了绝对的存在方式、对象性和价值存在。神性中最重要的因素就是上帝的人格性。除了这三个本质规定外,人们总是同时用人的世界经验和自我经验来确定神的质料规定,用人神"类比"的方法确定像精神、理性、意志、爱、怜悯、全智、存在者等质料要素。这么做的道理在于基督教认为上帝象征地反映在世界中。但舍勒也表明这种类比规定的做法基本上是不适当的,因为上帝比从被创造的世界能认识的要无限丰富。此外,类比规定不能明确与上帝相关。它以实体和属性的区分为前提,但这与上帝和它的所有属性本质同一性相矛盾。舍勒认为这种做法要回溯到"自然宗教",而自然宗教取决于各个时代及其宗教共同体的"自然—历史世界观"。这种"自然—历史世界观"是不可避免的,因而也是合理的。人只能以自己来忖度上帝。

但这并不是说,上帝或神是从我们的有限世界经验派生而来并被投射到宇宙境域中的概念结构任意的构成物。相反,在舍勒看来,上帝的概念是一个质料的本质,它的内容可以在现象学反思的基础上展示出来。上帝不能作为一个意向对象被给予,它也不能作为物质的东西被给予,所以它只能象征地被表象,就像在自然观点中我们常常用象征或暗示我们认为是某些人的自我的特征的东西来向他人描述那些人。

这就要涉及上帝存在的证明问题。上帝存在的证明向来是宗教哲学和神学的主要课题。传统上对这个问题的回答有两种不同的进路。一种是根据因果论和充足理由律,用逻辑推理的方法来论证上帝的存在,托马斯·阿奎那关于上帝存在的五个论证就是这种进路的典型。另一条进

---

[1]　Scheler, *Absolutsphäre und Realsetzung der Gottesidee*, S. 208.

[2]　Scheler, *Problem der Religion*, S. 169.

路则认为,上帝的存在不需要证明,而是我们如何找到上帝。他们对上帝存在的证明本质上只是宗教经验在通往上帝的路上所遇到的东西的复制。奥古斯丁是这个进路的代表。舍勒则从现象学的立场出发,也认为可以从宗教经验表明上帝就在那经验中。宗教行为的对象同时就是它存在的原因。或者说,所有对上帝的认识必然也是通过上帝的认识。[1]

这个思想在现代性思想看来至少是非理性主义的。对于现代性思想来说,证明不是物理学证明意义上的陈述与外在证据的一致,就是数学证明意义上的构造和证据的一致。但是,舍勒认为,那种意义的证明(Beweis)的使用范围是有限的,不能用来证明一个整体性领域的存在,如外部世界的存在、我的存在或旁人的存在,当然更不用说整个宗教领域的存在了。[2]神圣的领域是一个特殊领域,它拒绝一切证明。形而上学在于把本质的哲学知识与实证科学的结果结合在一起达到"世界的根据"的知识,但这还不是创造者的知识。创造者是一个人格的、爱的上帝,人格是不能用一系列的推理和结论来认识的。人格不是对象,它不能通过演绎证明构造出来。

舍勒提出另外两个概念Aufweis和Nachweis来阐明他对上帝存在问题的观念。Aufweis和Nachweis在日常德语中分别是"指明"和"证明"的意思。但舍勒在上帝存在问题语境中赋予了它们特殊的含义。Aufweis是指以前没有发现的东西首次显露;而Nachweis则是"按照规则表明已经发现的东西的再次发现"。显然,Aufweis是Nachweis的前提,没有前者就没有后者。由此,舍勒提出他关于上帝存在的观点:"上帝的本质和存在(Dasein)就是一个显露(Aufweis)和重新发现(Nachweis),但不是在能够从关于世界的真理证明(Beweis)的狭义上的显露和重新发现。"[3]

但这并不意味舍勒在上帝存在问题上只是重复或模仿了教父哲学家的做法。他还从社会学的角度探讨了这个问题。人类可能有一个精神统一的共同体,这种人类共同体的统一预设了上帝作为人格的统一,所有精神行为都统一于上帝这个人格。舍勒在《论人的永恒》中写道:"只有

---

[1]   Scheler, *Problem der Religion*, S. 255.

[2]   Ibid., S. 252.

[3]   Ibid., S. 254.

上帝保证了世界的统一。"[1]他在《伦理学中的形式主义和质料价值伦理学》中则提出,每个人都有自己特殊的世界,但超越这些特殊世界之上有一个"唯一的、同一的、现实的世界",这就是本质的领域,它是每个人的特殊世界的基础。要认识这个世界必须设定一个人格上帝,世界的整个本质结构只能给予它。[2]

舍勒认为,宗教与科学一样,不是建立在一个民族的传统基础上,而是从宗教意识本身中产生的,宗教意识既提供了宗教信仰的源泉,又提供了宗教信仰的标准。但许多为宗教辩护的人却不顾这个事实,偏偏要用别的人类思想中发展出来的标准,尤其是科学的标准来断定宗教的可靠性。舍勒则提出,我们必须在宗教意识本身中找到可以声称重新发现(nachweisbare)关于上帝的本质和存在的根据。科学的证明方式是不能照搬到宗教问题上来的。相反,宗教问题只有通过现象学反思的方法才能得到适当的处理。

按照神的本质现象学,上帝的特质可以区分为三个不同的层面。第一是神的形式特质,它们就像价值次序,表达了在认识行为中揭示的神的知识。这些特质是一切宗教的基础。第二,神有实证的特质;它们建立在"相对的自然世界观"和一个民族的伦理基础上。信徒宗教的典型观点使得这些特质不会受到他们的质疑,这不是出于恐惧或懒散,而纯粹是因为人们认为它们本质上是没有问题和显而易见的。第三,上帝有具体的特质;这些特质是意识文化传统层面上的特质,可以与他们民间传统一起,是一个民族集体灵魂的一部分,或者与他们的神学、哲学和法律一起,是一个民族国家集体精神的一部分。

神或上帝不是被给予的物,它不能作为一个意向对象被给予,它是绝对,在现实生活中,没有什么东西可以作为神圣或绝对被给予。上帝是自我通报(Selbstmitteilung)的。舍勒根据上帝自我通报所通报的各种社会联合体来区分不同的上帝自我通报的形式。首先是启示,它是针对教会休戚与共的全体的总体人格的,所以是"普遍有效的"。恩宠和"顿悟"(Erleuchtung)是针对个别人格的,因而只是"个别有效"。针对像民

[1]　Scheler, *Problem der Religion*, S. 171.
[2]　Cf. Scheler, *Der Formalismus in der Ethik und die materiale Wertethik*, S. 406f.

族、国家、文化圈这样非教会的总体人格的通报形式普遍有效,同时也是个别有效的。与像等级、职业诸如此类的社会人格相关的上帝自我通报形式同样是混合的。所有上帝的自我通报都是以上帝的全爱(Alliebe)为基础,它们的内容只是与人格的特殊福祉有关的真理。[1]

另外,从单个人格方面来说,它必定自由地接受或拒绝上帝自由的自我通报的行为。人格在其最高的行为核心决定接受或拒绝: 在礼拜和祈祷的基本行为中它自由作出对上帝自我通报行为可能的理解。这种决定就是理解的思想,后来在海德格尔的《存在与时间》中也出现了,只是在不同的语境下。这种决定的行为就是人格的内在自由存在,它与某个特定的意愿和行为的自由存在无关,它也不是系于一个心理学的自我或种种爱的冲动方式,人格摆脱了一切束缚和强迫,以便在逐渐成为内在自由存在的外部特征中向上帝的通报开放。"人格摆脱一切事实因素的强迫的自由存在其实是人格的外部特征,它必然使人格自我开启的行为对着可能的上帝的自我通报,必然使恩宠进入。"[2]正因为这种外部特征是自由的,所有它与上帝自我通报的关系并不是一种对自由的束缚。例如,恩宠就与人的自由,至少在他与世界的关系上的自由并不矛盾,在这种关系中自由献身于上帝最终是"在一般世界方向上所有自由和自发的行为的泉眼"[3]。

舍勒在《伦理学中的形式主义和质料价值伦理学》中提出过一个"纯粹价值人格的等级次序的观念"[4],这个价值人格等级次序由圣者、天才、英雄和领导人才和享受的艺术家组成。[5]这些纯粹价值人格是一切实际楷模的纯粹榜样。一切宗教人(homines religiosi)的纯粹榜样是圣者,圣者还有许多亚类型,如耶稣基督、先知、预言家、教人解脱者、上帝的使节,等等。上帝通过圣者通报它自己。一切宗教知识最终都追溯到圣者。他们通过人们在生活中对他们的追随传达神的信息。

---

[1] Cf. Woldhart Henckmann, *Max Scheler*, S. 148.

[2] Scheler, *Absolutsphäre und Realsetzung der Gottesidee. Gesammelte Werke* Bd. 10, S. 236.

[3] Ibid.

[4] Scheler, *Der Formalismus in der Ethik und die materiale Wertethik*, S. 584.

[5] Ibid., S. 586.

如前所述,现象学的基本关系是意识行为与对象的关系,在舍勒作为宗教现象学的宗教哲学中,宗教行为现象学占有重要地位,上帝就是通过宗教行为自我通报的。但是,与以前的研究宗教行为的哲学家,如休谟和施莱尔马赫等不同,舍勒从现象学的立场出发,着眼于宗教行为的意义逻辑,即内在于它们的给予意义的效能,而不是它们的心理学因素。在他看来,只有这样,宗教哲学才能提供"哲学的宗教的本质知识"[1]。

　　宗教行为有许多种,如祈祷、感恩、礼拜、恐惧、忏悔、谦卑和敬畏,等等。所有这些宗教行为具有如下三种共同特征:首先,宗教行为于其他意识行为有根本的不同,其他精神行为的意向都是指向世界中的对象或偶然事件,唯独宗教行为是超越世界现象的,不仅超越世界的个别事物,也超越世界整体。它们的意向所指在彼岸。其次,宗教行为只能通过神性的东西实现,而不能通过属于世界的东西实现:"因此,在每一个这样的行为中:赞美、感恩、恐惧、希望、爱、幸运、追求、追求完美、谴责、审判、宽恕、钦佩、崇拜、恳请、礼拜中,我们的精神不仅越出了这个或那个有限事物,而且越出了有限事物的本质总体。"[2]那个只有它才能满足宗教行为的事物,对于这个世界的一切事来说,是一个"绝对的他者"。因此,再次,宗教行为的实现只有转向自我揭示、向人类自我给予的神圣存在者。宗教的对象是一个神圣的人格形态,这个神圣人格通过宗教行为开启自己,也实现它的意向。但这不是一个单向的过程,而是一个双向互动的过程。只有爱上帝才能认识上帝,只有向上帝敞开自身才能感受上帝的回应。所以爱先于知识,本质知识先于理论知识。宗教行为与其他精神行为的不同还在于,它从根本上说是接受性的:"所有上帝的知识必然同时都是通过上帝的知识。"[3]

　　在舍勒看来,宗教行为是人格实现的必由途径。人格不是对象,它在其行为中实现其存在,它是一种行为存在。但是,与世界中有限事物的种种行为关系并不能实现人格,因为人格实现是一个不能中断的过程,而与世间有限事物、事件和事态的行为关系都是暂时的,过去就过去了,人格的价值与所打交道的事物的价值并没有内在的关联。可是,宗教行为

---

[1]　Scheler, *Problem der Religion*, S. 156.

[2]　Ibid., S. 247.

[3]　Ibid., S. 255.

却不一样。宗教行为的核心是信仰。"对某物的信仰将整个人格和所信仰的东西连在了一起。更准确地讲，是将人格的核心及其深层次的自我和它所信仰的价值连在一起了。"[1]宗教行为使我们达到了最高的价值实在（Wertrealität）——人格的价值实在。

　　舍勒对宗教行为的研究更多出于现实关怀，而不是宗教热忱。舍勒所处的时代是一个"上帝死了"、信仰式微的时代。现实的物质利益成了人们的唯一信仰，而人天生对于绝对的倾向和对生命自身的关心被基本忘记或弃置不顾了。在舍勒看来，西方人信仰衰落的原因不是像许多人以为的那样是"科学的进步"，而是人们不再思考死亡问题，而对它和与它相关的永生问题刻意回避。死亡并不是我们经验的一个纯粹经验性成分，而是一切生命经验的一个恒定因素。因此，回避死亡的问题，也就是回避生命的问题。"现代欧洲人"之所以回避这么重要的问题，对生死问题变得麻木不仁，是因为以前只是生活需要的工作和营利，现在成了人的本能。"思想"变成了"计算"，"身体"变成了"躯干"。"世界不再是温暖、有机的'家园'，而是成了计算和工作损害的冰冷对象——不再被爱和沉思，而是成了要去计算和加工的东西。"[2]那种无限制的工作和营利冲动为现代人对死的全新态度奠定了基础。[3]

　　宗教行为以其超越世界的品格，使人们可以摆脱现代人的营利本能，超然物外，重新面对被刻意回避的生死问题。在《死亡与永生》中，舍勒列出了五条人类对生死问题所取的道路，他选择了"接受对上帝的启示的信仰"的道路，[4]因为只有让上帝的启示进入我们的人格，才能进入哲学和科学都不能达到的领域，体验人格永生。

　　20年代中期后，舍勒开始从他在此时发展起来的社会哲学和知识社会学的角度来讨论宗教问题，而宗教现象学渐渐淡出他的研究视野。舍勒认为，一切宗教行为既是个人行为，也是社会行为。[5]所以，与共同体的关系对宗教行为来说是根本性的。在《伦理学中的形式主义和质料价

[1]　弗林斯：《舍勒的心灵》，第135页。

[2]　Scheler, *Tod und Fortleben. Gesammelte Werke* Bd. 10, S. 29.

[3]　Ibid.

[4]　Ibid., S. 53.

[5]　Scheler, *Problem der Religion*, S. 260.

值伦理学》一书中,舍勒指出,人格作为总体人格的一员不只是在宗教行为中,而且也在它所有行为过程中同样原初地被给予。在"个别人格和总体人格"这一章中,舍勒简短描述了教会的特征,它通过与其本质相应的活动有助于休戚相关的总体救赎,并将它与其他社会形式(国家、生命共同体等)相区分。教会是一个超国家又内在于所有可能的文化圈的总体人格,不是一个个人的总和,如社会那样。[1]

在《伦理学中的形式主义和质料价值伦理学》中舍勒未能展开社会多样性学说,但在他的知识社会学中,社会多样性问题得到充分讨论。在那里他指出,宗教的团体形成取决于各种宗教观的历史发展,例如,在自然宗教中宗教团体的形成非常不同于在启示宗教中(犹太教、基督教)宗教团体的形成。

在《宗教问题》一开头舍勒就提出了宗教更新的问题,在那部著作的结尾他进一步讨论了这个问题。起因是孔德曾经提出人类历史从神话经宗教到科学有规律地发展,但到了工业社会后人类成了一个"统一的民族",会有一个新的宗教——人类宗教。由于它的出现,基督教将成为属于过去的事实。舍勒认为,一个新的宗教是"最不可能的"[2]。因为他确信,在实证科学的影响下宗教的认识官能是萎缩了,但宗教渴望绝不会萎缩,人类给自己提出了在生活中保存很久以前发生的启示。虽然启示经过了一个发展,该发展经过了一个从自然启示(低级阶段的启示)中经记录在《旧约》中的一个人格上帝的启示到救赎史是完成者耶稣基督种种必然的阶段,但上帝的自我启示是完美的和不可能超越的。[3]

舍勒对人的看法是悲观的,在他看来,人如果交给自己的话只会步步倒退,最终归于虚无。只有通过上帝才可能成为人。在人中神性和人性交织在一起,人是上帝"有意识的镜子"。宗教人格可以经验和当下看到上帝存在的确切意象,但不能当下看到上帝本人,因为人的本质是参与,人的认识是与上帝一起认识,他的爱是与上帝一起爱,他在这个世界

[1] Cf. Scheler, *Der Formalismus in der Ethik und die materiale Wertethik*, SS. 558－559.

[2] Scheler, *Problem der Religion*, S. 345.

[3] Ibid., S. 35.

上的工作是与基督一起救赎。所有这一切只有在人回答上帝通过耶稣基督对他的呼吁后才会发生。

不少人认为舍勒在1922年以后走向了泛神论,但舍勒明确拒绝泛神论,认为泛神论已经过时了,我们的时代已经不再有泛神论的适当氛围了。相反,倒是有有意识的高贵的无神论,如尼采的思想。舍勒坚持人是人,上帝是上帝。如果人是上帝的一部分,或它的一种功能的话,那爱就不可能了,因为那将只有一个单一的利己主义者。上帝和人的本质同一将使得上帝不再是上帝,人也失去了一切,包括他的自由。[1]

随着舍勒与天主教会的决裂,他的许多宗教哲学的立场被他最终放弃了。

舍勒的社会学

1924年,舍勒的《知识的诸形式和社会》一书出版,该书被认为是他第二个创造时期的开始。[2]的确,舍勒在这以后写的著作和在此之前写的著作有明显的不同,基督教的思想背景渐渐淡出,上述宗教哲学的思想在很大程度上为人类学和社会学思想所取代。他不再试图为天主教信仰提供一个奥古斯丁哲学的基础,转而发展一种原创的思辨形而上学,给我们某种通达绝对存在的形式。与此同时也与此相应,他发展了一种可以用于人和原存在(Ursein)的原始精神和普遍生命相互渗透和相互奠基的生机论。他把他的人格概念进一步发展为一种哲学人类学。

舍勒思想的这种转变不是突如其来,而是其来有自。舍勒的社会学研究主要集中在文化社会学和知识社会学,后者被他看作前者的一部分。[3]"文化"在舍勒那里不仅仅是各种知识形式,而是如在他的老师狄尔泰那里那样,包括精神的一切对象化。他把知识社会学作为文化社会学的一部分,也是要从它开始,旁及文化社会学的其他部分。

这样一种宏阔的眼光不是他后期哲学才有的,在他的博士论文和教

---

[1]　Cf. John H. Nota, *Max Scheler*, pp. 138–139.
[2]　参看弗林斯:《舍勒的心灵》,第196页。
[3]　Cf. Scheler, *Die Wissensformen und die Gesellschaft*, S. 17.

授资格论文中,其实已经很清楚了。在这方面他深受狄尔泰和奥伊肯的影响。狄尔泰文化哲学和世界观哲学从一开始就为舍勒所欣赏;而奥伊肯对种种文化创造的产生、特征和影响的研究,也为舍勒所继承。而对柏格森的实用主义和美国实用主义哲学家如皮尔士、詹姆士、席勒等人思想的研究,也使舍勒更关注精神如何对象化在宗教、哲学、科学、法律、艺术等中,关注它们产生的条件、本质区别,包含它们的伦理风尚(Ethos)、历史运动形式,尤其是产生和拥有这些文化成就的社会。在他看来,没有这方面的研究,认识论研究是空洞和徒劳的。虽然知识社会学正式提出是在他哲学的后期,但知识社会学的思路在早期著作中已经有所表现。

例如,在他早期著名的关于三种事实的论文中,舍勒就根据知识社会学的思路区分三种事实,即自然事实、科学事实和现象学事实。自然事实是自然世界观在各民族的生命共同体中产生的事实,如太阳东升西落。科学事实是由科学态度产生的知识(各种科学理论观点),它必须符合普遍性、可检验性和可传达的标准,用人工语言来表达,这种人工语言是国际学术界通用的;而自然世界观的内容却是通过传统、无意识模仿,通过自然语言传播,只限于特定的民族。只有现象学事实是"独立于一切社会条件"产生和有效的。[1]但一旦他确立了共同体先于个人的原则,他就放弃了独立于一切社会条件的现象学事实的思想。

在《伦理学中的形式主义和质料价值伦理学》第二部分提出的总体人格的思想及其最高公理休戚相关(Solidarität),反映了舍勒对所有精神对象化的社会结构的反思,这部分的论述具有明显的社会学色彩。第一次世界大战后提出的世界观学说同样具有鲜明的文化社会学和知识社会学的特征。在1922年发表的《世界观、社会学和世界观规定》中舍勒把他的世界观学说分为四个部分,即直接与本质现象学相关联的本质可能的世界观学说;纯粹"感性描述的世界观学说",它描述文化对象化(宗教、哲学体系、法律体系、艺术等等)的客观意义内容;主观逻辑的世界观学说,它仿效和描述种种文化对象化源始从中产生的精神的行为的总体关联;像心理学、人种学、社会学这样现实的和因果解释的学科,它们确

---

[1]　Cf. Scheler, *Lehre von drei Tatsachen. Gesammelte Werke* Bd. 10, S. 465.

定影响文化对象化的种种现实因素。[1]

但在《知识的诸形式和社会》中,世界观的这些内容被重新分为两个互相关联的学科,即文化社会学和关于现实因素的社会学。[2]这种重新分类的基础,是舍勒的人的精神冲动二元论与文化过程理性因素和现实因素二元论。显然是由于生命哲学的影响,后期舍勒越来越强调人的精神和生命冲动的两重性。精神本身是无力的,它需要生命本能和冲动给予动力和方向。但文化社会学和现实社会学的划分只是暂时的,因为社会学对舍勒来说不是经验社会学,它并不研究个别事实、事件,而是研究各种规则、类型,如果可能的话,还研究各种规律。它的根本目的是"考察决定也受社会制约的人类生活内容的理想因素和现实因素,以及精神因素和冲动因素的共同影响的种类和次序序列"[3]。所以,舍勒的社会学是一种先天社会学,它研究事物的本质,而不是偶然事实,[4]这是在谈论舍勒社会学时须特别注意的。

尽管如此,舍勒在精神问题上却是一个坚定的反本质主义者,他断然拒绝有所谓"人性的统一",即启蒙运动和康德认为所有人具备某种与生俱来的理性的功能机制。在他看来:"精神一开始就只能在无穷多样的群体和文化的具体多样性中存在。"[5]精神活动没有一个固定的公式,它通过各种行为方式起作用。精神的主要行为方式示范在最高的认识方式中,舍勒让它们和特定的社会团体挂起钩来。文化社会学就要研究精神合作的社会形式。"文化社会学得从理想类型上区分和界定精神合作的种种形式,然后它得试图探索在每一个文化整体内部诸形式流变的各种阶段次序——还有在这种知识的组织形式的权力关系相互移动中的阶段次序,如教会与哲学的关系,这两者与科学的关系等。"[6]

文化社会学还有一个任务就是确定这些文化领域受哪些基本的运

---

[1] Cf. Scheler, *Weltanschauungslehre, Soziologie und Weltanschauungssetzung. Gesammelte Werke* Bd. 6, S. 23.

[2] Cf. Scheler, *Die Wissensformen und die Gesellschaft*, S. 18.

[3] Scheler, *Die Wissensformen und die Gesellschaft*, S. 20.

[4] Ibid., S. 18.

[5] Ibid., S. 25.

[6] Ibid., S. 33.

动形式决定。[1]这就涉及更大的文化社会学的动力学的问题,"即在人类历史延续中存在着一种始终不变的秩序——还是一种与相对封闭的文化体的进程的阶段次序一起有规律地变化的秩序"[2]。在舍勒看来,文化都要经历上升、成熟和衰落三个主要阶段。但真实的历史过程总是要受现实因素的引导和操控。当时流行的是以种族、政治或经济作为引导和控制文化—历史进程的主要或唯一现实因素。舍勒断然拒绝这样的观点。

人类历史不是被这三个现实因素中的任何一个单独规定,而是被它们三个的序列顺序决定。这个序列顺序的基础是人的冲动的发展顺序。人的基本本能冲动有三:自我保存、再生产和滋养。首先要活下去,然后是繁殖生命和滋养生命。相应于这个本能冲动的发展顺序,在国家和政治出现之前先有家庭和血缘关系,这是最先的阶段,血缘关系不但决定了这个阶段,而且也为其他现实和理想因素预先提供了活动空间。然后发展到第二个阶段,在这个阶段主要是政治权力因素起支配作用。最后第三个阶段各种经济关系是主要的影响因素,现在,哪些精神形态在社会现实中出现取决于它们。舍勒把这第三阶段的法则看作文化老化的法则。[3]

在这样一种过程中,现实因素对精神潜力施加的阻碍的或释放的影响也在变。在第一个阶段,阻碍的影响最大,释放精神潜能的影响最小。在第三个阶段,阻碍最小,释放的成果最大。舍勒在这里同样不接受经济决定论,他觉得在纯粹经济决定论的时代也不用担心精神文化。在经济决定论、最大限度自由和精神的释放之间有一个不可分裂的整体关联。[4]当然,他补充说,在文化的老年时期,精神文化分化得最厉害,也传播得最广,但并不是最有价值的。[5]也就是说,在文化的老年阶段,低等级的价值排挤掉了高等级的价值,这个老化过程导致价值等级的消亡。这也正是我们今天的现实。

知识社会学是舍勒把他对文化社会学的研究运用于文化的一个很大的部门领域;舍勒当然也可以将他的文化社会学的研究应用到对艺

---

[1]   Scheler, *Die Wissensformen und die Gesellschaft*, S. 35.

[2]   Ibid., S. 41.

[3]   Ibid., S. 49.

[4]   Ibid., S. 51.

[5]   Ibid.

术、法律等领域的研究,但他没有这么做。之所以选择知识领域,并不纯粹是出于外在的理由,即科隆社会研究所的理事会决定研究当时还很少有人从事的知识文化领域,并任命舍勒为这个研究项目的领导人,而是舍勒从耶拿时代就已经把认识和知识作为文化史的现象来观察了。[1]

但这绝不等于说知识社会学就是文化社会学,事实上文化社会学应用于知识领域后它自身也要适应对象而有所变化和调整,毕竟知识问题有它自己的特点。为此,舍勒在转而讨论知识社会学时首先提出它的形式问题,他认为,所有知识社会学的形式方面的问题,"都建立在知识与社会三种可能的基本关系上"[2]。这三种可能的基本关系是:(1)人类社会基本上是通过其成员彼此间的相互理解共同构成的;(2)一个社会拥有的知识决定这个社会的本质(Sosein);(3)反过来,知识也是由社会及其结构决定的。

在提出知识与社会的这三种可能的基本关系后,舍勒又提出知识社会学的三条最高公理。知识社会学的第一条最高公理是:只要人是社会的一个"成员",每个人的知识就不是经验的知识,而是先天知识。这表明,知识先于自我意识和自我评价意识而存在。没有"我们"也就没有"我"。[3]舍勒多次用鲁滨逊的例子来说明他的这个思想。鲁滨逊如果出生在荒岛,除非他有"我们"的先天知识,他不会有"我"的概念。但鲁滨逊作为人他不可能不是总体人格的一部分,哪怕他生在荒岛上。他的行为不仅仅是偶然的个人行为,也属于某种人类的行为类型。因此,当他与世界打交道时,他实际上有了他人存在的知识。他必然会有他和他与之奋斗的外部世界不属于"一类"的意识。这种"类"的知识就是共同体成员的知识,它是"自我"知识的基础。所以,人的社会性是不可还原的,所有人的精神行为都是由人的社会性规定的,但不是完全由社会性规定,而是"共同"规定。

知识社会学的第二条最高公理是人对他同伴的体验的参与是"根据群体的知识结构以不同的方式"实现的。[4]这里,舍勒用"体验"这个概

---

[1]   Cf. Wolfhart Henckmann, *Max Scheler*, S. 185.

[2]   Sheler, *Die Wissensformen und die Gesellschaft*, S. 52.

[3]   Ibid.

[4]   Ibid., S. 53.

念将对他人的知识（"社会知识"）的概念扩大到"有……"的前反思的领域，目的是要克服以反思的我思为出发点的传统认识论和意识哲学。针对传统的意识哲学，舍勒提出一个社会知识阶段论，它一直追溯到动物王国。知识内容和意义内容的社会传达通过"情感传染"和行为模仿就发生了；而在高等动物那里就可以发现它们。纯粹人类社会知识的领域始于对异己体验直接主观的理解和对意义内容的客观理解，随着可再产生的对象性的意谓和命名行为以及说话和对语言的理解而推进，直到精神特殊的充满社会意义的行为。舍勒把不需要主体的有意识意图的相互思考、相互意愿、相互爱慕的种种形式（神话、童话、民歌、民间宗教、风俗习惯、伦理）追溯到"群体灵魂"的中介作用；而把完全意识到的互相认识的种种形式（法律、国家、艺术、科学、哲学，等等）归因于"群体精神"[1]。"知识社会学首先与群体精神有关，它追溯知识从社会顶端（知识精英）向下扩散的规律和节律，确定知识如何在各个群体和层面分布，以及社会如何有组织地调节知识的分布。"[2]

知识社会学的第三条最高公理同时也是一条认识论原理：在我们关于实在的知识起源的秩序中，在人类意识固有不变认识领域和相应的对象领域实现的秩序中，有一个固定的秩序法则。[3]这个秩序法则支配着我们实在知识的起源和各种存在领域与对象领域的阶段性实现。这个"秩序法则"就是社会现实先于一切关于其他存在领域和对象领域的实在的知识；它构成了基本的现实维度。"'社会的''共同世界'（Mitwelt）和历史的'前世界'领域在此意义上先于一切随后的领域。"[4]"人们获得知识的精神行为的种种'形式'，始终和必然是社会的，即由社会结构共同决定的。"[5]舍勒在这里特别强调"共同"二字，是为了避免所谓的"社会学主义"（Soziologismus），即社会决定论。占"支配地位的社会利益视角"并不决定知识的内容，更不决定它的事实有效性，而决定它对象的选择。舍勒把它看作一切知识首要的社会学特征。

---

[1] Sheler, *Die Wissensformen und die Gesellschaft*, SS. 53–55.
[2] Ibid., S. 55.
[3] Ibid., SS. 55–56.
[4] Ibid., S. 57.
[5] Ibid., S. 58.

在论述了知识社会学的三条最高公理后,舍勒又论述了三种最高的知识类型,这就是实证科学、哲学和宗教。实证科学是控制和功效的知识,它的目标是支配世界及自然,它的方法是发现规律。哲学是本质和教化的知识,它从事实中抽离,追问事物的本质;它排斥本能的态度,崇尚理性。宗教是神圣的知识。但舍勒在这里的目的并不仅仅是对知识的基本类型进行分类,而是要研究它们的社会起源和它们的运动形式。只有这样,才能说明为什么这三种最高的知识形式可以被统一理解为知识的形式。

这三种知识类型的共同起源是自然世界观,但舍勒并不把自然世界观理解为知识的一个绝对不变的基础,而是宁可把它理解为相对的自然世界观。也就是说,对于不同的群体来说,它们的自然世界观是不同的。[1]舍勒用种族混合、语言混合和文化混合来解释自然世界观的变动;但这些变动的原因在自动起作用的"群体灵魂"最底层的核心。[2]在大量相对的自然世界观的基础上出现了种种相对人为或构建的世界观形式的知识种类。它们是:神话和传奇;自然的民族语言内部的知识;宗教知识;神秘知识的基本样式;哲学—形而上学知识;数学、自然科学和人文科学的实证知识;技术知识。这些知识类型主要可以归为宗教、哲学和实证科学三种。

人为知识类型的起源问题是头等重要的知识社会学问题。知识的起源于人与高级脊椎动物都有的一种本能冲动(Triebimpuls)。人的全体都有持续存在的保存生命和渴望拯救的本能,这种本能是宗教知识的持续的情感根源。除此之外,还有一种意向性的惊讶感,它是哲学或形而上学知识的基础,它不关心对象偶然的存在和偶然的本质,而讶异于事物从根本上说在此存在而不是不存在这个巴门尼德首次明确提出的问题。第三种导致知识产生的感情是人们在行动和劳动中控制自然和各种社会过程、灵魂过程和有机过程的渴望。这种本能更深的基础则在无目的地建构、游戏、制作和实验本能中,这些漫无目的的本能也就是各种实证科学和技术的本能上的根源。[3]

---

[1]　Cf. Sheler, *Die Wissensformen und die Gesellschaft*, S. 61.
[2]　Ibid., S. 63.
[3]　Ibid., SS. 65–66.

由于知识最初常常是由杰出人物传授的，所以知识社会学也要追问系列问题：每一种知识类型特殊的理想类型的楷模和领导人物；它们发展不同的运动形式；在获取知识和保存知识过程中表现出来的不同的基本社会形式；它们在人类社会中不同的功能；它们不同的社会学起源。[1]

　　宗教的理想类型的楷模和领导人物是宗教人（homo religiosus）。舍勒认为，宗教知识的起源不在万物有灵论和各种祖先崇拜中，也不在理性的各种形而上学判断中，而在群体接受和信仰的一些杰出的宗教人与上帝本人的经验接触中。"宗教人"不是一般的神职人员（如祭司或僧人）而是宗教领袖和创立者。人们从精神上与他"认同"，通过仿效他的人格行为达到实践上和理论上内在的遵循信念。宗教创立者通过被神化而获得了一种"绝对的"权威。宗教有其自主演化的过程，哲学和科学都不能使宗教发生动摇，唯一能动摇宗教的是它自己信仰的衰亡。

　　哲学或形而上学的理想类型的楷模和领导者是智者，这些人是精神精英。他们已经摆脱了他们的生命共同体的宗教传统或其他任何一种传统，也摆脱了经济工作和拖累。因而，他们能从纯粹的理论态度出发，考察这个世界观念的本质结构。形而上学希望提供一种假设性的、关于各种按照终极本质而得到安排的事物如何植根于"绝对实在"之中的总体性观点。因此，人们不可能像对实证科学那样把它组织成各个部门。形而上学以一个人格为中心，必然属于一个文化圈，甚至和民族天才联系在一起。形而上学与宗教分享绝对的知识，但它不取超自然的途径。它与科学分享理性的方法，但它不忘它的哲学基础。形而上学除了提供存在总体性的知识外，还提供教化的知识。所以舍勒把佛陀也看作形而上学家。与宗教的情况相仿佛，实证科学不能制服形而上学，实证科学本身由形而上学决定，只有新的形而上学或某种宗教才能制服形而上学。形而上学家所从属的各种社会等级和阶级对形而上学结构有重大意义。哲学在古希腊就是闲暇的产物。除了个别例外，形而上学家总是来自有教养和占有财富的那些社会等级和阶级。舍勒由此得出结论说，西方几乎所有的形而上学都是城市思维的产物。法国哲学是经过启蒙的贵族阶层的

[1]　Cf. Sheler, *Die Wissensformen und die Gesellschaft*, S. 68.

哲学。意大利的情况也与此差不多。现代德国哲学是新教中产阶级的成就。英国哲学家则是大资产阶级哲学家。哲学史对这种情况一直没有予以多少注意,只有知识社会学才能思考这方面的问题。[1]形而上学与民族的关系对于知识社会学也有非常重要的意义。对于知识社会学来说,建立一种能够把哲学理论史上诸阶段与产生这些哲学理论的各种群体类型联系起来的理论,非常重要。[2]不要说东西方形而上学的种种差异,熟悉西方各民族形而上学重要不同的人,恐怕都会赞同舍勒的观点。

如果说形而上学是有闲阶级的产物,那么实证科学则产生于实际的生产劳动中。"实证科学从来就是……哲学和劳动经验联姻的产儿。……它只能在西方的城市市民中产生。"[3]它的理想类型的楷模和领导者是研究者,它的方法是归纳推理和演绎推理。科学和技术背后是要支配和控制各种现实领域的意志。这种要支配和控制一切的意志古代就有,但只有到了现代,才有为了支配本身和纯粹为了经济意图和节省劳动控制自然的意志。现代科学的出现是一个突然的过程,它与古代学术的复兴没有太大的关系,驱动它的是一种新的趋向劳动的意志和资产阶级的个人主义。教会与国家的分离给了科学自由发展的空间,但真正推动现代实证科学的,除了支配的意志外,就是正在出现的城市资产阶级不受特殊需要限制、为伦理和意志认可的那种不是为了对自然偶然的支配,而是为了系统支配自然,为了无限积累这种自然和灵魂的知识以及将其资本化的本能。[4]基于这种认识,在舍勒看来,没有纯粹的科学;相反,没有利益驱动的科学是不可想象的。所以他赞同斯宾格勒科学是"技术权力意志的侍女"的说法。[5]现代科学并不像许多人以为的那样给我们展现了世界的本来面目,科学提供的世界图像只包含对于可能支配世界来说是重要的自然现象的种种因素,其他所有的东西都被人为抽象掉了。[6]技术的发展必须从它与科学的关系和与经济的关系两方面来说明。资本

---

[1]　Cf. Sheler, *Die Wissensformen und die Gesellschaft*, S. 89.

[2]　Ibid., S. 91.

[3]　Ibid., S. 93.

[4]　Ibid., S. 112.

[5]　Ibid., S. 114.

[6]　Ibid., S. 122.

主义经济和现代科学技术后面是同一个支配和控制一切的意志（这里我们分明看到尼采"权力意志"概念的影子）。

舍勒并不完全反对支配和控制，尤其是当他面对西方种种现代性的问题时。但他认为要支配和控制的不是外部自然，而是人自己的自我，他的内在生命和他的自我再生产。以佛教为代表的亚洲文明早就发展出一种与西方相比并不逊色的控制意志，但那是控制人的自我，而不是外部世界。舍勒认为欧美各民族应该系统接受亚洲的心灵技术，避免流于技术主义，把它作为哲学和形而上学特有的认识技术，开发在人类精神中沉睡的所有各种认识可能性，恢复人类的平衡，复兴形而上学。但这不是恢复西方老的形而上学，而是结合了东方与形而上学相互联系在一起的心灵技术的新形而上学。这种新的形而上学实际上是东西方形而上学的结合，它为人类提供自我救赎和自我教育。这种形而上学以各种心灵技术为基础，并且作为一种有序补充而又独立于它的实证科学联系在一起。[1]

哲学人类学

虽然哲学人类学是舍勒生命最后阶段的工作重心，但如前所述，人的问题伴随他哲学生涯的始终，贯穿他哲学工作的方方面面，人类学思想最初是他思想隐蔽或不太隐蔽的背景，后来渐渐占据了他哲学舞台的中心。他第一时期的主要著作《伦理学中的形式主义和质料价值伦理学》和《同情的本质和形式》中已经可以看出他人类学思想的端倪了，虽然在那里人类学不是主题，但间接组织了上述的研究。根据德国研究舍勒的专家亨克曼的说法，《伦理学中的形式主义和质料价值伦理学》中许多基本问题和局部问题对他后来的人类学研究起了重要的作用。[2]

但舍勒在他哲学生涯的第一时期就已经发表了真正的人类学著作，这就是发表于1914年的《论人的观念》。在那篇论文一开始，舍勒就提出了"人是什么，人在存在、世界和上帝的整体中占据何种形而上学地位

---

[1]　Cf. Sheler, *Die Wissensformen und die Gesellschaft*, S. 155.

[2]　Cf. Wolfhart Henckmann, *Max Scheler*, S. 191.

和位置?"[1] 它第一次表达了舍勒人类学宇宙论——形而上学的出发点。但是,舍勒的人类学不是纯粹的学术研究的产物,而是对他所面临的时代问题深刻思考的结果。他清楚地看到:"在大约一万年的历史上我们处在第一个这样的时代,在这个时代,人完全彻底变得'成问题了';在这个时代,他不再知道他是什么,但同时也知道,他不知道它。"[2] 而他的人类学却想要来回答"人是什么"的问题。

人的问题从古希腊哲学开始就是西方哲学的主要问题,西方哲学史上不乏对这个问题的答案。但舍勒和海德格尔一样,对西方哲学传统对人的定义都不能满意。在他看来,人的本质就是他是不能定义的。可定义的人没有意义。[3] "唯一有意义的'人'的观念是完全彻底的'拟神说'。"但这不是说要从一个预先给予的实证的时代概念引出对人的理解,而是说,人根据他自己试图从上帝获取的观念来塑造自己。超越是人的本质状况。

到了20世纪20年代,人类学成了舍勒哲学和形而上学的中心,这种情况一直延续到他去世。虽然舍勒的人类学在他在世时出版得并不多,但却使当时的哲学产生了一个"人类学转向"。他和他的学生普莱斯纳以及盖伦使得哲学人类学第一次成为现代哲学的重要分支学科。而舍勒本人则想把它发展成一个包罗万象的统一学科。在《人与历史》这篇论文的一开头他这样写道:

> 如果有一个哲学任务以无可比拟的紧迫性要求我们时代解决的话,那就是一个哲学人类学的任务。我意指的是一门人的本质和本质建构的基础科学;他与自然王国(无机物、植物、动物)和一切事物基础的关系的基础科学;他的形而上学本质起源和他在世界上生理的、心理的和精神的开端的基础科学;使他运动和他运动的种种力量和权力的基础科学;他的生物学、生理学、精神史和社会发展——不但是它的种种本质可能性,而且是它的种种现实性——的基本方向和基本规律的基础科学。心理生理的身心问题和意向——

[1] Scheler, *Zur Idee des Menschen, Gesammelte Werke* Bd. 3, S. 173.
[2] Scheler, *Philosophische Weltanschauung, Gesammelte Werke* Bd. 9, S. 120.
[3] Scheler, *Zur Idee des Menschen*, S. 186.

生命问题都包含在此。只有这样的人类学才能给予"人"这个对象有关的一切科学、给自然科学和医学、史前史、人种学、历史和社会科学，常规和发展心理学以及性格学一个最终的哲学性质的基础，同时也给予它们研究的确定目标。[1]

　　人类学之所以能成为这样一种基础学科，是因为人是这样一种存在者，不同层次的存在，即精神、灵魂、生命和无生命之物都在他那里彼此相遇，他是一切存在的交汇点。所以舍勒与海德格尔一样，主张要研究存在本身或绝对的存在要先从人的存在结构开始。"哲学人类学的任务是精确指明……人的种种专有物、成就和产品，如语言、良心、工具、武器、正义和非正义的观念、国家、领导、艺术的表现功能、神话、宗教、科学、历史性和社会性是如何从人类存在的基本结构中产生的。"[2]

　　人的问题在一定程度上可以说是他的自我理解问题，古希腊德尔斐神庙"认识你自己"的神谕就已经暗示了这一点。在舍勒看来，人的自我理解决定了人的本质、他与一切本质的存在领域和对象领域的关系以及他对人类历史的意义和目标的理解。因此，人的自我理解问题应该是哲学人类学的引导性问题。在"人与历史"中，舍勒提出了五种人自我理解的基本类型，即基督教—犹太类型、古典人文主义类型、近代实证主义类型、活力论的类型和假设的无神论类型。

　　基督教—犹太人的自我理解的基本类型指《旧约》和古代宗教流传下来的人、由一个人格上帝创造、人类都是一对夫妻（亚当和夏娃）的后代；伊甸乐园和原罪及最终救赎；灵魂不朽和肉身复活；世界法庭等等对"人是什么"和"人是谁"的基本说法。这种人的观念是宗教的产物，而不是哲学和科学的产物，因此，"几乎无须说，这种宗教人类学在任何意义上对自主的哲学和科学来说都完全没有意义"[3]。

　　古典人文主义对人的定义是"理性人"（Homo sapiens），它起源于希腊哲学家，一直到康德和黑格尔都规定着西方的哲学人类学。它的核心内容有四：(1) 人有一种神一般的力量，所有自然物都没有这种力

[1]　Scheler, *Zur Idee des Menschen*, S. 120.

[2]　Scheler, *Die Stellung des Menschen im Kosmos*, S. 67.

[3]　Scheler, *Zur Idee des Menschen*, S. 124.

量;(2)这种力量与构成世界的力量都是存在论的力量,是同一种力量;(3)这种作为逻各斯和人的理性的力量不依赖人与动物共有的本能和感性实现自己;(4)这种力量是历史的、民族的、永久决定不变的。[1] 这种人的观念太狭隘,不能解释道德存在的情感特征,也不能解释爱的秩序也有它的理性。它对于整个欧洲来说已经有了一个观念所能有的最危险的特征,就是理所当然的了。实际上它不过是"希腊人的发明"[2]。

实证主义把人理解为"工具的人"(Homo faber),这是一个近代的定义,本质上由近代自然科学和进化论规定:人是制造工具的动物,他规划世界;动物与人并没有不同,所以人被理解为本质上是本能的存在者;思维、意志、比较高级的情感行为最终都来自动物也有的感性知觉和本能冲动。有三种原始本能系统,即繁殖本能、权力本能和自我保存的本能争相支配其他本能。近代许多哲学家信奉这种自然主义人类学,虽然取向有所不同,但都相信人类历史的统一和进化。

20世纪伊始,出现了一种泛浪漫派的对人的生机论的自我理解。与进步主义取向的自然主义人类学不同,这种观点认为人类不可避免走向衰落,人是生命的一个灾难性的畸形现象,是自然的一条死路。只有出现"超人",通过生命原则狄奥尼索斯的提升,人类灾难性的过度理智化才能得到减轻。但这种泛浪漫派对人的理解也同样强调本能及其无意识的表达。所不同的是,他们(克拉格斯、Th.拉辛)赋予情感的本能生命以一种形而上学的认知功能。[3]

假定的无神论对人的自我理解也是在20世纪才出现的,以凯勒(D. Keler)和哈特曼为代表。这种人类学思想接受了尼采的超人观点,为它重新作了理性的论证。伟大的天才要为历史负道德责任,因为他们是大地的主人、创造者和意义。上帝不应该存在,如果上帝存在的话,人的道德责任就无从谈起了。这种人类学的思想与舍勒在《伦理学中的形式主义和质料价值伦理学》中表达的纯粹人格典范是人类历史精髓的思想比较接近。但舍勒并没有说他的人类学思想属于哪一种类型。他只是认为

---

[1] Scheler, *Zur Idee des Menschen*, S. 126.
[2] Ibid., S. 127.
[3] Ibid., S. 141.

这五种人自我理解的基本类型表现了"人类自我意识逐渐上升"[1]，他把人类自我意识看作神性生成的功能。[2]

舍勒有他自己的人的理想类型，这就是全人（Allmensch）。全人有一个比他自我完成更高的目标，这就是成为普遍。为此，他必须超越自己。"但绝对意义上的全人——在自我节制的人中产生了他一切本质可能性的观念——对我们几乎是不可接近的；的确，他就像上帝离我们那么远，就我们在精神和生活中把握它的本质而言，它只是人的本质。"[3] 为此，舍勒又提出了相对意义上的全人，它体现在每个时代可以达到的现实存在的人的形式中。

但是，舍勒的人类学是哲学人类学，它始终与他的形而上学结合在一起，这是了解舍勒人类学必须注意的。然而，舍勒的形而上学绝不是传统意义的形而上学，它的对象已经不再是传统的上帝、自由和不朽的问题，而是对上帝、世界和自我的理解，它们构成了一个不可分割的结构统一。[4] 舍勒说，现代形而上学不再是"宇宙论和对象形而上学，而是元人类学和行为形而上学"[5]。在1923年至1924年的课程中，舍勒把形而上学定义为通过自发的理性认识探讨人对绝对实在的分有。[6] 他通过微观宇宙和宏观宇宙的概念来说明这个问题。

宇宙有两个原始现象，这就是生命和精神。宇宙的这两个存在论的根使舍勒绝对可以将古希腊人微观宇宙的概念用于人，人就是微观宇宙，因为精神和生命也表现在人格中。他引用亚里士多德的话"在某种意义上人的灵魂有一切"来说明他为什么把人看作微观宇宙。[7] 作为微观宇宙，人是宏观宇宙的一个缩影。这种宇宙与人同型的思想最早出现在阿那克西米尼的残篇中。[8] "宇宙"这个词在希腊人那里的意思是整体与和

[1] Scheler, *Zur Idee des Menschen*, S. 121.

[2] Cf. Wolfhart Henckmann, *Max Scheler*, S. 197.

[3] Scheler, *Zur Idee des Menschen*, S. 151.

[4] Scheler, *Die Stellung des Menschen im Kosmos*, S. 69.

[5] Scheler, *Philosophische Weltanschauung*, S. 83.

[6] Scheler, "Manuskripte zur Wesenslehre und Typologie der metaphysischen Systeme und Weltanschauugen (Weltanschauungslehre)", *Gesammelte Werke* Bd. 11, S. 11.

[7] Scheler, *Philosophische Weltanschauung*, S. 90.

[8] "就像我们的灵魂，它是气，支配着我们，气息和气也包围着整个宇宙。"（*Die Vorsokratiker*, Leipzig: Alfred Kröner Verlag, 1935, S. 95）

谐。但是,对希腊人来说,宇宙最初是混乱无序的。它从盲目的冲动,即生命本身的力量和无力的精神中产生。这个过程也在人这个小宇宙上重复。在此意义上我们可以说人参与了世界的创造。只有在并通过包含在生命的力量中的人的精神,存在本身(Ens-a-se)才能意识到自己。[1]

尽管人类学问题与形而上学问题联系在一起,但人类学的直接对象还是人本身。现象学要探究世界的本质结构,哲学人类学作为现象学的科学也要研究人的本质结构,舍勒把这种对人本质结构的研究叫作“本质存在论”,它是哲学人类学的核心部分。它的材料既来自现象学的事实,也来自科学的事实。本质存在论的基本问题是人是否表明了一个统一起作用的本质建构,抑或是他只是基于不同存在(Wesenheit)的偶然结合。人的基本存在有三:(1)躯体;(2)身心;(3)精神。舍勒的人类学就以人的这三种存在为基础。

人是有躯体的事物,通过躯体他分有了物理的物体世界。但人又是一个有生命的存在者,他只能在自己中把握自己,通过所谓的“内存在”(Innesein),他体验自己为身(Leib)。确切地说,他从一个活动中心或“生命中心”出发体验他的身,通过这个中心他既被给予了身,同时也一起被给予了世界。Leib(身)一词在德语中一般与Körper(躯体)同义,指动物(包括人)的躯体。但舍勒在这里却是特意将它作为一个与Körper有明确区别的概念提出。身不是躯体,而是始终显现在躯体和躯体形式中的质料性的现实生命表达,具有强烈的属我性。吾之大患,在吾有身,身总是“吾身”,而躯体可以是别人甚至是非人的。舍勒特意提出这样的“身”的概念,是针对近代哲学从笛卡尔以来躯体与灵魂两种实体的二元论。在舍勒看来,生命是一个整体,在它的内存在中有一个心理形态,在它的为他者的存在中,有一个身的形态,整体躯体应该理解为心灵事件的生理学的平行领域。[2]

身有双重显现方式:一方面显现在心理的内存在作为为我的存在(Für-mich-Sein),另一方面作为在为他者存在中的心理表达领域。身的这种双重显现方式表明了舍勒身心一元论的立场,身和心其实就是同一

---

[1] Cf. Eugene Kelly, *Structure and Diversity*, pp. 201-202.
[2] Scheler, *Die Stellung des Menschen im Kosmos*, S. 57.

个生命,身心统一于生命。但随之而来会有这样的问题,就是不同的心理活动和功能有什么样的生理对应物,它们之间有什么样的功能依赖关系。内存在领域和表达领域构成了一个严密的整体关系,因此,通过他人的身,他人的内存在被给予我们,就如同通过我们的身,我们的内存在(心理存在)也直接被给予他。舍勒这里并不是说直接对应的因果关系,他说的是身在本质规律上是"表达领域"。[1]

舍勒不但区分身与躯体,也区分心灵和精神。他说,催眠术和感应作用就可以让我们看出它们明显的不同。在催眠术和感应作用中可操纵的是"心灵",不能被另一个我操纵的是精神。[2]精神是纯粹的行为存在(Akt-Sein),它可以既不对心理也不对身体直接产生影响,反之亦然。精神产生自一个行为方式的功能秩序,这些行为方式统一于"人格中心"。[3]精神并不对象化在心理和物理东西中,它只能通过人格完成,主体间共同完成或作为它作品的对应物被研究。[4]

从古到今,在讨论人的问题时人们总是喜欢将人与动物相比,因为只有这样,才能展现人在宇宙中的特殊地位,舍勒也不例外,在《人在宇宙中的地位》中的开场白过后,他就将人与动物进行了系统的比较。舍勒认为,有机物都有心理活动。心理活动可分为五个发展阶段,即感觉欲求(Gefühlsdrang)、本能、联想记忆、实践理智和理性或精神的阶段。

感觉欲求是心理活动的最低阶段,它无意识、无知觉、无表象。在它那里感觉和欲求还没有分家。它只知道两种内存在的状态,即纯粹的朝向什么和纯粹的离开什么。植物已经有了这个心理活动的最低阶段,在植物那里,心理的生殖和死的原始欲求已经有了,但是完全迷乱向外的,因为它没有生命的任何反馈。这种反馈和有意识的内在状态只是在动物那里才出现。在高等有机体中感觉欲求的种种效能和冲动达到了一个原初的统一。

本能是心理活动的第二个阶段,本能具有下列特征:第一,它对于生

[1] Cf. Wolfhart Henckmann, *Max Scheler*, S. 200.
[2] Scheler, *Philosophische Anthropologie. Gesammelte Werke* Bd. 12 (Bonn: Bouvier Verlag, 1987), S. 175, 181.
[3] Scheler, *Philosophische Anthropologie.* S. 181.
[4] Ibid.. S. 176.

命载体的整体，它的营养和繁殖，或另一个生命载体的整体是合目的的。第二，它必须是根据一个固定不变的节奏运行的。第三，它只对典型的重复发生的情况产生反应，这些情况对类生命本身有意义，对个体的特殊经验没有意义。本能表现了一种感觉欲求特殊化的高级形式。它先天地调节知觉、表象，甚至一个生物与其周围世界关系中再产生的记忆。

联想记忆不是所有生物都有的，植物就没有这种能力。联想记忆的基础是巴甫洛夫提出的"条件反射"。联想记忆处于本能和欲望的决定性影响下，它在动物那里有程度不同的表现，但只有在人那里它才成为联想法则。与本能相比，联想原则是生命的一个强有力的解放工具，通过给本能加上一定的条件，它把人从本能、冲动和感觉中解放出来。

实践理智也是高等动物都能有的，它是生物与有机的和与本能相关的选择能力和选择行为，即在事物间进行选择和超出纯粹性冲动在同类间进行选择的能力。[1]与联想原则相比，实践理智是积极地解决突发的情况。舍勒根据心理学家克勒的实验认为实践理智在高级类人猿和黑猩猩那里已经有了，但动物肯定不具备在价值中舍此取彼的选择，这需要实践理智以外的能力，也就是人特有的能力，这就是理性或精神。凭借这种能力，人在存在总体中有一个特殊地位。

在舍勒看来，精神不仅高于一切理智，而且是"一个与一切和每一个生命一般，也和人的生命对抗的原则"[2]。代替传统的身心二元论，现在出现了完全另一种二元论，完全在生物科学权能范围外的二元论：心理和精神的二元论。通过精神原则有机生命与周围世界的关系发生了一个原则的倒转。动物处在一个封闭的系统中，在这个周围世界的系统中，只有合乎维持它的有机体目的的东西才被感知。而人通过精神却能完全摆脱生命目的，如它在其本质中那样来感知周围世界，根据这种本质的尺度来行动。[3]

精神有三个重要规定。首先就是它不再受本能和环境的约束，而是对世界开放。[4]这就使人有可能认识给予他的实在。通过精神给予的

---

[1] Scheler, *Die Stellung des Menschen im Kosmos*, S. 27.

[2] Ibid., S. 31.

[3] Cf. Wolfhart Henckmann, *Max Scheler*, S. 205.

[4] Scheler, *Die Stellung des Menschen im Kosmos*, S. 32.

"向世界开放"（Weltoffenheit）意味着把周围世界扩展为世界的无限可能性。第二个重要规定是思考自己、聚精会神、发展对自己的意识的能力。精神的第三个重要规定："精神是唯一本身不能对象化的存在，它是地道、纯粹的现实性，只在它行为的自由完成中有其存在。因此，精神的中心，'人格'，既不是对象性的，也不是事物性的存在，而是始终自我完成的（本质规定的）行为秩序结构。"[1] 舍勒区分了三种基本行为种类：认识、爱和意愿。认识与本质的秩序相关；爱与价值的秩序相关；意愿与世界过程的目的秩序相关。所有这些行为种类彼此处在一个秩序结构中，它的功能法则可以进化地构建和改变。[2]

把理性或精神视为人与动物的根本区别之所在，从亚里士多德开始就已经是西方哲学的传统，舍勒不但继承了这个传统，实际上还有所扩大，他把精神看作真、善、美和神圣这些更高价值的根源。然而，舍勒又不仅仅恪守传统，他在某种意义上又把精神的地位降低了一些。在他看来，精神是无力的，它本身需要动力，否则就一事无成。这个动力，就是欲求，它和精神一起构成了人类生命的两大要素。欲求是生命的原动力，甚至意识也是产生于欲求："是抗力……导致反思行为，通过它欲求冲动才首先能被意识到。"[3] 当然，精神不是被动的，它给欲求提供方向。它压抑本能或阻碍本能，同时使本能升华。它一方面压抑本能；另一方面又像把诱饵放到猎物眼前一样，把适合观念和价值的表象放在觅食的本能面前，旨在以这样的方式协调本能冲动。[4] 但舍勒在他后期的一份手稿中又说，欲求不是完全盲目的，而是像爱欲（Eros）的原则，它是生命诸价值的根源，当然不会对它欲求的东西盲目。它并不欲求实在，而是欲求某种实在。欲求不是对精神和它的价值盲目，而是对它们无所谓。爱欲作为最高形式的欲求设定了一种向着精神观念的倾向。[5]

就像海德格尔将人（此在）放在时间视域中来考察和研究一样，舍勒也将人的生命放在时间中考察。不过，舍勒的时间不像海德格尔的那个

[1] Scheler, *Die Stellung des Menschen im Kosmos*, S. 39.
[2] Cf. Wolfhart Henckmann, *Max Scheler*, S. 206.
[3] Scheler, *Idealismus-Realismus*, S. 214.
[4] Scheler, *Die Stellung des Menschen im Kosmos*, S. 49.
[5] Scheler, "Manuskripte zur Lehre vom Grunde aller Dinge", SS. 193–194.

时间那样难以捉摸,时间就是生命过程的时间:"一切生命存在者作为生命存在者(无论是作为单个生命还是生命共同体)都有出生、成长、成熟、衰落和死亡:所有人都会'老去'。"[1]但是,如果以为舍勒只是在谈论生物学意义上的时间,那就大错特错了。舍勒把生命的过程问题提出来,是要考察生命作为暂时的东西被给予我们的经验方式。在生老病死的经验中,在任何一个经验中,我们都能意识到生命的时间性。

舍勒把生命分为四个阶段:童年、青年、成人、老年。[2]时间体验的基本结构在生命的各个阶段是不同的,儿童体验时间维度的方式无疑与老年人有根本的不同。但是,生命朝向死亡却是一切生命经验的本质。关键在于以一种需要的方式从一个生命阶段过渡到一个新的生命阶段,抛弃过时的体验样式,接受和充实新的体验样式。这就涉及对适合不同生命阶段的价值和价值等级的态度。在舍勒看来,对过去生命阶段特有的价值该放手就放手,因为心理和精神的价值以及正在到来的生命阶段的价值足以代替正在消失的价值。没有这样的心态,就不可避免产生老年人对年轻人的怨恨。[3]

舍勒并未完成他预定的人类学的计划就去世了,虽然他的过早去世距今还不到百年,他的哲学在许多人眼里已经是明日黄花了。然而,只要舍勒思考的问题没有过时,他的哲学就还会被人提起,他具有原创性的思想,必将成为未来哲学家的精神养料。

---

[1]   Scheler, *Absolutsphäre und Realsetzung der Gottsidee*, S. 222.

[2]   Scheler, *Das Ressentiment im Aufbau der Moralen*, S. 49.

[3]   Ibid., S. 54.

马丁·海德格尔

Martin Heidegger
1889—1976

第四章

伟大的哲学是高耸的群山，它们没有被攀登，也不能攀登。它们给大地提供它最崇高的所在，指示它的原始基岩。它们作为基准点耸立着，构成视域；它们承受着能见和遮蔽。何时这些山是它们之所是？肯定不是在我们自以为攀登和征服它们的时候。而是只有在它们真正为我们和大地耸立的时候。

——海德格尔，《哲学贡献》第93节

　　海德格尔是20世纪最伟大的德国哲学家，也是有史以来最伟大、最有影响的德国哲学家之一，即使从全部西方哲学史来看，他也将与柏拉图、亚里士多德或黑格尔、尼采一样重要，一样无法回避，一样是哲学史上的里程碑。只要有哲学，海德格尔就会一直被人提起，他的著作就一直会是哲学发展的重要动力和资源。

生平与著作

　　海德格尔（Martin Heidegger, 1889—1976）的一生不像维特根斯坦那么充满传奇色彩，更不像萨特的一生那样波澜壮阔，但也不像康德或黑格尔的一生那么平淡无奇。生在一个20世纪这个极端的时代，即使如海德格尔这样的纯粹哲学家，也不可能像他说的亚里士多德那样："他出生，他工作，他死亡。"他的一生，的确是哲学的一生，但也充满了时代的沧桑，

"饱含着整个世纪的激情和灾难"[1]。海德格尔的一生也许以一种独特的方式,证明了哲学是人的一种存在方式。

1889年9月26日海德格尔出生在德国南部一个叫梅斯基希的小城。他的父亲弗里德利希·海德格尔是制桶师傅兼天主教会的司事,家道小康,属于下层中产阶级。海德格尔先是在他家乡上了8年小学,然后去康斯坦茨上中学。康斯坦茨当时是一个文化气氛浓郁,思想异常活跃的地方。海德格尔在那里待了3年,其间对他一生影响最大的事,便是他的老师康拉德·格律伯博士在1907年给他看布伦塔诺写的著名论文《亚里士多德论存在的多重意义》。他后来认为布伦塔诺的这部著作对他20年后出版的《存在与时间》是一个持久的启发;而格律伯博士则对他的精神"有决定性影响"[2]。1906年秋,海德格尔转学到弗莱堡的贝托尔德文科中学学习,1909年从该校毕业。海德格尔在校表现无疑十分优秀,他的校长对他有如下的评价:"他天分、勤奋和品行俱佳。性格已趋成熟,学习中有主见,读了大量德国文学,有时甚至不惜牺牲其他科目的学习。"[3]其实海德格尔不只是对德国文学有强烈兴趣,他对其他许多科目,包括自然科学课程的学习都很投入。他后来在一份简历中写道:"在中学七年级时数学课从单纯的解题更多地转到理论的道路上,我对这门学科单纯的偏爱成了真正的实实在在的兴趣,并且这兴趣也延伸到物理学。宗教课给了我很多推动,促使我广泛阅读了生物进化论的文献。"[4]在中学的最后一年一个叫维德尔的教授的柏拉图的课则将他更自觉地引向哲学问题。

1909年冬季学期海德格尔进入弗莱堡大学神学系学习神学,同时也在弗莱堡的一家神学院学习。除了许多宗教与神学课程外,他也要学一些哲学课程。但规定神学学生要学的哲学课不能满足他的需要,他就自己开始钻研经院哲学的一些文本。这些文本给了他一些逻辑的训练,但在哲学上没有给他想要的东西。此时海德格尔已经接触胡塞尔的现象学了,《逻辑研究》对他的学术发展是决定性的。胡塞尔早期的算术哲学也使他对数

---

[1] Rüdiger Safranski, *Ein Meister aus Deutschland* (Müchen Wien: Carl Hanser Verlag, 1994), S. 13.

[2] Hugo Otto, *Martin Heidegger* (Frankfurt/New York: Campus Verlag, 1988), S. 85.

[3] Ibid., S. 59.

[4] Ibid., S. 86.

学有了一个全新的眼光。由于他全身心投入哲学问题的研究,劳累过度,到了第三个学期,心脏开始出现问题了。他只好听从医生的建议,回家乡去完全休息一段时间。但此时麻烦还不仅是健康方面的,经济上也出现了问题。他被告知,毕业后在教会谋得一个牧师职位的前景不很乐观,他的监护人们建议他退出神学系。于是1911年秋,海德格尔转到自然科学和数学系,想要主修数学,通过国家考试后在中学谋个教职。这个系本来是哲学系的一部分,一年前才分开成为一个独立的系。他学了大量的几何、微积分、代数、物理和化学的课程,同时继续攻读胡塞尔的《算术哲学》。他曾经想以《数的概念的逻辑本质》作为博士论文题目。

但海德格尔对哲学的兴趣并没有因他学习数学和自然科学而减退。他不去参加规定的哲学课程使他有更多的时间去听他想听的哲学课,尤其是李凯尔特的讨论课。海德格尔后来回忆说,正是在数学系他学会了首先将哲学问题作为问题,洞悉了逻辑的本质。但哲学仍然是他最感兴趣的学科,他后来将哲学作为博士课程的主修,而将数学和中世纪史作为辅修。与此同时,他也正确理解了康德以来的近代哲学。但他此时的哲学信念还是亚里士多德—经院哲学的。[1]他想要发展一种新经院哲学,通过近代基督教思想、新康德主义和现象学的帮助,使中世纪经院哲学和神秘主义的"古代智慧"恢复活力。他1913年的博士论文《心理主义的判断学说》就是将新经院哲学与新康德主义、现象学理解和认识论糅合在一起的一部著作。1913年7月26日海德格尔在哲学系通过他的博士论文答辩,获得博士学位。

海德格尔的博士论文指导教师是天主教哲学家阿图·施奈德(Arthur Schneider),博士论文主试者是另一个天主教哲学家亨利希·芬克。这两人对海德格尔都很关心和欣赏,但思想上给于海德格尔很大影响的是天主教图宾根思辨神学学派的领袖人物卡尔·布莱克(Carl Braig)。在他的影响下,海德格尔开始读黑格尔和谢林。在读博士期间,李凯尔特的思想,尤其是他的《自然科学概念构造的局限》对他也有相当的影响。除此之外,对狄尔泰的研读,芬克教授的讨论班,都使海德格尔

---

[1] Cf. Hugo Otto, *Martin Heidegger* (Frankfurt/New York: Campus Verlag, 1988), S. 86.

改变了数学的偏好使他产生的对历史的反感,他现在看到,哲学既不能片面倾向数学和自然科学,也不能片面倾向历史。对历史看法的改变使海德格尔更理直气壮地对中世纪哲学进行深入细致的研究,但不是历史的研究,而是哲学的研究,他要用近代哲学的方法达到对中世纪哲学的理论内容的阐释的理解。他的大学教职论文《邓斯·司各脱的范畴和意义学说》就是这种思路的产物。这部著作实际上是用现代现象学来全面阐述中世纪的逻辑和心理学。除了教职论文外,海德格尔还必须试讲一次课才能最终获得授课资格。1915年7月27日海德格尔以"历史科学中的时间概念"为题进行了试讲,旋即获得讲师资格。

第一次世界大战爆发后,海德格尔应征入伍,很快就因健康原因转为预备役,在弗莱堡的邮控处当保密检查员,同时作为私人讲师开始在大学里教课。他在弗莱堡大学开的第一门课是《古代和经院哲学原理》,听众踊跃。1916年夏,弗莱堡大学哲学系聘请胡塞尔接替去海德堡大学任教的李凯尔特。在读了胡塞尔提交给哲学系的规划后,一位朋友征求海德格尔的看法,海德格尔平静地说:"他缺乏必要的宽度。"[1] 但海德格尔还是将他的教职论文拿给胡塞尔看,开始了他们两人的交往。胡塞尔不但在思想上,而且在职业生涯上都对海德格尔有积极的影响。[2] 对于任何一个想做职业哲学家的现代德国人来说,在大学谋到一个正式的教职是基本条件之一[3];而胡塞尔恰恰在这件大事上帮了他大忙。除了认识胡塞尔外,1916年夏在海德格尔一生中还有别的重要意义:认识他后来的妻子爱尔弗里德·佩特里,发生心理崩溃。这两个事件中,前者导致他告别天主教,后者对他一生都有负面影响。

1917年10月,因狄尔泰的女婿米施应聘哥廷根大学,马堡大学空出

---

[1] Cf. Hugo Otto, *Martin Heidegger* (Frankfurt/New York: Campus Verlag, 1988), S. 90.

[2] 因此,后来海德格尔对胡塞尔的态度成了许多人憎恶海德格尔的主要原因,虽然有关此事的许多传说并不确切。有关胡塞尔和海德格尔个人交往, Hugo Otto 的 *Martin Heidegger* 一书有翔实的考证和论述。

[3] 严格说,所谓"私人讲师"(Privatdozent)并不属于大学的正式编制,大学不给他们发工资,生计是从其他渠道而来。所以海德格尔即使是私人讲师,也只能算是半个大学教师。私人讲师要成为在编的教授颇难,因为德国大学的教授位子大多是出一个才进一个。一旦一个位子空出,自然会有很多人竞争。胜出者并不都只凭实力,有无有力者推荐是一个重要因素。

一个副教授位子。由于这个教职偏重中世纪哲学，海德格尔提出了申请。马堡哲学系的掌门人那托普对海德格尔提交的材料印象颇佳，但还想了解他的教学情况，就写信给胡塞尔征询。可能当时胡塞尔对海德格尔还没有足够的了解，因为一开始他们的关系并不密切，所以他的回答比较含糊，说有人认为他的课很好，有人则相反。但他最终的意见是海德格尔还年轻，即使对于副教授的位子来说也是不够成熟。有了这样的鉴定意见，海德格尔的申请当然以失败告终。但海德格尔并未就此放弃接近胡塞尔的努力。他不断给胡塞尔写信，要求见面。终于胡塞尔在1917年9月给他回信说："我很高兴在你的研究中尽我所能帮助你。"从此，两人的关系日趋密切。但海德格尔对胡塞尔的哲学始终有保留。

1918年1月，由于前方战事紧急，海德格尔作为预备役被征召去军训，随后被派往前线气象站值勤。同年11月，随着战争结束海德格尔重回弗莱堡，继续他的哲学探险。从1915年到1919年，海德格尔思想开始走上了自己的轨道，实现了他思想的第一次突破，其标志是1919年的战时学期讨论班。但此时他的个人生活却并不如意，主要是经济的压力。他于1917年结婚，开始他岳父对他有些接济，但战后他岳父的财产化为乌有，也就无法继续接济这位书生女婿。在给弗莱堡大学神学教授克莱伯斯的信中他曾感叹："作为哲学家生活太难了。"[1] 胡塞尔及时伸出援手，帮他在大学谋到一个正式的位子，即作为他的助手，这是一个为海德格尔专设的职务。这样，海德格尔的生计才有了保障。

1922年，马堡大学的那托普即将退休，正在物色可能的继承人。这一次胡塞尔全力帮忙，而那托普在看到海德格尔寄去的著作手稿后也相当满意。于是，在1923年7月18日海德格尔被马堡大学聘为"有正教授地位和权利的副教授"。尽管海德格尔不喜欢马堡，但还是在马堡待了5年之久，直到1928年他作为胡塞尔的继任人去弗莱堡。马堡时期是海德格尔最有创造力的时期之一，虽然这一时期除了在1927年发表著名的《存在与时间》外，他没有发表什么东西，但他的演讲稿和各种手稿，包括为《存在与时间》准备的手稿，却构成了海德格尔最重要的一部分著作。而他在马堡的课程后来几乎成为他的学生们津津乐道的传奇故

---

[1]　Rüdiger Safranski, *Ein Meister aus Deutschland*, S. 133.

事。[1]1925年，马堡哲学系教授尼古拉·哈特曼应邀去日本讲学，胡塞尔力荐海德格尔接替哈特曼的教授职位。在推荐书中他这样写道："在我看来海德格尔无疑是正在成长一代中最重要的人物。如果没有无理性的偶然或命运特别不利情况的话，他注定成为一个伟大的哲学家，一个超越当代混乱和虚弱的领袖。"[2]马堡哲学系的当权者也都承认海德格尔是"第一流的"学者和教师，是个不可多得的大才，并且，他们也知道，胡塞尔也将要退休。如果马堡不给海德格尔教授的话，胡塞尔一定会让海德格尔成为自己的后继者。因此他们将海德格尔的名字放在候选人的首位。但教育部将名单驳回，海德格尔只好再等两年。

1927年，《存在与时间》出版，海德格尔完成了他思想的又一次突破，这时，海德格尔在哲学史上的地位其实已经奠定。马堡大学也在当年10月给了他教授职位，但为时已晚。海德格尔已经接受了母校弗莱堡大学的聘请，接替胡塞尔退休留下的教职。当然，也是出于胡塞尔的力荐。据他一个学生的回忆，海德格尔在离开马堡作告别演讲时泪如泉涌，语音哽咽。[3]这个出身寒微的天才哲学家，终于得到了社会的认可。然而，回弗莱堡对海德格尔来说并不意味着人生和事业的坦途。时代使这个只想从事哲学的人一度卷入了政治，但他的卷入却不仅仅是政治问题，也是哲学问题。

海德格尔生平最有戏剧性，也最具争议的事件就是他于1933年4月被选为弗莱堡大学校长，同年5月1日加入纳粹党，1934年4月23日辞去校长职务。这件事本身事实清楚，但意义却众说纷纭。由于海德格尔与纳粹的关系不仅是政治问题，也是哲学问题，而且对他来说首先是哲学问题，本书将在下面专门讨论。但不管怎么说，这段后来被他自己称为"肉中刺"的经历却使他对纳粹的本质以及现代性的本质有了深入的认识。他在纳粹统治期间关于荷尔德林和尼采的课程就充分表明了这一点。虽

---

[1] 伽德默尔半个世纪后回忆说："他在课上的表现肯定也有某种有意识地确保效果的成分，但他的人和学说的独特性在于，他完全投身于他的工作中并发散着他的独特性。通过他课程就成了全新的东西，不再是某个将自己的精力投入研究和发表的教授开的课。"（Hans-Georg Gadamer, "Martin Heidegger–85 Jahre", *Gesammelte Werke*, Bd. 3 [Tübingen : J. C. B. Mohr, 1987], S. 264）

[2] Hugo Otto, *Martin Heidegger*, S. 125.

[3] Ibid., S. 127.

然海德格尔是纳粹党员,但纳粹并没有把他当自己人,他的课受到纳粹特务的监视。战争接近尾声时,他还被征入纳粹民兵组织"人民冲锋队",预备上前线与盟军做最后一搏。照理说像他这样地位的人不会被征入,但事实却不是这样。经过一番疏通,他才得以幸免。

　　然而,海德格尔却无法逃过战后法国占领军当局和大学非纳粹化委员会对他的审查和清算。延续4年之久的审查和清算对海德格尔来说是一场不堪回首的噩梦。他为此身心交瘁,一度精神崩溃。最初占领军当局给海德格尔的惩罚是开除教职,禁止教书。这意味着海德格尔后半生连生计都要成问题。但基于法律理由海德格尔拒绝这样的判决,希望等德国恢复主权后能做些修改与调整。经过多方努力,到了1949年,情况有所松动,哲学系给大学董事会打报告,要求将海德格尔作为退休教授处理,享有退休教授的一切特权。许多德国的著名哲学教授都写信支持哲学系的申请。[1]这就为大学给予海德格尔想要的待遇铺平了道路。1949年夏,大学正式通知海德格尔,给他退休待遇,撤销不准教书的禁令。海德格尔在1950年至1951年冬季学期又开始在大学讲课。

　　晚年的海德格尔除了埋头著述外,还外出作一些学术演讲,但往往不是在大学里,而是在俱乐部或疗养地等非学术地方,其实他从一开始就对学院不满,而认为哲学属于人的生存方式,而不是学术工业。除了著述与讲学外,他也终于有空在欧洲旅行了。希腊、法国都留下他的足迹。至少在他的家乡,人们给予他应有的尊敬。1959年他七十寿辰时,梅斯基希授予他荣誉市民的称号。次年,巴登-符腾堡州授予他贺贝尔奖。1976年5月26日海德格尔在弗莱堡去世。

　　海德格尔和许多德国哲学家一样,自幼就非常勤奋,故而著作等身。他留下大量的手稿可能永远也无人能浏览一过。1973年,海德格尔周围的人在他同意下给他编全集,估计有120卷之多。目前已出版了好几十

---

[1] 这些人的立场大都如海德格尔的继任者马克斯·缪勒在给天主教哲学家瓜尔蒂尼的一封信中写的那样:"不管我们是否与他观点相同,认为它们是真正的洞见,还是反对它们,我们相信他对哲学争论的贡献是至关重要和不可或缺的,(尤其是考虑到他周围的许多误解)我们认为继续禁止他教学是不公正的。我们在这里不关心政治判断或修正,而只是关心是否海德格尔非凡的思想地位不能要求他被给予他渴望的机会,服从退休的限定,在大学范围内重新工作。"(Hugo Otto, *Martin Heidegger*, S. 338)

卷,但质量参差不齐。[1]幸好海德格尔生前就已出版了不少著作,如《存在与时间》《林中路》《路标》《尼采》等,这些著作都堪称经典。

海德格尔哲学的起点

国内外讲海德格尔哲学的往往都是从出版于1927年的《存在与时间》讲起。可是,海德格尔并不是到这时才成为一个原创性的独立思想家。他自己在《存在与时间》中就承认:"作者应该指出,从1919年至1920年冬季学期起他就反复在他的课程中讲授周围时间的分析和此在的事实性的释义学。"[2]而他当年的学生,也大都认为早在《存在与时间》之前很久,海德格尔就已走上了他自己的思想道路。阿伦特在纪念海德格尔八十寿辰的文章中写道:"就海德格尔来说起点不是在他出生的日子(1889年9月26日于梅斯基希),也不是他第一部书的出版,而是他作为编外讲师和胡塞尔的助手1919年在弗莱堡大学开的第一批课程和讨论班。因为海德格尔的'名气'早于《存在与时间》在1927年出版大约8年;人们的确可以问,如果没有这位教师在学生中的名声在先……这本书不同寻常的成功是否可能。"[3]伽德默尔也认为"海德格尔作为青年教师在战后进入弗莱堡大学真正是划时代的"[4]。奥斯卡·贝克尔甚至认为《存在与时间》不再是原初的海德格尔,而毋宁说是以一种经院哲学的凝

---

[1] 美国学者Theodore Kisiel在将海德格尔的《时间概念的历史》一书译成英文过程中发现了《海德格尔全集》编纂上的严重问题,他称之为"国际学术丑闻"。有关这方面情况可看此人的两篇论文: 1. "Heidegger's Gesamtausgabe: An International Scandal of Scholarship", in *Philosophy Today*, 39 (Spring, 1995), pp. 3–15; 2. "Edition und Übersetzung: Unterwegs von Tatsachen zu Gedanken, von Werken zu Wegen", in Dietrich Papenfuss und Otto Pöggeler (eds.), *Zur philosophischen Aktualität Heidegger*, Bd. 3, Frankfurt: Klostermann, 1992, SS. 89–107。

[2] Hiedegger, *Sein und Zeit* (Tübingen: Max Niemeyer Verlag, 1967), S. 72.

[3] Hannah Arendt, "Martin Heidegger at Eighty", *Heidegger and Modern Philosophy* (New Haven: Yale University Press, 1978), ed. Michael Murray, p. 293.

[4] Hans-Georg Gadamer, *Die Idee des Guten zwischen Plato und Aristoteles* (Heidelberg: Carl Winter, 1978), S. 6.

固形式重复原初的突破。[1]尽管海德格尔本人对他前《存在与时间》时期的评价不如他的学生，但越来越多的材料和研究表明，上述他那些杰出学生的看法是不错的。现在看来，不深刻把握海德格尔这一时期的思想，就无法正确了解和把握他一生的思想。这段重要的突破时期导致可以从1916—1919年开始算起，也就是他取得授课资格开始算起。但要真正了解海德格尔的最早突破，却要从他的学生时代开始讲起。

海德格尔一直强调，他一生只思考一个问题，这就是存在问题。而他毕生思想的最初诱因，似乎就是他中学老师格律伯给他看的布伦塔诺的论文《亚里士多德论存在者的多重意义》。布伦塔诺的这篇论文并不深奥，但它讨论的问题却不是这样，它涉及在不同存在者的不同存在方式中，即在存在的多重表现意义中，它简单、统一的定义为何。在文科中学毕业那年，海德格尔读了弗莱堡大学神学教授卡尔·布莱克的《论存在——存在论纲要》(1896)一书。这部著作的主要部分就是讨论"存在一般""存在者的本质""存在者的活动"和"存在者的目的"等问题。这恰恰是关于存在多重意义的统一性问题。此外，海德格尔的许多基本术语，如 das Sein des Seienden, das Wozu, das Woher，以及对哲学基本概念的辞源学分析，他的对存在的前存在论理解的主题、存在问题的存在论优先性和存在论区分等重要理论内容，都可以在这部著作中找到。所以有人认为是这部著作而不是布论塔诺的那部著作才对海德格尔毕生的问题有决定性影响。[2]即便不是那样，至少也加强了海德格尔对那个问题的意识。[3]

亚里士多德在《形而上学》第7卷讨论实在的范畴时说过这么一句话："存在可以各种方式说。"对于海德格尔来说，这实际上意味着一个更基本的问题，就是当存在以各种方式表现自己的时候，它的统一性和单纯性为何？换言之，在并通过小小的系词"是"表现自己的那个主导的基本含义是什么？学生时代的海德格尔认为，上述存在的问题实际上是逻辑

---

[1] Otto Pöggeler, *Der Denkweg Martin Heideggers* (Pfullingen: Neske, 1983), S. 351.

[2] Cf. John D. Caputo, *Heidegger and Aquinas: An Essay on Overcoming Metaphysics* (New York: Fordham University Press, 1982), pp. 45‐55.

[3] Cf. Otto Pöggeler, *Der Denkweg Martin Heideggers*, S. 323.

含义的地位问题,是范畴的问题,最终是关于范畴含义与历史终极的神圣基础的问题。所以他最初是从"范畴问题"着手处理这个问题的。

海德格尔的这个认识为他当时的哲学背景和西方哲学的传统所决定。海德格尔在《形而上学导论》中曾考察了"存在"一词在西方语言,尤其是古希腊的用法。虽然他没有就是否语言史本身导致西方人将存在作为哲学首要与最终的问题得出结论,但存在问题无疑首先是作为语言问题进入人们的视野。[1]就此而言,像亚里士多德、中世纪的经院哲学家和近代哲学家那样将它作为逻辑和范畴意义问题处理是十分自然的。海德格尔早年深受神学和神学教育的影响,经院哲学与经院哲学的亚里士多德主义是他的一大思想来源,而当时统治大学哲学系的现象学和新康德主义同样对他有很大影响。按照潘格勒的说法,海德格尔的博士论文和大学授课资格论文都是"现象学的"。[2]这当然是指胡塞尔《逻辑研究》的现象学。因为它们的进路正是《逻辑研究》的进路——逻辑与认识论。

笛卡尔以来的近代认识论,其主要目标是给知识奠定一个可靠的基础以求得确定无疑的知识,在许多人眼里与数学一样必然可靠的逻辑,自然是实现这个目标的最佳工具。学生时代的海德格尔具有同样的信念。他在其博士论文的最后就提出,纯粹逻辑的任务将自己建立在确定无疑的基础上,从而更确定地面对认识论的问题,将"存在"的整个领域划分为各种实在的方式。[3]此时的海德格尔,基本上秉承了柏拉图主义的传统,将存在视为超越时间的永恒不变者。在大学授课资格论文中他这样写道:"存在就是一般对象领域的全部意义,是对象性东西中贯穿始终的因素,是范畴的范畴。"[4]因此,他此时总的思路是沿着弗雷格、胡塞尔等人对心理主义批判的路线,进一步区分逻辑意义与心理过程,确立它独立的、超时间而普遍有效的地位。存在论区分在这时表现为逻辑存在与在时空中存在的存在者之间的区分。

海德格尔与弗雷格、胡塞尔等人一样,认为心理主义没有区分心理

[1] 汉语没有"存在"这个系词,因而古代中国哲学没有产生存在论问题可视为对此的一个间接证明。

[2] Otto Pöggeler, *Der Denkweg Martin Heideggers*, S. 24.

[3] Heidegger, *Frühe Schriften, Gesamtausgabe* Bd. 1 (Frankfurt am Main: Vittorio Klostermann, 1978), S. 186.

[4] Ibid., SS. 214-245.

活动（判断）和逻辑内容。逻辑内容是独立的，既独立于作判断的活动，也独立于所涉及的物。举例来说，判断"这本书的封面是黄色的"既不能还原到书，也不能还原到作判断的心理活动。书与判断活动都有其时空性，而判断内容，即逻辑意义是普遍有效的。换言之，就是它有有效性。这个有效性，就是意义的存在。它只能通过范畴直观才能被"看到"。"有效性"有三个意识。首先，它指判断意义具有的理念性，它是形式的形式，存在的形式，但它本身是超存在的，即不在时空中存在。其次，它指判断的论断意义对于判断的逻辑主语的有效性。如"是黄色的"对"书封面"有效。最后，它指判断的理念意义对所有作判断者的普遍规范的约束性。这就是说，存在是一个理念性的原因论的基础，它对存在者普遍有效，对人的判断有普遍约束性。这样，作为"范畴的范畴"的存在自然就是一切对象知识可能性之条件。而哲学不过是把握这种条件的逻辑工具。它只能属于先验的、无时间的、不变的逻辑有效性领域，而不是感性经验的领域；它必然要站在纯粹逻辑和"科学"的立场上反对心理主义、相对主义、人类学主义和历史主义，反对世界观；它必然将存在与时间相对立。这就是学生时代海德格尔的基本立场，一种彻头彻尾的先验哲学的立场。在巴门尼德和赫拉克里特的巨人之战中，他和大多数西方哲学家一样，明显站在巴门尼德一边，时间是他要悬置的对象。

1919年初，海德格尔给他的神父朋友克莱布斯教授写了一封信，告诉他自己决心与天主教体系分道扬镳，理由是"应用于历史认识理论的认识论见识使天主教体系对我来说是成问题和不可接受的"[1]。信中还证明，这种宗教信仰上的重大转变是他"在过去两年试图清理我的基本哲学立场"的结果。[2] 其实海德格尔思想的转变几乎与他结束学生时代取得私人讲师地位同时开始。1915年7月，海德格尔在将授课资格论文提交给哲学系之后，又给该论文写了一个题为《范畴问题》的简短的补充性结论。1916年，海德格尔发表了以他的试讲报告为基础的论文《历史科学中的时间概念》。这两个文本表明，海德格尔与他学生时代的立场有了一个180度的转向。

在《范畴问题》他引了诺瓦利斯如下的话作题辞："我们到处寻找无

---

[1]　Hugo Otto, *Martin Heidegger*, S. 106.
[2]　Ibid.

条件者,但总是只找到具体事物。"[1]这是一个立场转变的明确提示,它暗示在此前海德格尔思想中被"悬置"的时间、历史、差异、世界观、价值、人格、存在的个体性等现在成了他哲学思考的出发点。海德格尔现在不想再要他当初想要的"纯粹逻辑",而是"要让迄今为止受到压制的精神不安有机会说话","停留在纯粹的认识论将不够了"。[2]曾经与他的老师胡塞尔一样担心新康德主义的价值哲学和世界观哲学会导致相对主义而对其取否定态度的海德格尔,现在却要"价值哲学问题意识的、世界观的特征决定性地向前运动,加深对哲学问题的影响。它的精神史倾向为从强烈的个人经历(Erlebnis)创造性地形成哲学问题提供了一个丰饶的基础"[3]。

一个真正的突破开始了,海德格尔开始突破自己给哲学规定的"纯粹逻辑"的范围,而要突入前逻辑的"真正的实在和实在的真理"(die wahre Wirklichkeit und wirklich Wahrheit)。[4]他不再谈作为哲学的最高类型的纯粹逻辑,而是谈"更深的哲学的世界观本质"[5]。他要从无时间的逻辑意义转向具体的历史意义。他要从不变的、同质的存在意义的王国转向多变的、异质的、历史的个人经历,即他后来所谓的"事实性"。哲学追求的含义的有效性不是用逻辑来肯定,而是根据它对生命的价值而定。有效性是在一个历史的世界观中具体的价值意义的理念性,是对这个世界的事物的有效性或真理,是对鲜活的精神的价值约束性。

与此同时,时间不再是需要刻意悬置或回避的现象,而是必须加以肯定的东西,因为它与意义和价值相关,与影响生命的各种事件(Ereignisse)相关。归根结底,时间是生命现象而不是物理现象。我们首先活着,然后才有其他种种事情发生。在我们认识真理之前,我们已活在真理之中。"只有生活在有效的东西中我才能认识存在的东西。"[6]这就意味着生活是知识的前提,认识论本身不是自足的,认识论问题说到底是一个存在论问题。海德格尔在这方面受到新康德主义者拉斯克(Emil Lask,

[1] Heidegger, *Frühr Schriften*, S. 399.
[2] Ibid., SS. 399–400.
[3] Ibid., S. 191.
[4] Ibid., S. 406.
[5] Ibid., S. 410.
[6] Ibid., S. 280.

1875—1915）的影响。[1]对于拉斯克来说，作为价值与形式的范畴实际上就是我们存在于其中的生命形式，它们构成了世界。[2]正是通过拉斯克，青年海德格尔从范畴跃向了世界，从逻辑跃向了生命。

范畴是决定对象的形式，但它深层的维度是生命。在科学认识实在之前，我们已经前科学地与实在相遇，对实在有一种实践的目的论的理解。我们前科学所遇之实在，是一个个体生存的世界。个体是不能化约的最终者。个体之为个体就是因为它是此时此刻此地的不可重复的这一个。"个体（Individuum）的意思是，这种独一无二的规定性绝不可能在别的时间和别的什么地点再见到，它本质上不能再进一步被分解为各种质的因素。""个体性的形式（haecceitas）是给实实在在的现实提供原始规定性的东西。"[3]个体不是一个赤裸裸的事实，而是通过它的此时此地性才成为个体。换言之，此时此地性这个形式使质料的特殊性得以出现。在历史领域，历史事件（如750年福尔达的洪水或基督的诞生）的意义就通过它们的此时此刻性（haecceitas）展现出来。质的历史的时间与量化的物理学的时间概念的本质不同也就在这里。总之，司各脱的haecceitas概念对于海德格尔最初的哲学突破非常重要，虽然此时存在与时间的问题还未提出，但凭着这个概念海德格尔却走向了生命哲学。海德格尔在研究邓·司各脱的书中写道："他（指司各脱）比之前的经院哲学家对实在的生命更敏锐、更接近（haecceitas），比他们更大程度发现了生命的多样性和紧张的可能性。"[4]司各脱思想的这种特殊品质成了后来海德格尔思想突破的动力之一。

虽然此时海德格尔还根本谈不上提出自己的哲学，但他已经对哲学

---

[1]　海德格尔在1919年夏季学期的讲课中承认他从拉斯克的研究中获益良多，并说他是"当代最强的哲学人士，是一个至关重要的人"。(Heidegger, *Zur Bestimmung der Philosophie, Gesmatausgabe* Bd. 56/57, Frankfurt am Main: Vittorio Klostermann, 1999, S. 180) 有关拉斯克对海德格尔的影响可参看 Theodore Kisiel, "Why Students of Heidegger Will Have to Read Emil Lask", in *Heidegger's Way of Thought* (New York · London: Continuum, 2002), pp. 101－136。

[2]　Cf. Heidergger, *Zur Bestimmung der Philosopphie*, S. 122.

[3]　Heidegger, *Frühr Schriften*, S. 253. haecceitas是邓·司各脱使用的一个术语，指事物存在的此时此地的特殊个别性。到了20世纪20年代海德格尔就把这个概念改变为此在的总是我的性 (Jemeinigkeit)。

[4]　Ibid., 203.

有自己的看法了。他认为哲学要突入"真正的实在和实在的真理";局限于认识论问题将无法达到哲学的这个最终目标。最后,到了1919年,海德格尔系统提出了自己对哲学的独特看法,实现了他的第一次突破。

海德格尔自己在《存在与时间》中说对周围世界的分析以及一般对此在的"事实性释义学"在1919年至1920年冬季学期以来的课程中多次讲授过,实际上首先是在1919年的所谓"战时学期"(Kriegsnotsemester)的讲课中已经提出来了。正是这部题为《哲学的观念与世界观问题》的讲演稿对于海德格尔研究,特别是海德格尔哲学起点或出发点的研究,具有非常重要的意义。这不仅是因为《存在与时间》的一些基本思想因素已经在此明显成形,也不仅是因为如伽德默尔认为的那样,海德格尔"折回"(die Kehre)后的思想也已在其中了,[1]而更是因为海德格尔一生思想的主题及其处理方法都已在这部讲稿中显露端倪。[2]

海德格尔的第一次突破发生在1919年不是偶然的。根据他的学生也是他的同时代人伽德默尔的观察,海德格尔是在第一次时间大战及其结束的时代讨论环境里开始寻找他的思想道路的。[3]海德格尔绝不是像有些人可能认为的那样,是一个沉湎于形而上学玄思奇想的玄学家。相反,他的确是时代的思想家,所以也是所有人类的思想家。"如果说斯宾格勒谈论西方的没落,那么海德格尔则试图理解这没落本身,并以此将它理解为可能的过渡。"[4]著名的海德格尔专家潘格勒的这个论断无疑是正确的。第一次世界大战这个突发事件(Ereignis)应该是海德格尔思想突破最重要的外在催化剂。作为一个哲学家,海德格尔当然相信西方文明的核心是哲学。西方的没落绝不会与西方哲学毫无关系。相反,必须将西方没落追溯到其根源——西方形而上学。因此,我们看到,海德格尔正是以批判旧哲学或者说形而上学为突破口的。

海德格尔直到他写教授资格论文时(1916年),思想还未完全脱离

[1] Hans-Georg Gadamer, "Wilhelm Dilthey nach 150 Jahren", in *Dilthey und die Philosophie der Gegenwart* (Freiburg/München: Albert, 1985), S. 159.

[2] Cf. Theodore Kisiel, *The Genesis of Heidegger's Being and Time* (Berkeley Los Angeles London : University of California Press, 1993), p. 17.

[3] Hans-Georg Gadamer, "Erinnerung an Heideggers Anfänge", in *Dilthey-Jahrbuch* 4 (1986/87), S. 13.

[4] Otto Pöggeler, *Der Denkweg Martin Heideggers*, S. 327.

旧哲学的窠臼,他还把形而上学视为哲学"真正的透镜"。[1]然而,大约在1919年前后,他的立场有了明显的变化,从形而上学的渴望者,变成了形而上学的批判者。海德格尔对形而上学的批判,基本是按照狄尔泰的"真知灼见"来进行的。在他看来,形而上学的毛病正在于它的"形而上",即完全脱离真实的生命,脱离人生存的事实性。对他来说,形而上学是一种想入非非,一种神话,一种幻想世界。他称形而上学是"神话和神智(theosophischer)形而上学"[2],是一种"生命和思维的想入非非"[3],是"宗教意识形态和想入非非",[4]是一种"催眠的麻醉剂"[5]。这些指责其实说的是一个意思,这就是形而上学完全脱离了我们的现实存在,成了一种想入非非的思想神话;而当它耽迷于"绝对知识"的时候,它却对我们有限的生命闭上了眼睛。而哲学的堕落就在于它"复活形而上学"[6],而不是拒绝形而上学。在海德格尔看来,正是生命,而不是什么"绝对知识",才是哲学主要关心的对象。

　　海德格尔从事实性生命,也就是人的历史和时间性生命出发批判旧形而上学和哲学,也不是偶然的。虽然黑格尔在他的《精神现象学》中已经提出了"生命"的概念,而浪漫主义也用它来反对理性主义哲学,但只是在形而上学随着黑格尔的去世日薄西山时,"生命"概念才取代了"存在"概念,成为存在论的主要概念。"生命"概念的可塑性和包容性很大,可以囊括灵魂、精神、自然、存在、动力和创造力等传统形而上学的主要概念因子,人们用它一方面来提倡一种新存在论;另一方面用它来反对占统治地位的学院唯心主义、粗鄙唯物主义和实证主义。狄尔泰赋予了这个概念历史性与事实性的内容,使它根本突破了形而上学的窠臼,成为后形而上学哲学的基本关键词。

---

[1]　Heidegger, *Frühe Schriften, Gesamtausgabe*, Bd. 1 (Frankfurt am Main: Vittorio Klostermann, 1978), S. 306.

[2]　Heidegger, *Phänomenologische interpretationen zu Aristotles, Gesamtausgabe*, Bd. 61, (Frakfurt am Main : Vittorio Klostermann, 1985), S. 70.

[3]　Ibid., S. 99.

[4]　Ibid., S. 197.

[5]　Heidegger, *Die Begriff der Zeit* (Tübingen: Max Niemeyer, 1989), S. 25.

[6]　Heidegger, *Ontologie, Gesamtausgabe,Gesamtausgabe*, Bd. 63 (Frankfurt am Main: Vittorio Klostermann, 1988), S. 5.

青年海德格尔的哲学正是秉承了这一后形而上学哲学的传统，直到20世纪20年代中期，他在谈论存在论问题时，更多地使用的不是"存在"，而是"生命"概念。这里，狄尔泰的影响是十分明显的。[1]但是，海德格尔哲学还有另外一个渊源，这就是胡塞尔及其现象学。海德格尔坦率承认："胡塞尔给了我眼睛。"[2]然而，这个天才的学生却不满足于用老师的眼睛看。也正是从1919年起，他与胡塞尔的分歧日益公开和明显。

对于海德格尔来说，现象学是一种方法；作为方法的现象学它的精髓就表达在著名的"回到事情本身"[3]的口号中。虽然这个口号是由黑格尔而不是胡塞尔首先提出，却是胡塞尔使它作为新的哲学目标广为人们知晓。但是，对于胡塞尔来说，"回到事情本身"实际上是回到意识本身；而在海德格尔那里，"回到事情本身"却是回到生命本身。问题是，正如狄尔泰指出过的，我们总是活在我们的生命中；或者用克尔凯郭尔的话说，我们不可能走出我们的皮肤之外，又如何会有回到生命本身的问题？

这还是由于形而上学。形而上学要追求"绝对知识"和"绝对真理"，这就使它眼睛只盯着"纯粹现在"和非个人的普遍性王国，而无视生活在特殊、有限的时间和处境中的个体生命，海德格尔将其称为"事实生命"（faktisches Leben）。这种形而上学对待生命的态度，海德格尔在1919年"战时研究班"的讲稿中又称其为"理论的"态度。但是，"理论的"（das Theoretische）一词在那部讲稿中也有狭义和广义之分。狭义的"理论"指的基本上就是在科学思维和认知中表现的理论，也就是我们日

---

[1]　狄尔泰对青年海德格尔有重大的影响，海德格尔正是借用了狄尔泰思想的若干因素才得以突破胡塞尔先验现象学的窠臼，将它改造为释义学现象学。海德格尔关于时间和时间性思想没有狄尔泰也是无法想象的。仅此就可以说，若论海德格尔的思想渊源，狄尔泰至少与胡塞尔同样重要。可是，有关狄尔泰与海德格尔哲学的关系，几乎没有引起我国学者的些微重视，这是我国海德格尔研究多年来不但进步甚微，且有根本误解的基本原因之一。

[2]　Heidegger, *Ontologie, Gesamtausgabe,* Bd. 63 (Frankfurt am Main: Vittorio Klostermann, 1988), S. 5.

[3]　现象学的这个著名口号胡塞尔最初的德文表述是：auf die Sachen selbst zurückgehen，海德格尔将它简化为 zu den Sachen selbst（见 Friedrich-Wilhelm v. Herrmann, *Hermeneutik und Reflexion,* Frankfurt am Mian: Vittorio Klostermann, 2000, S. 3）。因此，仅从语言上看，这个口号似也应译为"回到事物本身"，而不是别的什么。如果我们对这个口号背后的义理（无论是胡塞尔的还是海德格尔的）有所了解的话，就更应该如此译了。

常理解为"科学理论"的"理论"。广义的"理论"则指认识论、哲学心理学和反思现象学对全部前科学经历（vorwisseschaftliche Erlebnisse）主题化。海德格尔主要是在后一种意义上使用"理论"这个概念。

这种理论将生命理解为静止的、非个人的常人（das Man）的生命，生命既无时间，也无处境，因而是无历史或超历史的。有限的、会死的生命变成了一种永恒不变的抽象。海德格尔用了 Larvanz 这个词来形容这种抽象化的生命。Larvanz 一词由拉丁文词 larva 而来，意思是鬼魂和面具。用 Larvanz 这个词来形容生命，则说明经过理论态度主题化或抽象化的生命只是戴着面具的鬼魂，根本不是真实的生命，而是生命的自我异化。[1]这种异化了的生命生活在常人的平均化和公共性中，以常人（其实是无人）的是非为是非，以此来判断自己的成败得失，穷通显达；但却没有自己的世界。总之，"生命错量了自己；它用合适的尺度（非量的尺度）却未能把握自己"[2]。而这也意味着形而上学或现有的哲学，基本上是停留在理论的领域，而完全没有进入前理论的生命领域。

这就使得哲学濒临死亡的边缘，海德格尔对此有清醒认识。就在1919年"战时研究班"的讲稿中，他直言不讳地指出："我们正站在方法论的十字路口，它将决定哲学的生死；我们站在一道深渊边上：要么落入虚无，即绝对的事物性，要么设法跃入另一个世界，或更确切地说，首次根本进入世界。"[3]

对于哲学所面临的危机，当时许多哲学家都不同程度感受到了。例如，死于第一次世界大战的拉斯克（Emil Lask, 1875—1915）就同样感到"这里关乎的问题就是哲学的生死"[4]。而胡塞尔在写著名的《作为严格科学的哲学》时，显然也是感受到了哲学的危机。现象学与新康德主义尽管存在尖锐的分歧，但它们都把哲学作为原科学（Urwissenschaft）来追求。所谓"原科学"，是指它是追求最原始、最根本、最先也是最终的东西的科学，在此意义上，它是原始的科学或科学的科学，即一切科学都从它

---

[1] Heidegger, *Gesamtausgabe*, Bd. 61, S. 140.

[2] Ibid., S. 103.

[3] Heidegger, *Zur Bestimmung der Philosophie, Gesamtausgabe*, Bd. 56/57 (Frankfurt am Main : Vittorio Klostermann, 1999), S. 63.

[4] Emil Lask, *Gesammelte Schriften*, Bd. 2 (Tübingen: Mohr, 1023), S. 89.

派生,而不是相反。

然而,作为原科学的哲学追求的那最先也是最终的东西,或者说它的起点和终点究竟是什么? 对于新康德主义来说,是知识与科学的事实;对于胡塞尔来说,则是意识的事实。而对于海德格尔来说,毫无疑问应该是生命的事实。他与胡塞尔的分歧首先就在这里。对于海德格尔来说,哲学就是现象学,而"现象学就是研究生命本身。尽管有生命哲学的外表,实际上它与世界观相反。世界观是将生命对象化和固定在一种文化的生命的某个点上。相反,现象学绝不是封闭的,由于它绝对浸润在生命中,它总是临时的"[1]。

这个结论,当然不是随意得出的,而是有相当的理由。如上所述,作为原科学的哲学本身不是派生的。如果它是派生的话,它就不可能是原科学。作为原科学,它与所有科学理论不同,它不是理论科学,而是前理论的科学,因为它没有预设,没有前提,否则就会陷入逻辑的无穷倒退,就不能是原科学。正因为如此,它的基础只能让其显示出来,或被指出,被直观,而不能被证明。然而,传统形而上学以理论科学模式来看待哲学,认为哲学和其他科学一样,也是有预设的,只不过哲学的预设是自我预设。由此,哲学有一种循环性,这种循环性是哲学的本质特征。人们将这种循环性视为"可能的真正的哲学问题的索引"[2]。但在海德格尔看来,"这种循环性是一种理论的循环,是理论造成的困难"[3]。

作为本源的科学,哲学不仅不需要作预设,而且也绝不能作预设,因为它不是理论,[4]而是生命在其本真性中的自我理解和解释。它不是理智的认识活动,而是生命自身的生存活动。所谓"自我预设",说的就是作为生命活动的哲学以生命本身为主题。生命是最初的东西,也是最终的东西。以它为主题的哲学,其存在论地位决定了它不能不具有循环的结构或循环性。另外,哲学如果是本源的科学,那么它的主题对象——生命就不能是已经理论抽象化了的生命,而应该是前理论的生命。《哲学的观念和世界观问题》这部著作就是要根据哲学的主题对象和方法论处理

---

[1] Quoted from Theodore Kisiel, *The Genesis of Heidegger's Being and Time,* p. 17.

[2] Heidegger, *Gesamtausgabe*, Bd. 56/57, S. 95.

[3] Ibid.

[4] Ibid., S. 97.

方式,提纲挈领地勾画未来哲学的观念。简而言之,就是未来的哲学的主题对象是前理论的生命,而它的方法论处理方式是释义学的现象学。

　　海德格尔并不是第一个把哲学视为原科学的人。这其实是西方哲学的一个传统。从古希腊的第一哲学、形而上学,到近代哲学的先验哲学、知识学、绝对科学和先验现象学,都是如此。所不同的是,历史上的这些形态各异的哲学有个共同点,就是都落脚在理论领域里。而海德格尔的原科学却是一种非理论(a-theoretische)的哲学。它把非理论的生命领域作为哲学的源始基础,在此基础上重新提出哲学的基本问题。[1]并且,既然作为原科学的哲学及其研究领域——生命本身是非理论的,那么与之相适应的方法也必须是非理论的。释义学的现象学,就是这样一种非理论的方法。这的确是西方哲学史上一次真正的革命。在海德格尔之前,也已有哲学家已经将哲学的目光转向前理论的东西,但他们处理的方法却仍是理论的方法,因而无法真正进入前理论的领域。

　　海德格尔之所以把现象学改造成释义学的现象学,而不直接使用胡塞尔的反思现象学的方法,是因为后者仍然是一种理论的方法。任何理论都会使人们完全无法在前科学的世界经验的原始性上看到它们。理论总是事先已经用它的看的方式和接近方式掩盖了前科学的世界经验。海德格尔把这种不仅在学术活动中,而且在日常生活中理论对前科学世界的支配性称为"理论的统治地位",提出"理论的统治地位必须打破"[2]。但这绝不是主张由理论优先变为实践优先,因为理论与实践的区分本身就是理论的支配性的一种表现,主张实践对理论的优先并未走出传统哲学从古希腊以来就有的理论的支配性。"理论的支配地位必须打破"说的是理论本身进不了前理论的领域。[3]

　　正因为如此,方法才是哲学生死攸关的问题。传统理论的方法根本无法接近前理论的东西。在海德格尔之前,狄尔泰曾经针对形而上学一味超越却脱离了生命本身而将生命作为哲学的主题,而将体现我们与世界原始关系的经验叫"经历"(Erlebnis)。它不是与表象和概念有关的感

---

[1]　Cf. Friedrich-Wilhelm v. Herrmann, *Hermeneutik und Reflexion* (Frankfurt am Main : Vittorio Klostermann, 2000), S. 15.

[2]　Heidegger, *Gesamtausgabe*. Bd. 56/57, S. 59.

[3]　Ibid.

觉和知觉之类的东西,即不是属于认识能力范畴的东西,而是前主体的生命本身的活力。[1]它不是主体的经验,而是前主体的经验,或者说生命的经验。经历也是意识,但不是近代认识论哲学作为其出发点的主观意识,而只是意识内容在时间中被给予的模式。[2]青年海德格尔也是将经历作为主要的前理论的生命现象来看待。只是经历这个概念比较模糊,人们往往将它看作心理的东西,是心理学的主题对象。但这恰恰是以理论的反思方式来对待本来是前理论的经历现象。即使狄尔泰的生命哲学,在此问题上也仍然是如此。

要在方法论问题上有明确的认识,必须对所处理的对象的性质有明确认识。海德格尔通过分析"有什么东西吗?(Gibt es etwas?)"这个问的经历来说明,只能通过非理论方法才能接近非理论领域。按照一般的心理学理论和意识理论,这个问的经历是一个我们可以像对待在我们面前发生的物理事件那样对象化地加以对待的心理事件或意识活动,即把经历看成是在我们面前发生的事情,海德格尔用Vor-gang这个词来指这种将经历当作是心理学或意识理论反思的对象的理论态度。[3]但是,上述的问的经历实际并不是一个心理的或灵魂深处发生的事件,不是在作为反思者的我面前发生一过的事件,不是我的反思对象。然而,只要我们是用我们习惯的传统的反思态度对待经历的话,那么经历只能被当作对象性的在意识内部发生的事件。

虽然胡塞尔本人仍然是持这种理论的态度,但现象学"回到事情本身"的方法论要求却要求一种前反思和前理论的态度。这就是释义学的态度。它要求我们不是像反思一个外在对象那样反思经历,而应释义学地去理解它,理解地去观和听,因为现象学所谓的"事情",是自己显现自

---

[1]　Cf. Manfred Riedel, *Verstehen oder Erklären ?* (Stuttgart : Klett-Cotta, 1978), S. 51 and H. A. Hodge, *The Philosophy of Wilhelm Dilthey* (London : Routledge & Kegan Paul Ltd. 1952), p. 39.

[2]　正因为如此,将狄尔泰的Erlebnis概念译为"体验"不太合适。一方面中文"体验"一词主观意味太重;另一方面它不能表达狄尔泰赋予Erlebnis概念明显的时间含义。此外,隐含在这个词的构词法中的"生命经历"的意义也出不来。当然,一般的心理学理论和胡塞尔的Erlebnis概念可能译为"体验"更恰当些。

[3]　Vorgang在德文中意为"事情经过",而海德格尔将这个词分开写为Vor-gang,意思是指事情在我们"面前"对象化(即作为反思意识对象)或"客观"地发生。

己的现象。一旦我们采取这种前理论的释义学的态度,就会发现,上述问的经历不应该是与反思对立的对象,而是我们自己身处其中的一个事件,一个以我们的生命活力来进行的事件。这个事件当然是由我来担当的,但这个"我"却不是"我思故我在"命题中的那个"自我"意义上的自我,这个我是不显露的。经历的我只是对某物的疑问的经历,是"去从事某事的生命"。[1]它与主体哲学的那个反思的我没有关系;它也不是作为执行者的我。只有将经历反思地看作既定的实事,才会将作为执行者的我作为一极,将经历本身作为另一极。问的经历不是在我们反思意识对面或面前发生的事情,"它就属于我的生命"。[2]

海德格尔在这里特意凸显"我的",就像后来在《存在与时间》中使用"总是我的"(Jemeinigkeit)概念一样,不是出于任何一种主体主义的立场,而是要强调生命及其经历,也就是存在的特殊性、有限性和时间性。经历的前理论的本质,就在于它的存在方式的特殊性,这种特殊性归根结底是由于它最本己的时间性。这种时间性不是属于心理的或内在意识时间的时间性,而是属于非理论的经历发生的时间性。经历根据其本质是一个Er-eignis,而不是Vor-gang(在……前面发生)。Ereignis在德语中是"发生之事"的意思。海德格尔在这里就像他将Vorgang写成Vor-gang那样,将Ereignis写成Er-eignis当然是有用意的。他首先是想暗示人们所有的经历都是从自己的特殊性或本己性中发生的,即强调经历的特殊性和本己性。Er-eibnis是"独特地生活并只是这样生活"。[3]按照德国哲学家冯·赫尔曼的解释,这里词根-eignis指的是Eigene(特有的),而不是Eigentum(所有物)。而前缀Er-的意思则是"起源的""最初的"。[4]由此可见海德格尔用Er-eignis这个词是要强调生命和经历未定的特殊的可能性,而不是已定的某种特殊性或特殊之物。将特殊不是作为一种未定的本己的可能性,而只是作为一种已定的特点或特征一样的东西,正是理论的做法而不是非理论的态度。[5]

---

[1] Heidegger, *Gesamtausgabe*, Bd. 56/57, S. 68.

[2] Ibid., S. 69.

[3] Ibid., S. 75.

[4] Friedrich-Welhelm v. Herrmann, *Hermeneutik und Reflextion*, S. 51.

[5] 在海德格尔中后期思想中,Ereibnis不再是生命和经历的本质,而是一个存在史的概念,但这个基本意思却保留着。

可见,仅仅明确非理论对象是不够的。方法论问题之所以对未来的哲学生死攸关,就是因为任何非理论的现象一旦用理论的方法去处理,就立刻成了理论的东西。例如,胡塞尔笔下的前科学的生活世界,就是如此。海德格尔《哲学的观念和世界观问题》中特意用讲台的例子来说明与此有关的问题。他说,当他走进讲堂时,他看见了他将向学生讲课的讲台,而不是切得方方正正的棕色平面,也不是一个用小木箱组成的大木箱。学生看到的则是教师将从那里向他们讲课的讲台。看到讲台是一种周围世界经历(Umwelterlebnis),它属于讲堂这个周围世界。这里的关键是,无论是教师还是学生,都不是先看到棕色的切得方方正正的平面,然后进一步看到它们是许多方木箱,再进一步看到一个台面,最后像给所见之物贴标签似的得出结论说这是一个可供科学演讲的讲台;而是首先看到的就是讲台。那种认为人们首先看到的是孤立的感性材料或知觉印象,然后将它们综合成一个事物的做法正是理论的做法,它实际上是在所见之物和看之间加进了一层思索,理论的思索或反思。这里,理论(das Theoretische)不是指这种或那种科学理论,而是指对事物的反思的观察,它阻碍了对周围世界经历和经历的周围世界之物的释义学理解的进路。而释义学的理解正相反,它真正按照"回到事物本身"的要求,观看未经理论的中介直接显现自己的事物本身。当我们走进讲堂时,讲台就以它特有的意义,在它的意蕴中向我们周围世界的看显现出来。因此,释义学的理解和理解的阐释都不是主体对客体的技术操作,而只是"纯粹的到经历里面去看"[1],看和看出所见者的意义。

在海德格尔看来,在我们周围世界经历中,最原始和基本的东西不是纯粹的感性事物,而是有意义的东西(das Bedeutsame)。这与传统哲学正好相反。传统哲学以为,我们总是先看见一样感性的东西,或先有感性知觉,然后像贴标签那样将意义加诸它们。而海德格尔则认为,我们总是先看到一个讲台、一本书或一个茶杯等。也就是说,我们首先遇到的就已经是有一定意蕴(Bedeutsamkeit)的有意义之物。这意味着与它相遇的经历也就是释义学理解的经历。我们一开始就对生活在事物的意蕴中,我们直接遇到的是意义,而不需要经过可知觉的物体层的中介。我们从

---

[1] Heidegger, *Gesamtausgabe,* Bd. 56/57, S. 71.

来不会遇到一个纯粹的感性经验事物（即无任何意义的事物）。此外，我们也不是孤立地看到一个事物，事物总是与我与事物的关系方式有关。海德格尔仍以讲台为例，说他看到的不是一个孤立的讲台，而是一个"对我而言摆得太高"的讲台。[1] 这就是说，有意义之物的意蕴与我和此有意义之物的交道（Umgang）有关。说"讲台对我而言摆得太高"是说这妨碍了我对它的使用。这就是说，我对讲台的看（与它相遇）中蕴含着对这个周围世界之物的意义的释义学理解，这种释义学理解不是外加在此看上，而就属于这个看（相遇）。显然，后来《存在与时间》中关于上手事物和器具的分析正是以此为张本的。

海德格尔这个思想的重要性不仅在于他将事物的意蕴与我们的日常活动联系在一起，还在于他从根本上颠覆了西方哲学两千年什么是最当下直接和最原始性的东西的看法。此前不管是唯物主义还是唯心主义，有一点是共同的，就是感性知觉是最直接、最当下的东西。而在海德格尔看来，"有意义之物才是最初的东西"[2]。最直接的世界是作为意蕴世界的周围世界，而不是知觉世界。不是周围世界以知觉世界为中介，而是相反。周围世界不是事物和对象的总体，而是各种意蕴的总体，事物就是由于它而成为周围世界事物，而不是纯粹的感性对象。我们生活在周围世界，所有对我们有意义的东西都是因为这个意蕴总体而对我们有意义。意蕴就像是世界（welthaft）。就其意蕴而言，事物展开了一个世界（es weltet）。

如前所述，对于海德格尔来说，回到事情本身其实是回到生命本身，最原初、最基本的事情只能是生命。但这生命，当然不是指生物学意义上的生命；也不是实际只是意识的孤立的主体性，而是包括自我与世界的共同关系的整体性，是在历史过程中展开自身的各种生命和经历关系的整体。这个整体就是世界，我们生活在世界中，而不是在它之外。以往的哲学之所以未能真正回到事情本身，根本原因是以理论的方法来对待非理论的事情本身，即以在世界外观察的方式来接近事情本身，结果是适得其反，将非理论的东西变成了理论的对象。因此，能否真正回到事情本

---

[1]   Heidegger, *Gesamtausgabe,* Bd. 56/57, S. 71.

[2]   Ibid., S. 73.

身,关键在于方法上的根本变革,即必须发现并坚持一种非理论的方法。这就是海德格尔为什么必须抛弃他老师胡塞尔的反思现象学的方法而提出释义学的现象学的根本原因。在他看来,释义学的现象学或现象学的释义学,就是一种真正能回到事情本身,即非理论地把握非理论事情的非理论方法。

在一般人看来,"非理论的方法"本身就是一个悖论,因为方法总是和理论或科学联系在一起。如果海德格尔还承认哲学是原科学,他的哲学方法又怎么能不是理论的? 的确,如果我们将方法理解为事物之外的操作者的操作方式,那么方法不能不是理论的。然而,释义学理解却不是从生命中走出而进入周围世界的经历,而是以全部生命力生活在周围世界的经历中。被释义学阐释的东西也不是释义学阐释的对象,而是变得明确和通透的活生生的经历本身。[1]可见,它既是生命过程,是经历,也是方法。也就是说,方法并不在生命过程之外,而是生命过程本身的方式,也是我们与事物相遇的基本方式。这就保证了它不能,也不可能是理论的。

或曰,既如此,郑重其事地提出作为非理论的方法的释义学的现象学岂非多此一举? 我们只要活着,经历,自然就理解了,自然就在事情(生命)本身中了,还要方法做什么? 海德格尔会回答说,因为我们早已忘了我们本真的存在,或者说存在本身。这也是海德格尔广为流传的"存在之遗忘"的思想的缘起。之所以会忘了我们本真的存在,是因为我们实际上对事情总是采取理论的态度和关系。这里有必要重申的是,海德格尔这里讲的"理论"不是指任何一种特殊的理论,而是依据Theoretisch(理论)一词的辞源,将其理解为"观察"。观察必须与被观察者保持一定距离,观察者本身总是处于被观察者的对面。也就是说,观察者总是在被观察者之外来进行观察。所谓对事物理论的态度或理论的关系就是指这种观察的态度和关系。人们不仅用这种方式对待一般事物,也用这种方法对待经历本身。狄尔泰就是一个这样的例子。胡塞尔的生活世界理论也会被海德格尔作如是观。他们的确是要回到前理论或非理论的领域去,但他们的理论的方法使他们实际上并未达到他们的目标。

---

[1] Cf. Friedrich-Welhelm v. Herrmann, *Hermeneutik und Reflexion*, S. 69, 79.

这就证明了方法问题的根本重要性。在海德格尔看来,现象学的方法论的基本问题,就是科学阐明经历领域的方式问题。这个基本问题本身属于胡塞尔说的现象学的"原则之原则"[1]。胡塞尔在其《观念Ⅰ》中是这样表述他的这个"原则之原则"的:"在直观中原初地……呈现给我们的东西,只应如其被给予的那样,而且也在此被给与的限度内去接受。"[2]海德格尔在《哲学的观念和世界观问题》中缩短地重复了这个"原则之原则":"在直观中原初地……呈现自我的东西,应……如其给予的那样去接受。"[3]然而,海德格尔在引用时故意漏掉了"uns(我们)"一词。胡塞尔的原文是:"alles, was sich uns in der ›Intuition‹ originär,... darbietet, einfach hinzunehmen sei, als was es sich gibt, aber auch nur in den Schranken, in denen es ich da gibt."而海德格尔的引文却是:"Alles, was sich in der ›Intuition‹ originär ... darbietet, [ist] einfach hinzunehmen ... als was es sich gibt."这个遗漏恐怕不是由于疏忽,而是有意为之。它要暗示的是海德格尔一再强调的:在原始经历中,还无物我的区分。物我的区分不是原始就有的,而是反思的产物。

毫无疑问,海德格尔基本认同胡塞尔的这个"原则之原则"。之所以如此,是因为他始终认为现象学直观是现象学最重要的贡献。所以他并不把"原则之原则"理解为一切其他理论命题由之产生的最高的理论命题,而是理解为一切现象学知识的开端。[4]但是在胡塞尔那里,直观却是反思的直观,而不是真正原始的直观。这就是为什么海德格尔既基本认同胡塞尔的"原则之原则",又与之保持一定的距离。对于海德格尔来说,这个"原则之原则"具有以下三重特征:"它是真正的生命一般的原意向(Urintention),是经历和生命本身的原行为(Urhaltung),是绝对的、与经历本身同一的生命同历(Lebenssympathie)。"[5]

所谓真正生命一般的原意向,就是如其在经历的看中原初呈现的那样接受经历中被经历者、在周围世界经历中经历的周围世界,而不让反

---

[1]　Heidegger, *Gesamtausgabe*, Bd. 56/57, S. 109.

[2]　Husserl, *Husserliana* Bd. III, S. 52ff.

[3]　Heidegger, *Gesamtausgabe*, Bd. 56/57, S. 109.

[4]　Cf. Fridrich-Wilhelm v. Herrmann, *Hermeneutik und Reflexion,* S. 90.

[5]　Heidegger, *Gesamtausgabe*, Bd. 56/57, S. 110.

思触及。虽然释义学的现象学对原意向的把握不像反思现象学那样是一种客观化的知识，但它并不是混沌不清的。相反，作为原则之原则，它（现象学的释义学）恰恰是要使之明确。经历和生命本身的原行为是指原则之原则遵循真正的生命的原意向。这样，它（原则之原则）就是经历和生命本身的原行为。要理解上述这些思想，关键在于理解所谓"生命同历"。它说的是明确把握原意向和原行为和理解地阐释它们的那个直观或看，不是在被直观和看的经历和生命之外实行的行为，而是在经历中与经历一起发生，与之同行的一起经历（Miterleben），"是绝对的、与经历本身同一的生命同历"。这也是释义学的现象学方法论的基本特征。它不像任何理论和反思的方法那样，是在要把握的事物之外，与该事物完全是不同的过程。释义学的现象学要把握的是经历领域，它本身也就在经历中，与经历同行，就在一起经历。[1]不理解这一基本特征，基本是无法真正理解海德格尔的释义学的现象学的。而不真正理解海德格尔的释义学的现象学，也就无法理解整个海德格尔哲学。以往海德格尔研究之不足，也恰恰在这里。

海德格尔在《存在与时间》中专门讨论过现象学的概念，他在那里关于这个问题的论述与他在1919年战时研究班上的论述如出一辙，现象学就是"让那显现自身的东西本身如它自身显现的那样，从其自身被看到"[2]。"看"或"直观"是现象学最基本的方法。但它不应该是反思的看或直观，而应该是释义学的看或释义学直观。这两者的区别在于前者是理论的看，是在要看的事物之外的看，是对象和知识，给予之物与描述两分和分裂的看和直观；而后者正相反。[3]释义学直观之所以是在要看的事物之内，是因为它不是观察，而是一种经历自身随带的、占有性（bemächtigende）的经历。[4]释义学直观不是对生命的反思，而是"生命的

---

[1]　正是在此意义上，海德格尔的释义学与传统释义学有根本区别。正如冯·赫尔曼所说，海德格尔在建立释义学的现象学的同时也给释义学的本质重新奠定了基础（Cf. Fridrich-Wilhelm v. Herrmann, *Hermeneutik und Reflexion*, S. 97）。遗憾的是，人们往往多少是从传统释义学概念出发去理解海德格尔的现象学的释义学，以至误解不断。对伽德默尔的哲学释义学也是如此。

[2]　Heidegger, *Sein und Zeit* (Tübingen : Max Niemeyer, 1967), S. 34.

[3]　Heidegger, *Gesamtausgabe,* Bd. 56/57, S. 111f.

[4]　Ibid., S. 117.

理解"。[1]它使生命和经历可理解。因为它与生命同行,在同行中使经历了然明确。[2]正因为方法就是我们的一种存在经历,所以不需要从外面或上面来构造一种方法,也不需要通过辨证的思考想出一条新的理论道路。现象学的严密和科学性正是在它的这种基本的方法论态度。[3]

现在,我们可以毫不夸张地说,通过发现非理论的生命和经历领域以及达到这领域的方法——释义学的现象学,1919年"战时研究班"的讲演《哲学的观念和世界观问题》奠定了海德格尔一生哲学思想的基础。释义学直观进一步引导着事实生命的本源科学(Ursprungswissenschaft)、事实性释义学和此在的释义学的现象学。海德格尔后来将事实生命的释义学的现象学揭示为存在论并不意味着他离开非理论领域而重新进入理论的领域。相反,在他看来,哲学,或者说存在论的基本问题——存在、世界、空间、时间和真理的问题从根本上说都不是理论的问题,而只是被传统哲学理论—反思地设定和处理了。哲学作为非理论的生命和经历的非理论的原科学,为重新提出哲学的基本问题开辟了道路。我们看到,海德格尔直到晚年,仍然坚持存在史之思的非反思特性。[4]

虽然1919年的战时学期的演讲被认为是海德格尔向《存在与时间》发展的原点[5],但其主要目标只是提出新的哲学观念和新的方法论思想,此时海德格尔的思想准备还远远不足以提出存在与时间的问题。神学思想,尤其是原始基督教的思想资源在海德格尔确立自己的哲学思想上起了极为重要的作用,以至于他后来自己承认说:"没有这个神学来源我绝不会走上这条思想之路。"[6]神学思想资源在事实性(Faktizität)和时间这两个早期海德格尔最关键的思想上给了他决定性的影响。

如前所述,海德格尔出生于一个天主教背景的家庭,在天主教教育背景下成长,然而,他却在1919年初宣布与天主教体系决裂。原因何在?在于不满中世纪亚里士多德式的经院哲学对原始基督教概念化和理

[1] Heidegger, *Gesamtausgabe,* Bd. 56/57, S. 219.
[2] Cf. Friedrich-Wilhelm v. Herrmann, *Hermeneutik und Reflexion,* S. 96.
[3] Heidegger, *Gesamtausgabe,* Bd. 56/57, S. 110.
[4] Cf. Friedrich-Wilhelm v. Herrmann, *Hermeneutik und Reflexion,* SS. 97–98.
[5] Theodore Kisiel, "Das Entstehen des Begriffsfeldes ›Faktizität‹ im Frühwerk Heideggers", in *Dilthey-Jahrbuch,* 4 (1986–1987), S. 96.
[6] Heidegger, *Unterwegs zur Sprache* (Pfullinge: Neske, 1990), S. 96.

论化的改造,认为这就剥夺了原始基督教活生生的生命经验和世界性,将具体的历史经验神话化,也就是去历史化,使之由生命的经历变成了抽象的理论。而他则要破解教父哲学和经院哲学这种源于希腊哲学的概念化。在这个问题上海德格尔很大程度上得益于保罗、青年路德和克尔凯郭尔。保罗认为不能用抽象的实体概念,上帝客体化的王国来体验上帝。上帝隐藏着,他历史地出现在道成肉身和钉死在十字架上,他将再次出现在基督复活和第二次降临时,出现在不知何时来临的王国中。但教父时代的基督教神学和哲学与中世纪的经院哲学偏离了对原始基督教的事实的历史的理解。青年路德用保罗的十字架神学的思想对亚里士多德式的经院哲学的荣耀神学(*theologia glriae*)进行了猛烈的批判和摧毁(Destruktion)。其根本目的是要把对世界的与生命无关的理论态度变为从生命出发的实践态度。最好的哲学家是以不同于哲学家和形而上学家的方式来哲学的。路德的这个实践也就是海德格尔要效法的实践。

如果说路德主要给海德格尔破的助力,那么克尔凯郭尔则给他走向自己的立场以巨大的推动。海德格尔在1921年至1922年的课上曾引过克尔凯郭尔《基督教的训练》中的一段话:"整个近代哲学无论在伦理学还是在基督教方面,都是根基草率。绝望与愤怒的谈论没有把它吓倒去呼吁秩序,反而暗示和引诱人自以为是,去怀疑并已经怀疑。而别的哲学则抽象地在形而上学玩意的不确定中飘浮。"伽德默尔说海德格尔是用这段话来指名他全部努力的方向。[1]克尔凯郭尔强调事实的个人生存以反对近代理性主义将人视为一个理性种属的样本,视为一般人的个体性主题与海德格尔的个人自己的此在和事实性的在世之存在的思想有无可怀疑的联系。《存在与时间》里面的许多生存论基本概念,如生存、畏、操心、死、好奇、罪、沉沦、良心等等,也都和海德格尔对克尔凯郭尔思想的接受有关。不过,克尔凯郭尔始终是在存在者状态层面上谈问题,而在存在论问题上基本仍处于旧形而上学的影响之下。[2]这也就是为什么海德格尔的生存哲学绝不是任何一种存在主义。

但是,海德格尔的生存哲学并不是克尔凯郭尔生存哲学的翻版,对

---

[1] Hans-Georg Gadamer, *Hegel Husserl Heidegger, Gesammelte Werke*, Bd.. 3 (Tübingen: J. C. B. Mohr, 1987), S. 419.

[2] Cf. Otto Pöggeler, *Der Denkweg Martin Heideggers*, S. 44.

于他来说,生存的含义就是"事实性",而事实性的基本现象是时间性。[1]
虽然"事实性"这个概念本身海德格尔直到1922年才正式提出[2],但相关
的思想海德格尔早就有了。作为一个哲学概念,"事实性"最早出现在18
世纪,费希特用它来描述我们与实在没有理性的那一面的相遇。它与逻
辑性(Logizität)相反,后者是超时间的,必然的;而前者是时间的、偶然
的、个别的、具体的、一次性的、不可重复的。可见这个概念有很强的时间
意味,却不是量化的物理学的时间。当海德格尔以生命作为哲学的终结
目标时,生命本身的事实性不能不受到极大的关注。海德格尔从一开始
就非常明确,事实性就是此在的历史性,因此,时间才是这个概念的真正
内涵。原始基督教的十字架神学在加深了他对生命的事实性的理解的同
时,也给了他一种新的时间观。这对于海德格尔哲学的诞生具有极其重
要的意义。

本来"事实的生命"就是原始基督教的发现,这个发现的基本内容
是人生无常,生命是在一个不可见的上帝的面前不确定的环境中,在日常
的劳作与苦难中进行的。但人得始终保持清醒,因为"主的日子的来到
好像夜间的贼一样。……你们却不在黑暗里,叫那日子临到你们像贼一
样。你们都是白昼之子,我们不是属于黑夜的,也不是属于幽暗的。所以
我们不要睡觉,像别人一样,总要警醒谨守。因为睡了的人是在夜间睡,
醉了的人是在夜间醉。但我们既然属于白昼,就应当谨守,……"(《新
约·帖撒罗尼迦前书》)。海德格尔解释说,这里的"白昼"指的是"主
的日子"。这意味着事实的生命不是在一个客观外在的时间框架中进行
的,而本身就是时间。这时间不是物理学意义上可计算的量化的时间,不
是年代意义上的时间,而是标示一个特殊的、有不寻常意义的契机或时
机,或决断的时刻,危急关头的时间,基督教把它叫作Kairos。它强调的
不是延绵,而是"瞬间"和"突然"。它是不可预料、不可测的,但却有重
大的意义的瞬间发生,如基督的诞生与复活。这种时间是生命的时间,是
我的此在的时间,或用奥古斯丁的话说就是"我是我的时间",而不是自
然和世界的时间,不能用钟表来数学地度量。克尔凯郭尔对这种时间也

---

[1]　Heidegger, *Gesamtausgabe*, Bd. 63, S.31.
[2]　Cf. Theodore Kisiel, "Das Entstehen des Begriffsfeldes ›Faktizität‹ im Frühwerk
　　　Heideggers", S. 96.

有比较深刻的理解,他说这种时间不是客观时间,而是存在的精神的时间。时间对于自然完全没有意义。我们不是在一个抽象点的系列中经历这种时间,而是在过去与未来综合的一瞬间经历这时间。时间是从可能向现实的过渡,这种过渡不是逻辑的运动,而是"历史自由"质的"跳跃"。就在这一瞬间新的东西产生了。[1]海德格尔后来在谈他自己的时间概念时说:"我们这里'瞬间'(Augenblick)[2]的意思就是克尔凯郭尔首先在哲学中概念化的东西,——随着这个概念化,古代以后哲学一个全新时代的可能性开始了。"[3]这就是说,新的哲学时代系于kairos时间观的重新确立。有人说海德格尔在20年代早期和《存在与时间》中试图做的就是将原始基督教瞬间(kairological)时间性经验概念化。[4]

其实,发现原始基督教独特的Kairos时间观对于海德格尔的哲学革命具有根本的意义。海德格尔认为,形而上学的根本问题是它始终把存在思考为现成的存在(Vorhandensein),思考为固定的在场,因而没有考虑事实的、历史的生命本身的进行。[5]而作为Kairos的时间恰好相反,存在的多重意义,生命进行的种种可能性,正是在那种时间性里得到揭示的。原始基督教的Kairos时间有了批判和摧毁就形而上学的真正立足点,也给了他思考存在问题的全新视域。

但是,海德格尔的时间概念,其起源不仅仅是原始基督教,还有亚里士多德,确切地说,是亚里士多德的实践哲学。正是亚里士多德给了他吸

---

[1] Cf. Kierkegaard, *The Concept of Anxiety* (Princeton: Princeton University Press, 1980), pp. 82–90.

[2] Augenbilck 应该是海德格尔对 Kairos 的翻译。保罗将 Kairos 描述为"眼睛一霎";克尔凯郭尔把它译为丹麦文的 Øiblikket,海德格尔的翻译与他们是一致的。Augenblick 在德语中既是"瞬间"的意思,又有"时机"的意思。海德格尔用它来对应 Kairos 是要突出它的"突然"和"新"。海德格尔经常使用这个概念,用它来暗示他的时间概念及其特征。因此,它是海德格尔哲学的一个非常重要的概念。美国学者 William McNeill 在他的著作 *The Glance of the Eye: Heidegger, Aristotle, and the Ends of Theory* (Albany: State University of New York Press, 1999) 中对海德格尔的这个概念有透辟的分析和阐发。

[3] Heidegger, *Die Grundbegriffe der Metaphysik: Welt, Endlichkeit. Gesamtausgabe* Bd. 29/30 (Frankfurt am Main, 1983), S. 225.

[4] John van Buren, *The Young Heidegger* (Bloomington and Indianapolis: Indiana University Press, 1994), p. 195.

[5] Cf. Otto Pöggeler, *Der Denkweg Martin Heideggers*, S. 42.

纳原始基督教 Kairos 概念的方向。他在 1923 年夏季学期的课上告诉人们，伴随他探寻的除了青年路德外，还有亚里士多德的典范。[1] 把亚里士多德与青年路德放在一起提出，自然不是偶然的。[2] 事实上，亚里士多德对海德格尔的思想发展有着莫大的影响。按照伽德默尔的说法，正是在亚里士多德这里，海德格尔"第一次决定性地拉开了与'作为严格科学的现象学'的距离"。[3] 这就是说，正是借助亚里士多德的思想，确切地说，亚里士多德的实践哲学的思想，海德格尔最终摆脱了胡塞尔的影响，走上了他自己的思想道路。

　　海德格尔自己承认，他特别对亚里士多德《尼各马可伦理学》第 6 卷中关于处境的学说和《形而上学》第 9 卷关于存在的基础的结论感兴趣。前者表明与处境联系在一起的实践尤其自身的真理关系和逻各斯；处境这个概念后来在基督教发现的 kairos 概念中得到加强。后者表明真理并不限于陈述。此外还有《解释篇》（《释义学》）和《修辞学》以及《物理学》中时间和运动的学说。所有这些海德格尔感兴趣的内容都与实践及其条件——时间有关。从影响史来看，亚里士多德实践哲学的思想使得原始基督教的 Kairos 时间概念具有了构成它特性的具体性内容，使它成为一个存在论的概念，是存在本身的揭示方式，而不是事物（存在者）存在的外在形式或条件。它是意义，而不是形式。正因为亚里士多德对于海德格尔如此重要，他授课资格论文后一直想写并在写的最初不是《存在与时间》，而是一部关于亚里士多德的书。他在 1921 年至 1925 年的课程中也多次以亚里士多德为主题或涉及亚里士多德。[4]

[1]　Heidegger, *Gesamtausgabe* Bd. 63, S. 5.

[2]　因为他在下一句句子里提到克尔凯郭尔给他的"推动"和胡塞尔给他"眼睛"。四个对他有重大影响的人这样两人一组来叙述，绝不是任意为之。青年路德和亚里士多德是伴随他探寻；而克尔凯郭尔和胡塞尔是分别给了他探寻重要的助力和手段。这意味着前者对他探寻的影响是基本的和引导性的，"典范"（Vorbild）一词便透露出个中消息；伽德默尔甚至称海德格尔是"一个复活的亚里士多德"（Hans-Georg Gadamer, *Hermeneutik II: Wahrheit und Methode, Ergänzungen, Register, Gesammelte Werke*, Bd. 2, Tübingen: J. C. B. Mohr, 1986, S. 486）。而后者的影响则落实在更为具体的探寻刺激和方法上。

[3]　Hans-Georg Gadamer, "Die Griechen", *Gesammelte Werke*, Bd. 3 (Tübingen: J. C. B. Mohr, 1987), S. 287.

[4]　Cf. Theodore Kisiel, *The Genesis of Heidegger's Being and Time*, pp. 462–65; John van Buren, *The Young Heidegger*, pp. 220–22.

海德格尔对亚里士多德的接受既肯定又否定。在这里，他经典地展示了他的破解—阐释的释义学方法。他很清楚路德对经院哲学的亚里士多德和亚里士多德存在神学的形而上学的攻击。对此他是完全同意的。只有彻底批判这样的世界存在论，才能有此在存在论。但海德格尔批判亚里士多德存在论的资源却是亚里士多德本人，确切地说，是亚里士多德实践哲学提供的。他以实践哲学的亚里士多德来反对形而上学的亚里士多德。在海德格尔看来，亚里士多德应该算是西方形而上学的奠基者。亚里士多德明确把存在的问题作为形而上学的主要问题，但是，他却是始终从现成和在场的意义上来理解存在，存在永远在场和现在，是一个"结束了的存在"，因而事实生命中的存在在这样的在场中却是缺席或被遮蔽了。可亚里士多德却就要这种永恒的完成，要让生命放假，理论只有避免实践的活动（kinesis）才能实现。形而上学作为"共相"的科学，就是要把握永恒的始基，作为终极原因的最高的善。

但是，生命的实践活动（kinesis）[1]总是"在路上"，总是"还没有"。海德格尔要破解亚里士多德的形而上学，来看看最初的东西是如何被偏离的。他采取的方法是辞源学的方法，即从亚里士多德形而上学著作的关键词和拉丁译文追溯到它们在前哲学生命中的原始意义，亚里士多德在其实践哲学著作中就是探讨这种前哲学的生命。例如，在他应舍勒之邀，1924 年在科隆作的题为《此在与为真》报告中，他说 Theoria（理论）一词的辞源学是：theoros 是节庆的参观者，是所有的眼睛。Theorie 的意思不仅是观光，还有工匠在生产时的眼光；而 eidos（本质）就是工匠的眼光或计划的意思。[2]这就暗示了理论是如何与本质联系在一起的。他又说，ousia（存在）也指"财产""家务"。我们最好把它译成现有的财产。

---

[1] Kinesis 是一个古希腊的概念，意思是"运动""动"和"变易"。赫拉克利特便用它来说明河水的流动。早期海德格尔是用它来表明 kairos 时间，即事实生命的活动。我把 kinesis 译成"活动"而不译成"运动"，是因为现代人往往将此概念理解为"机械运动"意义上的"运动"；而"活动"的"活"字至少可以使我们联想到生命，也许更符合海德格尔的意思。

[2] 《此在与为真》（Dasein und Wahrsein）是海德格尔根据舍勒之邀，1924 年 12 月 2 日在科隆作的一篇学术报告，解释亚里士多德《尼各马可伦理学》第 6 卷。此报告还未发表。本文中涉及此报告的内容都是根据 John van Buren, The Young Heidegger 一书。

对古希腊人来说存在就是现有的意思。"因此，最高类型的存在就在于最纯粹的在场（Anwensenheit）。"[1]这就解释了为什么在西方形而上学中存在总是现成的东西（在场）。

然而，在希腊哲学中，原本有两个活的起始动机：原始的经验解释和范畴的理论解释。但一个在敉平原始东西的过程中丧失了。[2]现在的任务就是把原始的立场重新建立起来，当然由于变化了的历史情况它既是不同的，又是同一个立场。[3]实践的亚里士多德给我们提供了这种可能性。海德格尔把亚里士多德的伦理学理解为"*episteme ethike*——习惯的生活方式（*ethos*）的科学，——自有，人与自己和他人的科学：人的科学"[4]。这门科学所要寻求的*aichai*（原理）是在实践生活中起作用的原理。它们来自事实性又回到事实性，[5]它们是实践存在的可能性。伦理学实际上是一种指引（*epagoge*），它让这些在实践生活中起作用的原理得以被人们看见。

亚里士多德的伦理学处理的是人的日常生活实践：他们在家务活动领域追求实用目标时手段与目的的关系；他们在社会—政治共同体中与别人一起存在；以及他们与自己，与他人的相处。海德格尔在解释亚里士多德《形而上学》第一卷时就指出，对于亚里士多德来说，有经验的人就是知道在生活及其环境中如何待人接物的人，这种有经验的知道如何甚至要比实践知识更基本。[6]这就是后来海德格尔称之为在世存在的基本样式。他在《此在与为真》中承认，此在意味着在世存在，这是他解读亚里士多德的实践概念的基本发现。[7]但是，实践也好，在世存在也好，在海德格尔那里都不是人类学的概念。实践概念的意义不在于它回答了世界（存在）是如何构成的；而在于它指示了世界（存在）是如何揭示的。

---

[1] Quoted from John van Buren, *The Young Heidegger*, p. 225.

[2] Heidegger, *Gesamtausgabe* Bd. 61, S. 92.

[3] Ibid., S. 76.

[4] Heidegger, *Logik. Die Frage nach der Wahrheit, Gesamtausgabe* Bd. 21 (Frankfurt am Main: Vittorio Klostermann, 1995), S. 1.

[5] Heidegger, *Gesamtausgabe* Bd. 61. S. 115.

[6] Cf. Thodore Kisiel, *Heidegger's Ways of Thought* (New York & London: Continuum, 2002), p. 179.

[7] Cf. John van Buren, *The Young Heidegger*, p. 227.

如果说实践哲学提供了另一种可能的话,那它提供的是不同于理论的真理揭示的可能。真理不再是判断的结果,而是存在自身的揭示。

亚里士多德在区分理论与实践的同时,也区分了相应于这两种活动模式的认知模式: *sophia* 和 *phronesis*。在《尼各马可伦理学》第6卷中,亚里士多德区分了五种不同的使存在者显露的方式: *techne, epistēme, phronēsis, sophia* 和 *nous*。海德格尔把 *nous* 解释为一种"见到"的能力本身,无论我们以实践方式还是以理论方式与事物相关,它都使我们能接近事物。这种原始的"见到"指向存在者的存在或其"什么",但并没表达任何规定。*Nous* 指向存在者的 *archai*(根本),是一切具体的揭示形式的基础。但它并未清楚揭示事物的 *aichai*,它们的存在还晦暗不明。*Nous* 最高最适当的完成在于把属于某个存在论领域的 *archai* 交给真理。这个交给的具体完成就是 *sophia* 和 *phronēsis*。前者相当于近代哲学讲的理论理性,后者则相当于技术理性和实践理性。相应于这两种理性模式,当然也就有不同的真理模式。如果说 *techne* 是为了达到一个外在的目的,那么 *phronesis* 却是为了实践的人本身。*Phronesis* 是灵魂成为的"有",它使生命进入某种状态。它不是为了制造,而是为了行动。实践就是以自身为目的的行动。*Phronesis* 就是在关键的时刻(kairos)作出最合适的决断的智慧。在这一刻(kairos, Augenblick)我们瞥见了真理,或者说真理揭示自身(*alethia*)。"*phronesis* 是在此时,在瞬间情况的此一时的一瞥。作为 *aisthesis*(知觉),它是眼睛朝向特殊时间的具体情况的一瞥,Augen—blick(眼睛一瞥),它本身始终可以是别样的。"[1] 这就是说,*phronesis* 是 *kairos* 的实施,*kairos* 在 *phronesis* 中构成自己;[2] *kairos* 时现 *phronesis*,*phronesis* 归根结底是一瞬间(Augenblick)的总看法。[3]

海德格尔将 *phronesis* 说成是"一瞥",正是要强调它与 *kairos* 的这种二而一的关系,但这不等于他放弃了它在亚里士多德那里早就有的含义。相反,他是要进一步存在论地深化它的含义:"*phronesis* 的对象是 *prakton*

[1]   Heidegger, *Platon: Sophistes, Gesamtausgabe* Bd. 19 (Frankfurt am Main: Vittorio Klostermann, 1992), SS. 163–64.
[2]   Heidegger, *Phänomenologische Interpretationen zu Aristoteles* (Stuttgart: Reclam, 2002), S. 54.
[3]   Ibid.

（实践）……在行动中，更确切地说在决断中，我预期 arche（初始目的）。我决心为我朋友的生日带给他某个快乐，或在一件不完全是纯粹实践的，因此必定是伦理性质的事上帮他。在深思熟虑中 kairos 变得透明。行动的环境在审慎中揭示出来，这种审慎受我决心为之的善引导。"[1] 可见，kairos 就是在此情此景下最合适的那个善得以显现的所在；但它并不是 phronesis 得以运作的外在框架，而就是它的发生。反过来说，kairos 是真理在 phronesis 深思熟虑中的揭示。它是一个没有结束的工作和运动，它就是事实生命的存在。phronesis 阐明种种举措，这种阐明使生命得以在其存在中时现（zeitigt）。[2] "这个具体的解释表明这个存在，kairos 是如何构成的……。它走向 eschaton，极端，在此端点确定看见的具体情况在特殊的时间加强自己。作为在 phronesis 的 aletheuein（去蔽）中得到揭示和可达到的存在，实践（prakton）是还未如此这般的某事。作为'还未如此这般'和实际上作为操心之所向，它同时已经是如此这般，作为具体准备种种举措之所向，它的基本阐明由 phronesis 决定。"[3] 真理不是现成的东西，而是在实践中作为不可预料的东西突然产生；但不是作为结果，而是作为（目的性）方向。在我作决断要给过生日的朋友带来惊喜之前，我并不知道什么是合适的礼物。决断使我看到了在这种特殊情况下何为合适。只有实践（决断），才能认识。实践的真理就这样在 kairos 中发生。正因为它在 kairos 中发生，而不是在无时间的永恒中发生，它可以不是这样；始终有东西在（被）揭示，也始终有东西被遮蔽。存在的遮蔽是无法消除的。

---

[1] Heidegger, *Dasein und Wahrsein*, quoted from John van Buren, *The Young Heidegger*, pp. 229–30.

[2] Zeitigen 国内一般译为"到时"。它的一般意义是"导致"、"产生"或"成熟"的意思。在海德格尔那里它成了一个特有的术语。在早期海德格尔那里，它指存在的真理在事实生命的此在中历史地、突发和突破性地揭示和展现。在后期海德格尔那里则指真理、历史和意义生成性的发生（Ereignis）。但无论在海德格尔早期还是在他的晚期，这个概念都有时间展现真理这样一个基本含义。因此我将它及其名词形式 Zeitigung 译为"时现"，意为时间使之展现和作为时间展现。当然，"时现"也想借这两个中文字的发音与"实现"同来暗示 zeitigen 和 Zeitigung 本来就有的"产生"义。

[3] Heidegger, *Phänomenologische Interpretationen zu Aristoteles* (Stuttgart: Reclam, 2002), S. 56.

在亚里士多德那里,以永恒不变的东西为对象的理论沉思要高于实践的phronesis,但对于海德格尔来说,恰恰是后者可以使我们回到从形而上学一开始就遗忘了的本源。Phronesis的真理只是与人有关而不能用于外部事物。Phronesis的深思熟虑以实践为起点和目标。它不是关于人的某个特殊方面,如人的健康或能力,而是关于人的存在。存在在此不是单纯的生命,而是行动的生命。Phronesis的功能是让行动看清自己的目标和实现这个目标的具体环境,从而作出决断。它的非此即彼的,因而总是特殊的、不固定的,随着生命的活动(kinesis)而活动,它就是生命的原始活动。它的领域就是生命的原始领域。实践哲学指示了克服在场形而上学的根本可能与途径。海德格尔一篇非常重要的早期著作《关于亚里士多德的现象学解释》提供了有力的证明。

1922年初,马堡大学的那托普即将退休,他的位子将由尼古莱·哈特曼莱接替。那托普想让海德格尔来接哈特曼空出的副教授位子。而哥廷根大学哲学系也有一个副教授位子需要填补,主事者狄尔泰的女婿米施也想让海德格尔去。但此时海德格尔在授课资格论文后没有发表任何学术著作。那托普写信给胡塞尔说海德格尔至少要提供一份可发表的手稿才能作为候选人。于是,海德格尔奋斗了三个星期,在他亚里士多德课讲稿的基础上写出了《关于亚里士多德的现象学解释》,[1]作为计划在胡塞尔主编的《哲学和现象学研究年鉴》第7卷上发表关于一部"对亚里士多德的现象学解释"的著作的导论(该著作后来并未完成)。虽然只是导论,但这篇著作却有非比寻常的意义。它从实践哲学的立场出发,第一次阐述了海德格尔基础存在论的一些主要思路。"就像1919年非常学期是海德格尔整个思想历程的起点一样,这个《导论》是《存在与时间》计划的起点。"[2]

从海德格尔的这部导论性的著作中可以看到,他对亚里士多德的研究绝不是学院哲学式的所谓"哲学史研究",而就是哲学研究本身。在海德格尔看来,哲学不是与生命无关的理论研究。哲学就是事实生命的一

---

[1]　在分别寄给那托普和米施时,它的标题是《释义学处境指要》(*Anzeige der hermeneutischen Situation*)。

[2]　Theodore Kisiel, *The Genesis of Heidegger's Being and Time*, p. 250.

部分,是事实生命的一种状态(Wie),"哲学研究是事实生命一种基本运动的直截了当的实现,它始终把自己保持在事实生命中"[1]。因此,哲学研究的对象不是有待客观认识的对象,哲学史研究不是扩大知识,而是要理解现在,要迫使现在回到自身以凸显可疑的问题。历史批判始终是现在批判。不能天真地认为批判就是能计算历史应该会如何发生,如果怎么怎么的话;而是批判必须盯着现在。历史不是因为它是"错"的而被否定,而是因为它在现在仍然有效。[2]亚里士多德对于哲学研究之所以重要,是因为希腊—基督教对生命的解释和反希腊、反基督教对生命的解释,以及中世纪神学和起源与它的德国唯心主义、康德的人类学,都是起源于亚里士多德的学说;希腊—基督教对生命的解释仍然是今天西方对生命的基本解释。不破解(Destruktion)这个传统,就无法克服形而上学。但破解的动力仍然来自亚里士多德。

既然不是为了纯粹知识,而是为了当前的问题而破解传统,海德格尔在这部导论性质的著作一上来就对哲学基本问题——人的此在或事实生命阐明他自己的看法,尽管这些看法没有亚里士多德的实践哲学思想是不可想象的。哲学研究的对象是事实生命,哲学研究不是外在地向它发问,而是要明确把握它的基本运动。事实生命运动的基本意义是操心(Sorgen)。事实生命关心自己的存在,即使在它逃避自己的时候也是如此。操心就是出去向着什么而存在(Aussein auf etwas),它关心的东西——世界在任何时候都在场。操心的活动(运动)就是事实生命与它的世界打交道(Umgang)。世界的实—在和此—在的意义都是通过它是操心与之打交道的特性而获得基础和得到规定的。世界根据操心的不同方向表现为周围世界(Umwelt),共同世界(Mitwelt)和自我世界(Selbstwelt)。相应地,操心也可分为为生计操心,为职业操心,为享乐操心,为不被打扰操心,为不死操心,为熟悉操心,为认识什么操心,为使生命确保其最终目标操心。[3]

但不管为什么操心,操心不会是瞎操心,即它们总是由于某种特

---

[1]   Heidegger, *Phänomenologische Interpretationen zu Aristoteles* (Stuttgart: Reclam, 2002), S. 13.

[2]   Ibid., S. 11.

[3]   Ibid., S. 15.

殊的考量而有它们操心之事。这种特殊的考量，亚里士多德把它叫作 phronesis，而海德格尔则把它叫作 Umsicht（审视）。审慎是鲜活的，它指导和共同时现打交道。操心其实就是周到审慎，关心如何谨慎从事，如何确保和增加对与之打交道者的熟悉。在审慎中，我们预先倾向与之打交道者，将它们把握为、解释为什么什么。客观存在的东西就是有如此这般意义的东西。所以世界总是在意蕴（Bedeutsamkeit）中与我们相遇。操心打交道不仅有可能会放弃所倾向的那种关切；而且由于事实生命的一种原始倾向，它们会倾向于这么做。这时，原本关切（即与生命自身相关）的打交道成了不再有方向性和倾向性前瞻的纯粹审视。这种审慎有一种纯粹观察（Hinsichtlichkeit）的性质。在这种观察的操心或好奇的操心中，世界在场，但不是作为日常方向的打交道，而只是与其外表有关。这种观察把自己组织为科学。这种观察的打交道方式当然也是事实生命存在的一种方式，共同构成了事实生命的此在。这种观察状态也与审视结合在一起。但这里四下环顾（Sichumsehen）是以主张和讨论打交道的客观性的方式实现的。[1]

　　这就是说，当人类偏离自身关切的倾向，脱离实践目的与世界打交道时，科学及其与世界的打交道方式就产生了。客观的东西是从这种与世界的相遇方式中产生的。当这种方式本身产生与事实生命，而事实生命总是在某种解释性（Ausgelegtheit）中运动。所谓解释性就是日常所谓"人们说……"。这种解释性代代相传，不断被改造和更新。这种解释性引导我们的期待、喜好、需要、要求、冒险、概念、谣言，给人种种期待作为关切对象的世界和与之相遇的方面。事实生命随时都有这些方面，这些方面多数不能明确控制。这些方面规定了操心运动的道路。世界的解释确定了生命在操心中对待自己的方向。这意味着生命此在的确定意义（它是什么 Als was 和它的状态 Wie）也被确定了。[2]

　　操心的运动不是生命面对世界的流逝。世界并不是纯粹被猜测被观察的对象，它在生命中并为了生命而在那里。只有当事实生命在打交道活动中停一下时，世界的此在方式才得以时现。德文词 Umgang（打交

---

[1]　Heidegger, *Phänomenologische Interpretationen zu Aristoteles*, S. 16.
[2]　Ibid., S. 17.

道）中的gang有"进行""运行"的意思。作为生命的基本运动的"打交道"，实际是"逝者如斯，不舍昼夜"，停不下来的。说在打交道活动中停一下，就是指由实践的在世界活动变为对世界的理论态度。世界的在场，"现实"和"实在"之类的东西，以及缺乏意义的自然的客观性，就是这样产生的，它们给认识论和存在论问题提供了出发点。但这个"停一下"本身仍然在和为了操劳的打交道的基本运动。[1]这就是说，在场的形而上学尽管长期占据西方思想的主导地位，它本身仍然是事实生命原始实践的派生物。

既然如此，为什么原始的东西反而被遗忘，而派生的东西却反客为主，成为正宗？海德格尔的回答是，日常操劳的活动不是一个没有什么倾向的一般的事情的发生和活动的进行，它并不仅仅是一般地和根据它的原始意向性与世界发生关系。在操心的运动中操心有一种世界倾向是要完全融入它，让自己被它带着走的癖好。这种癖好表达了生命一种偏离自身，因而沦落到世界，从而自身瓦解的基本事实特征。海德格尔把这种基本特征叫"事实生命的沦落倾向"。不能把这种沦落理解为一个客观的事件或只是在生命中发生的事，而是要理解为一种意向状态（Wie）。这种癖好是生命事实承受的厄运。而这种承受状态（Wie）本身必须被定为事实性的一个构成部分。[2]

海德格尔认为生命运动的这种特性并不是一时出现、在一个比较进步和幸福的时代可以消除的不好性质。把人的此在本性看得完美本身倒是这种向世界沦落倾向的延伸。生活本身是艰难的，但是人们却很容易将生活看作与世沉浮，可以在某种理性状态中产生的打交道对象。沦落对人是一种诱惑，它使生命变得容易，但却看不到自己的存在特性。它使生命感到安心，所以是一种诱惑；但这种沦落的诱惑乃是异化，就是说，事实的生命在融入它关心的世界中越来越与自己疏离；事实的生命越来越不可能关切地看自己，把自己视为回返占有的目标。沦落是事实生命一切打交道活动的基本倾向。

在沦落倾向中有一事实，就是事实的生命实际上总是个人的事实生

---

[1]   Heidegger, *Phänomenologische Interpretationen zu Aristoteles*, S. 18.

[2]   Ibid., S. 19.

命,却多数不是作为事实的生命活着。事实的生命在一个特定平均中运动:平均的操心、平均的打交道、平均的审视、平均的主张和讨论,以及一般的平均的看世界。这种平均就是每一特定时代公众的平均、周围环境的平均和主导潮流的平均,"就像别人一样"的平均。是"常人"事实上在活着个人的生命。常人在操心,在看,在判断,在享受,在做和问。这个常人实际是"无人","无人"活着事实的生命,而所有生命却为它牺牲了自己的关切。生命不知怎么总是陷入非本己的传统和习惯中。在它融入的世界中,在它对待的平均中,生命在自己面前隐藏了起来。沦落的倾向是生命对自己的逃避。事实的生命通过与死亡相对的方式最尖锐地表达了这种基本运动。[1]

事实的生命并不是一系列事件,所以死亡也不是这一系列事件的停止。死亡内在于事实的生命;事实的生命不可避免要面对它。死亡总是在那里等着生命,即使"死亡的思想"被断绝和压抑也是这样。死亡表现它自己为操心的对象,恰恰是在这个事实:它是一种难以克服的生命状态(Wie)。人们可以拼命忙于日常事务而硬不去为死而担心,人们也可以扭头不顾,但这却不是把握生命,而恰恰是生命自己在逃避生命,逃避生命本己的存在特征。正是在抓住肯定有死中,生命看见了自己。[2]

海德格尔关于死亡的存在特征的论述于传统讨论不朽和"然后是什么"(Wasdann)的形而上学无关。海德格尔用死亡引出人此在的时间性问题。这个问题只有从作为事实性的组成部分的死亡那里才能得到明确提出。而历史的基本意义也是从这个时间性的意义确定,而不是通过偶然确定方向的历史著作的概念建构的分析来确定。[3]历史性就是事实性,反之亦然。

海德格尔关于生命逃避自己的思想,亦即《此在与时间》中讲的此在的非本己存在方式的思想常常引起误解,以为这不是生命存在的本然,而是相反。其实不然,用海德格尔的话说:"只是看上去是这样。"[4]恰恰是在逃避自己时,生命表现了它自己和追求投入世俗事务的操劳中。但

[1]　Heidegger, *Phänomenologische Interpretationen zu Aristoteles*, S. 22.

[2]　Ibid., S. 23.

[3]　Ibid., S. 24.

[4]　Ibid.

这种"投入"就像事实的时间性的一切运动一样,多少会明确和不承认地回顾它逃避的东西。它逃避的东西就是作为存在的事实可能性的生命本身。在事实性中达到的生命本身的存在,只有通过反对沦落操心的反运动的弯路才能看到和达到。这个担心迷失生命的反运动就是生命可能把握的本己存在时化自己的方式。海德格尔把在事实的生命中通达自身的存在叫作生存(Existenz)。[1]当事实的生命关切生存时它就在通向生命存在的弯路上。当事实的生命关切它的生存并不是自我中心论的反思,它只是反生命沦落倾向的反运动,它恰恰在打交道和操劳的具体活动中发生。这是因为人的存在特征事实上是通过沦落、通过世俗倾向决定的。事实性和生存不是同一个东西,生命的事实的存在特征不是由生存确定的;生存只是在生命的存在中时化自己的可能性。这就是说,生命可能的极端的存在问题集中在事实性上。[2]

哲学的问题与事实的生命的存在有关,从这方面看,哲学就是原理存在论(prinzipielle Ontologie)。哲学作为事实性的存在论,同时又是对主张和阐释的范畴解释,即它是逻辑。存在论与逻辑得回到事实性问题的原始统一中,得理解为原则研究,这个研究可以表示为事实性的现象学的释义学。[3]至此,《存在与时间》中的基础存在论已初具雏形了。

在海德格尔早期思想形成过程中,狄尔泰的影响是不能忽视的。海德格尔在回忆1910年至1914年间那些"激动人心的年代"所带来的东西时,也就是对他这代人思想产生重大影响的事物时,在列举了尼采《权力意志》内容扩充了一倍的第二版、克尔凯郭尔和陀斯妥耶夫斯基著作的翻译、日益增长的对黑格尔和谢林的兴趣、里尔克和特拉克的诗后,就提到了狄尔泰的《全集》。[4]换一个海德格尔的同时代人的话,可能会提前面所有列举的事件,但不太会提狄尔泰的《全集》,因为那时狄尔泰的《全集》才刚开始编纂出版。除了狄尔泰学派中人,一般人不会将它视为有划时代影响的事件。海德格尔这么提,足以证明狄尔泰对他影响之深

[1] Heidegger, *Phänomenologische Interpretationen zu Aristoteles*, S. 25.

[2] Ibid., S. 27.

[3] Ibid., S. 29.

[4] Cf. Otto Pöggeler, *Heidegger in seiner Zeit* (Müchen: Wilhelm Fink Verlag, 1999), S. 90.

刻和关键。尽管到了写《存在与时间》时，由于姚克伯爵与狄尔泰通信集不久前（1923年）的出版，海德格尔更多是谈姚克，[1] 而对狄尔泰已经批评有加了，[2] 但还是承认《存在与时间》中对历史问题是由于消化了狄尔泰的工作而产生的。[3]

海德格尔一生的哲学事业，是建立在事实性和时间概念的挖掘和阐发上。这两个概念有着内在的关联，它们统一于生命概念。西方形而上学只是断定生命而从未在哲学上向生命追问；而狄尔泰恰恰是要在哲学上理解生命，并且从"生命本身"出发使这种理解有一释义学的基础。[4] 这恰恰也是海德格尔在1919年战时演讲中提出的思路。这种相同当然不会是偶然的。海德格尔在20世纪50年代回忆说，虽然他在学习神学时就已知道"释义学"，但后来却是在狄尔泰那里又发现了它[5]，这才将它作为哲学本身来看待。在海德格尔一生哲学事业起点的1919年战时学期演讲中，海德格尔不但批判了一切形而上学，也批评了胡塞尔的现象学，提出真正的哲学应该是释义学的现象学，它以非理论的生命及其经历（Erlebnis）领域为目标。它的方法则是释义学直观。"释义学直观"不是对生命的反思，而是"生命的理解"。[6] 将释义学与生命、生命经历和生命理解联系在一起，显然是循着狄尔泰的思路。虽然事实性生命的概念有其原始基督教的背景，但狄尔泰的影响应该更直接。一直到20年代中期，生命或事实性生命始终是海德格尔哲学的主要概念；而海德格尔对生命概念主要特征的理解就是它的历史性，这正是狄尔泰，而不是基督教的理解。

---

[1]　这是完全正当的。在海德格尔最关心的历史性等问题上，姚克伯爵不但比狄尔泰先走一步，而且比狄尔泰更深刻，给了狄尔泰关键性影响。

[2]　有人甚至说《存在与时间》是海德格尔接受狄尔泰过程中的一个终结性的"最低点"。见 Frithjof Rodi, "Die Bedeutung Diltheys für die Konzeption von 'Sein und Zeit': Zum Umfeld von Heideggers Kasseler Vorträgen (1925)", *Dilthey-Jahrbuch* 4 (1986–87), S. 176。

[3]　Heigedder, *Sein und Zeit*, S. 397.

[4]　Ibid., S. 398。据美国哲学家 Theodore Kisiel 的研究，释义学的狄尔泰从1917年起就使海德格尔感到历史理解经历表达的多层次性——从激情到行动到理智到"心"（Cf. Theodore Kisiel, *Heidegger's Way of Thought*, p. 178）。

[5]　Heidegger, *Unterwegs zur Sprache*, S. 96.

[6]　Heidegger, *Gesamtausgabe*, Bd. 56/57, S. 219.

狄尔泰对海德格尔的影响或海德格尔对狄尔泰的接受,绝不是偶然的。在海德格尔看来,每一种活的哲学,都是从当代的处境中产生的。他早期以生命的事实性作为哲学的出发点和终点,当然与他对时代的观察有关。1925年,海德格尔应邀在卡塞尔作了一个题为《威廉·狄尔泰的研究工作和当前为历史世界观的斗争》(为期5天,共10讲)的学术报告。演讲前他对当地报纸《卡塞尔邮报》发表谈话,解释他报告的时代背景,这其实也是他接受狄尔泰的时代背景:

> 斯宾格勒在他《西方的没落》中全面而吸引人地表达了历史对世界观的意义问题。除了较显得耸人听闻的西方沉沦和没落的主题外,人们常常感到他的文化理论有救赎的价值。每一种文化都是一个本身完整、生命延续有限的有机体。每一文化的创造、知识、价值和规范只是对其时代有意义和有效。一切真理都受时代制约,相当于各个文化环境。如果这样一种文化创造相对性的认识在活生生的当代也有效,那么在疲弱之人那里就会引起听天由命的结果。所有创造性工作都会由于不断瞄着已取得的成就而受阻,不想把自己与过去的文化创造相比。在知识领域里怀疑当道,一切生命隐蔽的基本特征便是绝望。匆忙逃向束缚人的教条、倾向更新过去的文化(如中世纪文化)或倾向遥远的文化圈(印度智慧)、热衷奇门秘术就是这个时代精神无助最明显的症状。这些都是为一个历史此在的意义斗争的负面现象。如果这个斗争应该作出明确的决断,那么只有科学的思考历史本质一途。黑格尔哲学垮台以来,狄尔泰第一次从根本上提出了历史的问题,同时考虑到历史的精神科学。所以要完成上述任务的本演讲要追溯到狄尔泰的研究工作。[1]

与海德格尔对狄尔泰的态度形成鲜明对照的是胡塞尔。在他看来,不是别人,狄尔泰正是世界观哲学的始作俑者。针对世界观哲学,他提出

---

[1] Quoted from Frithjof Rodi, "Die Bedeutung Diltheys für die Konzeption von 'Sein und Zeit': Zum Umfeld von Heideggers Kasseler Vorträgen (1925)", SS. 172-73.

作为严格科学的哲学。海德格尔完全承认当时德国哲学形成的这两极，他也无意偏袒或站在任何一边，也无意沟通这两个极端。他想要解决这种对立。要解决这种对立就要有一种不忘历史的现象学哲学，通过投入事实性生命，赢得一种同时是历史性的时间维度。他在1920年夏季学期的课上提出，哲学的任务就是保持生命的事实性和加强此在的事实性。哲学作为事实性生命经验需要一种动机，对事实性生命经验本身之关切（Bekümmerung）[1]可以在那里得到保存。哲学的严格要比科学的严格更源始，它是一种超越科学的阐明。海德格尔认为雅斯贝斯是唯一在这样一种哲学路上的人，却没有看到他的路。这条路只有在狄尔泰直观的基础上才有可能。[2]所谓"狄尔泰直观"，也就是他1919年在弗莱堡大学战时学期演讲中说的"释义学直观"。作为海德格尔早期哲学标识之一的现象学的释义学与狄尔泰哲学的关系由此可见一斑。正因为如此，海德格尔在1919年至1920年弗莱堡大学冬季学期的演讲《现象学的基本问题》[3]中说，虽然狄尔泰没有创造体系，却更有效地影响了哲学研究，并将影响今后几十年。[4]

海德格尔的这种看法，自然与他所受狄尔泰的影响是分不开的。尽管狄尔泰生命哲学的积极倾向被它自己，以及来自传统的表达手段掩盖了，但海德格尔认为他的生命哲学中有一种激进的哲学倾向。[5]"狄尔泰是第一个理解现象学目的的人。……这里重要的不是概念的深入，而是一般地开启行动的存在问题的新的境域，以及广义上人的存在的境域。"[6]这也正是海德格尔自己的哲学要做的事。虽然狄尔泰没有更准

---

[1]　此一概念即后来的"操心"（Sorgen）概念的前身。

[2]　Heidegger, *Phänomenologie der Anschauung und des Ausdrucks. Gesamtausgabe* Bd. 59 (Frankfurt am Main: Vittrio Klostermann, 1993), S. 174.

[3]　海德格尔一生两次讲课都以《现象学的基本问题》为题。一次是1919年至1920年冬季学期在弗莱堡大学，讲稿现作为他的《全集》第58卷出版；另一次是1927年夏季学期在马堡大学，讲稿作为他《全集》第24卷出版。

[4]　Heidegger, *Grundprobleme der Phänomenolohie (1919/20), Gesamtausgabe* Bd. 58 (Frankfurt am Main: Vittorio Klostermann, 1993), S. 9.

[5]　Heidegger, "Anmerkungen zu Karl Jaspers »Psychologie der Weltanschauungen«", *Wegmarken* (Frankfurt am Main: Vittorio Klostermann, 1978), S. 14.

[6]　Heidegger, *Prolegomena zur Geschichte des Zeitbegriffs, Gesamtausgabe* Bd. 20 (Frankfurt am Main: Vittorio Klostermann, 1979), SS. 163-64.

确地理解现象,但最要紧的是他早就已经看到,我们不仅在认知中经验实在,而且整个"活生生的主体",他的思想、意志感觉的存在中经验实在。他要在主体的整体上经验世界,而不是一个没有血肉,只是意谓和理论思考世界的思维物。[1] 早期海德格尔同样认为:"当代哲学问题主要集中在作为'原现象'的'生命'上。"[2] "根据其基本意义,生命现象是'历史的',本身只能'历史地'通达。"[3] 这些思想的狄尔泰痕迹是毋庸置疑的。甚至连海德格尔对胡塞尔的接受和肯定都有可能受到狄尔泰的某种影响。"狄尔泰虽然不是逻辑学家,却以他天才的精神能力一下子看出了当时几乎不被人注意和遭到误解的胡塞尔的《逻辑研究》的意义。"[4] 而海德格尔肯定的胡塞尔著作也正是《逻辑研究》。并且,同样不是为了逻辑,而是为了生命的原科学。当然,就像接受亚里士多德一样,海德格尔对狄尔泰还是有批评,并且越往后否定得越多,但以历史性来理解和规定事实性(Faktazität),[5] 以历史来规定生命,却肯定是狄尔泰的路数。[6]

实际上,海德格尔把狄尔泰生命哲学中含有的激进倾向更激进地推向他的事实性的释义学。哲学必须从事实性生命经验开始,而事实性生命经验就是此在——人自身与世界的互动。世界首先不是认识的对象,而是意义的世界。事实性生命经验就是对意蕴的关切(Bedeutsamkeitsbekümmerung)。以事实性生命为开端要求哲学自身的改变。它的任务现在是消除生命的自我误解。在此意义上哲学是释义学;源始上讲释义学与其说是为了理解不如说是为了避免误解。事实性

[1] Heidegger, *Prolegomena zur Geschichte des Zeitbegriffs, Gesamtausgabe* Bd. 20 (Frankfurt am Main: Vittorio Klostermann, 1979), S. 302.

[2] Heidegger, "Anmerkungen zu Karl Jaspers »Psychologie der Weltanschauungen«", *Wegmarken* (Frankfurt am Main: Vittorio Klostermann, 1978), SS. 14－5.

[3] Ibid., S. 38.

[4] Heidegger, *Gesamtausgabe* Bd. 56/57, S. 165.

[5] 我将Faktazität译为"事实性",因为这个描述和规定生命现象特性的概念强调生命的(历史)既定性和不可改易性。海德格尔说:"生命现象并不像棋盘上的棋子那样可以重新排列。"(Heidegger, *Wegmarken*, S. 38)

[6] 潘格勒在《海德格尔的思想道路》第二版后记中说事实性生命是原始基督教的发现(Otto Pöggeler, *Der Denkweg Martin Heodeggers*, S. 327f.),此观点已为美国学者Theodore Kisiel所辩驳(Cf. Theodore Kisiel, "Das Entstehen des Begriffsfeldes ›Faktazität‹ im Frühwerk Heideggers", *Dilthey-Jahrbuch* 4(1986-87), S. 104)。

是本己的此在的存在特征,甚至是这个存在特征的自我表达。释义学就是阐明事实性的方式。它的任务是使每一个本己此在在其存在特征上通达此在本身。所以这是此在的自我理解,而不是理解陌生的东西,如生命、文本等等。阐释本身是事实性生命本身此在特征的一种可能的突出状态(Wie)。因此,释义学不是任何操作性技术意义上的方法,而是事实性本身的组成部分。

如前所述,海德格尔是在1919年前后走上他自己的哲学之路,在此之前,他基本处在新康德主义和胡塞尔现象学的影响下。而他接受狄尔泰也正是在这个时期! 事实表明,狄尔泰不仅事实性生命和历史性问题上给了他根本性影响,而且也给了他与先验哲学决裂的动力和根据。在海德格尔看来,现象学必须是事实性的释义学,否则它就是空洞的。"如果人们先验哲学地理解存在领域的话,本己事实性问题就此被遗忘。……我们有从规律中最终赢得个体的任务。"[1] 而这恰恰是狄尔泰生命哲学给他的启示。海德格尔毫不隐瞒这一点:"生命哲学对我们来说是哲学之路上反对空洞形式的先验哲学必不可少的一站。"[2] 这样,他1919年战时学期在弗莱堡大学的演讲中大量使用狄尔泰哲学的术语第一次开宗立派表述他自己的哲学立场,就丝毫不奇怪了。他是站在狄尔泰的肩膀上超越了胡塞尔的现象学。

因此,海德格尔给予狄尔泰很高的评价。他说,人们只看到狄尔泰是一个伟大的史学家,而否认他原创的哲学成就。[3] 在海德格尔看来,狄尔泰在哲学史上的地位很少有当代哲学家能与之相比。虽然他没有提出存在的问题,但他"首先踏上了通向追问'生命'的途程"[4]。在1925年的卡塞尔报告中,海德格尔一开头就指出,整个西方哲学的一个基本问题是人生命的意义问题,狄尔泰在这个问题史上占有一个中心的地位。[5] 狄尔泰要理解人自我认识的过程,在海德格尔看来,不仅有世界的意识,而

[1]　Heidegger, *Gesamtausgabe* Bd. 59, S. 173.

[2]　Ibid., S. 154.

[3]　Ibid., S. 153.

[4]　Heidegger, *Sein und Zeit*, S. 47.

[5]　Heidegger, "Wilhelm Diltheys Forschungsarbeit und der gegenwärtige Kampf um eine historische Weltanschauung", *Dilthey-Jahrbuch* 8 (1993), S. 144.

且在其中同时认识自我，这属于人的意义。狄尔泰的基本问题是生命的概念问题。生命的概念问题就是把握生命的问题。因此有必要首先源始地通达生命，以那样来理解生命。[1]生命对于狄尔泰来说是一个整体，[2]它是发展的、自由的、历史的。对于狄尔泰来说，真正历史的存在是人的此在。

但是，虽然狄尔泰在生命中突出了某些结构，他没有提出生命本身的现实特征问题，没有提出我们本己此在的此在意义为何的问题。他的研究中已经提出了历史性的概念，因为他没有提出这些问题，没有彻底地提出历史的本质问题，他也就不能回答历史存在的问题。这些问题只有在现象学产生以后才能得到阐明。[3]但海德格尔这里说的"现象学"，绝不是指或包括胡塞尔的现象学，而是他自己的释义学的现象学。胡塞尔的现象学虽然有突破性成就，但胡塞尔自己误解了他自己的工作。[4]而且胡塞尔同样没有提出意识的存在问题，[5]"迄今为止的现象学研究"与狄尔泰有同样的"疏漏"。[6]于是，海德格尔要"现象学地重新提出狄尔泰的问题"，[7]以解决狄尔泰和胡塞尔都未能提出和解决的问题。这就是他的释义学的现象学要做的事，也暗示了，他的哲学是沿着狄尔泰已经在走但自己没有看到的路现象学地走下去。

于是，卡塞尔演讲顺理成章地开始接着狄尔泰讲海德格尔自己对问题的回答了。海德格尔在这里叙述的基本仍然是《关于亚里士多德的现象学解释》中阐发的思路。不同的是，他在这个演讲中正面阐释了他的时间概念，这是《关于亚里士多德的现象学解释》不曾涉及的。狄尔泰"没有问什么是历史存在，也没有指出生命在多大程度上是历史的。我们在现象学的基础上提出这个问题，通过分析此在及其本己的现实性，分析

---

[1] Heidegger, "Wilhelm Diltheys Forschungsarbeit und der gegenwärtige Kampf um eine historische Weltanschauung", *Dilthey-Jahrbuch* 8 (1993), S. 154.

[2] 关于狄尔泰的生命哲学，参看本书第一章。

[3] Heidegger, "Wilhelm Diltheys Forschungsarbeit und der gegenwätige Kampf um Weltanschuung", S. 158, 161.

[4] Ibid., S. 161.

[5] Ibid., S. 177.

[6] Ibid., S. 161.

[7] Ibid., S. 160.

时间,为我们做准备" [1]。可见此在与时间的分析是超越狄尔泰的关键。

海德格尔同样认为生命是个关联整体。死是我自己极端的可能性,我还不是这种可能性,但将是这种可能性。死亡在前(Vorlaufen)就是将来—存在(Zukunft-Sein)。我本身通过这种前行而是我的将来。有罪只是自身负载着过去。[2]有罪是过去—存在(Vergangenheit-Sein)。过去附着于有罪,在有罪中显现。然后人的此在才真正进入当前(Gegenwart),进入行动。此在在果断(决断)中是他的将来,在有罪中是他的过去,在当前进入行动。此在只是时间—此在(Zeit-Sein)。时间不是外面显露在世界上的东西,而是我自己之所是。时间本身就在先行、有罪和行动中。时间决定了此在的整体性。此在不仅存在于每个瞬间,而且它本身也此在于它的可能性和过去的整个延伸中。值得注意的是,过去活在将来的行动中而当前却在那消失了。时间构成了我此在的整体性,同时也在每一刻决定了我的存在。人的生命不是在时间中度过,而就是时间本身。[3]海德格尔然后论述了日常生活和自然科学的时间,实际上是派生于此在本己的时间。海德格尔的时间概念为他采取一条不同于胡塞尔先验哲学道路回答时代的问题,更为他自己的哲学奠定了坚实的基础。

胡塞尔对海德格尔的影响无疑是巨大的,对此海德格尔从来也没有否认。但海德格尔之为海德格尔,恰恰是通过对胡塞尔的批判实现的。胡塞尔固然给了海德格尔"眼睛",海德格尔看到的却是他自己的思想之路。

根据海德格尔自己的回忆,人们会有这样的印象,就是海德格尔主要受到胡塞尔《逻辑研究》一书的影响,尤其是其中第六研究,它直接关系到海德格尔早年读的布伦塔诺那篇论文中提出的"存在者的多重意

---

[1]   Heidegger, "Wilhelm Diltheys Forschungsarbeit und der gegenwätige Kampf um Weltanschuung", SS. 173−74.

[2]   海德格尔的"有罪"(Schuldig-werden)概念不是伦理学的概念,而是一个他基础存在论的概念。意思是此在作为可能性的存在在于能选择。选择就是做决断,做决断就是选择接受责任。我在做每一个行动时同时也使自己负有责任。责任就是为自己选择,就是选择良知。良知意味选择,同时也意味有罪(Cf. "Wilhelm Diltheys Forschungsarbeit und der gegenwätige Kampf um Weltanschuung", S. 169)。可见"有罪"在这里是指人存在的可能性。

[3]   Heidegger, "Wilhelm Diltheys Forschungsarbeit und der gegenwätige Kampf um Weltanschuung", S. 169.

义"问题；其次则是《观念》和胡塞尔发表在《逻各斯》杂志上的《作为严格科学的哲学》的文章。他在《时间概念之历史》中列举的胡塞尔现象学的三大贡献——意向性、范畴直观和先天——无疑对海德格尔哲学的产生有着极为重要的作用。但这些如果没有胡塞尔说的那个"原则的原则"——"回到事情本身"的话，海德格尔可能至多是一个胡塞尔的追随者加新经院哲学家。

前面已经说过，海德格尔从 1919 年起，就已经与胡塞尔有根本分歧。海德格尔与胡塞尔的分歧或者说对胡塞尔的批判，就像胡塞尔对他的影响一样，对他的哲学来说是根本性的。"存在问题产生于对现象学研究趋势本身的内在批判。"[1] 事实上，从 1919 年到 1926 年，海德格尔在正式与非正式的讨论班上对胡塞尔进行了系统而深刻的批判，这些批判为《存在与时间》铺平了道路，尽管海德格尔在那本书里公开承认胡塞尔对它的决定性影响。

海德格尔对胡塞尔的态度就像对其他对他有巨大影响的前辈的态度一样，总是既肯定又批判。虽然他公开说"存在问题产生于对现象学研究趋势的内在批判"，但同样在 1925 年，他在卡塞尔演讲中明确承认，胡塞尔的两个决定性发现：意向性和范畴直观使他的存在者之存在的问题可能。[2] 意向性的特性是朝向什么（Worauf），在它的这个特征中我们通过决定被意谓的东西经验它，并且有可能着眼世界的此在来质疑所经验的世界。我们能学着在存在者的存在中看它们。范畴直观则使我们可以区分存在和存在者。这给研究存在的范畴结构提供了科学的方法论基础。然而，"胡塞尔自己误解了他自己的工作"[3]。"他主张事情本身，反对形而上学的构造，却再一次重复了近代形而上学体系的道路。"[4]

对此，海德格尔洞若观火。在他看来，胡塞尔的问题是他最终背离了自己提出的"原则之原则"，就是"回到事物本身"。早在 1919 年，海德

---

[1]　Heidegger, *Prolegomena zur Geschichte des Zeitbegriffs, Gesamtausgabe* Bd. 20 (Frankfurt am Main: Vittorio Klostermann, 1979), S. 124.

[2]　Cf. Heidegger, "Wilhelm Diltheys Forschungsarbeit und der gegenwärtige Kampf um eine historische Weltanschauung", SS. 160-61.

[3]　Ibid., S. 161.

[4]　Otto Pöggeler, *Der Denkweg Martin Heideggers*, S. 80.

格尔就已发现胡塞尔的现象学不可能"回到事情本身",因为它仍然是一种理论的方法,无法接近前理论的事情本身——事实性生命。在海德格尔看来:"现象学的一切问题都不是建构的、概念演绎的和辨证的,而是来自起源于现象并旨在现象的东西;它们不是飘浮不定、没有根基的概念问题。"[1]而"回到事情本身"这个"战斗口号"恰恰针对那种没有根基,因而飘浮不定的思想。[2]

海德格尔这里讲的"没有根基、飘浮不定思想"主要是指新康德主义。在新康德主义那里,对象只是一个由知性概念划分的感性材料的复合体。海德格尔认为比起新康德主义,胡塞尔是进了一步。"由于胡塞尔,对象找回了它自己的存在(Bestandhaftigkeit);胡塞尔拯救了对象,但他把他嵌入意识的内在性之中。胡塞尔完全没有对意识领域提出疑问,更不用说突破它了。"[3]胡塞尔现象学研究最初的目标是要不走样地观看作为在理论经验中经验的对象的意义,即它是如何被经验的;然而在海德格尔看来,只有在历史地存在的自身(Selbst)本己的事实的实行整体(即生命活动整体关系)关系中看经验,才能彻底理解和把握现象学倾向的哲学意义。[4]胡塞尔的现象学是无历史和反历史的,它相信任意一瞥就可以看到事情本身。过去是不相干的,光凭纯粹意识就可以通达事情本身。但在海德格尔看来,事情恰恰只有在历史与时间中才得以显现。意识并不是"根基",因而也不是"事情本身"。"事情本身"只能是在其无蔽和遮蔽中的存在者之存在,而不是意识和意识的对象性。[5]

虽然海德格尔的确在胡塞尔的现象学中找到了他"回到事情本身"的方法,但鉴于上述与胡塞尔的根本分歧,胡塞尔的两个"决定性发现"他也并不是拿来就用,而是对之进行了批判改造。对于胡塞尔来说,意向

---

[1]　Heidegger, *Gesamtausgabe*, Bd. 56/57, S. 127.

[2]　Heidegger, *Gesamtausgade* Bd. 20, S. 104.

[3]　Heidegger, *Seminare, Gesamtausgabe* Bd. 15 (Frankfurt am Main: Vittorio Klostermann, 1986), S. 382.

[4]　Heidegger, *Wegmargen*, S. 35. 海德格尔在这里的"自身"概念,实际上是后来此在概念的前身,专门针对胡塞尔的"我"的概念提出的;因而不能在传统主体哲学的意义上去理解。但这个概念还是暴露出早期海德格尔并未完全摆脱旧哲学的沾染。

[5]　Heidegger, *Zur Sache des Denkens* (Tübingen: Max Niemeyer Verlag, 1969), S. 87。

性是精神的基本结构。胡塞尔意向性概念的基本特征是思想与思想的对象不是彼此截然可分的两件事,而是彼此相属的一个结构整体。[1]这就突破了传统主体—客体的分裂。但是,胡塞尔在处理感情经验、感性知觉和其他实践意向关系时,他仍然以理论思维的意向性态度来作为这些类型意向性的模型,而没有看到理论认知只是一种特殊和狭窄的意向性。这实际上是剥夺了实践经历的生命。由于胡塞尔以理论观察的方式来描述人的生命,人生命的存在在他那里失去了生命,变成一个客体现成的存在。人就像一件东西,由心理—物理动物和一个纯粹先验自我组成。与经验自我偶然的存在相比,先验自我是"绝对存在的领域"。现象学描述的确是从描述日常生活的"自然态度"开始,但这种描述已经沾染了一种非常不自然的理论和对象化态度。胡塞尔的还原是要回到"一个理想化的绝对主体",一种"生命和思维的幻想。"但在海德格尔看来,意向性不是精神的结构,而是人事实性生命的结构,在世存在的结构。"相对于一切事实性的范畴结构意向性是它形式的基础结构。"[2]海德格尔要把胡塞尔理论导向的意向性概念拉回到它原始的在世存在层面上去。这种在世存在的方式的基本特征不是纯粹的"指向……",而是"操心",它包括理解、情绪和语言。作为操心的意向性不是与意识相关,而是世界相关。意向性的首要特征是生命的基本运动,亦即操心的基本运动。[3]意向性是存在非主题的、先行的前结构或前概念,属于非理论的生命。只有将它纳入此在寓于……存在中先于自身存在(Sich-vorweg-seins-im-sein-bei)的统一基本结构中,才算真正理解了意向性的意义。[4]

在海德格尔看来,范畴直观是胡塞尔思想的中心。[5]胡塞尔在《逻辑研究》第六研究第六章关于存在的范畴直观的论述成了海德格尔思想发展的根本动力和基础。在西方哲学史上,尤其是经验主义者和康德,认为直观总是对感性对象的感性直观。然而,胡塞尔指出,我们其实始终在进行范畴直观的活动。在这种活动中,知觉表达的范畴因素像感性因素

---

[1]　Heidegger, *Gesamtausgabe* Bd. 20, S. 61.

[2]　Heidegger, *Gesamtausgabe* Bd. 61, S. 131.

[3]　Heidegger, *Phänomenologische Interpretationen zu Aristoteles,* S. 30.

[4]　Cf. Heidegger, *Gesamtausgabe* Bd. 20, S. 420.

[5]　Heidegger, *Gesamtausgabe* Bd. 15, S. 373.

一样成了客观所予。例如，当我们说"这张纸是白的"时，我们可以感性直观到"纸"和"白"这两个感性因素；但我们同样也直观到"是"（存在）这个范畴因素，虽然我们不能像看到"白纸"那样看到它们。若没有这两个范畴因素，在"纸是白的"这个语言表达中的意义意向就不能得到完成或实现。胡塞尔把存在称为"意义的盈余"。正是这个"意义的盈余"彰显了存在的意义，让海德格尔看到了存在与存在者之间的"存在论区别"。这构成了他自己存在论思想的逻辑起点。

然而，"直观"这个术语本身却沾染了西方"澄明形而上学"（Lichtmetaphysik）悠久传统中"看"和"知觉"的含义，使它最终不能令人满意地命名我们对存在前反思的理解。因此，尽管海德格尔高度评价范畴直观的思想，但范畴直观不能成为他现成的方法论工具。他用释义学的"理解"概念来取代范畴直观。这是他将胡塞尔的先验—本质现象学改造成他自己的释义学的现象学的关键一步。

最初海德格尔似乎想保留"直观"这一术语。他在1919年"战时学期"讨论班上在提出释义学的现象学的同时，也提出了"释义学直观"的概念；但他又把它称为"理解的直观"。这种直观已完全不涉及认知，而是一种"占有的、顺便的对经历的经历"[1]。实际上已不是认知而是存在。海德格尔此时似乎对西方哲学传统赋予"直观"的认识论含义不太在意。因为给他以关键影响的拉斯克在其《哲学的逻辑》中已经淡化了直观的视觉和知觉色彩，提出范畴直观可以是一种非视觉的范畴沉浸，即完全进入所予。这是一种生命形式，而不是认识形式。所以海德格尔说直观是"投身"（hingeben），而不是"看去"（hinsehen）。[2]这是海德格尔超越传统"澄明形而上学"的第一步。同时，他对理解的非反思、前理论的性质也已相当明确了，它是生命自有自己的方式。因此，它既不会截断生命之流，也不会因使用一般概念而无法把握当下特殊的生命经验。[3]此外，对

---

[1] Heidegger, *Gesamtausgabe* Bd. 56/57, S. 117.

[2] Cf. Theodore Kisiel, *Heidegger's Way of Thought*, S. 177.

[3] 那托普批评胡塞尔的现象学，说它根本不可能达到经验的当下性就根据这两个理由：一、无论是反思的描述还是描述的反思都会停止经验之流。二、描述必然要用一般概念，要将特殊归在抽象之下。海德格尔当然知道这个批评，所以他的"理解"概念也有回到那托普的意思（Cf. Heidegger, *Gesamtausgabe* Bd. 56/57, S. 100f）。

于海德格尔来说,现象学的目标——事实性生命不是对象,而是一种处境（Situation）。理解本身就是这处境的一部分,是对这处境自身的把握,而不是外在于处境的客观观察或描述。

正因为如此,海德格尔很快就发现,不管怎么说,只要是用"直观"概念,就有将现象学直观等同于对象直观的危险。[1]这反过来又会导致将现象学直观等同于把握秩序概念。因此,海德格尔不得不强调"现象学研究的最初阶段是理解。……相反,'内在直观''反思'等等的对应物,所谓的'经历',基本上被理解为物"[2]。这极为清楚而又关键地表明了他的"理解"概念与胡塞尔的"范畴直观"概念的重大区别。释义学现象学的世界不是对象的世界,而是意义的世界。所以它的概念不是安排事物的秩序概念,而是表达意义的表达性概念。它们不是抽象的共相,而是历史的意义,是生命具体的形式化。释义学现象学的概念结构是辨证的、动态的,而不是像科学概念那样固定的、明确的。理解不是认识,而是前反思的生命形式或存在形式。即使现象学的本质直观也"以生存理解为基础"[3]。传统哲学的直观是以知识为目标,所以它要让永恒的nous(理性)之光来照亮事物,使之呈现。而理解就是在存在,它不断在出位的时间性的原始统一中敞开(Lichtung)。[4]

作为意义整体关联的世界,其世界性不是像物质对象那样呈现,不能通过直观来达到,而只能通过理解及其解释来得到揭示。理解与解释不是主观的认知或知识活动,而是我们日常与世界打交道的一种基本方式。最初给予我们的并不是随便什么孤立的物体,而总是我们与世界的交道总体,即我们日常生命活动中的某个"用具",或"上手之物"。它只有在世界的世界性这个意义敞开中才得以显现;而不是像胡塞尔认为的那样,世界的本真呈现,他叫"物体性"(Leibhaftigkeit),是在我们的"看"(直观)中呈现的。物体性呈现是发生在纯粹知觉中的事。但这绝不是事物最初或原始的呈现。只有在我们与世界的交往,即日常生活活动暂停

---

[1]　Cf. Heidegger, *Gesamtausgabe* Bd. 58, S. 237.

[2]　Ibid., SS. 237-38.

[3]　Heidegger, *Sein und Zeit*, S. 147.

[4]　因此,将Lichtung译为"澄明"不是简单的误译,而是对海德格尔这个概念本身的反澄明形而上学传统的深刻含义领会不够。

或悬搁的情况下，事物才会作为纯粹物体在知觉中呈现。但此时那个给予它意义的世界的世界性却被遮掩了。而理解却始终不离那个意义整体，即世界。

非但如此。与知觉或直观不同的是，理解始终是动态的，因为它是生命存在的基本方式。人在世上的种种操劳总离不开时间性，而理解是以操劳为基础的。海德格尔把理解事物称为"有"事物。他说，现象学所谓的直观其实就是在存在者的物体性上有所领会是用这个存在者。[1] 但是，这种"有"甚至还应包括在日常活动中"与……有关"。它是一种前主题的领会。我们活在世上总要做事。我在做某事之前，我已对此事及有关的事项（如手段、工具、目的等等）有所理解，我根据它的目的（即它是为了什么）而已经对它有了理解。这里就牵涉到一个特殊的时间结构：我必须已经先已存在因而能碰上某件事或做某件事。海德格尔以上课用的"粉笔"为例："我预先已生活在为什么（Wozu）的整体关联中，我才与某个周围世界交往，它倾向某种特殊的行为和操劳，我根据这操劳和行为理解这东西为'粉笔'。"[2] 这就是说，首先有"我已经存在"，我已居住在世界上，我才能将某物理解为某物。我"栖息地"的习惯构成了我最当下的有，海德格尔在《存在与时间》中把这种原初的"有"叫"先在的完成时"（apriorisches Perfekt）。[3]

已"有"之人总是要不断扩大他的所有，他的种种知识与技能就是这样发展起来的，并且越有越想有。然而，这样一味追求占有，存在本身渐渐被遗忘。所以海德格尔说此在必须能"放弃一切世俗的所得和占有"[4]。这种可能性在此在的操心。此在所操心的东西是不能一劳永逸地固有的，但是"它的关涉（es geht um）恰恰就是一个朝向（Sich-zu）所关涉者（Worum）。这个朝向不是在现成事物中存在，而纯粹只是一个朝向。它还不是固定的拥有，归根结底也绝不能成为固定的拥有。这种朝向就是操心，而这种操心之所向则是此在的存在，即任何时候都还未存在，但

---

[1] Heidegger, *Logik. Der Frage nach der Wahrheit. Gesamtausgabe* Bd. 21 (Frankfurt am Main: Vittorio Klostermann, 1995), S. 103.
[2] Ibid., S. 147.
[3] Heidegger, *Sein und Zeit*, S. 85.
[4] Heidegger, *Gesamtausgabe*, Bd. 21, S. 232.

能存在的那个存在；因而一种外向存在（Aussein-auf）自己作为能在的存在就在'它的关涉'中"[1]。这就是说，此在本己的存在就在于它能存在和去存在，而不是简单地拥有任何确定和固定的东西。

必须说明的是，上述"外向存在"不能理解为主体走向客体，或个人进入外部世界。这里讲的"外向存在"是向着它的能在，向着它的最"外面"的可能性——死亡。在到达这个终点之前，此在一直向外（即不固定为现成物），一直未完成，一直在路上。理解也同样如此。但是，此在与理解的时间结构的论述，海德格尔是在《存在与时间》中才真正完成的。

《存在与时间》

为了接替胡塞尔退休留下的弗莱堡大学的教授职位，海德格尔在1927年将尚未完成的《存在与时间》付诸发表。这部著作一出版就获得了巨大成功[2]，奠定了海德格尔在哲学史上的地位。尽管海德格尔本人对这部著作有所保留，但即使他的敌人也不得不承认这是一部划时代的著作，是西方思想文化史上一部里程碑式的著作。[3]当代德国哲学家施奈德巴赫在其所著的《德国哲学 1831—1933》中说，《存在与时间》、卢卡奇的《历史与阶级意识》和维特根斯坦的《逻辑哲学论》是我们这个世纪

---

[1] Heidegger, *Gesamtausgabe*, Bd. 21, S. 235.

[2] 狄尔泰的女婿米施在《存在与时间》发表的次年这样写道："在长期等待后，海德格尔一年多前发表在胡塞尔圈子现象学家出版的一卷年鉴上的《存在与时间》产生了异常巨大的哲学刺激。人们读这部严谨、艰难和系统的著作，几乎明显被它的内容吸引。胡塞尔的《逻辑研究》也许用了十年时间其重要性才被普遍承认，但以后就很快成为一部经典著作；而狄尔泰只是在其身后才享有超出他关系最密切学生圈子的广泛而慢慢深入的影响。但这部著作（指《存在与时间》）却犹如电击一般。"（Georg Misch, *Lebensphilosophie und Phänomenologie*, S. 1）

[3] 例如，哈贝马斯就说，《存在与时间》也许是黑格尔以来德国哲学最深刻的转折点（Jürgen Habermas, "Work and Weltanschauung: The Heidegger Controversy from a German Perspective", in *The Conservatism: Cultural Criticism and the Historians' Debate*, Cambridge: MIT Press, 1990）。

（20世纪）三部最有影响的哲学著作。[1]

《存在与时间》的外观往往使人产生错觉，以为这又是一部典型的晦涩的德国哲学著作。但它与《纯粹理性批判》这样的著作不同，它不是一部理论哲学的著作，而是一部实践哲学的著作。是关于人最根本（原始）的存在经验及其现代命运的著作。这就是为什么它的艰深内容没有吓退对它感兴趣的人，相反，却引起人们读解它的无穷热情。毫无疑问，《存在与时间》是一部伟大的哲学经典[2]，是西方哲学史承上启下、继往开来的一部著作，是一部典型的哲学著作。它向人们表明，最基本的哲学问题恰恰也是最深刻的时代问题。

然而，由于《存在与时间》是一部未完成的著作，它几乎甫一问世，就遭到误解。按照海德格尔的初衷，《存在与时间》应该由"体系的"和"历史的"两部分组成，每一部分由各分为三篇。前者正面阐述他自己的思想；后者解构西方哲学史。两部分相辅相成。但实际完成出版的只有第一部分的一、二两篇，后面的部分，尤其是最能体现海德格尔思想特征的"时间与存在"没有完成，[3]人们自然而然根据发表的第一部分的第一、二两篇，不顾海德格尔自己的一再声明，将海德格尔哲学理解为存在主义或生存哲学（Existenzphilosophie），因为对此在的存在论分析构成了现在的《存在与时间》的主要内容。然而，正如海德格尔晚年的助手，其《全集》的主要编纂者冯·海尔曼所言："海德格尔哲学发端于此在不是重新规定主体性，而是与之告别。……此在的存在论在我们世纪的生存哲学之外。"[4]所以他提出，我们不仅应该把《现象学的基本问题》作为《存在与时间》的续编来读，而且要从《全集》24卷的角度去重新研究海

---

[1] Herbert Schnädelbach, *Philosophie in Deutschland 1831–1933* (Frankfurt am Main: Suhrkamp, 1983), S. 13.

[2] 至于海德格尔自己对它的保留和批评那是另一个问题。

[3] 这部分的提纲构成后来发表的《现象学的基本问题》，即《海德格尔全集》第24卷。海德格尔自己认为"时间与存在"应该是《存在与时间》最重要的部分，因为它是《存在与时间》"体系"部分的目标，形成"体系部分"和"历史"部分间的桥梁（Cf. Heidegger, *Die Metaphysik des Deutschen Idealismus. Zur erneuten Auslegung von Schelling. Gesamtausgabe* Bd. 49, Frankfurt am Main: Vittorio Klostermann, 1991, S. 40）。

[4] Fr.-W. von Herrmann, *Sbujekt und Dasein* (Frankfurt am Main: Vittorio Klostermann, 1985), S. 10.

德格尔对此在的分析:"只有这样的阅读才能防止此在的分析……致命地好像只是一种存在论或甚至一种此在的人类学,一种生存哲学。"[1]

虽然海德格尔是从1923年才开始《存在与时间》的具体写作,但这部著作要处理的问题却由来已久,可以追溯到他阅读布伦塔诺那篇关于亚里士多德存在概念多义性的论文。存在问题,亦即存在论问题,从柏拉图、亚里士多德以来就一直是西方哲学的主要问题。但是,传统西方哲学对这个问题的处理,也秉承了柏拉图和亚里士多德的传统,将存在看作在现象中或现象后的本质,时间与变易之流中的恒常不变者,认为存在是无时间的。然而,在海德格尔看来,任何存在论都受时间指引。希腊人把ousia解释为永在的东西,实际上就是把它解释为现在,解释为在场,在场的形而上学就是这种思路的产物。但是,这种形而上学根本无法充分说明人类生命本身的动态性。

如前所述,在原始基督教和狄尔泰哲学的影响下,海德格尔从1919年起就把事实性生命作为哲学思考的出发点和主要对象。生存始终是时间中的生存,必须把先验自我理解为有限的,即事实—历史的自我;必须将现象学构建为事实性生命的自我阐释。事实性生命的有限性、历史性和动态性使海德格尔彻底看清了旧存在论和传统形而上学的问题所在,也指示了他自己哲学的方向。如果哲学是生命的一种可能模式,那么哲学的不足归根结底是由于我们对存在理解上的不足,生命的一切模式实际上是以这种理解为基础的。

如果旧哲学把时间理解为一种存在的外在形式,从而实际上把它与存在和生命相分离,那么《存在与时间》的书名本身表明时间与生命、时间与存在是不可分的。这个基本思想的根源,是在事实性生命的概念中。而事实性生命的实质,是时间。但这绝不是说,我们生活在一个外在于我们存在的抽象的时间之流中。与柏格森一样,海德格尔的时间不是物理学意义上的时间,而是生命时间,是作为生命条件的、不能对象化的时间。时间对于存在论的引导作用表明它是我们理解存在的一个境域。

在海德格尔看来,西方形而上学在将存在者抽象化和理念化(主题化)时,忘了时间。存在遗忘实际是时间遗忘。当希腊人把无批判地把存在解

[1] Fr.-W. Von Herrmann, *Heideggers „Grundprobleme der Phänomenologie". Zur „Zweite Hälfte" von „Sein und Zeit"* (Frankfurt am Main: Vittorio Klostermann, 1991), S. 56.

释为绝对不变的东西时，就阻塞了本来科学研究理解历史存在这样的实在的种种可能。[1]奥古斯丁已经警告过哲学家不要像柏拉图一样坚持"看"事物的本质，而要用全部生存的承诺和耐心去体验它，这种承诺包含理解存在受时间约束的本性。奥古斯丁和克尔凯郭尔强调，人的根在于具体的时间性世界；巴斯卡和路德强调畏、死亡的邻近和右时间支配的现时性，这实际上已经向海德格尔昭示了存在与时间的一体性。真理是经历到的，而不是认知到的，是人生存的事实性和历史性的一部分。这些构成了《存在与时间》的基本出发点。另一方面，哲学是人类生命的一种特殊可能性，因而应该在生命本身的事实性基础上来理解。哲学的一切模式都应该以时间性为基础，因为事实生命本身也以同样的时间性为基础。时间性产生了一个开放的空间，使存在者得以与我们相遇，向我们揭示。所以《存在与时间》的重心在时间与时间性，在没有写出的"时间与存在"那一部分。[2]

这当然不是说构成《存在与时间》现实内容的对此在的生存论分析不重要或没有必要。传统存在论由于将存在理解为现在和在场，即理解为存在者，就根本不可能处理存在的意义问题。存在只有在某种存在者的理解中才能发生[3]，而人（此在）就是这种存在者[4]，它天生对存在有某种理解。分析此在就是将它对存在理解的时间性主题化，以存在的意义为目标，而不是以存在者之为存在者为目标。归根结底，存在者之为存在者是以我们对存在的理解为基础的。所以海德格尔称对存在的生存论分析为"基础存在论"，意为它是一切研究特殊存在者的存在论（所谓部门

---

[1] Cf. Heidegger, "Wilhelm Diltheys Forschungsarbeit und der gegenwärtige Kampf um eine historische Weltanschauung", S. 176.

[2] 海德格尔在《存在与时间》中明确告诉我们："解释存在本身的坚持存在论的任务包含阐明存在的时间性。只有时间性问题得到揭示后，才能具体回答存在的意义问题。"(Heidegger, *Sein und Zeit*, s, 19)

[3] Heidegger, *Sein und Zeit*, S. 183.

[4] "此在"(Dasein) 既是一个普通的德文词，也是一个普通的德国哲学概念。但就像许多哲学概念在海德格尔那里有其特定的意义一样，Dasein 在海德格尔那里有其特殊规定。在《存在与时间》中指人特殊的存在方式，即对存在的理解。因此，不能把它理解为任何人类学、生理学、生物学或主体哲学意义上的"人"。它不是指人，而是指人存在的形式，是一个形式性而不是实体性的概念。遗憾的是人们常常忽视海德格尔Dasein概念的特殊性，而把它与实体性的人或人类学意义上的人混为一谈。将海德格尔哲学理解为一种存在主义或生存哲学，很大程度上是由于误解了此在和对此在的分析。

存在论）的基础。它是通向存在意义问题的必要"弯路"。

《存在与时间》现有的两篇都是关于此在的生存论分析的。第一篇围绕着此在的世界性展开，而第二篇则以此在的时间性为分析之枢轴。在此在分析一开始，海德格尔就把此在的基本结构规定为在世存在。在海德格尔那里，"世界"是一个极为重要又关键的概念。[1]世界不是如一般人认为的那样是事物的总和或全体，而是事物或存在者关系和意义的全体。此在之"此"（Da），也就是它理解存在的境域，就是其世界。因此，早在《存在与时间》之前，海德格尔就以人的境域为参照，把世界进一步分为周围世界（人与物）、共同世界（人与人）和自我世界（人与自己）三个维度。《存在与时间》虽然没有明确提出这三个维度，但它对此在世界性的分析无疑是按照这三个维度展开的。第一篇的一、二两章是对此在分析和此在结构的一般性说明；第三章主要涉及周围世界，第四章是共存世界，第五、第六两章则主要是关于自我世界了。

人生在世，首先要与世上林林总总的事物打交道。然而，我们在日常生活中相遇的事物，绝不是与我们遥遥相对的"对象"或"客体"，用海德格尔的术语来说，不是现成的东西（Vorhandenes），而是"应手的东西"（Zuhandenes），是派某种用场的"器具"。在日常生活中与事物打交道，绝不是一种理论的行为或柏拉图意义上的"看"，而是根据需要拿应手之物做事。[2]只是在我们用应手之物做事发生种种障碍与问题时，事物才会由应手之物变成现成之物[3]，即变成我们理论思考的对象，我们才能对它主题化，理论科学才得以出现。通过对世内存在者存在方式（应手和现成）的分析，海德格尔解构了传统对主客体关系的解释，无可辩驳地揭

---

[1] 海德格尔的"世界"概念显然受了新康德主义者拉斯克（Emil Lask, 1875—1915）的启发，在1919年的《战时演讲》中，他告诉听众："拉斯克在作为终极经历的应该和价值中发现了世界，它是……事实的。"（Heidegger, *Gesamtausgabe*, Bd. 56/57, S. 122）而其远因，则可追溯到《新约》，以及奥古斯丁和狄尔泰（Cf. Otto Pöggeler, "Being as Appropriation", *Martin Heidegger: Critical Assessment*, edited by Christopher Macann, vol. 1, London & New York: Routledge, 1992, p. 285）。

[2] 海德格尔把对"需要"和与此相关的"做事"的种种考虑叫"审视"（Umsicht），这是一种非反思的实践考量和把握。海德格尔的这个概念来自亚里士多德的 phronesis 概念，参看前述亚里士多德对海德格尔影响的部分。

[3] Cf. Heidegger, *Sein und Zeit*, §16.

示了实践存在的原始地位。

　　然而,海德格尔对此在日常与世内存在者打交道的分析并不是要简单地指出实践第一,理论第二。我们甚至可以说,区分实践与理论本身还是一种形而上学的理论思维方式;而哲学是非理论的,它只揭示或描述存在的本相;而这种揭示与描述本身也是一种存在方式。对于海德格尔来说,从事情本身出发就是从存在本身出发。我们与事物的原始关系并不是纯粹的感觉或知觉,因为我们在与事物打交道时已经对我们与事物共有的世界有一定的熟悉。事物的意义来自这个世界,我们则被抛入这个世界。

　　在这个世界上,不光有事物,还有他人。我们是与他人共存于世,他人共有我们的世界。我们一方面和事物打交道,另一方面要与人相处,与人共事。我们同样不是通过纯粹知觉或移情来认知他们,而是在与他们的共事中已经碰到了他们。[1]这就是说,我们与他人的原始关系同样是一种非对象性关系。海德格尔把我们与事物的日常关系叫"操劳"(Besorgen),把与他人的日常关系叫"操持"(Fürsorge)。操持有非本己和本己两种模式。以一起做某事为例。我不让别人以他们自己的方式来做这事,这样就使他们成为依赖于我。这就是非本己的模式。本己的模式是我与之合作的人可以用他们自己的方式来做这事,而不试图越俎代庖。

　　但是,在共同世界中,最大的可能性的自己的此在在与他人相遇中消失与"常人"的此在中,自己的自我消散在"常人"中。虽然人,尤其是现代人喜欢谈论"自我",实际上人却有舍己趋同的倾向。人更容易在日常生活中放弃自己的此在,而宁可成为一个"常人"的平均值,喜怒哀乐都与常人无异。每个人都是他人,而没有一个人是他人本身。但所谓常人实际上是"无此人"。[2]每个人都偏离了他自己。海德格尔把这种"常人"的存在方式叫作"沦落"。海德格尔在这里用这个词(Verfallen)并没有任何贬义,相反,却是要指出此在的一种自然倾向,即人消失或埋没在日常世界及其事务中。他把沦落与现身情态(Befindlichkeit)和理解一起,作为此在基本的生存论要素(Existential)。

---

[1]　Cf. Heidegger, *Sein und Zeit*, S. 120.

[2]　Ibid., S. 128.

Befindlichkeit是一个很难翻译的概念,[1]海德格尔用它来进一步表达此在对于其他存在者的优先性。此在总是已经被抛为这种存在者：存在总是已经在它的此（事实性）中发现自己,总是在它的情绪中发现自己。同时,世界在情绪中向我们展开。当然,我们也可以躲避世界。但这种躲避也是此在的一种生存的可能性,甚至可能是一种特有的可能性,因为在这种可能性中同样向我们展示了：我们在"此"。此在首先是通过它的躲避知道它不得不存在。但此在并不完全无能为力。此在作为自由的生存也总是"筹划",所以海德格尔把在世存在的"在……存在"(In-Sein)规定为"被抛的筹划"。

理解和现身情态一样构成"此"之存在。从表面上看,理解要比现身情态容易理解得多。实际上却很容易被误解。最主要的误解就是把它理解为一种认知模式,即对陌生的东西,如文本、生活、文化等的理解,比如理解一首古诗。[2]实际上海德格尔的理解只是此在的自我理解,是此在的基本此在方式。对于海德格尔和伽德默尔来说,不是此在在理解,而是此在就是理解。它的筹划就是通过理解来实现的,它作为理解向某些可能性上筹划它的存在。当这些可能性被揭示,在此在的境域中作为熟知的东西出现时,此在就是这些它的可能性。比如,我刚开始写一本书,我怎么能说,在什么地方它还未完成？因为我作为写书的那个人,理解我此在的一个具体可能性意味着什么。我通过理解这种可能性,即为我自己揭示这种可能性,我才能写这本书。但还需要解释来揭示理解中的这种可能性。每一个解释都基于在生存上理解。理解是前主题的,解释是已理解了的东西的主题化和规定。与前主题的被理解的东西不同,被解释的东西是明确理解了的东西,以某种方式已然认识了的东西。被解释的已理解的东西有"作为什么"是结构。我们把钳子解释为用来拔钉子

---

[1]   Befinden在德文中有两个基本意思,首先是空间的意思,如Sie befinden sich in der Höhle des Löwen (您身陷狮穴！)；其次是情感上的意思,如Wie befinden Sie sich in der Höhle des Löwen (您在狮穴感觉如何？)。海德格尔用这个词是兼取这两层意思。空间性意以情绪性意思为基础。我们总是身处某种情绪中。但海德格尔这里的"情绪"不是心理学意义上的东西,不是感情和感觉之类的东西；而是生存—存在论意义上的因素,指此在具有的前存在论倾向。

[2]   这就是为什么人们总是有意无意把海德格尔和伽德默尔的释义学实际理解为这样一种理解陌生文化事物的方法,而不是人的存在方式。

的工具；或者把汽笛声解释为警报等等。但这不是说，先有事物，然后它们相互陷入一张意义之网中，而是我们总是从我们已经熟悉的器具的实用关系整体（Bewandtnis）来理解的。我们熟悉的这种实用关系整体、意义和世界就是海德格尔所谓的"前有"（Vorhabe）。在此前有的基础上，我们总是朝着某个方向解释事物。海德格尔把在前有基础上把我们解释导向某个方向的东西叫"前见"（Vorsicht）。我们在解释事物时，先已对事物有了某种把握，我们从它出发来进行解释。例如，我们在解释汽笛声时，我们总是已经知道什么是汽笛、什么是警报。海德格尔把这种先行把握称为"前把握"（Vorgriff）。在理解和解释中揭示的是意义。但意义不是简单就有的，而是以在前有中，通过前见，在先行把握下已经先结构了的被理解的东西的解释为基础，才有意义。意义是一个生存论要素，一种此在的存在方式，而不是存在者的性质，最初也不是陈述的性质。例如，"生命的意义"就不是生命的性质，而是生命筹划之所向。更简单地说，是我真正前有的东西。

与现身情态和理解同样原始的生存论要素还有话语。"话语"其实就是海德格尔在《存在与时间》一开始分析"现象"概念时所讲的logos。逻各斯是事物得以揭示的可能性指条件。同样，"话语是可理解东西的表达。因此它已经构成阐释和陈述的基础"[1]。话语之所以是原始的生存论要素，是我们与他人共在必然始终已经分享（Mit-Teilung）某些东西，交流某些东西。狭义的话语是说，它传达话语表达的意义。但话语（Rede）还不是寻常意义的语言，而是语言的基础。所以话语也包括沉默、倾听等样式。话语是意义原始的构成与表达，而与日常所理解的语言还有区别。如果说话语是对意义原始的构成与表达，那么它也必须被理解为语言，语言就是这种原始能力的基础上把它们清楚地说出。"话语是对可理解的东西的表达。因而它已经是解释和命题的基础。我们称能在解释中表达，因而更源始地已经在话语中表达的东西为意义。"[2]但语言不是说出的话的全体，而是"此"的真理的本质。在《存在与世界》中，"意义"是指存在的意义。在此语境下，"意义"指已经被理解和应该被揭示的时间性境

---

[1]　Heidegger, *Sein und Zeit*, S. 161.

[2]　Ibid., S. 161.

域。然而,在日常生活中,话语容易沦为无根的闲谈,言不及义,不再在理解中使我们的在世存在保持开放,反而使它封闭,遮蔽了世内的事物。[1]

在分析了此在种种生存论要素之后,海德格尔转向此在存在的结构整体,他把它叫"操心"(Sorge)。"操心并不只是描述与事实性和沦落脱节的生存性知特征,而且包括这些存在规定之统一。"[2] 所有迄今为止解释的此在结构都可以从形式的操心结构中得出。操心是此在一切活动和行为的基础,它自己却不以别的什么东西为基础。操心作为此在的基本现象不是简单的,而是复杂的,本身已分成不同的环节。生存性、事实性和话语构成了操心结构整体的统一。

海德格尔在《存在与时间》第一部第一篇的最后一节讨论此在与真理的关系问题。这是《存在与时间》最长的一节,也是第一篇结束和向第二篇过渡。这一节在文本上的枢纽地位已经暗示了海德格尔哲学真理、存在和时间三位一体的特征。"真理"在西方思想中自古以来就与存在密切相关。巴门尼德把存在与对存在的理解相提并论。亚里士多德一方面把哲学叫作"真理的科学";另一方面把它叫作"存在者的科学",就存在者的存在来考察它的科学。在这两种定义中真理本身都不是在认识论意义上成为已经对象的。因为很显然,真理在这里是事物本身的真理,因此,不是判断与陈述是"真"的,而是被判断的事物和事情是"真"的。然而,传统的符合论真理观却认为事物无所谓真假,只有判断和陈述才谈得上真假。但是,在海德格尔看来,观念的命题内容与实在的事情真相间的一致得以实现的基础,是对存在者进行揭示的存在,我们一般称之为"认识"。认识是此的一种存在方式,它是此在的"揭示—存在"。因此,真理不是与一个外在存在者一致,而是揭示和阐明世内的存在者。然而,真理作为揭示(aletheia)需要一个揭示者,这就是作为在世存在的此在。存在和真理是同样原始的,没有一个就没有另一个,它们其实是一体的。因此,存在的意义,即真理,应该在此在存在的整体结构——操心上得到澄

---

[1] Heidegger, *Sein und Zeit*, S. 169. 海德格尔在马堡时对话语沦为闲言的原因有如下解释:"语言不仅我们一有感知就说,甚至还引导我们的感知,我们通过语言看。只要我们是传统而非原始地习得语言,它就遮蔽事物,虽然语言有指出事物的基本功能。"(Heidegger, *Gesamtausgabe*, Bd. 17, S. 30)

[2] Heidegger, *Sein und Zeit*, S. 193.

清。而操心的意义是时间性。

《存在与时间》第一部第二篇仍然是此在分析,不同的是海德格尔在这里是根据时间来解释此在的存在方式,这样就能导出他此前只是提到的东西。海德格尔要证明时间性是操心的结构多样性的统一基础,只有基于时间性我们才能理解操心结构及其内在各个成分。海德格尔总结前面对此在的准备性分析,得出结论说,此在是与现成性不同的生存(Existenz)。人既不是现成的也不是应手的,而是与自己相关,对自己负责的存在者。人不像物那样通过本质(范畴)来规定,所以海德格尔引进种种生存论要素。然而,此在又是会改变的,它既能本己地存在,也能非本己地作为一个平均值而存在。只有获得自主性和整体性时,此在才是本己的。

照理说,人在生命中应该已经意识到他生存的整体性。然而,日常的操心却使我们完全埋没在日常的忙碌中,忘却了自己。但是,此在的有限性,即它的有死性使它不能完全把自己遗忘。海德格尔在《存在与时间》中讲的"死亡"不是日常的死亡现象,而是一个生存论概念。海德格尔的此在指的不是任何实体意义上的人,因而它不是肉体和灵魂的综合,而是指人的存在。从存在论或生存论的观点看,此在是能存在,或者说,此在是可能性。正因为此在不是任何实体意义或人类学意义上的人,所以它的可能性不是"明天可能发生什么"那种偶然的可能性,而是一种终极意义的可能性,则就是死亡。换言之,死亡是人存在的终极可能性。人是一个要死并去死的存在者,此在就是先行向死的存在。死亡作为此在的最终界限保证了此在可以将自己作为整体放在眼前。死亡是我们整体性的保证。这也是黑格尔关于死亡的思想:个人首先作为死亡才是完整的,死了的人已经摆脱了他一长串的纷纭杂乱的存在而归于完满的单一形态,已经摆脱了偶然生活的喧嚣扰攘而上升于简单的普遍性的宁静。但在黑格尔那里,此在的整体性从个人看是不可思议的,它首先是一个家庭的活动,因而是精神的基础形式:家庭埋葬死者,使之成为整体。[1]而对于海德格尔来说,死亡不仅是此在整体性的保证,也是它自身性(Selbstheit)的保证。这听上去似乎有些匪夷所思。因为正如伊壁鸠鲁在

---

[1] Cf. Hegel, *Phänomenologie des Geistes. Werke* 3 (Frankfurt am Main: Suhrkamp, 1986), SS. 332-333.

论证死亡没有什么好怕时所说的那样：如果它存在，我们不存在；如果我们存在，它不存在。死亡怎么会与人（此在）的自身性和自主性有关？因为我们只能自己去面对死亡，因为虽然人皆有死，但死亡却永远是个人的事。对本己死亡的预期首先使此在个别化：它不再是常人。"只有当此在是由它自己来使它自己做到这一步时，此在才能够本己地作为它自己存在。"[1]但不仅仅如此。死亡揭示了我们本己存在的可能性，向死存在是向最本己的可能性存在。向最本己的可能性存在向此在揭示了它最本己的可能性，即它的本己性。死是无可逾越的，即最极端的可能性。然而，这个可能性是它既无法预期也无法掌握的。虽然向着这个可能性存在意味着此在从一切偶然逼来的可能性解放出来，此在粉碎了每一种僵固于已达到的生存之上的情况。先行向死将此在带入它自己的可能性，带入热情的、解脱了常人幻想的、实际的、确知它自己而又畏着的向死的自由之中。但最终无法预期死亡又让此在觉得自己是"有罪的"。

海德格尔明确指出，这里的"有罪"不是道德意义上的。[2]它指的是此在存在的基础不是由它自己奠定的，因为它是被抛的存在，被抛性构成了它存在的基础。此在只有接受这个被抛性才能成为自己的基础。这就是说，此在的基础来自存在，它对存在由"亏欠"。后期海德格尔把这种"亏欠"称为"感恩"。此在只有首先向存在敞开，才能成为它自己。海德格尔把此在这种向存在的敞开称为"投开"（Entwerfen）。[3]投开需要决断，以听从存在的召唤，回到自己的这个基础。能在就是作为本己的、

---

[1] Heidegger, *Sein und Zeit*, S. 263.

[2] Cf. Heidegger, *Sein und Zeit,* SS. 281–283.

[3] Entwerfen 及其名词形式 Entwurf 国内一般译为"筹划"。这种译法固然符合这个德文词的辞典意义，却是一个很容易产生误解的译法。海德格尔其实并不是在这个词的辞典意义上使用这个词的，因为这个词的基本意义"规划""计划""设计"等都是指一种主观的行动。汉语"筹划"的主观意味也太强，而海德格尔的 entwerfen 一点都没有主观作为的意思。事实上它与 Wurf（投）和 Geworfenheit（被投）有密切的亲缘关系（不只是在词根上）。此在被抛入世界就是进入一种开放状态。这种存在状态同时意味它对存在有某种进一步展开的理解，这种理解是此在存在的开显。这就是海德格尔讲的 entwerfen 的意思（Cf. Friedrich-Wilhelm von Herrmann, *Hermeneutische Phänomenologie des Dasein,* Bd. 1, Frankfurt am Main: Vittorio Klostermann, 1987, SS. 100–109）。"投开"也不是一个理想的译名，但较"筹划"更接近海德格尔的意思，也较少主观意味，如此而已。

被投的根据存在。[1]

　　海德格尔把此在存在结构的整体性称为"操心",操心的原始统一在时间性。或者说,必须根据时间性来理解操心。此在作为先行向死的存在其时间性的基础是将来,此在的先行决断就表明了这一点。只有通过看到终结和此在的整体性而决定,此在自己才有了一个形式,一个身份。所以在时间性结构中,将来是最重要的维度。由于海德格尔的"时间"不是日常意义上的"时间",而是作为存在可能性的原始时间,因此,"将来"在这里并不是还未到来的现在,而是使一切先于自身的东西(此在),即一切理解可能的东西。"此在借以在最本己的能在中来到自身。"[2]但时间不只有将一个维度。就我们从将来来到我们自身而言,我们也已经存在,我们总是已本己地、根据可能性而存在了。在回到自身时发现我们能在,只是没有实现而已。这个已经存在(Schon-sein)就是过去或已在(Gewesnheit)。"只有当此在是将来的,它才能本己地曾在。曾在以某种方式源自将来。"[3]由于流行的时间观念对我们的思想支配最深,所以海德格尔的时间概念很难被一般人理解和接受。其实他的时间概念并不是什么匪夷所思的东西,而恰恰是我们存在的基本形式。因为我们是时间性的,我们既卷入过去也卷入将来。过去和将来并不是纯粹不在,而是我们自己存在的"出位",它们展现在场的东西,使我们能在其他存在者的各种存在模式中与之相遇。此在在世必有所行动,这以先行决断(将来)和已被抛在世界上(过去)为条件,存在于世必然要与已经在场(当前)的世上的事物(无论应手的还是现成的)相遇。"曾在的……将来从自身释出当前。"[4]时间性的特点是外在于自己。"时间性是原始的外在于自身(Außer-sich),出位(ekstatikon)。"[5]"出位"这个概念强烈地暗示了时间作为可能性条件的特征。

　　海德格尔的时间性概念虽然是一个非常形式化的结构,却不是先验的构造。海德格尔把操心规定为先行自身寓于可能性的存在(理解、

[1]　Heidegger, *Sein und Zeit*, S. 284.

[2]　Ibid., S. 325.

[3]　Ibid., S. 326.

[4]　Ibid.

[5]　Heidegger, *Gesamtausgabe* Bd. 24, S. 377.

能在），表明时间性结构与操心结构的一致性。海德格尔在《存在与时间》第一部第二篇从时间性出发重新分析和解释操心的结构要素，正说明这一点。理解与将来对应，现身情态与过去对应，沦落则与当前对应。此在有本己和非本己两种存在模式，时间也有双重本质："内在时间性"（Innerzeitigkeit）和历史性。"内在时间性"是指时间作为一个现在之点的系列，海德格尔也把它叫作"非本真的"时间。而历史性则是"本真的"时间。但严格来说，此在的存在论结构即操心与时间性不是并列关系。"此在的存在论结构以时间性为基础。……如果理解存在属于此在的生存，那么这种理解必须也以时间性为基础。……时间性使得理解存在成为可能，因此使对存在就、存在的表达，以及存在的多种模式的主题性解释得以可能；它因此使存在论可能。"[1]时间首先产生一种开放的境域，在此境域中存在得以与各种存在者相遇；而存在者也只有在此境域中才得以呈现它们自己。

可以说，《存在与时间》只有到这时才进入正题，而此前的对此在的分析，不过是一个导向此正题的准备。对于《存在与时间》的目标，海德格尔其实一上来就说得很清楚："其初步目标是对时间进行阐述，表明任何一种对存在的理解都必须以时间为其可能的境域。"[2]而已出版的《存在与时间》的最后一句话是："时间是否显示自己为存在的境域？"[3]这一头一尾两句话，勾勒出了《存在与时间》的重心。我们甚至可以说，时间概念是海德格尔之为海德格尔的根本标志。

在海德格尔之前，也有不少哲学家讨论时间问题，但都是把它作为哲学的一个问题，而不是作为哲学的根本问题和首要问题来讨论。而在海德格尔看来，时间既是哲学，也是人此在的可能性的根本条件。[4]在1925年在马堡作的《时间概念史导引》演讲的最后，海德格尔明确指出："不是：时间存在，而是：此在作为时间时现其此在。时间不是外部什么地方来的世界事件的框架；也不是在意识内部悄悄离去的什么东西，而

---

[1] Heidegger, *Gesamtausgabe* Bd. 24, S. 323.
[2] Heidegger, *Sein und Zeit*, S. 1.
[3] Ibid., S. 437.
[4] 对于海德格尔来说，哲学就是人存在（此在）的一种方式，而不仅仅是一种思想学说。

是已经在某处此在的先行于自身的此在（das Sich-vorweg-sein-im-schon-sein-bei），它使操心的存在可能。"[1]在海德格尔看来，传统哲学虽然没有把时间作为哲学的首要问题，但传统哲学的问题却与它的时间概念有莫大的关系。因为归根结底，"我们是在时间性出位状态的境域图式基础上理解存在的"[2]。例如，希腊人从当下，即从现在（Praesenz）来理解存在，从而把ousia理解为"在场"。这种以时间的"现在"（Praesenz）维度为引导的形而上学支配了西方人与事物的关系及其实证科学。哲学或存在论就更不用说了。存在只能被理解为最终原因、终极基础（根据），或者不受偶然和伴随的变化影响的东西。因此，西方思想总是指向思想、领会、灵魂、精神、主体，而不理解一个原始的、预备性的存在论准备对于这些领域的必要性。[3]

但在海德格尔看来，传统形而上学本身实际上也揭示存在理解对于一切思想的导向作用。既然存在不是存在者，即存在与存在者有别，存在是存在者可能性之条件，那么存在论的问题就不是"某某东西是什么"的问题，不能用先天的根据或本质来回答。如果存在者都是在场，那么存在恰恰是不在场，是缺席。但这个缺席却起着原始的引导作用。当海德格尔说此在或思是有限的和在一定处境中时，他并不是说它们实际上是具体来说的一部分，而是说它们首先受一种不取决于它们自己的时间性境域的引导。然而，只要我们沉湎于日常性事务，我们根本不会想到这种时间性境域。所谓存在遗忘确切说是这种时间性境域的遗忘。

时间性境域既是存在理解的条件，也是此在与世内存在者相遇的条件，使我们想起了康德的图式概念。海德格尔在将时间作为"境域图式"提出时，[4]的确受到康德《纯粹理性批判》中图式论思想的启发和影响。[5]

---

[1] Heidegger, *Gesamtausgabe* Bd. 20, S. 442.

[2] Heidegger, *Gesamtausgabe* Bd. 24, S. 436.

[3] Cf. Heidegger, *Gesamtausgabe* Bd. 24, S. 459.

[4] Cf. Heidegger, *Sein und Zeit*, S. 365.

[5] 海德格尔后来在1927年至1928年冬季学期的讲演中回忆说："当我几年前再次开始研究康德的《纯粹理性批判》，可以说是以胡塞尔的现象学为背景研读它时，好像豁然开朗了，在我看来，康德肯定了我寻求的方式的正确性。"（Heidegger, *Die Phänomenologische Interpretation von Kants Kritik der reinen Vernunft, Gesamtausgabe* Bd. 25 Frankfurt am Main: Vittrio Klostermann, 1995, S. 431）

按照康德的定义，图式是"想象力为一个概念取得它的形象的某种普遍的处理方式的表象"[1]。它沟通范畴和经验表象，具体实现范畴指示对象的功能。而作为时间性的境域的图式构成存在者作为存在者呈现自己的领域范围，在此意义上它们指示存在的意义。这种指示是前主题的，是主题性活动的条件，境域就是前主题的领域，这个领域本身表明我们对存在有一种前存在论的熟悉。海德格尔发现，如果我们不把康德的范畴理解为规定对象性质的东西，而是理解为有助于存在本身的理解的东西的话，即理解为对对象前主题的预示的话，那么想象力就是时间："想象力只有在时间的展开中才有可能，或较严格的阐述；它本身就是我们称之为时间性的那个源始意义上的时间。"[2]而时间的三个维度，时间性的三种出位状态也就是境域图式。

如前所述，时间在海德格尔眼里有一种出位的特征，正是因为这个特征它才能成为可能性的条件。时间不是现在之点的均质流逝，而是不断地"趋向"又"返回"，趋向可能性（将来）而回到事情本身（曾在）。这种既趋向又返回表现为时间的出位性（将来、过去、当前三种出位状态），表明时间乃是存在之动力。正因为时间的出位性，时间才能成为存在者得以在其中呈现自己，存在得以被理解的境域。"时间的出位特性使此在的特殊超越特性，超越性，因而也使世界得以可能。"[3]"时间的可能性之生存论——时间性在条件在于这个事实，即时间性作为出位的统一有像一个境域这样的东西。"[4]

在《存在与时间》中，海德格尔这样在时间性的生存层面上来描述时间性三种出位状态的境域图式："随着事实的此——在——起，在将来的境域里能在得到筹划，在曾在的境域里'已经存在'得到展示，在当前的境域中操劳之事得到揭示。"[5]出位和境域的关系可以理解为类似意向性与意向对象的关系，虽然海德格尔指的时间性现象要比意向性更为源始。[6]

[1] Kant, *Kritik der reinen Vernunft*, A140/B179.
[2] Heidegger, *Gesamtausgabe* Bd. 25, S. 318.
[3] Heidegger, *Gesamtausgabe* Bd. 24, S. 428.
[4] Heidegger, *Sein und Zeit*, S. 365.
[5] Ibid.
[6] Cf. Heidegger, *Gesamtausgabe*, Bd. 24, SS. 378－379.

如果此在就是对存在的理解,那么时间性境域图式就是此在的基本条件,进而也是存在论的基本条件。

显然,海德格尔原拟的《存在与时间》第一部第三篇是要正面展开这个对于他的哲学来说极为重要的论题的,可是海德格尔最终却放弃了他最初的计划,宁可让《存在与时间》作为一部未完成的作品。这里面有非常复杂的内在和外在的原因。首先是"外在的情况(年鉴这一卷过于臃肿)使得原拟'时间与存在'的部分无法出版",同时海德格尔也意识到这一部分的不足,本身对它没有太大的信心。[1]但最主要的是,虽然《存在与时间》很快取得了经典的地位,但海德格尔发现,《存在与时间》实际上并没有完全摆脱他想摆脱的旧形而上学的窠臼。他看到,《存在与时间》也是一个历史地生长出来的东西(Gewachsenes),从传统的东西(das Bisherigen)发展而来,当没有和它脱离关系,甚至还要它的帮助来说完全不同东西,这就必然和不断地指向传统的路子。就此而言,《存在与时间》是一个失败。海德格尔自己后来是这样来看待这个失败的:"我相信我自己知道一些这部书的失败。这与攀登一座从未被攀登过的山一样。因为它既陡峭又未知,走这条路的人有时不巧会滑落。……有时读者没有注意到他也滑落下去;因为不管怎样页码在继续。……这样一种尝试最不能脱离它的时代。它必须有意识地,但也是在很大程度上违背它自己的意志,说它时代的语言,在它将自己从中解放出来的那个常规中思想,这个不可避免的事实支持了种种误解。"[2]因此,《存在与时间》这条道路在一个决定性的地方中断了,中断的原因是:尽管并非它的本意,《存在与时间》的尝试仍然会有危险,只是巩固了主体性。[3]

---

[1] Heidegger, *Besinnung. Gesamtausgabe*, Bd. 66 (Frankfurt am Main: Vittorio Klostermann, 1997), S. 413.

[2] Heidegger, *Die Metaphysik des Deutschen Idealismus. Zur erneuten Auslegung von Schelling. Gesamtausgabe* Bd. 49 (Frankfurt am Main: Vittorio Klostermann, 1991), SS. 27-28.

[3] Heidegger, *Nietsche: Der europäische Nihilismus. Gesamtausgabe* Bd. 48 (Frankfurt am Main: Vittrio Klostermann, 1986), SS. 260-61. 从海德格尔自己后来对《存在与时间》的反思与批判来看,伽达默尔说《存在与时间》是一部急就章和违心之作的说法仍不能成立 (Cf. Hans-Georg Gadamer, "Erinnerungen an Heideggers Anfänge", in *Dilthey-Jahrbuch* 4 (1986/1987), S. 16)。

尽管如此,《存在与时间》还是产生并将继续产生巨大的影响,不管是由于理解还是由于误解。马克斯·舍勒马上就看出《存在与时间》崭新的开端,在自己《唯心论—实在论》的系列论文里也开始讨论此在的问题、时间性问题和死亡的问题。这种讨论由于他在1928年5月的去世而中断。胡塞尔当然无法真正理解以前的学生,对他颇感失望,但海德格尔的哲学对他并非毫无触动。至于海德格尔那些杰出的学生,则从老师的著作中各取所需,发展出自己的哲学。勒维特发展了他自己的生存哲学;奥斯卡·贝克尔则根据海德格尔哲学来区分各门科学。汉斯·约纳斯从海德格尔对此在的生存论分析中发展出他自己的生态—伦理哲学。汉娜·阿伦特则在第二次世界大战后从海德格尔哲学中发展出她自己的政治哲学。伽德默尔的哲学释义学就更不用说了,基本沿袭了海德格尔释义学的思路。《存在与时间》的影响也超越了哲学。布尔特曼在其影响下提出对《新约》的生存论解释。艾弥尔·斯太格尔(Emil Staiger)把文学史扩大为一种"文学现象学"。总之,不管海德格尔自己和其他人对《存在与时间》有什么看法,都不影响它作为西方哲学的一部经典著作的地位,也不影响它持续产生着的巨大影响。

海德格尔与政治

在1933年之前,海德格尔是一个典型的与政治没有任何瓜葛的大学教授。虽然《存在与时间》后来被不少人认为是一部内在含有纳粹思想的哲学著作[1],但这肯定是后见之明。海德格尔的另一个早年学生马尔库塞就回忆说,从他的个人经验来看,无论是在海德格尔的讲课、讨论班

---

[1] 这种说法的典型代表是海德格尔的学生卡尔·洛维特。很多持同样观点的人不过是拾他的牙慧而已。洛维特曾是海德格尔学生的身份似乎使他的观点具有无可辩驳的性质。洛维特关于海德格尔与纳粹的思想联系的著作有 Karl Löwith, "The Political Implications of Heidegger's Existentialism", in *The Heidegger Controversy: A Critical Reader*, ed. by Richard Wolin (Cambridge, Massachusetts: The MIT Press, 1993), pp. 167–185; *Heidegger: Denker in dürftiger Zeit. Sämtliche Schriften.* Bd. 8 (Stuttgart: J. B. Metzler, 1984)。

还是个人交往中,都丝毫没有他同情纳粹主义的暗示。[1]自己承认受《存在与时间》和早期海德格尔很大影响的马尔库塞,恰恰是左派思想家,而不是纳粹。萨特也是如此。这说明洛维特和其他人类似对《存在与时间》的指控是有问题的。正因为如此,海德格尔1933年破门而出,与纳粹一年多的合作使许多熟悉他的人大吃一惊,觉得不可思议。人们把他比作去西西里进行政治冒险最后铩羽而归的柏拉图,[2]但柏拉图的政治冒险最多被人作为哲学家的趣闻轶事来谈论,可海德格尔的政治卷入却一直作为政治问题也作为哲学问题被讨论。人们对这一问题长达半个多世纪的兴趣,并且在可以预计的将来,这种兴趣将继续下,都足以证明,这个问题将成为海德格尔研究的一个重要方面。[3]

所谓海德格尔的政治卷入,指的是他在1933年被弗莱堡大学教授们选为校长,不久加入了纳粹党,并保持党籍到纳粹垮台。海德格尔担任校长职务将近一年,于1934年4月辞去校长一职。[4]在这期间,海德格尔发表了一系列亲纳粹或支持纳粹的言论,[5]最著名的当数他的校长就职演讲《德国大学的自我主张》;最露骨的则数"元首是现在与未来德国的现实和法律"[6]这句话;最不能让人原谅的则是他1935年出版的《形而上学导论》中提到"国家社会主义内在的真理和伟大",在此书战后的版本中拒绝把这句话删去,只是用比较含糊的"这个运动"来代替"国家社会

---

[1] Marcuse, "Heidegger's Politics. An Interview", in Robert Pippin et al., eds., *Herbert Marcuse: Critical Theory and the Promise of Utopia* (South Hadley, Mass.: Bergin and Garvey, 1988), p. 99.

[2] 据说海德格尔辞去校长职务后,他弗莱堡大学的同事,著名希腊研究学者Wolfgang Schdewaldt 见了他时问:"您从叙拉古回来了?"(Hans-Georg Gadamer, "Zurück von Syrakus?", in *Die Heidegger Kontroverse*, hrsg. Von Jürg Altwegg [Frankfurt am Main, 1988], SS. 176–179; Hannah Arendt, "Martin Heidegger at Eighty")

[3] 著名海德格尔研究学者潘格勒说,不注意海德格尔的政治卷入就不能描述海德格尔后期的思想道路。Otto Pöggeler, *Die Denkweg Martin Heideggers*, S. 335。

[4] 关于海德格尔在纳粹统治期间的经历,最可靠的当数德国历史学家Hugo Ott的*MartinHeidegger: Unterwegs zu seiner Biographie*一书。智利学者法里亚斯《海德格尔与纳粹主义》一书对海德格尔这段历史的"揭露"不遗余力,但有些地方过甚其词,与事实有出入,远不及奥特的书严谨。此书中文本由时事出版社2000年出版。

[5] 这些言论最主要的都收在 Richard Wolin编的*The Heidegger Controversy: A Critical Reader*这本书中,见该书第29—60页。

[6] Cf. *The Heidegger Controversy: A Critical Reader,* p. 47.

主义"。

平心而论,海德格尔被诟病的这些言行,在他那个时代的德国哲学家中根本不算突出,比他更为主动和恶劣的有的是。[1]之所以海德格尔的政治卷入成为一个持久问题,首先因为他是海德格尔。"海德格尔就任弗莱堡大学校长是一个事件。它在'德国革命'的一个决定性时间发生,在这个节骨眼上其他大学都缺少一个能担任这个角色的领导人——不仅因为他是党员,而且也由于他的思想地位。因此,他的决定就具有了超出本地的意义。这意义在任何地方都能感到,因为海德格尔当时在他名声的顶峰。"[2]其次是因为海德格尔战后拒绝公开表态谴责纳粹的罪行,以表明自己已彻底改变了立场。相反,却将纳粹有计划地消灭犹太人与苏联对东部日耳曼人的处置相提并论,说区别只在于一个为全世界所知,而另一个(纳粹的血腥恐怖)连普通德国人当时都不知道。[3]在《追问技术》一书未发表的手稿上,海德格尔把食品工业、在煤气室和死亡营制造尸体、在战争中封锁和饿死一些民族,以及制造氢弹相提并论。这使得许多人怒不可遏,觉得他纯属"死不悔改"。

但问题也恰恰在这里。海德格尔为什么宁可顶着极大压力也不愿意改变自己的立场?为什么他不愿意转到"胜利者的正义"这一边,而宁愿被人指为纳粹?自有"海德格尔公案"以来,人们对此的看法基本分为两大派。一派主张把作为人的海德格尔与作为哲学家的海德格尔区分开,或者将海德格尔的人与他的哲学分开。这派人认为海德格尔的政治卷入无论可原谅还是不可原谅,都是由于种种偶然的因素,如政治无知、追求权力、要改革大学教育等,与他的哲学基本无关。另一派则刚好相反,认为他的政治卷入以及他对纳粹主义的态度是他哲学的必然结果。上述偶然派为海德格尔的辩护,在一定意义上比必然派离真理更远。我们不能想象海德格尔在如此重大问题上的选择(不仅在1933年,而且

---

[1] 美国学者Hans Sluga在他的 *Heidegger's Crisis. Philosophy and Politics in Nazi Germany* (Cambridge, Mass.: Harvard University Press, 1993)一书中对此有非常翔实的描写。

[2] Karl Löwith, "The Political Implications of Heidegger's Existentialism", p. 175.

[3] Cf. Letter from Heidegger to Marcuse of January 20, 1948, in *The Heidegger Controversy: A Critical Reader*, p. 163.

在以后的岁月里）与他的哲学立场毫无关系。这首先不符合海德格尔自己的看法。据洛维特的回忆，在他1936年最后一次见海德格尔时，海德格尔完全赞同洛维特认为他（海德格尔）对国家社会主义的支持根源于他哲学的本质的看法，并补充说他的"历史性"概念是他政治"介入"的基础。[1]海德格尔从一开始就强调人的在世存在以及事实性经验的有限性，这是他哲学的出发点。哲学对于他来说首先不是抽象的理论，而是此在（当然也是他的）基本的存在方式。因此，他不可能接受偶然派为他的辩护。但偶然派的错误并不表明必然派的正确。必然派对海德格尔的批评最大的问题是"先入为主"，从政治正确性和道德立场出发去寻找海德格尔哲学中的纳粹思想，将海德格尔哲学简单化，将海德格尔本人白痴化，将整个问题，即哲学与政治的问题道德化。批评者往往对海德格尔哲学并没有真正的了解，所以他们得出的"必然结论"除了道德训诫意义外，没有任何意义。因为对历史事实和个人的道德判断是一种过于廉价的货色。历史并不是一种道德制度。道德判断的唯一功能是指导将来的行动，而不是无聊、无效、最终是自利策略。[2]必然派的批评并没有真正深入海德格尔哲学与政治的关系，而仅止于外在地罗列它们之间的关系。他们实际上是从海德格尔政治上的不正确倒推出他哲学上也必然不正确。然而，如果海德格尔的政治卷入的确与他的哲学有关的话，那么我们就不应该从结果出发，而应该从起源出发，从他的思想道路去理解他的政治道路，再从他的政治道路去理解他后来的哲学道路。

如前所述，海德格尔的哲学与一般的学院哲学大不一样，从一开始就与时代问题、与现代性的问题息息相关。海德格尔毕生关心的是以哲学对通过第一次世界大战表现出来的欧洲危机作出回应，是要回答在两次世界大战和为第三次世界大战作准备中表现出来的这个危机。[3]作为1914年那一代人，海德格尔彻底放弃了对西方文明的种种幻想。在他看来，西方的没落归根结底是西方哲学的没落，哲学作为人的基本存在方

---

[1]　Karl Löwith, "My Last Meeting with Heidegger", in *The Heidegger Controversy: A Critical Reader*, p. 142.

[2]　Cf. Hans Sluga, *Heidegger's Crisis. Philosophy and Politics in Germany*, p. 5.

[3]　Cf. Otto Pöggeler, "Heidegger's Political Self-Understanding", in *The Heidegger Controversy: A Critical Reader*, p. 204.

式,是一切文化和世界观的前提。因此,对现代性的批判不能是文化批判,而应该是哲学批判。但是,哲学批判不是传统意义上的专业批判,而是现实批判。哲学并不是与日常生活隔绝的理论活动,而是基本的生存活动。所以,《存在与时间》既是哲学批判,也是日常生活批判。海德格尔总是从哲学上去理解、把握和批判现实。对于他来说,现实世界就是哲学世界,或者说,只有在哲学地呈现的世界才是真正的世界。哲学对海德格尔来说不是论证与分析,也不是逻辑思维和推理,而是生存的思。不了解这一点,就无法弄清海德格尔的哲学与政治的关系。

1919年第一次世界大战甫一结束,海德格尔那年夏季学期就在弗莱堡大学开了题为"大学和学术研究之本质"的课。当时海德格尔就已经觉得大学必须改革。但大学改革的实质是科学观念的改革,它既不应该是韦伯心目中实证和经验的科学,也不是胡塞尔讲的绝对有效性。科学的本质应该是哲学,古希腊哲学包含几乎所有科学就说明了这一点。因此,大学的改革实际是哲学将自己改变为事实生命的源始科学。1933年的校长就职演讲其实就延续了这条思路。海德格尔在20年代的著作谈的都是哲学问题,但也是经过哲学透视的时代问题。《存在与时间》就是一个典型的例子。它之所以一发表就产生巨大的反响,原因主要就在于此。

对于海德格尔就像对于当时许多对现代性持批判态度的德国知识分子一样,现代性危机表现为一般和特殊两个层面。海德格尔在《形而上学导论》中对这两个方面都做过描述。首先是一般方面:

> 地球精神的沦落已发展到如此之远,所有民族都处于丧失其最后一点精神力量的危险中,这种精神力量使我们能看到这种(与"存在"的命运相关的)沦落,和将它评估为这样的沦落。这种直截了当的确定与文化悲观主义无关,也与任何乐观主义无关;因为世界的黑暗、诸神的逃逸、地球的毁灭、人的大众化、对一切有创造性和自由的东西带有恨意的怀疑,在整个地球上已达到了这步田地,像悲观主义和乐观主义这样幼稚的范畴早已变得可笑之极。[1]

---

[1] Heidegger, *Einführung in die Metaphysik. Gesamtausgabe* Bd. 40 (Frankfurt am Main: Vittrio Klostermann, 1983), S. 41.

这是现代性的一般症状。但德国人由于其特殊的历史传统和地理位置,更有其特殊的现代命运:

> 我们处在夹击之中,我们的民族处于中心,受到最猛烈的压力。这个民族邻居最多,因而遭受危险最大,在所有这些情况中它是个形而上学的民族。……所有这些意味着,作为一个历史的民族,这个民族必须将它自身,并从而将西方从它们未来事件的中心放入存在权力的源始领域中去。如果关于欧洲的重大决定不要落入毁灭之途,那么它只能通过从中心展开新的历史的精神力量来达致。[1]

海德格尔这里说的是同时代许多德国人共同的想法,即德国地处欧洲中心,处在俄国和美国的夹缝中。布尔什维克主义和美国资本主义代表的是同样的东西——虚无主义和现代性的毁灭力量,都是西方形而上学的极致。而德国文化与西方文化之源——古希腊文化有特殊的亲和性,所以德国代表西方文明的拯救力量。"这颗行星在燃烧。人的本质乱了套。只有从德国人那里才能产生世界历史的思考,如果他们找到并保存他们的德国性的话。"[2]

这种在其他民族的人听起来有点可笑的自负说法,在德国却是有传统的。从费希特开始,德国哲学家就认为德国对西方文化负有特殊的历史使命。一战开始后,这种情绪越来越强烈。舍勒在第一次世界大战开始时便说,德国这个眼下孤立的欧洲中央之国,是为了信仰而生,为了信仰而死,总有一天会成为欧洲再生之源。[3]他们相信其他民族也会要求德国人东挡俄国扩张主义,西拒英美资本主义。德国人要在斯拉夫人和盎格鲁-撒克逊人之间走出"第三条道路"。[4]第一次世界大战后德国陷入的悲惨境地不但没有打消德国人的这种想法,反而使它变得更强烈。

---

[1] Heidegger, *Einführung in die Metaphysik. Gesamtausgabe* Bd. 40 (Frankfurt am Main: Vittrio Klostermann, 1983), S. 41.

[2] Heidegger, *Heraklit. Gesamtausgabe* Bd. 55 (Frankfurt am Main: Vittorio Klostermann, 1979), S. 123.

[3] Max Scheler, *Krieg und Aufbau* (Leipzig: Verlag der Weissen Bücher, 1916), S. 20.

[4] Cf. Hans Sluga, *Heidegger's Crisis. Philosophy and Politics in Germany*, pp. 75-81.

海德格尔有类似的想法丝毫也不奇怪，这说明他从来也不是象牙塔中不知有汉、无论魏晋的书呆子。奇怪的是他居然最初将纳粹视为实现德国历史使命的现实契机。

海德格尔自己对此的解释是这样的："德国人民压倒多数的自由选择表现出来的意志肯定了民族社会主义方向重建的劳动。我认为在大学这个层面上加入，用一种一贯的和有效的方式去除普遍的混乱和压在西方身上的威胁是必要和可行的。"[1] "国家社会主义在解释上更新整个生活，调和社会对立和把西方此在从共产主义的危险中解救出来。"[2] 他相信像他这种从事精神工作的人（der Geistigen）与纳粹运动联盟可以深化和改变它许多本质的成分，从而能以这种方式为克服欧洲的混乱和西方精神的危机作出贡献。[3] 他幻想像他这样"从事精神工作的人"能"引导元首"。[4] 他最初对希特勒抱有幻想，认为"希特勒在他1933年承担对全民族的责任后，会超出这个党及其教条，通过革新和重整，一切都会变成承担对西方的责任"[5]。海德格尔的这些自我辩护掩盖了重要的一点，就是他的思想与纳粹思想却有共同点。或者说，他一开始以为纳粹思想有一些与他的思想有共同之处，主要在政治自由主义、现代技术和虚无主义问题上。例如，他们都不喜欢自由主义，认为政治自由和经济自由会导致有害的自我主义，只有服从更高的权力，德国人才能获得真正的自由。他们都既不喜欢英美资本主义，也不喜欢布尔什维克主义，认为都是体现了现代技术的统治。在海德格尔看来，纳粹运动提供了克服现代技术虚无主义的另一种选择。这是我们理解海德格尔政治卷入的关键。[6]

海德格尔30年代初对纳粹的态度与恩斯特·云格尔的著作，尤其是

[1] Heidegger, "Letter to the Rector of Freiburg University, November 4, 1945", in *The Heidegger Controversy: A Critical Reader*, p. 62.

[2] Letter from Heidegger to Marcuse of January 20, 1948, in *The Heidegger Controversy: A Critical Reader*, p. 162.

[3] Ibid., pp. 61–62.

[4] "引导元首"（den Führer führen）是海德格尔自负地对雅斯贝斯说的话（Cf. Willy Hochkeppel, "Heidegger,die Nazis und kein Ende," *Die Zeit* May 6,1983）。

[5] Ibid., p. 5.

[6] Cf. Michael E. Zimmerman, *Heigegger's Confrontation with Modernity* (Bloomington and Indianapolis: Indiana University, 1990), p. 45.

《总动员》,也有很大的关系。云格尔是第一次世界大战的战争英雄。战后他根据自己的战争经验写了一系列著作,鼓吹我们正在步入一个"全面总动员的"、机械化的时代。在这个时代,战争是常态,工人—士兵是新的社会类型,但他们必须臣服于征服他们的更高的力量——技术,以此获得自由。在云格尔看来,现代就是技术统治的时代,要像在地球上生存下去,必须服从和接受技术的统治外没有别的选择。海德格尔在30年代曾反复研读并在小范围里讨论过他的著作。尽管海德格尔并不是像美国学者沃林所认为的那样是在云格尔的强烈影响下形成他的政治世界观,[1]而是与他有许多重要的分歧,例如在对技术的态度上,[2]但海德格尔仍对云格尔的著作有很高的评价,认为它们根本把握了尼采的形而上学,是在这个形而上学的视域总看到和预见西方的历史和当代的情况。海德格尔认为自己就是在它们的基础上进行更本质的反思。[3]因此,虽然与云格尔有重大的分歧,他还是挪用了云格尔的有些思想和修辞,接受云格尔对当代社会的一些分析。例如,他认为纳粹是云格尔讲的工人社会(Arbeitergesellschaft)的合法体现,他接受纳粹在很大程度建立在这个判断上。

但是,海德格尔毕竟是地地道道的哲学家,在任何时候都是这样。他接受纳粹,愿意与之合作,除了外在的时代原因和历史原因外,还有他自己思想发展的原因。这一点往往被讨论海德格尔的政治问题的众多论者所忽视。

虽然《存在与时间》取得了很大成功,但在一定意义上,它是一部"违心之作",一部"急就章",保留了不少胡塞尔先验主体哲学的东西。[4]所以,就在《存在与时间》成为哲学界的热门话题时,海德格尔自己的思想却陷入了危机。其实在写这部著作时,他就已发现了问题。他后来

[1] 参看 [美] 理查德·沃林:《存在的政治——海德格尔的政治思想》,周宪、王志宏译,商务印书馆,2000年,第102—108页。

[2] 参看朱利安·扬:《海德格尔 哲学 纳粹主义》,陆丁、周濂译,辽宁教育出版社,2002年, 第46—47页。Michael E. Zimmerman, *Heidegger's Confrontation with Modernity*, pp. 71-76.

[3] Heidegger, *Die Selbstbehauptung der deutschen Universität/Das Rektorat 1933-34* (Frankfurt am Main: Vittorio Klostermann, 1985), S. 24.

[4] Cf. Hans-Georg Gadamer, "Erinnerungen an Heideggers Anfänge", in *Dilthey Jahrbuch* 4, 1986/1987, S. 16.

在1952年的一个讨论班上回忆说,《存在与时间》出版后他感到恐惧,因为在写的时候已经跟不上这部著作的整个意义了。[1] 1928年,就在他回弗莱堡接替胡塞尔的教授位置时,他写信告诉伽德默尔:"一切都在下滑。"[2] 他告诉另一个朋友伊丽莎白·布洛赫曼说,他在哲学上期待着"全新的东西"[3]。于是,从1928年起,海德格尔在一些重要的问题上开始偏离《存在与时间》的立场。

在《存在与时间》的时间性结构中,将来具有首要的意义,正是在时间的这个维度中此在筹划它的种种可能性。但是,1927年以后,海德格尔却回到了《存在与时间》之前的时间观,重新提出瞬间(Augenblick)的问题,认为《存在与时间》并没有解决这个问题。[4] 瞬间在海德格尔这里当然不是一个"现在点"(Jetztpunkt),而是一种在某种处境下行动决断的洞察(Blick),是在现在、将来和过去三个方向上的此在的洞察。[5] 它不是我们筹划可能性的空间,而是使事情可能者(das eigentlich Ermöglichende)。它不是主观的行动,却是行动的生存论条件——对存在的生存论把握。这不是按部就班的把握,而是突破性的把握。"我们这里用'瞬间'所指的,就是克尔凯郭尔在哲学中第一次真正把握的东西——一种把握,从古代以来一个全新的哲学时代之可能性就从它开始。"[6] 海德格尔在这里重新提出"瞬间"概念,显然与他渴望在哲学上有所突破有关,同时也与他对时代问题的紧迫性感受有关。

因此,瞬间首先是行动的瞬间,在强调瞬间的同时海德格尔也强调了行动。但行动不再属于一个个别的此在,而是属于世界展开自身的那个瞬间的处境。对于"瞬间的处境"的强调意味着突出"此时""此地";而在《存在与时间》中它们却隐没在将来的光影里。此在不再进入将来

[1] Thomas J. Sheehan: *"Time and Being, 1925-1927"*, in *Aspects of Heidegger's Thought*, ed. by Robert W. Shahan & J. N. Mohanty (Norman: University of Oklahoma Press, 1984), p. 186.

[2] Hans-Georg Gadamer, *Philosophischer Lehrjahre* (Frankfurt am Main: Vittorio Klostermann, 1977), S. 217.

[3] *Martin Heidegger/Elisabath Blochmann: Briefwechsel 1919-1969*, Hg. J. Storck (Marbach: Deutsche Schillergesellschaft, 1989), S. 24.

[4] Heidegger, *Die Grundbegriff der Metaphysik*, S. 227.

[5] Ibid., S. 226.

[6] Ibid., S. 225.

去投开自己的可能性,而要参与处境给予的东西。此在不再像在《存在与时间》中那样可以投开安排自己的可能性,而是要接受被给予的东西。海德格尔不再怎么谈此在的投开,而是把它交给了存在。但在这么做时,他仍然没有摆脱与"投开"相伴的主体性主题。

但是,在从时间性概念转向瞬间概念时,个别性被放弃了。海德格尔现在更强调与"世界"的统一。非常值得注意的是,现在,"世界"被定义为"整体性"。而这个"世界"定义恰恰为《存在与时间》所不取。[1]按照图根哈特的看法,此举有放弃《存在与时间》中隐约而无处不在的自我的意图。[2]实际上海德格尔此举并没有达到完全消除《存在与时间》的主体性哲学残余的效果,不管他是否真如图根哈特所讲的那样。但是,他的确是想要通过消除个别性来消除主体性。这在《存在与时间》中已可见端倪了。

《存在与时间》的确可说是一部以此在为中心的著作,此在的生存论分析以本己的自我为旨归。但是,此在并不完全是自己的主人,它还要听从命运的呼唤,只有这样,它才能真正实现本己的自我。这命运不是一般的命运,而是一个民族的命运。本己的自我只有通过民族的天命克服自己的个别性之后方能达到。[3]个人在一个共同体中实现自己真正的自我是古希腊人就有的思想。德国哲学家不断地、程度不同地秉有这思想。我们不能说,海德格尔在1927年的《存在与时间》中已经预先看到了1933年的政治需要而加以迎合。我们完全不能排除海德格尔试图利用哲学史上已有的资源来抵消或克服他自己也感觉到的《存在与时间》的主体主义倾向(至少在客观上)。事实上,《存在与时间》出版后,此在从个人的此在向非个人的此在的位移已经开始。[4]"整体性"概念在这时频繁出现并被一再强调肯定是与此有关的。从"整体"去重新规定此在与

---

[1] Cf. Heidegger, *Sein und Zeit,* S. 65.

[2] Cf. Ernst Tugenhat, *Der Wahrheitsbegriff bei Husserl und Heidegger,* (Berlin: De Gruyter, 1970), S. 274ff.

[3] Cf. Heidegger, *Sein und Zei*, SS. 385–386.

[4] 陶尼森在《他者》一书中指出,海德格尔"在紧接着《存在与时间》的著作中……部分是开始修正",海德格尔现在相信彼此共在 (Miteinandersein) 这个概念与本己性一样有直接的、存在论的展开功能 (Cf. Michael Theunissen, *Der Andere*, Berlin: De Gruyter, 1965, S. 181)。

关注的焦点从此在的存在逐步转向存在本身肯定也是一致的。"时机"代替了"时间性"则是这一切的前提。最后,海德格尔抛弃了"个人"转向了"民族"。此在不再应该要求个别性,而应该参与到应该整体中去。此在不再是个人的此在,而是民族的此在,它是生命"植根于民族整体和民族命运"[1]。我们很难说究竟是哲学的还是政治的原因促成了他的这个转向,原因不可能是单纯的。也因为如此,他在1933年和1934年关于"民族"的种种言论不能仅仅被视为政治意识形态,而首先是哲学。

　　海德格尔的政治卷入既是时代政治危机的产物,也是他个人哲学思想危机的产物。这个危机使他越来越清楚地认识到,尽管他从一开始就试图彻底摆脱传统的主体哲学,但《此在与时间》客观上却只巩固了主体性。[2]其实,不仅仅《存在与时间》,在那之前,海德格尔思想中主体性哲学的痕迹甚至更为明显。[3]《存在与时间》只是让他更自觉地意识到这一点。主观反对传统形而上学不等于就能真正摆脱形上学。可以想象,终于意识到这一点而一时又不能找到出路的海德格尔陷入的是一个怎样深刻的危机!这不能不使他走上一条更为激进的思想之路,以真正克服传统形而上学的现代性变种——主体性哲学。与他哲学危机几乎同时发生的德国的政治危机使得他通过民族来克服自我的做法同时也具有了政治意义。

　　"民族"作为一个用来克服传统"自我"概念的哲学概念,它的好处是绝不可能是一个"自我",这样的一个"集体身份"既不可能在自我反思中,也不可能在自我关系中构成。它似乎与一切自我理解(Selbstverständigung),包括《存在与时间》中向来是我的存在方式的自我理解格格不入。然而正如斯特恩贝格尔所说,海德格尔这种做法其实只是产生了一个"集体唯我论"。[4]海德格尔直到他的政治冒险失败之后才认识到这点。这从一个侧面说明,海德格尔的政治是哲学的政治。

[1]　Guido Schneeberger, *Nachlese zu Heidegger* (Bern: Suhr, 1962), S. 200.

[2]　Cf. Heidegger, *Nietzsche: Der Europäische Nihilismus, Gesamtausgabe* Bd. 48 (Frankfurt am Main: Vittrio Klostermann, 1986), SS. 260-261.

[3]　Cf. Dieter Thomä, *Die Zeit des Selbst und die Zeit danach*, SS. 114-141.

[4]　Dolf Sternberger, "Die großen Worte des Rekors Heidegger. Eine philosophische Untersuchung", FAZ 2.3.1984, quoted from Dieter Thomä, *Die Zeit des Selbst und die Zeit danach*, S. 551.

虽然海德格尔的政治介入的动机很可能是非哲学的,但他赖以"从政"的政治想象和思路却是哲学的,这也解释了为什么不但纳粹高官清醒地看出海德格尔讲的是他"自家的国家社会主义"[1],那些咬定他是纳粹思想家的人也不得不困难地面对所谓"弗莱堡国家社会主义"[2]与正宗纳粹主义之间的明显落差。海德格尔政治卷入时期的言论,绝不是纯粹的政治言论,而是同时也是哲学言论,他即使迎合纳粹,也是从自己的哲学立场出发去迎合。他的校长就职演说《德国大学的自我主张》就是一个典型的例子。它在相当程度上是了解海德格尔政治卷入性质的一个最好的文本。

对于许多一心要在海德格尔的校长就职演说中找到他卖身投靠纳粹证据的人来说,如果认真读那篇演说的话,会像现场听演讲的纳粹部长一样觉得很失望,因为他们会觉得很难找到他们所希望的"铁的证据";相反,他们会觉得这篇演讲闪烁其词,殊难把握。然而,如果放弃流行的先入之见的话,那么倒是可以从中发现1933年真实的海德格尔。

这篇演讲的标题及一开始,就明白无误地表明,海德格尔不想乖乖将大学纳入纳粹的领导下。相反,他明确向他的听众指出:"德国大学是这样的高校,它从科学出发并通过科学,教育和培养德国民族的领袖和保卫者。"[3]这是德国大学的本质。这其实就是在大学"从事精神活动的人"要"引导元首"的想法的一种冠冕堂皇而又隐晦的说法。这个想法显然有柏拉图"哲学王"思想的流风遗韵在。这篇演讲中一直为人诟病的他要学生准备承担的三种服务——劳动服务、国防服务和知识服务,其实也来自《理想国》中三个阶层——统治者(哲学家)、武士和生产者的三种职能,并不是故意讨好纳粹。他坚持古希腊的道统,坚持以科学(哲学)作为德意志民族在危机中的指南,将精神与科学置于一切,包括政治之上,也毫无疑问地证明了这一点。

---

[1]　Cf. Otto Pöggeler, "Heidegger's Political Self-Understanding", p. 214.

[2]　德国哲学家卡尔·弗里德利希·冯·魏茨泽克听一个弗莱堡的学生说,海德格尔圈子的人发明了弗莱堡民族社会主义。他们说真正的第三帝国还根本未开始,但它将到来 (Cf. Otto Pöggeler, "Heidegger's Political Self-understanding", p. 205)。

[3]　Heidegger, *Die Selbstbehauptung der deutschen Universität/Das Rektorat*, S. 10.

海德格尔的这一做法，实际上秉承了德国古典哲学以来德国哲学家的一个传统。这个传统从康德的《学科冲突》开始，中经谢林的《关于学术研究方法的演讲》、黑格尔的《论在大学讲授哲学》、施莱尔马赫的《关于德国意义的大学的若干评论》，以尼采的《论我们教学机构的未来》作结，[1] 都以精神追求和民族未来与使命来规定和突出大学的本质。《德国大学的自我主张》同样如此。它一开始将大学本质的问题提了出来，指出它对于大学的教师与学生都有根本的意义。然而，与德国古典哲学家不同的是，在海德格尔这里，大学的本质不是一个固定的理念，而是一种积极的意志："德国大学的自我主张就是原初的、共同的大学本质意志。"具体而言，大学本质的意志就是作为德国民族历史的精神使命的科学的意志，[2] 这种关于"意志"的谈论显然与尼采的"权力意志"有着亲缘关系。而海德格尔对尼采"权力意志"的兴趣，肯定与他关键时刻需要决断的思想有关："我们必须在德国命运极端艰难的时刻坚定地面对它。"[3]

　　大学的本质在于科学的本质，这也是德国古典哲学家的想法，但是，他们大都没有对科学本身进行深入的反思。海德格尔则不然。在指出科学对于大学本质的根本意义后，他马上提出科学自身的问题："在什么条件下科学才能真正存在？"[4] 海德格尔的回答是，只有当科学是哲学的时候，它才能真正存在，因为科学产生于古希腊哲学的开端。

　　但是，哲学并不是一般人认为的沉思的"理论"，是为沉思的沉思。这是错的。古希腊人把理论理解为真正实践的最高实现。"对于古希腊人来说，科学不是一种'文化财富'，而是整个民族—国家此在最内在确定的核心。对于他们来说，科学也不是使无意识成为有意识的单纯手段，而是洞察和把握整个此在的力量。"[5] 通过这样规定科学，海德格尔将科学与此在的生存联系在一起。这不是海德格尔一时的心血来潮。海德格尔从一开始就对大学象牙塔里的学院哲学不满，认为哲学实际上是我们

[1]　Cf. Dennis J. Schmidt, "The Baby and the Bath Water", in *Heidegger und Political Philosophy*, ed. by François Raffoul & David Pettigrew, (Albany: State University of New York, 2002), S. 162.

[2]　Heidegger, *Die Selbstbehauptung der deutschen Universität/Das Rektorat*, S. 10.

[3]　Ibid.

[4]　Ibid., S. 11.

[5]　Ibid., S. 12.

基本的生存方式。他与卡西尔之所以格格不入，也因为他在达沃斯与他辩论时明确表明了这一点。[1]

海德格尔认为，科学在后来 2 500 年的发展，逐渐远离了自己的开端。尽管现代科学产生了很多成果，也有各种各样的"国际组织"，但科学的本质却被抽空和耗尽。只有服从古希腊哲学与科学的开端追问存在的命令，科学才能突破依据各个学科形成的条条框框，从它的支离破碎中恢复过来，变成"我们精神—民族此在的基本事件"，并且"重新从人类历史此在一切塑造世界的力量的富饶和恩赐中规定科学"[2]。

然而，海德格尔不是为了科学本身重新反思科学，而是通过反思科学的本质最深沉地激起和最广泛地震撼德国民族的此在，使他在一个"西方的精神力量已经衰亡，西方本身也开始分崩离析"的时代作出对存在本身的决断。这就是说，他对科学的谈论是哲学的，但其目的却是存在—政治的。所以科学原初和完全的本质是由民族的知识、国家命运的知识和精神使命的知识共同构成。[3] 追求这种科学本质为德国民族产生了一个精神世界，它要求在追求伟大和听任堕落之间作出坚定的决断，这决断将成为德国民族在未来历史中的践履法则。[4] 总之，在西方文明和德国民族危急存亡之秋，德国人应该在哲学或科学的引导下作出自己历史的决断和选择。为此，一方面，大学教师和学生要承担起自己的应有责任；另一方面，科学（海德格尔意义上的）将成为塑造德国大学团体的力量。大学教师和学生必须听命于科学的主宰；同时科学必须从内部来改造大学。[5]

但海德格尔在这里关于大学所提出的思想，并不是 1933 年德国特殊的政治形势的产物。这些思想他早在 1919 年就大致有了。海德格尔几乎一开始就对大学的改造（改革）有异常的兴趣。他在 1919 年夏季学期甚至还开过题为《大学和学术研究的本质》的课。在战时讨论班上，他公开表达了对当时各种大学改革设想的不满："当谈论很多的大学改革现在

[1]　Cf. Otto Pöggeler, "Heidegger's Political Self-Understanding", p. 211.
[2]　Heidegger, *Die Selbstbehauptung der deutschen Universität/Das Rektorat*, S. 13.
[3]　Ibid., S. 16.
[4]　Ibid., S. 14.
[5]　Ibid., S. 17.

扩大为种种呼吁、抗议集合、纲领、勋章、社团等与精神敌对的为这种短命的目的服务的手段时，它完全是误导的、完全错认了一切真正的精神革命。我们今天还未成熟到在大学领域进行真正的改革。在这方面成熟需要整整一代人。大学的更新意味着真正的科学意识和生命关系整体的重生。但生命关系只在回到精神真正的起源处才重生。"[1]这个"精神真正的起源处"指的是古希腊。

尽管如此，校长就职演说还是留下了时代的烙印。如果说在此之前海德格尔的大学改革思想还仅仅是从哲学着眼的话，[2]那么1933年校长演说中大学改革的思想的确有明确的政治目的。尽管如此，海德格尔的政治与纳粹的政治仍然有明显的区别。他根本不承认种族的思想，拒绝政治化的科学，反对将大学变为政治化的高等专科学校，反对"生物学主义"，纳粹部长说他的校长就职演讲是"自家的民族社会主义"没有说错。[3]

对于海德格尔来说，大学教师和学生的各种服务和科学活动首先不是单纯的脑力劳动或精神活动，而是听命于民族及其国家的共同知识的要求和决定的存在活动，是他们的此在，也是民族的此在。只有这样，才能把德国大学改造成为精神立法的场所。因此，他们实际上是在完全民族的使命。也就是说，在海德格尔眼里，精神活动就是一种政治活动，而政治活动只有成为精神活动的一部分才有其正当性。虽然海德格尔在校长就职演说中用了诸如"战斗""民族""土地""鲜血"这些纳粹意识形态话语很喜欢用的词，但他的确基本上是在说他自己的话。所以当时人们并不认为《德国大学的自我主张》是一篇纳粹精神的演讲。著名古典学家维尔纳·耶格尔就要把它发表在他主编的《古典时期》杂志上，以证明古人精神在延续。雅斯贝斯1933年9月23日写信给海德格尔说，这篇演讲是"到目前为止当代学术意志唯一的文献……它将流传下去"[4]。

---

[1]　Heidegger, *Zur Bestimmung der Philosophie, Gesamtausgabe* Bd. 56/57, S. 4.

[2]　Cf. Steven Galt Crowell, *Husserl, Heidegger, and the Space of Meaning* (Evanston: Northwest University Press, 2001), pp. 152–166.

[3]　Otto Pöggeler, "Heidegger's Political Self-Understanding", p. 214.

[4]　Ibid., pp. 214–15.

也许海德格尔觉得把个人此在变成民族此在，个人决断变成民族决断，强调知识服从命运，将个人纳入民族的命运，就可以消除《存在与时间》的主体主义痕迹。但他的决断论经过尼采的意志主义话语的加强使得主体主义痕迹更加明显，成了不折不扣的"集体唯我论"。这种"集体唯我论"与纳粹的意志主义哲学倒确是相近的，它们实际上都是近代主体主义哲学的变种。主体主义哲学从本质上说从来就不是一种消极的哲学，主体总是要有所作为。如果说作为在作为意识主体哲学的近代哲学那里主体的积极作用还只是限于认知领域的话，那么海德格尔存在的主体哲学就要超出认知领域，在存在领域作出自己的决断。有人说，"海德格尔是在乐观的时候变成了纳粹分子的"[1]，意思是说，当海德格尔不满足于一味悲观，而相信可以通过一个"伟大的决断"制止西方没落的过程和虚无主义时，他在政治上失足了。这种说法不是没有一定道理，但没有触及问题的根本。问题的根本是，在海德格尔那里，哲学和政治（不是现代流行的意义，而是原始希腊意义上的政治）是不可分的。这就是为什么他的许多著作会在讨论最典型的哲学或形而上学问题时，往往会一下子就转到时代的现实问题上去；而那些应该是谈论非常现实问题的文字却总是充满了淳厚的哲学气息。[2]因此，海德格尔的政治"决断"既是试图帮助西方摆脱没落的困境，也是试图摆脱《存在与时间》以来他自身思想的困境。但这样的试图却以根本的失败而告终。海德格尔自己也很快就明白了这一点。这同样以他的一个"决断"为标志，他在1934年4月，即在他就任弗莱堡大学校长职务10个月后，辞去校长职务。

根据潘格勒的观察，海德格尔也正是从此时开始与他的政治卷入完全决裂。但此时海德格尔还未真正完成他思想的"折回"，他的思想还处于过渡状态中，所以这个决裂最初只是他的"弗莱堡国家社会主义"的继续。[3]最能表明这一点的，当属他发表于1935年的《形而上学导论》一书。

---

[1] 贝尔纳·亨利·列维：《萨特的世纪》，阎素伟译，生活·读书·新知三联书店，2005年，第264页。
[2] 《德国大学的自我主张》和《形而上学导论》就是两个典型的例子。
[3] Otto Pöggeler, "Heidegger's Political Self-Understanding", p. 215.

《形而上学导论》是部过渡性的著作,这早已为一些西方学者指出。[1]
但这绝不意味它是一部不重要或不太重要的著作。恰恰相反,正是这种
过渡性质保证了这部著作的重要性,让我们不但看到了海德格尔后来思
想之路的走向,也看到了海德格尔思想嬗变的过程。我们如将这部著作
与《德国大学的自我主张》进行比较的话,可以发现,此时的海德格尔正
如潘格勒所说,还未摆脱他自家的"弗莱堡国家社会主义",但也已明显
出现了新的东西。

　　这两部著作共同关心的都是西方的精神危机和德国的历史使命,都
坚持要从哲学上追问危机的根源,主张在时代危机中需要精神的领导,需
要作出决断,都认为只有回到早期希腊思想才能找到真正的出路。但是,
在《形而上学导论》中,海德格尔已经明显要将哲学与现实政治分开。他
支持尼采的说法,"哲学本质上是不合时宜的",哲学的命运是它"绝不能
在现今当下找到直接反响。如果这样的事居然发生,如果哲学变成了时
尚,那么要么它不是真正的哲学,要么它被误解了,被按照某种异常的意
图用于日常需要"[2]。"哲学绝不能直接提供力量,创造造成一种历史事态
的实际方法和机会。"[3]"哲学按其本质是、只能是并且必须是在思想上打
开赋予尺度和等级的知的道路和视野,一个民族从这种知中把握和完成
它在历史—精神世界中的此在。"[4]《形而上学导论》一开始这些对哲学的
表述,不仅表明海德格尔自觉拉开与纳粹政治的距离,也为他批判这种政
治提供了必要的距离。

　　如果说海德格尔卷入纳粹政治是出于他的哲学,那么他批判这种政
治也是同样的,《形而上学导论》清楚地向世人证明了后面这一点。《形而
上学导论》是一个很容易引起误会的书名,它会使一些不求甚解和想当

---

[1]　Cf. Thomas Sheehan, "Kehre and Ereignis: A Prolegomenon to *Introduction to Metaphysics*", in *A Companion to Heidegger's Introduction to Metaphysics*, edited by Richard Polt and Gregory Fried (New Haven and London: Yale University, 2001), p. 16. Hans Sluga, "'Conflict is the Father of All Things': Heiegger's Polemical Concept of Politics", in *A Companion to Heidegger's Introduction to Metaphysics*, p. 206.

[2]　Heidegger, *Einführung in die Metaphysik*, S. 10.

[3]　Ibid., S. 12.

[4]　Ibid.

然的人以为这是海德格尔的一部"形而上学著作"。其实正相反。"形而上学"在西方传统哲学中向来构成哲学研究的主要部分,它探究存在者的存在,但不是存在本身,而传统存在论也因此就是广义的形而上学,所以形而上学常常成为哲学的代名词。然而,到了近代,形而上学每况愈下,尽管德国古典哲学家竭尽全力要拯救形而上学,狄尔泰还是宣判了形而上学的死刑。[1] 海德格尔与许多现代哲学家一样,对旧形而上学持坚决批判的态度。但他认为必须穿过形而上学去思考形而上学仍然没思考的问题,即存在的意义,以最终克服形而上学;并通过克服形而上学克服虚无主义。正因为如此,海德格尔在《形而上学导论》中把形而上学作为他心目中的哲学或存在论的代名词,用以探讨西方危机的根源及其出路,形而上学是他的批判目标,而不是他要从事的事业,所以我们绝不能认为他从早期批判形而上学的立场又回到了传统。恰恰相反,在他这部题为《形而上学导论》的著作中,海德格尔对自己先前著作中可能的形而上学残余做了进一步的清除。

《形而上学导论》一开始就提出,巴门尼德的问题"究竟为什么存在者存在而无不存在"是一切问题中的首要问题,是奠基性的问题,是最广泛、最深刻、最终又是最原始的问题。这实际上是《存在与时间》中提出的存在问题的另一种表述。《存在与时间》在先提出存在的问题的优先性后,马上提出此在在存在论问题上的优先地位,整部书就是围绕着此在的生存论分析展开的。与之相比,《形而上学导论》也是一上来就提出存在问题,却马上声明:"问题并不取决于任何一种特殊和个别的存在者,在这个问题域无限广阔的意义上,任何存在者都是同样分量的。"[2] "如果我们想在'究竟为什么存在者存在而无不存在'这个问题的意义上展开这个问题的话,我们必须摒弃任何特殊、个别存在者的优先地位,包括对人的暗示。"[3] 在浩瀚的宇宙中,像地球这样的星球有如恒河沙数;在千百万年的时间长河中,人类的生命不过如沧海之一粟,我们没有丝毫理由像文艺复兴或启蒙运动的代表人物那样认为人就是宇宙的精华,万物的灵长,因

---

[1]　参看本书第一章。

[2]　Heidegger, *Einführung in die Metaphysik*, S. 5.

[3]　Ibid., S. 6.

而有优越地位。海德格尔就这样一举颠覆了西方哲学千百年来人类中心论的传统，包括《存在与时间》中的人类中心论残余。

但还不仅仅是人类中心论，还有与人类中心论连在一起并加强了人类中心论的主体主义。在《存在与时间》中，海德格尔的确避免了传统意识哲学的主体主义，但没有彻底摆脱主体主义，而是把意识哲学的主体主义变成了生存哲学的主体主义。他强调此在的筹划和决断，强调此在总是我的此在（Jemeinigkeit），都表明了这一点。海德格尔自己后来也承认，《存在与时间》只是巩固了主体性。[1]在讲《形而上学导论》时，海德格尔显然已经认识到这一点。他特意重新解释"总是我的"说："'总是我的'这个规定是说：此在被抛向我，从而我的自我就是此在。但此在意思不仅是操心人的此在，而且是操心这样的存在者在其出位展开中的存在。此在'总是我的'既不意味着通过我设定，也不意味着分离为一个个别的我。此在由于它与存在的本质关系而是它自己。"[2]此在首先是由于被抛才成为它自己，被抛先于筹划[3]，此在与存在的关系不是它可以随心所欲决定的，决断永远只是有限意义上的，并仅限于它与存在的关系，或它对存在的理解。

海德格尔在《形而上学导论》中对索福克勒斯的《安提戈涅》中第一首合唱的解读进一步阐明了他关于此在的新思想。海德格尔认为这首合唱不但是《安提戈涅》本质的基础，而且也是索福克勒斯悲剧的本质基础。它的核心是 deinon（使人畏惧）这个概念。海德格尔认为这个词不仅是希腊悲剧的基本词，而且也是希腊性（Griechentum），即人的历史生存的希腊形式的基本词。它的希腊人对人的基本理解。海德格尔在双重意义上解释索福克勒斯把人叫作"使人畏惧的"（to deinotation）：（1）它之所以使人畏惧是因为它是一种压倒性的支配，压倒一切是这种支配的本质特征；（2）deinon 是指一个行使强力的强有力者。行使强力不仅是人行为的基本方式，也是它此在的基本方式。Deinion 的第一个定

---

[1] Cf. Heidegger, *Nietsche: Der europäische Nihilismus. Gesamtausgabe* 48 (Frankfurt am Main: Vittorio Klostermann, 1986), SS. 260–261.

[2] Heidegger, *Einführung in die Metaphysik*, S. 31.

[3] Cf. Thomas Sheehan, "Kehre and Ereignis: A Prolegomenon to *Introduction to Metaphysics* ", p. 15.

义是指存在，第二个定义则是指人。而海德格尔用同一个希腊词的双重定义来分别指存在与人，显然是要强调它们有区别、但又一体性的复杂关系。

《存在与时间》已经清楚表明，海德格尔是从人与存在的根本关系，更确切地说，是从人的特殊存在，即此在这一维度来规定人的。《形而上学导论》更彻底地推进了这个思路。根据这条思路，海德格尔可以理直气壮地反对西方传统形而上学把人看作"理性的生物"的规定，他甚至反对从生物（Lebenwesen）的层面来理解和规定人。[1]在1935年强调这一点当然不但是指向西方传统形而上学，也指向纳粹的种族论哲学，这个哲学的基本出发点无疑是人的生物性。

与《存在与时间》明显不同的是，海德格尔不再把人与存在的关系仅仅看作此在对存在的理解，而是人对存在使用强力，或者说，人对存在施暴。[2]所以人是使人畏惧者中最使人畏惧的。但这里"使人畏惧"（Unheimliche）不是指人感觉状况的一种印象。海德格尔在这里又使用了他惯用的拆字法，把Unheimliche拆开加个连字符写成Un-heimlich，用这种方法来暗示当人对存在施暴，即按照自己的意志和需要来安排地球上的一切、创建一切时，他就远离了那个原始的秘密（Heimlichen），即远离了故乡（Heimischen）、习俗（Gewohnten）、熟悉的东西（Geläufigen）、安全（Ungefährdeten），变得无家可归。[3]

但这却是历史的开端。当然，这不是人类文明史，甚至人类学意义上的历史的开端，而是存在历史的开端，那个最让人畏惧者和使用强力者从最极端的可能性和边界诗性地筹划其存在，就是历史的开端。[4]听上去似乎没有比这更人类中心论的了，尤其是当海德格尔说人用自己的强力使存在敞开时。然而，海德格尔马上接着说，甚至诗歌、思想、农耕、政治这些也都不是人类的发明，不是人的单纯能力和特性，而是证明他们自己被存在的力量所压倒。[5]并且，"人并不是因为有死才无路可走，而是

---

[1]　Cf. Heidegger, *Einführung in die Metaphysik*, S. 178.

[2]　Ibid., S. 159.

[3]　Ibid., S. 160.

[4]　Ibid., S. 164.

[5]　Ibid., S. 166.

经常和根本性地无路可走"[1]。用强力行事和使人畏惧也限制了人对存在的筹划和人的本质。

海德格尔把人对存在使用的强力叫"机巧"(Machenschaft),这个词与古希腊 *technē* 一词相关。*Technē* 的意思既不是"艺术"也不是"技巧",更不是现代意义的技术,而是一种知。这种知通过创造一件作品(尤其是艺术作品)使存在得以在此显露或敞开。[2] 换言之,这种知就是使存在敞开和保持敞开。*technē* 之所以是用强力行事,是因为它使用强力让原本隐蔽着的压倒一切者/在上支配者(Über-wältigende)[3] 暴露出来,这是一场斗争,一场 *technē* 和 *dikē* 之间的斗争。这里海德格尔用 *dikē* 这个希腊词来指存在。这个词一般被翻译为"正义",海德格尔的翻译使这个词失去了其形而上学的基本意义。海德格尔把它翻译为 Fug。Fug 这个词在德语中只用于短语 mit Fug,意为"有充分权利",而海德格尔在这里用这个词主要是要利用它的词根,说我们首先是在 Fuge 和 Gefüge 的意义上,然后是在 Fügung 的意义上理解 Fug 这个词。[4] Fuge 是"结缝"的意思;而 Gefüge 也是"结缝、结点"的意思,海德格尔用这两个词显然是要暗示存在与人的关系。Fügung 的意思是"安排",指压倒一切者(存在)其支配作用的那种安排。Fug 这种安排一切的结点(结构)迫使人适应(Einfügung)和顺从(Sichfügen)。[5]

dikē(存在)和 *technē*(人)彼此对立,相互作用,当却绝不是势均力敌,而是前者"压倒一切"。*technē* 向 *dikē* 破空显露,而后者作为 Fug 支配着一切 *technē*。[6] 存在固然有待于人使用强力才得以展现,但这绝不意味着人决定这种展现,而是相反。就像希腊悲剧主人公被命运拨弄一样,人只是存在本身的一个豁口(Bresche),存在通过这以豁口成为历史。*technē* 创造的作品是存在展现的场所,人完全退隐为存在自我展现的背

---

[1] Cf. Heidegger, *Einführung in die Metaphysik*, S. 167.

[2] Ibid., S. 168.

[3] Überwältigende 是以"压倒一切者"的意思,现在海德格尔把这个词一拆二,中间用连字符把它连起来,就变成了"在上支配者"的意思,暗示不管人怎么用力,存在才是"在上支配者"的意思。海德格尔这种惯用的、特殊的表述手法,是一般的译本无法表达的,故海德格尔研究必须以原文为根据。

[4] Heidegger, *Einführung in die Metaphysik*, S. 169.

[5] Ibid.

[6] Ibid.

景。人可以把存在拽入存在者,但绝不能控制它。相反,等到存在作为它本质上所是的,即作为 physis,作为展现的支配者其支配作用时,针对它的超强力的强力行事就灰飞烟灭了。[1] "历史的人的此—在意思是:被设置为豁口,存在的超强力通过这豁口中涌出展现,这豁口自身因此而在存在处粉碎。"[2] 现在,历史的主人不是人,而是存在。"压倒一切者,存在有效地作为历史证明自己。"[3] 标志着后期海德格尔思想的存在史的概念已经呼之欲出了。

我们不能把海德格尔上述思想理解为简单的反对人类中心论,他实际上是要追溯西方没落的根源。根据他的阐释,在西方哲学的开端处,即在巴门尼德和赫拉克利特处,是从人与存在的关系来规定人的。更确切地说,人的主观性(他的感知、思考等等,海德格尔将它称为 Vernehmen)与存在是统一的,巴门尼德把它表述为著名的思有同一。存在的自我开放作为发生为感悟(Vernehmung)。[4] 而在赫拉克利特那里,思的 logos 是对有(存在)的 logos 的回应。宇宙的 logos 通过人的思想与语言的表达(legein)表现出来。如果存在是 phusis 的话,那么它的表现,即此在之此就是 logos。Logos 的意思是聚合,而"聚合在这里就是去蔽,使敞开"[5]。但这不是人主观的作为,而是 Phusis 自身的涌现。人处于 logos 中,也就是处于聚合中,因而是聚合者,管理压倒一切者的支配由他来承担和实现。[6] 但无论如何,人的存在是以存在者的敞开为基础的。[7]

然而,前苏格拉底时代的思有同一依赖于存在作为在场的经验。并且,既然是思有同一,那么 phusis 和 logos 都只是呈现和在场。思就是通过表象在场的存在者来把握它们。到了柏拉图和亚里士多德的时代,logos 和 physis 发生了分离,也就是人与存在发生了分离。存在不再被阐释为 phusis,而是被阐释为 Idea,变成了可以为人控制(把握)的常住的在场。Logos 成了存在的法庭,而 phusis 成了 ousia。Logos 先于存在,也就

---

[1] Heidegger, *Einführung in die Metaphysik*, S. 171.

[2] Ibid., S. 172.

[3] Ibid.

[4] Ibid., S. 147.

[5] Ibid., S. 179.

[6] Ibid., S. 181.

[7] Ibid., S. 184.

是人先于存在。真理问题也随之变成了正确与否的问题。这就是西方形而上学的起源,也是西方没落的起源。

在海德格尔看来,形而上学的问题之所以重要,完全不是在理论意义上说的,而是在西方历史和西方人生命的意义上说的。形而上学问题之所以重要,是因为随着它的出现,西方世界某种内在的、有终极意义的东西就陷入了危险之中。传统形而上学的一个根本特点就是总是要让所有事物以某个有特权地位的存在者为基础,无论这个存在者叫理型、本质、本原还是上帝。这个有特权的存在者既然是一切的基础或根据(Grund),那它也就是真理的准绳或尺度。真理要么在于陈述的客观性,要么在于根据的主观性,唯独与我们的生命无关,与存在无关。这就是海德格尔理解的西方虚无主义的起源。当西方思想在某个存在者的基础上追求存在者的有效型和认识时,它忘记了存在,或者说,忘记了存在的问题。它始终只是要把握在场的事物或要将事物从流变中抽出,固定于某个存在方式(在场),为的是以某种有序的方式支配、利用和控制事物。海德格尔把这种方式称为技术。然而,当我们以这种方式来认识事物和掌控事物时,我们实际上遮蔽了事物流变的揭示过程。

因此,对于海德格尔来说,对存在的遗忘不是一个理论的缺陷或疏漏,而是决定了西方的精神命运。世界的黑暗、诸神的逃遁、地球的毁灭和人类的大众化都是西方形而上学思想的必然结果。对古老欧洲形成威胁的美国和俄国从形而上学看其实是一路货,都是"毫无约束的技术可悲的疯狂和闻所未闻地把普通人组织在一起"[1]。而曾经被海德格尔寄予第三条道路希望的纳粹德国,其实与美俄没有根本的区别,同样是用彻底的手段把人和各种资源组织在一起以便掌控。纳粹德国把拳击手奉为民族英雄,将成千上万人的群众集会作为盛典,正说明纳粹陷入同样的西方世界的精神沦落、同样的虚无主义。虽然海德格尔在批评纳粹主义时从不提纳粹字样,但他对纳粹的批判态度应该是很明显的。有人甚至说,《形而上学导论》"给出的这一个批判实际上等同于某种对纳粹主义在1935年政治的全盘拒绝"[2]。

---

[1]   Heidegger, *Einführung in die Metaphysik*, SS. 40-1.

[2]   朱利安·扬:《海德格尔 哲学 纳粹主义》,陆丁、周濂译,辽宁教育出版社,2002年,第169页。

然而,《形而上学导论》最后那句"那个运动内在的真理与伟大(即规定地球的技术与近代人相遇)"的话[1],却使很多人对此提出疑问。对海德格尔更不利的是,根据潘格勒的考证,"那个运动"在原稿上是"国家社会主义",而括弧里的话也是战后加上去的。[2]这自然会使人们得出海德格尔心虚才做了这样的改动。然而,把这句引起许多人诟病的句子整个拿掉不比做这样的改动对他更有利吗?无论人们对这个改动道德上如何评价,至少它并不表明海德格尔要掩盖他的立场,而是相反。

1953年,哈贝马斯在看到新版的《形而上学导论》仍保留了上述这句句子时,愤而投书《时代》周刊声讨。海德格尔在给《时代》周刊编辑的信中说:"从印好的版本中去掉你和其他人提到的那个句子很容易。我没有这么做,并且将来也不会做。一方面,这个句子来说地属于这部演讲;另一方面,我深信这部演讲本身能够对一个学会了思想力的读者澄清它自己。"[3]当时有个叫Christian Lewalter的人出来给海德格尔打抱不平,也投书给《时代》周刊,说括弧里的那句话说明海德格尔不看好纳粹政权,而是把它看作一般形而上学没落的没落史中没落的又一个征兆,"纳粹运动是人与技术的悲剧冲突的一个征兆,作为这样一个征兆,它有它的'伟大',因为它影响了整个西方,威胁着要把它拖进毁灭"[4]。海德格尔告诉《时代》周刊的编辑:"Lewalter对我演讲的这个句子的解释在一切方面都是正确的。"[5]平心而论,Lewalter的解释比众多对这个句子的否定的解释要更符合《形而上学导论》整部书的一般倾向。这部著作或许还坚持他自己的"弗莱堡国家社会主义",但与纳粹主义是彻底决裂了。

《哲学贡献》

1989年海德格尔诞辰百周年之际,他的著作《哲学贡献》作为他全集的第65卷出版了。在此之前,人们已经在研读过这部书手稿的潘格勒

---

[1] Heidegger, *Einführung in die Metaphysik*, S. 152.
[2] Otto Pöggeler, *Der Denkweg Martin Heidegger*, S. 342.
[3] Quoted from *The Heidegger Controversy: A Critical Reader*, pp. 187–188.
[4] Ibid., p. 187.
[5] Ibid.

的著作中知道了这部著作的重要性，[1]海德格尔本人也说起过这本书的重要性，[2]果然，这部被人期待已久的书一出版，就被一个法国哲学家称为一部为了21世纪的著作。[3]考虑到在此之前已出版的其他重要的海德格尔著作，无论是《现象学的基本问题》《康德和形而上学问题》《形而上学导论》，还是《路标》《林中路》《尼采》，更不用说他论语言或技术的著作，都没有被赋予这样的地位，这部著作的极端重要性就不用说了。

　　然而，这又是一部让海德格尔研究者极度沮丧的书。一位美国学者形容说，这本书结合了一头鲸鱼和一个谜的全部复杂特征，好像是由保罗·策兰写的一首510页的诗，与之相比，俄狄浦斯面对斯芬克斯之谜要容易得多。[4]因此，与出版前人们对它的热切期待形成有趣对照的是，它出版后十余年，除了不多的几部著作外，人们几乎没有对它作出什么反应，尽管此时海德格尔的研究一如既往在全球范围内如火如荼地展开着。用上述那位美国学者的话说，就是人们被这本书"弄晕了"。[5]

　　如果说海德格尔的书是很难读懂的"天书"的话，这部著作就是天书的天书。它从书名到结构、从思想到语言，其怪异特别在海德格尔的著作中都首屈一指。首先是书名。该书的正标题是Beiträgen zur Philosophie。Beitrag在德语中是"文章""文集""贡献"的意思。因此，照理说，Beiträgen zur Philosophie译为《哲学论文集》，尤其是Beiträgen是个复数形式。然而，这样翻译却是不正确的。海德格尔的意思是这部书对正在生成的西方思想第二个开端的哲学作出了贡献，因此，这部著作的书名应该译为《哲学贡献》。[6]

[1]　Cf. Otto Pöggeler, *Der Denkweg Martin Heideggers,* SS. 144–145.

[2]　Cf. Dennis J. Schmidt, "Strategies for a Possible Reading", in *Companion to Heidegger's Contributions to Philosophy*, edited by Charles E. Scott, Susan M. Schoenbohm, Daniel Vallega-Neu, and Alejandro Vallega (Bloomington & Indianapolis: Indiana University Press, 2001), p. 32.

[3]　Cf. Friedrich-Wilhelm von Herrmann, *Wege ins Ereignis* (Frankfurt am Main: Vittorio Klostermann, 1994), S. 5.

[4]　Cf. Dennis Schmidt, "Trategies for a Possible Readin", p. 32.

[5]　Ibid.

[6]　Cf. Friedrich-Wilhelm von Herrmann, "*Contributions to Philosophy* and Enowning-Historical Thinking", in *Companion to Heidegger's* Contributions to Philosophy, ed. by Charles E. Scott, Susan M. Schoenbohm, Daniela Vallega-Nue and Alejandro Vallega (Bloomington & Indianapolis: Indiana University Press, 2001), p. 107.

如果说此书正标题的翻译(其实是理解)还不怎么牵涉实质问题的话,那么副标题的翻译就涉及根本问题。该书的副标题是 Vom Ereignis。这两个词都有麻烦。首先,我们知道,海德格尔明确声明过,Ereignis 像古希腊词 logos 和中文的"道"一样,是不可翻译的。[1] 但是,从表面上看,Ereignis 绝不像 logos 或道那样,是一个伟大的哲学文化的核心概念,它是一个普通的德语词,意为"发生的事情"或"事件"。然而,在海德格尔哲学中,它却成了一个最深刻复杂的概念,它在海德格尔的整个哲学中,始终起着重要的作用。甚至可以说,不理解这个概念,尤其是《哲学贡献》中的这个概念,就不可能真正理解海德格尔的哲学。[2]

Ereignis 概念的不易把握,首先在于它随着海德格尔哲学的发展而不断变化。它在海德格尔 1919 年的战时讨论班的演讲中已经出现,并起了重要作用,海德格尔用它来与 Vorgang(自然事件)相区别。[3] 在《存在与时间》中,Ereignis 仍被用来指只对我发生的事件,如暴雨降临、房屋改建和朋友来访等,但都是存在者层面上的事件,而不是只像死这样的存在论事件。[4] 存在论意义上的事件在《存在与时间》中海德格尔用 Geschehen 来表达。但在《存在与时间》之后,Ereignis 又具有了区别于 Vorgang 或 Vorkommnis(事件)的特殊的存在论意义,一般指的是存在真理的发生。然而,当海德格尔将它作为《哲学贡献》一书的副标题以表明它乃该书的主题时,他看重的却并不是这个词的"发生"义。

Ereignis 这个德文词由前缀 er 和词根 eignis 组成,eignis 的词根是 eignen,意为"特有""拥有""适于"和"属于"等。而这正是海德格尔在此处用这个词所要强调的基本意思,故而他常常在此词的前缀和词根间加个连字符,拼写成 Er-eignis 或 Er-eignung 以暗示这一点。而德文前缀 er 的意思是"使能""使产生""得到结果"等。海德格尔在这里用

---

[1] Cf. Heidegger, *Identität und Differenz* (Pfullingen: Neske, 1957), S. 25.

[2] 在《关于人本主义的一封信》的样书上海德格尔写了如下一条旁注:"Ereignis 从 1936 年起就是我思想的主导词。"(Cf. Heidegger, *wegmerken. Gesamtausgabe* Bd. 9, Frankfurt am Main: Vittorio Klostermann, 1976, S. 316)虽然这个概念在海德格尔前后期思想中意义不同,但都起了一样的重要作用。因此,理解这个概念(及其不同时期的不同含义)是理解海德格尔哲学的关键。

[3] 见前述相关部分。

[4] Heidegger, *Sein und Zeit,* S. 250.

Ereignis这个词是要说明存在（Seyn）[1]占有人，使之从理性动物变为在此之在（Da-sein）。"存在（Seyn）是Er-eignis。这个Er-eigung促使人成为存在（Seyn）的所有物。然而，存在（Seyn）因而还是与Er-eignis相对的它者？非也，因为所有物从属于Er-eignung并且本身就是存在（Seyn）。"[2]需要指出的是，海德格尔在强调Ereignisd的"占有"义时，并不排斥，而是保留了它的"发生"义。[3]Ereignis是个存在史的概念，它指存在真理的发生。虽然我完全同意海德格尔说的Ereignis是不可译的，但即便不可译，也必须对它有基本的解释，否则我们无法用中文来谈论它和思考它，而解释就已经是一种翻译了。并且，解释可以说很多，在以后的行文中提到Ereignis时不可能都附上这些解释，为行文方便，勉强以"有化"来译Ereignis。[4]

《哲学贡献》的副标题Vom Ereignis也有讲究。如果有化是存在真理的发生，那么任何对它的思考和讨论只能是它的一部分，而不是在它之外的"客观研究"。因此，海德格尔在书的一开头就说它不是"关于"什么，也不是表述对象性的东西，而是要转而归于有化。因此，它不是一部论或

---

[1] 海德格尔在《哲学贡献》中常常使用18世纪德文"存在"一词的拼法Seyn以区别于这个词的现代拼法Sein，目的是为了表明当他在此书中用Sein时，指的是形而上学理解的"存在"；而当他写Seyn时，他指的不再是形而上学理解的"存在"。所以他说："Sein和Seyn是一回事，但又是基本不同的。"（Cf. Heidegger, *Beiträge zur Philosophie. Vom Ereignis. Gesamtausgabe* Bd. 65, Frankfurt am Main: Vittorio Klostermann, 1989, S. 171）由于中文不是拼音文字，我采用在中文译名后加原文的方式来表明两者的区别。

[2] Heidegger, *Beiträge zur Philosophie. Vom Ereignis. Gesamtausgabe* Bd. 65 (Frankfurt am Main: Vittorio Klostermann, 1989), S. 263.

[3] 《哲学贡献》的英译者就据此批评以前英语学界将Ereignis译为appropriation颇为不妥，因为Ereignis在海德格尔那里是个动态词，而appropriation则过于静态了。Cf. Parvis Emad & Kenneth Maly, "Translators' Foreword", *Contributions to Philosophy (From Enowning),* Bloomington & Indianapolis: Indiana University Press, 1999, p. xxi。

[4] "有"字一方面体现了海德格尔Ereignis概念的"存在"义（Sein一词在汉语中通常被译为"存在""是""有"或"存有"），另一方面也体现了它的"所有"义或"占有"义。而"化"字在中国传统思想中是指宏观的、总体性的、根本性的和决定性或支配性的发生，"大化流行""化成天下"等说法足资证明。"化"的意思与海德格尔的Ereignis的"发生"义相近。当然，用这样一个生造的概念去译一个从根本上说是不可译的概念是勉为其难，能不误导读者，使读者能稍近海德格尔的思想，聊胜于无，足矣。

关于化有的报告。[1]所以,不能把这个副标题译为"论有化"或"关于有化",而应译为"从有化而来"。海德格尔对这个副标题的特殊性的说明,已经暗示了他这部著作的极端特殊性。

许多以为《哲学贡献》是又一部《存在与时间》式著作的人会非常失望,因为实际情况与他们的预期正好相反。《存在与时间》至少在形式上非常像西方哲学史上其他的一些经典著作,如亚里士多德的《形而上学》、康德的《纯粹理性批评》或黑格尔的《精神现象学》,它一开始就交代了它的目的,描述了它要研究的基本问题、所要使用的方法,按层次提出将要讨论的各种不同问题,然后以一种系统的方式来处理这些问题。而《哲学贡献》更像尼采的《权力意志》,充满大量的札记、笔记和格言警句,看上去不像一部完整的著作,倒像是一部由笔记组成的手稿。但与《权力意志》不同的是,海德格尔的确是把《哲学贡献》作为一部真正的著作来写的,这部著作现在的形式,正是他刻意追求的。这部著作不是他为写一部正规的著作写下的准备性笔记的结集,而就是一部这样的著作。

海德格尔的语言常常使人望而生畏,但《哲学贡献》的语言更是会让一般的读者吓退,因为它要比海德格尔其他著作的语言更加"怪异",更加海德格尔。部分原因是海德格尔写时并未想在不久的将来予以发表,所以无所顾忌地想怎么写就怎么写。[2]当然,主要原因还是他要彻底抛弃传统的形而上学语言,因而将语言的思想潜能发挥到极致。

这部著作之"怪"不仅在于它的表述方式和语言,还在于它的结构。它由一个预览加六个"连接物"(Fügung)和最后一个题为"存在"(Seyn)的部分组成,没有章,只有节。这六个"连接物"分别是"共鸣""传达""跳跃""奠基""将来者""最后的上帝"。这六个"连接物"的名称之怪,让人们对海德格尔在这六个部分中要说的毫无概念。这六个部分既然叫"连接物"说明它们彼此之间是有联系的;不仅是有联系,更是互补的,它们一起形成一个"连接"(Fuge)或内在次序结构,即存在史思想的内在次序结构。[3]每一个"连接物"都是从这个整体结构的连接来规

---

[1]　Heidegger, *Beiträge zur Philosophie. Vom Ereignis.* S. 3.
[2]　Cf. Friedrich-Wilhelm von Herrmann, *Wege ins Ereignis,* S. 21.
[3]　Ibid., S. 19.

定自己。这不仅因为它们共同组成了一个整体,还因为它们本质上属于这个整体,是从不同的方面来说同一个事,即作为有化的存在真理的发生(Wesung)。[1] "这个连接的六个连接物的每一个都代表它自己,但只是为了使本质上同一的东西更透彻。六个连接物的每一个都试图说关于同一者的同一的东西,但总是从叫作有化的东西的另一个本质领域出发。"[2] 如果这个连接(Fuge)不是主观构造的系统或体系,而是有化自身的发生,那么它的每一个连接物也就有化自身发生的领域与方式。我们只有把这部书本身当作一个动态的事件来读,而不是把它当作一个客观的静态的研究对象来探讨,才能真正进入它,成为它的一部分。

现在的问题是,这样一部极端"怪异"、令不少海德格尔研究者头痛不已的著作,究竟是一部什么样的书? 它在海德格尔的思想道路上占有怎样的地位? 它对整个海德格尔哲学具有怎样的意义?

根据早就读过这部书的手稿,并最早向世人介绍这部书的潘格勒的看法,《哲学贡献》是海德格尔"真正的主要著作"(das Hauptwerk)。[3] 如果这个说法能够成立,那就意味着《存在与时间》将失去海德格尔主要著作的地位。这是很多海德格尔的追随者和研究者都无法同意的。《哲学贡献》的编者冯·赫尔曼就通过"以一种较为缓和的形式"表达了他的不同看法,他认为《哲学贡献》是海德格尔的"第二部主要著作"。[4] 在他看来,《存在与时间》非但是海德格尔的"第一部主要著作",而且还是他的"基础著作"(Grundwerk)。《存在与时间》作为海德格尔的基本著作与作为他的第二部主要著作《哲学贡献》的关系有如康德的《纯粹理性批判》与他的其他批判的关系;或黑格尔的《精神现象学》与《逻辑学》

---

[1] Wesung是海德格尔生造的一个德文词, 指存在的真理的发生:"存在(Seyn)真理的发生, 这就是Wesung。"(Heidegger, *Beiträge zur Philosophie*, S. 288) Wesung是什么和如何存在的原始统一, 不属于如何存在者, 指属于存在和真理(Ibid., S. 289)。由此可见, Wesung是一个动态词, 指存在本身的基本样态——真理的发生, 或存在的自身揭示。

[2] Heidegger, *Beiträge zur Philosophie*, SS. 81–82.

[3] Otto Pöggeler, "Heidegger und hermeneutische Theologie", in *Verifikationen: Festschrift für Gerhard Eberling,* hg. Eberhard Jüngel (Tübingen: J. C. B. Mohr Verlag, 1982), S. 481.

[4] Friedrich-Wilhelm von Herrmann, *Wege ins Ereignis* (Frankfurt am Main: Vittorio Klostermann, 1994), S. 6.

的关系。[1]理由如下：

在《哲学贡献》的第42节，海德格尔自己认为他从《存在与时间》到《哲学贡献》的道路是统一的，只是这条道路的内部变化。这统一在于，在这条路上问的始终的同一个问题，这就是存在(Seyn)的意义问题，也只问这个问题。就像走在海德格尔家乡Meßkirch的田间小路上，到达一个个新的不同的地点，在每一个地点同一个地方都有变化了的景色，从《存在与时间》到《哲学贡献》路上"问题的地点"也是如此，尤其是在这两部著作中达到的地点虽然不同，却同样只是以不同的方式指出了同一个追问存在本身问题的领域。这种在同一条路上的变化不是欠缺，而是丰富，它证明"本质性的追问"的强有力，每次都必须更原始地问，都必须从基础上变化。从《存在与时间》到《哲学贡献》的道路"不是逐渐'发展'"[2]。《哲学贡献》中作为有化思考的东西并未包含在《存在与时间》作为原始时间思考的东西中。但《哲学贡献》并未将《存在与时间》中思考的东西作为错误的东西加以扬弃。《存在与时间》与《哲学贡献》是海德格尔思想道路上的两座高峰。[3]

话虽这么说，但当冯·赫尔曼说《存在与时间》是海德格尔的"基础著作"时，实际上是说它是《哲学贡献》的基础。在他看来，《哲学贡献》中阐发的存在史思想是要从存在史的第一个开端，即形而上学过渡到存在史的第二个开端。第一个开端是在存在者的存在中追问存在者。而另一个开端不仅是要将存在作为存在者的存在来经验，而且是要在它的历史本质中，在它的自我敞开中经验存在本身，把它理解为真理的发生。但《哲学贡献》已经明确指出，《存在与时间》对存在问题的基础存在论的阐发已经为从形而上学过渡到另一个开端作了准备，尽管在这条道路上这种对存在本身的基本追问还不是"纯粹从自身开始"，还没有在存在史上展开。[4]所以《哲学贡献》不是海德格尔唯一的主要著作(das Hauptwerk)，而是作为海德格尔第一部主要著作《存在与时间》之后的第

---

[1]　Friedrich-Wilhelm von Herrmann, *Wege ins Ereignis* (Frankfurt am Main: Vittorio Klostermann, 1994), S. 6.

[2]　Heidegger, *Beiträge zur Philosophie*, S. 85.

[3]　Cf. Friedrich-Wilhelm von Herrmann, *Wege ins Ereignis*, SS. 6–7.

[4]　Ibid., SS. 361–362.

二部主要著作。《存在与时间》仍然是追问存在本身的基本问题的基本著作(Grundwerk)《哲学贡献》仍然以它的方式走在《存在与时间》首次开辟的追问存在本身的道路上。[1]

冯·赫尔曼的这些意见当然不是信口开河。海德格尔自己在《存在与时间》第7版的前言中就表示,《存在与时间》前半部的道路今天仍是一条必要的道路,如果存在的问题激起我们此在的话。他在给里查森的信中也说,他并没有改变他的基本立场,他一直追问《存在与时间》中"时间与存在"这个标题下所指明的方面。[2] 即使在《哲学贡献》中,他也明确表示:"《存在与时间》不是'理想'也不是'纲领',而是存在的支配的自我准备性开端。"[3] 这些事实任何一个严肃的海德格尔研究者都不能否认,也无法否认。所以潘格勒也说过《哲学贡献》是海德格尔的"第二部主要著作"[4]。但他为什么又说它是海德格尔"真正的主要著作"? 他的这种似乎有点耸人听闻的说法有没有坚强的根据? 能不能成立? 这些问题不是对海德格尔一部书的简单的评价问题,而是涉及对海德格尔整个哲学的理解和评价问题。

问题的症结从表面上看似乎是《存在与时间》和《哲学贡献》的关系问题,实质上却是如何看待海德格尔中后期思想发展的问题。的确,海德格尔自己是不太赞成所谓海德格尔1和海德格尔2的区分的,因为他认为自己一生只思考一个问题,这就是存在本身的问题,无论是《存在与时间》中的存在的意义问题还是《哲学贡献》中的存在的真理问题。即便是"折回"(die Kehre)[5] 也"只是继续走"。[6] 然而,这在很大程度上只是指海德格尔毕生的思维目标始终如一,从未有过偏离。但这不意味着他一生始终沿着一条路(一种方式)接近这个目标。如果是这样的话,《存

---

[1] Cf. Friedrich-Wilhelm von Herrmann, *Wege ins Ereignis*, S. 29.

[2] William J. Richardson, S.J., *Heidegger: Through Phenomenology to Thought*. Preface by Martin Heidegger (The Hague: Martinus Nijhoff, 1963), p. xvii.

[3] Heidegger, *Beiträge zur Philosophie*, S. 243.

[4] Otto Pöggeler, *Neue Wege mit Heidegger* (Freiburg/Müchen: Verlag Karl Albert GmbH, 1992), S. 11.

[5] 必须指出,海德格尔是在多重意义上谈"折回"的 (Cf. Otto Pöggeler, *Neue Wege mit Heidegger*, S. 18)。

[6] Hans-Georg Gadamer, "Die eine Weg Martin Heideggers", in *Gesammelte Werke*, Bd. 3 (Tübingen: J.C.B.Mohr, 1987), S. 423.

在与时间》和《哲学贡献》至多只是如冯·赫尔曼说的同一条路上的不同地点,并且,前一个地点是后一个地点的出发点。[1]

　　然而,问题似乎没有那么简单。海德格尔之所以最终放弃原来宣布的《存在与时间》的计划,宁可让它成为一部实际上是未完成的著作,有其不得不如此的理由,这就是他发现用写《存在与时间》的传统形而上学的语言不可能达到他预期的目标。在1940年的尼采课上海德格尔指出,《存在与时间》是要在追问存在真理的基础上,而不是像旧形而上学那样在追问存在者的真理基础上,从人与存在的关系,并仅仅从人与存在的关系规定人的本质,并这样来理解人的本质基础:在一个固定范围的意义上人的本质基础就是为此—在(Da-sein)。然而,海德格尔发现,在过去的13年里他的努力计划没有引起人们一星半点对这种设问的理解。这种不理解是由于根深蒂固的近代思维方式的习惯——把人思考为主体;所有对人的思考都被理解为人类学。[2]但海德格尔清醒地看到,这种不理解的另一个原因是他的努力本身,虽然它把人视为历史生成的东西,而不是"被创造的东西",但它是来自旧的东西,即旧形而上学,并且没有完全摆脱它,因而必然地、不断地还是导向旧形而上学。例如,在《哲学贡献》中他就指出,存在论区分就会立刻回到形而上学的开端。[3]不以它自己的意志为转移,他的努力始终处于这样的危险中,即只是重新巩固了主体性,同时阻碍了关键的步骤——充分表达存在真理的发生(Wesenzug)。[4]虽然《存在与时间》的问题(die Sache)已经不是形而上学的问题,但它的看问题的方式(Blickweise)和语言还是形而上学的。[5]

　　这就是说,《存在与时间》切入问题的方式和语言是有重大的不足。海德格尔之所以在《存在与时间》出版并大获成功后却就此罢手,不再继

---

[1]　但冯·赫尔曼自己也说《哲学贡献》从存在史切入存在问题是海德格尔第一条,即基础存在论切入存在问题后的"第二条道路"(Cf, Fridrich-Wilhelm von Herrmann, *Wege ins Ereignis*, S. 65)。

[2]　他的老师胡塞尔就是这么理解《存在与时间》的。

[3]　Cf. Heidegger, *Beiträge zur Philopsophie*, S. 250.

[4]　Cf. Heidegger, *Nietzsche: der Europäische Nihilismus, Gesamtausgabe* Bd. 48, SS. 260–261.

[5]　Cf. Friedrich-Wilhelm von Herrmann, *Wege ins Ereignis,* 70.

续将此书写完,反而陷入了思想危机,显然与他越来越清楚地认识到这个问题有关。无法想象,在经历了近10年痛苦思考后写的《哲学论文》,只是《存在与时间》的自然发展和延续。事实上,海德格尔在《哲学贡献》中明确提出,要"克服在《存在与时间》及其发散(《论根据的本质》和康德书)中存在问题的第一个努力"[1]。因此,从《存在与时间》到《哲学贡献》不可能是逐渐的"发展"[2],而只能是"折回"。不是回到旧形而上学,而是回到源始的问题,回到哲学的第二个开端。这种折回,当然不可能是简单的与以前的东西双峰并列,而是通过一条反对自己的道路来折回,维特根斯坦是这样,海德格尔难道不可能也是这样?事实上就有人认为:"如果说《存在与时间》像一道'闪电',那么肯定没有第二个例子,一个哲学家在取得如此成就后还再次完全重新开始。"[3]

要证明这一点,最终还是要看海德格尔自己怎么说。在《哲学贡献》中专门有一节讨论《存在与时间》和《哲学贡献》的关系,这就是第42节"从《存在与时间》到《有化》"。在那里海德格尔明确指出,在后来的东西和先前的东西之间不存在关系。因为在对存在(Seyn)的思考中只注重独一无二的东西,"在这里似乎颠覆就是规则"[4]。但这也不是把以前的东西作为"错的"东西加以放弃,或证明后来的东西已经在以前的东西里说了。而是每次都从问题的提问处透彻地去提问,并且只有在这时种种改变的规模才能被确定。[5]而《哲学论文》是从存在史的角度提问的,它的确没有"放弃"《存在与时间》的问题,而是从存在史的立场对《存在与时间》的基本问题重新加以提出和阐述。但这不是延续,也不是修正,而是"颠覆"。之所以是"颠覆",是因为海德格尔发现《存在与时间》的思路不但不能导向他所追求的目标,反而会违背他的主观意志,回到形而上学的轨道上去。

《哲学贡献》的编者冯·赫尔曼认为《哲学贡献》与《存在与时间》之间的改变只是"内在的改变",因为前者并没有跳出和完全离开后者

---

[1] Heidegger, *Beiträge zur Philosophie,* 250.

[2] Ibid.

[3] Otto Pöggeler, *Neue Wege mit Heidegger*, S. 33.

[4] Heidegger, *Beiträge zur Philosophie,* S. 85.

[5] Ibid.

的先验—视域思路(tranzendental-horizontalen Blickbahn)。[1]然而,在海德格尔自己看来,《存在与时间》与形而上学还有密切的关系。"在《存在与时间》中作为'存在之理解'开始的东西,只是表象的优先性的延伸,虽然它(作为投开—此—在的理解)是完全不同的东西;但它(指《存在与时间》——笔者注)作为过渡仍然向后指向形而上学。存在(Seyn)的真理和存在的支配既不是前者也不是后者。"[2]这清楚地表明,《存在与时间》和形而上学一样不是存在的真理。正因为如此,海德格尔一直到晚年都不掩饰他对《存在与时间》的批判态度。在《关于人道主义的信》中,他明确表示,《存在与时间》要建立作为存在者之存在的科学的现象学存在论是不合适的。[3]在发表于1964年的《哲学的终结与思之任务》的一开头,他告诉人们:"从1930年以来我一再试图更进一步从开端(anfänglicher)上构成《存在与时间》的问题。这就是说:对《存在与时间》问题的出发点提出一个内在的批判。"[4]

其实,海德格尔在写《哲学贡献》时已看得很清楚,作为《存在与时间》主导线索的存在论区分就有很大问题。存在论区分起源于形而上学的基本问题,即存在者本身(存在性)的问题。传统形而上学之所以追求创造性,是因为它的对象"可能性之条件"。《存在与时间》虽然是以存在论区分为前提,却也隐隐约约让人觉得它是在追求存在者"可能性之条件"。因此,海德格尔在《哲学贡献》中明确提出要摆脱"可能性之条件",从存在(Seyn)特有的本质去把握存在(Seyn)的真理,即有化。海德格尔指出,虽然为了给存在(Seyn)问题提供一个最初的视域存

---

[1] Cf. Friedrich-Wilhelm von Herrmann, *Wege ins Ereignis*, S. 30.

[2] Heidegger, *Beiträge zur Philosophie,* S. 223.

[3] Heidegger, *Brief über den »Humanismus«*, S. 353.

[4] Heidegger, *Das Ende der Philosophie und die Ausgabe des Denkens,* in *Zur Sache des Denkens* (Tübingen: Max Niemeyer Verlag, 1969), S. 61. 这里的 anfänglich 一词显然应该从《哲学贡献》中"开端"(Anfang)的思想去理解,而不能一般地理解为"开始"(Beginn),海德格尔一直有区分地使用这两个词。Anfang 是海德格尔哲学的一个特定术语,它不同于一般的开始(Beginn)。海德格尔自己在1934年至1935年冬季学期的授课中区分过 Beginn 和 Anfang:"'Beginn'(开始)——是不同于'Anfang'(开端)的东西。……开始马上就被留在了后面,消失在事情的进程中。相反,开端、起源(Ursprung),首先在事件中显露出来并自始至终在那里。"(Heidegger, *Hölderlins Hymnen „Germanien" und „Der Rhein", Gesamtausgabe* Bd. 39, S. 3)

在论区分是必要的，但它也是灾难性的，因为它不能直接导致存在问题（Seynsfrage）。非但如此，这种区分还成了真正的障碍，阻碍了对存在问题（Seynsfrage）的追问。[1]

这是因为，这个所谓的存在论区分实际上是用对象性思维方式提出来的，好像我们可以像将两个现成对象，独立地置于眼前作为理论观照的对象那样，将"存在"与"存在者"也作为我们理论观照的独立对象置于眼前。而这恰恰是形而上学思维的做法，它并非不知它们的区别，只不过是将存在理解为存在性而已。而这种混淆恰恰与它以这种对象化的方式表象（置于眼前）存在与存在者及其区分有关；这还造成了似乎存在论区分是我们主观的产物。但实际上"我们始终已经在这个正在发生的区分中活动了。不是我们实施它，而是它与我们一起作为我们此在的基本事件发生"[2]。

此外，从上引海德格尔在尼采课上的那段话以及《哲学贡献》中的有关部分可以看到，海德格尔最耿耿于怀的就是他的基础存在论被理解为一种"人类学"。这既有客观原因，也有他自身的原因。他承认，《存在与时间》中的此—在（Da-sein）还有"人类学"和"主体性"及"个体主义"的外表，[3]尽管海德格尔在《存在与时间》中一再声明此在不是如何人类学和生物学意义上的"人"，然而，他自己的表述却不能不误导读者。比方说《存在与时间》说"人的此在"（menschlichen Dasein），这势必让人觉得也有动物的此在或植物的此在。其实"人"在这里并不是指一个种属，而是指人那种存在的独特性，即它的可能性，如果是这样的话，"此在"之前就不必加"人"。[4]但当时这么说，却并不是海德格尔的一时疏忽，而表明他的确还未完全摆脱传统形而上学的影响。这点海德格尔实际上后来也意识到了。他发现，基础存在论中经常出现的"超越"（Transzendenz）概念固然会被误解为一个"我"或"主体"的行动，但即便如此，它仍然是一个柏拉图主义的概念。[5]由于这些问题都不是简单的

[1]　Cf. Heidegger, *Beiträge zur Philosophie,* S. 250.
[2]　Heidegger, *Die Grundbegriff der Metaphysik,* Gesamtausgabe Bd. 29/20, S. 519.
[3]　Heidegger, *Beiträge zur Philosophie*, S. 295.
[4]　Ibid., SS. 300−301.
[5]　Ibid., S. 322.

表述问题或一时疏忽，因此，不可能指望通过小修小补得到解决，而必须将存在问题（Seynsfrage）决定性地从主导问题（Leitfrage）[1]改变为基本问题（Grundfrage）。[2]如果说《哲学贡献》与《存在与时间》的不同是"内在的改变"的话，那么，必须把这种"内在的改变"理解为"克服"或"颠覆"，而不是简单的延续。

当然，这里的"克服"和"颠覆"都不能理解为海德格尔抛弃了《存在与时间》的基本问题和立场，而应理解为他放弃《存在与时间》切入问题的方式，因为那无法达到他预期的目标。按照《存在与时间》原来的计划，在现有的两个部分之后就应该转入第三个部分"时间与存在"，即从论述此在的时间性转而论述存在本身的时间状态。[3]然而，"时间与存在"却最终没有拿出来，因为此时海德格尔的思想还不能充分论述从此在折回到存在，或者说从存在的时间性折回到存在的时间状态，即存在史。这种折回当然不是要改变《存在与时间》的立场，而是只有在它那里，思才能达到由之经验《存在与时间》的维度所在。[4]《存在与时间》的立场并不错，《哲学贡献》也必须从这种立场出发，才能达到它要达到的目标；但这种立场必须作为存在史和存在真理本身的一部分重新"折回地"予以论述，才能真正站住脚。

其次，海德格尔告诉我们："克服形而上学得用存在史的方式来思维。"[5]从存在史的观点看，"克服形而上学，只能从形而上学用一种似乎是通过它自身提高它自身的方式来表现"[6]。海德格尔认为，人们甚至可以正当地将它称为"形而上学的形而上学"。《康德和形而上学问题》就是这样的"形而上学的形而上学"，它试图从这个方面来阐释起源于对理性主义形而上学的单纯批判的康德的思想。但它赋予康德思想比康

---

[1] 海德格尔把形而上学追问存在问题的方式成为"主导问题"，它追问的不是存在本身，而是存在者的存在性（Cf. Heidegger, *Vom Wesen der menschlichen Freiheit. Einleitung in die Philosophie. Gesamtausgabe* Bd. 31 Frankfurt am Main: Vittorio Klostermann, 1982, S. 39ff.）。

[2] Heidegger, *Beiträge zur Philosophie*, S. 295.

[3] Cf. Heidegger, *Sein und Zeit,* S. 19.

[4] Cf. Heidegger, "Brief über den Humanismus", in *Wegmarken,* S. 325.

[5] Heidegger, "Überwindung der Metaphysik", in *Vorträge und Aufsätze* (Pfullingen: Neske, 1978), S. 74.

[6] Ibid., S. 75.

德本人在他哲学的范围内所能思的更多的东西。[1]这种"形而上学的形而上学"并没有因为存在史思想的提出而放弃。相反,得到了理论上的证明。海德格尔在《论人道主义的信》单行本样书第一页上旁注:"这封信始终还是用形而上学的语言说的,甚至是故意的。"[2]既然这样,海德格尔在给理查森的信中说,只有从海德格尔1那里已经思考过的东西出发才能最切近地通达在海德格尔2那里有待思的东西;但海德格尔1又只有包含在海德格尔2中才成为可能,[3]也就好理解了。对《存在与时间》的批判和"颠覆"并不是"推倒重来",而只是用存在史的观点来审视它的形而上学因素本身的局限。只有用存在史的观点来探究和思考存在的问题,这个问题才能真正源始地被提出和追问。因为在海德格尔眼里,形而上学是西方思想的第一个开端。这个开端到尼采那里已经结束。而另一个开端却还未正式开始,但存在史思想与第一个开端根本有别,为另一个开端作准备的开端性思想(anfängliches Denken)。[4]显然,对存在史思想的定位也是海德格尔对自己思想的最终定位。在此意义上,第一次完整系统地提出存在史思想的《哲学贡献》才是海德格尔的基本著作(Grundwerk),虽然海德格尔自己曾把它作为一部准备性著作看待。[5]

不仅在整体思想上,而且在具体涉及的内容方面,《哲学贡献》之广泛和多样,也是海德格尔到目前为止已出版的任何一部著作(包括《存在与时间》)无法比拟的。在这部著作中,海德格尔以存在史思想为纲,系统论述了关于哲学(以及形而上学)、真理、人、语言、技术、艺术作品、西方哲学史等他毕生思考的几乎所有主要论题,包括他中后期的一

---

[1] Heidegger, "Überwindung der Metaphysik", in *Vorträge und Aufsätze* (Pfullingen: Neske, 1978), S. 75.

[2] Heidegger, *Wegmarken. Gesamtausgabe* Bd. 9 (Frankfurt am Main: Vitorrio Klostermann, 1976), S. 313.

[3] William J. Richardson, S.J., *Heidegger: Through Phenomenology to Thought.* Preface by Martin Heidegger, p. xxiii.

[4] Heidegger, *Beiträge zur Philosophie,* S. 31.

[5] 另外,海德格尔曾经设想写一部正儿八经叫《有化》的书,他把《哲学贡献》和另外五部著作(分别是《全集》第66、67、69、70和第72卷)看作那部计划中的未来著作的准备,一个"预习"。(Cf. Friedrich-Wilhelm von Herrmann, "Contributions to Philosophy and Enowning-Historical Thinking", pp.107-108)

些基本概念,他中后期关于哲学、人、语言、技术和艺术作品的著作可以看作他这部著作中所表达的思想的进一步展开[1];而他前期著作,包括《存在与时间》的基本思想及其蕴含的目标,则得到了更深刻、更非形而上学的阐发。至少到目前为止,只有这部著作全面反映了海德格尔一生的主要思想[2]。在此意义上,也只有它才有资格称为海德格尔的基本著作。

如果说《存在与时间》是以基础存在论的方式探讨存在问题的话,那么《哲学贡献》则是以存在史的方式来深入存在问题。存在史,顾名思义就是存在的历史。在《存在与时间》中,历史,尤其是历史性在此在的生存论分析中是很重要的概念,但那是指此在的历史性。无论历史还是历史性都只与此在有关,而与存在无关。但存在史却是指存在的历史性。存在史说的是"历史地理解存在(Seyn)的本质"[3]。在这里,"历史"当然不是指史学,也不是指一般发生的事,而是指有化。"有化就是源始历史本身。"[4]另一方面,"历史性在此被理解为一种真理,存在本身开敞的隐蔽(lichtende Verbergung des Sein)"[5]。因此,存在史必然存在的问题提问为存在的真理问题。换言之,随着基础存在论的思路转换为存在史的思路,存在问题也随之由存在的意义问题变为存在的真理问题。

根据海德格尔自己的说法,存在史的思想始于他在1930年作的《论真理的本质》的报告。[6]这也正是他从《存在与时间》的先验—视域思路折回的开始。但它不是一蹴而就,而是逐渐的。只是到了1936年写《哲学贡献》时,海德格尔存在史的思想才完成成形和成熟。存在史思想的

---

[1] 冯·赫尔曼说《哲学贡献》是海德格尔第一次基本地、决定性地通过打开一条存在史或有化—历史之思的探索道路来处理有化问题,他后来的著作都是在这条探索道路上写的 (Cf. Friedrich-Welhelm von Herrmann, "*Contribution to Philosophy* and Enowning-Historical Thinking", in *Companion to Heidegger's Contribution to Philosophy,* p. 105)。

[2] 按照潘格勒的说法,海德格尔试图在《哲学贡献》中总括这些年来在讨论课、讲课、论文和以前的手稿中所取得的成果 (Cf. Otto Pöggeler, *Neue Wege mit Heidegger,* S. 33)。

[3] Heidegger, *Beiträge zur Philosophie*, S. 32.

[4] Ibid.

[5] Ibid., S. 61.

[6] Cf. Heidegger, "Die Frage nach der Technik", in *Vorträge und Aufsätze* (Pfullingen: Neske, 1978), S. 28.

产生与提出,与《存在与时间》发表后海德格尔自身思想的危机由莫大关系。潘格勒说:"海德格尔是在一些年和一条道路后,通过一场隐蔽的宗教危机和一次公开的政治上误入歧途后,才找到一种新的语言。"[1]

从上述海德格尔事后对人们对《存在与时间》的一般理解的反省来看,他不只责怪别人没有正确地理解这部著作,也清醒地看到这部著作的不足本身也有很大的责任。它被普遍理解为"人类学"说明它并没有最终克服西方形而上学的核心观念——传统西方关于人的本质定义。在海德格尔看来,西方形而上学的主导问题是将存在作为在场的存在者的存在性来追问,换言之,将存在经验和思考为存在者的存在性。而这种处理存在问题的方式与形而上学对人的经典定义"理性动物"有很大关系。

如果人的本质定义是有理性的动物,那么存在问题只能是存在者的存在性的问题。因为在形而上学的这个人的本质定义中,人的本质被理解为传统 essentia(实质)意义上的是什么(Wassein)[2],这个本质概念是沿着种属本质和行为本质之间的存在论—逻辑区分而来的。根据他的种属本质,人是动物,是众多生物中之一种;然而他的行为本质——理性,却使他在众多生物中脱颖而出。[3]这就决定了形而上学无论怎样理解人,都只是涉及他的存在性,而不是他的存在,都只能是某种"人类学"的理解。另一方面,既然人的本质是理性,而存在已经被理解或误解为 ousia(存在性),那么人只能追问事物的什么(Was),即它们的存在性,而不是它们的怎么(Wie),即它们的存在,更不用说存在本身。无论是离开存在还是遗忘存在,都与此有莫大的关系。

有鉴于此,《存在与时间》以此在来取代传统人的概念,并郑重指出:"此在的'本质'在于它的生存。"[4]这就是说,此在的本质既不是实质(essentia)意义上的什么,也不是相反,是具体现实的什么事实,而是理解存在的生存。比起传统的人的概念及其本质定义,此在的一个特点是

---

[1] Otto Pöggeler, *Neue Wege mit Heidegger,* S. 33.

[2] Essentia 是个拉丁术语,来自拉丁文 esse(存在),意指使某物存在的东西,某物所是的东西,造成它如此这般的东西。它的对立词是 exsitentia(事实或实际存在),即德文所谓 Wirklichsein 或 Daßsein (Cf. Erwin Metzke, *Handlexikon der Philosophie,* Heidelberg: F.H.Kerle Verlag, 1949, S. 99)。

[3] Cf. Fridrich-Wilhelm von Herrmann, *Wege ins Ereignis,* S. 83.

[4] Heidegger, *Sein und Zeit*, S. 42.

"虚化"了。[1]尽管如此,《存在与时间》还是被人理解为"人类学"。倘若除了外在原因外,《存在与时间》的思路自身确有招致"人类学理解"之处,岂不意味它不但无法克服形而上学,反而会回到形而上学? 这就是海德格尔存在史思想产生的根本原因与动力。

因此,存在史的思想首先要彻底解决此在"人类学外表"的问题,有化概念就是为此提出的。有化是存在(Seyn)的本质,但"本质"在这里与其在西方哲学中的传统意义无关,指的是存在根本的支配性,海德格尔用他生造的 Wesung 一词来指存在的这种根本的支配性(Waltung)。[2]但这并不意味着人成了任其摆布的玩偶或奴隶。相反,它们其实是一体。此在是存在在此之存在,故为此一在。存在与人是共属(Zusammengehören)关系,或需要和隶属的关系。"存在(Seyn)需要人以便支配,人属于存在(Seyn)以实现他作为此在的最大使命。"[3]

《存在与时间》已经表明,此在是人之存在的方式,即理解存在。理解存在不是主体或人的主观的理智活动,而是指人被投入到世上存在,就已经投开(entwerfen)它的存在,即向存在敞开,或使存在在"此"开显。理解存在之"理解"即此"投开"的意思。[4]就像一块石头被投入湖面,投开浮萍遮掩的湖面,开显一片视域。投开者首先是被投者。被投才能投开。但是,海德格尔后来看到,如果人们预先看不到存在(Seyn)的陌生性和独特性(不可比性),那么很容易认为此在与存在的"关系"对应于主客体关系,甚至将它们等量齐观。但此在克服了一切主体性,存在也不是客体。[5]《存在与时间》被误解为"人类学",很大程度上与人们没有看到此在与存在实为一体有关。但这也与《存在与时间》只是单方面从此在出发处理存在问题的做法。

---

[1]   但这并不意味着否定此在的身体性 (Cf. Friedrich-Wilhelm von Herrmann, *Wege ins Ereignis*, S. 84)。

[2]   "支配"(Waltung) 是一个在《形而上学导论》中就已出现的术语,海德格尔用它来指存在的具体方式,即存在真理的发生,以与存在者的存在 (方式) 相区别,从而根本区别存在和存在者:"存在者存在着。存在 (Seyn) 支配着。" (Heidegger, *Beiträge zur Philosophie*, S. 30)

[3]   Heidegger, *Beiträge zur Philosophie*, 251.

[4]   Ibid., S. 252.

[5]   Ibid.

有化概念的提出，就是要直接从存在切入问题本身，包括此在的问题，这也是"折回"的意思之一。在《哲学贡献》中，海德格尔强调投开的投者（Werfer）经验自己为被投，即为存在（Seyn）所有（er-eignet）。这"所有"的意思是：投开造成的开显只有在它作为被投和属于存在（Seyn）的经验发生时它才能开显。[1] 换言之，"投开存在（Seyn）真理的那个投者本身，此—在，为存在（Seyn）所投，所有（er-eignet）"[2]。虽然此在在投开存在（Seyn）的真理时是自由的，但这个自由不属于它自己，而是为存在所有的存在的所有物。[3] 此在是此在的所有物，或存在的财产，此在属于此在不能理解为黑格尔式的个人是绝对精神实现自己计划的工具。因为此在是存在在此通过人之在（开显同时隐蔽）[4]，它不是任何存在者意义上的主体、个体、个人、人格或人，而是存在显现同时又隐蔽的方式和途径。它与存在不是主体与客体的关系，甚至也不是不同的两造的关系，而是一事（存在）内部的自己发送的关系。"此—在是存在（Seyn）真理的奠基。"[5] 这就是说，此—在是存在真理确立自己基础的方式，因此，不应该把它理解为一个存在者："人越不是存在者，越不坚持他发现自己是的那个存在者，就越接近存在。"[6] 所以，海德格尔在这里不是要消除什么主客体分裂，而是恰恰是要通过存在史来表明所谓的主客体及其分裂，以及它们的直接原因——人是理性动物的定义是怎么来的，阐明这些本身其实只是存在真理（即存在本身）的某个发生（与遮蔽），而不是像形而上学认为的那样是理智或精神的结果。有化如果仅仅只是表明此在为存在所有，属于存在，还根本不足以达此目的。只有在有化就是历史的条件下，或者说存在史的条件下，才能最终克服形而上学，包括它对人的本质的理解。

在《存在与时间》中，海德格尔区分了历史（Geschichte）和历史学（Historie）。前者是指发生的历史；后者指对过去事件的研究。然而，历

---

[1]　Heidegger, *Beiträge zur Philosophie*, S. 239.

[2]　Ibid., S. 304.

[3]　Cf. Friedrich-Wilhelm von Herrmann, *Wege ins Ereignis*, S. 19.

[4]　海德格尔在《哲学贡献》中把 Dasein 分开写作 Da-sein，显然有暗示这一点的意思。

[5]　Heidegger, *Beiträge zur Philosophie*, S. 170.

[6]　Ibid., SS. 170 - 171.

史取决于人（此在）的历史性，而历史性则奠基于此在的时间性。如果此在不是历史的，就根本没有历史。历史是人特有的，一座山或一条狗只有"过去"，但没有"历史"。虽然海德格尔在《存在与时间》中论述了此在的历史性和它在世的可能性，但没有涉及存在本身的历史性。《哲学贡献》恰恰要阐明存在的历史性，更确切地说，存在揭示的历史性。在《哲学贡献》中，历史是存在的历史，即存在史[1]，"存在（Seyn）作为有化（ereignis）就是历史，它的本质必须由此而定，而不取决于生成和发展，不取决于史学的观察和解释"[2]。"历史在这里不能理解为众多存在者领域中的一个，而只能从存在（Seyn）本身根本支配（Wesung）的观点来理解。"[3] 反过来说，存在（Seyn）的根本支配也得"历史地"理解。就像《存在与时间》中历史性已经不是指现成性的历史性，同样，存在的根本支配也不是说任何在场，而是指时—空深渊（Ab-grund）的完全支配[4]，因此指真理的

[1]　在《形而上学导论》中，海德格尔已经提出了"存在的历史"（Geschichte des Seins）的概念（Cf. Heidegger, *Einführung in die Metaphysik,* Gesamtausgabe Bd. 40, S. 99）；在《论人道主义的信》里又用了这个概念（Cf. Heidegger, "Brief über den Humanismus", S. 332）。"存在的历史"与"存在史"可以看作一个概念。

[2]　Heidegger, *Beiträge zur Philosophie,* S. 494.

[3]　Ibid., S. 32.

[4]　Abgrund是海德格尔哲学中一个非常重要却不容易把握的概念。很显然它与Grund概念有密切的关系。Grund在西方形而上学，尤其是德国哲学家那里是一个重要的哲学概念，指基础、根据、理由。莱布尼茨就提出过充足理由律（der Satz vom zureichenden Grund）。形而上学就是探讨最终根据或基础的学说；西方哲学基础主义的倾向，就是由此而来的。这种一在场或现成性东西为旨归的形而上学的基础主义海德格尔无疑是反对的。但他并不一般地反对基础（Grund），因为那同样将导致虚无主义。为此，他提出Abgrund这个概念。Abgrund在德语中是"深渊""不可测的深度"的意思。在《哲学贡献》中，海德格尔将它规定为"时间与空间的源始统一"（Heidegger, *Beiträge zur Philosophie,* S. 379）。而把它写成Ab-grund，一方面是要暗示它仍是"基础"，但不是现成性或在场意义上的基础，而是缺席的基础（das Weg-bleiben des Grundes），是基础的源始支配、奠基的源始支配、真理的支配。Abgrund也是基础，这个基础就是自我遮蔽的存在。用Abgrund这个词就是为了暗示存在的自我遮蔽和源始性（Cf. Heidegger, *Beiträge zur Philosophie,* S. 379ff）。所有存在者首先在存在这个基础达到其真理（遮蔽、安排和对象性）；存在者沉入这个基础，这时基础就是深渊（Abgrund）；在这基础中存在者也可以漫不经心不假思索，这时基础就成了无基础（Ungrund）（Cf. Heidegger, *Beiträge zur Philosophie,* S. 77）。总之，在海德格尔那里，尤其在后期海德格尔那里，基础就是指存在或存在的真理，而由Grund派生出来的各术语如Abgrund、Ungrund和Urgrund都是为了强调存在的某一方面的规定。

完全支配。这就是原初意义上的历史,或存在史意义上的历史,只有在这种源始的历史概念领域里,人们才会明白"历史"为什么和如何不仅仅是人的行动和意志。[1]

很显然,作为源始历史的存在史,它是它自己的起源与去处,也是一切存在者的起源和去处,通常人们所理解的历史只有在这个历史中才有可能。人不能选择历史,归根结底是因为这个原因。在海德格尔看来,西方历史在很大程度上是由形而上学决定的,形而上学是"西方历史的基础"。[2] "存在者整体开始的揭示,对存在者本身的发问和西方历史的开始是一回事。"[3] 但即使是形而上学,也不是西方人或希腊人选择的结果,它当然是西方人心智活动的结果,但归根结底是源于存在史。例如,"把人规定为主体和把存在者整体规定为'世界图像',只能出于存在史本身"[4]。思想家"也没有选择,他只能表达存在者在其存在史上所是的东西"[5]。因此,存在史就是"存在的命运"(das Geschick des Seins),但这命运是一种"发送"。存在的发送(Seinsgeschick)就是真理的发生。存在史借重要思想家之口得以表达。[6]

粗看起来,海德格尔的存在史与黑格尔的绝对精神的历史十分相似。海德格尔似乎也意识到了这一点,特意说明他的存在史与黑格尔的历史的区别。他的存在史处理的并不是一个范畴"辨证地"变成另一个范畴,而是存在史本身。[7] 正因为存在史是命运,所以它不是,也不可能是既是思的规律又是历史规律组成的严密的体系。思是对存在史的念想(Andenken),它从存在史本身发生,属于存在史。[8] 并且,存在史思想是建立在一个根本不同于黑格尔的时间概念之上,它是通过回到第一个开端过渡到第二个开端,或者说,必须从第一个开端的原始立场出发才能阐明第二个开端的必然性。[9] 克服形而上学并不是像实证主义那样提出一

---

[1] Cf. Heidegger, *Beiträge zur Philosophie*, SS. 32-33.

[2] Heidegger, *Nietzsche* II (Pfullingen: Neske, 1989), S. 274.

[3] Heidegger, *Vom Wesen der Wahrheit,* in *Wegmarken*, S. 187.

[4] Ibid., S. 25.

[5] Ibid., S. 37.

[6] Cf. Heidegger, "Brief über den Humanismus", S. 332.

[7] Heidegger, *Beiträge zur Philosophie,* S. 135.

[8] Heidegger, "Brief über den Humanismus", S. 332.

[9] Cf. Heidegger, *Beiträge zur Philosophie,* S. 169.

个相反的立场,而是从它的基础出发加以克服。[1]因此,如果说存在史之思是为过渡到西方思想的第二个开端做准备的话,那么它必然是一个毁构的释义学过程。具体而言,它必须传达第一个开端的历史。[2]《哲学贡献》的第三部分"传达"(Zuspiel)主要就做这件事。

但上述存在史的思想绝不是过去是未来的基础和出发点这样的老生常谈。恰恰相反,过去的意义在于未来,第一个开端只有在立足于第二个开端才源始地成为它自己和它的历史。具体而言,只有从"什么是存在"的主导问题过渡到"什么是存在(Seyn)的真理"的基础问题第一个开端才能源始地成为它自己和它的历史。[3]在它自己的历史中,形而上学始终是混乱的,对它的思的主导线索始终是没底的。[4]

存在的真理

海德格尔始终坚持存在的问题是他一生唯一的问题,这个问题确切说,是存在的真理问题。在《哲学贡献》中,他郑重其事地声明:"*存在(Seyn)的真理问题是并仍然是我的问题,是我的唯一问题,因为它事关最独一无二者。*"它是"一切问题的问题"[5],是"首要问题"(Vor-frage)。[6]将存在的问题归结为真理的问题是海德格尔一贯的做法,他之所以要这样做,是因为在他看来,这才是他所面临的真正问题。"克服形而上学意味着面对对存在者的'理念的''因果的'和'先验的''辨证的'解释,将存在真理的先行性解放出来。"[7]所以我们不能像对待其他哲学家的真理观那样,把海德格尔存在的真理的思想视为他哲学的某个方面或部分,而应视为他哲学核心和主干,他的所有问题可以说都是以此为背景或围绕这个问题展开的。

---

[1]   Cf. Heidegger, *Beiträge zur Philosophie,* S. 173.

[2]   Ibid., S. 169.

[3]   Ibid., S. 171.

[4]   Ibid., S. 173.

[5]   Heidegger, *Beiträge zue Philosophie,* S. 10.

[6]   Heidegger, *Beiträge zur Philosophie,* S. 345.

[7]   Ibid., S. 504.

如前所述，在哲学上，海德格尔是从对形而上学不满开始他的思想道路的。在西方长期的历史中，形而上学被经验为真理，在此真理中，人们在存在者的存在中将存在者思考为存在者，但存在本身却没有真正从它的真理中被经验为存在。[1]柏拉图和尼采之所以一个被看作西方形而上学的开山，另一个是它的殿军，依据的就是他们的真理观。[2]海德格尔觉得："面对哲学日益荒芜和畸形，只有成功地以正确方式从其必然性出发提出真理的问题，才能得到持久本质的东西。"[3]可以说，海德格尔一生处理的所有问题，如形而上学问题、人的问题、语言问题、技术问题、艺术问题等，都是以真理问题为背景，或围绕着这个问题展开的。不了解海德格尔的真理观，就不可能真正理解他的哲学。

海德格尔并不是从30年代开始才关注真理问题，而是从马堡时期就已经开始深入思考这个问题了。他1924年至1925年冬季学期在马堡的课程《柏拉图的〈智者篇〉》，[4]和1925年至1926年冬季学期在马堡大学的课程《逻辑：真理的问题》[5]都系统讨论了真理问题。在后一部著作中，海德格尔从逻辑概念的释义学分析着手，一方面从谱系学上揭示了传统真理观念——正确和一致的真理观如何产生；另一方面用他的时间概念来重新阐发真理问题。虽然海德格尔的真理观于30年代后有明显的变化，但这种做法却在他处理真理问题的主要著作中都延续了下来。因为在他看来，追问真理问题的正确方式就是通过澄清出发点——占统治地位的正确性概念过渡到真理原始的支配。[6]

虽然《存在与时间》只用了一节（第44节）来处理真理问题，却集中表述了海德格尔早期的真理思想。他首先把传统真理观概括为三个论点：（1）真理的"所在"是陈述（判断）；（2）真理的本质在于判断与其对象的"一致"；（3）逻辑之父亚里士多德既把真理归于作为它的原始所在

---

[1] Cf. Otto Pöggeler, *Der Denkweg Martin Heideggers,* S. 100.

[2] Cf. Heidegger, *Beiträge zur Philosophie,* SS. 359-365.

[3] Heidegger, *Beiträge zur Philosophie,* S. 354.

[4] Heidegger, *Platon: Sophistes, Gesamtausgab* Bd. 19 (Frankfurt am Main: Vittorio Klostermann, 1992).

[5] 这部讲稿现编为《海德格尔全集》第21卷: *Logik. Die Frage nach der Wahrheit* (Frankfurt am Main: Vittorio Klostermann, 1995)。

[6] Heidegger, *Beiträge zur Philosophie,* S. 354. 但后来在《柏拉图的真理学说》以及《哲学贡献》中海德格尔认为这种"一致"论真理观出自柏拉图。

第四章 马丁·海德格尔   359

的判断,也发起将真理定义为"一致"。[1]这里所讲的"一致"就是指判断与事实或实在的一致,这也是我们今天大多数人不假思索相信的符合论真理观。我们之所以相信,是因为这种真理观向我们保证,真的认识是可以得到证明的。

海德格尔举例来说明这一点。他说,我们设想有一个人背对着墙,说了一个真论断:"墙上的画挂歪了。"这个人转过身来看到墙上的画的确是挂歪了,那么他说的话"墙上的画挂歪了"就得到了证明,就证明是真的,是真理。但问题是,这样的证明中究竟证明了什么?按照传统真理观,也就是符合论的真理观,回答应该是:它证明了那个人说的话与有关画挂的状况相符合或相一致,即认识(论断)与被认识事物之间的符合或一致。这种符合或一致,人们就把它叫作"正确"。但问题是,这是怎样的一种一致?认识与事物两种完全不同的东西如何能一致?用海德格尔的话说,就是那个说"画挂歪了"的人说出他的论断时,与什么发生关系?我们能说这个论断是与那幅画的表象发生关系,与这幅实在的画的精神意象,与画的心象发生关系?在海德格尔看来,不能。如果那样的画,是歪曲了论断所说的事情的现象事实。陈述不是意象,而是向着存在物的存在。[2]

那么,当那个人回过身来,实际看到那幅画时又是什么情况?得到证明的究竟是什么?海德格尔的回答是:"陈述中所说的那个存在者本身。"[3]因此,符合并不是一个(心灵)表象与(物理)事物本身的一致,而是所说的东西与事物本身之间的一致,用海德格尔自己的话说,就是"陈述之所云,即存在者本身,作为同一个东西显示出来"[4]。而"证实意味着:存在者在同一性中显示自己。证实是在存在者自我显示的基础上进行的"[5]。这就是说,论断或者判断是对事物本身的揭示或指出。"陈述是真的,意思是它揭示存在者本身。它陈述,它指出,它让存在者在其被揭示性中'被看见'(apophansis)。陈述是真的(真理)必须被理解为正在揭

[1] Heidegger, *Sein und Zeit,* S. 214. *Logik. Die Frage nach der Wahrheit,* S. 128ff.

[2] Heidegger, *Sein und Zeit,* S. 218.

[3] Ibid.

[4] Ibid.

[5] Ibid.

示(entdeckend-sein)。"[1] 符合论真理观其实是站不住的,因为,"真理根本就没有在一个存在者(主体)与另一个存在者(客体)相适合意义上的认识与对象之间的一致这种结构"[2]。

真理作为"让看见"不是海德格尔的发明,亚里士多德已经这样来规定aletheia(真理)了,真理是自身显现的东西,是这样那样得到了揭示的存在者。但只有在某事被遮蔽的地方,揭示才有可能,真理就是去蔽或揭示。这是海德格尔从古希腊人那里得到的有关真理的启示。但他并不满足这种启示。

在海德格尔看来,真理作为揭示需要一个揭示者,这就是作为在世存在的此在。"作为揭示的真(Wahrsein)是此在的一种存在方式。"[3] "揭示活动就是在世的一种方式。"[4] 此在的日常活动无论是与人有关还是与非人的存在者有关,都是在揭示世内的存在者,真理并不是,并且主要不是理论认识的特权。此在存在着就揭示着,所以,"它本质上就是'真的'。此在存在于'真理中'"[5]。然而,此在一方面是真理的展开,另一方面也是真理的遮蔽。因为此在总是沉沦在世,这种沉沦的根本表现是将存在遗忘。由于这种遗忘,从前被揭示的东西,又回到伪装和隐蔽中。所以,此在同样源始地既在真理中,也在非真理中。[6] 传统的真理概念是此在源始的展开状态的一种特定的变异,它的前提的此在对此在的领会,陈述的真理来自对存在领会的真理。

陈述是话语的一种,话语属于此在的展开。话语是表达,是此在对其在世存在的自我表露。世界以某种方式在这表露的陈述中被揭示。说出的陈述是一个上手的东西,它本来就与被揭示的存在者有某种关系,这个被揭示的存在者不是上手事物就是现成事物,所以这种关系也是现成关系[7],

---

[1] Heidegger, *Sein und Zeit,* S. 218.

[2] Ibid., SS. 218‒219.

[3] Ibid., S. 220.

[4] Ibid.

[5] Ibid., S. 221.

[6] Ibid., S. 222.

[7] 陈述作为揭示的工具是上手的东西;但作为与被揭示的存在者发生关系的一个关系物,它又是现成的东西,所以它与被揭示的存在者的关系是两个现成的东西的现成关系。

它表现为两个现成东西的现成符合[1]。这就是海德格尔对符合论真理观的生存论、存在论解释。

总之，在海德格尔看来，真理作为aletheia是一个生存论要素，没有真理和非真理就没有此在。在此意义上也可以说此在的问题就是真理的问题，没有此在也没有真理和非真理。"只有此在存在，才'有'真理。"[2]海德格尔这是不是说，牛顿定律或像矛盾律这样的逻辑规律取决于此在？正是这样！但这不是说，它们没有此在会是错的。对错是对于此在而言的，只有此在存在，才有错误。牛顿定律规定或准确揭示的东西是真的，是说："凭借这些定律，自在的存在者对于此在成为可通达的。"真理总是相对于此在，这也不是说，它是在"任意"的意义上主观的。相反，真理超越任意。因为真理是此在的一种此在方式，而此在不是一个物世界的我，而是在世此在和共在。"世内存在者的被揭示性以世界的开放性为根基。"[3]揭示不是"主体"的主观意识活动，而是此在的存在方式，也是"真理"的存在方式。"真理的存在处于与此在源始的关联中。……唯当真理在，才'有'存在——而非存在者。唯但此在存在，真理才存在。存在与真理同样源始地'存在'。"[4]这是《存在与时间》对真理问题分析的最后结论，也是海德格尔前期真理观的最终结论。

但是，在写《哲学贡献》时，海德格尔对《存在与时间》在真理问题上的做法很不满意了。在他看来："迄今为止在《存在与时间》及随后的著作中针对表象（Vor-stellen）和陈述的正确性将真理的本质贯彻为此在本身的基础的种种尝试必定仍然是不充分的，因为它们始终还是从抗拒出发来进行，因而还是始终被挡回到它们所反对的东西，不可能从基础出发，从那个自身支配展开的基础上认识真理的本质。"[5]这个批判性看法是基于他自己新的真理观，它始于1930年的《论真理的本质》。[6]

《论真理的本质》这部著作篇幅不算大，但很重要，人们一般认为它是海德格尔"折回"的标志，是区分海德格尔前后期思想的分水岭式的著

[1] Heidegger, *Sein und Zeit*, S. 224.
[2] Ibid., S. 226.
[3] Ibid., S. 220.
[4] Ibid., S. 230.
[5] Heidegger, *Beiträge zur Philosophie*, S. 351.
[6] 它是海德格尔1930年的一个演讲稿，出版于1943年。

作,用一位知名的海德格尔研究者的话说:"《论真理的本质》的确是一部关键的著作。"[1] 这部著作却不是一部好懂的著作。首先,它的标题就容易使人发生错觉,以为这是一部典型的德国形而上学著作。实际上正是这个标题,使它成为一部典型的海德格尔著作。

在1949年给这部著作补写的说明中,海德格尔一上来就提醒读者要将这里"本质"一词(Wesen)理解为动词。[2] 之所以要这样提醒,是因为海德格尔很清楚,这个词"还处于形而上学表象之内"。[3] 然而,对于一般读者来说,这个提醒起不了太大作用。因为"本质"一词向来是作名词用的。作为一个常用哲学术语,它基本有如下四个意思:(1)使某物成为它所是者;(2)持存者;(3)与个别相区别的对象之共相;(4)作为观念性的本质规定的全体的那个纯粹"什么"(das reine Was),它是胡塞尔本质直观的目标。[4] 但海德格尔讲的"本质"与它传统习惯的定义毫无关系。他是用它来指"存在"。按照理查森的说法,《论真理的本质》中的"本质"是指存在不同于存在者全体,有"涌现出来"(emerging-into-presence)的意思。[5] 这个解释太一般,有点不得要领。其实海德格尔自己在那个说明中说得很清楚,他用"本质"这个词,思的是作为支配着的存在和存在者之区分的存在(Seyn)。[6] 这就是说,此处的"本质"的确指"存在",但是支配着的(waltend)存在,即有化。但问题是,这个说明是1949年补写的。海德格尔在1930年时是否已经有了这个思想?这正是《论真理的本质》使人感兴趣的地方。

《论真理的本质》与《存在与时间》第44节一样,也是从传统的真理观出发,即从符合论真理观出发。海德格尔说,符合有两种情况,一种是事物与理智的符合;另一种是理智与事物的符合。西方思想中更流行的是后一种符合。但不管是哪一种符合,真理取决于正确与否。符合的就

[1] William J. Richardaon, S.J., *Heidegger: Through Phenomenology to Thought,* S. 238.

[2] Heidegger, *Vom Wesen der Wahrheit,* in *Wegmarken,* S. 198.

[3] Ibid.

[4] Cf. Erwin Metzke, *Handlexikon der Philosophie,* S. 326.

[5] William J. Richardson, S.J., *Heidegger: Through Phenomenology to Thought,* S. 245.

[6] Heidegger, *Vom Wesen der Wahrheit,* S. 198.

是正确的，就是真理；不符合就是不正确，就不真，就是非真理。这种符合论的真理观最近的来源是中世纪神学。中世纪神学认为世上的一切都是上帝创造的，那么，被创造者应该与上帝的创造它们的观念相符合或一致，这种符合或一致就是真理，它保证了人的知识与事物的一致。在近代世界世俗化以后，这种符合论的真理观以命题与被陈述物的一致，或判断与被判断物的一致的形式保留了下来。然而，海德格尔在这里并不想对传统真理观进行发生学研究。他是想追问，这种一致内在的可能性是什么，也就是传统真理观讲的那种一致如何可能，它的前提条件是什么。通过追问一致的内在可能性，海德格尔把符合论真理引向它所预设的一个更源始的真理。

海德格尔的分析是，判断于被判断的事物是不同质的东西，它们之间没有可比性，那么凭什么说它们一致？这种一致是什么意思？海德格尔的回答是，陈述与事物之间的这种一致只能是一种表象的关系。表象就是将事物置于眼前作为对象。表象关系意味着表象者（此在）要对处于一个开放领域中的被表象者开放，也就是说，它们要在一个开放的领域中相遇。这个开放的领域是一个关系的领域，它的开放不是有表象创造的，而是相反，表象与它有关和接受它。[1]这就是说，这个开放领域及其开放性，是表象，也就是传统符合论真理观所谓的一致的前提条件。

但作为关系领域的这个开放领域，并不只是由表象这一种开放的关系行为（das Verhalten）组成。海德格尔认为，作为在世此在的此在的基本特征就是开放，对开放的领域和存在者开放，也就是在一个开放的领域中与之发生关联。他把此在与存在者的这个开放的关系叫作Verhalten，[2]它有种种不同的表现，表象只是这种开放的关联行为之一种。但不管怎么说，正因为有此在与其他存在者的这种开放关系（Verhalten）的开放状态，我们才能说陈述与陈述对象一致，即它的正确性（真理）才可能。换言之，只有先有此在与其他存在者的这种开放关系，判断才能说事物是什么或事物是怎样的。如果是这样的话，真理首先不在判断，而在别的什么地方。用海德格尔的话说，就是"那首先使正确性可

---

[1]　　Heidegger, *Vom Wesen der Wahrheit*, S. 182.
[2]　　Ibid.

能者就有更为源始的权利被看作真理的本质"。[1]这个更有权利被看作真理真正者，就是自由。"作为正确性的内在可能性的关联行为的开放状态以自由为基础。真理的本质是自由。"[2]

如上所述，判断与被判断的事物之所以能够一致，首先需要人与存在者的一种关联关系或关联行为，此在使这种行为可能，因为它是开放的、自由的，这首先指它对开放的领域开放，接受任何它可能在此领域中遇到的开放的东西为它所是的那个东西，这就是所谓的"让存在者存在"（das Seinlassen von Seiendem）。自由此语境中指的只是此在对开放领域（存在）和存在者（可开放者）的开放，或者说，"让存在者存在"。自由之所以是正确性内在的可能性之基础，是因为它从唯一根本的真理的原始本质中获得它最本己的本质。[3]这就是说，自由还不是最根本的真理，而是符合论真理和最根本真理之间的一个中介环节。

自由是西方思想中最常出现的概念之一，但海德格尔这里的自由概念，却与流行的自由概念无关，完全是一个根据他的哲学思想重新定义过的自由概念。他明确指出，他的自由概念与随心所欲之类的主观意思无关；另一方面，作为"让存在者存在"的自由也不是无所作为的"客观"态度。"让存在者存在"的意思恰恰是参与存在者。"让存在"的意思则是参与开放领域及其开放性。"参与存在者"的意思是参与存在者的去蔽。"参与"不是"沉溺于其中"的意思，而是抽身退步，让自身对被去蔽者开放；也就是让存在者在这开放领域中如其所是地去蔽或展现，让那种表象性的相称一致从它那里得到标准。[4]而"参与开放领域及其开发性"的意思则是进入开放领域。因此，自由就是自我放逐到自己之外（aus-setzend）[5]的存在者的去蔽中，出位到开放领域（存在）中存在（ek-

---

[1] Heidegger, *Vom Wesen der Wahrheit,* S. 182.

[2] Ibid., S. 183.

[3] Ibid., S. 185.

[4] Ibid., S. 186.

[5] 《论真理的本质》的英译者将aus-setzend译为exposing是不妥的（Cf. *Heidegger: Basic Writings.* edited by David F. Krell, New York: Harpe & Row, 1977, p. 128）。Aussetzen在德语中意为"放逐"，而海德格尔在这里将它写作aus-setzend，显然是要暗示此在出离自身进入存在，而不是像英译者所理解的那样是指此在对存在开放。

sistent)。[1]

如果真理的本质是自由,是参与存在者的揭示,那么由于此在的历史性,即此在的有限性,存在者在被揭示的同时也被遮蔽。这里需要指出的是,海德格尔讲的存在者的揭示不是指向个别存在者的揭示,比方我们指出某个特殊存在者是什么。揭示或者去蔽指的是对存在者关系整体的揭示或去蔽,某个存在者具体是什么或如何存在是在这关系整体中确定的。此在通过它的决断和投开,出位进入或者说参与了那个关系整体的开放。但此在的有限性也决定了它的此,它投开的那个开放领域也是有限的。所以,如果真理的本质是自由,那就意味着非真理是真理的题中应有之义。"毋宁说非真理来自真理的本质。只是由于真理和非真理在本质上不是不相关的,而是共属的,一个真命题才能于相应的非真命题处于尖锐的对立中。"[2]

在《存在与时间》中,海德格尔就告诉我们,此在被投放在这个世界上,投入到存在者中,"出位存在"(ek-sistenz)就是指这种被投性。此在的开放性,即它的关联行为使它能使存在者和它自己呈现出来。在每一个关联行为或开放关系中,都有某种总体性的"格调"(Gestimmtheit),这种"格调"不是什么主观的"体验"和"情感",而是一种存在论的倾向,[3]它决定了存在者全体以何种一般倾向呈现。

但这种格调是一种似有若无的规定,对于日常生活中的此在来说,存在者整体总是模糊不清的。虽然它必须在此整体中与存在者发生关联,但它越是忙于和各种各样的存在者打交道,它就越容易忘记存在者整体,这个存在者整体对它可说是日用而不知。这就是海德格尔讲的存在的遗忘。在与个别存在者打交道时,此在的确揭示了存在者,但却因此遮蔽了存在者整体。所以海德格尔说:"让存在自身也是一种遮蔽。存在者整体的遮蔽就发生在此在出位—存在(ek-sistenten)的自由中。"[4]

对于海德格尔来说,存在者整体的遮蔽,或者说非真理,并非是由于

---

[1] Heidegger, *Vom Wesen der Wahrheit,* S. 186.

[2] Ibid., S. 188.

[3] Cf. William J. Richardson, S.J., *Heidegger: Through Phenomenology to Thought*, p. 219.

[4] Heidegger, *Vom Wesen der Wahrheit,* S. 190.

此在永远不可能拥有对存在者的完整知识,而是因为它属于真理最本质的方面。并且,它先于存在者的开放性,要比这个那个存在者的开放性更古老。也比让存在更古老。[1]当然,这里说的"先于"或者"古老"不是世界意义上的,而是存在论意义上的。我们已经看到,在《存在与时间》中,海德格尔说过,此在既在真理中也在非真理中。然而,现在遮蔽或非真理,却先于此在的自由。此在(让存在)在解蔽时总已在遮蔽,但是,让此在在解蔽同时也遮蔽的,不是此在自己,而是对被遮蔽者整体的遮蔽,也就是对遮蔽的遮蔽,或蔽而不觉其蔽,海德格尔把它叫作神秘(Geheimnis)。它始终支配着人的此—在。[2]

但是,此在却并不知道这一点,它总是沾沾自喜于它对存在者的操控和操控范围的扩大,却忘了始终在支配它的那个神秘。但神秘不会因为此在把它遗忘而就此消失,它仍然以它的方式出现,它听任此在从自己的需要和意图出发来计划和安排世界,让此在从中获得自己的尺度却不反思尺度的根据。总之,神秘让此在沉溺于存在者中而不自拔。海德格尔把此在沉溺于存在者而不自拔称为"固执"(in-sistiert)。[3]但在此在固执的生存中,神秘也起着支配作用。[4]蔽而不知其蔽,也就是对神秘的遗忘,恰恰是神秘使然。即使在每次对存在者的去蔽时,对被遮蔽的存在者整体的遮蔽,即神秘也在支配着。海德格尔把这种作为对遮蔽遗忘的对存在者的揭示叫"迷失"(Irre)。[5]

此在为什么"迷失"?因为他在日常生活中追逐一个又一个存在者,满足于它们的实用意义,却从不管它们在神秘中的意义之根。它不

---

[1] Heidegger, *Vom Wesen der Wahrheit*, S. 191.

[2] Ibid.

[3] insistieren 在德语中是"固执"的意思,但海德格尔在这里把它写作 in-sistiert,显然是想利用这个词的拼写法暗示它在此的意思与 ek-sistent 相对。后者指此在在存在论意义上出离自身存在于存在的开放性中;而前者指此在在存在者层面上陷于存在者之中。但此在唯其 ek-sistent,它才 in-sistiert。"固执"是它"出位"的一种变式,所以海德格尔说:"此在出位地固执"(Cf. Heidegger, *Vom Wesen der Wahrheit*, S. 193)。

[4] Hiedegger, *Vom Wesen der Wahrheit*, S. 193.

[5] Ibid., S. 194. 根据理查森的说法,Irre 来自拉丁文 errare 一词,意为"彷徨",其次是"误入歧途"和在"偏离正道"意义上的"犯错误"。这两层意思保留在英语形容词 errant 中(Cf. William J. Richardson, S.J., *Heidegger: Through Phenomenology to Thought*, p. 224)。所以我把 Irre 译为"迷失"。

在存在者整体中寻找存在者的意义，而一味在它们的实用性上寻找它们的意义。这就是"迷失"，是"误入歧途"。这种"迷失"或"误入歧途"，是一切错误的根源，平常说的判断的错误或知识的不正确只是一种最表面的迷失而已。迷失本身可以被看作一个开放的领域，各种迷失的变式可以在里面自由表现。"迷失是真理的开端性本质的根本的反本质。"[1]它同时支配着去蔽和遮蔽。但它和神秘都属于真理的开端性本质。从此在固执的出位—存在来理解，自由只是（在表象正确性意义上的）真理的本质，而不是真理开端性的本质，真理的开端性本质是迷失中神秘的支配作用。[2]很显然，海德格尔这里的"本质"不是传统意义上作为现成事物的那种"本质"，而是像他的"存在"概念一样，是一个活动或行动，所以他后来特意提醒人们要将它理解为动词。其实"支配"（walten）就是存在的特有活动。这一点后来在《形而上学导论》和《哲学贡献》中表述得非常清楚。"本质"在这里就是指后形而上学意义的"存在"，即支配着的存在。因此，海德格尔在1949年写的"说明"中著名的"真理的本质就是本质的真理"的命题，可以读作"真理的本质就是存在的真理"。对存在的追问就是对存在真理的追问，这种追问构成了哲学的主要任务。

与《存在与时间》所表述的真理观相比，《论真理的本质》在真理问题上有明显的重大变化。在《存在与时间》中，真理基本是一个此在的问题。真理的本质在于此在的超越性，即它对世界（开放的关系领域）的开放，也就是它作为出位存在的发生。但由于此在的历史性，亦即它的有限性，或者说它的被投性，它会偏离它本己的自我，忘了它的超越性而沉溺于存在者层面上的东西而丧失自己。海德格尔用一个"不"字来概括此在这种结构上的否定性。这种结构上的否定性使得此在的超越，也就是它的揭示总是有限的。也因此，它有限的揭示同时也遮蔽了被揭示的存在本身。这就是此在也在非真理中的意思。

《论真理的本质》前半部分基本仍然是沿着这条思路，等到神秘和迷失的思想一出来，海德格尔"实行了一个提问（Fragen）的转变"。[3]现在

---

[1]　Heidegger, *Vom Wesen der Wahrheit,* S. 194.
[2]　Ibid., S. 195.
[3]　Ibid., S. 199.

海德格尔关心的不再是一般真理问题,而是作为存在的真理的真理,实行这个问题的转变也是为了能临近存在的真理。[1]真理问题现在不是作为人的此在的问题,而是存在本身的问题。这就是为什么作为否定的存在的神秘,要先于作为自由的让存在。非真理不再是由于此在的有限性,而是由于存在本身。虽然迷失是此在开放性的一个根本的组成因素,但它和神秘一起属于真理的开端性本质。真理的完整本质不但包括非本质,而且还首先作为遮蔽在支配着。[2]《论真理的本质》明白无误地表明,真理的问题就是存在的问题,反之亦然。存在的双层否定性(神秘和迷失)支配着此在的自由和流行的真理观。这就把《存在与时间》的思路颠倒了过来。

然而,从前引《哲学贡献》第351页的那段话中我们得知,海德格尔不但批评《存在与时间》,而且"随后著作"也没能从本身根本支配着的根基出发去认识真理的本质。现在的问题是,这"随后的著作"包不包括《论真理的本质》? 我们知道,在《存在与时间》之后,《论根据的本质》肯定是真理问题为其重心,《什么是形而上学》与《康德和形而上学问题》当然也程度不同地与此问题有关。那么《论真理的本质》呢? 这部直接以"真理"为题的著作,是否也属于上述被批评的"随后著作"之列呢?

由于一般都把海德格尔的这部著作视为他"折回"的标志,所以人们也许会觉得这个问题有点离谱。尤其是将这部著作与海德格尔1930年以前的著作,尤其是《存在与时间》对比读过的人,更会这么认为。然而,海德格尔在说了上述那段话后,接着又说:"如要成功的话(指从其根基上认识存在的真理——笔者注),必须不再克制说存在(Seyn)的根本支配,抛开那个观点,即认为尽管看到向前投开的必要性,从迄今为止关于真理的观点出发一步一步最终还是能铺平一条通往存在(Seyn)真理的道路。但这一定始终不会成功。"[3]而海德格尔在1949年给《论真理的本质》写的"说明"中,却正是说《论真理的本质》通过从作为正确性的真理到出位—存在的自由再到作为遮蔽和迷失的真理这关键的几步完成

---

[1] Heidegger, *Vom Wesen der Wahrheit,* S. 199.

[2] Ibid., S. 196.

[3] Heidegger, *Beiträge zur Philosophie,* SS. 351–352.

了提问的转变。[1]由此来看,《论真理的本质》难逃被批评的嫌疑。但人们会说,海德格尔在这里是以肯定的语气写这段话的,并且是在1949年写的,说明《论真理的本质》不属于那被批评的"随后著作"之列。但我们要注意,海德格尔这里肯定的是"提问"的转变,即不是从主体或此在,而是从存在本身提出真理问题。但是,海德格尔并没有说《论真理的本质》已经能从存在的真理的根基上认识存在的真理了。无论在1936年还是在1949年,都没有说。

当然,这也不能证明《论真理的本质》属于被批评的"随后著作"之列。因为海德格尔紧接着提到《论真理的本质》来证明他早就留意说明开敞(Lichtung)与种种变相的遮蔽之共属。[2]但同样在《哲学贡献》中,我们也可发现海德格尔对这部著作并不十分满意,他公开说,《论真理的本质》对正确性及其可能性之基础的思考道路是不太能令人信服的。[3]不管怎样,只要我们将这部著作与《哲学贡献》对真理问题的有关论述相对照的话,就会发现,即使海德格尔在1949年的"说明"中似乎基本肯定这部著作,《哲学贡献》关于真理问题的论述还是与它有些重大的不同。无论从深度、广度还是从系统性来看,《哲学贡献》对真理问题的探讨都要超过《存在与时间》和《论真理的本质》,是海德格尔最重要的一部讨论存在的真理的著作。

在此前的著作中,海德格尔基本上没有正面阐述存在的真理问题。而在这部著作中,他却反复从正反两个方面申论这个问题。海德格尔觉得,在讨论存在的真理问题时,有必要详尽地说明存在的真理这几个词不是什么意思,以澄清由于传统真理观念深入人心必然会造成的误解。首先,"存在的真理"这个表达式不是指关于"存在"的"真理",好像它是关于存在(Seyn)概念的正确命题的一个结论,或一种不可拒绝的存在(Seyn)学说。如果这些根本不可能的东西对存在(Seyn)是合适的话,那么人们就一定会预设,不仅有一个关于存在(Seyn)的"真理",而且还会预设存在(Seyn)所处的真理的本质究竟为何。但海德格尔却要问:"除了从存在(Seyn)本身外,真理的本质还能来自什么别的地方,从而这真

---

[1] Cf. Heidegger, *Vom Wesen der Wahrheit,* S. 199.

[2] Cf. Heidegger, *Beiträge zur Philosophie,* S. 352.

[3] Ibid., S. 340.

理本质本身能不从存在(Seyn)本身规定?"[1]

海德格尔接着说,这个表达式也不是指"真的"存在(Seyn),因为这意思不明确,可以是指"真的""真实的"或"现实的"存在者。这就要预设"真实性"的概念,作为衡量存在(Seyn)的尺度,而其实是存在(Seyn)不仅给了存在者之所是,而且首先自己从自己的本质出发展开与此本质相适合的真理。[2]这就是说,对于存在者来说,"真"是一个后加的形容词,而对于存在来说,"真"就是它自己,存在不能不真。

因此,海德格尔说:"存在(Seyn)的真理不是不同于存在(Seyn)的东西,而是它最最本己的本质(最根本的支配)。"[3]"*存在(Seyn)的真理就是真理的存在(Seyn)*。"[4]这句话简直就可以看作《论真理的本质》中著名的"*真理的本质就是本质的真理*"那句话的另一种说法。但必须注意的是,《论真理的本质》在讨论真理问题时,时间一直处于边缘地位;然而在这里,海德格尔马上指出,作为存在根本支配的真理由存在史而发生。[5]正是在新的存在史思想的背景下海德格尔对自己前期的真理观进行了不指名的批判。

前期海德格尔认为,流行的真理概念和流行的对存在和存在者不加区分导致误解存在(Seyn)的真理,尤其是已经预设了这真理。现在海德格尔认为,这种看法也会变成一种误导,如果它允许这样的结论:重要的是说出未说出的预设,好像不把握作为预先设定的东西就可以把握预设。在存在者以及在其被表象性意义上根据其存在性对存在者所做解释的范围内,回到"预设"和"条件"有其意义和正当性,所以它以各种变化成为"形而上学"思维的基本形式,甚至向着一个开端性理解去克服形而上学都免不了这种思维方式,海德格尔特地提到了《存在与时间》和《论根据的本质》。[6]

海德格尔指出,只要存在(Seyn)被理解为存在性,被理解为某种"一

---

[1] Heidegger, *Beiträge zur Philosophie,* S. 92.

[2] Ibid., SS. 92−93.

[3] Ibid., S. 93.

[4] Ibid., S. 95.

[5] Ibid., S. 93.

[6] Cf. Heidegger, *Beiträge zu Philosophie,* S. 93.

般",因而被理解为在存在者后面的存在者的条件,即它们的被表象性,也就是它们的对象性的条件,从而最终被理解为它们"自在"的存在的条件,那么存在(Seyn)本身就被降为存在者的真理,降为表象(Vor-stellen)的正确性。[1]

西方的形而上学史既证明了存在(Seyn)的真理不能成为问题,也暗示了这种不可能的原因。但是,对存在(Seyn)的真理最严重的误解在于一种哲学的"逻辑"。因为这种逻辑是"知识论"有意无意的自我交接。但"知识论"只是近代形而上学对自己一筹莫展的形式。当"知识论"自己又冒充"知识形而上学";成为对"疑难问题"和对"自在的"现成的"各个方向"和问题面的"疑难讨论"的计算尺的计算,更确切地说,有充分理由成为近代哲学学问的方法时,这种混乱就达到了顶点。这些只是哲学失去它的根本,退化成最粗俗的模棱两可这个过程最近的余绪,因为在识者看来,哲学上似乎的是东西不再可能是明确的了。因此,所有试图说存在(Seyn)的真理不是什么的努力,都一定免不了这个命运,就是它们最多只能给进一步误解无知的固执提供新的养料,倘若这些解释相信,通过教导非哲学可以变成哲学。但是,海德格尔还是相信,对存在(Seyn)的真理不是什么的思考本质上是一种历史的思考,它还是有用的,至少可以使西方思想的形而上学基本立场的基本运动一目了然,使存在史的被遮蔽性变得更透彻。[2]

所以海德格尔最终还是提出他自己的存在(Seyn)的真理不是什么的观点:存在的真理不是存在(Seyn)的附加物,不是它的框架,也不是预设,而是存在(Seyn)本身最内在的本质。[3]凭着这些规定,海德格尔与一切旧真理观划清了界限。

那么真理是什么?关于这个问题海德格尔一点也不含糊。他在《哲学贡献》中不厌其烦地重申:真理是对自我遮蔽的空敞或真理是自我遮蔽的空敞。[4]这当然不是一个容易理解的定义。要弄清它的复杂含义,得先弄清"空敞"和"自我遮蔽"这两个组成要素的含义。首先是敞空。

[1] Cf. Heidegger, *Beiträge zu Philosophie*, S. 93.
[2] Ibid., S. 94.
[3] Ibid., S. 95.
[4] Ibid., S. 338, 342, 343, 344, 345, 350, 351, 352, 356, 357, 360.

敞空（Lichtung）是海德格尔自创的一个哲学概念，也是他最常用、最复杂的概念之一。国内通常把这个概念译为"澄明"，这不仅从语言上来说不太正确，从意义上来说更是与海德格尔赋予这个概念的含义正好相反。

关于Lichtung一词的意思，海德格尔在《哲学的终结和思之任务》中有清楚的说明。他说，Lichtung这个德文词在语言史上是对法文词clairière（林中空地）的直译。它源出动词lichten。而它的形容词licht则与leicht（轻薄的）是同一个词。[1]Lichtung在德语中只有一个意思，就是"林中空地"；但动词lichten和形容词licht均有两个基本意思，就是"照亮""明亮的"和"使稀疏""稀疏"。海德格尔在此特地指出licht和leicht是同一个词，就是要毫不含糊地表明，Lichtung一词应该从lichten和licht这两个词的第二个基本意义上去理解。为了防止人们可能的误解，他还特意指出，Lichtung一词与作为"光亮"义的licht一词没有共同之处。[2]Lichtung是指"允许使事物可能的显现和显示的那种开放性"[3]。生活在黑森林地区的海德格尔非常了解，那里的人们常常砍去一些树木（lichten）使森林变得稀疏（licht），以形成林中空地（Lichtung），所以他用Lichtung这个词来指使事物显现和显示的开放性是很自然的。他很明确地告诉人们，lichten某物就是"使某物稀疏，使某物空出来和敞开"（etwas leicht, etwas frei und offen machen），例如，使森林的某处没有树。[4]

海德格尔之所以要不厌其烦地说明Lichtung与光有根本的区别，不仅出于语言上的理由，更是出于哲学的理由。在他看来，形而上学真理观起源于将事物视为在场，将存在视为在场性，认识或沉思就是对在场物的观看，真理就是使事物被看见。而这一切的条件就是光。有光才能看见事物，事物也才能显现出来。在柏拉图《理想国》著名的洞穴比喻中，人们要

---

[1] Cf. Heidegger, *Das Ende der Philosophie und die Ausgabe des Denkens*, SS. 71-72.

[2] Heidegger, *Das Ende der Philosophie und die Ausgabe des Denkens*, S. 72.

[3] Ibid., S. 71.

[4] Ibid., S. 72. 这里的frei一词不是"自由"的意思，而是"空着""空旷"的意思。例如，ein freier Platz（一块空旷的场地），Haben Sie noch ein Zimmer frei（您这儿还有无空房间？）Das Bad is frei（浴室没人占用）等，这些表达中的frei就都是"空着"的意思（Cf. William J. Richardson, S.J., *Heidegger. Through Phenomenology to Thought*, pp. 170-171, 190-191）。

借理型之光才能看到实际只是理型的投影的现实事物,理型是自身显现的事物,而太阳则是使理型显现的事物。另一方面,既然一切努力首先必须集中在看的可能性上,那么就需要有正确的看,真理就变成了正确性。[1]因此,光成了形而上学真理观的特有象喻。海德格尔当然不是要反对这个象喻,就像他并不反对正确性一样,而是要指出,对于真理来说光并不是最源始的东西,只有有一个敞空的领域,光才成其为光。没有敞空就既无光也无黑暗。Lichtung就是这种使光得以为光的敞空。"绝不是光先创造了敞空,而是光以这个敞空为前提。"[2]"并不是光线先创造敞空,它只是穿越它。"[3]但恰恰由于"敞空"和"被敞空者"未被人理解,所以光这个形而上学的主导表象就无法执着于开放领域及其开放性,也不能认识它。[4]

那么,这种敞空究竟是什么。它当然不是任何物理学意义上的空间,而更接近老子讲的无,[5]但似乎要比老子讲的那个"无"更"虚"一些。海德格尔说:"它不是一个用墙把它围起来的一个任意的空处,可以让人用'物'把它填满,而是相反,这个空的中心规定性地创造和拥有墙及其边缘的之为墙的东西(Wandung)。墙及其边缘只是这个源始的开放领域的散发,它通过要求这种墙之为墙的东西(容器形式)围绕着它自己和向着它自己,让它的开放性支配着。"[6]但是,开放领域的这个"围墙"(umrandende Wandung)不是一个物一样的现成东西(Vorhandenes),它

---

[1]　Cf. Heidegger, *Platons Lehre con der Wahrheit,* in Wegmarken, SS. 200–236; *Vom Wesen der Wahrheit. Zu Platons Höhlengleichnis und Theätet, Geamtausgabe* Bd. 34 (Frankfurt am Main: Vittorio Klostermann, 1988).

[2]　Heidegger, *Das Ende der Philosophie und die Ausgabe des Denkens*, S. 72.　这就是为什么Lichtung不能译为"澄明",而只能译为"敞空"。它不是什么"澄明",而是澄明的条件。海德格尔的学生比梅尔在一篇文章中明确告诉人们:"绝不能把敞空视为纯粹的澄明,在这个澄明中以前黑暗的东西变得越来越明亮,最终的目标是最大限度的澄明。倒是可以将它理解为一种媒介,每次都让存在者的某些特定的品性呈现出来,这样存在者可以根据已有的敞空显示自己。"(Cf. Walter Biemel, "Poetry and Language in Heidegger", in *Martin Heidegger: Critical Assessments*, vol. 3, ed. by Christopher Macann, London & New York: Routledge, 1992, p. 229) 在这篇英文文章中Lichtung被译为openness。

[3]　Ibid., S. 73.

[4]　Cf. Heidegger, *Beiträge zur Philosophie*, SS. 339–340.

[5]　见《老子》第十一章:"三十幅共一毂,当其无,有车之用。埏埴以为器,当其无,有器之用。凿户牖以为室,当其无,有室之用。故有之以为利,无之以为用。"

[6]　Heidegger, *Beiträge zur Philosophie*, S. 339.

根本就不是一个存在者，而是存在本身。[1]它也不是一种状态，而是一种发生。[2]事物之为事物，也就是它们的在场性，取决于敞空。"只有当敞空支配时，才有在场性本身。"[3]这就是说，形而上学可以不思敞空，但它却要在敞空中成其所是，受敞空支配。

海德格尔指出，形而上学导致的敞空既不被经验也不被思，不是由于人类思维的主观错误或疏忽。在海德格尔看来，敞空的被遮蔽即不被思本身就属于那个作为去蔽的 *aletheia*。换言之，去蔽本身就包括遮蔽，遮蔽不是去蔽的一个空洞偶然的外加，而是去蔽的核心。由此海德格尔得出结论："如果是这样的话，那么敞空就不是单纯的在场性的敞空，而是自身隐藏的在场性的敞空，是自身隐藏的遮蔽的敞空。"[4]《哲学的终结与思之任务》最后的结论正是《哲学贡献》给的真理的定义。

在《哲学的终结和思之任务》中，海德格尔把敞空又叫作 aletheia（无蔽），区别于通常的"真理"（Wahrheit）。从他说 aletheia 给予作为符合和确定性的真理来看[5]，这里的 aletheia 就是他在以前的著作中说的那种源始的真理。而普通的真理与存在和思一样，本身只有在作为 aletheia 的敞空的要素中才能是它所是。[6]须注意的是，海德格尔在《哲学贡献》中的做法正好与此相反。在那里他用 Wahrheit（真理）这个概念来指他自己的真理概念，而认为 aletheia 仍属于传统真理观。但是在《哲学的终结与思之任务》中，他却严格区分作为敞空的 aletheia 和 Wahrheit（真理）。理由是先以希腊的方式把 *aletheia* 经验为无蔽，然后超出希腊的方式把它思为自我隐蔽的敞空。只有这样，问题才能得到充分的确定。[7]所以在这里，他将"真理"严格规定为传统的符合论真理和关于存在知识的确定性，而 aletheia，即作为空敞的无蔽，给了这种真理的可能性。[8]所以海德格尔甚至认为将敞空意义上的 aletheia 命名为"真理"是不适当的，也是误导

---

[1] Heidegger, *Beiträge zur Philosophie,* S. 339.

[2] Ibid., S. 333.

[3] Heidegger, *Das Ende der Philosophie und die Ausgabe des Denkens*, S.77.

[4] Ibid., SS. 78–79. 因此，Lichtung 译为"澄明"不妥，因为它同时也是"黑暗"。

[5] Cf. Heidegger, *Das Ende der Philosophie und die Aufgabe des Denkens*, S. 76.

[6] Ibid.

[7] Ibid., S. 79.

[8] Ibid.

的。[1]这会使得敞空本身继续不被思,即继续被遮蔽。

当然,在《哲学贡献》和《哲学的终结与思之任务》中*aletheia*的意义是不一样的。在《哲学贡献》中,*aletheia*指的是无蔽和无蔽者本身。这种*aletheia*的定义实际上意味着,遮蔽本身是应该去除的东西,是必须被搬走的东西。所以海德格尔特意把*aletheia*写成*a-letheia*以表明这一点。真理作为遮蔽的敞空从根本上不同于*aletheia*,对于这种作为遮蔽的敞空的真理来说,问题不是要消除遮蔽(因为这是不可能的,遮蔽乃它自身的核心),而是要经验去蔽和遮蔽的发生,把它把握为基础。对遮蔽的敞空就是存在的根本支配,就是存在的真理。[2]海德格尔在《哲学贡献》中故意将*aletheia*规定为单纯的去蔽,正是为了彰显他的真理观的与众不同之处在于肯定遮蔽(Verbergung)和隐蔽(Bergung)为真理的核心和不可或缺的部分。从《论真理的本质》开始,一直到《哲学的终结与思之任务》,这是他一直坚持的观点。

因此,理解海德格尔真理思想的关键在于理解他的遮蔽或隐蔽概念。这两个概念并非像看上去那么容易理解。首先,作为真理的核心要素的"遮蔽"或"隐蔽"不是静态的状态,因为真理就是存在本身,它支配着,而绝不"存在"(ist)着,所以一切属于真理的东西也都支配着,即源始的发生着。[3]因此,隐蔽从未消极地存在着,它总是将自我遮蔽推入开放之境,就像它自己为自我遮蔽的空敞所渗透。[4]海德格尔在与《哲学贡献》同时期的著作《艺术作品的本源》中这种隐蔽与去蔽相互关联共属的事件描述为大地与世界的斗争。"这种发生在大地与世界的斗争中得到转变和保存。"[5]

在《哲学贡献》中,海德格尔告诉我们,艺术作品的本源问题不是要追求一个永久有效的艺术作品的本质的规定,而是与克服美学的任务有最密切的关联,同时也与克服某种认为存在者是可以置于眼前作为对象的观点有最密切的关联。因此,克服美学本身必然是从与形而上学的历

---

[1]　Cf. Heidegger, *Das Ende der Philosophie und die Aufgabe des Denkens*, S. 77.

[2]　Heidegger, *Beiträge zur Philosophie,* SS. 350–351.

[3]　Ibid., S. 342.

[4]　Ibid., S. 390.

[5]　Ibid., S. 391.

史分歧中产生的。[1]这就是说，克服美学是克服形而上学的应有之义。那么，何谓克服美学？为什么要克服美学？在《艺术作品的本源》的后记中，海德格尔道出了其中的端倪。

在这个"后记"中，海德格尔在相当程度上抱有同感地引用了黑格尔《美学》中的三段话。这三段话的主旨是：艺术已不再是真理的最高形式和真理的最高需要了，艺术从其最高职能（即作为真理的一种基本的发生方式）上看已经是过去的事了。[2]虽然海德格尔并不同意黑格尔认为的艺术从其最高职能上看已经是明日黄花，但对于他对艺术在现代丧失了其作为真理发生的基本形式的判断，却完全认同。造成这种情况的罪魁祸首是"美学"。"美学把艺术作品当作一个对象，更确切地说，当作 *aisthesis*（感觉）的对象，当作广义的感性知觉的对象。今天人们称此知觉为体验。人们体验艺术的方式竟然被用来说明艺术的本质。同一不仅对于艺术享受，而且对于艺术创造都是决定性源泉。一切都是体验。然而，也许体验就是艺术致死的因素。"[3]

将艺术理解为感性和情感的事，的确与"美学"在18世纪的出现有关。当时人们认为，如果逻辑学事关思维形式和思维规则，伦理学事关行为习俗，那么美学就事关人的感性和感情。这三者的对象分别是真、善、美。[4]然而，它们与其对象的关系，却都是以主体—客体关系为基本模式的表象关系，只是表象的途径不同，分别是理智、意志和情感。但由于西方形而上学认为关于世界的真理的知识只属于理性的领域，只与感性和情感有关的艺术就被排除在真理的领域之外。可是，恰恰是由于将艺术简单地归结为感性和情感的事，因而一方面，艺术只是产生"审美经验"；另一方面，美学成了尼采所说的"一门实用心理学"。[5]在古希腊人那里，艺术是不可或缺的，因为它告诉人们怎样去生活。但是，在现代，艺术只是产生快乐，让人们放松和轻松。当然，在现代社会，只要是消费对象，就会成为

---

[1]　Heidegger, *Beiträge zur Philosophie*, S. 503.
[2]　Cf. Heidegger, *Der Ursprung des Kunstwerkes,* in *Holzwege* (Frankfurt am Main: Vittorio Klostermann, 1980), SS. 65–66.
[3]　Ibid., S. 65.
[4]　Cf. Heidegger, *Nietzsche I,* S. 92.
[5]　Ibid., S. 109.

商品。因此,艺术作品成了艺术企业为市场生产的商品。[1]这种已经成为一种"工业"和商品的艺术,当然不再是古希腊人心目中的艺术,也与真理毫无关系了。在海德格尔看来,这已经不是艺术,而是艺术的死亡。

与黑格尔一样,海德格尔坚持艺术是真理发生的基本方式之一,存在者的真理在艺术作品中发生,[2]艺术作品打开了一个世界。让我们来看看他在《艺术作品的本源》中所举的著名的希腊神庙的例子:

> 它单独耸立在崎岖的山岩。这个建筑作品包容神的形象,并且让它在这种遮蔽中通过敞开的圆柱大厅出现在神圣的境域。神通过神庙而在神庙中在场。神的在场本身就展开和界定了这个作为神圣境域的境域。神庙及其境域并非悬而未定。生与死、祸与福、胜与辱、坚持与堕落通过各种道路和关系获得了人类命运形态,神庙则首先把这些道路和关系联结起来,聚合成一个围绕着自己的统一体。这些开放关系的支配范围就是这个历史民族的世界。出自这个世界并进入这个世界,这个民族才回到它自身以完成它的使命。[3]

"世界"概念并不是在《艺术作品的本源》中才提出的概念,在海德格尔早期哲学中它已经是一个重要概念了。在《存在与时间》中,海德格尔就指出,从巴门尼德开始,世界现象就被略过了。[4]人们不是把它解释成事物的总和,就是把它解释成我们表象外加给现成事物总和的一个纯粹现象的框架。[5]但世界并不是一个现成的(vorhandene)的东西,不

---

[1] Cf. Heidegger, *Der Ursprung des Kunstwerkes,* in *Holzwege* (Frankfurt am Main: Vittorio Klostermann, 1980), S. 25.

[2] Ibid., S. 24.

[3] Heidegger, *Der Ursprung des Kunstwerkes,* S. 27.

[4] Cf. Heidegger, *Sein und Zeit,* S. 100.

[5] 海德格尔一直到1935年11月13日,还在其在弗莱堡作的题为"关于艺术作品的本源"的报告中称世界是"现成事物的框架"。这个报告现在被视为《艺术作品的本源》的第一个版本(*Von Ursprung des Kunstwerks: Erste Ausarbeitung*),发表在*Heidegger Studies* 14, 1988, pp. 6-22。1936年1月海德格尔应苏黎世大学学生之邀在苏黎世作了同样的演讲。后来他把这个演讲扩展为三个演讲,在法兰克福分别于1936年11月17日、24日和12月4日演讲。在1936年至1950年间写了"后记",附录是1956年写的。这三个演讲加"后记"和附录就是今天的《艺术作品的本源》。

是在我们面前，可以被我们直观的对象。世界始终是一个我们从属于它的非对象。[1]世界不是什么，而是怎么，即它不是一种静止的状态，而是真理的发生。为了突出这一点，海德格尔用了一个让许多人迷惑不解的表达：Welt weltet（直译是"世界世界着"）。这个说法最早在1919年的战时讨论班上就已经出现，不过略有不同，是es weltet。[2]后来在《论根据的本质》出现了这样的句子Welt *ist* nie, sondern *weltet*（世界不存在，而是世界着）。[3]但把Welt（世界）一词当作动词用，却是要利用它在词形上与walten（支配）相近暗示它们的同义性。《论根据的本质》中还有这样一句句子，*Freiheit allein kann dem Dasein eine Welt walten unt welten lassen*（只有自由能让一个世界支配此在并世界着）。[4]这里walten与welten其实是相互说明的关系。因而，在1929年至1930年冬季学期的课程《形而上学的基本概念》中，我们可以发现Walten der Welt（世界的支配）[5]这样的说法。这说明，世界就是存在的真理，因为在海德格尔那里，只有存在和真理才"支配着"（walten, wesen）。

尽管如此，"世界"这个概念在前期海德格尔（1930年以前）那里与在1930年以后的海德格尔那里还是有明显不同或变化的。在《存在与时间》中，由于对世界的分析始于对器具的分析，因此，我们实际上只能发现海德格尔对周围世界（Umwelt），即对日常世界的分析，这个世界只是由它存在论的意义性结构（Bedeutsamkeit）构成。[6]我们不可能在日常存在的基础上经验世界本身，因为它只有在器具不能正常起作用，或遗失或不合适时才呈现出来。[7]世界只能以无的形式，即非现成的东西，在畏的心境中被发现。此外，在《存在与时间》中，只有对人类世界的分析，却没有对自然说什么。海德格尔自己在《论根据的本质》的一个注中也承认，《存在与时间》中对周围世界的分析只是对世界现象的初步规定，是在为

[1]　Heidegger, *Der Ursprung des Kunstwerkes,* S. 30.

[2]　Heidegger, *Zur Bestimmung der Philosophie,* S. 73.

[3]　Heidegger, *Vom Wesen des Grundes,* in *Wegmarken,* S. 162.

[4]　Ibid.

[5]　Heidegger, *Die Grundbegriffe der Metaphysik. Welt-Endlichkeit-Einsamkeit,* S. 507, 510, 514, 527, 530.

[6]　参看《存在与时间》第18节。

[7]　参看《存在与时间》第16节。

过渡到这个现象的分析做准备。[1]

但在《艺术作品的本源》中，"世界"已不再是日常的周围世界；相反，从上引《艺术作品的本源》中的那段话来看，它指一个历史民族的历史世界，而不是对谁都一样的日常世界。它是特殊的、独一无二的，而不是普通的、一般的。它决定了一个历史民族的命运：它的兴衰荣辱，生死祸福。[2]这个世界是被给予这个民族的，或者说，它被投进了这个世界。此在（这里是民族的此在）的出位存在指的就是被投入这个世界，从属这个世界。历史性现在指的是一个集体此在的历史性，而不是孤独的个别此在的历史性。一切存在者在这个历史世界中得到揭示，或者说"显露为它们之所是"。[3]

很显然，存在者在历史世界中的揭示，绝不是科学理论意义上的"认识"或"发现"。被揭示的首先是一个历史民族的命运形态，是"什么是神圣，什么是邪恶，什么是伟大，什么是渺小，什么是勇敢，什么是怯懦，什么是高贵，什么是粗鄙，什么是主人，什么是奴隶"[4]，是存在者的存在，或对存在者的整体性的理解。因此，这种揭示不存在近代思想价值和事实的区分。在海德格尔看来，这种区分完全是形而上学的产物，源自柏拉图区分善的理型与其他理型。虚无主义正是由于这种二分。如果存在的领域被认为是纯粹事实的领域，也是我们理论认识的唯一对象，那么价值就被从存在领域或事实领域中排除出去了，成为我们发明而不是发现的领域。这样，它们就没有绝对的权威，就没有康德要求的无条件的道德权威，必然由相对主义走向虚无主义。价值变得软弱无力，"无人去为纯粹的价值而死"[5]。

但对于海德格尔来说，根本就不存在价值与事实分开的问题，世界的开放就意味着存在者整体性的开放，存在者的存在在这开放的领域中

---

[1]   Heidegger, *Vom Wesen des Grundes*, S. 154. Cf. Françoise Dastur, "Heidegger's Freiburg Version of the Origin of the Work of Art", in *Heidegger Toward the Turn, edited by James Risser* (Albany: State University of New York Press, 1999), p. 129.

[2]   海德格尔的"世界"概念的这个变化，很可能是受到荷尔德林的影响 (Cf. Françoise Dastur, "Heidegger's Freiburg Version of the Origin of the Work of Art", p. 130)。

[3]   Heidegger, *Der Ursprung des Kunstwerkes*, S. 27.

[4]   Ibid., SS. 28-29.

[5]   Heidegger, *Die Zeit des Weltbildes*, in *Holzwege*, S. 100.

得到规定。存在者无论作为上手事物还是作为现成事物，都在这世界中得以呈现。世界是一个事物意义与关系整体的网络或坐标系，事物的种种意义都在这个坐标系中得到规定。更确切地说，是世界使我们知道存在者是什么及怎样存在，也使我们明白我们该怎样生活。这就是海德格尔说的"神庙耸立在此（Dastehen）才给予事物以外观，使人能眺望自己"[1] 的意思。艺术作品之所以是真理发生的方式，就是因为它打开了这样一个世界。这种打开是创制性的，它创设了存在者层面上的各个领域，包括理论领域。但作为源始的真理，它却是存在者所从出又必然回归的开放性。作为历史世界，所有存在者都服从它独有的倾向和格调。

很显然，世界体现了真理开放、揭示的这一面。但在海德格尔那里，真理还有它遮蔽的一面。在《艺术作品的本源》中，海德格尔把真理的这一面称为"大地"。用海德格尔自己的话说："大地是一切涌现者的涌现回归藏匿之所。它作为隐蔽在涌现者中支配着。"[2] "它是涌现——隐蔽。"[3] 这里"涌现者"是指存在者，"涌现"则是存在者之存在的揭示或开显。揭示出自遮蔽又复归遮蔽，这是海德格尔对真理的基本规定，换成《艺术作品的本源》的术语，就是世界出于大地又复归大地。大地是人安身立命之所。但是，绝不能从存在者状态上（ontisch）去理解"大地"及人在大地的安身立命。"大地"在这里并不是指现成存在意义"地球"或"大自然"之类的东西，但它的出现与海德格尔对他此前（30年代前）的世界概念排除自然有关。他在《论根据的本质》中就对《存在与世界》对世界的说明没有包括自然有所批评。[4] 但正如他的世界概念不能在存在者层面上理解一样，他的大地概念固然是包含自然，但绝不是存在者状态意义上的自然，而指源始真理的基础。在世之人对存在的理解是建立在这个基础上的，这就是为什么海德格尔说："历史的人将其在世之居奠基于大地之上和在大地之中。"[5] 虽然大地就有通过世界才能显现出来，但这种显示却绝不是揭示。作为世界之基础的大地，它永远以自我封闭的形式在世界中

---

[1] Heidegger, *Der Ursprung des Kunstwerkes*, S. 28.

[2] Ibid.

[3] Ibid., S. 31.

[4] Cf. Heidegger, „Vom Wesen des Grundes", in Wegmarken, S. 159.

[5] Heidegger, *Der Ursprung des Kunstwerkes*, S. 32.

显现。世界的开放恰恰凸显了大地的封闭。"大地是根本的自我封闭。"[1]

但是,海德格尔提醒我们,不能简单地将世界与大地对应于揭示和遮蔽。"一个世界(eine Welt)和大地(die Erde)属于开放领域。但世界不是就对应于敞空的开放,大地也不是对应于遮蔽的被封闭的东西(das Verschlossene)。而是说,世界是种种根本指示的道路之敞空,所有决断都顺从这些道路。但每一个决断都以某个没有被掌握的、遮蔽的、使人迷惑的东西为基础,否则它就绝不是决断。大地不就是被封闭的东西,而是作为自我封闭出现的东西。"[2]这段话对于我们弄清楚海德格尔的"世界"和"大地"的概念很有帮助。首先要注意的是海德格尔先是在"世界"前用了一个不定冠词;而在"大地"前用了一个定冠词。这就告诉我们,作为历史世界的世界,可以有很多,因此,当然不能把它简单等同于作为存在真理的敞空。它是每个历史民族对存在者整体意义的导向性理解,即这里说的"根本指示的道路"。"决断"是指我们对存在者关系方向的确定。它们的根据是存在本身。由于人们总是沉溺于存在者,以为只有存在者才是"最实在的"东西,因而忘了存在本身,被遗忘的存在本身对他当然是"不被掌握的、遮蔽的、使人迷惑的东西"。另一方面,大地不是被封闭的东西,被封闭的东西可以打开,而作为自我封闭的大地它是一种发生,而不是一种静止的状态,更不是一个存在者。它是世界的基础与深渊。说它是世界的基础,是说它是世界之为世界的根据;说它是世界的深渊,是说世界最终要消隐其中。无论是世界的基础还是世界的深渊,大地只是世界无限的可能性,也是存在者整体的无限可能性。

无论是世界还是大地,在《艺术作品的本源》中都是由艺术作品所致。"作品作为作品设置一个世界"[3],同时,"通过设置世界,作品引入(herstellen)大地"[4]。作品把大地引入世界这个开放领域,但这是一个确

---

[1] Heidegger, *Der Ursprung des Kunstwerkes*, S. 33.

[2] Ibid., S. 41.

[3] Ibid., S. 30.

[4] Ibid., S. 32. 法国学者 Françoise Dastur 认为, 这里的 herstellen 一词不应该理解为"生产"或"制造", 而应该理解为"引入"(Cf. Françoise Dastur, "Heidegger's Freiburg Version of the Origin of the Work of Art", p. 127)。此言甚是。因为后面海德格尔马上就明确说: Die Erde her-stellen heißt: sie ins Offene bringen als das Sichverschließende ("引入大地是说: 将它作为自我封闭引入开放领域。" Heidegger, *Der Ursprung des Kunstwerkes*, S. 33)。

定的开放领域。也就是说,在世界这个开放领域中,人们总是以某种特殊的方式于事物发生关系,和事物打交道,处理或对付事物。但不管我们如何对待事物,如何"发现"或"揭示"事物,存在者的整体存在却"拒绝我们穿透它"[1]。海德格尔以石头为例,不管我们如何对付它,它总是不显露自身。大地就是事物本身的这种总体性的自我封闭。它恰恰只有作为本质上不可揭示的东西才能显现出来。[2]"通过设置世界,作品引入大地"的意思就是大地正是通过世界(的局限)凸显出来的。

"世界是一个历史民族命运中简单根本决断的康庄大道之开放的开放性。大地是永远作为封闭和如此隐蔽的涌现,这种涌现并不要求什么。世界与大地本质有别,但绝不是分开的。世界以大地为基础,大地从世界凸显出来。……世界虽然以大地为基础却一心要超越它。作为自我开放它不容忍任何封闭。但大地总是作为隐蔽倾向将世界纳入和扣留在自身中。"[3]这就决定了世界和大地总是在争执(Kampf)中。[4]是作品本身造成了这种争执,作品就存在于这种争执的进行中。艺术作品之所以的真理发生的基本方式之一,就在于它引起了这种争执。

---

[1] Heidegger, *Der Ursrung des Kunstwerkes*, S. 32.

[2] Ibid.

[3] Ibid. S. 34.

[4] 海德格尔的Kampf这个概念经常引起误解甚至诟病,因为这个词在德语中是"战斗"或"斗争"的意思;而这个词他在30年代用得特别多,如在《德国大学的自我主张》中,似乎坐实了他有法西斯思想。海德格尔自己后来对此有一个澄清。他在1945年写的《校长职务 1933—1934——事实和思想》中说,他是在赫拉克里特残篇53的意义上使用这个概念的。赫拉克里特的这段话经常被人误解。在那里*polemos*不是"战争"的意思,赫拉克里特是在"争执"(*épis*)的意义上用这个词的。但"争执"在这里不是争吵和口角与纷争的意思,不是对对手使用保留或打倒对手,而是通过争执显示分歧的本质,即揭示它和使之为真。所以Kampf是本质通过相互承认展示自己,这是Kampf的一层意思。但还有另一层意思。在古希腊,*polemos*的本质在*deiknúnai*和*poieīn*。前者的意思是"指示";后者的意思"放入开放的视野中"。海德格尔认为,他的Kampf应该在这两层意思上来理解 (Cf. Heidegger, *Reden und Andere Zeugnisse eines Lebenswegs*, Gesamtausgabe Bd. 16, SS. 379-380)。但这种事后的解释多少有为自己刻意辩护的味道。因为在1934年他在中学同学聚会的演说中明确说:"对于庸人来说,Kampf总只是争论、争执、口角和一种扰乱。——对于真正的人来说,Kampf是一切存在的巨大考验。"(Cf. Heidegger, *Reden und Andere Zeugnisse eines Lebenswegs*, Gesamtausgabe Bd. 16, S. 283) 这就是说,Kampf不能理解为"争执"(Streit)。

如果不能把世界和大地简单地等同于敞空和遮蔽,那么,世界与大地的争执也还不是源始的敞空和遮蔽之间的争执,而只是从其派生而来:"只是就真理作为敞空和遮蔽建的原争执(Urstreit)发生而言,大地才从世界凸显出来,世界才以大地为基础。"[1]世界和大地的争执是艺术的本质,敞空和遮蔽的争执才是真理的本质,虽然这种原争执以变化了的形式保留在世界和大地的争执中。海德格尔之所以要这样区分,是因为在他看来,至少还有政治和思也是真理发生的基本形式。

时　　间

　　在《哲学贡献》中,海德格尔比较具体地描述了世界和大地如何从源始的自我遮蔽中产生:"只有当自我遮蔽彻底支配被产生者、被创造者、被行动者、被牺牲者的所有领域,渗透在它们中间支配着,并规定空敞,同时反过来支配在其中的自我封闭者时,世界才出现,同时(从存在[Seyn]和存在者的'同时性')大地与它一起崭露。现在瞬间就是历史。"[2]最后这句话暗示我们,真理的问题实际上是存在史的问题,作为存在史的问题,它归根结底是时间的问题。时间既是真理发生的条件,又是真理发生的所在。[3]不懂海德格尔的时间概念,就不可能懂他的真理学说,反之亦然。当然,海德格尔的时间概念不仅仅与他的真理学说有关,而是他哲学的一个全局性、支配性概念。正是通过这个概念,海德格尔成为海德格尔。不懂他的时间概念,就不可能真正把握海德格尔哲学。

　　如果说海德格尔的中心问题是存在的真理问题的话,那么他的时间概念也只有放在这个问题的背景下才能得到真正的理解。在时间问题上,海德格尔最早受胡塞尔和柏格森时间观念的影响,他们都提出了与日常"客观"时间相区别的源始时间的思想。在他们的影响下,海德格尔在1919年至1920年冬季学期的课程《现象学的基本问题》中虽然没

---

[1]　Heidegger, *Der Ursprung des Kunstwerkes,* S. 41.
[2]　Heidegger, *Beiträge zur Philosophie,* S. 349.
[3]　因此,在《哲学贡献》和《时间与存在》中,海德格尔将时间概念改变为"时—空"(Zeit-Raum)概念。

有提出时间或时间性概念,但提出了作为事实的生命经验的意义与秩序"节律"(Rhythmik)的概念[1],并说这种被激发的节律必须根据柏格森对客观宇宙时间和具体延绵的区分来理解。它们表达了个人处境的当下性。在1920年夏季课程《直观与表达式的现象学》中,海德格尔第一次提出"时间性"(Zeitlchkeit)的概念,以与"超时间的"先天形成对照,[2]这种对此显然是建立在胡塞尔和新康德主义反对心理主义论证那种区分上,即区分判断内容和判断通过"在时间中"的认识过程而实现。但海德格尔不但不接受"客观的时间性",也不接受胡塞尔的作为经验之流的"源始的现象学时间",而要求通过历史的此在与它自己过去的持续关系考察"自我世界的时间"。真正对海德格尔形成自己的时间概念有重要影响的人,不是胡塞尔或柏格森,而是亚里士多德。在《哲学贡献》纲领性的第9节中,海德格尔说,时—空是大地与世界之争的瞬间—场所(die Augenblicks-stätte)。[3]明眼人一看便知,这里Zeit(时间)与Augenblick(瞬间)之间有着无可怀疑的对应关系。正是这个从亚里士多德那里来的瞬间概念奠定了海德格尔时间概念的基础,也从而决定了海德格尔哲学的方向。

　　如前所述,海德格尔早年与亚里士多德的相遇,对他一生的思想产生了方向性的影响。在海德格尔刚走上哲学舞台时,德国哲学被新康德主义和胡塞尔现象学所统治。这两派哲学都把理论之知作为追求的目标。然而,在亚里士多德的*phronesis*(实践智慧)概念中,海德格尔看到了一种完全不同于理论或科学之知的知,这种知也许不能用来研究现代自然科学,但对于理解和把握已经失去方向的人类生命行为却至关重要。亚里士多德在《尼各马可伦理学》第6卷中对作为揭示真理诸模式的推理德性的分析,"对海德格尔首先具有这个意义:判断、逻辑和'科学'的优先性对于理解人类生命的事实性在这个文本中达到了根本的局限"[4]。

[1]　Heidegger, *Grundprobleme der Phänomenologie (1919/20), Gesamtausgabe,* Bd. 58 (Frankfurt am Main: Vittorio Klostermann, 1993), S. 59.

[2]　Cf. Heidegger, *Phänomenologie der Anschauung und des Ausdrucks, Gesamtausgabe,* Bd. 59, S. 21.

[3]　Heidegger, *Beiträge zur Philosophie,* S. 29.

[4]　Hans-Georg Gadamer, *Gesammmelte Werke,* Bd. 3, S. 312.

这种局限在与 *phronesis* 的对照下显得格外突出。

  亚里士多德的伦理学关心的是好生活。作为实践智慧的 *phronesis* 不是用理智进行逻辑推理和判断,而是要在特定的处境中深思熟虑,找到最好的行动,以能过上幸福的生活。当然,实践智慧不是没有理论或对整体的沉思,但它基本上是随机应变,不拘一格,没有一定之规。因为它是要应对此时此刻的情况,而此时此刻的情况往往是无法预期的。只有在采取行动的时候才能看清面临的形势,只是在行动的那一瞬间人们才参与揭示它们存在的真理。这种存在总是有限的、在行动的处境中暂时被决定的。实践智慧关心的是揭示这样的存在的真理,而不是发现已经存在和永久存在的真理。人类存在的事实性表明,我们的存在在每一刻都可能是别样的,它不仅已经存在,而且也总是要来的,只要一个人继续存在下去,在此意义上它又是将来的。

  古希腊人把灵魂的活动都视为"看"。在《尼各马可伦理学》的第6卷中,亚里士多德把属于 *phronesis* 的那种实践的视为一种 *nous* 或 *aisthesis*。它是一种根据自己的目的和对世界的一般取向对形势和处境全盘的把握与看。在前面提到过的1922年写的《对亚里士多德的现象学解释》和1924年至1925年冬季学期课程《柏拉图的〈智者篇〉》中,海德格尔把这种实践的 *nous* 译为行动的"瞬间"(Augenblick),在这个当前的瞬间人自己世间的存在对可能的决断保持开放。"*phronesis* 是瞥见此时此刻的情况(Diesmaligen),瞥见瞬间情况具体的此时此刻性。它作为 aisthesis 是眼睛的一瞥(der Blick des Augens),是瞥见(Augen-blick)每一次具体的情况,它们本身总是可以是别样的。"[1] 这里,海德格尔是有意利用了 Augenblick 这个词兼具"瞥见"和"瞬间"两个意思。Augenblick 是关键的一瞬,在这一瞬间行动者一下洞悉了他所面临的特殊情况,或者说,他所面对的特殊情况一下子被揭示出来,从而他能根据他的理论倾向、他的当下目标和长远目标、他对生活总的理解审时度势,对当前的情况作出适当的回应,采取适当的行动。正是在这个瞬间(Augenblick)他把握了当前的时机(*kairos*),作出适当的决定。[2]

---

[1] Heidegger, *Platon: Sophistes, Gesamtausgabe,* Bd. 19, SS. 163–164.
[2] Cf. William Mcneill, *The Glance of the Eye: Heidegger, Aristotle, and the End of Theory* (Albany: State University of New York Press, 1999), pp. 39–47.

不过，在 Augenblick"瞥见"和"瞬间"两个意思中，海德格尔更偏重后一个意思，也就是它作为时间的"瞬间"义。这个"瞬间"的时间是实践的时间，人们在那一刻必须对自己生活中面临的问题作出决定。这当然不是任意的决定，而是出于实践智慧对自己的存在的理解所作的决定。这个决定是在当下作出的，但却是未来取向的；并且，做决定者直到此刻的存在，即他的过去，他的曾（经存）在并不是已经一去不返的东西，而正是他此刻要对之作决定的他整个的存在。作为实践时间的这个"瞬间"当然是当前，但这个"当前"不同于通常人们心目中自然的"客观时间"中永远同质的"现在"。那种现在是彼此没有分别、可无限重复的"点"。而作为"瞬间"的"当前"却是有限的、不可重复的、独一无二的，只与个人在特殊的时间和地点的特殊情况下的有限存在有关。这个实践的、前理论的瞬间本质上是别人无法同样具有的。海德格尔自己的时间和时间性概念，正是以这个瞬间现象为基础和出发点的。在《现象学的基本问题》中他明确指出："瞬间（Augenblick）是源始的时间性的原现象（Urphänomen），而现在只是抽象时间的一个现象。"[1] 由于西方形而上学理论优先观的支配，即使是第一个分析实践智慧的亚里士多德，也没有看到这种源始的时间性；他对时间的理解基本上以同质性的现在为基础和出发点："亚里士多德已经看到了瞬间的现象，看到了时机（kairos），但把它限制在《尼各马可伦理学》的第6卷中，没有成功地将 kairos 的时间特性与他在其他情况下认知为时间（nun）关联在一起。"[2]

时间概念在海德格尔哲学中占有至关重要的关键地位。在《存在与时间》的前言中，海德格尔中非常明确地告诉人们，这本书"暂时的目标是将时间解释为一切存在理解可能的境域"[3]。之所以这个目标是"暂时的"，是因为这部著作归根结底是要探讨存在的问题，确定地说，存在的意义问题。存在的意义问题离不开对存在的理解，而理解存在则离不开时间。存在只有在时间的境域中才能得到理解。或者说，我们从一开始就是根据时间来理解存在者的存在的，存在的意义是时间地规定的，时间

[1]　Heidegger, *Die Grundprobleme der Phänomenologie, Gesamtausgabe,* Bd. 24, S. 409.

[2]　Ibid.

[3]　Heidegger, *Sein und Zeit,* S. 1.

证明就是存在本身的意义。这样，"'存在与时间'的基本问题，变成了存在如何在对存在的理解中、在时间的境域中时间地得到规定"[1]。但是，这里的"时间"却不是日常的"客观时间"，而是生命实践的源始时间，或此在本己的时间：

> 我们将保持在本己的时间性中，因而本身也是本己的当前（Gegenwart）称为 Augenblick（瞬间）。必须在作为出位样式（Ekstase）的积极意义上来理解这个术语。它的意思是此在果决地沉迷于在处境中所遇到的各种可操劳的可能性和环境，这种沉迷保持在果决中。瞬间的现象根本不能从现在来解释。现在是一个属于作为内在时间性的时间的时间现象：现在，"在其中"某事出现，消失，或是现成的。没什么能"在瞬间中"发生，而是作为本己的当—前（Gegen-wart）它让我们首先遇到能"在时间中"作为现在的东西或上手的东西的东西。[2]

这段话明确表明，海德格尔的时间观建立在作为实践时间的瞬间基础上。在他眼里，瞬间才是源始的时间，日常钟表的时间或"客观时间"反而是建立在这种源始时间上的。与日常的"客观时间"不同，作为瞬间的源始时间并不是一个形而上学哲学家，如康德所以为的形式的、现成的、现象在其中出现和发生的框架。瞬间永远是具体的片刻，是一个行动或事件发生的那一刻。它不是一个一般的现在，而是一个保持对本己未来开放的当前。对未来保持开放意味着必须采取行动，而之所以要为自己的存在采取行动是因为已经被投入了存在。海德格尔把 Gegenwart（当前）用个连字符加以拆开写成 Gegen-wart，是要表示瞬间是一种"对……期待"。期待在一特殊情况下可能遇到的不可预见的东西，因而是一种始终保持着的对无论什么可能遇到的东西的开放。畏就是保持这种开放的心境。在这种心境中，人面对的既不是现成的东西也不是上手的东西，而

[1]　Friedrich-Wilhelm von Herrmann, "*Being and Time* and *The Basic Problems of Phenomenology*", in *Reading Heidegger.* Edited by John Sallis (Bloomington and Indianapolis: Indiana University Press, 1993), p. 120.

[2]　Heidegger, *Sein und Zeit,* S. 338.

是世界本身;他所面对的可能性不是像"今天会不会下雨"或"他会不会来"这种存在者层面上的可能性,而是他存在的基本可能性。[1]

因此,海德格尔所讲的"时间"不是存在者层面上的、日常流行的"时间",而是存在的时间,也就是我们生命实践的时间。这种时间是开放性的,意思就是它对存在的可能性保持开放。对存在的可能性保持开放,就是对之做决定。这种决定不涉及具体的某一件事,而涉及我们对存在整体性的理解。由于存在总是每个人自己的事,[2] 所以对存在的理解也应该是本己的理解。但由于人们沉迷于日常事务,只关心现成的可能性,完全忘了存在的可能性,即忘了存在。把常人对存在的理解当作他自己的理解。在这种情况下,时间只是同质的现在的延续和流逝,是外在于我们的一个计算尺度或系统,完全没有存在的意义。源始的时间及其原现象——瞬间,自然被忘得一干二净。

然而,死亡的异常性和独一无二缺使得存在对此在真正成为一个问题,而这个问题恰恰是在那不可重复、不可替代的瞬间重新进入此此在的视野发生的。在世存在本身和作为整体之可能性的不可重复性作为一种最极端的可能性使此在对存在保持一种果决的开放。此在这种向死存在的可能性是一种先行的可能性,"但这种向死的前一行(Vor-laufen)不是为了由此达到纯粹的'无',而是相反,由此对于存在(Seyn)的开放完全和从最终极处开放"[3]。这种开放,是瞬间的决断,不仅对此在行动当下处境的种种必要性作出回应,而且更是要存在本身中作出决定。此在的行动和决定不能理解为一个主体的行动和决定[4],因为不管我们是否是作为主体或个人"行动",是否选择采取行动还是不采取行动,存在本身总是已经决定了。因为存在就是那不仅已经被决定了的,而且也是在同一瞬间得决定的。存在如何被决定对于存在本身来说的确是无所谓的,但对于我们来说却不是。作为人我们不能不关心我们的存在,这种关心海德格尔把它叫"操心"(Sorge)。如果这种"操心"是人的存在即此在的本质结构,我们始终处于为存在做决定的开放中,这种开放,就是作为源始

---

[1] Cf. Heidegger, *Sein und Zeit*, SS. 187-191.

[2] 海德格尔用 Jemeinigkeit(总是我的)这个概念来表明这一点。

[3] Heidegger, *Beiträge zur Philosophie*, S. 283.

[4] Cf. Heidegger, *Der Ursrung des Kunstwerkes*, S. 55.

时间的瞬间（Augenblick）。

但这种瞬间本身不由人的思想或决定所决定。即使在由实践智慧（phronesis）指引人类行动的情况中，人的判断只是对在这情况中已经在场的东西本身作出回应，即对这个瞬间作出回应。此在的一切行动，无论是伦理或政治行动，还是思维、认识或判断的行动，以及生产和制造的行动，在其发生上都是回应性的。这当然不是说此在只是一种面对作为主体的存在的行动的纯粹的被动性。存在本身既不是主体也不是与此在相对、独立于此在的东西，它是作为世界的境域或在场的领域，存在者在这个开放领域或意义领域中显现它们自己。[1]存在作为在场性（Anwesenheit）是使存在者成为其所是的那个意义整体之所是。但是，存在不是任何意义上静止的状态，而是一种发生，海德格尔就把它称为Er-eignis。人类的存在和行动归根结底是回应这个发生，或者说，是与这个发生互动，所以，这种回应不是纯粹被动的。此在对存在发生的回应，就是对存在的理解，也就是对存在的投开（Entwurf），即对存在决断地敞开。这个投开或敞开，就是作为源始时间的瞬间或作为瞬间的源始时间。时间的此在理解此在的境域，也是此在对此在开放的境域。这其实不是什么神秘的东西，尽管海德格尔的表述让人觉得神秘无比。对存在的理解或领悟是对作为意义整体和关系整体的世界的理解和领悟。这种理解和领域从来就是整体性的，即不是积少成多慢慢形成的，而是就在那一瞬间就拥有了世界，理解了存在。这瞬间不是世界打开的外在框架，而就是这个打开。

很显然，海德格尔的时间概念并不是亚里士多德的phronesis概念或原始基督教的kairos概念的简单继承，而是加进了他自己关于世界的思想。在海德格尔那里，世界不再是一个固定不变、始终在那里的东西，只能用纯粹的、平静的理论观察和沉思来揭示，因而与phronesis中揭示的变动不居的人的实践生活形成对照。世界不是现成的宇宙和自然，作为（产生）意义的领域，它只能在并通过人实际生存的时间性得到揭示：它时间化在那种时间性中作为它的境域。在传统西方形而上学眼里，人

---

[1] Cf. William McNeill, "The Time of *Contributions to Philosophy*", in *Companion to Heidegger's Contributions to Philosophy*, p. 134.

被认为是与世界相对立的个别主体,而世界则是现成所有事物的总和,是认识的潜在对象。另一方面,就像在亚里士多德的实践哲学中那样,人是自己行动的发动者,他根据自己的实践理性行事,是行动的主体。然而,在海德格尔看来,此在的行动和决定的最终决定者不是理性,而是作为出位存在的它的时间结构。具体而言,此在是从它的过去,也就是它的曾在(它已经被投入世界的发生)来到它自己的、作为在世的存在,它首先是在世界中,而不是在主体性中发现自己的。也就是说,此在首先要走出自己才能发现自己。Exstase(出位)这个概念就是用来表示此在首先走出自己进入世界的此在特征。[1]这种此在特征首先体现在它的时间性中。

如前所述,海德格尔把时间说成是"存在的境域",更具体地说,它是存在的先验境域。《存在与时间》第一部的标题就是"根据时间性解释此在并将时间阐明为存在问题的先验境域"。德语形容词 transzendental(先验的)一词派生于名词 Transzendenz。Transzendenz 的意思是"超出""超越""超过"和"超出"。海德格尔将此在的基本存在方式规定为"理解存在",他把此在的这个本质规定叫 Existenz(生存)。生存的核心特征就是超越,即此在总是已经超出或越出了自己所是的那种存在者以及它与之相关的其他存在者而趋向存在,即被投向存在,更确切地说,存在的揭示。它只有先越出自己进入这种揭示才能回到自己和其他存在者。这也就是此在的超越性或它的开放性,它的被投性(Geworfenheit)。正是这种被投它才能投开(entwerfen),[2]即理解存在或揭示存在。此在总是已经越出它自己到此在的揭示或存在者整体,即此在总是已经被投进了世界。此在在它的 Existenz(出去存在)中理解存在。时间是此在生存(出去存在)的境域,此在在此境域中超越存在者,理解存在。

时间之所以能够成为这样一个先验境域,是由于此在时间性或生存时间性的出位结构,或者说,是由于它属于这种结构。此在的关键在那个"此",即它越出而投开的那个领域。这个开放的领域是通过它的出位的时间结构实现的。在《存在与时间》第5节,海德格尔就指出:时间性

---

[1] Existenz 和 Ek-sistenz 也是用其前缀 Ex 和 Ek 来暗示此在特性的这个本质规定。

[2] Entwerfen 这个词由前缀 ent(离开)和词干 werfen(投)组成,海德格尔显然也是要利用它的词形暗示此在只有离开自己(越出自己)才能获得自己。

是此在这种存在者的意义。[1] 此在的存在论特征是理解存在,而时间就是此在理解存在的境域。所谓"境域",自然是一个开放的领域。此在的特征是理解存在,理解存在此在就要出位,要离开自己,要被带走,一被带走,就海阔天空,进入了开放的境域。此在如何能被带走?由于它时间性的出位结构。瞬间就是出位,出位就是决心离开自己与当下处境中的种种可能性相遇。"在作为一种出位样式中生存的此在果决地敞开,消失在(entrücken)[2] 它行动处境中每次都实际确定了的可能性、环境和偶然性之中。瞬间就是起源于果决的开放,首先和唯一看到行动之处境的构成者的东西。它是在果决的开放中生存的模式,在这种生存中作为在世存在的此在看到并始终看到它的世界。"[3]

出位有三种出位样式:未来、曾在和当前,它们是此在出位的去向(Wohin)。此在的三种本质规定:被投、在世存在和向死存在分别对应这三种出位样式,向死存在对应于未来,被投对应于曾在,在世存在对应于当前。这三种出位样式是此在三种存在规定的时(实)现,时间性敞开了此在之此。作为出位在场的瞬间在任何情况下都是指在世界本己和源始地出现在行动的实际处境中。[4] 在行动时我们面对的不仅仅是一个特殊的处境,而更是一个世界,这个处境只是在这个世界中才成其为这个处境。这是在这个世界中,我们理解了我们的处境,也理解了我们应如何应对这世界中的一切,和它们打交道。比方说,一个古希腊人在面对他要行动的处境时他面对的是他的世界。在这个世界中有神有人,人还分为统治者、公民和奴隶等。这个世界是他对存在者整体的理解。因此,他知道对神该敬,对统治者要服从,对公民要尊重,对奴隶要命令。[5] 人与其他存在者的关系可以以此类推。科学世界或理论世界只有在这个作为存

---

[1] Heidegger, *Sein und Zeit,* S. 17.

[2] Entrücken 及其名词形式 Entrückung 在德语中是"入迷""被带走"的意思。海德格尔一直到后期都将它们与 Ekstasez 同样意义上使用,指此在果决地对存在开放。

[3] Heidegger, *Sein und Zeit*, S. 338. Cf. *Die Grundprobleme der Phänomenologie*, SS. 407–408.

[4] William McNeill, "The Time of *Contributions to Philosophy*", p. 136.

[5] Cf. Julian Young, *Heidegger's Philosophy of Art* (Cambridge: Cambridge University Press, 2001), pp. 27–28.

在者整体的存在的境域的世界中才有可能,因为只有在这个世界中事物才作为它们所是的存在者出现或在场。当然,真理问题也只是因为此在的开放或世界的打开才有可能;而这个世界的打开就是时间性的时现。"时间性根本不'是'存在者。它不存在,而是时现(zeitigt)自己。"[1] 这里说的"时现",是指时间的活动方式,即世界、真理和历史的产生。世界是在此在果决地向它开放的那一瞬间在场的。因此,归根结底,此在的一切基本结构都是时间性时现诸样式,时间性是此在之存在操心的意义。[2]冯·赫尔曼对此有很精辟的阐述:"此在存在的意义是出位的时间性。理解存在本质上属于此在的存在和它的存在构成。这种属于此在的存在理解出于此在存在的意义,出于时间性。理解存在作为被投的投开作为出位的时间性的时现发生。"[3]

因此,在海德格尔那里,时间全然不是一个计量系统,不是任何与数量有关的东西。它是存在理解的产生,作为计量系统的日常时间只是它的派生物。但因为它不是任何意义上的存在者,[4] 所以我们根本不能在存在者状态上去理解它,或者用理论的态度去理解它。[5] 比方说,我们不能将时间是历史的产生或世界的产生理解为瞬间就是指西方文明或人类文明产生的那一刻。时间本身不"是"(存在),它使存在者的存在在场。前面已经说过,海德格尔同样说,存在不存在。可见时间与存在具有同一性质,海德格尔晚年告诉我们:它们"交互规定"。[6] 这就表明,时间就是存在,它是存在可能性的条件。

然而,至少到《存在与时间》为止,海德格尔分析的都是此在的时间性,而他的本意,却是要把握存在本身,"阐发一般的存在问题"。[7] 存在本身也有它自己的时间性质。这种时间性质来自作为出位时间性和

---

[1] Heidegger, *Sein und Zeit,* S. 328.

[2] Ibid., S. 304.

[3] Friedrich-Wilhelm von Herrmann, "*Being and Time* and *The Basic Problems of Phenomenology*", p. 127.

[4] 在这一点上它比此在还"虚",因为此在还是一个存在者。

[5] 这里说的"理论的态度"是指把被思考者作为在己之外,与己无关的"客观对象"来观察,例如,地质学家研究一块矿石。

[6] Heidegger, *Zeit und Sein,* S. 3.

[7] Heidegger, *Sein und Zeit,* S. 436.

境域时间的统一的源始时间。"出位的时间性"是此在的时间性结构,而"境域时间"则是指理解存在的境域。海德格尔用德文词Zeitlichkeit指此在的时间性或作为生存(Existenz)意义的时间性,而用拉丁文起源的Temporalität指存在的时间性。但这两种时间性并不是完全分开的,"就Zeitlichkeit本身成为一个作为理解存在之可能性和存在论本身可能性的条件的主题来说,Temporalität指的就是Zeitlichkeit"[1]。

《存在与时间》第一部的第三篇"时间与存在"本来是要处理存在本身的时间性的,即"使一般存在的出位投开可能的出位时间性源始的时现样式"[2],源始的时间,是它给了存在一切特征和样式及它们的派生物以它们时间性的意义。但据说海德格尔在读了第一部的校样后决定把第三篇抽去,因为他觉得这个最重要的部分没有写好。他决定先将第一、二两篇出版,然后用一年时间把这一部分的思路再好好理一下,把它作为《存在与时间》的第二部出版。[3]虽然1927年夏季学期的课程《现象学的基本问题》就是要重新详细阐述《存在与时间》第一部第三篇的,但海德格尔最终放弃了他的努力。

随着海德格尔的问题从存在的意义问题变为存在的真理问题,时间和时间性问题得到更激进、更彻底、更具独创性的思考和论述,而不像有的西方学者认为的"消退了"。[4]时间问题现在更源始、更明确地与存在的真理问题联系在一起。时间现在首先是源始的时间,但即便是源始的时间,仍然未摆脱瞬间本色:"有思想的存在真理的问题就是承担着过渡的瞬间。这个瞬间绝不能现实地发现,更不能计算。它首先确立有化的时间。"[5]这段话特别值得注意的是"瞬间承担着过渡",这里的"过渡"是指从西方思想第一开端到第二个开端的过渡,这说明时间现在是历史的时间,更确切地说,是存在史意义上的时间,而不是理解存在的先验境域。此外,时间不是存在者,而是时间自身的活动,这个活动就是确定有化的

---

[1] Heidegger, *Die Grundprobleme der Phänomenologie, Gesamtausgabe,* Bd. 24, S. 324.

[2] Ibid., S. 437.

[3] Cf. Friedrich-Wilhelm von Herrmann, "*Being and Time* and *The Basic Problems of Phenomenology* ", p. 118.

[4] Cf. David Wood, "Reiterating the Temporal", in *Reading Heidegger,* p. 136.

[5] Heidegger, *Beiträge zur Philosophie,* S. 20.

时间。有化(Ereignis)和瞬间(Augenblick)之间是互属的关系。[1]

　　但是,海德格尔现在把他的时间概念称为"时—空",意思是它不但是大地与世界斗争之所在,及真理发生之所在,也是有化本身之所在。海德格尔清楚地看到,《存在与时间》的"时间"概念其实并没有达到源始的时间:"《存在与时间》中的'时间'只是作为存在(Seyn)的支配的真理在有化(Er-eignung)的唯一性中发生的指示和回声。"[2]因此,海德格尔完全放弃了《存在与时间》作为先验境域的时间概念,而代之以作为真理本身的时间概念:"'时间'作为时间性指自我敞空—遮蔽的出离(Entrückung)的原始统一,它提供了给此一在奠基最切近的基础。"[3]

　　如前所述,海德格尔最担心的就是对他哲学的人类学或生存哲学之类的误解。他发现《存在与时间》从此在分析出发的思路非常容易导致这种误解。因此,他要彻底摒弃这条思路。一切都要从存在史出发才能避免重蹈《存在与时间》的覆辙,在时间问题上同样如此。现在,出离不再是此在的时间性特征,而是真理本身的特征。时间及生存(Exsitenz)有了完全不同的意义,这就是给人的历史存在瞬间性的开放所在奠基。[4]这就是说,出离首先是作为源始真理的时间的特征,它是此在的出离或出位时间性的基础。"'时间'应该被经验为存在(Seyn)的真理的'出位的'游戏空间。出离到敞空了的东西中去应该将敞空奠基为存在(Seyn)聚合它的支配的开放领域。"[5]我们不能像发现一个新的物种那样"发现"存在的支配,只能等待它的"撞击"。

　　前面已经说过,海德格尔把真理的发生看作大地与时间的斗争,因此,时间或时—空既然是存在的真理的游戏空间,那么当然也就是这个斗争的领域,而不是什么普通的形式的空间概念和时间概念。[6]30年代

---

[1]　海德格尔在他后期的一些著作中说 Ereignis 来自 Er-äugnis, 而 Er-äugnis 显然来自 Auge (眼睛) 一词, 而 Augenblick 也是来自 Auge, 以此暗示有化与瞬间的亲缘关系。(Cf. Heidegger, *Identität und Differenz*, Pfullingen: Verlag Günter Neske: 1957, S. 28f)

[2]　Heidegger, *Beiträge zur Philosophie,* S. 74.

[3]　Ibid., S. 234.

[4]　Ibid.

[5]　Ibid., S. 242.

[6]　Ibid. SS. 260-261.

以后的海德格尔非常明确地挑明时间问题实际上是一个真理的问题,因为"时—空源于真理的支配并属于真理的支配"[1],"时—空属于在作为有化的存在的根本支配(Erwesung)意义上的真理"[2]。它是真理发生的那个"瞬间所在"(Augenblicksstätte)和世界与大地的斗争,是有化的真理的斗争和隐蔽。[3]因此,只有始终记住海德格尔真理观的一些基本思想,才能理解他的时间观,尤其在许多人看来是不知所云的后期(30年代及以后)的时间观。

在面对海德格尔后期的时间观时,首先会产生的问题就是:作为真理的游戏空间的这个时—空,与通常的空间和时间概念有无关系?若有的话,是什么关系?在一般人看来海德格尔的时—空概念与通常的时间和空间概念风马牛不相及。海德格尔自己也一再要明确区分他的时—空概念与通常的时间和空间概念。时—空不是简单的时间加空间,所以不能把它理解为 Zeitraum(时期、时段)。因为 Zeitraum 实际上只是时间的一个规定,"时段"意味着时间的一段,从现在到以后,从当时到今天,等等。我们会说,一个百年的时间段。时间在这里被表象为空间的,一个度量的相对数,一个"从……到",一个被度量的东西。但这只是普通的时间概念,而不是海德格尔讲的时间的开放领域。[4]其次,时—空不是时间和空间简单的结合还意味着不能把时间理解为空间的第四个维度,就像现代物理学认为的那样。那样的话时间和空间只是共同工作,预先被抹平为既可以被计算,又使计算可能的东西。时—空也可以在另一个可以想象的意义上被认为是通常的时间概念和空间概念的结合,即每一个历史事件都是在某时某地发生,因而可以在时空上得到规定。[5]但这也不是海德格尔的时—空概念。

海德格尔的时—空概念当然不是通常流行的时间和空间概念,但却并非与它们没有关系。相反,它的它们的本源。它要比它们本身及其可通过计算来表象的联系更源始。[6]不仅如此,近和远、空洞和赠与、热情

---

[1]　Heidegger, *Beiträge zur Philosophie,* S. 371.

[2]　Ibid., S. 372.

[3]　Ibid., S. 371.

[4]　Cf. Heidegger, *Beiträge zur Philosophie,* S. 378.

[5]　Ibid., S. 377.

[6]　Ibid., S. 372.

和犹豫，这些都不能用通常的时间和空间表象在时间性与空间性上被把握，而是相反，时—空暗中在它们中支配着。[1] 当然，对于视作通常的时间和空间概念为天经地义的现代人来说，海德格尔的这些思想不是被看作毫无意义的胡说八道，就是被看作不着边际的故弄玄虚。海德格尔自己也知道要让今天的人理解这些不容易，不可能让人们把早已习惯且认为是天经地义的时空观念完全抛弃而重新开始。唯一可行的办法是通过从存在史上揭示那被视为天经地义的流行的时间和空间概念是如何形成至今的，是如何成为"数学"计算的框架的表象（次序的概念），（直观形式）的，这种时间和空间概念为什么支配了一切思想，即使在柏格森那里也是如此，以此来表明它们的非源始性和派生性。这也是海德格尔对付一般形而上学的办法。[2]

亚里士多德最早在《物理学》第四卷里解释过空间和时间，但在他那里，空间和时间还没有后来（事物发生的）"框架"的意思，那得到近代意义的"数学的东西"出现之后。在古希腊人那里，空间和时间都出自 *phusis*（造化）本身，它们是连在一起的，一起构成他们活动的一个稳定领域。把它们分开解释只有以这种解释为基础，即希腊人存在性经验失去之后，基督教对存在者的解释立即取而代之才有可能。具体而言，唯名论使希腊人的 *ousia*（存在性）概念失势而代之以 *substantia*（实体）概念。但直到近代人们才对时间和空间重新提出一个形而上学解释，就是把空间解释为 *sensorium Dei*（神的感官）。[3] 时间和空间在莱布尼茨那里有点暧昧，它们的本源不清，但在康德那里两者都被简单地归于人类主体。海德格尔并不说近代的时空概念就不对，他要追究的是为什么和在什么前提条件下空间和时间的分开的历史地必然的？有没有离开这种分裂回到另一个本源的道路？这个问题其实是关于这些空洞的形式的正当性和起源的问题，它们真理还不能在它们在计算领域里的正确和有用的基础上得到证明；而是相反。[4]

---

[1] Cf. Heidegger, *Beiträge zur Philosophie,* S. 372.

[2] 所以海德格尔后期虽然基本不提"释义学"，却始终坚持这个作为哲学本身的方法，存在史之思更突出了释义学的必要性和不可避免性（Cf. Friedrich-Wilhelm von Herrmann, *Wege ins Ereignis*, SS. 42–63）。

[3] 牛顿把空间的特性解释为"神的感官"，遭莱布尼茨的批评。

[4] Cf. Heidegger, *Beiträge zur Philosophie,* SS. 373–374.

在古希腊人那里, *peras*(终点)和 *periékson*(包围)的概念是随着在场性确立的。但这种做法及其解释始终没有能回到更源始的地方,那只有从存在真理的问题出发才有可能;相反,在亚里士多德那里,何处(*poû*)和何时(*poté*)是范畴,是存在性(*ousia*)的规定。不管新柏拉图主义、奥古斯丁和中世纪通过基督教对永恒和 *summum ens*(最高存在者)的信仰又在这上面加了些什么,这个基本做法仍然保持着,并且是在笛卡尔那里作为决定存在性的本质线索的 *Mathesis*(认识)的基础。因此,可计算性以及和它一起纯粹力学大行其道,空间和时间凝固在像存在性的概念一样顽固和自明的解释中。人们总是把时间与空间看成是或表象成空洞的框架,是纯粹的延伸,是可量化和可计算的东西,源出于此。在此情况下,追问它们统一的、源始的、完全另一种本质似乎是完全陌生的、不可理解和任意的。[1]

因此,单纯回到时间和空间概念的希腊起源无济于事,也不能导致根本的本源,即"真理"。只有从此在的瞬间—所在(Augenblicks-stätte)出发才能思考时间与空间的本源和统一的时—空。这说明时—空绝不是一个一般范畴或一般本质。从此在的瞬间—所在出发,就是从真理发生的独一无二性出发。此—在本质上是自身性(Selbstheit),"自身性"在这里绝不是传统形而上学中"自我性"或"主体性"的意思[2],而是"独有"(Eigentum)的意思,因为此—在在这里绝不是一般的人或主体,而就是那

---

[1] Cf. Heidegger, *Beiträge zur Philosophie,* S. 376.

[2] 此在与人的关系和根本区别对于正确理解海德格尔哲学是非常重要的,因为海德格尔在《哲学贡献》中说他绝不只是要改变表象和表象方向,而是要把人移入此—在 (Cf. Heidegger, *Beiträge zur Philosophie,* S. 372)。关于此—在与人的关系与区别,理查森有一个颇为精到的论述:"此—在不是人本身,而是人的本质持久基础之'所在',确切地说,是人作为人实现之终极根源。它是人的存在的本源,使人能自由从事他一切实际活动。那么,此—在就是一种比人自己更基本的发生。这就是为什么海德格尔能说此在'占有'人,和人'被让进入'或'被放入'(eingelassen)此—在。"(William J. Richardson, S.J., *Heidegger: Through Phenomenology to Thought,* p. 242) 美国海德格尔研究专家John Sallis 的说法则更能消除国内很多人对此在这个概念的误解:"此—在不能被等同于人;它的名称不能被当作只是以前被叫作人的存在者最新的名称。此—在不是在现成的人那里可以找到的什么东西,也不是一种内在的结构,不是一个突然出现的形式,一种内在的能力。"(Cf. John Sallis, "Grounders of the Abyss", in *Companion to Heidegger's Contributions to Philosophy,* p. 192)

个时—空,或瞬间所在^[1],即真理发生的所在,它是"我""我们"和一切或低或高的主体性的基础,所以时—空从瞬间所在展开(出发)非但不是主体性化,而是它的克服。"'时间'与'我'没有关系,就像空间与事物没有关系一样;空间更不是'客观的',时间更不是'主观的'。两者原始统一于时—空"^[2];而时—空的本源对应于作为有化的存在(Seyn)的唯一性。^[3]这就是说,时间和空间属于真理的支配;作为真理的支配,时—空是一个存在史的概念,只有在另一个开端进行时它才能为我们所知,但在此之前它始终并必然隐蔽在未被理解但熟悉的"空间"和"时间"的共名中。^[4]

时—空的这种隐蔽也就是真理自我遮蔽,海德格尔将它称为深渊(Abgrund)。在《哲学贡献》中他很明确地把时—空和真理都叫作深渊。^[5]海德格尔把深渊作为与"基础"或"根据"(Grund)相对的一个概念来使用的。在前海德格尔哲学中,人们往往把Grund等同于"原因",但海德格尔认为这种等同是有问题的。^[6]海德格尔自己是把Grund这个概念与古希腊的"始基"(archē)概念联系在一起^[7],作"基础""根据""根基"讲。对于海德格尔来说,存在是存在者的基础或根基。但是,由于存在不是存在者,不是什么现成的东西,因此,它这个"基础"不是基础主义意义上的基础,"存在不给我们提供作为存在者的基础和地基,我们在上面活动、建造和居停。存在拒绝这种基础的角色,拒绝一切有泥浆味的东西,它是深不可测的(ab-gründig)"^[8]。海德格尔在《哲学贡献》中对存在的"基础"意义作了清楚的说明:"存在作为基础,一切存在者本

---

[1] Heidegger, *Beiträge zur Philosophie,* S. 323.

[2] Ibid., S. 376.

[3] Heidegger, *Beiträge zue Philosophie,* S. 375.

[4] Ibid., S. 323.

[5] Ibid., SS. 379–380.

[6] Cf. Heidegger, *Vom Wesen der menschlichen Freiheit. Einleitung in die Philosophie, Gesamtausgabe,* Bd. 31, S. 137.

[7] Cf. Heidegger, *Die Metaphysik des deutschen Idealismus(Schelling), Gesamtausgabe,* Bd. 49 (Frankfurt am Main: Vittorio Klostermann, 1991), S. 77.

[8] Heidegger, *Nietzsche II,* SS. 251–252. gründig是"有泥浆味"的意思,海德格尔说存在拒绝一切有泥浆味的东西,意思是说存在不是任何存在者状态意义上的"基础"。abgründig是"深不可测"的意思,海德格尔把它写成ab-gründig(去—泥浆味)是要一方面表明存在在何种意义上不是基础,又在何种意义上是"深不可测的"。

身首先在这个基础上到达其真理（隐蔽、安排和对象性）；存在者沉入这个基础（深渊），在此基础上它自以为都一切都无所谓和理所当然（无根据）。"[1] 从这段话中可以看到，存在作为存在者得以成为其所是的条件，它是基础。而就它使存在者得以揭示的同时也遮蔽了存在者，并且这种被遮蔽不为人知而言，它又是吞没存在者的深渊。深渊不是基础的对立面，"深渊（Abgrund）是基础源始的支配。基础是真理的支配。如果时—空被理解为深渊，反过来也可以从时—空来更确定地把握深渊，这样时—空与真理的支配的折回关系和它属于真理的支配就因而豁然开朗了"[2]。

如前所述，对于海德格尔来说，真理是自我遮蔽的敞空，总是在隐蔽中的敞空。如果作为真理的支配的基础是作为揭示的敞空的话，那么深渊就是作为真理支配（本质）的遮蔽和隐蔽。"深渊就是基础的缺席。"[3] 但深渊（Abgrund）不是无根基（Ungrund），[4] 深渊也是基础，只不过是"自我遮蔽的基础，一种不给予基础方式的自我遮蔽"[5]。如果是这样的话，那么"深渊就是最根本的（erstwesentliche）敞空的遮蔽，真理的支配"[6]。但是，作为敞空的遮蔽或犹豫地拒绝给予基础或基础的缺席的深渊，却完全不能从消极的意义上去理解，而应该从积极的意义上去理解。而要从积极意义上去理解深渊，首先得从积极的意义上去理解海德格尔的"遮蔽"概念。

在《艺术作品的本源》中，海德格尔告诉我们，遮蔽有两种方式，一种叫"拒绝"（Versagen）；另一种叫"遮挡"（Verstellen）。[7] 所谓"拒绝"，是说我们除了说存在者存在外，对它们没有任何规定，在这种情况下，存在者就拒绝我们或不给予我们任何关于它们自己的东西。"拒绝"就是拒

[1] Heidegger, *Beiträge zur Philosophie,* S. 77.

[2] Ibid., S. 379.

[3] Ibid.

[4] Ibid., S. 387.

[5] Ibid.

[6] Ibid., S. 380

[7] Verstellen 一词在德文中既有"遮挡"的意思，也有"伪装"的意思，海德格尔在此显然是用它前一个意思，指某物被挡住而无法看见，而不是"伪装"。真理就是消除挡住事物的障碍而使事物被看见；而"遮蔽"则是事物被"遮挡"而不能被看见。

绝存在者状态的问题，或者说被此类问题所拒绝。但作为拒绝的遮蔽并不是在任何情况下它都是知识的界限，而是被敞空者之空敞的开端。这种遮蔽是存在者之外，存在领域本身的遮蔽。而"遮挡"则是在被敞空者之内的遮蔽。它说的是存在者把自己置于另一个存在者之前，这一个挡住了那一个，那一个又遮住了这一个，少数堵住了多数，个别否定一切。这里，遮蔽不是简单的拒绝，而是存在者虽然显现了出来，但它给予的并不是它所是的。[1]

从表面上看，"遮挡"这种遮蔽样式是完全消极的，它是说存在者可以向我们显示为不同的东西，或者说被解释为不同的东西。例如，艺术作品在古希腊世界中是真理表现的形式，而绝不是商品或像黄金、地产一样的财产。当艺术作品是财产和商品，它当然不可能与真理有任何关系。它"遮挡"了真理。同样，如果狗是作为人类的朋友或家庭的一员显现的话，它就不会是"盘中餐"，这种可能性，这种"是"被"遮挡"了。在此意义上，"遮挡"固然是消极的；但它也在直接和间接两重意义上是积极的。首先，在遮挡的同时它也是一种肯定，这是直接的积极意义。其次，遮挡挡住了存在者之所"是"，当然不是挡住了存在者的固然或先天本质，因为海德格尔不是古典意义的本质主义者；而是挡住了事物的可能性。并且，这种遮挡以缺席的方式暴露了存在的遗忘。这是它间接的积极意义。

至于"拒绝"这种遮蔽，海德格尔自己不但不掩饰，还明确指出它的积极意义：敞空的开端（Anfang）。如果说"遮挡"是"堵"的话，那么"拒绝"就是"空"了。这个"空"当然不是空无一有的"空"，而是"空敞"之"空"。"拒绝不给（Versagung）不是什么都没有，而是一种极好的源始的让不被填满、让空着的方式；从而是一种极好的敞开方式。……基础在自我拒绝中——种极好的方式进入那个空最初的开放中。"[2]而"作为基础的缺席的深渊……就是作为'空'的开放领域的敞空"[3]。基础建立在深渊之上，但它又不真正建立在深渊基础上，海德格尔把这种情况叫"犹豫"（Zögerung）。[4]在拒绝（存在者的在场性）时，源始的那个空就

[1]　Heidegger, *Der Ursprung des Kunstwerkes*, S. 39.
[2]　Heidegger, *Beiträge zur Philosophie*, SS. 379–380.
[3]　Ibid., S. 380.
[4]　Ibid.

打开了，源始的敞空就发生了，但敞空自身同时也表现出犹豫。[1]犹豫就是敞空必有的自我遮蔽。说"深渊是对基础犹豫的拒绝"等于是说"深渊是存在（Seyn）敞空着的遮蔽的真理"。[2]

正因为深渊是真理，所以它敞开的那个"空"绝不是像通常的时间和空间那样的未被可计算的现成的时间和空间东西占据的次序形式和框架，不是在这个框架里没有现成的东西，而是时—空的空（die zeit-räumliche Leere）。这个空不是纯然的无，它只是没有存在者状态的东西，它虽然可说是"迎之不见其首，随之不见其尾"，却也是"无状之状，无物之象"。这意味着它已被有化的基调（Stimmung）调节过了。[3]有化的基调彻彻底底地调节了真理的支配。有化的基调在西方思想的第一个开端，即古希腊人那里是"惊异"（Erstaunen），而在新的开端则是"克制"（Verhaltenheit）。

海德格尔把"克制"称为开端之思的风格和未来人的风格，[4]但他对克制这个概念的论述仍然是《哲学贡献》这部难读的著作中最难懂的

---

[1]　Heidegger, *Beiträge zur Philosophie,* S. 380.

[2]　Ibid.

[3]　Stimmung是海德格尔哲学中不太好把握的一个概念，因为它在海德格尔哲学中与他许多别的基本概念一样，有重要的变化，但每一个基本意义都不容易理解。这个概念在《存在与时间》中是指此在的生存倾向。此在生存的首要状态是被投。它始终发现自己有某种倾向，这使存在有可能发现它有某种"心境"（Stimmung）。海德格尔在这里用这个词指我们发现我们自己得如何去存在的那种似有若无的感觉。海德格尔一直强调这不是任何心理学意义和主观意义上的东西。我们有某种"心境"，但"心境"并不是我们可以主观控制的，倒不如说它来到我们这里。这就是我为什么用它来移Stimmung。心境属于此在的存在者状态的构造。它们首先以一种难以捉摸的回避方式揭示此在处于其被投中。它们不仅揭示此在之"此"，也封闭它。心境从我们在世存在中产生，向我们袭来。每一种心境都将我们的在世存在揭示为一个整体，使它能指引我们朝向某个事物。在20年代末30年代初的著作中，Stimmung（心境）变成了Grundstimmung（基本情绪）。例如，在《什么是形而上学》中，畏是由无决定的基本情绪（Cf. Heidegger, *Was ist Metaphysik?* in *Wegmarken,* S. 110）。而在1929年至1930年冬季学期的课程《形而上学的基本概念》中，海德格尔把深深的无聊描述为他那个时代的基本情绪（Cf. Heidegger, *Die Grundbegriffe der Metaphysik,* S. 239f）。但在《哲学贡献》中，Stimmung不再与此在有关，而首先与存在有关，存在通过它的基调调节我们的存在，所以这里基调是种种基本情绪的一个形式指引。

[4]　Heidegger, *Beiträge zur Philosophie,* S. 33.

部分。海德格尔说："克制是操心的基础"，而"操心作为此——在的常态（Beständnis）是先行把握的对存在（Seyn）真理的决定"[1]。这就提示我们，"克制"不但是存在者的既定的在场性前撤回，而且也是在犹豫的拒绝对有待决定的存在可能性保持开放。"克制是此在最坚决也最敏感地为有化（Er-eigung）做准备。……克制调节真理隐蔽在人未来的此在的每一个奠基性瞬间。"[2]这就是说，克制作为另一个开端的基调调节深渊那个"空"；但它又是被调节的那个空。[3]因此，那个"空"才能既是此之在，又是在犹豫的拒绝面前抽身退步的克制。[4]犹豫的拒绝作为自我遮蔽的空敞是已经决定了的东西，但在它面前抽身退步的克制，那个空却充满了为决定的东西、有待决定的东西、深不可测的东西、指向基础的东西、存在的真理。[5]

但是，海德格尔又觉得叫这个在对犹豫的拒绝克制的有化中敞开的东西"空"不太合适，因为它明显被通常作为事物之空间的空间概念和作为流动时间的时间概念决定。但这个"空"并不那么切近，它是一种遥远和未决定性。通常的时间和空间概念不是源始的东西。只有当现成的东西被抓住和固定时，从它旁边流过的"时间"之流才会出现，也只有在那时，包围现成之物的"空间"才会出现。[6]因此，必定有先于空间和时间者。这就是作为深渊的时—空。时—空是时间与空间的本源，也是它们的统一。

但时—空能使时间和空间的统一，在于它首先是时现（Zeitigung）和空现（Räumung）的统一。时现和空现是基础（存在）的支配方式。虽然它们统一于时—空，但它们本身是分开的，因为它们分别是时—空的两种支配方式，是分开的，不能把一个归于另一个。[7]我们不能根据时间和空间来理解时现和空现，倒是时间和空间是时现和空现那里得到它们的

[1]　Heidegger, *Beiträge zur Philosophie,* S. 35.

[2]　Ibid., S. 34.

[3]　这里明显存在的释义学循环正是存在本身的特点。

[4]　Heidegger, *Beiträge zur Philosophie,* S. 382.

[5]　Ibid.

[6]　Ibid.

[7]　海德格尔后来在《时间与存在》中说，他在《存在与时间》第70节中把此在的空间性归于时间性是站不住脚的（Cf. Heidegger, *Zeit und Sein,* S. 24）。

规定。[1]时现和空现是时间和空间的源始本质。[2]时现和空现是真理的发生（支配）方式，它们的功能可以在Augenblick-stätte（瞬间—所在）这个概念中看出。实现对应于瞬间，它的行动叫Entrückung（出离）。这个概念海德格尔在《存在与时间》中论述此在的时间性时就用过，指此在根据它出位的时间性出离自己而消失在它可能遇到的种种可能性中。而在《哲学贡献》中，作为时现的活动出离概念指的是自我拒绝的一切决定，时化以深不可测的方式奠定了决定的领域。显然，时现是某个开放领域之瞬间打开。但自我拒绝在做决定时并不那么坚决，而是有所犹豫，这种犹豫海德格尔称为Berückung（迷住）。这种"迷住"迷住的是瞬间和时化，它是环绕保有瞬间与时化之所在（Umhalt）。这个迷住接纳的是有化赠与的可能性，它安置它们。所以它是有化的空现（在一个空域中出现）。[3]时现和空现的东西，即存在，既是时间和空间的源始本质，也是它们的起源。如果时现和空现是真理支配的发生，那么时—空就是真理支配的本质展开。[4]就时—空的源始的根本支配来说，它的确与我们熟悉的"时间"和"空间"概念毫无共同之处，但它能以比时间和空间数学化所得出的东西更丰富得多的方式，在自身包括这两个概念和发展到这两个概念。

将《哲学贡献》中海德格尔关于时间的论述与《存在与时间》中关于时间的论述相对照可以发现，海德格尔在30年代后基本上将时间置于存在的真理的地位。他的时间与流行的时间概念有根本的区别，虽然海德格尔自己认为流行的时间概念只是作为存在真理的时间的一个派生结果而已。但这不是最主要和最重要的。我们更应该关注在海德格尔后期思想中，存在史思想成了他哲学的主要论述背景，正是在存在史的语境中，时间才可能成为存在真理的源始支配和发生，时间才不仅仅是此在理解存在的先验境域，不仅仅是此在的时间性，而是存在本身。

海德格尔后期的时间思想，在他晚年的著作《时间与存在》中得到进一步表达。"时间与存在"本是《存在与时间》第一部第三篇的篇名，如前所述，由于海德格尔自己对那部分文本很不满意，他从出版社抽回了

---

[1]   Heidegger, *Beiträge zur Philosophy*, S. 383.

[2]   Ibid., S. 385.

[3]   Cf, Heidegger, *Beiträge zur Philosophie,* 384.

[4]   Ibid., S. 386.

原稿,准备重写,但最后作罢了。在1962年写的这个演讲稿当然不是要完成35年前本想完成的事,海德格尔自己说它和《存在与时间》文本接不上了。[1]这所谓的"接不上",当然是暗示35年后他的思想已与《存在与时间》有相当的距离了。海德格尔接着说:"虽然主导问题还是同样的问题,但那也只是说,问题变得更值得问了,对时代精神而言显得更陌生了。"[2]这段话进一步暗示,除了主导问题本身外,一切都已变了,包括他自己的思想。

与《哲学贡献》相比,《时间与存在》论题更为集中,论述也较明快直接。虽然标题是《时间与存在》,但焦点是在"时间"上。海德格尔一开始就论述说,时间和存在一样,都不是物,都不是存在者。对于存在者,我们可以说它们存在。但是,对于存在和时间这样的非存在者来说,我们就不能说"存在存在"(Sein ist),"时间存在"(Zeit ist),而是说 Es gibt Sein(有存在)和 Es gibt Zeit(有时间)。[3]es gibt 是德语的一个惯用语,意思是"有(存在着)……"。那个 es 从语法上来讲是形式主语,没有自己的语义。但海德格尔偏要在这上面做文章,要把 Es 大写,来追问这个大写的 Es。这就是说,他要将这个 Es 落实为一个有自己语义的独立主语,这样一来的话,Es gibt 的意思就不是"有(存在着)……",而"它给"。联系到存在与时间,问题就是存在和时间是怎样给出的(怎样有的),给予存在和时间的那个"它"又是谁。

对于一般存在者来说,只要让它在场它就是被给出了,或者说被去蔽了。在去蔽中的那种给出也是给出存在或在场的那种给出。如果把 Es gibt Sein 理解为"它给予存在"的话,那么存在就是 die Gabe(馈赠),属于那个给,是这个给(das Geben)给了存在。[4]但这究竟是怎样一种给出?海德格尔说,从西方思想开始,人们就思存在,但没有思那个 Es gibt。它为了它(Es)的馈赠而退居一旁,而那个馈赠后来被人们从存在者方面来考虑把它思为存在。但那个给予存在的给,却不被人关注。海德格尔把给予存在之给称为"发送"(Schicken),而存在就是被发送者

---

[1] Heidegger, *Zeit und Sein,* S. 91.

[2]　Ibid.

[3]　Ibid., S. 5.

[4]　Ibid.

（Geschicke），存在史则是存在的天命。[1]这个存在的天命，也就是存在史。在这个存在的天命运中，无论是发送还是发送者的那个Es，本身都很抑止自己。而如果存在的问题实际上是一个存在史的问题的话，那么就应该去关注那个给出存在的"它"（Es）。

海德格尔提示人们，在《存在与时间》中，存在是通过时间得到规定的，因此，追究给予存在、把存在规定为在场和让在场的"它"，有助于我们找到"时间与存在"这个标题中的"时间"。[2]存在的本性不是具有存在性质的东西，而是显示在Es gibt及其作为发送的给予中。如果是这样的话，那么思考存在问题就应该思考那个将存在作为馈赠给予的存在之命运，即存在史。从存在史之思出发，就能摆脱流行的时间观念而对时间的本性重新加以规定。[3]既然存在与时间是交互规定的[4]，那么也就应该从人们关于存在所说的东西着手来研究时间的本性。

传统的时间观念是从现在出来来理解时间，时间是一个个同质均匀的现在的流逝。过去是已逝的现在，将来是未来的现在，时间是现在的前后相继。然而，我们在哪里可以找到时间？在钟表和日历上都找不到。但时间并不是无。那么，时间到底在哪里？海德格尔的回答是：在在场性中。在场不是一种与我们毫无关涉的状态，而是总是与我们相关。"人就处于在场性的关涉中。"[5]更确切地说，人总是与一个始终在场的在场相关涉，却没有真正注意这个在场。另一方面，不在场也始终关涉我们。不在场以两种方式与我们关涉。一种是以曾在的方式。不在场不是纯粹的过去，从以往的现在消失了，而是作为曾经在场的东西与我们想关涉。曾在的东西也在场，不过是以它自己的方式在场。不在场也以尚未在场，但正走向我们的在场方式与我们关涉。这样，在场性实际上包括了当前、曾在和将来这三个维度。这三个维度不是彼此隔绝，而是彼此通达的。将来作为尚未当前，同时达到和产生出不再当前，反过来，曾在又把自己递给将来。将来和曾在的交互关系同时达到和产生当前，这"同时"是指

[1]　Heidegger, *Zeit und Sein,* SS. 8 - 9.
[2]　Ibid., S. 10.
[3]　Ibid.
[4]　Ibid.
[5]　Ibid., S. 12.

它们的本己统一性。[1]

海德格尔在这里讲的将来、曾在和当前三者相互通达的关系，在《存在与时间》中也讲过，不过在那里是此在时间性结构的三维，而在35年后则成了在场性的三维。海德格尔现在的目的已不是要阐明作为理解存在的境域的时间，而是要通过阐明在场三维的统一来暴露他称为时—空，即源始时间的东西。海德格尔在此重申，时—空不是时期或时段（Zeitraum）。"时—空现在是称呼在将来、曾在的当前的相互通达中敞开的开放。这个开放并且只有它首先将我们熟悉的空间置于它可能的展开中。那敞开的将来、曾在和当前的相互通达本身是前空间的；所以它能安置空间，即给予空间。"[2]

很显然，时—空就是作为真理或敞空的开放。而强调时—空空间性一面，正是未来纠正《存在与时间》将空间性归于时间性的错误。后期海德格尔明确将真理与时间相互规定，不是什么神秘化，而恰恰是要将源始的真理和源始的时间都落在实处。作为真理的空敞是什么？我们世界最源始的意义整体。这个意义整体不是现成的东西（Vorhanden），而是一个不断发生生成变化的过程，一个Ereignis（有化发生），就此而言，它必须是时间。它是时间，就意味着它不能在外在于它的一个时间形式或框架中发生，而它就是时间本身。反过来，时间就是真理的展开，意味着它不能是一个计算系统或可计算的东西。正是在此意义上，海德格尔提醒我们："时间本身不是时间的。"[3] 那么，时间是如何展开的？通过它三维的相互传送（Zuspiel）。这种三维的相互传送可说是时间的第四维。所以海德格尔说："本真的时间是四维的。"[4]

时间的三维及其相互传送也不是什么神秘的东西。海德格尔已经明确指出，它们都与我们有关，与我们相关涉。时间三维的相互传送就是时间（存在真理）的展开，同时也是存在的意义整体或源始的真理领域向我们打开。这当然不是一个主观的事情，任何人都无法决定存在，决定世界是什么和世界如何是世界。任何人都首先得面对这个而后成为他的世

---

[1]　Heidegger, *Zeit und Sein*, S. 14.

[2]　Ibid., SS. 14-15. Cf. S. 17.

[3]　Ibid., S. 14.

[4]　Ibid., S. 16.

界的世界。这是他不得不接受的真理(das Wahre)。真理的领域不是他发现的,而是达到他的。[1]然而,真理也好、存在也好,能向人袭来,就因为此在已经被投向了它。但这不是单纯的被投,此在在被投的同时也在投向(entwerfen)和打开它。将来来到(ankommen)此在,此在也朝向将来。存在的意义或真理固然是首先来到我们,我们必须接受,否则我们就不能作为人存在。[2]但接受是一种决定,因为接受总是确定的接受,因此接受具有方向性和目的(目标)性。作为源始时间之一个维度的将来离不开人行动的方向性和目的性(不一定都是功利的)。正如我们面对的世界总是曾经存在和已经存在的一样,向我们袭来的在场也是曾经存在和已经存在的在场。我们将它作为当前的东西来接受,但这种接受总是指向未来。人的行动(存在)总是具有可能性(目的性)、现实性和历史性三个维度,这三个维度不是互相分隔,而是互相通达,并且在这互相通达中统一,就像源始时间的将来、曾在和当前这三个维度互相通达(传送),并在这互相传送中统一一样。可能性、历史性和现实性与将来、曾在和当前之间有着明显的对应关系。那么,时间与人到底是什么关系?

海德格尔的回答是:"没有人就没有时间。"[3]这似乎是一个非常传统的回答,一般的传统哲学家都会接受。但他紧接着又说:"时间不是人的制造物,人不是时间的制造物。这里没有制造。只有在前面已提到的敞空时—空的到达意义上的给。"[4]这个"给"也正是海德格尔在《时间与存在》这篇演讲中所要追究的。而要追究这个"给",就不能不追究那个实施"给"的"它"(Es)。海德格尔说:"在'Es gibt Zeit(有时间)'[5]中,给显示为四维领域敞空的到达。"[6]这就很清楚,时间和存在都不是人"给"的,而是向人袭来,到达人,与人关涉。但是,那个给予存在的"它",却是本真的时间。[7]正是它将来、曾在和当前三维互相通达敞开了一个开放领域,

---

[1] 海德格尔用的 Angang(关涉)一词就有"袭来"的意思。

[2] Cf. Heidegger, *Zeit und Sein,* S. 12.

[3] Ibid., S. 17.

[4] Ibid.

[5] 这里也不妨把 Es gibt Zeit 理解为"它给时间"。海德格尔显然是要利用 Es gibt Zeit 这个短语的双义性,就像他经常利用别的德语单词和短语的双义性一样。

[6] Heidegger, *Zeit und Sein,* S. 17.

[7] Ibid.

使得一切在场得以进入这个开放领域，即得以在场。这就是它的"四维到达"。[1]没有这种"四维到达"，就没有时间，所以时间不但给予存在，时间也给予自己。换言之，时间既是那个"给"，又是那个实施"给"的"它"。

海德格尔觉得仅仅这么规定还不够，还没有表明时间，即那个"它"。"它"仍然是不确定的、神秘的。于是，他进一步从那个"给"着手来阐明时间：给"显示自己为存在的发送，敞空到达意义上的时间"[2]。换句话说，这个给就是命运，就是敞空的到达。[3]从存在的天命的发送和时间的到达中，海德格尔引出有化的概念。有化就是存在的天命和到达的时间的互属和共属，是存在与时间的统一。"存在的发送以在时—空开放领域中多种在场的敞空—遮蔽的到达为基础。但这种到达与那种发送一起以有化（过程）（das Ereignen）为基础。"[4]其实，作为有化的存在，其基本规定就是在场的发送和时—空敞空的到达。但这绝不是说有化是可以让存在与时间自己列入其中的包容性的最高概念。[5]并不是在存在与时间之上还有个有化概念，或存在—时间—有化形成一个逐级上升的逻辑的概念次序。而是存在是在有化过程中发送的让在场，时间在有化过程中到达。时间与存在在有化中有化。[6]这就是说。存在与时间就是有化，有化有化为存在与时间。有化一方面作为存在的发送展开在场的空间，使得存在者得以呈现出来；但发送者自身抑制着自己，并在去蔽的作为抑止中悄然隐去。[7]这其实是自我遮蔽的敞空的另一种说法。任何去蔽（开放）都是遮蔽（开放的自我克制），而作为源始可能性的真理本身，总是神龙见首不见尾，不可能完全显现和把握，因为它永远在有化的有化。可见，所谓有化就是存在真理本身，存在真理只能是有化。

但是，有化并不是在人之外或人之上的超验之物，它的另一个本性

---

[1] 时间的三维互通就是它的第四维，也是最重要的一维，这一维是前三维的统一，也是它们互通的动力；同时就是时间和存在的到达，即对人敞开。"到达"就是"给予"，就是"敞空"。

[2] Heidegger, *Zeit und Sein*, S. 18.

[3] Ibid., S. 19.

[4] Ibid., S. 20.

[5] Ibid., S. 22.

[6] Ibid., SS. 22−23.

[7] Ibid., S. 23.

就是关涉我们人，我们正是在了解和接受这种关涉中获得人的标志。[1]
但这种接受在场的关涉的条件恰恰是我们内在于到达的领域，因为在其
中，四维的本真时间才能到达我们。或者说，因为我们已经在时间中并且
不能不在时间中，时间在向我们展开的同时就是在我们这儿（此）展开。
四维时间的到此就是时—空的时现和空现。

　　本真时间是源始意义的展开，或可能性的走来。源始意义的展开是
人的行动，也是人对世界的理解和认识的条件，同时也被人的行动所限
定，这就是开放的遮蔽的真正意思。对于海德格尔来说，行动主要是具有
开端意义的行动，如政治家创建一个国家、艺术家创造一件作品，或思想
家的思想。从根本上说，这些开端行动是实践行动，即与人生命攸关的活
动，或关乎生活方向的活动，而不是单纯的理论认识活动。这样的活动展
开了真理的开放领域。但任何开放由于它的此（此时此刻性，或瞬间性）
性，都必然是有限的，因而同时被遮蔽着。而蔽而不知其蔽，即对存在者
整体的意义之遗忘，而只注意个别存在者的意义，则是存在真理本身的隐
蔽。这是存在的天命，也是人的天命。由于这个天命离我们太近，是我们
生活的基本条件，我们反而日用而不知，从而使它长期处于隐蔽状态中。
西方形而上学的第一个开端当然打开了一个开放的领域，但它同时也是
遮蔽，当它热衷于"发现"存在者的"真理"时，存在本身的真理却被它遗
忘。海德格尔哲学要想揭示的就是这部存在史。这不是"客观"的历史，
而就是西方人，现在也是地球人无法置身于外的存在和时间本身。存在
的可能性的发送，时间是可能性有保留的接受和展开。这就是作为存在
真理的有化的发生。它的确与我们的日常生活和思想感情毫无共同之
处，却决定着它们在场与缺席。海德格尔对现代性的分析批判，极为深刻
地表明了这一点。

对现代性的批判

　　海德格尔哲学毫无疑问是对现代性的批判性回应，不理解这一点，

---

[1]　Heidegger, *Zeit und Sein*, S. 23.

就没法真正理解他的哲学。海德格尔对现代性的批判从30年代开始越来越明显，越来越直接，而《哲学贡献》在这方面起到了继往开来的作用。之所以这么说，不仅是因为《哲学贡献》对现代性的一些基本现象进行了深刻的批判，还在于它提出了"被存在抛弃"（Seinsverlassenheit）的概念来引导他对现代性的批判，使得他哲学的时代意义昭然若揭。

在《哲学贡献》中，海德格尔对"被存在抛弃"有一个清楚的定义："*被存在遗弃：存在*（Seyn）*抛弃了存在者，把它们遗弃给它们自己，使之成为制作*（Machenschaft）[1]*的对象。*"[2]我们知道，在《存在与时间》一开头，海德格尔就提出了遗忘存在（Seinsvergessenheit）的问题，即人们一味追问存在者是什么而忘了存在本身的意义问题。他将此视为从柏拉图和亚里士多德以来西方形而上学最根本的问题。[3]"遗忘存在"是我们忘了存在本身的意义问题；而"被存在抛弃"（Seinsverlassenheit）[4]却是存在将我们人和其他存在者一并抛弃，并且，正因为我们被存在所抛弃，我们才忘了存在的意义问题。也就是说，遗忘乃是被存在抛弃的结果。用海德格尔的话说，就是"被存在抛弃是遗忘存在的基础。但存在者被存在抛弃有这样的假相，即存在者除了被掌握和利用外，再不需要别的了"[5]。"遗忘存在属于这种被抛弃。"[6]由于我们被存在所抛弃，我们忘了存在本身的意义问题，一心只想掌握和利用存在者。这就是我们的时代，也就是现代的基本特征。

在海德格尔看来，现代是一个"*完全没有问题的时代*"[7]。在这个时代，再没有什么根本的东西是不可能和不能达到的，只要我们对此有"意（志）"（Wille）。这个"意志"就是所谓的"意愿意志"（der Wille zum Willen），也可以叫"意志的意志"，即最高最极端的意志。"它迫使算计和

---

[1] Machenschaft在德语中通常的意思是"阴谋诡计"；但海德格尔在此基本不是在这个语义上用这个词的，而是用它来指现代性的一个最基本特征，它是后来Gestell这一概念的前身。

[2] Heidegger, *Beiträge zur Philosophie*, S. 111.

[3] Cf. Heidegger, *Sein und Zeit*, S. 1f.

[4] Seinsverlassenheit中的verlassen是verlassen（抛弃）的过去分词，表被动意。

[5] Heidegger, *Beiträge zur Philosophie*, S. 114.

[6] Ibid., S. 113.

[7] Ibid., S. 108.

安排一切成为它的基本表现，但只是为了无条件地持续确保它自己。"[1]
这个意志已经预先设定和贬低了应该是可能，尤其是必要的东西，即存在者整体，人们先就已将它看错了，因而也不可能对它再有任何问题。因为这种制作一切的意志事先已经赞同造作（Machenschaft），赞同将存在者解释为可表象的（Vor-stellbaren）和被表象的（Vor-stellten）。"表象"在德语中的通常写法是Vorstellen，海德格尔把它拆开来写作Vor-stellen其目的是提醒人们，"表象"这个词在他这里有其特定的含义，海德格尔的表象（Vor-stellen）概念是指人将存在者作为与自己相对的对象置于自己之前来加以计算、制作和安排。所以，"可表象的一方面意思是：可以在意欲和计算中达致；另一方面的意思是可以在制造（Her-stellung）和实施中得到表达。但从根本上来想，所有这些说的是：存在者本身是被表象者（Vor-gestellte），唯有被表象者存在。"[2]这就是海德格尔对现代性本质最深刻的揭示。可以说，表象概念是理解海德格尔关于现代性思考的关键。

　　虽然海德格尔后来不再使用"造作"（Machenschaft）这个概念，但至少在30年代的海德格尔那里这是一个极为重要的概念。与表象概念一样，海德格尔用它来指现代性的根本特征；也和表象概念一样，不能从通常的意义上去理解这个概念。在《哲学贡献》中海德格尔明确指出：在存在问题的关联中，制作指的不是人的行为，而是一种存在的支配方式。[3]当然，这个词立刻会使人想到Machen（制造），它毫无疑问是一个人的行为，但只有在某种将存在者的可制造性彰显出来、使得存在性被确定为持存和在场的对存在者的解释基础上，这种行为本身才可能。海德格尔用他惯用的词源学分析的方法来解释这一点。Machen一词在古希腊文中有两个相应的词，即poíesis和téchne。但在古希腊téchne首先是用来解释phusis（造化或自然）由自己产生，只有自己产生（制造）的东西对于一个相应的程序来说就是可制造的。在古希腊人强调和看重的是可制造者和自我制造者，这两者一言以蔽之，就叫"造作"。但是，在古希腊，由于phusis被剥夺了权力，造作也没有表现出它的全部本质。它仍隐蔽在持存的在场中。中世纪的actus的概念已经掩盖了希腊首先开端时对

---

[1]　Heidegger, "Überwindung der Metaphysik" in *Vorträge und Aufsätze*, S. 76.

[2]　Heidegger, *Beiträge zur Philosophie*, S. 109.

[3]　Ibid., S. 126.

存在性解释的本质。它把制作因素更清楚地凸显出来,并通过犹太—基督教的创世思想和相应的上帝观念ens(事物)成了ens creatum(被创造物)这两件事连在了一起。即使人们粗暴地拒绝解释创世的观念,存在者是由别的东西引起的这一点还是根本性的。因果关系成了支配一切的东西。这根本远离了古希腊 *phusis* 的思想,同时也在向作为存在性本质的造作在近代思想中出现过渡。机械与生物学思维方式始终只是隐蔽地根据造作来解释存在者的结果。[1]

但造作的规律似乎就是隐藏,它越是有力的展开,例如在中世纪和近代,它就越顽固和越造作地隐蔽它自己,在中世纪它隐藏在 *ordo*(次序)和 *analogia entis*(存在的类似)[2]后面,在近代它隐藏在作为实在性和存在性的基本形式的对象性和客观性后面。造作的第二条规律是与第一条规律有关联的,即它越坚决地这样隐蔽自己,它就越坚持似乎完全有悖于其本质的东西,即体验的优势地位。造作的第三条规律是:体验越无条件地成为正确性和真理的尺度(因而成为“现实性”和持存的尺度),它就越没有指望由此认识造作本身。越没指望揭露造作本身,存在者就越没有问题,就越讨厌存在(Seyn)值得问。造作本身之所以深藏不露,是因为它就是存在(Seyn)的本质支配,存在(Seyn)本身是深藏不露的。[3]这就是说,造作不是人的行为,而是存在本身的一种揭示方式(本身支配)。它不是主观的东西,而是支配主观的东西。如果我们将造作理解为现代性最深刻的特征,那么就可以理解海德格尔存在史的思想不是一种玄学,而是对现实最深刻的思考。

但要理解海德格尔对现代性的批判,我们还得回到他被存在抛弃的思想,造作实际上是被存在抛弃的表现形式。存在深藏不露就是存在从存在者撤回,存在者成为一开始就是被另一个存在者制造的存在者(按照基督教的说法),最高的存在者是一切存在者的原因代替了存在(Seyn)的本质支配。这就是被存在抛弃。[4]被存在抛弃在隐藏得最深的地方表

[1]　Cf. Heidegger, *Beiträge zur Philosophie*, SS. 126‐127.

[2]　*Analogia entis*(存在的类似)是托马斯·阿奎那提出的一个概念,指世间秩序与上帝存在某种对应或相似的关系。

[3]　Cf. Heidegger, *Beiträge zur Philosophie*, SS. 127‐128.

[4]　Ibid., S. 111.

现得最强。在那里,存在者成了最司空见惯的东西。如前所述,基督教的创世思想使得因果关系成为人们用来解释存在者的最普通、最粗鲁也是最直接的东西,这种解释就是将存在者变成普通熟悉的东西。但因为存在(Seyn)实际上是最不熟悉的东西,存在者是司空见惯的东西的地方,存在就完全撤离并抛弃存在者了。[1]

在基督教那里,最高的存在者是一切存在者的原因,它接纳了存在的本质。存在者先是由上帝创造,然后就由人制造了,现在人们只是在它们的对象性中接受和控制存在者。存在者的存在性逐渐消失在"逻辑形式"中,变成由本身无根基的思想可思考的东西。也就是说,最不熟悉的东西变成了最普通和最空洞的东西。这就是西方形而上学的历史向我们所展现的。海德格尔把被存在抛弃又称为"贫困"(die Not)。[2]

从表面上看,被存在抛弃好像只是海德格尔挖空心思想出来的又一个古怪说法,可是对于海德格尔来说,现代性的许多基本症状却正是出于此。例如,虚无主义。"被存在抛弃是尼采第一次认出作为虚无主义的东西的更为源始的基础,因而也是其本质规定。"[3]虚无主义(Nihilismus)来源于拉丁文 nihil(无),通常是指拒绝一切传统、权威、宗教和道德原则,而不是主张什么都不存在。海德格尔在《尼采》第二卷中曾简短地回顾了这个术语的历史。德国哲学家雅可比首先在哲学上使用它,在其《致费希特》的信中,他称费希特的唯心主义是"虚无主义"。让·保罗在《美学初阶》中称浪漫主义诗歌是诗歌"虚无主义"。屠格涅夫的小说《父与子》使"虚无主义"一词流行开来,其中的主人公巴扎罗夫称他自己的立场是:只有可感性知觉的东西才是真实的,传统和权威都应该拒绝,这种立场也被称为"实证主义"。陀思妥耶夫斯基在其关于普希金的演讲中称赞普希金描绘了俄国无根的虚无主义者。[4]但尼采并不把少数激进分子提出的观点当作虚无主义,他也认为虚无主义与实证主义有别。对于尼采来说,虚无主义是影响"西方历史"的一个"历史运动",它可以被概括为"上帝死了"。基督教的上帝失去了对存在者和人的命运的控制;

---

[1]　Cf. Heidegger, *Beiträge zur Philosophie,* S. 110.

[2]　Heidegger, *Beiträge zur Philosophie*, S. 112.

[3]　Ibid., S. 119.

[4]　Cf. Heidegger, *Nietzsche*, II, S. 31f.

就像一颗死去已久的星在虚幻地闪耀。[1]

　　但在海德格尔看来,从其本质上来思考,虚无主义是西方历史的基本运动。作为一个历史运动,它不是由什么人提出的观点和学说,所以它不是与基督教、人本主义和启蒙运动并列的思想潮流,也不是种种历史现象之一,而是西方人命运的基本事件。它展开的结果只能是世界灾难(Weltkatastrophen)。虚无主义是陷入现代的权力域的地球人的世界历史运动。因此,它不仅是一个当代现象,也不是19世纪的产物,虽然在19世纪人们已经敏锐地洞察到虚无主义,并且这个名词也已常见。虚无主义也不是哪个其思想家和作家特意谈论虚无主义的特殊国家的产物。那些误以为自己避免了虚无主义的人也许最根本地推进了它。[2]这当然也包括尼采。

　　基于这种认识,海德格尔认为,尼采意义上的虚无主义实际上是"一切目的消失"[3]。在他看来,对虚无主义的理想主义和道德的解释虽然是重要的,却是暂时的。从另一个开端来看,必须更根本地将虚无主义理解为被存在抛弃的本质结果。就像人们满足于存在者而不存在本身已经撤离,还以为存在者就是存在一样,现实的虚无主义是拒绝承认没有目的,反而觉得自己再次突然"有了目的",即使这只意味着在任何情况下可以是建立和追求目的的一个手段本身上升为目的。因此,最大的虚无主义恰恰就在人们以为再次有了目的,是"幸福的"地方,在人们转向使迄今为止多数人不可企及的"文化物品"(电影和海滨浴场旅游)成为所有人都能平均得到的地方;在想方设法无视人的无目的,总是准备躲避做一切设定目的的决定,面对一切决断的领域及其开放性感到畏惧的地方。这种面对存在(Seyn)之畏从来没有像今天这么巨大。"虚无主义"的根本标志不在教堂和修道院是否被破坏,人们是否被屠杀,或是否这没有发生,"基督教"可以自行其是,而关键在于人们是否知道和要知道,恰恰是对基督教的宽容和基督教本身——对于"天命"和"主"的一般谈论,无论故而可能是多么真诚,都只是在那个领域中逃避和窘困,人们不会承认

[1]　Cf. Heidegger, *Nietzsche,* II, S. 33.

[2]　Heidegger, "Nietzsches Wort ›Gott ist Tot‹", in *Holzwege*, S. 214.

[3]　Heidegger, *Beiträge zur Philosophie*, S. 138.

它们是对存在还是不存在做决定的领域,把它当回事。[1]

在海德格尔看来,尼采不仅未能克服,反而加强了虚无主义。尼采是要通过提出新的价值来克服虚无主义,但这也是一种虚无主义,因为它接受旧价值的让位,不去徒劳地恢复它。可这是一种积极的虚无主义,因为它不是被动地接受没有真理,因为没有一般的真理;而是创造它自己的真理。[2]它通过"价值重估"准备行动和为新的可能性开路。但这并不意味着简单地用新的价值代替旧的价值。新价值不能从天而降,只能来自存在者。因此,必须解释存在者,这样它们才能起到这种作用。尼采因此产生了一种新的"形而上学",将存在者解释为"权力意志",即纯粹权力,但权力本质上总是追求增加自己。权力没有外在的目的:它只是增加自己和在自身上盘旋,因而产生永恒轮回。"价值重估"不仅意味着权力被确定为最高的价值,而且意味着权力设定和保持价值。现在人们设想除了人自己之外不受上帝、价值或理想制约的无条件的权力。权力意志的唯一的基本价值,超人是它的最高形式。[3]超人的本质是超出现在的人,就像权力始终超越它自己。如果超人是不确定的,这是因为处于自然状态的权力是不确定的。如果它有任何目的的话,那就是"人不受制约地支配地球的无目的性。这种支配之人就是超人"[4]。因此,尼采增强了由笛卡尔开创的以人为中心的形而上学,加固了现代技术的基础。[5]所以尼采不但没有克服形而上学,反而加强了形而上学。

在海德格尔看来,虚无主义的本质不是形而上学,而是存在史:"虚无主义的本质是这样一种历史,在其中只有存在本身。"[6]因此,只有承认存在本身,才能有效地对付虚无主义,可是尼采只承认存在者本身和存在者的存在。他把存在视为我们添加在存在者混乱的"生成"上的价值,这就使得事情变得更糟。存在本身成了权力意志确保它自己的存在和增加而下的棋中的一个卒子。尼采发现不了虚无主义的真正本质,因为他自己陷入了虚无主义。实际上,虚无主义的本质就是掩盖自己的本质,以各

[1]　Heidegger, *Beiträge zur Philosophie*, SS. 139-140.

[2]　Heidegger, *Nietzsche* II, S. 95.

[3]　Cf. Heidegger, *Nietzsche* II, S. 39.

[4]　Ibid., S. 125.

[5]　Ibid., S. 118ff., 129ff.

[6]　Ibid., S. 338.

种伪装出现:"最危险的虚无主义是人们把自己乔装为基督教的保护者,甚至根据社会成就声称自己是最基督教的基督教信徒。这种虚无主义的危险性在于它完全隐藏了自己,并且有理由把自己与人们能称之为粗野的虚无主义鲜明对照。但是,这种对立的虚无主义形式相互斗争的结果以这样那样的方式导致虚无主义的胜利。"[1]因此,真正的虚无主义不能用尼采提出的方法克服。那样做意味着"人在存在缺席时从自身来反对存在本身",这将"彻底改造人的本质",因为人本质上是"存在为自己准备的居处"[2]。存在并不听命于人。我们可以为它到来做准备,但不能强迫它。[3]但是,克服虚无主义最必要也最困难的是认识虚无主义。[4]

虚无主义之所以难以认识,是因为它以种种伪装隐藏了自己,就像被存在抛弃同样隐藏自己一样。如果虚无主义是被存在抛弃的结果的话,那么,更值得我们关注的是被存在抛弃是如何隐藏自己,或者说,是隐藏在什么之中。海德格尔的回答是:它隐藏在计算(die Berechnung)、加速(die Schnelligkeit)和大量的爆发(der Aufbruch des Massenhaften)日益增长的有效性中。[5]

对于计算来说,没有什么是不可能的,通过计算,人们对存在者非常"确定";不再需要问有关真理的本质的问题。一切都必须根据计算的现状来调整。组织先行,只有生长变化则从根本上被放弃了。在这里,不可计算的东西只是在计算中还未被解决的东西,但本身也是以后将要去把握的;因而完全不是在计算之外。人们在"感伤的"瞬间处理"命运"和"天意",感伤的瞬间在计算的"统治"下并不少,但绝不会从在那里祈求的东西中出现一股构成性力量,可以限制计算的癖好。计算是靠技术的造作才有那么大力量,因为技术的造作本身在知识上是由数学奠基的。[6]

---

[1] Heidegger, *Beiträge zur Phiosophie,* S. 140.

[2] Heidegger, *Nietzsche* II, S. 365f.

[3] Cf. Michael Inwood, *A Heidegger Dictionary* (Oxford: Blackwell Publishers Ltd., 2000), p. 143.

[4] Heidegger, *Beiträge zur Philosophie,* S. 141.

[5] Ibid., S. 120.

[6] 必须注意的是,在海德格尔那里,Technik (技术)并不是人们通常所理解的"技术",即人们在生活实践和劳动生产中的操作技巧与知识,自然科学的实际应用,而是"完成了的形而上学"(Cf. Heidegger, "Überwindung der Metaphysik", S. 76)。

海德格尔特意指出。计算在这里指的是行为态度的基本法则，而不是个别行动的思考和精明。[1]如果说造作是"被放入自己的桎梏"，那么这个桎梏就是无例外的可计算的可解释性图式，由于它，每一个存在者都同样靠近每一个存在者，又完全对自己陌生。[2]这就是说，计算性的解释图式使存在者完全异化了。

加速也不是指一般技术速度的机械增加，那只是它的结果；"加速"在这里的意思是不能忍受隐藏的增长、静止和等待；痴迷于惊人的东西，痴迷于一再立刻和以不同方式把我们吸引住和使我们激动的东西；短暂易逝是"常态"的基本规律。人们必然很快忘却，又迷失在接踵而来的事物中。由此产生在畸形的最高成就中什么是高和"最高的"东西的错误观念；纯粹量的提高，看不到真正的瞬间，那是不会流逝，而是开启了永恒。但对于加速来说永恒只是同一东西的纯粹延续，是空洞的"等等"；真正斗争的动荡不安仍然隐藏着。为对无聊的恐惧驱动的不断发明活动的不安取代了它。[3]也许在海德格尔看来，那为很多中国人所羡慕的西方的"浮士德精神"，只不过就是这样的"加速"吧。

"大量的爆发"的"大量"不仅指"社会"意义的"大众"；大众地位的提高只是因为数字起作用了，并且可计算的东西每个人都同样可以得到。对于许多人和所有人共同的东西就是"许多人"知道高出它们的东西。因此，大量是对计算和加速的反应，就像反过来它们又给大量提供了轨道和框架。这里大量与稀有的、独一无二的东西（存在的支配）处于最尖锐的、因而是最不引人注意的对立中。

计算、加速和大量的爆发，实际上就是现代人生活中最常见的事情：追求数字和数量，以数字计算为处理一切事情的主导方法，因为数字和数量是最终的评价标准。这也就是有人概括的所谓"数目字管理"。数目字管理要求千篇一律，不能允许例外，也不能允许特异，更不允许独一无二，因为那样就无法计算。因此，将一切变为可计算的东西具有一种霸权扩张式的渗透性，它要渗透和支配一切，而不是聊备一格的某一种方式。计算、加速和大量的爆发是居留在存在者中的三种被存在抛弃的方式，这

---

[1]　Heidegger., *Beiträge zur Philosophie*, SS. 120–121.

[2]　Ibid., S. 132.

[3]　Ibid., S. 121.

三种方式的每一种都危害极深，因为我们不可能有一天把它们仅仅当作似乎是外在的形式而把它们去掉，它们包含有内在的东西。它们占据着内在的位置，最终拒绝内在和外在的区分，因为它们就是首要和一切。与此相应，人获得知识的方式也变成将未理解的知识经过计算、快速、大量地在尽可能短的时间里分配给尽可能多的人；"教育"（Schulung）这个词现在的意义恰恰是歪曲了学校和 scholé（悠闲）的本质。但这也只是无法停止日益加剧的连根拔起的颠覆的新的征兆，它之所以不能停止日益加剧的连根拔起，是因为它不能也不想达到存在者之根，因为它在那里会遇到自己的缺乏根基。[1]

计算、加速和大量对量的追求从存在史的观点看不是无限量化可表象的对象化，而是量变成了质，或者说量是作为质的量。量在这里成了可感受的特性、存在的东西、本质和存在（Seyn）本身的基本性质。海德格尔把这种作为质的量叫作"巨大"（das Riesenhafte）。[2] 海德格尔提醒人们，假如我们以为巨大只是空洞的数量的无限延伸，那么我们就太肤浅了。如果我们以为以不断产生的从未有过的东西形态出现的巨大仅仅是由于盲目痴迷于夸大和超过，也太短视了。[3]

从逻辑上讲，量和质是一对相反的范畴，不容颠倒。但从存在史上看，事情就大不一样。当存在性被古希腊人规定为 techne 和 idéa 时，就已经为量变成质准备了条件。表象和把什么带到眼前包含"多远"（wieweit）和"到什么程度"（inwiefern），即与作为对象的存在者相关的距离；却没有考虑某些空间的东西和关系。表象是个系统的事情，它使距离和克服距离与确保距离成为对象规定的基本规律。表象不是一个认识论意义上的主观意识的行为，而是此在的一种投开，它通过抢先计划安排，在事物被特殊与个别理解之前来把握一切，对于这种表象（Vor-stellen）来说，给予的东西是无边无际的，它也不想发现边际，而是无边无际才是根本重要的，但这种无限不是流逝和纯粹的"如此等等"，而是与给定的东西的边界无关，与作为界限的给予的东西和可给予的无关。原

---

[1] Heidegger., *Beiträge zur Philosophie*, S. 122.

[2] Ibid., S. 135. 在《世界图像的时代》，Heidegger 还用 das Riesige 来指这种作为存在的基本性质的量（Cf. Heidegger, "Die Zeit des Weltbildes", S. 93）。

[3] Heidegger, "Die Zeit des Weltbildes", S. 93.

则上没有"不—可能"(Un-mögliche),人们"恨"这个词,也就是说,人们认为一切对人来说都是可能的,只要预先对一切加以盘算,只要条件被提供。[1]

这就清楚地表明,问题不是简单的量变为质的问题,而是要看到量及其表象的可能性(可计算性)的原始本质在表象本身支配和存在者对象化的本质。是形而上学的历史为量的支配做了准备,并将其完成。存在者被存在抛弃在巨大中得到完成。量成为质,恰恰表明人们没有看到存在(Seyn)的非本质本质上属于存在(Seyn)的本质支配。但只有从存在史出发认识到量化支配着一切存在者,才能看到这一点。存在(Seyn)没有显现是因为表象只管存在者,对存在(Seyn)却关上大门,或者把它当作最一般的东西和最空洞的东西。[2]量变为质其实还是量,只是作为质的量,但它毕竟不是质,它不能掩盖质的缺失和质与量的分裂。

但是,还有一种东西伴随这计算、加速和大量,起着伪装内在分裂作用的东西,这就是心情的暴露、公开化和庸俗化。由此产生的孤寂对应于人一切态度日益增长的不真诚,因而与语词失去力量正好一致。语词只是外壳和喧闹的刺激,在它那里不再能看到"意义",因为一切可能的深思的聚合都没有了,深思本身也被蔑视为稀奇古怪和软弱无力的东西。心情暴露的一个结果是同时也伪装了日益增长的空洞,显示它自己已经完全不能把真正发生的事情,即被存在抛弃,经验为心境的贫困。[3]

海德格尔最后得出结论说:"所有这些被存在抛弃的征兆都表明我们现在处于对一切事物和一切造作完全无问题的时代的开始。"[4]在这个时代,不仅基本上不再允许有被遮蔽的东西,更重要的是自我遮蔽本身不

---

[1] Heidegger, *Beiträge zur philosophie,* S. 136. 海德格尔在这里对"巨大"的现象学描述和分析具有普遍意义,一个多世纪以来,我们就相信人定胜天,没有做不到,只有想不到。世上只有暂时做不到的事,条件一旦具备就一定能做到。"某某能,我们为什么不能"更是成了具有真理性质的豪言壮语。对量的盲目追求更是愈演愈烈,无孔不入,无远弗届,已到了荒谬的地步。百年来的这一可悲发展过程的确主要不能归于人的主观选择,而有一个深刻得多的现代性机制(用海德格尔的术语就是"投开")在其作用。因此,即使"人有多大胆,地有多大产"的荒谬无人不知,却仍以新的形式到处重演,几乎已成了常态。

[2] Ibid., SS. 136-137.
[3] Ibid., SS. 122-123.
[4] Ibid., S. 123.

再被允许作为决定的力量进入。但另一方面，恰恰在这个完全无问题的时代，各种"问题"（Probleme）堆积如山，相继发生，但每一种都不是真正的"问题"（Fragen），因为它们的答案对它们没有约束力，它们马上又成为问题。这是预先说：没什么是不会瓦解的，瓦解只是时间、空间和力上数量的问题。[1]

　　也许是从韦伯开始，人们习惯把现代（"文明"时代）叫作去魅的时代，这似乎与完全无问题是一回事。实际上正相反。海德格尔说，我们必须知道那个魅是从哪儿来的。答案是：来自造作不受约束的支配。但造作最终支配和渗透了一切事物时，就不再有任何可以借以发现魅惑和抵御它的条件。技术的魔力和它不断自我超越的进步只是这种魅惑的一个征兆而已。根据这种魅惑一切都要求计算、利用、培养、便捷和调节。甚至"趣味"现在也成了调节的事，一切都取决于一个"好的水平"。一般水平变得越来越好，由于这越来越好确保了它越来越不可抗拒和不被注意的支配。[2]

　　人们甚至相信，一般水平越高，超一般水平成就的高度就越不可超越；但海德格尔指出，这是一个骗人的结论。这个结论本身揭露了这种态度计算性。在海德格尔看来，问题仍然是：究竟是否还需要给超一般水平的东西的空间？是否满足于一般水平不会越来越心安理得，直到它自己相信它已经达到，并能立刻随心所欲达到超一般水平声称提供的东西？人们不断地提高一般水平，同时扩散和加宽一般水平，使之成为一切一般活动的平台却暗中指示了我们做决定空间的消失，它是被存在抛弃的标志。[3]

　　因为存在者被存在抛弃，最无聊的"感伤"的机会出现了。现在，一切都首先被"体验"，每一个行动和活动都充满"体验"。这种"体验"证明：现在人本身作为存在者也会失去他的存在，成为他追求体验的牺牲品。[4]

　　"体验"（Erlebnis）在《哲学贡献》中是一个重要的概念，但海德格尔

---

[1]　Heidegger, *Beiträge zur philosophie*, S. 123.

[2]　Ibid., S. 124.

[3]　Ibid., SS. 124-125.

[4]　Ibid., SS. 123-124.

1919年的战时讨论班开始就把它作为一个重要的概念来使用。而在早期海德格尔那里,体验是作为一个正面积极的概念来使用。在德语中,Erlebnis一般指亲身经历的个人经验。狄尔泰把它与"生命"本身联系在一起,"他试图根据生命的结构关联和发展关联从生命本身整体出发来理解这个'生命'的'体验'"[1]。海德格尔自己在早期也是沿着狄尔泰的思路,用这个概念来反对形而上学与生命对立的经验观念,以及建立在这种观念上的哲学。但是,海德格尔对这个概念始终是有顾虑的,"体验"这个概念对于海德格尔来说就意味着:"经验的我、主体或意识。"[2]到了《存在与时间》,海德格尔把体验理解为孤立的、临时的经验;它是一个内在的、心灵的世界,内在地与身体和外部世界分离。但在《哲学贡献》,体验却有了前所未有的重要意义,它指近代哲学意义上的主体性及与之相关的一切,它现在与造作一起成了西方思想的主导问题最基本的要素。

从表面上看,体验与造作好像是正相反对的东西,实际上它们互属一体,有着共同的根源。海德格尔这样来解释它们的关系:"造作是对制造和被制造的东西的支配。但在这方面不必去想人的行为、从事和活动;而是要反过来,这种活动只有在造作的基础上才可能是无条件的和唯一的。这是在命名某种存在者的真理(它的存在性)。"[3]我们首先和主要将这种存在性把握为对象性(存在者作为表象的对象)。但造作把握这种存在性却比体验更深、更源始,因为它与 *technē* 相关。体验代表人的主体性,而造作则是存在性的自我揭示。这种揭示是历史的,也就是存在史的。因此,在造作中有基督教—圣经对存在者的解释,即把它解释为被创造物,不管人们现在是以信教的方式还是以世俗的方式加以接受。[4]

在海德格尔看来,不是笛卡尔造成了造作,而是笛卡尔迈出的一步是(造作)第一个决定性的结果,是一个结果性成就,通过它造作作为改变了的真理(正确性),即确定性来支配。再进一步就是数学的东西和体

[1]   Heidegger, *Sein und Zeit*, S. 46.
[2]   Heidegger, *Phänomenologie der Anschauung und des Ausdrucks. Theorie der philosophischen Begriffsbildung. Gesamtausgabe* Bd. 59, S. 92.
[3]   Heidegger, *Beiträge zur Philosophie*, SS. 131–132.
[4]   Ibid., S. 132.

系,以及技术。这首先不是人为的选择或意愿的结果,而是造作自身展开的结果。在造作的展开中,当然少不了人的因素。体验就存在于我的确定性中,人的因素一直对应于造作,但这种对应在很长一段时间里深藏不露,只是到了近代才最终凸显出来。这种人的因素海德格尔把它叫"体验"。造作驱走了一切值得问的事情,把它们连根拔起,把它们作为真正的妖术来焚烧。但即使在完全无问题的时代摧毁值得问的问题也许并且基本上不是完全可能的,因此这个时代就需要可以使它以自己的方式让值得问的问题造作地生效,同时使它无害。这就是体验,一切都成为体验,一个越来越大、越来越闻所未闻和越来越声嘶力竭的"体验"。"'体验'在这里被理解为造作的表象的基本种类和居于造作,是使神秘的东西,即使人激动的东西、刺激性的东西、使人晕眩的东西和魅惑人的东西,使造作必要的东西对每个人公开和都能得到。"[1]换句话说:"只有体验过和能体验者,只有进入体验领域的东西,即人能带给自己和带到自己面前的东西,才是存在者。"[2]这就是说,造作通过体验使它的一切变成"人为的",人们因而觉得自己是一切的主人、一切的发动者。

这种以为自己是一切的主人的心态,被称为"人的解放"。在与《哲学贡献》同时期的《世界图像的时代》中,海德格尔把这视为现代的本质:"现代的本质在于人通过把自己解放为自己把自己从中世纪的束缚中解放出来。"[3]但他同时指出,这种正确的表述仍然只是表面的。它导致了一些谬误,使我们无法把握现代的本质基础并由此出发来评估这个本质基础本质的影响。[4]这就是说,海德格尔在意的不是"人的解放"这个现代现象,而是其内在的本质。这个本质不仅仅关涉人,更关涉一切与之有关的问题。因而如何理解和解释人,向来决定了西方形而上学的基本走向,进而决定了(存在史意义上的)西方历史的走向。所以在海德格尔看来:"重要的不是人从迄今为止的种种束缚中解放成为自己,而是通过人成为主体,人的本质根本变了。"[5]

---

[1]　Heidegger, *Beiträge zur Philosophie,* S. 109.

[2]　Ibid., S. 129.

[3]　Heidegger, "Die Zeit des Weltbildes", in *Holzwege,* S. 85.

[4]　Ibid.

[5]　Ibid., S. 86.

依照海德格尔的说法，"主体"（Subjektum）是对希腊文 *upokeimenon*（意为"根据"，指作为基础把一切聚集在自己上面的眼前的东西）一词的翻译。因此，"主体"的形而上学意义最初与人，尤其是与自我并没有突出的关系。但到了近代，人成了主体之后，他就成了这样一个存在者，一切存在者的存在与真理方式都以他为基础。人成为存在者本身的关系中心。这个重大的变化不会孤立地发生，只有当对存在者整体的理解发生变化时，它才可能。[1]

近代西方对存在者整体的理解的确有一个重大的变化，这就是将存在者理解为被表象者。表象就是把现成之物作为一个对立之物带到自己面前，使之成为自己（主体）的对象（客体）。必须注意的是，通过表象存在者不仅仅是作为一个对象被带到我们面前，而且是"作为系统在我们面前"[2]。这也说明"表象"在海德格尔那里不仅指一个人的主观意识行为，更是存在论意义上对存在者整体的理解。人是表象者，存在者的被表象者。但这还不是最特别的。关键在于，人特意把这个地位当作他自己构成的地位，故意把它作为由他采取的地位来遵从，确保它成为人性可能显示的基础。只是到这时才有诸如人的地位这一说。人根据自身提出与作为对象的存在者的关系方式。他将自己的能力作为掌握存在者整体的尺度空间和实施空间，现在这就是他的存在方式。[3]

或曰：人的这种存在方式在古希腊就已开始。普罗塔哥拉不是说：人是万物的尺度，是存在者存在的尺度，也是不存在者不存在的尺度吗？柏拉图不是也把存在者之存在看作被直观的东西，即 *idéa* 吗？亚里士多德不是把与存在者的关系叫作 *theoría*，即纯粹观看吗？然而，在海德格尔看来，这种看法是由于人们长期以来习惯用近代人道主义来解释希腊精神所致。实际上普罗塔哥拉的"我"和笛卡尔的"我思"由于各自的形而上学基本立场的本质要素的不同而各不相同。任何一种主体主义在希腊智者派那里都是不可能的，因为在那里人绝不可能是主体；他不可能成为主体，是因为存在在那里是在场，真理在那里是无蔽。[4]

---

[1]　Heidegger, "Die Zeit des Weltbildes", in *Holzwege,* S. 86.

[2]　Ibid., S. 87.

[3]　Ibid., SS. 89－90.

[4]　Cf. Heidegger, "Die Zeit des Weltbildes", SS. 100－104.

而笛卡尔"我思"意义上的无条件的主体是出于人要求一个确定性意义上自足的、不可动摇的基础。近代人从基督教的启示真理和教会的教义中解放出来后，成了自我立法的立法者。可是，这种解放本身摆脱了天启真理的束缚，此种真理确保人的灵魂得救，虽然它并不知道这一点。因此，摆脱了天启式的得救确定性的解放本身必然还要走向一种确定性，这就是知识的确定性，在这种确定性中人能保证真的东西就是他的认识所认识到的东西。但这种确定性只有人从自己出发并为自己决定，什么对于他是可知的，所知事物的认识和保证，即确定性，是什么意思。笛卡尔的形而上学的任务就是要为人的解放，即把人解放到作为自己确定的作为规定的自由，创造形而上学基础。笛卡尔通过著名的"我思故我在"命题来构成和给予这个基础。[1]

在海德格尔看来，"思维就是表象（vor-stellen），是与被表象者的表象关系"[2]。表象根本不同于古希腊人的"获悉"（vernehmen），获悉本身属于在场者的无蔽，并且作为一种特有的在场属于无蔽的在场者。也就是说，获悉是在场者本身的无蔽方式，而不是另一个在场者对它的外在操作。但表象却刚好相反，它不是在场者自我解蔽，而是对"对象"的掌控和理解。表象就是向前采取行动控制对象的对象化。它当然包含主体强烈的意志和情感因素。因此，笛卡尔的coagitatio概念包括意志和情感的一切方式，即人的全部行为和感觉。我思之"思"绝不仅仅是理性思维。但主体，即基础确定性，不能理解为个别的某个人，而应该理解为表象的人和被表象的人或非人的存在者任何时候都确保了的共同被表象状态。这种"共同的被表象状态"就是上述的"对象化"，这种对象化始终决定着什么是对象，什么都不能逃避这种对象化。正是在这种意义上，作为主体的人是一切存在者的尺度和中心。这于普罗塔哥拉讲的"人是万物的尺度"是完全不一样的。在普罗塔哥拉那里，"尺度"指人是对获悉的限制；而作为主体的人是万物的尺度，是指他决定什么存在与可知。[3]

对于海德格尔来说，主体主义并不必然等于个人主义或利己主义。个人主义和集体主义都只是在人从根本上和本质上成了主体以后才会

[1]　Cf. Heidegger, "Die Zeit des Weltbildes", SS. 105－106.
[2]　Ibid., S. 106.
[3]　Ibid., SS. 106－108.

出现的问题。"只有在人已经本质上是主体的地方,人才可能滑入个人主义意义上的主体主义的非本质中。但也只有在那里,在人仍然是主体的地方,反对个人主义和主张共同体(Gemeinschaft)是一切作为和利益的目的所在的明确斗争才有了一种意义。"[1] 很多人在批评海德格尔的政治卷入时都将他在有些文本中提到"民族"或"人民"作为他反对西方主流价值的证据。但对于海德格尔来说,只要把人理解为主体,那么他是放纵任性的"自我"还是社会的"我们";是作为个人的人还是作为共同体的人;是作为共同体中的人格还是社团中的纯粹的团体一员;是作为国家、民族和人民还是现代人的一般人性,他都要并必定是主体,他作为现代本质已经是主体了。[2] 而"主体"恰恰是海德格尔要扬弃和解构的一个概念。他肯定的是作为此在的民族,而不是作为主体的民族。从主体出发的民族主义或国家主义与从主体出发的个人主义都出自近代主体主义,它们必然具有本质上的一致。民族主义只是放大了的个人主义。

由于主体只是一个平均数,即所谓"现代本质",所以个人与个性恰恰被日益张扬的主体性吞没,归属在主体名下的是相同的东西,"创造"为"时尚"所取代。完全没有问题的时代不允许值得问的问题,摧毁任何和一切孤独。但恰恰是这个时代必须散播这样的说法,"创造性的"个人是孤独的,因此,这些孤独的人的孤独性和他们的所作所为的"形象"和"声音"家喻户晓,人人皆知。廉价的"时代批判"和"心理学"大行其道,但这和触到时代不为人知的问题的深思风马牛不相及。在海德格尔看来,这样一个完全没有问题的时代只能用一个简单的孤独的时代来对抗,在这个时代中人们为准备存在(Seyn)本身的真理作准备。[3]

对人的这样一个存在史的要求,提醒我们,海德格尔上述对近代主体概念和主体主义的深刻分析,不是在现代西方哲学中已成为老生常谈的一般的反主体主义。他的思考远为广泛与深入,是要对西方对人的基本定义提出根本的质疑与批判,但这种质疑和批判的落脚点,还是在对现代性的思考与批判。

海德格尔哲学从一开始,就将重新思考和规定人作为自己的主要任

---

[1] Cf. Heidegger, "Die Zeit des Weltbildes", S. 90.

[2] Ibid.

[3] Heidegger, *Beiträge zur Philosophie*, S. 110.

务。这是因为,在海德格尔看来,"形而上学属于人的本性"[1]。果真如此,那么形而上学的问题就一定是人的问题,形而上学问题的根源,可以在形而上学对人的本质规定中去找。每一种人道主义都是在由形而上学预先规定的问题方式内来规定人的本质的,所以形而上学的特性及其规定人的本质的方式表现为它是以人为本,即以人为基本出发点的。冯·赫尔曼甚至说"人本主义"和"形而上学"是可以互换的概念。[2]

希腊人(亚里士多德)把人定义为 *zōon logon echon*(人是有逻各斯的动物),[3]塞涅卡把亚里士多德对人的这个定义翻译为 *animal rationale*(理性的动物)。这个翻译不能算错,但问题是明显的。理性并不能包括人的所有行为,把人定义为"理性的动物",至少是把人受非理性支配的行为置于不顾。[4]当然,在西方哲学传统中,也有人不从纯粹理性来定义人,而是从身体—灵魂—精神三方面来规定人的本质。但海德格尔认为这并没有说得更多。[5]因为它还是将人视为持存的东西,即现成的存在者,而完全忽略了人的存在问题。人的本质在于他"与存在的关系",而不在任何一种理性,或别的什么东西。[6]人首先不是一个具有某种或某些性质的动物。因为人的存在与非人的存在者的存在,尤其与其他生物的存在根本不同。

早在《存在与时间》中,海德格尔就已经明确了这一点。他在那里把生物的存在方式称为"生命",生命作为生物的存在方式不仅与人的存在方式——生存(Existenz)形成对照,[7]也与上手性和现成性的存在方式

---

[1]   Heidegger, "Überwindung der Metaphysik", S. 70.

[2]   Friedrich-Wilhelm v. Herrmann, *Wege ins Ereignis,* S. 331.

[3]   海德格尔在《存在与时间》中把亚里士多德的这个定义译为或解释为"人是有言谈的存在者"(Cf. Heidegger, *Sein und Zeit,* S. 165)。

[4]   Cf. Heidegger, *Vom Wesen der menschlichen Freiheit. Einleitung in die Philosophie. Gesamtausgabe,* Bd. 31, S. 263f.

[5]   Heidegger, *Beiträge zur Philosophie,* S. 50.

[6]   Cf. Heidegger, *Nietzsche II,* S. 193f.

[7]   Existenz被有些人译为"实存",至少在海德格尔哲学中这是值得商榷的。Existenz来自拉丁语existentia,在经院哲学家那里,这个术语是与essentia(本质)形成对照的一个概念,意为"存在"或"实际存在"(Wirklichsein)。海德格尔从一开始就非常明确,他的Existenz概念绝不是传统existentia即"实存"的意思,倒不如说,它是"虚存",是此在对存在的理解,也就是此在出位投开存在(使存在敞开)。这一点在《现象学的基本问题中》表述得尤其清晰和系统。(转下页)

形成对照。生命是一种实存的方式,可以实证地加以规定。但是,虽然动物似乎和我们人最相近,但它不能理解存在,不能像此在那样进入存在的真理,因而与人还是有根本的区别。动物不像人那样有行动(Verhalten),它们只有兽行(Benehmen)。[1] 正因为如此,动物总是被周围的事物弄得神魂颠倒,被带着走。它们不能把什么感知为什么,只有类似感知的东西。它们没有世界,不能与存在者本身和存在者整体发生关系。[2] 人如果也被规定为"动物",哪怕是"理性的动物",就无法与存在和此—在接触,就必然忘了存在和被存在抛弃。

把人规定为"理性的动物",就是把人看成是现成的东西(Vorhandene)。传统西方哲学中无论从身体、灵魂还是精神来规定人的本质,也莫不如此。"灵魂"是对我们活着和对我们较低的欲望和情感生活负责的发动性原则;"精神"是我们的理性,我们说"我"的能力。[3] 西方哲学家大都选这两者的某一个作为人本质的主导规定,然后用它来解释存在者整体。而尼采和后来的一些哲学家,则与之相对立,独尊身体。在科学至上的时代,人们倾向于用科学来研究人:生物学研究人的身体;心理学研究灵魂;心理学或逻辑研究精神。最后,是用人类学来统一研究人,但这同样是把人看成是一个现成的存在者,或者有着他自身内在本性的东西,而根本没有顾及他与存在的特殊关系。[4]

(接上页)而他重要的后期著作《论人本主义的信》对此同样毫不含糊,虽然这时 Existenz 变成了 Ek-sitenz。在那里他明确表示,essentia 和 existentia 都是形而上学对存在的规定,他的 Ek-sistenz 概念与传统的 existentia 完全不是一回事,当然和萨特的 existentia(存在)概念也根本不是一回事,因为萨特"存在先于本质"的命题只不过是把传统 essentia 和 existentia 的次序倒了过来,结果仍然是形而上学(Cf. Heidegger, "Brief über den Humanismus", SS. 322-326)。因此,如果将海德格尔的 Existenz 概念译为"实存"的话,那恰恰违背了他本人的意思,因为在他看来传统的 existentia 指的只是现成性(Vorhandenheit)。

[1] Benehmen 在德语中是"行为、举止"的意思,但海德格尔用它来特指动物的行为以与人的行为相区别,故我将其译为"兽行"。但 Benehmen 还有一个意思是"使失去、夺去"的意思,而这也是海德格尔要利用的。

[2] Cf. Heidegger, *Die Grundbegriffe der Metaphysik. Welt-Endlichkeit-Einsamkeit, Gesamtausgabe* Bd. 29/30, S. 376.

[3] Heidegger, *Beiträge zur Philosophie,* S. 53.

[4] Cf. Heidegger, *Sein und Zeit,* S. 45ff; *Kant und das Problem der Metaphysik,* S. 209ff; *Einleitung in die Philosophie, Gesamtausgabe* Bd. 27 (Frankfurt am Main: Vittrio Klostermann, 1996), S. 10ff.

在《论人本主义的信》中,海德格尔通过对人本主义的反思西方形而上学对人的定义进行了系统的批判。所谓人本主义,最一般的主张就是人应该是符合人性或以人为本的,而不是不人性的或不人道的。但什么是人性? 这就要到人的本质中去找,就要探讨人的本质。历史上的各种人本主义都知道,人性不是什么固定现成的东西,而必须通过追求才能获得。因此,每一种人本主义都从它自己的人的形象出发,在人类生活中实现这种形象就是它的意义和收获。例如,马克思从人的社会性来看人的自然性,人性只有在社会中才能得到满足;而基督教则是从神性来看人性,作为"上帝之子",他的本质或人性就在于在救世主那里倾听和承担天父的要求。[1]但各种人本主义不管其目标与根据、手段与方法和理论形式如何不同,有一点是共同的,就是都是从一种已经确定的对自然、历史、世界和世界根据的解释,也就是对存在者整体的解释来规定人之人性。[2]无论是马克思的人本主义还是萨特的存在主义都是如此。

但是,"任何一种人本主义不是以一种形而上学为基础,就是本身成为形而上学的基础"[3]。因为它们都不但不追问存在与人的本质关系,阻碍这种追问。形而上学虽然把存在者表象在它的存在中,并这样去思考存在者的存在,但这实际上是把存在与存在者混为一谈,这样,它也就不能追问存在本身的真理,更不会问人的本质是以什么方式属于存在的真理。然而,无论我们如何来规定人这个"动物"或"生物"的本质,把它规定为"原理的能力"也好,"范畴的能力"也好,理性的本质却总是在于,在我们对存在中的存在者的任何了解中,存在本身已经敞空,而且已在它的真理中发生了。所以存在的真理问题才是基本问题,是给所有其他问题奠定基础的问题。

但是,形而上学由于不可能将人的本质问题与存在的真理问题连在一切考虑,它很容易从人的生物性方面来看待人,"人们在原则上总是想着生物的人,即使生命力被规定为意志或者思维,而意志或者思维后来又被规定为主体、人格、精神"[4]。因为人的身体本身似乎使任何人都无法否

---

[1]　Cf. Heidegger, "Brief über den Humanismus", S. 317.

[2]　Ibid., S. 319.

[3]　Ibid.

[4]　Ibid., S. 321.

认人的生物性。即使是"人是理性的动物"这个定义，也隐含人的本质以身体为基础的意思。但是，在海德格尔看来，即使人的身体也本质上不同于动物的机体。[1] 当然，我们可以把身体视为像动物机体一样的、可以作为自然科学的主题和已经对象的东西。但是，"生理学和生理化学可以用自然科学的办法把人作为有机体来研究，但这并不证明人的本质就在这种'有机体'中，即在科学说明的身体中"[2]。因为在我们用自然科学的方式把我们的身体对象化之前，我们已经从身体上出位存在（ek-sistieren），即活在我们的出位存在中了。从身体上讲，我们出位存在于我们的一切行动中，我们在这些行动中与我们自己，与其他此在，与非此在的存在者发生关系。正如所有这些行动的存在方式都在出位存在，这些行动的身体性也应该从出位存在来规定。[3]

之所以如此，是因为人有世界，而动物没有世界或缺乏世界（Weltarmut）。"无世界"的意思是说，动物在其存在中不能理解地处于存在的敞空中，它对事物的存在没有理解，因而与它们没有有意义的关系，而世界无非是种种关系的整体。当然，动物的"无世界"与石头的"无世界"不可同日而语。动物在其生命中以它自己的方式对周围环境开放，所以严格地说动物不是"无世界"，而是"缺乏世界"。动物这种由缺乏世界构造的生命作为其存在方式就是动物的躯体性（Körperlichkeit）。动物以它缺乏世界的生命的存在方式预先给它确定的方式在躯体上活着。而人正相反，人在身体上出位存在着，即以其特有地向世界开放的出位存在的存在方式预先给他规定的方式存在着。由此来看，人并不是生物，他并不分有动物的生命方式。[4]

在海德格尔看来，由于不明此理，现代的一些哲学家（尼采、狄尔泰、柏格森、雅斯贝斯）只是在身体性上再加灵魂，在灵魂上再加精神，在精神上再加生存状态（Existentielle），以前所未有的调门鼓吹精神的崇高，让一切都复归于生命的体验，并且警告世人，思维通过它僵化的概念破坏了生命洪流，思考存在会使生存变得畸形，并不能克服根深蒂固的生物主

---

[1]　Cf. Heidegger, "Brief über den Humanismus", SS. 321–322.

[2]　Heidegger, "Brief über den Humanismus", S. 322.

[3]　Cf. Friedrich-Wilhelm v. Herrmann, *Wege ins Ereignis*, S. 338.

[4]　Ibid., S. 343.

义。强调灵魂的不朽、理性的能力或人格之类的东西并没有真正抓住人的本质。相反,人的本质因此而被忽略了。[1]

形而上学之所以没有真正抓住人的本质,是因为它不知存在与存在者的区别;而它之所以不知道存在与存在者的区别,是因为它将存在者表象在其存在中,将存在者作为客体和对象交给自己。这样,当它在思考人的本质时,它自然会将人视为所有(作为对象的)存在者中的一个。在给人的本质定义时,只要找出他特有的东西就行了。人有生命,这首先将他与无生命的东西区别开来,人是无数生物的一种。然后是人有理性,理性是人独有的,这就将他与其他生物区别开来。"理性的动物"这个人的本质定义似乎就是通过这种逻辑的先给出最接近的属类,然后给出种差的方法得到的。这种对人的本质定义之所以被普遍接受,很大程度上是由于这个定义在逻辑上几乎无懈可击。

然而,逻辑从来就没有自己的基础。这种通过确定属差和种差方式却是以形而上学 essentia(本质)和 existentia(实存)区别为其存在论基础的。但是,essentia 和 existentia 的区分不是着眼于人的存在,而是着眼于现成的存在者的存在得出的。因而形而上学反过来再根据这个区别来解释人的存在。人是理性的生物的意思是,根据他的属类本质,他是其他生物中的一种。这就是说,他是动物性的生物,与其他非人的生物共有一般属类本质的本质规定只是根据他的种本质及其本质规定,即理性,他有别于其他生物。但是,与所有存在者一样,而不仅仅是与其他种类的生命一样,人也有实存(existentia),这是所有实际存在的东西的一个普遍的存在方式。按照这条思路,形而上学总是认为人是生物人(*homo animalis*),而不是有人性的人(*homo huamnus*)。用海德格尔的话说,就是"形而上学从生物性来思考人,而不是把人思考为他的人性。"[2]海德格尔这里所说的人性(humanitas),是指人最本己的本质,而不是一个属类本质基础上的种本质。[3]这个"本质",就是海德格尔在《存在与时间》中定义的:"此在的'本质'在于它的生存。"[4]海德格尔后来特意提醒人们,他在这

[1] Cf. Heidegger, "Brief über den Humanismus", S. 322.

[2] Ibid., S. 321.

[3] Cf. Friedrich-Wilhelm v. Herrmann, *Wege ins Ereignis,* SS. 335–336.

[4] Heidegger, *Sein und Zeit*, S. 42.

里把"本质"一词放在引号里,是要表明它既不由 esse essentiae,也不由 esse existentiae 来规定,而是由此在的出位存在规定的。[1] 无论是《存在与时间》中的生存概念还是《论人本主义的信》中的出位存在的概念,都已跳出了传统物存在论(Dingontologie)essentia 和 existentia 的区分,将人的本质定位于进入存在的敞空和存在的真理中。

也许有人会说,海德格尔对传统形而上学对人的本质的定义的批判只是为了证明他自己的人本质的定义的合理性,但这也只是海德格尔的一家之言。只要我们不解释海德格尔的哲学,形而上学对人本质的定义也许就不算错,或不那么错。毕竟,有谁能否定人的生物性,又有谁能否认理性是人特有的性质?海德格尔所谓的"生存"不也是人特有的吗?或者用海德格尔的话说人"本己的"吗?海德格尔不也是在使用表明种差的办法来给人的本质定义。初看起来的确是这样。但我们不要忘了,在传统形而上学那里,"理性"是人的一种特性;而海德格尔的"生存"是人的存在方式。海德格尔是从人的存在方式,而不是人的某种特性来规定人的本质。或曰,即便如此,充其量只是做法不同,又怎么能证明他的定义正确,而传统形而上学的定义错误呢?

从纯粹定义上来说,的确谈不上谁对谁错。但人的本质定义实际上牵涉的是人对存在者整体的理解,它必然表现在人的种种行动及其后果上。恰恰是这些后果证明了海德格尔批判的正确。"理性的动物"还是"动物",把人的本质规定建立在人的生物性基础上,必然将生物性放在绝对优先考虑的地位,"灵魂""精神"乃至"价值""超人"之类的谈论都必然会依此而调整,最终还免不了虚无主义的结果。

更须注意的是,海德格尔不仅把形而上学看作一种哲学思想或哲学本身,而且认为,在现代,形而上学开始了它对存在者本身和以实在与对象的形式出现的存在者的无条件支配。这就是说,我们不能像对待一种观点那样轻易把它抛在一边,或像对待不再相信和拥护的学说那样把它扔掉。因为形而上学是从存在本身发生,归根结底它是一个存在真理的事件,存在自身的一种发生。[2]"存在真理的没落必然发生,确切地说是作为形而上学的完成发生。这种没落尤其是通过为形而上学所影响的

---

[1] Heidegger, "Brief über den Humanismus", S. 324.
[2] Heidegger, "Überwindung der Metaphysik", SS. 67–68.

世界的崩溃发生,通过源于形而上学的地球的破坏发生。"[1] "这个没落已经发生。这发生的结果就是本世纪世界史的种种事件。"[2] 这就清楚地表明,形而上学必然表现为现代历史。这也就是为什么海德格尔要把技术视为完成的形而上学。再者,"形而上学塑造的人的表象方式,一般而言,只能发现形而上学构建的世界"[3]。

职是之故,当今世界和人类的生存状态,与形而上学对人的本质定义有莫大的关系。因为只是在今天,理性的动物已经变成了劳动的生物,"劳动现在达到了一切在场之物无条件对象化的形而上学的等级,在场之物存在(west)于去意志的意志中(Willen zum Willen)"[4]。而上面讲的世界的崩溃和地球的破坏是在形而上学的人,即理性动物,固定为劳动的动物中发生的。[5]

从表面上看,从理性的动物变为劳动的动物似乎有些不可思议。之所以不可思议,原因有二。一是人们往往只注意此定义中的"理性",而忽略了"动物",即生物性。二是由于近代认识论哲学或先验哲学的缘故,人们往往将意识,尤其的反思意识等同于或归属于理性。但近代西方哲学中的意识与其说属于理性,不如说属于意志。康德的实践理性的概念实际上已经揭示了这一点。而在海德格尔看来,"意志是计算通过计算自我保证的最高和无条件的意识"[6]。人只是去意志的意志的志愿者。[7]

从笛卡尔开始的近代西方哲学有三个基本的重要概念,这就是主体性、对象和反思。这三个概念其实是共属在一起的。只有反思本身被经验为支撑着存在者的关系时,存在才能被确定为对象性。作为这种支撑关系的反思经验,却以与存在者的关系被经验为表象为前提。但只有当 *idea*(观念)成了 *perceptio*(知觉)时才能是决定命运的,它的基础则是对应论的真理变成了确定性的真理,但 *adaequatio*(一致)的要求还保留在这种真理中。确定性就是自我确证(自我意志),作为自我确证的确定性

[1] Heidegger, "Überwindung der Metaphysik", S. 68.
[2] Ibid., S. 69.
[3] Ibid., S. 70.
[4] Ibid., S. 68.
[5] Ibid.
[6] Ibid., S. 84.
[7] Ibid., S. 68.

就是 *iustitia*（正确判断），iustitia 就是与存在者及其第一原因的证明，因而是属于存在者的证明。从根本上说，表象以反思为基础。因此，当思的本质被认为和特意被实施为"我思某事物"时，对象性的本质就昭然若揭了。[1] 但这一切只是到了形而上学开始完成时，也就是从黑格尔哲学开始，才变得明显起来。

黑格尔的绝对知识就是精神的意志，虽然此时意志还没有作为去意志的意志出现，并且黑格尔自己也宁愿用"理性"来称呼意志。黑格尔固然把理性尊奉到无以复加的地步，但他把意志规定为理性思想自己最终目的——绝对的自我认识和自由的执行者。自我意志的理性的意志对于黑格尔来说就是存在者的存在，现实的东西的现实性。[2]

叔本华最终撕去了意志的一切外衣，用它来解释存在。而尼采进一步把意志规定为权力意志。对于尼采来说，意志就是生命无条件的主体性，生命追求变得越来越强，权力意志本质上就是为意志的意志。所谓为意志的意志，是说意志为追求而追求，除了盲目追求之外没有别的目的。或者说，意志并不要它没有的东西，它意志（要）的是它自己（意志）。那么，作为权力意志，它只追求更多的权力。尼采曾经说："意志，一般说，就是要变得更强，要成长。"海德格尔阐释说："'强'在这里意思是'更多的权力'，那就是说，只是权力。因为权力的本质在于成为在任何时候达到的权力等级的主人。只有当和只要权力仍然是提升的权力和为它自己掌握'更多权力'，权力就是权力。……因此，意志和权力不仅在权力意志中相互联系在一起，而且在授权给权力的意义上意志作为为意志的意志就是权力意志。"[3]

人们一般会以为，我（Ichheit）这个概念只是人个别的我事后的一般化或抽象。尤其是笛卡尔就显然认为他自己的"我"就是个别的人格，相反，康德则认为是"一般意识"。但据海德格尔说，笛卡尔其实也已经根据还没有特意表达出来的我（Ichheit）概念来思考他自己个别的我了。这个我（Ichheit）已经以确定性的形式出现了，确定性只是为表象思维保证被表象之物。但与作为它自己的确定性的我（Ichheit）和被表象

---

[1]　Heidegger, "Überwindung der Metaphysik", S. 81.

[2]　Cf. Heidegger, *Nietzsche II*, S. 299.

[3]　Heidegger, "Nietzsches Wort »Gott ist tot«", *Holzwege*, SS. 230-231.

物的隐蔽的关系已经在支配着了。只是由于这个关系个别的我才能被经验。作为自我完成的自我（Selbst）的人的我自己只能根据还不被认识的意愿意志的关系对这个我实施意志。没有一个我"自在"（an sich）地在那里，而是它总是只是作为"在自我中"（in sich）显现的东西，即作为我（Ichhehit）而是"自在"的。因此，即使在社会和其他联合形式统治的地方我（Ichheit）也存在着。也恰恰是在那里，得从形而上学上去思考的"自我主义"在支配着，这种自我主义与天真地以为的"唯我论"毫无关系。[1] 人们一般会认为人的意志是为意志的意志的起源，实际上是人被为意志的意志所意志，却没有经验到这种意志的本质。[2] 而尼采之所以是形而上学的最后一个代表，是因为他还是把意志看成是人的意志，对于他来说，人的意志是一切事物的形而上学基础，"存在"就是被为意志的意志产生，人的意志是引起、影响和使一切事物可能的东西。

而在海德格尔看来，作为为意志的意志或权力意志不是人的主观意志，而是现代的"时代意志"，或者说存在史的意志。这种意志具体表现为为计算而计算，或者说以计算和通过计算来确保自己（计算）为唯一目的。因此，全方位的、不断的和无条件研究达到目的的手段、基础和障碍，由于失算而造成的目标的转换和争夺、欺骗与阴谋诡计、调查审问都是这种意志题中应有之义。所以，为意志的意志对自己都不信任和别有用心，只想着确保作为权力的它自己。[3] 追求更多的权力成了它的唯一动力。

从根本上说，为意志的意志是一种无目的的意志。从表面上看，它要拥有一切，掌控一切，实际上它"拒绝一切目的，只让目的作为手段，以故意掩饰自己和为这个游戏安排游戏空间"[4]。这就是虚无主义，虚无主义就是没有目的。而它的存在史的本质则是被存在抛弃，存在将自己释放为造作就是在被存在抛弃中发生的。存在这种释放（为造作）无限制地利用人，[5] 在这种情况下，高喊"思想"、"价值"、"行动"或"精神"不仅无济于事，而且恰恰是被存在最终抛弃的标志。不管是强调人的超人

---

[1] Heidegger, "Nietzsches Wort »Gott ist tot«", *Holzwege*, S. 82.

[2] Ibid., S. 85.

[3] Ibid.

[4] Ibid., S. 86.

[5] Ibid., S. 87.

性(Übermenschtum)还是亚人性(Untermenschentum)其实是一回事,人的理性和动物性在形而上学的"理性动物"的概念中得到了统一,但却是被存在抛弃中的统一。

所以,作为"理性动物"的人并不像他自以为的那样是"主体"或世界的主人。现在,统治世界和地球的是技术(保证持存)和无条件的没有深思(体验)。[1]要维持技术的制造(Machen)就需要消费存在者。当然,是通过作为理性的动物人来消费的。人现在最关心的是"活下去"。"活下去"要求提高效率和确保自我。在此要求下,存在者成了种种成就和提升成就的机会和材料。在无条件追求提高效率和确保自我中无目的成了目的,利用变成了滥用。[2]确保能活下去不仅决定了人的外在行为,也决定了他的内在人性。"它发生为他伦理行为的塑造、不朽灵魂的救赎、创造性力量的展开、理性的发展、个性的培育、集体精神的觉醒、身体的培养或作为一些或所有这些'人性'适当的结合。"[3]确保生命,确保活下去成了最高的道德原则。

海德格尔经历了两次世界大战,他一生都活在世界大战的阴影中。在他看来,不可理喻的世界大战也是被存在抛弃的结果。世界大战及其"总体性"要求持久保证一种滥用存在者的固定形式。人也被拖入这个进程,他是被要求者,而不是要求者,最重要的原材料成了他的存在特征。人是最重要的原材料,因为他还是一切滥用的主体。他让他的意志无条件地交给这个进程,因而同时也成了被存在抛弃的"对象"。世界大战消除了战争与和平的区别,这种消除是必然的,因为由于存在者被存在的真理抛弃,"世界"已经成了非世界。在权力独霸的权力的时代,即在存在者被无条件逼向在滥用中被消费的时代,世界成为非世界。这个非世界有存在在场,但它并不真正起支配作用。"战争"与"和平"的本质已然改变,它们的区别已经看不出来,消失在纯粹提高可制造的对象的制造过程中了。何时将会有和平这个问题不可能有答案,这不是因为战争的延续看不到头,而是因为这个问题已经问了一个关于不再存在的东西的问题,因为战争已经不再是能止于和平的事了。战争只是一种变相的对存在者

---

[1] Cf. Heidegger, "Überwindung der Metaphysik", S. 83.

[2] Ibid., S. 88.

[3] Heidegger, "Platons Lehre von der Wahrheit", in *Wegmarken,* S. 234.

的滥用,它在和平时期还将继续下去。盘算一场长期战争是已经过时的形式,但在其中可以看出滥用存在者时代的新东西。长期战争在其漫长的时间中慢慢地不是成为以前那种和平,而是一种状态,在这种状态中,固然经验不到战争的特征,但和平的特征也变得毫无意义和内容。[1]

海德格尔把滥用存在者的一般方式称为"过错"(Irrnis)。被存在抛弃的虚空在这种过错中扩充自己,它要求一种唯一的秩序和确保存在者。这就需要有人出来"领导",即计划盘算如何确保存在者全体。必须安排和装备这样的人来承担领导。"领袖"就是执掌大权的军火工人,他们全盘了解确保滥用存在者的各个部门,因为他们洞察全局,掌握着过错的可计算性。这种洞察就是能计算,它一开始就已经把自己释放为要求不断提高确保秩序的程度以为最近的确定秩序(Ordnen)的可能性服务。[2]海德格尔对"领袖"的这段论述出自写于1936年至1946年的《克服形而上学》,对那个时代不可一世的"领袖们"不仅有所针砭,更有深刻的剖析。与黑格尔笔下的"世界历史伟人"相比,现代那些目空一切的"领袖们"不过是被存在抛弃的空虚的产物,他们的所作所为,无论是"倒行逆施"还是符合潮流,都远离存在的真理,都不出"过错"的范围。所谓具有"领袖气质"的只是这样一些人,根据自己要确保为消耗而滥用这个事情进程的本能,让自己成为这个进程的控制工具。他们是无条件地滥用存在者以为被存在抛弃的虚空服务这个生意的第一批雇员。[3]相反,黑格尔的"世界历史伟人"虽然是历史理性的工具,完成的却是真理的实现。

海德格尔把"领袖"调整一切可能的通盘计划和确保的努力称为"本能"。[4]海德格尔特意指出,迄今为止,人们总是认为本能是动物的特点,它们在它们的生命领域中识别、追寻对它们有用和有害的东西,除此之外不追求别的什么了。确保动物本能相当于盲目陷入它的利益领域中。但这里讲的"本能"指的不是生物性意义上的本能,而是指超越了只计算眼皮底下那点事的有限知性的"理智"(Intellekt)。本能是对应于人

[1] Heidegger, "Platons Lehre von der Wahrheit", in *Wegmarken*, SS. 88-89.
[2] Ibid., SS. 89-90.
[3] Ibid., S. 92.
[4] 黑格尔在《历史哲学》中也曾使用"本能"这个概念,但他是用它来指世界历史伟人及其追随者并不知道他们所做工作的伟大意义。而现代的"领袖们"很清楚自己在做什么,却往往有意识地将真相隐藏起来而示人以伪。

的超人性的理智上升到对一切进行结算（Verrechnung）。[1]因为这种结算绝对支配着意志，似乎除了意志外再也没有什么能保证计算的单纯欲望了。对于计算来说，算计是首要的计算准则。[2]

尽管海德格尔对"本能"这个概念有独特的规定，但也是要表明，从形而上学上看，亚人性从属于超人性，动物性从属于理性，但这种"从属"的意思是任何一种形式的动物性因素都得服从计算和计划，如健康计划和繁殖。因为人是最重要的原材料，所以可以推想有一天会在今天化学研究的基础上建厂来人工繁殖人力资源。[3]人们按照计划来增加人群的数量，因而永远有机会为大量的人群要求更大的"生命空间"，而这些"生命空间"的容积相应地又要求更高的人群数来安排它们。[4]需要人力材料和需要军备，需要消遣书籍和诗歌有相同的规则基础，这就是"需要"，在"需要"面前，诗人并不比诗集装订工更重要。[5]传统人的动物性和理性的区别在现代已然消失，我们看到的只是非常理性化的动物性和完全动物性化了的理性。所以，尼采把（西方人）称为"金发白肤的野兽"，在海德格尔看来并不是一个偶然的夸张，而是尼采所处的历史关联（时代）的标志与特征，尼采知道他处于这样一个时代，却不能洞察它的本质历史关系。[6]

在海德格尔看来，对一切材料的滥用，包括对人这种原材料的滥用，都是为了生产一切这个无条件的可能性，它是隐蔽地为存在者、现实的材料悬在其中的虚空决定的。这个虚空必须被填满。但因为这是存在的虚空，它既不能被经验，也不能被大量的存在者填满，唯一逃避它的方法就是不断根据确定秩序的持久可能性来安排存在者，这种可能性是保证无目的活动的形式。然而，由于存在的虚空总是填不满，短缺就成为常态。由此来看，技术就是一个短缺的组织，因为它与存在的虚空有关而不自

---

[1] Verrechung一词在德文中有两个基本意思，即"结算"和"错算"。海德格尔显然要用这个词的这种双义性来暗讽和批判现代性的理智主义。

[2] Cf. Heidegger, "Überwindung der Metaphysik", SS. 89–90.

[3] 英国克隆羊诞生后，就有德国哲学教授在报上发表文章，提醒大家想想海德格尔当年的这个警告。

[4] Cf. Heidegger, "Überwindung der Metaphysik", S. 92.

[5] Ibid., SS. 90–91.

[6] Cf. Heidegger, *Nietzsche II*, SS. 200–201.

知。对于不断提升自己的为意志的意志来说，存在者总是不够的，技术必须加入进来帮忙，创造出代用品和消耗原材料。实际上"代用品"和代用物的大量生产不是权宜之计，而是为意志的意志彻底确保处理一切事物的秩序的唯一可能的形式，它在此秩序中运转，因而"本身"能作为一切事物的"主体"。为消费而滥用的循环运动是唯一一个标志已成为非世界的世界之历史特征的过程。在此过程面前，国家与民族的差异已不重要，甚至无意义了。出于无知防备未经验到的存在（Seyn）而滥用存在者的生意（Geschäftsgang）预先排除国家和民族的差异是重要的决定因素。就像战争与和平的差异已经失效，"国家"和"国际"的差异也已然失效。今天以"欧洲方式"思考的人不再会被指责为是一个"国际主义者"。但他也不再是民族主义者，因为他既不会为其他国家的利益着想，也不会为自己国家的利益着想。[1]但这绝不是说现代性使人都成为"世界主义者"，而是相反，它使人们成为"非世界者"，即没有自己生活世界的人。

　　人们现在相信，历史的进程殊途同归，到了现代只有一条路可走。在海德格尔看来，历史进程的这种殊途同归不是由于后见之明式地使旧的政治制度同化在最新的政治制度中。只是因为现时代历史到处都一样了，为了确保秩序滥用存在者过程中想掌握决定性领导权的候选人才会好斗地相互争吵。从被存在抛弃的虚空中产生了存在者的千篇一律，即它取决于可计算地确保它的秩序，正是这种秩序使它屈从为意志的意志，它也先于一切民族差异造成了任何地方领导的千篇一律，对于这种千篇一律来说，国家形式只是一种领导工具而已。因为实在在于一切都可千篇一律有计划地计算，人也必须一式一样以与实在同步。程序和安排现在是效率原则，存在者的无区别性就是由这个指导原则掌握的。这似乎结果会产生一个等级次序，实际上它的决定性基础就是无等级，因为效率的目标是到处都一样地在确保安排一切时滥用劳动的虚空。从这个原则中突然显眼出现的无差异性绝不是单纯的拉平，那还只是迄今为止的等级次序的瓦解。整体滥用的无差异性是由于在确定目的上空虚占了上风而"积极地"拒绝等级。[2]

[1]　Cf. Heidegger, *Nietzsche II*, S. 92.
[2]　Ibid., SS. 92-93.

对技术和科学的反思

　　批判现代性的西方哲学家,一般都会把批判的矛头指向现代科学技术,海德格尔也不例外。在著名的《世界图像的时代》一开始,海德格尔就列举现代的五个"标示这个时代"的现象,科学与机械技术名列前二。与许多批判现代性的哲学家一样,海德格尔也认为,科学是现代的本质现象。[1] 但是,对于海德格尔来说,科学技术首先是一个形而上学的问题。形而上学不是一个抽象的学院学科,建立一个时代的东西,它通过对存在者的某种阐述和对真理的某种理解给予这个时代的本质形态以基础。[2] 海德格尔在其晚年多次表明,存在的问题在现代的具体化就是科学和技术的问题,[3] 因为它们的种种创制和态度已经深入到现代人类生存的构造中,持久地标志着我们的生活方式,驱动和拥有我们的存在。所以,存在的问题现在实际上是在一个科学技术时代存在意味着什么? [4] 对存在问题的思考和追问必然表现为对科学技术的反思和追问。

　　海德格尔对现代技术和科学的批判是他30年代中期存在史思想产生的一个重要成果。[5] 在1936年之前,海德格尔对技术问题可以说是"无动于衷",甚至是无所谓的。人为了自身的目的利用自然在他看来不仅

---

[1]　Heidegger, "Die Zeit des Weltbildes", S. 73.

[2]　Ibid.

[3]　在给Frings的信中,海德格尔说:"正确理解的'存在问题'揭示自己为现代技术的本质问题和它与今天的人,即与工业社会的关系问题。"(Cf. Heidegger, *Reden und Andere Zeugnisse eines Lebenswesens,* Gesamtausgabe Bd. 16, Frankfurt am Main: Vittorio Klostermann, 2000 S. 685)

[4]　Cf. Theodore Kisiel, "Heidegger and the new images of Science", in *Martin Heidegger. Critical Assesments*, vol. IV, ed. by Christopher Macann (London & New York: Routledge, 1992), p. 326.

[5]　按照德国学者Catherine Chevalley的说法,海德格尔从1938年起强调关键的问题是技术的本质问题 (Cf. Catherine Chevalley, "Heidegger and the Physical Science", in *Martin Heidegger. Critiical Assesments*, vol. 4, p. 342)。在《明镜》周刊的访谈中,海德格尔说聚置的确切意指是回溯"形而上学最内在的历程",这个"最内在的历程"显然是指存在史 (参见贡特·奈斯克、埃米尔·克特琳编著:《回答——海德格尔说话了》,陈春文译,江苏教育出版社,2005年,第71页,译文有改动)。

是天经地义，而且必须将自然视为上手事物。在《存在与时间》中他明确告诉我们：森林是一片林场，山是采石场，河流是水力，风是"扬帆"的风。随着被揭示的"周围世界"我们遇到的是这样被揭示的"自然"[1]，即上手的自然，或借用马克思的一个术语，"人化的自然"。但在1953年写的《对技术的追问》中，他对利用莱茵河水发电持明显的否定态度。[2]当然，海德格尔对于技术的负面效应在30年代中期前不是毫无察觉。他在1928年就写到了技术"对自然的统治"，把技术看作"脱缰的野兽"。[3]但仍然从其行动理论出发将技术视为一种创造的可能性，甚至在《尼采》中还说工人与其机器世界融为一体。[4]海德格尔对技术本质缺乏认识与他前期哲学中主体主义的残余有很大的关系，[5]也在很大程度上影响了他对纳粹最初的态度。哈贝马斯说他"当时还相信国家社会主义革命可以用技术的潜能来为投开新的德国此在服务。只是在后来在分析尼采的权力理论的过程中海德格尔才发展出作为聚置（Gestell）的存在史的技术概念。从那时起，他才能把法西斯主义本身视为一种症状，把它和美国主义等一道归为技术的形而上学统治的表现形式。正是在这个转变之后，法西斯主义和尼采哲学一样，属于克服形而上学的暧昧阶段。随着这种重新解释，存在主义和民族革命这两种版本的自我主张的此在的唯意志论和决定论，失去了其揭示存在的功能"。[6]

　　海德格尔看来，技术和人本主义不但是现代的本质特征，更是作为第一个开端（即形而上学）史的真理和存在性历史的名称。[7]它们都不是指某种现代性现成的状态，而是指存在史的现代状态，它们"彼此共属本身就包含着一个遮蔽的存在（Seyn）史内部唯一的有化"[8]。海德格尔特地

[1]　Heidegger, *Sein und Zeit.*

[2]　Cf. Heidegger, "Die Frage nach der Technik", in *Vorträge und Autsätze,* S. 19.

[3]　Cf. Heidegger, *Metaphysiche Anfangsgründe der Logik im Ausgang von Leibniz, Gesamtausgabe,* Bd. 26, S. 279.

[4]　Cf. Heidegger, *Nietzsche I,* S. 146.

[5]　关于这个问题可参见 Dieter Thomä, *Die Zeit des Selbst und die Zeit,* S. 728。

[6]　Habermas, *Der philosophische Discurs der Moderne* (Frankfurt am Main: Suhrkamp, 1985), SS. 189-190.

[7]　在《哲学贡献》中，他把它们称为"造作"和"体验"；而在《世界图像的时代》中，则把它们称为"世界图像"和"主体"。

[8]　Heidegger, *Beiträge zur Philosophie,* S. 134.

指出，这个有化（事件）是被存在抛弃的有化（事件），但它并不是一个衰退的过程，谁要这样看，就歪曲了这个有化。应该看到，通过它自己独有的发现存在者及其"纯粹"对象性的方式，有化渗透进某种确定的、似乎是无背景和完全无根基的现象中。"自然的东西"出现了，物自身也显现了，无根基的东西虚假性就属于此。当然，"自然的东西"不再与physis有任何直接的关系，而完全是根据造作来设定的；虽然相反，超自然的东西从前的优势为它作了准备。这种对"自然的东西"（最终是对可制造、可控制和能体验的东西）的发现的丰富性总有一天会枯竭，凝固成一种已有可能性日益乏味的混合，只会进一步，再进一步和模仿，同时对自己和它是什么却知道得越来越少，因此，它越追求它的目的，对它自己来说似乎就越有创造性。[1]这也可以看作海德格尔对现代科学的一个最根本的思考。

如前所述，在现代和作为现代，真理是以确定性的形态出现的，而确定性又是以将存在者思维为被表象的东西的那种思维的形式出现的，即以思维的确定性的形式出现，而现代的基础就在于确立这种确定。因为这种思维的确定性在现代"科学"的建立和追求中展开自身，所以被存在抛弃本质上是由现代科学共同决定的。因此，要指出被存在抛弃是存在（Seyn）回应，即要从存在史上去思考被存在抛弃，就不能不深思现代科学及其植根于造作的本质。[2]现代科学技术是西方形而上学天命的顶点与完成。因此，对现代科学的思考不是海德格尔哲学之路上的一次"歧出"，而是他哲学的必然要求。对技术和科学的思考是他对现代性思考的一个主要组成部分。

科学技术在现代世界的巨大影响使得它们成为许多现代西方哲学家反思和批判的对象，海德格尔只是他们中的一员。然而，海德格尔对技术和科学的反思与批判有其独特之处，他首先不是将技术与科学作为一种社会事实和创制来批判，也不是将它们作为一种现代现象来批判，而是将它们作为存在史的一个阶段，作为完成了的形而上学来批判。如前所述，存在史并不是脱离现实历史、在现实历史之上的精神史之类的东西。

---

[1]   Heidegger, *Beiträge zur Philosophie,* SS. 133–134.

[2]   Ibid., S. 141.

相反，西方历史是由存在史塑造的，从哲学上看，它就是存在史的表现。因此，作为完成了的形而上学的技术和日常理解的技术之间虽然有着概念上的严格区别，但并不是毫无关系、性质截然不同的两样东西。前者是后者的内在根据，而后者是前者的真实表现。所以，海德格尔对技术与科学的反思和批判首先是对作为形而上学的技术的批判，同时也必然是对通常意义上的技术和科学的反思与批判。[1]

但他批判和反思的重心，在前者而不在后者。对于后者，他有时甚至采取一种"中立"的态度。他在1969年的一次访谈中说他并不反对技术。他从未说过反对技术，也没说过反对所谓的技术恶魔一样的（性质）。他只是要努力理解技术的本质（Wesen）。[2]可见海德格尔是在一个很少有人达到的更深的一个层面上反思和批判技术和科学。不注意这一点，而仅仅将他对技术与科学的反思和批判理解为当代思想界惯用的那种对日常理解意义上的技术的批判，必将看不到他批判的独特深度。

其实海德格尔自己对作为完成了的形而上学的技术和一般意义上的技术是有区分的，虽然由于他常常在两个有严格区分的意义上使用同一个词Technik（技术），使得人们很容易忽略这种重要区分。在《追问技术》这篇重要论文一开头，他就区分了技术和技术的本质。技术不同于技术的本质。反过来，技术的本质也完全不是技术的东西。[3]按照从亚里士多德以来的西方哲学的传统，本质就是使事物成为其所是的东西。技术我们现在都把它看作实现我们目的的手段或工具。技术为什么会是工具，这就必须追问它的本质了。

无论是技术的支持者还是技术的批判者中，都会有人同意技术的本质不是技术的东西这个命题，对于他们来说，技术的本质可以是经济、工业、社会需要或科学思想等等。但对于海德格尔来说，技术的本质却在于存在，在于我们与存在的关系。Technik一词的拼法，很自然使人想起

---

[1]　我们可以比照《存在与时间》中存在论（Ontologie）和存在者状态（Ontik）区分，将前一种意义的技术理解为存在论意义上的技术，而将后一种意义的技术理解为存在者状态上的技术。

[2]　Richard Wisser［hg.］, *Martin Heidegger im Gespräch* (Freiburg/München: Karl Albert Verlag, 1970), S. 73.

[3]　Heidegger, "Die Frage nach der Technik", in *Vorträge und Aufsätze,* S. 9.

古希腊词 *technē*。虽然现代科学技术已经根本不同于古希腊人理解的 *technē*，但古希腊人对这个词的理解还是昭示了一些现代技术的本质性的东西。

人们一般将 *technē* 译为"艺术"和"手艺"，但海德格尔却坚持说这个词"与在熟练手工视域内对世界的'原始'理解绝对无关"[1]。在他看来，艺术作品不是从手工业中产生的；相反，手工艺品和器具只有在有艺术作品打开的世界中才能它们存在论上揭示的力量。因此，*techne* 原始的意义应该是"艺术"，但"艺术"在这里的意思是揭示某物、把它产生出来、让它被看见的能力。因此，即使是现代技术也是一种艺术地揭示的模式，虽然是一种高度枯竭的模式。*technē* 揭示事物是保存和保护事物，而现代技术揭示事物却是榨取和支配事物。虽然现代技术是达到目的的手段这没错，[2]但"技术不是纯粹的手段，技术是一种去蔽方式"[3]，"技术存在于去蔽和无蔽发生的领域，存在于 *aletheia*，真理发生的领域"[4]。这就是说，技术问题归根结底是与真理的问题有关。

对于古希腊人来说，*technē* 既指将某物带入开放领域的事件，又指完成这种区别所需的知识。*technē* 与 *techo* 有关，*techo* 的意思是产生，[5]但希腊人理解的"产生"不同于现代人理解的"生产"，它的意思是适当地揭示事物，让它成为它自己，将它带入一个可以接近的所在，让它成为自己稳定确立的东西。产生某物就是将某物释放出来，能自己表现自己。所以 *technē* 不是什么人用"力"将质料纳入一个特殊形式；而是为了事物自身的缘故对事物的揭示。伟大的艺术作品，尤其是诗，就是典型的这种意义的 *technē*，它使人们得以熟悉事物，预先理解它们是什么，[6]在这个基础上人们可以产生事物，让它们存在（是）。在制造一事物时，希腊工匠知

---

[1] Heidegger, *Aristotelos: Metaphysik V 1–3, Gesamtausgabe* Bd. 33 (Frankfurt am Main: Vittorio Klostermann, 1981), S. 131.

[2] Heidegger, "Die Frage nach der Technik", in *Vorträge und Aufsätze,* S. 10.

[3] Ibid., S. 16.

[4] Ibid., S. 17.

[5] Cf. Heidegger, *Heraklit, Gesamtausgabe* Bd. 55 (Frankfurt am Main: Vittorio Klostermann, 1979), S. 201.

[6] 想想《诗经》中有何等丰富的事物名称，如果不是《诗》给我们打开了一个世界，我们又如何能通过它"可以兴，可以观，可以群，可以怨；迩之事父，远之事君；多识鸟兽草木之名（《论语·阳货》）"？

道他是在让它存在,而不是使它存在。他们对事物有现代人没有的敬畏。

在海德格尔看来,艺术家比工匠重要,工匠是根据艺术家揭示的视域产生事物的。海德格尔说, technē 本身就与 poiesis 有关。Poiesis 也是一个词义暧昧的词,它既有"诗"的意思,又有"产生"的意思。从事创建世界的人是艺术家,从事在世界中产生事物的人是工匠。但诗和产生都是揭示的方式。

technē 还与 episteme 一词有关。这两个词的意思都是指在完全熟悉事物的意义上认识事物,理解事物。海德格尔强调, episteme 不能译为与实践之知的 technē 相对立的理论之知。这里所涉及的不是理论与实践的区分,而是先于这种区分并使之可能的事情。"歌德有一次用这句话把握了希腊思想家已经知道的事:'至高无上的事也许是:懂得一切事实都已经是理论。'"[1] 海德格尔的这段话说明,我们不能把他理解为寻常主张实践先于理论的实践哲学家,他一定会把这种立场视为理论先于实践立场的形而上学倒转,仍然未摆脱形而上学的窠臼。在他看来,实践总是已经包含了理论,或者说,实践总是预设了对事物的揭示。[2] 因此,海德格尔的实践哲学是一种比亚里士多德的实践哲学更为根本的实践哲学。

当然,这并不是说他的实践哲学与亚里士多德的实践哲学毫无关系。相反,他沿袭亚里士多德的思路,认为 technē 和 episteme 是两种认知模式, technē 涉及一种特殊的认知。它是真理(aletieia)的一个模式。它预先揭示本身还未显示自己,因而还未出现在我们面前,因而能一会儿这样,一会儿那样显现和退出的东西。比方说,"无论谁要建造一所房子或一条船,或打制一个献祭用的盘,都是在揭示有待产生的东西……。这种揭示着眼于在内心直观中完全完成的事物,预先将船或房子的外观和质料聚集在一起,根据这种聚集决定建造的方式。因此, technē 关键不在于制造和操作,也不在使用工具,而在于所谓的揭示(去蔽)。作为这种揭示,而不是制造, technē 是一种产生(Her-vor-bringen)"[3]。这就是说,

---

[1] Heidegger, *Zollikorer Seminare: Protokolle-Gespräche-briefe* (Frankfurt am Main: Vittorio Klostermann, 1987), S. 328.

[2] Cf. Michael Zimmerman, *Heidegger's Confrontation with Modernity*, p. 231.

[3] Heidegger, "Die Frage nach der Technik", S. 17. 这里海德格尔把 Hervorbringen (产生) 拼写成 Her-vor-bringen,是为了要暗示他的"产生"概念的意思是"让事物出现在面前"。

technē 那种"产生"是我们通常理解的"生产"的条件，工匠只有预先理解和揭示了预想中的产品是什么，他们才能把它生产或制造出来。

要理解这样一种作为揭示或去蔽的产生概念，必须理解古希腊人的另一个重要概念 *physis*。根据希腊原始的传统，*technē* 与 *physis* 有关。*Physis* 一词在阿那克西曼德和色诺芬的著作标题中已出现，但直到赫拉克里特的时代才得到牢固的证实。赫拉克里特和毕达哥拉斯都把它作为哲学的一般主题。柏拉图和亚里士多德也是这样来理解 *physis* 的，亚里士多德在《形而上学》中称早期哲学家为 *physikoi*，即关心 *physis* 的人。*Physis* 在古希腊哲学家那里有三个不同但相关联的意思，即 1）生长的过程或发生（可看恩培多克勒残篇 8 和 63，柏拉图《法律篇》892c，亚里士多德《物理学》193b）；2）构成事物的物理原料，始基（*arche*）（可看柏拉图《法律篇》891c，亚里士多德《物理学》189b、193a）；3）一种内在组织原理，事物的结构（可看赫拉克里特残篇 123，德谟克利特残篇 242）。第一和第二种意思必须在前苏格拉底哲学家有神论的语境下来看：这种"材料"是活的、神圣的，因而是不朽和不可摧毁的（见柏拉图《法律篇》967a；亚里士多德《论灵魂》第一部，422a，《物理学》203a-b）。因此，在早期哲学家那里 *physis* 有运动和生命。但随着巴门尼德大力将运动排除出存在领域，原始的 *physis* 的意思实际遭到破坏，*physis* 不再是自生自成的东西，而是成了要由外物发动的东西。[1]*Physis* 成了形而上学意义，也就是技术意义上的"自然"。

在海德格尔之前，荷尔德林已经在他的诗中试图恢复 *physis* 的原始意义。荷尔德林深受赫拉克里特的启发，将 *physis* 理解为"万物一体"（*en panta*）。海德格尔认为，荷尔德林的这个理解既不是泛神论地把自然、历史和诸神混在一起，也不是把它们分为截然分隔的不同领域，而是要有一个预先把握和预先形成的整个存在（Seyn）的形态。[2]在他看来 *physis* 这个词最初的命名力量上已经是对存在的一个根本的阐释了。[3]

---

[1] Cf. F. E. Peters, *Greek Philosophical Terms: A Historical Lexicon* (New York: New York University Press, 1967), p. 158.

[2] Cf. Hedegger, *Hölderlins Hymnen »Germanien« und »Der Rhein«, Gesamtausgabe* 39 (Frankfurt am Main: Vittorio Klostermann, 1999), S. 150.

[3] Ibid., S. 195.

海德格尔承袭了荷尔德林的思路，认为 *physis* 是古希腊人对存在最原始的阐释，是决定性的东西，是比什么都早的东西，是来源和起源。它是最早和首先在场的东西，*physis* 本身就是在场。[1] 但 *physis* 不仅仅是在场，它还是自我产生和自我生长，如花蕾绽放为鲜花。这种自我产生与"制造"意义上的产生，如银匠产生献祭用的银盘有根本不同，后者通过一个他者（银匠）产生，而前者是自己产生自己。这两者还有一个根本不同是，前者在产生（揭示）自己的时候同时也在遮蔽自己，就像花朵被果实抛弃。但在这种抛弃中，显现自己的 *physis* 没有放弃自己。相反，植物以果实的形式返回到种子，而种子按其本质无非是向外呈现。[2] 而人所制造的东西一经产生后就只能"作为"它所是的东西。最后，作为自我产生和自我揭示的 *physis* 是非主观的自发活动，因而是无目的的，不可能是达到任何目的的手段。

Physis 从罗马人开始就被译为"自然"，但海德格尔所理解的 *physis* 与现代人理解的"自然"毫无关系，因而也不能把它理解为自然过程，尽管海德格尔引用了植物生长的例子。[3] 对于海德格尔来说，*physis* 是一种最源始的投开，一种最源始的敞开。[4] 只有在这种源始投开的时—空或敞空中，事物才得以呈现（在场）。事物需要一个意义空间使它们可以自我表现为它们之所是，这个意义时—空，是人的存在或存在的人构成的。但绝不能在任何主观意义上理解这个"构成"，而是人存在或人的存在就已经"构成"或"投开"了这个时—空或敞空。没有这个时—空或敞空，没有这个"空场"，任何事物都无法"在场"，即无法显示它之所是，在此意义上它不"存在"；当然，海德格尔丝毫也不怀疑没有人存在或在人存在之前照样会有各种事物。所以，当海德格尔说 *physis* 的自我"产生"

---

[1]　Heidegger, *Beiträge zur Philosophie,* S. 222.

[2]　Heidegger, "Vom Wesen und Begriff der *physis*", in Wegmarken, S. 295.

[3]　美国学者 Zimmerman 说海德格尔用 *physis* 来命名生物的自我引起的产生（Cf. Michael E. Zimmerman, *Heidegger's Confrontation with Modernity*, p. 234）恐有未妥，我们在《论 *physis* 的本质和概念》中可以看到，海德格尔秉承亚里士多德的做法，将 *physis* 不仅理解为生物产生的根源，而且也是土、火、水、气这些基本元素的根源（Cf. Heidegger, "Vom Wesen und Begriff der *physis*", SS. 244–248）。海德格尔用 *physis* 不是要区分生物和非生物，而是要区分"生长物"和"制造物"。

[4]　Cf. Heidegger, *Beiträge zur Philosophie,* S. 190.

时，他说的不是无中生有的意思，而是自我显示和在场的意思。存在者都需要一个"空""场"才能"在场"；但 physis 却是这种"空"和"场"的投开。这种投开就是它的自我揭示和自我产生，同时也使其他一切得以在场和显示，包括本身使事物得以"产生"（即揭示）的 technē。[1] 很显然，physis 就是存在本身，或者更确切地说，作为真理的存在。[2] 而不是任何意义的存在者。所以它也不能是现代意义上的"自然"和一切自然事物。

海德格尔说 physis 是 Aufgehen，国内往往把它翻译成"涌现"，恐有未妥。海德格尔用 physis 是要强调存在作为源始的展现（Zum-Vorschein-Kommen）是自成自现（Sich-Zeigen）的过程，就像生物本身就是一个自我生长的过程一样，所以他在讲 physis 是 Aufgehen 时用了玫瑰花作例子（das Aufgehen einer Rose[玫瑰花的生长]）。[3] Aufgehen 在德语中本来就有（植物）生长的意思，所以译为"生长"才更切海德格尔 physis 的意思。如果说存在者可分为自我生长的"生长物"和被他者产生的"制造物"的话，那么在场和呈现也可分为自我在场和出现与由于自身以外的东西才得以在场和呈现。显然，只有存在本身才是自我在场和自我呈现，而存在者只能通过存在才能在场与呈现。只有存在才能自我产生，存在者只能被产生。[4] Physis 作为存在的本质是自我显示的那个状况（sich zeigende Dastehen），相应地，存在者就是自我凸显的那种状态的东西（sich aufragend Dastehende）。

如前所述，techne 也是一种揭示，但它不是自我揭示，而是对他者的揭示，确切地说，是对制造物的揭示。海德格尔一再强调，technē 不是制造意义上的技术，而是一个认识概念，当然不是近代认识论意义上的认识概念，而是形而上学意义上的认识概念，指通晓制造和产生之基础，通晓

---

[1] Cf. Heidegger, *Beiträge zur Philosophie,* S. 190.

[2] 海德格尔在这里继承了前苏格拉底哲学家的遗产。赫拉克利特说的"*physis* 喜欢隐藏自己"为他多次引用；而巴门尼德将 *physis* 和 *aletheia* 相等同也为他所接受。

[3] Cf. Heidegger, "Europa und die deutsche Philosophie", in *Europa und die Philosophie*, hg. von Hans-Helmuth Gander (Frankfurt am Main: Vittorio Klostermann, 1993), S. 35.

[4] 这里所谓的"产生"是海德格尔特有的"揭示"或"出现"意义上的"产生"，而不是通常意义的"产生"。

整个产生过程所产生的那个事物，即对制造物的方方面面有透彻的了解。正是基于这种通晓和了解，制造物才有可能。所以海德格尔把 *techne* 称为制造物的起始或始基（*arché*）。[1]但是，作为对他物的揭示或产生的 *techne* 从属于 *physis,physis* 不是 *techne*，却使之可经验和可见。[2]这就是说，*techne* 不是最终的揭示，而是有限的、从属的揭示。它所揭示的，都是我们可以明确理解和操控的：" *techne* 开启和建立存在者的真理，使存在者作为存在者可以为我们所理解；但同时它也必然使存在者不再生长，而是将其置于它的支配之下——由此真理本身也就被消灭了。"[3]而 *physis* 则刚好相反，它不但让存在者自由生长，它本身就是这种自由生长的余地。*Techne* 是人为的，而 *physis* 则是自然的。医生导致病人康复的 *techne* 只是康复的 *arché*（起因），但不是天生健康的 *arché*（起因）。它只能迎合 *physis*，但不能取代它。[4]*Physis* 比它更源始。

　　但如同赫拉克里特所说的那样，" *physis* 喜欢隐藏自己"。它的揭示不是现成的，它的开放性每次都得争得，它每次都和自己斗争。[5]很显然，*physis* 就是作为世界和大地斗争的源始真理发生过程。对于希腊人来说，存在和真理是一回事。他们叫真理为 *aletheia*，即"无蔽"的意思。对于源始的希腊哲学来说，真理属于存在的本质，也就是存在的基本方式。[6]真理对于早期希腊哲学家来说不是谓语或命题的性质，而是存在者本身的基本事件。[7]

　　希腊人对存在和真理的这种理解，到柏拉图那里发生了根本变化。这当然不是说这种根本变化完全是因为柏拉图。*Physis* 自身的特性也很

[1]　Heidegger, "Vom Wesen und Begriff der *Physis*", S. 249.

[2]　Cf. Heidegger, *Beiträge zur philosophie,* S. 191.

[3]　Heidegger, "Die Bedrohung der Wissenschfte", in *Zur philosophischen Aktualität Heideggers*, Bd. 1, hrsg. von Dietrich Papenfuss und Otto Pöggeler, (Frankfurt am Main: Vittorio Klostermann, 1991), S. 17.

[4]　Heidegger, "Vom Wesen und Begriff der *Physis*", S. 255.

[5]　Heidegger, "Europa und die deutsche Philosophie", S. 36.

[6]　存在在海德格尔那里始终得理解为一个过程，而 Wesen（通常意义是"本质"）是存在的基本活动方式，所以海德格尔经常将它作动词使用（west）。因此，凡是海德格尔说"存在的本质"或"真理的本质"时，这本身都不能理解为通常意义的本质，而应理解为存在本身的特殊存在（活动）状态。

[7]　Cf. Heidegger, "Europa und die deutsche Philosophie", S. 36.

容易导致对它的另一种理解。如果physis是源始的在场的话,那就意味着它不能不在,它如不在的话,一切都不可能了。所以希腊人很容易将存在理解为不变的基础或始基,或本质,或一,而将存在者理解为生成、现象,它们是不固定的,来而复去,由于存在它们才得以显示自身,成为它们之所是。在海德格尔看来,传统巴门尼德和赫拉克里特的巨人之争的说法只是皮相之见,他们实际上都追求那个永恒的一,都认为生成只是它的影子。柏拉图将存在(ousia)理解为eidos和idea,实际上进一步明确和固定了这种思路。

Eidos最初的意思是事物的"外观""表象"或"形态"。到了希罗多德的时代,它的含义又被拓宽为"特质"或"类型"。Idea是它的同词源的词(cognate),意思差不多。对于柏拉图来说,eidos是事物的外观是说它是使事物成其为所是的东西,也就是使事物显现的东西。这是因为,事物只有具有某种外观,才是那个事物。例如,桌子只有具有桌子的外观,才能是桌子。这样,eidos实际上就是存在本身,因为正是存在使事物成其为事物。但是,作为physis的存在(Seyn)是生长和显现着的自在(aufgehenden-erscheinenden Insichstehen),eidos也只有在它这个基本规定的视路(Blickbahn)中才能被看见。但现在存在作为eidos(外观)成了视与看所看到的东西,这样存在就不再在它的独立性上被把握,而成了与人相对的东西——对—象(Gegen-stand)。[1]抛弃存在的独立性本质的结果是,存在者应该在自身显示的它所是的东西,即它的idea(理型),本身被提升和解释成了本真的存在者。而我们称之为事物的存在者本身,下降为表面现象(Schein)。如果我们要在其存在上把握存在者,就得要从存在者中说出它的idea。这种说出(Aussage)就是谓语,谓语就是logos。在谓语中某些东西从某个东西中被说出,如山岩是硬的。存在一经说出就成了语言。存在的不同方式通过谓语的不同方式——实体、质、量、关系——被看出。谓语也就是范畴。谓语真正说的是一个存在规定,因此称为范畴。陈述(说出)是思想行为,思想本身现在成了凌驾于存在之上的法庭,逻辑成了形而上学的基础。真理现在是谓语的性质,是指命题与事物的一致或符合。[2]

---

[1] Gegenstand (对象) 这个德文词从字面上看是"站在对面"的意思。

[2] Cf. Heidegger, "Europa und die deutsche Philosophie", SS. 37-38.

亚里士多德把 *ousia*(存在性)亦即在场理解为 *energeia*,海德格尔认为,这个词应该译为德语的 Wirklichkeit(现实)一词。[1] 从表面上看,亚里士多德与柏拉图的立场正相反,从理型回到了现实,但他的 *energeia* 和柏拉图的 *eidos* 一样,是引起事物的东西。但这还不是后来西方形而上学因果论讲的原因引起结果或产生效果的意思。希腊人,包括亚里士多德也讲罗马人讲的 *causa efficiens*(结果因),但他们的意思绝不是产生一个结果。希腊人认为在 *ergon* 劳作中完成的只是自己充分在场; *ergon* 就是在本真和最高意义上在场的东西,即存在的揭示。[2] 所以亚里士多德的 *energeia* 只是存在者通过它而在场和显现的事件或活动。它本身是无目的的,所以也不可能是达到任何目的的手段。

然而,在古希腊人那里,对事物已经有了一种工具主义的态度,古希腊人已经把世界视为现成之物的世界,把事物视为达到自己目的的手段或质料。[3] 海德格尔认为,柏拉图和亚里士多德的形而上学就是建立在一切事物的结构都类似产品或人工制品的结构这个观点基础上的,也就是说,他们把一切事物看成是能生产和被生产的。例如,亚里士多德就认为一切存在者,包括动物,都是"成形的质料"。这种"成形的质料"最明显的例子就是由工匠产生的手工艺品,它是由工匠将形式加于质料而产生的。

柏拉图的理型说和亚里士多德的形式质料的区分有广泛的解释力,这种解释力是"古代存在论的基本概念具有的普遍意义的基础"[4]。但是,在海德格尔看来,质料和形式的区分,以及建立在此区分基础上的"成形的质料"的思想是没有根据的,无论是用来描述自然事物还是人工制品,都是不合适的。他在《艺术作品的本源》中引进"器具"(Zeug)的概念来说明这个问题。世界上并不是只有作为"成形的质料"的事物,而是有三种不同的事物:单纯事物(如岩石)、器具和艺术作品。从表面上看,因为这三种事物都既有形式又有质料,用质料和形式概念作为解释物之物性

---

[1]　Cf. Heidegger, "Wissenschaft und Besinnung", in *Vorträge und Aufsätze*, S. 46.

[2]　Ibid.

[3]　Cf. Heidegger, *Die Grundprobleme der Phänomenologie, Gesamtausgabe* Bd. 24, SS. 162-163.

[4]　Heidegger, *Die Grundprobleme der Phänomenologie, Gesamtausgabe* Bd. 24, S. 164.

是合适的。海德格尔却认为刚好相反,因为这种以质料和形式来规定物之物性的做法恰恰起源于对器具的器具存在的阐释。[1]

器具与单纯物和艺术作品的显著不同,就是器具的有用性。由于它的这种有用性,它介于单纯物和艺术作品之间。它的确是物,但不是单纯物,因为它有用;它和艺术作品一样需要人们把它产生出来,又没有艺术作品的自足性。在这三种事物中,只有器具具有有用性。但恰恰是这种有用性,不但规定了事物的形式,而且也规定了事物的质料。甚至质料与形式结构的统治地位,也是建立在此基础上的。所以质料和形式绝不是单纯物的物性的原始规定。[2]这听上去似乎有点匪夷所思。单纯物不是器具,它们的质料和形式如何能被器具的有用性规定? 但在海德格尔看来,我们称单纯物为"单纯",就意味着对有用性和制造性特征的剥夺。所以单纯物还是一种器具,只不过是被剥夺了其器具存在的器具。艺术作品当然也不是具有有用性的器具。甚至它们所表现的器具在成为艺术作品之后,也不再是器具了。鞋在现实世界中是器具,经凡·高画在画布上以后就不再是器具,也就不再具有有用性了。然而,凡·高的画却揭示了鞋作为器具的存在,揭示了通常被忽视的有用性。但这不是功利主义意义上的有用性,而是一种特殊的超功利的有用性,海德格尔把它称为"可靠性"(Verläßlichkeit)。

海德格尔讲的"有用性"(Dienlichkeit)与现代功利主义不可同日而语。功利主义总是从利用事物的角度来谈论"有用"。而对于海德格尔来说,"用的意思不是利用、耗尽和榨取。利用是用的堕落和败坏的形式。例如,当我们使用一事物时,手必须使自己适应事物。用就包含适当的回应。真正的用并不轻视被用者,而是用的目的就是让被用者自己存在。但这种让的意思不是漫不经心和不闻不问的不操心。相反,真正的用首先将被用者带入它的存在并将其保持在那里"[3]。这种意义上的"使用"或"有用性",就是所谓的"可靠性"。"凭借这种可靠性,这器具(指鞋——笔者注)使农妇参与了地球沉默的呼喊,凭借这器具的可靠性她肯定了她的世界。世界和地球为她和与她一起以她的那种存在方式存

---

[1] Heidegger, "Der Ursprung des Kunstwerkes", S. 17.

[2] Ibid., S. 13.

[3] Heidegger, *Was Heisst Denken?* (Tübingen: Max Niemeyer, 1954), S. 114.

在的人而存在，因此，只是在器具中存在。我们说'只是'并且由此也错了：因为器具的可靠性首先给予这个单一的世界以安全，确保地球不断涌现的自由。"[1] 就像海德格尔在《存在与时间》中已经指出过的那样，器具不是一个孤立的东西，而是通过它的可靠性（有用性）揭示了一个世界。后期海德格尔用桥和壶的例子更具体地说明了这一点。[2] 作为可靠性的有用性不能理解为事物后天的实用性和这种使用性的归纳。它"不是事后才指派和加在壶、斧、鞋这类存在者上的。它也不是作为目的飘浮于存在者之上的某个地方"[3]。它就是我们与存在相遇的方式，也是事物显现和在场的基本特征。艺术作品之所以能揭示一个世界，凡·高的画之所以让我们看到了农妇的世界，不是由于艺术家的主观能力，而是由于艺术作品作为物同样不能与可靠性（有用性）无涉。相反，艺术作品正是通过揭示事物的可靠性，即其在场的这个基本特征来展开一个世界。[4]

---

[1] Heidegger, "Der Ursprung des Kunstwerkes", S. 19.

[2] Cf. Heidegger, *Vorträge und Aufsätze*, SS. 146–153, 159–166.

[3] Heidegger, "Der Ursprung des Kunstwerkes", S. 13.

[4] 在讨论海德格尔对古希腊形而上学的工具主义倾向的批判阐释时，人们也会提出海德格尔自己，尤其是早期海德格尔工具主义倾向的问题。凡读过《存在与时间》的人，都会对他对上手事物和器具的强调留下深刻印象。事实上，他在那里对世界概念的分析和论述在很大程度上是建立在上手事物和器具及用它们与事物打交道的论述基础上的。他甚至强调说："上手状态是对'自在'存在时的存在者的存在论和范畴上的规定。"（Heidegger, *Sein und Zeit*, S. 71）在《存在与时间》中，事物似乎只有两种存在状态：不是上手状态就是现成状态，而人的工具活动似乎是此在在世的基本方式。海德格尔显然是要通过强调上手状态的优先性来反对现代性哲学的主客体二元论和将事物对象化。似乎不工具主义地与存在者打交道，我们就只有将它们作为孤立的"对象"来知觉和观察。正因为如此，一些西方学者认为海德格尔至少在早期是有明显的工具主义（Cf. Michael Zimmerman, *Heidegger's Confrontation with Modernity*, p. 154）。美国学者 Dreyfus 认为，《存在与时间》的工具主义处于对存在完全的技术理解和古希腊人对存在的工具主义理解之间的中间位置（Cf. Hubert L. Dreyfus, "Between *Techne* and Technology: The Ambiguous Place of Equipment in *Being and Time*", in *The Thought of Martin Heidegger*, ed. Michael Zimmerman, Tulane Studies in Philosophy, XXXII(1984), p. 31）。而另一位美国学者 Frings 则说，《存在与时间》表达了对由 1918 年以后德国的政治孤立引起的对劳动和每天劳动世界的强烈渴望和浮夸赞美（Cf. Manfred S. Frings, "Is There Room for Evil in Heidegger's Thought or Not?", *Philosophy Today*, 32 (Spring, 1988), p. 88）。德国学者普劳斯认为，海德格尔一再看到的正在逼近人类的最大危险——技术其实在《存在与时间》所描写人与存在的源始关系——（转下页）

海德格尔对希腊形而上学的工具主义解释让许多人觉得过于牵强。因为众所周知,希腊哲人将非功利的、为知识而知识的沉思作为最高的美德和追求的目标。况且,许多希腊哲学家出于他们的宗教世界观,也都轻视现实世界而对永恒的彼岸世界情有独钟,如柏拉图,就将永恒的理型世界作为追求的目标。现代哲学家更是运用知识社会学的观点来证明古希腊哲学家的理论优先性。如马克斯·舍勒就论证说,古希腊的奴隶制使得像亚里士多德这样的哲学家得以用目的论的形式来看自然世界,而不是将它视为人类目的的一个工具。[1]这就是说,等级制的社会结构使柏拉图和亚里士多德有可能摆脱下层阶级实用的、注重事物的上手状态的倾向,而采取精英阶级理论的、注重事物的现成状态的倾向。希腊精英不会把世界看作劳动的对象或是一个人的创造性活动的对象,而是"得去看、沉思和热爱的活生生的、高贵的、充满活力的形式的领域"[2]。舍勒由此得出结论: 这种沉思的态度是一切理论的根源,与工具主义毫无关系,在对自然的理论研究和对它的技术支配之间没有如何联系。

(接上页)与上手之物打交道中已经展示出来了 (Cf. Gerold Prauss, *Erkennen und Handeln in Heideggers "Sein und Zeit"*〔Freiburg/ München: Verlag Karl Albert, 1977〕, S. 22)。美国学者齐默曼虽然承认早期海德格尔有明显的工具主义倾向,但又认为这在一定程度上只是表面现象,因为这与他对工业生产方式的政治批判不一致,他不可能支持工业技术极端的功利主义态度。再者,他对希腊和德国文学形成世界的重要性的认识,他受的宗教训练和他对资产阶级商业精神的轻蔑,都使他不可能赞成功利主义。即使《存在与时间》有无可否认的功利主义倾向,那也与现代世界的重商主义和实利主义不可同日而语 (Cf. Michael Zimmerman, *Heidegger's Confrontation with Modernity*, pp. 153-155)。齐默曼为海德格尔的辩护不能说没有道理,但他没有指出早期海德格尔"无可否认的"工具主义倾向如何产生。尤其是我们如果将它与后期海德格尔对"劳动的人"的批判放在一起思考,不能不认为这种工具主义倾向不是出于海德格尔的一时疏忽,而是由于他早期思想中的形而上学残余使然。当我们只是从此在的在世存在而不是从存在本身出发来考察人与事物的关系,的确只有两种选择的可能: 不是近代哲学笛卡尔式的将事物当作观察的认识对象,就是将事物实用主义地当作"实践"的对象。马克思、杜威和早期海德格尔都是采取后一种选择。如果真如海德格尔在《论人本主义的信》中所云,形而上学的命题倒过来还是形而上学,这种被许多人认为是对现代性哲学的超越是立场是否真的超越了形而上学? 它们无不具有某种程度的科学主义、功利主义和工具主义的逻辑延伸,实际上已经给出了答案。

[1] Cf. Max Scheler, *Problems of a Sociology of Knowledge* (London: Routledge & Kegan Paul, 1980), p. 92.

[2] Ibid., p. 103.

海德格尔未尝不知道这些，他也承认希腊人天生就有一种非工具主义的在面对事物存在这个事实时的敬畏和惊讶态度。亚里士多德看到，一切哲学都始于这种惊讶。柏拉图和亚里士多德的形而上学是对与存在原始相遇的伟大、敬畏的回应，但他们已经开始将存在说成一种特别的事物，即一种永恒现成的形式，或一种形而上学基础。海德格尔的目标是要挽救希腊的传统，以"比他们理解他们自己更好地理解希腊人"[1]。他希望这种理解将引导思进入前柏拉图、前形而上学与存在相遇的近处。

并且，虽然西方形而上学是从柏拉图开始偏离了前苏格拉底哲学家对存在的理解，但就现代科技这种存在的揭示方式和地球的支配方式而言，罗马人对希腊思想的翻译和改造起了决定性作用，以至于海德格尔要说："从那时起，全部西方历史在多重意义上不再是希腊的，而是罗马的了。"[2] 罗马人对希腊思想最致命的曲解和改造就是将使事物在场或显示这种"产生"或"引起"变成外在地对一个事物施加影响、作用，以至于制造它、构成它、生产它。

如前所述，希腊人并不是不讲"原因"，如果没有对终极原因的探究就不会有形而上学。希腊人称"原因"为 aitis，它只是指使事物在场或显现。因此，柏拉图的 idea 作为事物之所是（Was-sein）就有 aitis 的性质。[3] 罗马人一方面把 ergon 翻译成作为 actio（行动）的操作（operatio）；另一方面把 aitis 解释为造成或制造一个实际事物意义上的"引起"或"原因"。当然，他们同时也把在场归结为"现实"或"实在"（actualitas）。存在变成了某个原因的结果，事物只是由于某个行动或操作才得以存在和在场。存在由此彻底变成了存在者且不说，因果性成了理解一切事物的基本原理，即使神学的上帝也只是第一原因而已。[4] 实存（existentia）要先于本质（essentia），也是因为实际存在的东西既是被影响、被引起、被制造、被产生的，在此意义上它是对象；另一方面它也可以影响和产生别的东西，在此意义上它是主体。

---

[1]　Heidegger, *Die Grundprobleme der Phänomenologie, Gesamtausgabe* Bd. 24, S. 157.

[2]　Heidegger, *Nietzsche II*, S. 413.

[3]　Ibid.

[4]　Cf. Heidegger, "Wissenschaft und Besinnung", S. 46.

西方哲学中"主体"一词来自拉丁文的 *subjectum*，按照海德格尔的说法，我们的把这个词理解为是对希腊词 *hypokeimenond* 的翻译，这个词的意思是"置于眼前"。但这个"置于眼前"是说它作为一个基础，把什么都聚集到它这儿。主体概念的这种形而上学意义最初并无与人的特殊关系，尤其是与我的关系。人之所以会成主体，成为一切存在者就其存在方式和真理而言的基础，成为存在者本身的关系中心，这只有在对存在者整体的理解本身发生了变化之后才可能。[1] 这个变化始于柏拉图，但到了近代才最后完成。

笛卡尔根本改变了主体的意义，他与培根不同，他不假外求，把眼光始终盯在自己的自我意识和自我意识中的东西，一切都只是自我意识的表象，即在自我意识眼前的东西（对象），在此意义上，自我意识是一切的基础，是名副其实的 *subjectun*（主体）。一切也因此都有主体的特征，即它们都在自我意识中找到自己存在之所在和存在之方式。人由此既确保了自己（我就是我），也确保了我之外的一切（都是我的对象和表象）。确定性，确切地说，控制一切的确定性成了他追求的目标。人成为主体就意味着他成为一切的基础和中心，他是一切的形成者和保证者，一切都向他聚集。或者说"（人的表象）驱使一切聚集成这样成为对象的统一性"[2]。这就是说，从现在开始，存在者就只是对象和表象。人固然是主体，这只是就他的自我意识而言，除此之外他也是这自我意识的对象。由于所有的对象都是以他为基础（聚集在他这儿），由他来保证，以他为尺度和中心，那么当然，他也就有了支配和安排它们的绝对权力。所以，正是在鼓吹权力意志是一切现实的"本质"的尼采那里，"现代主体性形而上学得到了完成"[3]。

然而，从表面上看，人现在彻底统治了地球，他的主体性达到了无以复加的地步，但实际上他成了技术统治地球"最可靠的工具"[4]。非人控制技术，而是技术控制人。海德格尔一再强调："技术本质上是人自身不能

---

[1] Cf. Heidegger, "Die Zeit des Weltbides", S. 86.

[2] Ibid., S. 106.

[3] Heidegger, "Nietzsches Wort »Gott ist tot«", S. 234.

[4] Heidegger, "Die Zeit des Weltbides", S. 109.

控制的东西。"[1]这种思想并非海德格尔独有，[2]但海德格尔的"技术"概念不同于任何别的论者的"技术"概念。

如前所述，对于海德格尔来说，科学技术归根结底是一个形而上学的问题，必须从存在史的立场才能得到真正的理解，所以他的"技术"概念是一个哲学概念，他始终是从哲学上，确切地说，从存在论去理解技术，而不是从工具论或人类学的角度去理解技术。这样理解的技术，首先不是什么人类文明的成就或创造，一种手段或工具，而是一种去蔽方式。[3]海德格尔将技术的去蔽方式，亦即作为形而上学的终结的现代技术的本质，叫作Ge-stell。

Ge-stell实际上是海德格尔生造的一个词。德语中的确有Gestell一词，意为"支架"或"座架"。但倘若将海德格尔的Ge-stell也译为"座架"或"支架"，那就成问题了。首先，海德格尔自己明确表示，他是在迄今为止人们还完全不熟悉的意义上使用这个词的。[4]这就是说，他笔下的Gestell一词与这个词的寻常意义没什么关系。为了使人们意识到他的这个概念的非常性，他把它又写作Ge-stell。这种特殊的拼法在暗示人们，这个词的意思得从它由此显明的两个义素来寻思。Ge-这个前缀在德语中有"聚拢"和"聚集"的意思；stellen是德语中有"设置""提供"的意思。这也正是海德格尔的Ge-stell概念的两个含义，它是源始的聚集者（ursprünglich Versammelnde），它（Ge-stell）"是那种设置的聚集者，它设置人，即使人以定做的方式将实在去蔽为常备物（Bestand）"。其次，Gestell也好，Ge-stell也好，在海德格尔那里指的都是存在的一种特殊的揭示或去蔽方式，不是什么如"座架"这样的具体东西。不要说"座架"正是海德格尔要避免的意思，即使其中文字面意思也与海德格尔的Ge-stell概念风马牛不相及。当然，海德格尔的Ge-stell概念的确很难恰当译

---

[1]   "Nur noch ein Gott kann uns retten ." *Spiegel*-Gespräch mit Martin Heidegger am 23 September, 1966. *Der Spiegel*, No. 26, May 31, 1976, S. 206.

[2]   Cf. Jacque Ellul, *The Technological Society*, trans. John Wilkinson (New York: Vintage Books, 1964); Langdon Winner, *The Whale and the Reactor: A Search for Limits in an Age of High Technology* (Chicago: University of Chicago Press, 1986).

[3]   Cf. Heidegger, "Die Frage nach der Technik", S. 16.

[4]   Ibid., S. 23.

成中文,这里姑且将它译为"聚置"。

聚置是现代科学技术的本质特征,由于这种存在的揭示方式,所有现实的东西都揭示自己为"常备物"(Bestand)。Bestand在德语中可指"库存"和"常备物"等处于人随时支配下的东西。但海德格尔在此将它扩大为地球上一切实在的东西,包括人本身。不仅是像石油、天然气这样的自然事物,也不仅是机器这样的人造事物,而且也包括官僚制度、现代大学和卫生保健系统等现代社会的种种制度。人不再是支配者,而是本身也成为被支配者。海德格尔在《追问技术》中不无伤感地谈起我们现在已习以为常的所谓"人力资源"(Menschenmaterial)的说法。[1]总之,根据聚置这种揭示模式,这个世界的一切事物都成了它的常备物,它任意设置的资源。朱利安·扬(Julian Young)将Bestand译为英文的resource(资源)一词有一定道理;[2]他对现代的存在论定义"存在就是只是(一级或二级)资源"[3]更是深得海德格尔聚置概念的要旨。

当然,作为一种去蔽方式的聚置,也就是现代技术,不仅仅是将存在者揭示为"常备物"或"资源",而是要按照它的方式来定做一切。根据海德格尔的说法,在古希腊,physis有两种产生性的揭示方式:*poiesis*和*techne*。前者是顺其自然地让存在者得以揭示,后者却是让存在者按照它外加的方式揭示。聚置延续了*techne*的揭示特点,但作为现代技术的本质,它还有自己特征,这就是"把人聚集起来将自行去蔽者定做为常备物"[4]。这里,"自行去蔽者"(das Sichentbergende)就是指存在者,或一般现实的事物。称它们为"自行去蔽者",显然是说它们自己能够揭示自己,而不需要外力的介入或干预。但现在作为一种揭示方式的现代技术不仅要干预它们的揭示和将这种揭示置于自己的支配下,而且还要将它们"定做"为"常备物"。

"常备物"固然也是存在者,却是具有某种"用处"的存在者。而这种"用处",则是由于现代技术对自然的强行要求或索取所致。例如,森

---

[1] Cf. Heidegger, "Die Frage nach der Technik", S. 21.

[2] Cf. Julian Young, *Heidegger's Later Philosophy* (Cambridge: Cambridge University Press, 2002), p. 45.

[3] Ibid., p. 49.

[4] Heidegger, "Die Frage nach der Technik", S. 23.

林中的树本来揭示自己为冷杉、松树或别的什么树,但在现代技术的去蔽(强行要求或索取)下,它们统统成了木材,即某种常备物。这种常备物可以提供纤维素以生产纸张,纸张可以用来印刷报纸杂志,报纸杂志供人发表意见和消费,等等。常备物的另一个特点是可以生产、开发、储存、分配、转换,这些都是现代技术的去蔽方式。[1]这对于自行去蔽的存在者,如自然生长的玫瑰花是不可想象的。对于被前现代技术去蔽的存在者也是不可想象的,"风车并不为了储存气流的能力而开发它"[2]。

常备物的这两个特点都与"定做"分不开。"定做"(Bestellen)就是"在强行要求(Herausforderung)的意义上强行安排(stellt)自然"[3]。因此,这种"强行索取"不是把事物如其所是地拿过来,而是为了将它们变成常备物这个目的加以开发(erschließt)和制造(herausstellt)。采煤不是就为了把煤挖出来,而是为了定做其中蕴含的太阳热能。而定做太阳热能又是为了提供蒸气,蒸气压力又能推动驱动装置,驱动装置则能使一座工厂运转,如此等等。[4]在技术时代,事物只有被"定做",即被技术去蔽成为常备物后才能在场。然而,我们不能在传统哲学"对象"(Objekt)意义上来理解常备物。海德格尔说的"常备物"不是"对象"或"客体",因为与之相对的主体——人——现在也是常备物,而且比自然更源始地是常备

---

[1]　Heidegger, "Die Frage nach der Technik", S. 20.

[2]　Ibid., S. 18.

[3]　Herausforderung 在德文中有"挑战"的意思。但"挑战"一词无法恰当地揭示Herausforderung 在这里的复杂含义。海德格尔在这里可能又是使用他惯常的手法,希望通过"望文生义"的办法,即从单词本身的拼法上暗示比它通常意义更丰富的含义。Herausforderung 由前缀 heraus 和词干 fordern 两部分组成。Heraus 的意思是"出来",海德格尔用 Herausfoderung 这个词来描述现代技术的本质,就像他在谈论 poiesis 和 techne 时喜欢用 herausstellen 一样,很可能是想借用 heraus 这个前缀来暗示它们都是存在的某种去蔽方式、揭示或开启方式,存在者由此得以展现出来。Forderung 在德文中是"要求""索取"的意思。Stellen 一词正如《追问技术》的英译者 William Lovitt 所指出的那样,用法很多,可以有"安放""整理""安排""提供"等意思,在军事语境中它可以是"挑战"或"作战"的意思。海德格尔这里是在 Herausfordern 的含义上来规定 stellen的基本意义的,所以他把 stellen 译为 set upon(猛烈攻击、袭击)(Cf. Heidegger, *The Question Concerning Technology and other Essays*, trans. & intr. by William Lovitt, New York: Harper & Row Publisher, 1977, p. 15)。

[4]　Cf. Heidegger, "Die Frage nach der Technik", S. 19.

物。[1]人同样被定做,被定做为护林人、医生、企业家、教授或别的什么。定做事物也定做人的那种"定做的去蔽不是纯粹人的行为"[2]。人在定做其他事物时恰恰由于这种定做而自己也被定做。所以,在技术时代,即无主体也无客体,一切都被定做为常备物。

海德格尔的这个思想,显然受到了恩斯特·云格尔(Ernst Jünger, 1895—1998)的影响。云格尔是第一次世界大战的英雄,在那次战争中曾身负重伤。战后他根据自己的战场经验先后写了好些文字来探讨现代的本质,他用"总动员"(Totale Mobilmachung)这个概念来描述现代社会的特征。在他看来,现代战争与传统战争最不一样的地方是君主调遣一支或大或小的军队攻城略地,反对他的敌人;而现代战争却需要社会"总动员"。战争不再是武士阶层的特权,而是一个武装起来的国家的事情,工农业和国家生活的一切方面都同样包括进去。社会的所有事物和所有人都结合在一起,共同为战争努力。在云格尔看来,这已不仅仅是战时的特殊状态,而是现代社会和社会组织的常态。无论平时还是战时,都是如此。在这种情况下,所有人,也就是人类都变成了工人(Arbeiter)。现代的特征不是它的技术,而是它产生,但也产生它的随时"准备行动"的"工人"。海德格尔虽然直接、间接地接受了云格尔的不少思想,对它们也不无欣赏,但也有根本的分歧。云格尔对现代技术世界是完全接受和欢迎的,海德格尔则持批判态度。[3]云格尔更多地是从社会学和人类学的角度来观察现代世界,而海德格尔却始终是从哲学上来思考现代世界。在云格尔看来,现代技术世界要求把一切都变成资源,但海德格尔的常备物其实不是"物",而是强行要求的去蔽所涉及的一切事物的在场方式。[4]

作为现代的去蔽方式,现代技术支配着存在者的揭示,当然也就支配着作为一种知识系统和知识方式的科学。按照流行的看法,技术应该是科学的应用,科学是技术的基础。但在海德格尔看来,正相反,虽说从史学的立场上讲,现代自然科学要先于现代技术;但现代技术历史地看

---

[1] Cf. Heidegger, "Die Frage nach der Technik", S. 21.

[2] Ibid., S. 22.

[3] 有关海德格尔与云格尔的关系, Michael E. Zimmermann 的 *Heidegger's Confrontation with Modernity* 一书有很好的论述。

[4] Heidegger, "Die Frage nach der Technik", S. 20.

却要先于现代科学。这是因为，现代科学的本质在现代技术的本质——聚置中，所以现代技术必须应用自然科学，而不是相反。[1]

尽管如此，对技术的方式不能代替对科学的反思。因为现代科学也是存在被抛弃的一个决定因素。被存在抛弃固然是希腊人在开端时对存在者的存在性阐述的结果，但在现代，真理固定在确定性的形态中，而确定性的固定形式则是将存在者作为被表象的对象来思考，将自己作为当下的东西来思考，现代的基础就是将此固定下来。思想的这种确定性展开为现代"科学"的制度和追求。科学甚至声称它是一种或就是决定性的知识。在这种情况下，要从存在史的角度检讨被存在抛弃，就必须深思科学。[2]

科学不是什么现代的东西，而是自古就有。但与古代和中世纪的科学根本不同的是，现代科学本身不再唯真理是求，而是只着眼于利用科学所能得到的利益。例如，"煤炭供应和军备的紧迫性就促进了科学的必要性——但也绝非根本性的知！"[3] 不再追求真理而只追求利益，使得科学脱离了事物本身（die Sache selbst），而将方法放在至高无上的地位。"在现代科学中，方法、程序和操作（Vorgehen）有特殊的分量，因而很容易使自己优先于事物本身。方法优先导致科学的技术化，导致程序自我封闭的规则，所以对象性东西从一开始就根据它来测定了。"[4] 科学不断抬高程序和操作对于专业领域（das Sachgebiet）本身的优先地位，以至于对于科学来说，关键的问题不是存在者本身在这个专业领域上有什么本质特征，而是用这种或那种程序可以指望得到一种"知识"，即研究的结果。而结果，最终是它们马上能够应用保证了研究的正当性。[5] 科学的必要性也由此得到证明。

方法的优先性也保证科学的严密性。科学的严密性在中程序和操作的方式和方法中得到展开和完成。程序操作的方式就是始终将对象利用纳入一个确定的可解释性方向，它基本上已经保证了始终将会有一

---

[1] Cf. Heidegger, "Die Frage nach der Technik", SS. 26–27.

[2] Cf. Heidegger, *Beiträge zur Philosophie*, S. 141.

[3] Heidegger, "Die Bedrohung der Wissenschaft", S. 19.

[4] Ibid., S. 8.

[5] Cf. Heidegger, *Beiträge zur Philosophie*, S. 148.

个"结果"。解释的基本程序就是遵循和预先设置单一的系列和不断继续的因果关系的顺序。存在者的造作存在方式（das machenschaftliche Wesen）不仅证明这种以"因果性"来确保结果的思维是合理的，而且也要求无限强化这种思维。因果关系严格地讲只是"当时—然后"形式的"如果—那么"的关系。海德格尔认为现代物理学的统计学也属于这种因果性，它完全没有克服"因果性"，而只是显明了它的造作的存在方式。以为用这种似乎是"自由的"因果性就能较容易地掌握"有生命的东西"，只不过暴露了人们隐秘的基本信念，就是有一天有生命的东西也可以置于解释的统治下。[1]

海德格尔认为，与自然相对的历史领域方面更接近这一步。纯粹"史学"的，更确切地说，"前史学"的方法在那统治着，它完全用因果性思维，用因果性来证明"生命"和"可体验的东西"，在那里只看到历史的"知"的形式。就"偶然"和"命运"只是表现不精确和不能毫不含糊地计算的因果关系而言，承认在历史中"偶然"和"命运"共同起决定作用更证明了因果性思维独一无二的统治。史学绝不可能知道历史的存在者有一种完全不同的（建立在此—在基础上的）存在方式，因为那样的话史学就得放弃自己。[2]在海德格尔看来，史学与数学物理学这样的自然科学一样，也是现代科学的典型，同样具有现代科学的基本特征。

在此之前，海德格尔的老师李凯尔特曾经将历史科学与实验的精确的自然科学相区分，以彰显人文科学（Geisteswissenschaften）的特殊性，但在海德格尔看来，这种区分及从这种区分产生的自然科学与人文科学的区分都只是表面的，实际上只是不幸地掩盖了各似乎基本不同的科学的统一本质。[3]其实，在人文科学中，恰恰是史学实证主义的倾向最浓，最热衷试图像自然科学那样"客观"和"精确"，最醉心于技术化（各种徒工组织、档案、系列研究、越来越细密的单一研究领域，等等）。然而，它却因此与自己的专业领域——历史越来越没关系。比如艺术史家，作为史学家他们与历史没有一种真实的、经验的、感同身受的关系；作为艺

---

[1] Cf. Heidegger, *Beiträge zur Philosophie*, S. 147.

[2] Ibid.

[3] Ibid., S. 145.

术史家,他们又与艺术作品没有真实的、经验的、感同身受的关系。[1]可是,史学越不记录、结算和描述历史本身,只将行动、工作、成果和观点作为事件来记录、结算和描述它们的前后相继和不同,固然更容易满足自己的严密性,却使得它越来越排斥"阐释"和"阐述",只限于发现新"材料"和确保"资料",把这些"材料"或"资料"叫真正的"发现"。现在,史学工作变得更方便,它只要把新的观点用来阐释现存的材料就行了。但史学绝产生不了这种阐释材料的观点,它只是反映史学家所处的那个时代,他不能历史地认识它,所以最终只能史学地解释它。但是阐述观点的替换较长时间保证了新发现的丰富性,这反过来又加强了史学对它进步的确信,巩固了它自己对历史的日甚一日的逃避。但如果现在某种阐述观点成为唯一标准的观点时,史学就在这种主导观点的明确性中找到又一个使它高于迄今为止不断变换观点的史学的手段,并使它"研究"的这种稳定性成为它长久渴望的"精确科学"的对应物,成为真正的"科学"。但史学也能够操作和制度化时,它就宣布自己成了科学。[2]但这种"科学"在海德格尔看来只能叫"报纸科学"(Zeitungswissenschft),因为它的主要成就都是以可以适合报纸的报道形式来做的,史学家渴求的是这样的对世界史的表述。这种"报纸科学"只是最终预示了史学作为现代科学的本质。海德格尔还提醒人们注意这种"报纸科学"与出版工业不可避免的关联,在它们的统一性上两者都出自现代技术的存在方式。[3]

与此同时,传统的学者绝迹了。以制度化的方式来进行的史学研究或考古学研究本质上更接近相似地组织起来的物理学的研究。科学的现代运作特征的决定性发展形成了另外一种类型的人,即研究者,他们取代了学者。他们忙于各种各样的研究计划,而不是培育学问。研究者不再需要家里有个书房,他只需要不停地活动,在各种会议上讨价还价,从各种大会得到各种信息,与出版商签订各种合同;出版商现在和他一起决定写什么书。[4]

---

[1]　Cf. Heidegger, "Die Bedrohung der Wissenschaft", S. 8.
[2]　Cf. Heidegger, *Beiträge zur Philosophie*, SS. 151-152.
[3]　Ibid., S. 153.
[4]　Cf. Heidegger, "Die Zei des Weltbildes", S. 83.

海德格尔认为，一切科学日渐巩固的造作—技术本质，使自然科学和人文科学之间的对象差别和方法差别越来越消退。自然科学将成为机械技术和企业的一部分，而人文科学则将自己展开为包罗万象的、巨大的报纸科学。[1] "报纸"和"机械"本质上是推进在现代趋向完成的最终的对象化方式，这种对象化吞没了存在者的具体性，将它们只是当作体验的诱因。由于在安排和准备上都是方法领先，自然科学和人文科学在本质上，即在其的操作特征上，是一致的。海德格尔承认，只有少数人才能看到现代科学发展为它的本质，多数人会将这作为不存在的东西加以拒绝。因为它没有什么事实可以加以证明，只能根据对存在史的认知来把握。不管怎么说，科学的所有制度都只是一个过程的一部分。[2]

从存在史的观点来看，以方法为中心，以实利为目标的"科学"[3]本身不是奠基和保存一种根本真理意义上的知，而只是一种推导编制起来的知。所谓"科学地"可知的东西不过是有一种科学本身不能掌握的关于存在者的认识领域的"真理"预先给予的。存在者作为一个领域总是预先就在那里等着科学了，它们构成一个*positum*（状况），所以一切科学都是实证（*positive*）"科学"（包括数学）。作为实证科学，一切科学也必须是单一的科学，就是说，必须成为一门单一学科。在这种情况下，"专业化"也不是"科学"的没落和退化的标志，也不只是进步、量大和劳动分工的结果，而是它作为单一科学的特点必然的内在结果，是它的持续存在，亦即它不断进步不可让渡的条件。科学分成众多单一学科的真正原因在于存在性成了表象性。[4]这使得现代科学日益脱离事物本身。

但是，现代科学一方面日益脱离事物，另一方面由于它的功利性，又使它和现代政治日益联系在一起，政治的功利性需要科学的功利性。但现代科学与政治的联系归根结底还是由于它方法领先的基本特征。"只有在程序先于事物，判断的正确性先于存在者的真理的基础上现代科学才能根据需要调节转向各种目的。"[5]海德格尔以此说明，科学在与政治

[1]　Heidegger, *Beiträge zur Philosophie*, S. 155.
[2]　Ibid., S. 158.
[3]　海德格尔自己在一些著作中给科学加上引号以示其专指现代科学。
[4]　Cf. Heidegger, *Beiträge zur Philosophie*, SS. 145–146.
[5]　Ibid., S. 149.

的关系问题上到处都一样,恰恰是通过不同目标的设定,它基本上是统一的,即"国际的"。[1]在海德格尔看来,科学的这种倾向迟早将成为一个"世界过程","因为将来不再会有资源丰富的国家,各国和各民族将以最大和最让人信服的发明来把领导权抢到自己手里"[2]。

在海德格尔看来,美国和纳粹德国在本质上都是一样的,都是建立在现代技术的本质上,为现代技术所规定。技术本身是人不能支配的,相反,它却规定着现代人的存在。这是因为,技术的本质就是存在本身[3]。海德格尔坦率承认:"我们还没有找到适应技术本质的道路。"[4]但他并不悲观,他更不是一个宿命论者。与其他现代科技的批判者相比,海德格尔对现代科学技术的态度可以说是相对比较温和的。他一再声明他并不反对科学技术,而只是要提醒人们,作为现代性的去蔽方式,技术在揭示的同时也在遮蔽,而它给我们的现实生存造成的负面结果还在其次。人们因为看不到技术的遮蔽,才会将技术的危害作为一种似乎可以随意消除的东西。因为看不到技术的遮蔽性,才将技术给我们揭示的事物维度当作事物的全部。总之,是将片面当成全面。而现代技术这种去蔽方式的特点就是将"一切拉到同一个平面上。人们用同样的方式对待所有事物,对所有事物只有一种看法。今天,每一份报纸、每一份画报、每一个广播节目都以同样的方式提供统一的观点。……那不再注意事物存在方式(Wesen)的片面观点一跃为全面,这就使它有了无害和自然的外表"[5]。海德格尔把这个片面的思维方式称为"单轨思维",它将一切化约为概念和描述的单义性,这种精确性与技术程序的精确性是一致的,它们有同样的本质起源。[6]技术使得今天的人们蔽而不知其蔽,像那井底的青蛙一样,以为技术揭示的世界就是全部的世界。却不知在这样的揭示中,我们固然是得到了一些,但失去自己得以生存的家园。

1961年,海德格尔的家乡麦斯克什庆祝建城700周年,他回到家乡躬

---

[1]　Cf. Heidegger, *Beiträge zur Philosophie*, S. 149.

[2]　Heidegger, "Die Bedrohung der Wissenschaft", S. 9.

[3]　Heidegger, *Bremer und Freiburg Vorträge*, Gesamtausgabe Bd. 79 (Frankfurt am Main, 1994), S. 69.

[4]　贡特·奈斯克、埃米尔·克特琳编著:《回答——海德格尔说话了》,第68页。

[5]　Heidegger, *Was Heisst Denken?* (Tübingen: Max Niemeyer Verlag, 1954), SS. 57-58.

[6]　Ibid., S. 58.

逢其盛,并应邀作演讲。在此演讲一开始,海德格尔就提出了麦斯克什明天会怎样的问题。明天会怎样的问题,也就是将来会怎样的问题,海德格尔说,如果我们把"将来"理解为在今天后面的时间段,我们绝不能说在那段时间里会发生什么。但如果我们把将来理解为今天接近我们的东西,理解为在今天突出的东西,今天已经在统治的东西,那么情况就不一样了。今天突出的东西就是技术。海德格尔特意提到麦斯克什房屋屋顶上一排排的电视和收音机天线。它们表明,虽然外在看,麦斯克什的居民还住在家里,其实他们已经不再在家了,他们已经"无家"了。他们离家变成无家。他们不断地趋新又新,却没有个安顿处。曾经叫"家"的东西已经瓦解和没落了。这当然不只是麦斯克什人的命运,而是全人类的命运。人类陷入了技术时代的罗网中,失去了自古以来的家园。[1]

在技术时代,人不仅失去了自己的家园,也在失去自己。1967 年 4月,海德格尔在希腊雅典科学和艺术学院作了题为《艺术的起源和思的目的》的讲演。在那个讲演中,他把现代科学世界规定为控制论的世界。在晚年海德格尔那里,"控制论"成了广义的"技术"的代名词。因此,它实际投开了当今世界。海德格尔指出,控制论的世界投开预先假定一切可计算的世界过程的基本特性是操控。操控必需信息传递,既然被操控的过程要将信息反馈给操控它的东西,要通报它,操控就有反馈信息的特征。从控制论上理解的世界就是一个反馈控制系统。由于反馈控制循环和运动的自我控制系统的可能性,就可以设计出自动工作机器,更确切地说,有着自动控制装置的机器,这些自动装置自己控制自己的运作过程。自动化使作为工人的人从现代生产场合消失了,他现在只是种种功能的管理者。这种控制论状况使得自动机器和活生生的人的区别消失了。拉美特利在 18 世纪的断言"人是机器",终于在 20 世纪实现了。人们现在根据反馈控制系统的模式来理解人与世界的关系。无机和有机世界的可计算性就属于这样理解的人与世界的关系。尼采在 19 世纪所说的"区别我们 19 世纪的不是科学的胜利,而是科学方法对科学的胜利"(《权力意志》第 466 条),用在现当代更加合适。在海德格尔看来,生物化学研究人

---

[1]　Cf. Heidegger, "700 Jahre Messkirch", in *Reden und andere Zugnisse eines Lebensweges*, Gesamtausgabe Bd. 16 (Frankfurt am Mai n: Vittorio Klostermann, 2000), SS. 574–578.

细胞的基因结构和核物理裂变原子同属方法对科学的胜利这个过程。尼采当年还说人是仍然未定的动物,但一个美国研究者却说人是唯一能操控他的演化的动物。[1]

果真如此,那么现代社会的确是一个主体性高扬的社会。海德格尔也把现代社会叫作"工业社会",认为它服从由控制论和科学技术支配的科学。在这个社会中,作为工人的人在生产场合消失,与自动机器没有什么区别不等于主体性的消失。因为现代工业社会的种种都与近代形而上学及其对主体性的解释有关,与主体性占主导地位有关。所以,在海德格尔看来,工业社会是自我性(Ichheit),即主体性最极端的形式。人就处于他自己和体制化了的他的世界的各个领域中。或者说,人被锁在由他自己和为他计算的种种可能性的范围内,以为这就是事物的全部。人的种种世界关系和他的全部社会存在都固定在了控制论科学支配的领域中。也因为如此,工业社会把自己膨胀为一切客观性的无条件的标准。而实际上,科学的权威建立在方法的胜利上,它通过它操控的研究的有效性来证明自己的是正确的。[2]在这种情况下,哲学不复存在了,科学取代了哲学迄今为止的角色,确切地说,控制论取代了哲学。[3]

那么,人类能否复乐园? 找到回家的路? 从海德格尔的某些说法来看,答案似乎是令人绝望的。1949 年他在不来梅一家俱乐部的演讲中说:"如果技术的本质,作为存在(Seyn)中的危险的聚置就是存在(Seyn)本身的话,那么它绝不会,无论是积极还是消极地,让自己被自己安排的人的行动所掌握。技术,其本质就是存在(Seyn)本身,绝不会被人克服。那样的话就等于说人是存在的主人。"[4]为此,他把技术称为存在的天命

---

[1] Cf. Heidegger, "Die Herkunft der Kunst und die Bestimmung des Denkens", in *Distanz und Nähe. Reflexionen und Analysen zur Kunst der Gegenwart*, hrsg. von Petra Jaeger und Rudolf Lüthe (Würzburg: Königshausen und Neumann, 1983), SS. 16-17.

[2] Cf. Heidegger, "Die Herkunft der Kunst und die Bestimmung des Denkens", in *Distanz und Nähe. Reflexionen und Analysen zur Kunst der Gegenwart*, hrsg. von Petra Jaeger und Rudolf Lüthe (Würzburg: Königshausen und Neumann, 1983), p. 18.

[3] Heidegger, "Spiegel-Gespräch mit Martin Heidegger", Gesamtausgabe Bd. 16. S. 674.

[4] Heidegger, *Bremer und Freiburger Vorträge*, Gesamtausgabe Bd. 79, S. 69.

（Geschick）。但是，Geschick这个词有双重含义。它固然有"命运"的意思，但也有"灵活适应"的意思。技术的本质固然可以看作存在发送的命运，但也是存在根据接受它发送的命运的人的接受能力来调整和使自己适应的方式。作为天命的承担者，人不只是外加命运被动的牺牲品。面对现代技术的危险，我们并不只是宿命地等待存在决定发送一个新的开端。克服技术的本质需要人。[1] 我们固然无法控制科学技术，但可以与它有一种比较合适的关系，尽管现在还看不到这样一种关系。[2] 他引用荷尔德林的诗句"危险之处，拯救者也在成长"来表明摆脱技术支配的可能性，亦即洞察它的遮蔽性还是存在的。[3] 即使哲学终结了，还有思的可能。

思 与 言

为了根据技术和人的本质在它们之间建立一种本质关系，现代人首先必须找回进入他本质空间的广阔道路。[4] 这条道路，是思之路，也是语言之路。思和语言不能分开，"没有语言，思考的愿望就无路可走。……语言首先绝不是思维、感情和意愿的表达。语言是一个开端性维度，在这里人的本质才能适应存在及其要求，并在这种适应中属于存在。这种开端性适应，……就是思"[5]。思与言，虽然不能取代技术，甚至也不能走出技术世界，但至少能引导人与它有一种比较合适的关系。或者用海德格尔自己更谦虚的话说："使人们对某种是否到来还未可知的可能性作准备。"[6]

但是，思与言本身，与技术一样，从属于西方形而上学的传统。因

---

[1] Heidegger, *Bremer und Freiburger Vorträge,* Gesamtausgabe Bd. 79, S. 70.

[2] 有人说海德格尔整个后期就是试图表述这种关系（Cf. George Pattison, *The Later Heidegger*, London & New York: Routledge, 2000, p. 63）。

[3] Cf. Heidegger, "Die Frage nach der Technik", S. 39.

[4] Cf. Heidegger, *Bremer und Freiburger Vorträge,* Gesamtausgabe Bd. 79, S. 70.

[5] Ibid., S. 71.

[6] Heidegger, "Das Ende der Philosophie und die Aufgabe des Denkens", in *Zur Sache des Denkens* (Tübingen: Max Niemeyer Verlag, 1969), S. 66.

此，要起到克服形而上学的作用，它们自己必须回到西方思想的开端。[1]
但这却不是一个容易的任务，因为思与言是人们最熟悉的东西，因而对于
大多数人来说也是最没有问题，最理所当然的东西。谁都会思考，谁都会
说话。可海德格尔并不这么看。在他看来，不但科学不思，而且我们也尚
未能思。[2]海德格尔自己在思想"折回"之前，就没有将思作为主题，最
明显的就是在《存在与时间》中他都极少用Denken（思）这个词。思充
其量和表象一样是理解的次要模式。但从30年代开始，在与阿那克西曼
德、赫拉克里特和巴门尼德等古希腊哲学家的对话中，他发现了存在与思
的共属关系，发现西方形而上学的开端与思不再说存在，或不再是存在的
说，而是事物的表象有极大的关系。

　　西方形而上学从亚里士多德开始，就把人理解为理性的生物。从对
人的本质规定出发，思很自然被视为人的理解能力，或这种能力的主观运
用，总之，思是人的主观行为和活动。到了近代，在科学主义和实证主义
的影响下，又有人将思看作只是一个心理或大脑运作的过程。海德格尔
从他撰写关于邓斯·司各脱的范畴学说的论文开始，就一直反对对思的
心理学的解释和理解。他明确表示：思不是一个我们可以从心理学上来
观察的过程。[3]海德格尔始终反对人类学对人的本质的规定，当然也就
反对"人是理性的生物"这种对人的本质的理解。在他看来，人的本质不
在于他有理性思维的能力，而在于他在存在中显示，因而只能是自己，在
于他已经到处与存在者相关。[4]只有在这个基础上，人的理性思维才有
可能。因此，他始终反对从理智的角度来理解思。[5]海德格尔并不反对
概念性的、逻辑的理性思维为人所独有，但却认为那不是原初的思，即存
在史意义上的思，或直接与存在本身相关的思。那种理智意义上的思，归

---

[1]　美国学者Joseph J. Kockelmans曾提醒人们，海德格尔"克服形而上学"的意思不
　　　是要走出形而上学只是把它留在身后，海德格尔自己也处于西方形而上学传
　　　统中。"克服形而上学"只是要人们注意形而上学"其可能性的条件"（Cf. Joseph
　　　J. Kockelmans, "Heidegger on metaphor and metaphysics", in *Martin Heidegger:
　　　Critical Assessments*, vol. 3, p. 307）。

[2]　Cf. Heidegger, *Was Heisst Denken?*（Tübingen: Max Niemeyer Verlag, 1954), S. 1.

[3]　Ibid., S. 162.

[4]　Ibid., SS. 97－98.

[5]　Cf. Heidegger, *Einführung in die Metaphysik,* Gesamtausgabe Bd. 40, SS. 130－131.

根结底都只是表象（Vor-stellen）。[1]

海德格尔在《哲学贡献》中对这两种不同的"思"有明确的分殊。思首先是一种发问方式，是人与存在者的存在的追问关系方式，因而思就是对存在问题的追问。这是思（1）。思（2）是存在之间的指导线索，思（1）用它来掌握可以根据它们的存在性来解释存在者的视界。[2]思（1）是思存在，而思（2）则是思存在性。前者注重的是问（Fragen），后者注重的是问题（Problem）。问不同于问题。问题是一个对象化的无时间的东西（如自由意志问题），我们可以把它们从柏拉图、康德等人的著作中抽绎出来；它的答案是清楚明白的命题。问则是一个具体的、处在一定形势中的事件，是一个过程，不但不能把它从它的形势中抽离，而且也不可能有清楚明白的命题答案。它的源泉和动力是事物本身（Sachen）。[3]在海德格尔看来，哲学史就是思的发生，形而上学就是思的第一个开端，[4]因此，传达形而上学的历史也好，过渡到第二个开端也好，都要从反思思的历史着手，它们其实是一回事。

从柏拉图和亚里士多德开始，也就是从存在性被对象化以后，思就逐渐成了纯粹主观的意识或精神活动。这里当然还经过了若干转折，如希腊思想被罗马人翻译为拉丁文，这种翻译是帝国主义的，具有权力倾向的知识的特征。然后罗马的翻译又变成罗马—基督教的文本，在那里，存在者的存在被理解为创世意义上的变成存在。莱布尼茨提出的"充足理由律"向思的技术化迈出了决定性的一步。从此，一切原则上都可以计算和控制、计划和掌握。理性成了工具理性，思维成了计算思维（das rechnende Denken）。"计算意义的思维在一个固定的视域里，在它的边界内来来去去，却看不到这点。"[5]科学家和杂货店老板的思维同样都属计算思维，他们同样无法超越他们思维的视域去反思它以及他们的思维。[6]

---

[1]　Cf. Heidegger, *Einführung in die Metaphysik,* Gesamtausgabe Bd. 40, S. 126.

[2]　Heidegger, *Beiträge zur Philosophie*, S. 457.

[3]　Cf. Heidegger, *Einführung in die phänomenologische Forschung,* Bd. 17 (Frankfurt am Main: Vittorio Klostermann, 1994), S. 76.

[4]　Cf. Heidegger, *Beiträge zur Philosophie,* S. 180.

[5]　Heidegger, *Nietzsche* I (Pfulligen: Neske, 1989), S. 639.

[6]　Ibid., S. 372.

自从思（被形而上学理解为理智或理性）在近代日益工具化之后，就有哲学家开始反思它（思）的超越性。康德和黑格尔区分知性和理性就是这种反思的两个先驱性例子。但在海德格尔看来，问题不在于区分知性和理性，而是要重新审视思本身。在西方形而上学将存在者的存在性作为主导问题的过程中，思成了它的指导线索。[1] 而用理性（ratio）和逻辑来规定或理解思，则在这过程中起了根本作用。而"随着有化，我们根本不再希腊式地思"[2]。这就是说，思在西方哲学的第一个开端——形而上学中起了根本的作用，而在向第二个开端过渡中，它也起根本的作用。这种思不是传统意义上的"主观思维"，而是有化本身。[3] 因此，在《哲学贡献》中海德格尔用了大量的篇幅讨论思的问题，以此作为阐发有化概念和存在史思想的一个主要向度。

海德格尔认为，西方形而上学主导性的基本立场是存在性和理解为理性的思。[4] 它们是构成西方形而上学大厦的两大支柱。海德格尔从《形而上学导论》开始就对此进行深入探讨。按照海德格尔的说法，思与存在在前苏格拉底哲学家那里是统一的。在哲学史上有名的巴门尼德和赫拉克利特的"巨人之争"在海德格尔看来是无稽之谈。赫拉克里特与巴门尼德说的是一回事，[5] 这就是思有（存在）同一。海德格尔认为，思有同一是"西方哲学的主导原理"[6]。但是，海德格尔把"*to gar auto noein estin te kai einai*"（思有同一）这句话重新翻译，使得意思不是指思有同一，而是它们的相属。[7] 思与存在不但相属，而且相互需要。

但是，前苏格拉底的思有同一依赖于把存在经验为呈现和在场。[8] 前苏格拉底哲学家把存在称为 *phusis*，指的是存在者作为涌现和持存的自我揭示。存在作为呈现需要思的密切参与，因为存在者只有在广义上

---

[1] Heidegger, *Beiträge zur Philosophie,* S. 456.

[2] Heidegger, *Vier Seminare* (Frankfurt am Main: Vittorio Klostermann, 1977), S. 104.

[3] Cf. Richard Polt, "The Event of Enthinking the Event", in *Companion to Heidegger's Contributions to Philosophy,* p. 82.

[4] Heidegger, *Beiträge zur Philosophie,* S. 183.

[5] Cf. Heidegger, *Einführung in die Metaphysik,* S. 105, 145.

[6] Ibid., S. 155.

[7] Ibid.

[8] Ibid., S. 134.

被觉知才能呈现它们自己。思就是看,通过这个看,存在者呈现自己。但是,思与呈现的存在者的关系不是主体认识客体式的主动与被动的关系,而是互动的关系。但是到了柏拉图那里,情况发生了根本的变化。作为呈现之发生的 phusis 隐退了,思现在只关注在场的存在者及它们的特征方面,它们的相(idea)或形式。按照海德格尔的解释,idea 就是"看某物"的意思。然而,这种"看"是有选择的,事物的变化和多样性它不管,它关心的是"最一般的东西",也就是存在者的存在性。[1]

与此同时,最初作为原初聚合的 logos 和真理也变成了正确的表象。"因为 idea 是本真的存在者和原型,所有存在者只有与这个原型相同才能得到揭示。Phusis 的真理,作为在涌现的支配中本质无蔽的 aletheia,⋯⋯成了看的正确性,作为表象的闻知的正确性。"[2] 而这种变化与思是表象一般事物,即将根据事物的存在性将事物置于眼前的规定分不开的。[3] 将事物置于眼前,就是使其呈现,使其在场,也就是预先提供一个领域使得根据事物持久的在场性来把握事物。这种解释事物(思)的方法根本没有看到它自己的时间特征,即它总是从现在的维度去把握事物。[4]

既然存在者是从它的一般性,即它的存在性去理解的,那么它一定是一而不是多。事实上在亚里士多德那里存在者与一(Einheit)是可以互换的。一构成存在性。"一"在这里的意思是统一、共同一起在场和持存的东西的同一性(die Selbigkeit)上的源始聚合。那么与此相应,存在性之思的突出规定就是"我思"的统一性、先验统觉的统一性和我的同一性;这两种(存在者和思的)规定在一个更深刻和更丰富的意义上结

---

[1]　Cf. Heidegger, *Beiträge zur Philosophy*, SS. 208–209.

[2]　Heidegger, *Einführung in die Metaphysik*, S. 193.

[3]　德文 Vorstellen 一般译为"表象";但从它的构成看,它由前缀 vor(前)和词根 stellen(放置)两部分构成。海德格尔经常不是在一般的"表象"的意义,而是在"前置"的意义上使用这个词,指形而上学对思的功能的理解,即思就是将被思维者置于眼前作为思的对象,所以他经常将这个词写作 Vor-stellen 来暗示这点:"Vorstellen 在这里的意思是把现成之物作为一个对立物带到自己面前。"(Heidegger, "Die Zeit des Weilbildes", in *Holzwege*, S. 89)但这个术语的实质是指这样一种思想,它只是将存在思考为存在者的存在性,却没有思考它与在其存在性中的存在者的不同(Cf. Friedrich-Wilhelm v. Herrmann, *Wege ins Ereignis*, S. 333)。

[4]　Cf. Heidegger, *Beiträge zur Philosophie*, S. 196.

合在莱布尼茨在单子中，[1]也延续在黑格尔哲学中。黑格尔把作为绝对的现实性（存在）等同于作为无条件者的思是这种倾向的一个最极端的例子。[2]

在前苏格拉底哲学家那里，作为聚合的 logos 就是无蔽的发生，logos 以无蔽为基础，为它服务。但是，既然眼前在场的东西是唯一要关心的东西，那么真理就不再是无蔽，而是 logos 的正确性。而 logos 现在是 legein ti kata tinos，即关于什么说点什么，也就是论断。因为这些说出来的方式都是从 logos 中产生的，说出来的都是 kategorein，即范畴。[3]这样，思的功能就是用范畴形成正确的判断或论断。而提供判断的形式规则的逻辑，则被认为是正确思想的学说，自然成了思的主宰。思存在就是用逻辑建立关于存在性的正确判断和命题。然而，在海德格尔看来，思必须逻辑地决定，即根据陈述来决定，是西方哲学最大的偏见之一。对思的"心理学"解释只是"逻辑"解释的一个附录，预设了逻辑解释。但是，在事关存在（Seyn）的支配的问题上"逻辑"也许恰恰是最不严密也最不严肃的决定本质的方法。在事关存在（Seyn）真理奠基的问题上，它是一个幻相，虽然是存在史迄今所知的最必要的幻相。[4]

思存在就是用逻辑建立关于存在性的正确判断和命题的结果是：一方面，思不再是属于存在本身的存在真理的揭示或投开，而是成了脱离存在，与存在相对的主观理智的活动；另一方面，存在则成了空洞苍白的共相（范畴）。这些共相被看作必然的、先天的结构，虽然它们实际上是从存在者中抽象出来的东西。从此，我们不再能经验存在者本身的揭示，思成了僵硬的，与这种揭示事件隔绝的事情。真理不再是存在的揭示和开显，而是取决于进行思维活动的理性动物——人对客观性的把握和认识。思成了表象，即把事物置于眼前作为认识对象。近代西方哲学主体与客体的分裂在海德格尔看来，实际是思与存在的分裂。这造成了灾难性的后果。

解铃还须系铃人。既然思在形而上学中起了那样关键的作用，那么

---

[1]　Heidegger, *Beiträge zur Philosophie,* S. 197.

[2]　Ibid., S. 457.

[3]　Cf. Heidegger, *Einführung in die Metaphysik*, S.195.

[4]　Cf. Heidegger, *Beiträge zur Philosophie,* S. 461.

它也定将在克服形而上学,即从西方思想的第一个开端过渡到第二个开端中起到关键作用。思在作为这个过渡的准备的存在史思想中占有何等重要的地位,由此可见一斑。存在史之思就是存在本身之思。作为存在之思的思当然不是第一个开端那里作为"看"的思,也不是将事物置于眼前作为对象的表象,一句话,它不是显现存在者,而就是作为有化的存在(Seyn)的支配。作为"看"的形而上学之思关注的是存在者的在场,而作为有化的存在之思却是对存在全方位的思。思与存在的关系不是认识与认识对象的关系,而是属于的关系,思属于存在。但这种属于关系不能被理解为传统的认识者与被认识者的关系,思与存在不是对应关系,[1]而是一种交互关系。一方面,"思(Erdenken)[2]的道路越是真的通向存在(Seyn)的道路,它就越无条件地为存在(Seyn)本身所决定"[3]。换言之,"存在(Seyn)作为有化以根据此在和属于此在的形态自己拥有思"[4]。这就是说,海德格尔的思不是我们习惯了的那个所谓"主观能动"的主体思维,那种思的概念并不像看上去那么天经地义,而不过是形而上学表象性思维概念的产物。思并不出于主体的自由意志,而是存在本身的支配。但是,思"属于"存在之"属于"不能理解为"从属",思与存在的关系不是一面倒的关系,而是交互性关系。思固然属于存在,存在反过来也需要思,依赖思。存在要靠此在奠基。因此,思与存在是相互依赖和共属的关系。在此意义上,思就是有化。[5]思首先是存在之思。

习惯了把思理解为主观理智行为的人很难理解海德格尔思与存在共属,思就是有化的思想。这里,首先要明白存在不是一个物体或实体,即不是存在者,而是一件事情的发生,这件事情就是意义的涌现。意义在存在的发生中涌现。但除非我们思存在,意义不会发生。但这绝不是说思或思者创造存在(存在是不能被创造的),而是存在需要思的参与才能发生。但存在的发生影响我们如何思。美国学者理查德·波尔特曾用一

[1] 关于这个问题,可看 Richard Polt, "The Event of Enthinking the Event", pp. 86-88。
[2] Erdenken 在德语中一般是"想出""编造""设计"的意思,但海德格尔在这里用这个词却是指与形而上学的表象之思有根本区别的存在之思。
[3] Heidegger, *Beiträge zur Philosophie,* S. 86.
[4] Ibid., S. 464.
[5] Cf. Richard Polt, "The Event of Enthinking the Event", p. 91.

个风景画的例子较好地说明了这个道理。他说,一幅风景画如果是真正的艺术品,那它就不仅是描绘一个地方,而也是让这地方的意义(它存在的一个方面)引起我们的注意。艺术家在绘画的过程中引出这意义。如果这件艺术作品成功了,那么这个风景的意义就昭然若揭了。但这意义并不是在绘画之前就已经"在那里",只等着某人将它表现于纸上;它是潜在和模糊的,是一种被认为是理所当然的可能性。如果那幅画没有占有那意义——将它画出来的话,那意义不会充分发生。我们可以说艺术家发明了那意义,但"发明"在这里的意思不是主观计划或想要,而是冒险地对一种可能占有和改变艺术家本身的经验开放。它既不是发现一个先已形成的对象,也不是无中生有地创造一种新的形式,而是聚精会神地开发意义。思就是对存在的发明性发现,或授予存在意义本身。思是促进存在真理的唯一方式,但这只有在思已经跃入存在真理中,即被投入此之开放中才有可能。[1]我们被投入到存在的开放中,在此意义上我们为存在所有。但与此同时我们也投开存在得以开显的空域,在此意义上我们拥有存在。思就是这样的被占有的占有——有化。如果有化就是历史——存在史,那么当然思也就是这历史的一部分,是这历史的发生。

在海德格尔的后期著作《何谓思?》[2]和《哲学的终结与思的任务》中,海德格尔进一步阐述了思与存在的共属关系。思与存在的共属关系,其实就是此在与存在,或人与存在的关系。一方面,人作为存在者当然与存在判然有别;但另一方面,对于海德格尔来说,哲学始终应该从人的存在论本质上去理解人,人不是任何人类学的对象,[3]即人首先不是一个与动植物一样的生物,只是他有理性,能思维,而是他与存在有特殊的关系,即他能理解存在,或者说他能提出存在的问题。换言之,存在的问题只能在人这里提出和展开。因此,人在海德格尔那里首先是一种存在方式,它提供了存在得以呈现的空间。"此"即指这个空间,"在"表明它也是一种

---

[1]　Cf. Richard Polt, "The Event of Enthinking the Event", S. 92.

[2]　海德格尔在《明镜》周刊对他的访谈中曾抱怨说,在他出版的著作中,这部著作最少有人读,"这也许是我们这个时代的标志"(Cf. Heidegger, "Spiegel-Gespräch mit Martin Heidegger", S. 676),足见他对这部著作的重视。

[3]　Heidegger, Preface to William J. Richardson's *Heidegger. Through Phenomenology to Thought*, p. xx.

存在。存在问题只有通过此在才能通达；反过来，此在也只有通过存在才能得到规定。它们不但彼此都不可或缺，而且始终关系在一起："我一有所思地说'人'，我就已经在那里说了与存在的关系。同样，我一有所思地说：存在者的存在，在那里就已经说出了与人的关系。这关系本身已经在这关系的两造之每一个中了。"[1]这就是说，人就是人与存在的关系，而存在也是存在与人的关系。存在与人是无法分开的。因此，"任何哲学的，即有所思的人的本质的学说本身已经是存在者的存在的学说了。任何存在的学说本身已经是人的存在的学说了"[2]。如果这样的话，那么，"思之路总是已经走在存在与人的关系之中，否则就不是思"[3]。我们不妨将思理解为人与存在的关系的体现。如此一来，思就不能是人单方面的主观行为。

的确，海德格尔的"思"绝不等同于传统西方哲学中"思维"或"反思"的概念，它并不通过概念来定义，不能预先提出它的内容，[4]从而它可以放在逻辑学下面来研究。思本身是一条路。但思—路既不是一条从什么地方来，到什么地方去但却被卡住的公路，也根本不是在本身某个地方是现成的东西。相反，它只是进行（Gehen），是有所思的发问，是运—动（Be-wegung）。它是让路到来。[5]既然如此，思总是临时的，总是在路上。因为它所处或所关涉的那个关系，就是既去蔽又遮蔽的存在本身，就是作为历史的存在史。但这个历史不是外在于它的历史，而就是它自己的历史。因此，思与存在的关系，不是主体与对象的关系。在近代认识论主体与对象的认识关系中，主体与对象的关系是外在的，可以有也可以没有。并且，从原则上说，可以是这样，也可以是那样，一切操之于主体之手。但思与的存在关系却是同一关系，巴门尼德就已经揭示这一点了。黑格尔将它进一步规定为有差异的同一。海德格尔则不仅继承了这些，而且进一步提出思与存在共属于同一性。是有化让它们共属，所以同一性的本质乃归有化所有。[6]有化就是让存在拥有思，也让思分有存在。思首先

---

[1]　Heidegger, *Was Heisst Denken?*, S. 74.

[2]　Ibid., S. 73.

[3]　Ibid., S. 74.

[4]　Ibid., S. 9.

[5]　Ibid., S. 164.

[6]　Cf. Heidegger, *Identität und Differenz*, S. 31.

是存在之思，然后才是人之思。不是人要思，而是存在让我们思，它一定要让我们思，我们也不能不思。这种"不能"，不能理解为命定论意义上的必然性或"强迫"。因为只要我们存在，我们就已经与存在有关系，而前面已经说过，思就是这种关系本身。

已经习惯了传统对思的看法的人当然很难理解并接受这个思想。可对于海德格尔来说，这却是至关重要的。他说，由于"何谓思？"这个问题本身的多义性，可以有四种问这个问题的方式：(1)分析"思"的词义；(2)追溯传统关于"思"的学说；(3)正确进行思需要哪些条件；(4)什么召唤我们思或命令我们思。[1]这四种提问方式并非各不相关，而是幸好归属为一个统一的结构，但最关键的是第四种提问方式，因为其余三种提问方式都得适合它，它决定了这个结构。[2]第四种提问方式之所以具有这样举足轻重的地位，是因为它直接涉及思与存在的关系。

海德格尔承认，将"Was heisst Denken"理解为"什么召唤思"，的确不合heißen这个词惯常的意义。但根据他的解释，这个词最古老的意义不是"命令"也不是"指使"，而是让人达到某处，并带有"救助""允诺"和"恳请"的意思。所以，heißen 的意思是通过召回（zurufend）让什么东西到达和在场。[3]这个通过召唤到达和在场的东西自然是被召唤的东西。要通过召唤才到达和在场，说明不经召唤它就不在场。这个经过召唤方才到场和在场的东西只能是存在。形而上学将存在者的存在理解为在场，而没有将它同时理解为不在场，理解为被遮蔽的无蔽，正是在这种理解中，存在抽身而去（Entziehung）。我们不思与存在抽身而去是同一事情的两面。存在之所以被遗忘，正是因为它在形而上学的理解中抽身而去。[4]很显然，在"什么呼唤思"中，思是被召唤的东西（Gerufene），作

---

[1]　heißen 有称谓、叫作、招呼、吩咐、命令等意思。因此，Was heisst Denken 可以是"何谓思"的意思，也可以理解为"什么吩咐（我们）思"。海德格尔在这里显然是要利用 heißen 这个词的多义性。

[2]　Cf. Heidegger, *Was heisst Denken?* SS. 79–80, 150.

[3]　Ibid., S. 83.

[4]　海德格尔在30年代思想"折回"后，逐渐放弃了"存在的被遗忘"这个说法。之所以如此，是因为它容易被误解为只是一个疏忽的问题，是一个容易纠正的错误。而在海德格尔看来，存在的被遗忘是由于存在的抽身而去，它不是人能随意控制的（Cf. Walter Biemel, "Elucidations of Heidegger's *The Origin of Art and the Destination of Thinking*", p. 378）。

为被呼唤者,它只能作为在场者(我们)出现,呼唤的词语保护它、托付它和召唤它。然而,海德格尔又说:"如此被召唤的东西,被呼唤在场的东西,召唤它自己。"[1]这就是说,召唤者和被召唤者的关系是同一性关系,召唤者也就是被召唤者。存在召唤思去思存在,思是存在之思,存在是待思的存在。呼唤我们去思的东西,给我们思的东西。但是,它本身要求思在其本质上照看、照料和保护它。[2]思是存在之礼物(Gabe),但它虽然是真正的礼物(Mitgift),[3]却不是我们本来不具有而后来才被赠与的,而是一直隐藏在我们的本质中。[4]存在信任思,所以给它去思,为此我们应该不断感谢它。思存在就是为此而感谢它(verdanken),思就是最高的感谢(Dank)。[5]

作为感谢的思是存在之思,也是思存在。海德格尔从一开始就将它与以数学为代表的计算证明之思相区别。在此之前,巴斯卡曾提出心之思与数学之思相区别。但海德格尔说他谈的思要比巴斯卡的心之思更源始,他用了一个古德文词Gedanc来指这种更源始的思。海德格尔特意指出,Gedanc与今天人们使用的Gedanke不同,后者的意思是"想法""观念""意图""念头"的意思;而Gedanc的意思是已经聚集起来的、聚集了一切的Gedenken(记忆),也就是Gedächtnis(记忆)。与之相比,逻辑—理性意义上的Gedanke只是开端意义的Gedanc的窄化和贫困化。因为它只是思考当前的东西。过去和未来的东西也是将它们当前化以后才能加以思考。而Gedächtnis则不然,它根本不是记忆能力,而是依于存在的紧密的聚集。"聚集"的意思既是过去、当前和将来的统一,也是各种存在关系的结构整体。[6]因此,只有作为Gedächtnis(记忆)的思才能思既在场又缺席,既去蔽又遮蔽的存在,因为它与存在有同一性关系。它才投开了,或者说存在通过它投开了存在得以显示的空间,即世界,表象论证性思想因此才可能。因此,Gedächtnis既不属于记忆能力也不属于思维能

---

[1] Heidegger, *Was heisst Denken?*, S. 85.

[2] Ibid.

[3] Mitgift在现代德语中是"嫁妆"的意思,它来自中世纪晚期德文词mitegife,意为"礼物,被给予的东西"。

[4] Heidegger, *Was heisst Denken?*, S. 86.

[5] Heidegger, *Was heisst Denken?*, S. 94.

[6] Cf. Heidegger, *Was heisst Denken?*, S. 92.

力,倒是一切思和待思的现象发生和会聚的空间(das Offene)。[1]

对于习惯了形而上学,尤其是近代主体性思维的人来说,海德格尔的立场是无法理解的。因为在上述海德格尔关于思的论述中,思的实行者,或者用近代形而上学的术语,思的主体居然几乎不被作为主题提及,而思又怎么能不是主观的? 在强调思与存在的同一性,思首先是存在之思时,海德格尔难道要否认人是思的实行者? 海德格尔当然不会否定这一点。但他认为这个事实不应该是对思的研究的主题,对于思的研究来说它是无关紧要的。"因为思的规律性根本不取决于从事思的活动的人。"[2]

海德格尔承认,的确总是我们在思,但作为人与存在关系的思,与计算性思维不同,计算性思维可说是完全主观的,甚至可以说是一种天生的能力,但就像存在总是躲着我们一样,存在之思对于习惯了表象性或计算性思维的我们来说是完全陌生的。具备思维能力并不保证我们能思,因此,我们得学会思。[3]但这种学完全不同于技术性的学习,我们按部就班学了几个教程后就可以学会了。学这种思像学一门手艺一样,但不是学会一种技能,而是要像手艺人一样,对他所要处理的事情的种种可能性了然于胸,成为他的存在的一部分。"学习的意思是:让所作所为呼应任何从本质上向我们言说的东西。"[4]这就要求"我们首先想要那对思言说的东西"[5]。这就是说,思就是对存在言说的呼应。

对于许多人来说,海德格尔的这些说法不啻是神秘主义或非理性主义,因为他使得原本习以为常、不加追问的思变成了似乎是不可捉摸的东西。也许在海德格尔同时代,的确有些哲学家是非理性主义者,但海德格尔肯定不是。他不但不是,也不可能是。因为在他看来:"非理性主义只是理性主义明显的弱点和对它既成的拒绝,因而本身就是一种理性主义。非理性主义是理性主义的一条出路,但这条出路没有导向自由,而是只是更多卷入了理性主义,因为它产生了一种意见,以为只消对理性主义说不

---

[1] Cf. Heidegger, *Was heisst Denken?*, S. 97.

[2] Ibid., S. 81.

[3] Ibid., S. 51.

[4] Ibid., S. 49.

[5] Ibid., S. 51.

就可以将它克服,而它现在只是更危险了,因为它可以隐蔽而不受干扰地进行它的游戏了。"[1]海德格尔的立场绝对不是非理性主义的立场,而是前理性主义的立场,就是说,他要追问理性主义的前提,或其可能性的条件。

海德格尔的立场更不是神秘主义的,因为存在并不是彼岸的东西,而就是决定我们历史和命运的东西,是非常"现实的"东西。他曾明确指出,如果在在场者的在场意义上的存在者的存在没有支配的话,那么存在者就不能显现为对象,显现为客体的客观性东西,以为了安排和定造自然而成为可表象和可产生的对象性东西,它不断变成从自然剥夺的种种力量的长期储备。如果没有在场意,从而对象性常备的对象性意义上的存在者的存在的支配,不仅飞机发动机不会运转,而且根本就不会有。如果存在者的存在没有作为在场者的在场开显,绝不会有发电的原子能,它也绝不能以它的方式使人从事完全由技术决定的工作。[2]追问思的事情于这样一种世界历史和人的命运有直接的关系。只有思才能使我们看到不同的可能性。"所思的是这种可能性:目前才刚开始的世界文明将来克服那种作为人生在世唯一尺度的技术—科学—工业特征。"[3]这种思并不想也不能预言未来,它只试图说些现在的事情。[4]但在说之前,它必须倾听存在对它的呼唤,毕竟,思只是对这种呼唤的回应。思的问题与语言的问题是不能分开的。

在西方哲学传统中,思与言从一开始就通过logos这个词紧紧地连在了一起。其实,就是在日常生活中,也很容易发现,思维离不开语言。现代西方哲学的"语言学转向"肯定与此有关。但是,在西方思想传统中,思与言的地位却是不一样的。从柏拉图和亚里士多德时代开始,西方人基本持一种工具论的语言观,即认为语言是人们表达思想、意愿和感情,彼此进行交流沟通的工具。或者说,是包裹精神内容的纯粹外壳,或指称精神内容的随意的符号系统。它与精神内容的关系纯粹是外在的。因此,我们可以在语言规则许可的范围内任意使用语言。语法等语言规则

[1]　Heidegger, *Einführung in die Metaphysik,* Gesamtausgabe Bd. 40, S. 187.

[2]　Heidegger, *Was heisst Denken?*, S. 142.

[3]　Heidegger, "Das Ende der Philosophie und die Aufgabe des Denkens", S. 69.

[4]　Ibid.

固然对我们使用语言有所约束，但它们只是些外在的形式规则，原则上是可以改变的。维特根斯坦在《哲学研究》开始引用的奥古斯丁《忏悔录》卷一第八节上的那段话，典型地表述了这种西方传统工具论的语言观："听到别人指称一件东西，或看到别人随着某一种声音做某一种动作，我便记下来：我记住了这东西叫什么，要指那件东西时，便发出那种声音。又从别人的动作了解别人的意愿，这是各民族的自然语言：用面上的表情、用目光和其他肢体的顾盼动作、用声音表达内心的情感，按各种语句中的先后次序，我逐渐通解它们的意义，便勉强鼓动唇舌，借以表达我的意愿。"[1]

这种工具论的语言观与西方传统的将人的本质规定为"理性生物"有很大关系。在海德格尔看来，"理性动物"的规定是建立在逻辑学的类近（genus proximum）和种差（differentia specifica）的定义方法上的。"动物"属于"生物"这个类，在这个类属中，有植物、动物和人。它们的共同点在于它们都是生物；但它们也由于它们各自特殊的存在方式而彼此不同。构成人的种差的是理性。因此，西方形而上学在语言问题上有两个优先：一是思想先于语言；另一个则是口头语言先于书面语言，声音先于文字。人们认为语言是用声音来表达内在的观念、思想和情感。声音是人的一种身体现象，属于语言的感性部分，而被声音表达的东西（语言的内容）则属于语言的精神部分。口头语言和书面语言是可感的声音和精神的意义的统一。很显然，这种认识隐然对应"人是理性动物"的规定。可感的声音说明人与其他生物一样，属于感性的领域；但精神的意义则表明他赋有理性，这使他超越一切其他生物之上，也属于精神领域。[2]

如果西方传统的语言观与"人是理性动物"这个传统形而上学对人的本质规定有根本的关系，那么至少它与形而上学有相当关系。如果语言不能理解为纯粹的表达或交流工具，而属于人的存在方式的话，那么传统语言观就是形而上学的一个基本支柱。因此，对于海德格尔来说，克服形而上学，必须克服对语言的这种形而上学认识。语言问题随着海德格尔思想的发展在他哲学中占有越来越重要的地位，不是偶然的，更不是一

---

[1] 奥古斯丁：《忏悔录》，周士良译，商务印书馆，1981年，第11—12页。

[2] Cf. Friedrich-Wilhelm von Herrmann, *Wege ins Ereignis,* S. 247.

时兴之所至。海德格尔1954年向他的日本对话者承认，他的问题是围绕着语言问题和存在问题，对语言和存在的深思从很早起就决定了他的思想道路[1]，并没有太大的夸张。

但是，虽然海德格尔说，他在《邓斯·司各脱的范畴和意义学说》中已经在"意义学说"的名称下讨论语言与存在的关系，但他也承认，那时一切这方面的关系他还是不清楚的。[2]《存在与时间》虽然有一节专门讨论话语和语言问题，但相对比较简短。因此，我们很难同意他在《论人本主义的信》中所说的话："《存在与时间》包含了一个对语言的本质维度的指示，触及了语言之为语言总是以何种存在方式存在这样一个简单的问题。"[3]事实上海德格尔对语言问题的探讨和论述与他整个思想一样，是有很大发展的。他把自己的思想解释为一条路并没有错，但这不是一条笔直的康庄大道，而是一条自愿折回的林中小路。《存在与时间》试图通过对人的存在的生存论分析最终达到作为展示存在意义之视域的时间。语言只是此在的三个生存要素之一——话语的一种表现形式。然而，在他后期有关语言的著作中，语言是存在的家，[4]即存在的栖身之所或存在之处，是存在持久的展开和发送。正因为如此，有人提出，海德格尔思想的基本主题究竟是"语言与存在"还是"存在与时间"。[5]

不管人们对这个问题答案如何，海德格尔对语言的思考前后期存在着明显的差异应该没有问题，他思想的"折回"恰恰也在这种差异中得到深刻的表现。当然，指出海德格尔前后期对语言的思考存在重大差异，绝不是说语言问题在前期海德格尔那里不重要。虽然《存在与时间》对语言的论述只有短短一节，但绝不是无关紧要或无足轻重的。

如前所述，《存在与时间》的主要目的是通过对人的存在的分析为一个一般的存在论奠定基础。《存在与时间》实际上是为此目的而做的准备性工作。这个准备性工作在《存在与时间》中分两步走。先是分析人存在的一些结构，这个分析本身也是"准备性的"；然后是将这些结构解释

[1]　Heidegger, *Unterwegs zur Sprache* (Pfullingen: Neske, 1990), S. 91, 93.

[2]　Ibid., S. 92.

[3]　Heidegger, "Brief über den »Humanismus«", S. 316.

[4]　Ibid., S. 311.

[5]　Cf. Françoise Dastur, "Language and *Ereignis* ", in *Reading Heidegger,* p. 356.

为是时间性的种种模式。时间性是人存在的本质,因此,时间是理解存在的视域,因为人的存在特征就是对存在的理解。

根据海德格尔对此在的生存论分析,此在的结构由现身情态、理解和话语这三个结构要素(Existenzial)组成。虽然海德格尔说,现身情态、理解和话语在生存论上同样源始,[1] 但是,这三个结构性要素的地位不完全一样。就在专门讨论语言问题的第34节一开头,海德格尔却说:"构成此之存在,在世存在的开放状态的基本生存要素是现身情态和理解。"[2] 却没有提到话语。之所以如此,是因为在他看来,标志着此在当下的开放性的是现身情态,然后是理解,理解组成了在世存在的整个复合结构,即作为世界基本结构的意义性和此在能的可能性。理解不是人的一种特别行动,而是建立在人源始投开中的某个东西,它构成此在可能性的维度。"只要它存在,此在就总是已经根据可能性理解了自己并且将理解自己。"[3] 理解构成了《存在与时间》对语言分析的语境和基础。海德格尔通过对陈述(Aussage)的分析来表明这一点。

陈述的一个要素是述谓。但海德格尔在这里并不把述谓视为一个语言现象。述谓是从关注或从事某事转而告诉别人关于某物或发生的某事。这首先需要指示人们希望说的那事物,即对它有一些基本规定,这样才能生长出主语和谓语。为了要指示和指出某物,人们必须已经与它存在在一个世界上。另一方面,指出某物预设了意义。在判断中,意义被形式地赋予已被指出的东西;但这意义必须也属于这个被指出的东西。说出源于指出,但指出的这些条件是由阐释(Auslegung)满足的。我们赋予事物的意义是通过阐释展示的。这种阐释不是主观的理智行动,而是生存的实践活动。当某人准备了某物以便日后使用它时,他与此器具相盘桓,这器具向他显示为是这样一个器具,即通过它的意义来显示自己。它之所以有此意义,是因为我们总是在事物种种关系的规则总体中行动,在这关系的规则总体中所使用的事物互相关涉,由此获得和赋予意义。符号不是意义的唯一载体,它们明确指称,即它们的用处在于指向一个各种用法的语境和人们的生活世界。符号使我们意识到它们的用处和我们用

---

[1] Heidegger, *Sein und Zeit*, S. 161.

[2] Ibid., S. 160.

[3] Ibid., S. 145.

它们的行动过程。这个功能指称的语境最终不限于器具,而构成了人的生活世界,即他的可能性领域。人不是被动地与器具相遇,而是通过使这些可能性触手可及地发现它们。这样,他的赋义行为,即他对世界的投开,共同构成了他的生活世界。在这个投开中,事物在它们的意义中呈现它们自己。如果说理解就是投开世界,那么阐释就是发展人的理解投开的可能性;它展开那些意义。没有这样一个理解与阐释的基础,语言是不可能的。[1]

　　海德格尔明确指出,语言这一现象的根源在此在的开放性的生存状态,它的生存论—存在论基础是话语。[2] 话语是生存论意义上的语言。[3] 海德格尔告诉他的读者,希腊人没有词来指语言,他们将这个现象理解为话语。[4] 虽然后世往往把 logos 这个词理解为"语言",其实它的意思是"话语",而不是"语言"。语音(phōnē)对希腊人来说虽然是话语的一个要素,但并不构成 logos 的本质。[5] 话语(Rede)既然是对 logos 的翻译,[6] 当然不是通常意义上"语言"的意思,而是根据它的词源,在"勾连",即将理解投开,阐释发展的可理解性,亦即意义配合和结构为一个关系整体,即世界。[7] 但是,话语勾连可理解性不应理解为话语后于理解,因为海德格尔说过,现身情态、理解和话语同样源始,理解已经被勾连了,即可理解性是一个形式的结构性整体,而话语也总是包含着某种理解。

　　相比之下,语言(Sprache)不是一个源始的现象,而是一个加建上去(aufgestockt)的现象,也就是派生的现象。[8] 话语是语言可能性的条件,而

[1]　Cf. Jan Aler, "Heidegger's Conception of Language in *Being and Time*", in *Martin Heidegger. Critical Assessments,* vol. 3, pp. 25−26.

[2]　Heidegger, *Sein und Zeit*, S. 160.

[3]　Ibid., S. 161.

[4]　Ibid., S. 165.

[5]　Ibid., SS. 32−34.

[6]　Ibid., S. 32.

[7]　Ibid., S. 161. 所以《存在与时间》的英译者用 discourse 来译 Rede 是有道理的,discourse 意思是一个规定的命题次序 (Cf. Françoise Dastur, "Language and *Ereignis* ", p. 357)。

[8]　海德格尔后来否定了这种将语言视为派生现象的思想。在 1977 年版 (《全集》版) 的《存在与时间》的相关旁注中,海德格尔说他以前关于词的基础在"意义"是"不真实的","语言不是一个加盖上去的东西,而是作为此的真理的源始本质"(Cf. Heidegger, *Sein und Zeit,* Gesamtausgabe Bd. 2, S. 87)。

语言则是话语的"世俗"存在,是它的"说出来"(Hinausgesrochenheit)。因此,是意义成为词,而不是意义被加到像物件一样的词(Wörterdinge)上去。[1]换句话说,话语勾连的意义通过语言表达出来。所以语言就像应手之物那样是世内的存在者。[2]这里,海德格尔对语言的态度似乎有点暧昧,当他把语言视为应手之物一样的东西,用来表达话语勾连的意义时,他似乎有点接近传统工具论语言观。他并不否认,在非本己的日常状态中,语言是用来进行社会交往的工具。[3]但我们不应忽略,对于海德格尔来说,语言的根源在此在的存在模式。此在始终已经和别的此在在一起了(Mitsein),它始终已经理解自己和别人,以及他们此在的世界。所以沟通和交流不是此在碰到外部的人和事物把内在的意思表达出来,以达到沟通,而是此在已经是沟通。也就是说,作为交流或沟通的话语一直已经在那里,一直就是勾连我们的理解。但它并不创造理解;相反,它预设了此在的世界及其理解。因此,严格地说,交流只有在具有共同的世界经验的此在间才可能。例如,一份关于探险队极端生活条件的报告,只有在读者能将这些条件想象成最终也可能对他自己的生存发生的情况下,才能成为一种交流。如果不是这样,那么通过阅读得到的东西绝不能被真正理解,就不能成为交流(Mitteilung),就仍然是"陌生的东西"(Fremdkörper)。[4]

由此可见,话语对此在在世的可理解性,即意义的勾连绝不是一个主体的行为,而是此在作为在世的基本结构题中应有之义,因此,语言表达意义也绝不能理解为一个有语言能力的主体用语词把意义说出来。因此,是否发声表达对于话语来说并不是决定性因素,它可以保持沉默和倾听,它保持着这些生存的可能性。当然,就像话语不等于用声音说出一样,倾听也不是感知声音,沉默也不等于喑哑。纯粹声音的知觉只有在

---

[1] Heidegger, *Sein und Zeit,* Gesamtausgabe Bd. 2, S. 161. 海德格尔从《存在与时间》开始就区分 Worte 和 Wörter。大致上说,前者指源始意义上说出的语词,或存在论意义的语词;而后者则是辞典意义的词,或纯属符合形式的词。

[2] Heidegger, *Sein und Zeit,* S. 161.

[3] Cf. Jan Aler, "Heidegger's Conception of Language in *Being and Time*", in *Martin Heidegger. Critical Assessments,* vol. 3, p. 27.

[4] Cf. Walter Biemel, "Poetry and Language in Heidegger", in *Martin Heidegger. Critical Assessments*, vol. 3, p. 226.

倾听的基础上才可能,就像说只有在话语的基础上才可能一样,因为倾听始终意味着对世界中某个事物的理解,而不是对一个与此世界只有间接关系的主体的内在感觉的解释。我们听到的总是"什么"声音,即特殊的声音,而不是纯粹声音。同样,保持沉默并不意味着缺乏说的能力,而是预设了说的能力。因此,沉默是话语的源始模式,它比交谈更能传达理解。[1]

这里要注意的是,海德格尔在《存在与时间》中始终是在存在论和存在者状态(ontisch)两个不同的层面上谈问题,所以,话语的构成因素与人们生活中言谈的构成因素是不一样的。前者可以没有语音因素,而后者非有不可。话语涉及的是此在的存在结构,而不是人的生理结构。因此,此在能听,不是因为它有听觉,而是它被开放性决定了。通过听,此在与他人和他说的东西在一起,即处于同一个空间中。在这里我们注意的主要不是语词和言谈,而是被它们揭示的东西。当然,在倾听是我们也会注意语气、语调等属于说话方式的东西,但这只是为了理解说话者对他揭示的事情的关系和态度。[2]

但是,海德格尔在《存在与时间》中虽然区分了话语和语言,却未能将话语到语言的过渡交代清楚。[3]着力强调话语的非语言性(即在构成要素上与日常语言的根本不同),更使人们要问,语言凭什么是话语的"世俗"表达,或能表达话语勾连的意义?语言如果不是话语的工具,又与话语是什么关系?这些海德格尔都没有很好的交代。第34节的标题虽然是"此—在和话语。语言",但更多谈论的是话语,而不是语言,只是在最后才正面提出了关于语言的问题,但却没有实质性的讨论就结束了。其实也正如海德格尔自己所说,他在这里对语言所做的阐述不过是要指明语言现象的存在论"处所"是在此在的存在状态中。[4]也就是说,《存在与时间》中对与语言问题的论述虽不能说不重要,却是隶属于他对此在结构的生存论分析的。因此,可以说,在《存在与时间》中,语言还不是

---

[1]　Cf. Heidegger, *Sein und Zeit,* SS. 163-164.

[2]　Cf. Walter Biemel, "Poetry and Language in Heidegger", in *Martin Heidegger. Critical Assessments*, vol. 3, p. 227.

[3]　Cf. Jan Aler, "Heidegger's Conception of Language in *Being and Time*", pp. 30-33.

[4]　Heidegger, *Sein und Zeit,* S. 166.

海德格尔的一个基本主题。

到了20世纪30年代，随着海德格尔自己思想的"折回"，海德格尔才开始逐渐将语言作为自己思想的主题。在《形而上学导论》中，他明确指出："因为语言的命运基于人与存在的各种关系，所以存在问题内在地要使我们和语言的问题统一在一起。"[1] 只是从这时起，语言问题不再是隶属于此在的生存论分析的问题，而成为存在本身的问题。即使这样，海德格尔关于语言和存在的根本关系的思想并没有一步到位，而是一个充满曲折弯路的过程。

1934年夏季学期，海德格尔开了题为《作为语言本质问题的逻辑》的课。[2] 在西方思想传统中，逻辑作为思维规则之学或思维术向来受人重视。按照潘格勒的说法，"海德格尔的思想道路从一开始就有这样的问题：存在和语言如何是共属的，逻辑和语言如何是必要的，以使存在（ens）可以是真理（verum）"[3]。海德格尔也几乎从一开始就不但反对逻辑研究中的心理主义倾向，也反对流行对逻辑的理解。他与黑格尔一样，认为逻辑不是关于思维规则的学说，也不是思维术，而是关于存在的学说，是存在论。就在这个课程上，海德格尔明确提出：逻辑不是校正较好或较差的思维方法，而是要追问地察看存在的各个极点（Abgründe）不是枯燥地收集永恒的思维规律，而是要追问地察看人值得追问之所在。[4] 这就要从根本上动摇传统概念的逻辑。

逻辑来自logos一词，也因而被看作logos的科学，而logos一直被理解为话语、语言。所以逻辑也是话语的科学，语言的科学。逻辑在某种意义上与作为语言的logos有关。语言本质的问题就是逻辑的基本问题和主导问题。[5] 思、逻辑和语言问题其实是三位一体的。它们实际上都与

---

[1] Heidegger, *Einführung in die Metaphysik,* Gesamtausgabe Bd. 40, S. 55.

[2] 该课程讲稿现编为海德格尔《全集》第38卷，1998年出版。在此书编者Günter Seubold看来，此书是海德格尔从基础存在论到存在史阶段发展过程中的一个重要里程碑（Cf. Heidegger, *Logik als die Frage nach dem Wesen der Sprache,* Gesamtausgabe Bd. 38 (Frankfurt am Main: Vittorio Klostermann, 1998), S. 172）。

[3] Otto Pöggeler, *Der Denkweg Martin Heidegger,* S. 269.

[4] Heidegger, *Logik als die Frage nach dem Wesen der Sprache,* Gesamtausgabe Bd. 38, SS. 9-10.

[5] Ibid., S. 13.

存在的问题有关,是存在问题的不同进路和表述。正因为如此,海德格尔断然拒绝一般的看法,即语言的本质问题是语言哲学的任务。

海德格尔说,当我们主张"追问语言本质的任务是语言哲学的对象"时,我们就已经中止了这个追问,而是通过这个命题定下了一个关于语言本质的确定陈述,即语言是为了语言哲学的某个东西。从而达到了对语言完全确定的把握。而语言哲学只有与宗教哲学、历史哲学、政治哲学、法哲学、艺术哲学等相区别时,才是可想象的。所以这些哲学都同样地一个个归入哲学这个整体中,作为其中的一个领域,一个总括一切的哲学概念中的一个学科,这些学科的性质预先已经为这个哲学概念决定了。但这样一来,语言的问题就从根本上不可能了。语言并不是像艺术、宗教、政治、历史等是某个特殊领域,我们可以用一个特殊学科来研究。语言从实质上就与这些领域不同。我们首先须问,语言是一个特殊领域,还是它是不同的东西,我们对它迄今还没有概念?不能在语言哲学的框架内追问语言,是因为哲学是从对语言的充分理解中产生的。[1]海德格尔举例说,在西方很流行的那种对语言的划分,就是起源于逻辑的基本规定,而逻辑又是按照某种特定的语言(希腊语),以某种思的方式产生的,这种思的方式首先贯穿于希腊的此在中。[2]

正因为语言与思、与逻辑,从而与此在有关,所以它绝不是保存在辞典中,辞典中只有语词(Wörter),没有言词(Worte)。语词按照字母顺序排列,而言辞的顺序完全是另一回事。当然,辞典中所有的词在某种意义上也属于语言。但我们不能说,我们在辞典中发现了语言。"语言只有在它被说的地方,在它发生的地方才存在,那是在人中间。"[3]此时的海德格尔虽然已经明确地将语言问题与存在问题相联系,但还是从人出发来观察语言。他毫不含糊地说:"语言是一种人的活动。这种活动的存在方式本身从人的存在方式来确定,因为与石头、植物和动物不同,只有人才说话。人的存在将语言的存在纳入自身中。"[4]但这么说似

---

[1] Heidegger, *Logik als die Frage nach dem Wesen der Sprache,* Gesamtausgabe
     Bd. 38, SS. 14-15.
[2] Ibid., S. 17.
[3] Ibid., S. 24.
[4] Ibid., S. 25.

乎就是传统"人是理性生物"的翻版。所以海德格尔认为还必须反过来说:"语言标出了人的存在。……人的存在是在与存在和语言的本身的关系下确定的。"[1]这样正反两种说法实际上表明,人的存在(此在)就是语言的存在,反之亦然。正由于如此,"追问语言本质的问题实际上不是语文学和语言哲学的问题,而是人的一种急需(Not),如果人认真对待人的话"[2]。

在《存在与时间》中,海德格尔已经清楚地阐明,人的存在方式是对存在的理解,是存在展示自己的那个所在,即那个"此"。将人的存在与语言的存在相提并论,相互规定,隐含了语言是存在开显之所在的意思。然而,在这时海德格尔似乎没有完全放弃从基础存在论的思路来讨论语言问题,他明确表示:"我们必须将'什么是语言'的问题与'什么是人'的问题结合起来。"[3]"现在只有与人的此在概念在一起语言才对我们值得问,才在一个正确奠基的意义上可问。"[4]但非常明显的是,他不再隐含地在任何工具的意义上来谈论语言。同样非常明显的是,海德格尔思想的"折回"在这里也已露端倪。

他强调:

> 存在者的存在是被传达给我们的。全部存在,即世界在彻头彻尾支配我们。世界不是一个理论理性的观念,而是它在历史存在的宣告中宣告自己,这种宣告就是秘密的存在者的存在的开放性。世界在这宣告中并通过它来支配。但这种宣告发生在语言的源始发生(Urgeschehnis)中。被放逐(Ausgesetztheit)在存在者中和托付给存在就是在语言中发生的。世界凭借语言并只凭借语言支配,存在者凭借语言并只凭借语言存在。语言并不是先在封闭的主体前出现,然后作为交往手段在主体间轮流传递。语言既不是主观的东西,也不是客观的东西。它根本不在这种无根基区分的领域内。语

---

[1] Heidegger, *Logik als die Frage nach dem Wesen der Sprache,* Gesamtausgabe Bd. 38, S. 26.
[2] Ibid., S. 27.
[3] Ibid., S. 32.
[4] Ibid., S. 167.

言在任何时候都是历史的,它就是托付给存在的被放逐在存在者整体中的发生。[1]

很显然,语言就是存在者之存在得以显示的那个开放的空域,世界(即存在)通过这样的显示来宣告它的支配性。而语言则是世界支配的必由途径,语言的源始发生就是世界的自我宣告。"存在只有在语言的发生中获得和失去。"[2]这样来看,语言应该是世界的语言。然而,应该注意的是上述引文的最后一句话,即"它就是托付给存在的那种被放逐在存在者整体中的发生"。这个"被放逐"让人想起了《存在与时间》中的"被抛"的概念。如果这里的"被放逐"就是"被抛"的话,那么语言的发生仍然是在此在的意义,而不是在存在本身的意义上讲的;"语言在任何时候都是历史的"还不是指存在史,而是指此在的历史性或时间性。海德格尔紧接着上述引文说的一段话提供了这个判断的证据:"语言是人民(Volk)的历史此在之构建世界和保存的中心在起作用。只有在时间性时现(zeitigt)自己的地方,语言才发生;只有在语言发生的地方,时间性才时现自己。"[3]

尽管如此,海德格尔在1934年夏季学期课程上表达的关于语言的思想,已经与《存在与时间》中所论述的语言思想有明显的不同,已经表现出后期语言思想的一些因素了。这时,语言已经成了他的基本主题。一个明显的标志就是他明确提出了语言的本质的问题,并且指出:"语言的本质并不表现在它被随随便便、平平庸庸、颠三倒四、无可奈何地用为交往手段,降为所谓内在东西的单纯表达的地方。语言的本质存在(west)于它作为构建世界的力量发生的地方,即在它预先形成和构造存在者的存在的地方。源始的语言是诗的语言。……真正的诗是长久以来先已广泛说出而我们绝没有接收的存在的语言。"[4]这些思想显然于基础存在论的语言思想有不小的距离,但海德格尔在这时并没有进一步展开,他的思

---

[1] Heidegger, *Logik als die Frage nach dem Wesen der Sprache*, Gesamtausgabe Bd. 38, S. 168.
[2] Ibid. S. 169.
[3] Ibid.
[4] Ibid., S. 170.

想还处于转变过渡当中。

1935年的《形而上学导论》不但明确提出语言问题与存在问题的根本关系,而且比起上一年的《作为语言本质问题的逻辑》,更加疏离了基础存在论的立场。在《形而上学导论》中,海德格尔把事物(Ding)作为他讨论语言问题的出发点。世界似乎从此在的生存世界变成了事物聚合的世界,而语言也似乎从沟通交流的语言变成了由名词或者名称构成的语言。有时,海德格尔索性就把词等同于语言,词就是语言,语言就是词。词的本质在于它的命名力量。传统形而上学通过用拉丁文来翻译希腊文,"破坏了希腊词真正的哲学的命名力"[1]。因此,克服形而上学也就意味着"试图重新获得语言和言词未经破坏的命名力"[2]。言词和语言不是为了交流用来包裹事物的外壳,而是事物生成与存在之所在。但是,在非本己的生存状态中,在闲谈、口号和习语中误用语言使我们失去了与事物的真正关系。[3]这也等于说,正确使用语言可以使我们恢复与事物的真正关系。

但如果语言不是包裹事物的外壳,不是单纯的交往工具,而是事物生成和存在之所在,那么,语言或者词的命名力就绝不是像我们给一艘船起名字那样,随便给予一个名称。也不是在于词义。单纯研究词和词义不能使我们把握事物(Sache),事物的本质和存在。因此,要超出意义的层面,达到事物本身。[4]这也意味着,对于海德格尔来说,语言和事物的关系不是能指和所指的关系。但是,他也认为命名的功能就在于指示(hinweisen)和出示(vorzeigen)。他在同时期的著作《物的问题》和《艺术作品的本源》中也都强调过命名"指示的力量"[5]。

可是,这里的"指示"不是通常语言学或语言哲学中"指称"的意思,而是海德格尔独创的形式指引的意思。这里,形式是不脱离内容的:它不是一个空洞的外壳,而总是已经跃向具体内容的实现了。内容的实

[1] Heidegger, *Einführung in die Metaphysik,* Gesamtausgabe Bd. 40, S. 15.
[2] Ibid., S. 16.
[3] Ibid.
[4] Ibid., S. 93.
[5] Cf. Heidegger, *Die Frage nach denm Ding* (Tübingen: Niemeyer, 1962, S. 19; *Holzwege,* SS. 58-59.

现并非从外面进入空洞的形式，而是在形式上指示思想总是已经迎合这种实现。[1]词，或语言，不是空洞的外壳和形式；正是通过词的指示，被指示者的存在得到了落实。海德格尔以 das Sein 为例。本来 sein 是一个动词，但在它之前加上定冠词 das 后，它就变成名词。这个冠词本来是一个指示代词，它所说的是，被指示的那个东西仿佛自立自在。通过在动词不定式 sein 前加定冠词 das 把它改造成动名词，那在不定式中仿佛空空如也的东西现在被视为一个实实在在的对象了。[2]当我们命名一事物时，我们的意思是"这是什么"，"是"在西方语言中就是"存在"的意思。[3]因此，给一个事物命名，并不只是给它一个形式的符号，而是给予它存在，或不如说，它由此得以存在，或有了它的存在。命名的指示力量在于把我们引到事物的存在，或存在者之存在。后来在1957年写的《语言的本质》中，海德格尔进一步指出，词帮助事物存在，并使它保持存在。词不是单纯与事物有关，它是使某事物作为某事物的东西。在此意义上，词不是单纯的指称或关系，而是保持事物存在者。[4]

但是，事物从来就不能孤立地存在，它们总是存在于一个世界空间（Weltraum）中，在那里每一事物、一棵树、一座山、一所房子、一声鸟鸣，都独具特色，不同寻常。[5]所以，海德格尔讲的"命名"不同于寻常意义的"命名"，那类似给事物贴标签，孤立地将事物固定起来。而海德格尔的"命名"恰恰是要将事物带入广阔的世界空间。"词，命名，将自我开放的存在者从直接的压倒性的压迫中放回到它的存在，将它保存在这个开放性、定界与持久中。"[6]在这个开放的世界空间中，事物不是处于一种无序的混乱状态，而是处在一个有序的结构性的"集合"（Sammeln）中。Sammeln 在德语中有"收集""采集"的意思；但在海德格尔的语境中这个词却不能这样理解。"采集"或"收集"的任务是将所要的东西收集到就算完事。而海德格尔言下的 Sammeln 指的却是一个形式的

---

[1]　Cf. Otto Pöggeler, *Der Denkweg Martin Heidegger*, SS. 271–272.

[2]　Cf. Heideggere, *Einführung in die Metaphysik,* Gesamtausgabe Bd. 40, S. 73.

[3]　当人们说 Das ist ein Tisch（这是一张桌子）时，意思就是 Hier ist ein Tisch（这里存在着一张桌子）。

[4]　Cf. Heidegger, *Unterwegs zur Sprache,* S. 170.

[5]　Heidegger, *Einführung in die Metaphysik,* Gesamtausgabe Bd. 40, S. 29.

[6]　Ibid., S. 180.

结构性空间，乌合之众胡乱凑在一起不叫"集合"，"集合"中已先有某种次序和结构在那里。命名只是将事物带入这个集合，却不能创造这个集合。

因此这个"集合"不是别的，就是作为去蔽和开放的存在本身。[1] 而语言的起源也不在别处，就在压倒一切、陌生的存在。在人进入存在时，语言就成了存在之词。它表现为诗。语言是原诗（Urdichtung），一个人民就用它来诗意描述（dichtet）存在。[2] 在这里，海德格尔明显地从其起源上将语言规定为存在的语言。它一方面当然也是，并且必须人的语言；另一方面却是通常理解的语言，或作为语言科学和语言哲学已经对象的语言的可能性之条件。海德格尔又把这种作为一般语言的可能性之条件的语言称为"源始语言"，并告诉我们，这种源始的语言就是诗的语言。也是源始的诗。但无论是在《作为语言本质问题的逻辑》和《形而上学导论》中，海德格尔对此都没有进一步的论述。

这个工作留给了《艺术作品的本源》，在同是 1935 年写的《艺术作品的本源》中，海德格尔对这种源始意义的语言和源始意义的诗进行了深入的论述。如上所述，这部作品主要关心的是真理问题，更确切地说，通过艺术和艺术作品的途径来阐明真理的本质。在这部作品中，海德格尔把艺术规定为"让存在者本身的真理的到来发生"[3]。他说："艺术作品的作用不在于产生效果（Wirken），而在于从作品中产生存在者无蔽的变化，也就是说，存在的变化。"[4] 艺术作品之所以能如此，是因为艺术具有诗的本质。在海德格尔那里，诗（Dichtung）不能理解为通常意义上，像小说、散文一样作为一个文学门类的诗，海德格尔用 Poesie 这个词来指那种意义的诗。然而，语言在本质意义上本身就是诗（Dichtung），它保卫着诗的源始本质。[5] 艺术的真理功能，其实来自语言。所以海德格尔认为甚至像建筑艺术、绘画艺术和音乐艺术都是语言艺术的变种。[6]

[1]　Heidegger, *Einführung in die Metaphysik,* Gesamtausgabe Bd. 40, S. 179.

[2]　Ibid., S. 180.

[3]　Heidegger, "Der Ursprung des Kunstwerks", S. 58.

[4]　Ibid.

[5]　Ibid., S. 60.

[6]　Ibid., S. 59.

要理解这一点,必须知道海德格尔对语言的特殊规定。一般都认为,语言是人进行交往和沟通的工具。海德格尔并不反对这个看法。但对他来说,这样来看待语言是远远不够的。但语言不仅是,并且首先不是口头或书面表达要传达的东西。它的确也是用词和句来表达人们要说的东西,但它首先是将存在者作为存在者带入开放之域。石头、植物和动物的存在中没有语言的存在,就没有存在者的敞开性。《形而上学导论》已经告诉我们,语言是通过命名将存在者带入开放之域的,在《艺术作品的本源》中,海德格尔又重申了这一点。[1]如果艺术的诗的本质是"在存在者中间安置一个开放的场所,在其开放中一切都不同于往常"[2]话,那么这恰恰是语言所做的,语言源始的言说(Sagen),即命名,就是投开一个存在者得以显现的空敞。因此,从艺术的诗的本质上讲,一切艺术都源出语言艺术。

海德格尔心目中的语言艺术,是诗歌,即狭义的诗。不言而喻,它总是在语言中发生。[3]"语言本身是本质意义上的诗。因为语言是一个事件,在此事件中存在者作为存在者第一次向人揭示。"[4]这说的就是由于语言首先通过它源始的说,或诗,投开一个空敞,同时也将存在者带入此空敞,存在者作为存在者得以向我们显现。而建筑、绘画等艺术始终只是发生在那个已经投开的开放之域中。但作为语言艺术的诗歌则不然,它"在本质意义上是源始的诗",[5]所以在全部艺术中占有一个突出的地位。[6]

那么诗的本质是什么? 海德格尔说:"诗的本质是真理的创立(Stiftung)。"[7]这种创立有三重意义,即作为馈赠、建立和开端。[8]馈赠是指艺术所创造的东西是全新的,现成的和我们可支配的东西绝不能抵消

---

[1] Heidegger, "Der Ursprung des Kunstwerks", S. 59.

[2] Ibid., S. 58.

[3] Ibid., S. 60.

[4] Ibid.

[5] Ibid.

[6] Heidegger, "Der Ursprung des Kunstwerks", S. 59.

[7] Ibid., S. 61.

[8] 海德格尔在这里也利用了Stiftung一词的多义性,它既有"馈赠"也有"建立"的意思。

和弥补它们。它有一种丰富的特征。建立是指将一个人民（Volk）封闭的历史基础放入开放的世界。开端是指真理和历史本身的变换。"真正的开端作为跳越总是一种超越，在这种超越中所有一切将来的东西都已被超越了，虽然它们仍然被遮蔽着。"[1]

我们可以看到，在《艺术作品的本源》中，海德格尔是在真理问题的背景下将语言理解为诗；通过这样的理解，语言，从而艺术，作为真理揭示的基本模式就昭然若揭了。

在《艺术作品的本源》完成一年后写的《荷尔德林与诗的本质》中，海德格尔进一步讨论了语言与诗的关系。他在《艺术作品的本源》中所阐述的语言思想，有了进一步的发挥和更明确的表述。在这里，海德格尔重申语言不只是一种工具，人可以像占有其他工具那样占有它。语言的本质也不在于它是人们相互理解的手段。相反，语言首先使此在的开放性成为可能。"有语言的地方才有世界。"[2]也就是说，正是语言开启了世界，而这世界也正是此在开发性之所在。语言开启和形成了人与世界万事万物的本质关系，这种关系总体的发生就是历史。所以海德格尔一方面说"语言被给予人，历史才可能"[3]，另一方面又说"只有有世界的地方，才有历史"[4]。语言、世界、历史其实是连成一体的，并无所谓的先后关系。当我们有语言时，我们也就同时有了世界和历史。而当我们有了世界和历史，我们就能表明我们是什么。但是，就语言作为世界和历史得以展示的可能性来说，它是源始意义上的根据。语言保证人可以是历史的。[5]正因为如此，语言才不是一种可支配的工具，而是支配着人的最高可能性的有化（Ereignis）。在海德格尔看来，这才是语言真正的本质，即它实际上规定了我们存在的可能性。"人的存在基于语言。"[6]

人的存在基于语言，也就是说人的存在具有语言的特性："我们——

---

[1] Heidegger, "Der Ursprung des Kunstwerks", S. 62.

[2] Heidegger, *Erläuterungen zu Hölderlins Dichtung* (Frankfurt am Main: Vittorio Klostermann, 1971), S. 38.

[3] Ibid., S. 36.

[4] Ibid., S. 38.

[5] Ibid.

[6] Ibid.

人——就是对话。"[1]人的存在基于语言首先是在对话中发生的。对话不仅是语言发生的一种方式，而且应该说，语言只有作为对话才是本质的。或者也可以说对话是语言的本质。那么什么是对话？显然，对话就是相互就某事说些什么，也就是对话总是关于什么的对话。既然如此，那么构成对话有两个基本的不可缺少的条件：一要能说和能听，否则无所谓对话；二要有对话的内容，这是构成对话的关键。对话者如果说的不是一件事，那么就没有对话；对话不围绕着它的内容，也没有对话。"对话的统一在于，每次同一个东西在本质的词中豁然敞开，我们在这同一个东西上统一，我们这些人和我们自己在它的基础上独特地存在。对话及其统一承受我们的此在。"[2]"我们此在的基础是对话。"[3]

如果是这样的话，那么那个对话中始终同一的东西，只能是存在。对话是语言都是事件，而语言给我们开启了人之为此在在世界存在的那个世界，而对话作为人此在的基础也就是他世界的基础。不管对话开启什么世界，总是存在通过此在的世界关系在显现。存在总是存在。对话就是在存在显现之所在——这里（Da）。另一方面，虽然存在总是存在，但它必须在时间中显现。所以海德格尔又说："从有时间起我们就是对话，因为时间就是对话。"[4]

尽管强调对话，但海德格尔并没有放弃语言的本质必须从诗的本质来理解的思想。"人此在的基础是语言在其中本真发生的对话。原语言是作为存在之创立的诗。"[5]"诗说出本质的言词，存在者通过这种命名才被指为它所是的东西。诗是存在用言词进行的建立。"[6]诗使开放可能，也使语言可能。所以海德格尔称它为源语言（Ursprache）。而诗人，就如荷尔德林所理解的，是神与人的中间人。诗人对神的命名预设了诸神让它们自己通过诗人向一个民族传达的符号为这个民族所知。另一方面，诗人总是与一个民族的神话有关，这些神话保持了民族历史的善；诗人

---

[1]   Heidegger, *Erläuterungen zu Hölderlins Dichtung* (Frankfurt am Main: Vittorio Klostermann, 1971), S. 38.

[2]   Ibid., S. 39.

[3]   Ibid., S. 40

[4]   Ibid., S. 39.

[5]   Ibid., S. 40.

[6]   Ibid., S. 38.

的责任就是解释这些神话。民族的历史就孕育在诗中。这也意味着真理的发生总是历史的。

虽然《哲学贡献》没有太多的篇幅用来讨论语言问题，但其所表达的语言思想，在海德格尔语言思想的发展中占有极为重要的地位。在此之前，虽然海德格尔已经明确提出了语言问题与存在问题的紧密关系，阐述了语言在存在问题中的关键作用，以及语言的存在论性质等重要的问题，但没有正面深入探讨语言的存在论起源的问题。在《形而上学导论》中，他虽然说语言只能在人进入存在中发端于压倒一切者和陌生者（即存在），但又说语言的起源仍然是个秘密。[1]此时海德格尔已经肯定语言的本源在存在，但他没有系统阐明他的语言思想与形而上学的或传统西方主流的语言思想的根本区别，而只限于提出语言不只是交往和表达的工具，不是现成的东西。对于克服传统语言观来说，这是远远不够的。因为传统语言观并不仅仅是语言观，而就是形而上学的一个必然产物。因此，不从存在史的立场对传统语言观的形而上学性质进行透彻剖析和解构，并在此基础上正面提出对于语言的起源和本质的新的理解，海德格尔的语言思想是无法真正确立的，他自己也无法彻底摆脱传统语言思想的束缚。

《哲学贡献》恰恰走出了这关键而必要的一步，它从分析形而上学的语言观入手，进而用存在史的语言观将它颠覆，确立了存在、语言与人三者全新的关系，从而为海德格尔自己语言思想的最终建立奠定了扎实的基础。因此，即使从海德格尔的语言思想来看，这部著作的地位也极为重要。

在《哲学贡献》中，对语言的论述位于全书的最后，放在专门讨论"存在"（Seyn）的那个部分。这样安排，显然有结论性的味道。海德格尔在这里贯彻了全书论述的存在史的方针，从第一个开端，即形而上学开始，最后跃向新的开端。海德格尔说，在形而上学的历史中，语言是根据logos来规定的，而logos则被视为陈述，即将诸表象联系起来的东西。语言就是对存在者的陈述。同时，语言，作为逻各斯，被指定为人所独有，所谓"人是有logos（语言）的生物"即此之谓也。语言的基本关系延伸到存

---

[1] Cf. Heidegger, *Einführung in die Metaphysik,* Gesamtausgabe Bd. 40, S. 180.

在者本身和人，语言的本质与起源就是从这些基本关系中得出的。语言哲学的种种变化就是依据对理性生物（*animal rationale*）的解释和各种版本的理性（*ratio*）与存在者和最存在者（*deus*）的密切关系而来的。即使不用语言哲学这个名词，语言也总是作为一个现成的对象（工具——能予以形式的建构——上帝创造的产物）与其他对象（艺术、自然，等等）进入哲学思考的领域。当然，人们可以承认这个特殊的产物的确伴随着所有表象，因而将它自己作为一种表达方式扩展到整个存在者领域。但这种思考并没有超出形而上学发端时对语言的规定，不管是多么不确定，语言总是与存在者和人有关。但在海德格尔看来，从这种对语言的关系不可能更源始地把握人的本质，他与存在者的关系和存在者与他的关系。因为这要求让语言似乎摆脱那些关系。[1]

但是，在海德格尔看来，从来就没有一般的语言，语言要么是无历史的（所谓原始民族的"语言"），要么是历史的。如果历史的本质还仍然模糊不清的话，那么要马上把握语言的本质似乎从一开始就陷入了混乱。当然，历史性收集的迄今为止关于语言的观点是有教益的，但它们绝不能超越已经确定的语言与人、与存在者的形而上学关系圈。这就提出了第一个真正的问题：是否没有这个历史的，甚至在开端上是必要的根据逻各斯对语言解释，没有前面指出的楔入形而上学的关系圈，对语言的本质规定的可能性还会限于形而上学思考的领域？但如果我们是根据形而上学本质上局限于存在性的问题来认识形而上学自身及其问题的，如果我们看到，形而上学对存在者全体的追问并没有无所不包，而恰恰漏掉了最根本的东西，即存在及其真理，那么另一种看法就会彰显：存在（Seyn）及其最本真的支配构成了语言的基础，语言从那里取得它首次自己来决定它的相关者的能力。[2]

在海德格尔看来，所有语言哲学都对这第一个真正的问题没辙，因为这是一个语言与存在（Seyn）的关系问题，而语言哲学不过是语言形而上学，因而是语言心理学等等，不可能提出，更不用说回答这个问题。但是，要弄清楚语言与存在（Seyn）的关系，可以通过这样一条进路，这条进

---

[1] Heidegger, *Beiträge zur Philosophie*, Gesamtausgabe Bd. 65, SS. 497－498.

[2] Ibid., SS. 498－499.

路仍然盯着迄今为止始终引导着对语言的观察的那个领域。[1]

根据"人是有语言的生物"的规定，有了人就有语言，反过来说也一样，有语言就有人。人与语言是相互规定的。海德格尔对此不持异议。但他要问：这种相互规定通过什么才可能？他的回答是：它们都属于存在（Seyn）。但属于存在（Seyn）的什么意思？我们说人作为存在者属于存在者，意思是说他是众多存在者中的一员，从属于存在者的一般规定，即他存在和是如此这般。但这没有将人区别于人，而将他作为存在者与所有存在者一样看待。但人不仅是在存在者中间，而且他能属于存在（Seyn），他就是由这种从属而获得他最源始的本质：他理解存在（Seyn）；他是存在布局（Entwurf）的掌管人（Statthalter），对存在真理的守卫构成了人的本质，这种本质得从存在（Seyn）并只能从存在（Seyn）来把握。所谓人属于存在（Seyn），是存在（Seyn）自己为了给其真理奠基而占有人。这样被占有人就完全被托付给了存在（Seyn），这种托付就将人的保存和奠基指向此在。[2]

那么语言与存在（Seyn）的关系是怎样的？海德格尔说，如果我们不应该把语言视为已经给定的、其本质已经决定了的东西，因为首先找到本质才是重要的，如果存在（Seyn）本身要比语言更"根本"，就语言被视为存在者的话，那么问题不应该这么问。应该问存在（Seyn）如何与语言有关。但这不是把以前的问法倒过来，因为那仍是把语言当作给定的存在者，存在（Seyn）进入与它的关系。存在（Seyn）如何与语言有关，问的是：语言的本质如何在存在（Seyn）的支配中产生。语言的本质只能通过对它本源的命名来决定。因此，人们不能公布语言的本质规定，而宣布其本源问题是不可回答的。[3]关于本源的问题当然本身包括对本源和发源本身的本质规定。发源（Entspringen）的意思是：属于存在（Seyn），即语言是如何在存在（Seyn）的支配中存在的？语言与存在（Seyn）的关系并不是任意的发明。因为形而上学语言与存在者本身和与人的双重关系说的无非是语言彻头彻尾并且恰恰就在形而上学据以规定它的诸方面与存

---

[1] Heidegger, *Beiträge zur Philosophie,* Gesamtausgabe Bd. 65, S. 499.

[2] Ibid., SS. 499－500.

[3] 海德格尔在这里显然修正了他在《形而上学导论》中认为语言的本源是个"秘密"的想法。

在(Seyn)有关。[1]

语言起源于存在(Seyn),所以属于它。因此,一切就在于对存在(Seyn)的投开和思。但现在我们必须在思存在(Seyn)时,同时也想起语言。强调语言与存在(Seyn)的关系,否认语言的现成性和对象性,并不意味着海德格尔要求人们进入一个比形而上学更形而上学,或者说超形而上学的境地。语言总是"我们的"语言;"我们的"语言不仅是母语,也是我们的历史。我们的历史不是历史学说了解的我们的命运和成就的过程,而就是在我们与存在(Seyn)的关系的那一刻的我们自己。所有对存在(Seyn)和语言的深思都只是一种推动,以碰上我们在存在(Seyn)本身中,并从而在我们的历史中的"立足点"。[2]

海德格尔承认,即使我们要在语言与存在(Seyn)的关系上理解语言,迄今为止形而上学对语言的规定还会存在于这个问题。我们不能简单地说这规定完全不对,因为即使被遮蔽起来,它恰恰还是在语言与存在(seyn)的关系上看到了语言。但它不是从存在史的立场,而实际上是从人类学的立场来理解语言的。当我们把语言的特性理解为陈述时,我们是把它当作人的所有物、工具和"作品"。在对语言的特性的理解中,人本身的基本规定被用来描述语言的特征。人身体—灵魂—精神的本质在语言中有其对应物:词是语言的身体;语调、形形色色的情感和诸如此类的东西是语言的灵魂;用语言思考和表象的东西就是语言的精神。这种对语言的人类学解释的顶点,就是把语言看作人类的一个象征。按照这种解释,人的本质就在于他自己的象征和具有这种象征。这种解释仍然是用形而上学感性、非感性、超感性的模式来看问题。于是,语言问题最终可以归结为科学的问题,可以通过各门科学来解决。比如,词的声音可以追溯到人身体的解剖学—生理学构造,可以根据语音学和声学来解释。同样,言词的语调和节奏、说话时的情感重音,是心理学解释的对象;而词的意义则是逻辑学—诗学—修辞学分析的问题。对语言的这种解释和分析显然取决于人的概念。[3]

这就是说,对语言的人类学理解来自形而上学对人的规定和理解。

---

[1]   Heidegger, *Beiträge zur Philosophie,* Gesamtausgabe Bd. 65, S. 500.

[2]   Ibid., S. 501.

[3]   Ibid., SS. 502-503.

随着形而上学被克服，人类学也完了。如果人的本质是根据存在（Seyn）来规定，那么人类学对语言的解释也就不再具有权威性了；它失去了它的基础。既然如此，是否可以从存在史对人的规定来解释语言的本质呢？海德格尔的回答是否定的，因为那样仍然限于象征的思想，尤其是仍然不能从存在（Seyn）的支配看出语言的本源。[1]这就是说，无论怎样，都不能从人本身来解释语言的本质和寻找语言的本源。

海德格尔那《哲学贡献》的最后一节用来指明语言的本源。他说，语言不管是说出还是沉默，似乎都是原初和最广大的存在者的人化。实际正相反。它恰恰是作为现成的生物、"主体"和迄今为止一切关于人的规定的去人化（Entmenschung）。由此给此—在和存在者去人化的可能性奠定了基础。[2]这里的"去人化"并不是说人不重要，而是指扬弃传统形而上学以作为现成的生物和主体的人为观察事物的基础和中心的思路，不是到人那儿去找语言的本质和本源，而是从作为存在真理的发生的语言来规定人本身。人是存在真理的守护者，但不是它的主人。语言规定了人的尺度。语言的基础是沉默。沉默的隐蔽的保持尺度（Maß-halten）。沉默首先设定尺度来保持尺度。因此，语言是在最内在、最广义的设定尺度。[3]所以人不能操纵语言，他只能在语言开启的世界中存在。

战后海德格尔的语言思想，完全是在这种存在史的去人化的语言观基础上展开和进行的。在《论人本主义的信》中，海德格尔第一次指明了思、语言、人和存在的彼此关系。他说："思完成存在与人的关系，但它不制造和产生这种关系。……语言是存在的家。在其住处住着人。思想家和诗人是这住处的看护人。他们的看护就是完成存在的开放性。"[4]但是，思、语言、人和存在的关系不是四个现成的东西之间外在的关系，而是整个存在的真理发生的事件，是有化（Ereignis）本身。在《何谓思？》中，海德格尔说思和诗本身是看到意义上的、本质的也是最后的说

---

[1]　Heidegger, *Beiträge zur Philosophie,* Gesamtausgabe Bd. 65, S. 503.

[2]　Ibid., S. 510.

[3]　Ibid.

[4]　Heidegger, "Brief über den »Humanismus«", S. 311.

（Sprechen），它通过人来说语言。[1]因此，如果思完成存在与人的关系，那它是通过语言完成的。但这绝不意味着语言是表达思的根据。"说语言是完全不同于用语言的事。"[2]思在呼应存在中完成存在与人的关系，语言就是这种呼应的具体体现。语言是人与存在汇合的场所，所以说语言是存在的家，在这家里也住着人。进一步，如果语言的本质在于它是存在真理之家，那么语言也是真理发生之处，即存在显现同时遮蔽自己之处。由于语言就其本质而言并不是人可以随意使用的工具，而是人必须服从语言的尺度，所以严格地说，是语言自己在说。[3]语言的本质就是言说（Sage）。[4]

一般人可能会因为海德格尔的这种说法觉得他有点神秘主义，不可思议，甚至胡说八道。因为语言没有发音器官，怎么能说？人们一般都把语言看作人发音器官和听觉器官的活动，语言的人类感情和思想有声的表达与交流。从这个基本认识出发，人们理所当然认为语言有如下三个特点：首先，也是最主要的，语言是一种表达方式，它预设了某种内在的东西表达或外化自身的观念。如果把语言看作表达方式，那么当我们用某种内在的东西解释它时，语言成了外在的、表面的东西。其次，言说是人的活动，因此人们说人言说，是他在说语言，而不是"语言说"。最后，人的表达方式始终表现和描述实在和非实在的东西。这种想法在西方流行了两千多年，虽然这期间关于语言的知识不断在增加和变化。[5]所以，西方传统语言思想的主流是将语言视为一种纯粹工具性的符号系统。虽然在亚里士多德那里符号的作用还只是显示事物，如字母显示声音，声音显示灵魂中发生的事，灵魂显示他所遇到的事；[6]但从斯多葛派起，符号被规定为纯粹标记的工具。由此一个对象要根据另一个对象来调整，符号与对象的关系不再是"让显现"意义上的显示，而是纯粹外在工具性的标记。从显示的符号到标记的变化是由于真理本质的变化。另一方面，

[1] Heidegger, *Was heisst Denken?*, S. 87.
[2] Ibid.
[3] Heidegger, *Unterwegs zur Sprache,* S. 12.
[4] Ibid., S. 145, 252, 253.
[5] Ibid., SS. 14–15.
[6] Ibid., S. 245.

人们总是把语言理解为由声音和意义组成的说，它是一种人的活动。

海德格尔自己一直到30年代中期还没有完全摆脱这种思想的影响。但从《存在与时间》开始，海德格尔就认为，从存在论的层面去考察语言的话，语言的现成性因素（如语音）不是最本质的。语言的本质是能将存在带到近处，或者说，能给存在提供一个发生的场所。所以，语言的言说并不是通常人们理解的"说"的意思，而是"显出"（zeigen）的意思："说（sagen）意思是显出：让显现作为我们称之为世界的东西的呈献，以一种同时敞空和遮蔽的方式释放。"[1]这就是说，语言的言说就是世界的展现，这种展现也就是存在真理的产生，所以它是既展现又遮蔽。真理发生的过程当然不取决于人，但离不开人，存在的真理只有在人在此（Da）之在中发生。基础存在论中此在与存在的关系在这里成了人与语言的关系。只有人说了，语言才说。但这并不是说，人通常的言说是语言言说的条件，而是相反。"因为人只有接受语言的发言（Zuspruch），为语言所用去说它，才是人。"[2]"语言需要人说，但却不是我们说话活动的纯粹产物。"[3]人的言说本质上必然属于语言本身的言说，因为它是人的言说的可能性条件。在海德格尔看来，人能说是因为他能听语言，他能听是因为他属于语言。"言说（die Sage）只给予属于它的人听语言和说的可能。"[4]这其实并不神秘，没有对世界的理解（用海德格尔这里的话讲是对语言的倾听），我们既不能听，也不能说。但人有声的说是为了说出无声但却支配一切的言说："人被用来将无声的言说用语言传达出来。"[5]

这个"无声的言说"就是作为存在本身、作为有化或作为世界的语言。海德格尔的这个思想与他对逻各斯的理解和解释有关。在《存在与时间》中，他已经把逻各斯解释为"显现"。同时他又把它翻译为"话语"，意思逻各斯也是一种"说"，靠"显示"来说，所以它可以是无声的，甚至可以说，源始的说就是无声的沉默。在《存在与时间》第7节，海德

---

[1] Heidegger, *Unterwegs zur Sprache,* S. 200.

[2] Ibid., S. 196.

[3] Ibid., S. 256.

[4] Ibid., S. 255.

[5] Ibid., S. 260.

格尔说逻各斯作为话语就是把言谈时涉及的事物显现出来。[1]而在《语言的本质》中，他干脆说逻各斯同时是存在和言说的名字。[2]这就从根本上肯定了存在和语言的一致性。其实早在西方思想发端时，赫拉克里特已经用逻各斯这个词来命名存在与言说的关系了。[3]

海德格尔认为，虽然希腊人也把语言理解为一种以语音特征为基础的表达，但和我们不一样的是，希腊人不仅使用语言，他们就住在语言的存在中。与我们的语言相比，希腊语并没有特殊的优势能更适合说存在，希腊语的"优势"只是由于希腊人栖身于他们的语言中。这就使得通过希腊词他们立刻就接近了事物本身，而不是陷于任意符号的领域中。他们与语言是栖身关系而不是工具关系。但这并不等于他们与语言已混为一体，能随心所欲使用语言；实际情况正好相反。对于他们来说，栖身于语言并不意味着对自己的语言如数家珍，烂熟于心，可以任意摆布它；而是要对它的陌生性开放。因此，每一种对话和自我对话实际上都需要翻译，都是源始意义的翻译。[4]海德格尔在《论人本主义的信》中借用赫拉克里特的话说"居留对人来说就是为神的到场开放"[5]，也是要暗示，人住在存在的居处就是向被遗忘的存在开放。如果希腊人面对它们语言的任何陌生的话，我们也同样的面对陌生的存在和存在的陌生。

人固然不是语言的主人，但反过来说语言是人的主人也有问题。因为在海德格尔看来，形而上学的命题倒过来还是形而上学的命题。[6]语言与人的关系不是隶属关系，也不是相合的关系，甚至也不是基础存在论中存在与此在的关系。《哲学贡献》中提出和论述的有化概念，根本改变了人与存在和人与语言的关系。人不再是敞空被抛的基础，而是始终对它开放，由于它而存在。存在本身和人的存在不再相合：存在的此不再能被理解为是人自我投开和超验的结果，而是存在对人的要求（Anspruch），人的回应它。存在与人的关系不应该被理解为两个分开的

---

[1]　Heidegger, *Sein und Zeit*, S. 32.

[2]　Heidegger, *Unterwegs zur Sorache*, S. 185.

[3]　Cf. Heidegger, "Moira", in *Vorträge und Aufsätze*, S. 228.

[4]　Cf. Heidegger, *Parmenides*, Gesamtausgabe Bd. 54, S. 17.

[5]　Heidegger, "Brief über den »Huamnismus«", S. 353.

[6]　Ibid., S. 325.

东西之间的关系，而是存在在让此——在存在中保存自己的方式：非形而上学的人通过他的行为来回应存在的抽身。这种共属关系就是有化，它既不是相合，也不是辨证的缠结，而是互为存在和人与存在的共态（Konstellation）。[1] 在海德格尔这里 Ereignis 并不是一般意义的"事件"，而是敞空的发生，是存在者揭示的发生，即存在者合适的显现，成为它们自己。但这个事件不是一个单靠自己发生的过程，而需要人的参与。人现在不需要已先验的方式来把握存在，而是有化需要他以拥有存在者（使存在者存在）。这样，人说话不再是次要的现象，而是人对存在的言说的适当回应，它只能通过人的嘴作为词的发声而发生。[2] 因此，没有两个不同的语言，不是存在的语言在一边，人的语言在另一边。不是存在沉默的声音在一边，人言词的发声在另一边。不是先听后答。听发生在说和回应中，沉默发生在言说中。只有一个语言，它既不是人的，也不是非人的。[3]

对于习惯了语言总是人的语言的人来说，海德格尔的这个思想似乎非常费解。但如果我们仍然从海德格尔对逻各斯的阐释出发寻找理解它的线索的话，也许会豁然开朗。逻各斯在海德格尔那里有两个基本意思：让显现和集合。从上面的论述中可以看到，海德格尔基本上是在他理解的逻各斯的意义上来阐发语言的。语言是源始的集合，它不但集合事物，更集合世界。

在海德格尔的基础存在论里，世界是一个带有明显的实用主义色彩的概念，也是一个以人为中心的世界。[4] 随着他思想的"折回"，他的世界概念也起了明显的变化。在《艺术作品的本源》中，提出了与世界相对的"大地"的概念。而在1951年的《筑 居 思》中，他又提出了四域性（Das Geviert）的概念，认为世界是由天、地、神、人这四个相关区域组成

[1] Cf. Heidegger, *Identität und Differenz*, S. 25f.
[2] Heidegger, *Unterwegs zur Sorache,* S. 260.
[3] Cf. Françoise Dastur, "Languange and *Ereignis* ", pp. 364-365.
[4] 关于海德格尔前期的实用主义倾向，可参见 M. Okrent, *Heidegger's Pragmatism* (Ithaca: Cornell University Press, 1988); R.Rorty, "Heidegger, Contingency, and Pragmatism", in *Essays on Heidegger and Others: Philosophical Papers* (Cambridge: Cambridge University Press, 1991), 2: 27-49; R. Brandom, "Heidegger's Categories in *Being and Time*", in *Heidegger: A Critical Reader,* ed. H. L. Dreyfus and H. Hall (Oxford: Blackwell, 1992), pp. 45-64.

的，它们相互作用构成了世界，表明此时他已充分看到了世界的复合性和多维性。而作为集合的语言，就是这种四域性。"词……作为这个区域让大地和天空，深处的涌流和高处的力量相互遭遇，它决定大地和天空为世界区域。"[1]语言是支配世界的四个区域互动的东西。"语言作为世界四域性的言说，不再只是我们说话的人在一种人与语言之间的联系的意义上与之有关系的东西了。语言作为运动世界的言说是一切关系的关系。它关联、维持和充实世界各个区域的相互对立，持有它们和保护它们，而它自己——言说——则坚持自己。"[2]海德格尔这时甚至不再把用声音说出语言看成是身体器官的事，它被纳入使世界的各区域相互游戏有相互协调的源始基调（Stimmen）中。[3]这海德格尔最终试图表明，从存在论上说，只有一种语言，"语言就是语言"。[4]这个似乎是同义反复的句子恰恰表明海德格尔不同于一切流行的语言思想的本质所在。

海德格尔与流行的语言思想或语言哲学的不同，不仅在思想上，更在思想目的上。海德格尔自己对此有清楚的认识。他把当时流行的语言哲学（以卡尔纳普为代表的逻辑实证主义）称为"科学主义的语言观"；而把他自己的语言思想称为"释义学的语言经验"。在他看来，这两种立场是极端对立的。因为：

> 这两种立场是由深刻不同的任务决定的。第一种立场要把一切思与言说，甚至哲学的思与言说都纳入一个能被技术——逻辑地构造的符号系统的范围，即把一切思与言说限制为科学的工具。另一种立场是从什么应被体验为哲学思考的主题和怎样表达这个主题（存在之为存在）的问题中产生的。无论哪一种立场都不涉及一个（类似自然哲学和艺术哲学）分离的语言哲学领域；语言被认为是一切哲学思考和一切思与言说方式居留和活动的领域。西方传统是这样来规定人的存在的：人是"有语言"（zōon logon echon）的生物——甚至人作为行为的存在者只是作为"有语言"的存在

---

[1] Heidegger, *Unterwegs zur Sprache*, S. 207.

[2] Ibid., S. 215.

[3] Ibid., S. 208.

[4] Ibid., S. 12.

者——这样,两种立场间的分歧并非细枝末节的儿戏,而是人的生存及其命运的问题。[1]

对于科学主义的语言观来说,语言只是人们思想和表达的工具,语言哲学的任务只是用逻辑—数学的方法把这个工具打造得更科学、更严密,从而能用这个科学工具来拒斥形而上学,[2] 与人的生存和命运没有什么关系。但在海德格尔看来,西方的命运是由形而上学决定的,传统语言观之所以被视为天经地义、不可动摇,正证明了这一点。语言首先不是工具,而是存在。只有认识到这一点,我们才能对它提供的新的可能性开放,才能跃向另一个开端,才能从机械世界返回"人的存在之所在"[3]。

[1]　Heidegger, "Phänomenologie und Theologie", in *Wegmarken*, SS. 70-71.
[2]　他们的形而上学概念与海德格尔的不同。在他们看来,海德格尔哲学是典型的形而上学;而在海德格尔看来,这种语言哲学才是典型的形而上学。
[3]　Heidegger, *Unterwegs zur Sprache*, S. 190.

卡尔·雅斯贝斯

Karl Theodor Jaspers

1883—1969

第
五
章

在现代德国哲学中,卡尔·雅斯贝斯可算是个异数。他不但不是哲学科班出身,没有哲学博士学位,甚至也不像胡塞尔那样博士毕业后就投身哲学研究,而是还从事了一段时间的心理学研究和心理治疗的工作。因此,在保守的学院派哲学教授(如李凯尔特)眼里,他是个半路出家的"门外汉",很长时间后才被承认。虽然雅斯贝斯在世时被公认是有代表性的现代德国哲学家之一,但在他去世后,他的哲学却渐渐淡出人们的视线;尽管如此,他的哲学仍有不少足可称道者。

生平与著作

雅斯贝斯在他的《哲学自传》中说:"一切哲学——因为它是人类精神的一种活动——在其主题和原因上总是与从事哲学的那个人的生活密切联系在一起的。"[1]虽然他的生平平淡无奇,但从以上的"夫子自道"来看,雅斯贝斯的哲学与他的生活不会没有任何关系。

雅斯贝斯1883年2月23日出生在德国北部的奥尔登堡。他的父亲是一个律师,29岁就成了布加丁根(Butjadingen)的地方长官,后来又成为一家银行的经理。母亲出身于一个世代务农的家庭。雅斯贝斯是家中的长子,自幼体弱多病,使他不能从事许多体育运动,甚至不能跳舞。这种特殊的身体状况当然影响了他的一生。不过由于他对疾病有比较通达

---

[1] Jaspers, "Philosophical Autobiography", in *The Philosophy of Karl Jaspers*, ed. by Paul Arthur Schilpp, (New York: Tudor Publishing Company, 1957), p. 5.

的看法,且非常注意身体的保养,因此也得享高年,于1969年2月26日死于瑞士的巴塞尔,享年86岁。

虽然身体虚弱,可是雅斯贝斯从小就有很强的独立意志和叛逆精神。还在进学校上学之前,一次,他趁他父亲会客时冲进客厅大声宣布他永远不要上学。在上文科中学时,他直接和校长发生了冲突,起因是他拒绝服从某些在他看来是不合理的校规。他对校长说,课堂的必要秩序和未经证明就引进学校的军事纪律是不同的。他还拒绝参加学校的三个兄弟会中的一个,因为这些组织是建立在父母的社会地位和职业基础上,而不是个人友谊的基础上。校长为此竟然威胁要开除他。最后,校长叫他在毕业典礼上用拉丁语作告别母校的演讲,又被他拒绝,理由是:"我们还没有掌握足以进行演讲的拉丁语;这种事先周密准备的演讲是对听众的欺骗。"[1]气得校长在临别时诅咒他将"一事无成"。[2]

由于健康状况,雅斯贝斯一直感到孤独和忧郁,这使他很早就有了哲学意识。他在中学时就读了斯宾诺莎,后来他把斯宾诺莎称为"我的哲学家"。[3]他在一封书信中写道:"哲学有其无可比拟的价值。要不是它,生活一定会异常可怕。"[4]但他并没有想过要以哲学作为自己的终身事业,甚至要去学哲学。因此,中学毕业后,他最初是在慕尼黑大学学法律,希望像他父亲那样当个律师。但他实在不喜欢法律,而且那里的法学教师也不行,倒是哲学和艺术吸引了他。但是,三个学期后当他改变主修专业时,他既没有选择哲学也没有选择艺术,而是选择了医学。他觉得医学给他打开了一个最广阔的远景,使一切自然科学和人本身成为研究对象。[5]

从1902年起,雅斯贝斯先后在柏林、哥廷根和海德堡学习医学。根据他自己的回忆,他的学习极为勤奋,充分利用一切可能获得种种知识,但主要精力是放在专业学习上。虽然此时他不再读哲学著作,也不听哲学课(部分原因是对哲学教授不满),但仍然在进行哲学思考。1907年至

---

[1] Jaspers, *Schicksal und Wille* (München: Piper, 1967), S. 69.

[2] Ibid., S. 20.

[3] Jaspers, "Philosophical Autobiography", p. 7.

[4] 转引自 Hans Saner, *Jaspers* (Hamburg: Rowohlt Taschenbuch Verlag GmbH, 1996), S. 31。

[5] Cf. Jaspers, "Philosophical Autobiography", p. 8.

1908年，雅斯贝斯通过国家医学考试，并获得医学博士学位。1909年获得医生执业资格。1908年至1915年，雅斯贝斯在海德堡精神病院工作，一开始是任助理医生，后来任志愿研究助理（他的身体状况不允许他任正式助理）。1913年，雅斯贝斯在文德尔班指导下通过教授资格论文，同年《心理病理学概论》一书出版，这是一部教材性质的著作，但受到了当时学术界的好评。后来被称为德国临床精神病治疗法"教皇"的奥斯瓦尔德·巴姆克（Oswald Bumke）在该书的书评中写道："这是一部不同凡响的书。这使它和它的作者在我们的科学史上一举成名并将长久地占有一席之地。它既意味着一个结束，同时又意味着一个开端……哲学的素养，尤其是概念的清晰与坚定地尊重事实与彻底拒绝一切思辨统一在了一起。"[1]巴姆克的这个评价得到了许多著名专家的赞同。而这部著作的出版，也的确标志着雅斯贝斯纯粹精神病研究工作"一个结束"。

在他取得在大学授课资格后，雅斯贝斯从1914年夏开始在海德堡大学讲授心理学方面的课程。在此之前，海德堡大学尚未有心理学方面的课程。虽然雅斯贝斯的课程讲授的是心理学，但他对心理学的理解却是基于亚里士多德"心灵可以说即是一切"的观点，认为没有什么没有一个心理学的方面。他不接受文德尔班和李凯尔特等人对心理学的限制，大胆提出"理解心理学"（verstehende Psychologie）的构想，把心理病理学与思想和哲学理解的伟大传统相等同，把心理学引入社会、历史、宗教和道德领域，并且对尼采、克尔凯郭尔、康德的伦理学和黑格尔的《精神现象学》作了心理学的探讨，但结果不是社会心理学、历史心理学、宗教心理学或道德心理学，而是哲学。这集中体现在1919年出版的《世界观心理学》一书中。这部书成了他通往哲学的途径，只是他当时并没有意识到。[2]

《世界观心理学》已被公认是雅斯贝斯生存哲学的第一本代表作，在这部著作中，雅斯贝斯的主要兴趣不是心理学的可能态度和世界图像，而是在种种世界观表现后面但不被它们满足的心灵动力。"我的心情不再只是对各种世界观类型的心理学的兴趣，而是对各种哲学观点的真理的哲学兴趣。"[3]在这部著作中，雅斯贝斯提出了他著名的"边界处境"

---

[1]　转引自 Hans Saner, *Jaspers*, S. 30。

[2]　Cf. Jaspers, "Philosophical Autobiography", p. 25.

[3]　Ibid., p. 27.

（Grenzsituation）概念。在这部著作中，雅斯贝斯的哲学冲动"促使我在心理学的外衣下思考整体"[1]。这部著作完成了他从心理学经过理解心理学到哲学的过程。

尽管如此，雅斯贝斯并没有立刻得到以李凯尔特为代表的保守的学院派哲学家的承认。尽管雅斯贝斯1916年已经是海德堡大学哲学系的副教授了，但他是心理学副教授，而不是哲学副教授。直到1920年杜里舒应聘去科隆，他才接替杜里舒成了正式的哲学副教授。又过了两年，1922年雅斯贝斯才成为海德堡大学哲学系的哲学教授。但在李凯尔特眼里，雅斯贝斯仍然不算是正经的哲学家，充其量只是"尼采和克尔凯郭尔的模仿者"[2]。对于李凯尔特公开的敌意和藐视，雅斯贝斯也不逆来顺受，他同样用辛辣的语言予以回击。在他看来，学院派的哲学根本就不是哲学。[3]雅斯贝斯与李凯尔特的冲突其实更少个人恩怨的因素，其实质是紧密思考时代问题的创造性哲学家与闭门造车的学院哲学家在哲学方向、方法和原则立场上的冲突。海德格尔因而与雅斯贝斯交往，希望联手与学院派哲学家斗争。[4]

虽然学院派哲学家占有一定的资源和优势地位，但他们的思想与时代问题的脱节使他们最终失去大学生的拥护和支持。而雅斯贝斯虽然也是纯粹的学者，从不参与和卷入现实的社会政治问题，却始终在思考时代的紧迫问题。因此，尽管学院派哲学家部承认并加以攻击，他的课程仍然受到学生的欢迎，并使他得到了"青年诱惑者"的雅号。[5]

尽管不被学院派哲学教授承认，但哲学正教授的职务还是让雅斯贝斯从此一心一意以哲学为业。他把自己的任务定位为证明哲学，研究伟大的哲学家，停住时代的思想混乱，鼓励年轻人对真正的哲学感兴趣。[6]同时，他对自己的弱点也有清醒的认识，就是没有清晰明确的方法论；对历史上一些原创性哲学家研究得不够。他迫切需要上升到真正哲学的高

---

[1] Cf. Jaspers, "Philosophical Autobiography", p. 27.

[2] Cf. Hans Saner, *Jaspers*, S. 37.

[3] Cf. Jaspers, "Philosophical Autobiography", p. 34.

[4] Cf. Rüdiger Safranski, *Ein Meister aus Deutschland* (München/Wien: Carl Hanser Verlag, 1994), SS. 155 – 56; Hans Saner, *Jaspers*, S. 38.

[5] Cf. Jaspers, "Philosophical Autobiography", p. 36.

[6] Ibid., p. 34.

度。[1]因此,在成为正教授后有将近10年的时间雅斯贝斯没有出版新的著作,其间出版的《斯特林堡和凡·高》(1922)与《大学的理念》(1923),其实都是在担任正教授之前旧稿子的修改稿。

1931年,他发表了后来引起很多争议的《时代的精神状况》一书,在宽广的历史哲学基础上,对现代性种种问题(技术化、大众社会的出现、劳动世界和生活世界的异化)进行了深入的批判。他不仅提出了精神在现代划一化和粗陋的问题,而且也追问推动这一切的意图和目的。这部著作的目的是呼吁改变这种世界状况。毕竟,"我们生活在其中的世界状况并非一种终结状况"[2]。但雅斯贝斯也明确警告不要浮浅地从政治上理解他的呼吁。人类的未来,要由人类自己来回答:"对于'什么将发生'的问题,没有有说服力的回答。活着的人将通过他的存在来回答。对于可能的事情发人深省的预见只有一个任务,就是使人想起自己。"[3]

但《时代的精神状况》并不仅仅是时代批判,雅斯贝斯也在这部著作中第一次明确定义了他的生存哲学(Existenzphilosophie):"生存哲学是这样的思维方式,通过这种思维方式,人试图成为他自己;它利用专门知识,同时又超越专门知识。这种思维方式不去认知客体,而是阐明和实现思维者的存在。通过超越只盯着存在的对世界的种种认知,它达到一种悬空状态(也就是对世界采取一种哲学态度),诉诸它自己的自由(阐明生存),并通过召唤超越性为自己无条件活动赢得空间(作为形而上学)。"[4]雅斯贝斯在这里论述的他的生存哲学的这三个基本方面,构成了紧接着《时代的精神状况》在1932年出版的三卷本的《哲学》的主要内容。

《哲学》无疑是雅斯贝斯最重要的代表作之一,也是他最"哲学"的著作之一。它由《哲学的世界趋向》《生存洞明》和《形而上学》三卷组成。雅斯贝斯试图通过这部巨著全面描述他的哲学的方法过程。它先是试图对象世界、科学对象化了的世界、艺术世界、宗教世界和哲学世界中辨明方向,但最后发现,这种通过在哲学逻辑中经过转化的源始努力的经

---

[1] Cf. Jaspers, "Philosophical Autobiography", p. 35.

[2] 雅斯贝斯:《时代的精神状况》,王德峰译,上海译文出版社,2005年,第1页。

[3] 同上书,第169页,译文根据德文原本有改动。

[4] 同上书,第124页,译文有改动。

验而进行的世界导向的局限。这些源始努力构成了《生存洞明》的先行形式和它展开的自身动力。《生存洞明》表明人自由在哲学上才是可能的生存。《形而上学》则讨论超越,即大全性的存在,是雅斯贝斯的存在论思想的集中表述。

纳粹上台在雅斯贝斯的意料之外,虽然他早就有些担心。然而,最初出于一厢情愿,他认为纳粹的狂暴很快就会过去,但越来越糟糕的现实使他不得不相信灾难不会马上过去。由于雅斯贝斯的妻子是犹太人,他自然也就成了当局眼中的另类。德国大学的纳粹化以惊人的速度在1933年就已完成。作为结果,雅斯贝斯在1933年就被排除在大学的管理事务之外,然后在1937年被剥夺了教授职务,不能再在大学上课。1938年以后,他不再能出版著作。他几乎断绝了与人们的往来,处于恐怖孤独之中,谨言慎行,与居心叵测的当局周旋。他并不想作无谓的反抗,只想与他的夫人活下去,但前提是有尊严地活着。如果不能做到这一点,他们为自己准备了自杀的毒药,以备万一。

在这段极端压抑和恐怖的时期,雅斯贝斯并没有停止思考和工作,并没有因为纳粹的阴影而放弃一个哲学家对人类的责任。他从1941年7月到1942年,用了不到一年的时间彻底修订了《精神病理学概论》一书。接着他在1942年到1943年间写了《哲学原理》(未出版),阐明了他的哲学信仰的思想。出版于1947年的《哲学逻辑》第一卷《论真理》也是在纳粹统治时期写的。有一个年轻朋友曾问他:为什么要写,既然根本不能出版,有一天他的所有手稿都会烧掉。雅斯贝斯开玩笑地回答说:人们从不知道,我喜欢写;我思考的东西在此过程中变得更清晰;最后,万一有一天竟然变天,我不希望两手空空站在那里。[1]

在这段暗无天日的岁月里,雅斯贝斯不但继续写作,也在继续阅读,并且与纳粹鼓吹的日耳曼人最优秀的种族主义思想背道而驰,他的阅读范围扩大到了非西方世界。尤其是中国使他在精神上欣喜异常,流连忘返,中国文化使他"感到人类有一个共同起源反对我周围的野蛮。我喜欢赞美中国的人性"。[2]对中国文化的阅读也使他对西方历史进行了深

---

[1] Jaspers, "Philosophical Autobiography", p. 62.
[2] Ibid., p. 82.

刻的反省:"鉴于目前的情况,整个西方历史需要更严格地检验那些思想家。问题很明确,这些思想家究竟在何种意义上是能够奋起创导和保护反对恐怖这种壮举的人;他们在何种意义上又是使这类恐怖可能的开路先锋。"[1] 他的"世界哲学"的概念,就是基于这种反省提出的。

二战结束后,由于许多德国著名学者都与纳粹有或多或少的牵连,媒体和舆论就特别需要有一个正面的典型,而雅斯贝斯在他们看来正可成为这样的典型,因而对他在纳粹统治时期的表现有种种过誉之词。但雅斯贝斯断然拒绝了这样人为的拔高,他在《莱茵—内卡报》上发表了一篇声明,"反对这种虚假的颂扬:失真是有害的,即使它是出于善意……对这种虚假的颂扬,我们在纳粹时代以后比以往任何时候都更反感。我不是英雄,而且也不想当这样的英雄"[2]。正如他的传记作者桑纳尔所说,雅斯贝斯"不是一位英雄,只是不顾一切保持着对理性的执着信念"[3]。

就在美军占领海德堡后三天,德国正式投降之前,雅斯贝斯就成了由十三个教授组成的一个委员会的成员,准备重开临时关闭的海德堡大学。鉴于他一向对旧大学教授的恶感,雅斯贝斯建议不要让教授任教。1945年8月,雅斯贝斯被这个十三人的委员会选为海德堡大学的评议会主席。1946年1月,海德堡大学全面恢复,雅斯贝斯又成为它的哲学教授。但此时雅斯贝斯不仅仅要教课,他还以极大的热情投入到大学重建的工作中去,"用他的思想水准和他全部的人格赢得了军管政府对大学的尊敬。一度他成了学校的代表和保护者"[4]。

雅斯贝斯向来对德国的大学有批判性看法。早在第一次世界大战结束,他就出版了《大学的理念》一书,阐述他的大学观念,此书1946年根据大学重建的要求重写再版。他还在1945、1946、1947年分别作了题为《大学的更新》《论大学活的精神》和《人民与大学》的演讲。雅斯贝斯从学生时代起就对大学有特殊的感情,就认为自己是属于大学的。他的大学理念概而言之就是学术自由、思想自由、大学独立。然而,他很早就发现德国大学无论是学生还是教授,抑或是大学本身都不符合这个理念。

---

[1] Jaspers, "Philosophical Autobiography", p. 82.
[2] 转引自 Hans Saner, *Jaspers*, S. 50。
[3] Ibid.
[4] Hans Saner, *Jaspers*, S. 52。

学生只是为了通过考试和谋个好职业；教授则冥顽守旧，追求特权，结党营私。大学的任务是超民族的，它应该像教会那样，虽然靠国家的税收而存在，却追求永恒的真理，而不应该"吃谁的面包唱谁的歌"。但这些在雅斯贝斯见到的德国大学中都不存在，这表明作为大学理念的核心的思想自由受到了威胁。

为此，雅斯贝斯提出，大学的首要任务是致力于纯洁的科学。它虽然处于不受国家约束的象牙塔，但它应该关心现实的问题。"经济学、政治学和社会学问题现在比平静的、相对稳定的时代显得更为重要。在今日德国，重新造就我们的社会意识是研究的主要问题。"[1]然而，尽管此时雅斯贝斯在大学里的地位和名声如日中天，可是他的大学重建的思想只有很少能实现，人们还是选择旧大学的模式。他显然没有看到现代大学迥异于其欧洲中世纪起源的根本原因。

在《哲学自传》中雅斯贝斯写道："似乎只是在被政治深深搅动后我的哲学才充分意识到它的基础，包括它的形而上学。"[2]他开始认识到："哲学不是没有政治，也不是没有政治后果。……没有伟大的哲学是没有政治思想的。"[3]战后雅斯贝斯的著作明显向政治方面倾斜。1946年，他出版了《罪责问题》，讨论德国人对纳粹罪行的政治责任、道德责任和形而上学责任问题。除了这部著作，他后来又陆续出版了《论历史的起源和目的》(1947)、《原子弹与人类的未来》(1957)、《希望与忧虑——德国政治论文集，1945—1965》(1965)、《联邦共和国往何处去？》(1966)等政治哲学或涉及政治问题的著作。又和维尔纳·克劳斯和阿尔弗莱德·韦伯一起在1945年创办了《转变》杂志，讨论道德和政治复兴问题。虽然雅斯贝斯的政治思想与阿登纳时代的自由—保守的政治气氛相对比较吻合，但雅斯贝斯并不认为战后德国走上了他所期待的政治道路。因而，在短暂的投入现实世界的活动后，他又回到了他熟悉的安静的哲学工作中。

1947年，雅斯贝斯接到瑞士巴塞尔大学的邀请，请他去担任巴塞尔大学的哲学教授。海德堡大学为了挽留他，给他提高了待遇，还有其他种种优惠条件；相比之下，巴塞尔方面的条件不可同日而语。但在经过长

---

[1]　转引自 Hans Saner, *Jaspers*, S. 52。

[2]　Jaspers, "Philosophical Autobiography", p. 70.

[3]　Ibid.

时间的考量后，雅斯贝斯还是决定接受巴塞尔的邀请，离开他学习、工作达40年的海德堡大学，定居巴塞尔。其内在原因有二：一、他不愿意让他的夫人生活在昔日的阴影下；二、他也想找个地方隐居起来，专心致志于哲学。[1]在巴塞尔大学，雅斯贝斯从1948年夏季开始到1961年夏季结束，整整教了13年的课，内容包括哲学史、哲学逻辑和宗教哲学。由于心无旁骛，在巴塞尔的这些年是雅斯贝斯一生最高产的时期。在巴塞尔的20年，他出了20本书，平均每年一本。他的名声通过各种媒体传向全世界，成了最有名望的在世德国哲学家之一。

但雅斯贝斯对联邦德国一直持批评态度，认为民主政治在那里演变成了党派寡头政治，而且这种寡头政治有可能导致专制。出于对西德政府的不满，他在1963年拒绝接受颁发给他的联邦共和国勋章。1967年，雅斯贝斯获得巴塞尔公民权，并退还德国护照。但他并不拒绝各种民间和国际荣誉。1947年他获歌德奖，并获瑞士洛桑大学名誉博士学位。1953年获海德堡大学名誉哲学博士，并成为德国神经学和神经病治疗学会名誉会员；维也纳精神疗法普通医学学会名誉会员。1958年获德国图书业和平奖；达姆斯塔特德国语言和诗歌学院名誉会员；波士顿美国艺术和科学学院名誉会员。1959年获埃拉姆斯奖；巴黎大学名誉博士学位；日内瓦大学名誉博士。1963年获奥尔登堡基金会奖金；马德里医学学会名誉会员。1964年他成为伦敦英国医学—心理学联合会名誉会员；比利时皇家科学院成员；雅典科学院名誉会员。1965年获列日国际和平奖。1966年成为美国精神病理学学会名誉会员。

雅斯贝斯重要的著作除了上面提到的那些著作外，还有《理性与生存》（1935）、《尼采》（1936）、《笛卡尔》（1937）、《哲学信仰》（1948）、《哲学引论》（1950）、《谢林》（1955）、《伟大的哲学家》（1957）、《哲学与世界》（1958）、《面对启示录的哲学信仰》（1962）、《命运与意志》（1967）等。

综观雅斯贝斯不算短的一生，他的传记作者桑纳尔的话可算是最好的概括："雅斯贝斯的一生没有跌宕起伏的事件，没有传记，他把全部精力都投入了思维。"[2]

---

[1]   Jaspers, *Schicksal und Wille*, S. 183.

[2]   Hans Saner, *Jaspers*, S. 68.

雅斯贝斯的哲学观

雅斯贝斯当初之所以没有选择在大学学习哲学,原因之一就是对当时的哲学感到失望和不满。直到19世纪下半叶,哲学一直在西方人的生活中起到了积极的作用,它曾使宗教世俗化,也实现了自由个人的独立。但从19世纪下半叶开始,随着传统哲学成为学院哲学,哲学正愈益放弃其真正的作用,这就是探讨个人怎样才能更好地生活。这是古希腊哲人给哲学规定的任务。它构成哲学的根本。但是,雅斯贝斯看到:"哲学已同自己的根源分离了,它作为关于一种从属现象的学说而对它曾使之可能的现实生活不再负有责任。"[1]学院哲学把哲学变成了单纯的理论学说和对哲学史的单纯研究,"同个人的生活没有任何关系"[2],"把哲学最根本的问题加以淡化直至其不再构成威胁"[3]。这样,在学术化和理论化的外表下,却是哲学本身的支离破碎。"这种哲学是不完善的、散漫的、支离破碎的,并且还在继续瓦解。"[4]

哲学的问题当然不仅仅是哲学的问题,也是时代问题的一部分。要解决哲学的问题,从而解决时代的问题,需要有一种根本不同的哲学观。从柏拉图开始,西方哲学家一般都把哲学视为理论,不仅是理论,而且是纯粹的理论。雅斯贝斯在哲学观上深受克尔凯郭尔和尼采的影响,他在他们的"具体哲学方法"中发现了一种深刻的哲学态度。克尔凯郭尔和尼采在致力于从现实本身理解存在时,对所有通过自明原则把思想归入一个简单完整的理论体系的企图持相当保留的态度。任何一种要求完整的存在体系的努力至多不过提出了一种哲学要求。存在并没有最终的内容,它总是在过程中,是不断生成的偶然事件。正是因此,克尔凯郭尔和尼采揭露了黑格尔逻辑体系与存在的不相干。他们都诉诸个人的独特存在。

雅斯贝斯秉承克尔凯郭尔和尼采的思路,一反西方哲学观的传统,

---

[1] 雅斯贝斯:《时代的精神状况》,第104页。

[2] 同上。

[3] 同上书,第105页。

[4] 同上书,第106页。

提出哲学是实践,而且是独一无二的实践。当然,这种实践不是通常人们理解的那种与理论对立的、外部身体活动意义上的实践。这种实践是一种内在行为(das innere Handeln),也就是存在行为,通过这种行为我成为我自己,"它是存在的显明,是自我存在的行动"[1]。因此,哲学思维不是那种无动于衷的、不切己的研究对象的思维,而是我们的存在思维。这里,雅斯贝斯与海德格尔的哲学是一种存在方式的立场非常接近。这种接近使我们看到,哲学观的改变并不仅仅是出于哲学家个人,而且也有时代的要求在。

正因为雅斯贝斯把哲学首先理解为一种实践、一种行动,所以他在谈论哲学的时候更多是用"哲学"一词的动词形态 Philosophiren,而不是它的名词形态 Philosophie。[2]哲学作为一种活动就是哲学思维:"哲学就是这种思维,在这种思维中,我们确定我们生活的根据——什么真正存在,——我们通过什么存在,——什么对我们而言是无条件的,我们以什么决定为根据,——我们通过它思维这种思维以此检验它的确定性,阐明它的意义和标准。"[3]这就是说,哲学追究人存在的最根本问题。我们是什么和什么对我们存在都在哲学思维的框架中才出现。

在雅斯贝斯看来:"哲学思维是这样的思维,它反对在感觉中感到自足倾向,反对无思想的迷狂,反对理性自我消灭在所谓的非理性主义中。在灾难和迷人的爱中,思维生活的幸福就在于哲学思维不仅洞察一切经验、一切行为、一切决定,而且为它们奠定深深的基础。"[4]哲学的任务就是"从本原上去观察现实,并且通过我在思维中对待我自己的办法,亦即通过内在行为去把握现实。从事于哲学,就是想从关于事物的单纯知识,想从日常谈话的口头禅,想从约定俗成的和表现外在的东西,一句话,想从一切表面现象返回到现实"[5]。

雅斯贝斯的哲学观之不同与前人不仅在于它强调哲学是一种实践,

[1] Jaspers, *Wahrheit und Leben* (Berlin/Darmstadt/Wien: Deutsche Buch-Gemeinschaft, 1964), S. 17.
[2] 下文在涉及雅斯贝斯谈"哲学"的地方,除非表明德文,都是指 Philosophieren。
[3] Jaspers, *Philosohpie* I (Berlin · Göttingen · Heideilberg: Springer-Verlag, 1956), S. XXXV.
[4] Ibid., S. XXV.
[5] 雅斯贝斯:《生存哲学》,王玖兴译,上海译文出版社,1994年,第1页。

而且还强调哲学总是个人的。哲学思想无论涉及多么普遍的问题，多么普遍有效，最后的本原总在个人，"客观化了的哲学思维产物的非个人形态只有在个人生存中才又找到证明"[1]。"哲学实际上就是每个个别生命的充实；人作为可能的生存就是思考的哲学家。"[2]哲学的基本问题的特征与个人的生存特征是分不开的："哲学（Philosophie）的实存（Dasein）首先是个人所行（Tun），作为个人所行，它必定有从这实存的处境必然产生的特征。那么，哲学作为思想建构，专注于一（Eine），就是体系的生成。它最终存在于作为哲学史的哲学工作回忆交往中。"[3]可见雅斯贝斯虽然反对把哲学变成单纯的哲学史的研究，但也坚持了德国哲学家传统的哲学就是哲学史的主张。

在雅斯贝斯看来，人是一个历史的、独一无二的、具体的、有限的和时间性的存在。他总是处于一定的历史处境中。如果作为实践的哲学的基本问题是从生活中产生的，那么它们的形态不可能与产生它们的历史处境无关。虽然我们可以源始地问哲学的基本问题，但我们不能自我作古。我们如何问和回答哲学的基本问题，是由我们继承的历史遗产，即哲学史共同决定的。我们只是在我们各自的历史处境特有的根源中把握真理。[4]形成我们真理的条件就是占有我们的历史基础，也就是历史上一切伟大的哲学。

其实问题不在于哲学史，而在于我们如何对待哲学史。"哲学史对我们如何在那里存在，这是一个我们自己的哲学工作具体有待解决的基本问题。哲学（Philosophie）通过它怎么接受它的历史证明自己和表明自己的特征。这使我们觉得，当代哲学的真理也许不在重新构建基本概念（如边界处境、大全），而在通过使我们在老的思想中听到新的声调而表示自己。"[5]哲学的发展不像科学那样用新的观点取代以前的观点；而是通过更新哲学的传统。这就要求我们始终从当前时代的种种前提条件出发来倾听过去的声音。我们越坚决这么做，过去的语言就听得越清晰，就更

---

[1] Jaspers, *Philosohpie* I, S. XXV.

[2] Ibid., S. 263.

[3] Ibid.

[4] Jaspers, *Wahrheit und Leben*, S. 11.

[5] Ibid.

能感到它生命的灼热。

如果哲学是一种实践，那么对哲学史的研究和掌握也不应该是一种纯粹的理论研究，那样做是不够的。哲学实践意味着要求这样一种对待哲学史的方式：对它的理论态度应该通过在生活中掌握它的文本内容来实现。对思想无动于衷的认识不利于这种掌握。从源头上与思想相遇意味着在自己的存在与之相遇，因为它们就是人存在的现实，人之存在在它们中达到存在意识和自我理解。正因为如此，哲学史不能像科学史那样用知性来从事，我们在哲学史中遇到的不是一般的事实，而是在思想中显明的人存在的现实。哲学史必须是哲学的哲学史，即它本身就是哲学。雅斯贝斯描述了这种哲学的哲学史的五个特征。

第一，这种历史的真正意义是伟大的、唯一的和不可替代的。伟大的哲学家和伟大的哲学著作对于选择根本东西是决定性的。我们在哲学工作中做的一切最终都是为了纯粹理解它们，其他的问题都是次要的。第二，理解思想要求透彻研究文本。哲学（Philosophie）只有通过最具体的理解才能接近。伟大的哲学家要求坚持不懈钻研其文本。既要在全部著作中把握整个哲学，又要注意个别命题，理解它们的细微之初。第三，理解哲学（Philosophie）需要普遍历史的观点。哲学史必须作为哲学的普遍历史成为一个唯一的巨大统一。具体而言，它不应该只是西方哲学的统一，而应该是中国、印度和西方三种不同起源的哲学的统一。第四，哲学的哲学史是哲学家看不见的精神王国。当我们在从事哲学时，我们就生活在一个隐蔽的、非对象性的共同体中，每个哲学人的秘密的欲望就在那有待接受的东西中。在哲学王国中，没有担保和保证，这里，人们通过几千年思想的共患难相互依靠，互为诱因，从自身的根源找到通往真实的道路，但不会相互直接和现成给予真理。人总是作为个人成为哲学家的，但他需要与其他个人交往才能获得真理，成为哲学家。第五，普遍历史观是自己时代最明确的意识的条件。在任何精神王国中，真的生活绝不使人远离他的世界，而是要实现他为他的历史现在服务。我们从现实中理解思想家的问题，这样我们就可以像阅读当前的文本一样读他们的文本，好像所有哲学家都是我们的同时代人。[1]

---

[1] Jaspers, *Wahrheit und Leben*, SS. 12-14.

由于人的历史性，人们虽然在哲学中追求永恒的真理，但不能参与永恒的哲学。人们总是在自己时代的不同条件并在这时代中从事哲学，所以，哲学不能不与时代发生关系，不能不考虑它所处的时代的特征。对于现代人来说，时代的最大特征就是这是一个科学的时代，"各门自然科学引人注目的一致性影响了当今思想"[1]。17世纪以来科学技术的成就已经进入了历史的主流。正是它们的出现使得现代西方世界迥异于以前的西方文明和整个东方的发展。对腐朽的哲学感到不满的人甚至要求哲学以科学为楷模，接受它们的概念、方法和结论。但雅斯贝斯不能接受这样的观点。在他看来，科学与哲学有根本的区别。在《生存哲学》中，雅斯贝斯简明扼要地阐述了它们的根本区别。

哲学从一开始就寻求存在本身的意义和作为一个整体的世界的意义；但科学追求的事实知识不是存在知识。科学知识是特殊的，是关涉一定对象而不关涉存在本身。因此，从哲学上看，首先，科学正是通过有知而最坚决的认识到无知，即它认识到自己对存在自身是完全无知的。其次，科学知识不能给生活提供任何目标。它提不出有效准的价值来。它作为科学不能负起指导责任。它只能以它的明晰与坚定指出我们的生活另有一个起源。最后，科学不能回答关于它自己的意义问题。[2]而科学的这些不能，恰恰是哲学的职能所在。哲学的明见对于生活和对真正的科学的纯洁是不可缺少的。没有哲学，科学就不了解它自身。而且甚至研究工作者，一旦没有哲学，那么，即使由于了解一些伟大科学家而还能钻研一些专门知识，终必陷于不知所措。[3]

除了上述这些区别之外，还有一个重要的区别。这就是哲学作为一个生命运作的活动，是与生活的具体条件联系在一起的，不但联系在一起，还深受当时的历史处境的影响。人不能脱离他的时间性存在的处境从事哲学；但科学工作与科学家的历史处境关系不大，在从事科学活动时，他可以完全不考虑他的历史处境。

尽管如此，哲学与科学并不是风马牛不相及的东西。相反，它们有着内在的一致。科学思维要求尊重经验事实，并以这种尊重来调节自

---

[1]　雅斯贝斯：《时代的精神状况》，第98页。
[2]　见雅斯贝斯：《生存哲学》，第7页。
[3]　同上书，第7—8页。

己的行动,关心理性交流种种发现。科学总是通过精心设计的方法来进行,并充分意识到所使用的方法和它的局限,不断提问,重新在经验中合成新的情况,对批评开放,这些都是科学态度的标志,也是哲学态度的标志。在此意义上哲学也是科学思想。它欢迎探索问题和批评;它也扎根于实存(Dasein)的土壤中。它也用方法来研究,也有明确的方法论及其局限的意识。它也用统一的原理组织它的真理,这样人们就可以进行理性的交流。因此,"丧失科学态度和科学思维方式,同时也就是丧失哲学思维的真实性"[1]。哲学(Philosophie)的伟大任务不是放弃科学,而是用它不可反驳的确定性尺度在有待确定的我们由此生活的事物中检验自己。[2]

但这绝不意味着雅斯贝斯同意当时流行的实证主义和唯心主义对科学与哲学关系的看法。在19世纪后半叶,像洛采这样的唯心论者试图以严格的科学方式处理上帝、灵魂、自由和道德责任的问题。这种努力模仿科学的靠不大住的结果,使许多人只因人的精神实质和他的自由不可能成为科学证明的对象,就否认它们。实证主义因而进一步提出实在的界限就是科学思维的界限。人不应该去操心像上帝、精神灵魂和自由这样的问题,因为它们不能通过科学方法加以肯定或否定,因而可以假定只是心灵的虚构。唯心论和实证论接受一个共同的平台:所有哲学问题都可以通过使用科学方法加以解决。甚至胡塞尔也不反对这个基本预设。但这根本混淆了科学与哲学的关系。

在雅斯贝斯看来,近代科学与哲学的混淆,其历史根源可以上溯到笛卡尔。笛卡尔是近代高估科学的主要根源。为了在哲学中得到清晰和让人非相信不可的证据,笛卡尔不得不把人的自我和上帝降低到科学知性的对象的地位。尽管笛卡尔高度尊重自由,但他把自我或思维物仅仅当作广延物的对等物却明确危及了自由。斯宾诺莎后来从笛卡尔的立场中得出这样的推论:如果物体状态是被严格决定的,那么精神状态也服从同样严格的决定论。普遍的决定论是心与物体能成为清晰和认知的数学证明的对象的条件。雅斯贝斯认为笛卡尔不能通过诉诸自我与上帝的

---

[1]　参见雅斯贝斯:《生存哲学》,第8页。

[2]　Jaspers, *Philosohpie* I, S. XXV.

关系拯救自由和生存,因为他让上帝进入哲学只是要让它支持一个由数学控制的物体。笛卡尔的上帝不再是生存的给予者,而是清晰明确的知识标准的担保者。这样,科学就成了唯一的知识。雅斯贝斯把这种科学主义称为"科学的迷信"。[1]

这种"科学的迷信"在于把某个科学知识的领域绝对化,而它又被人与哲学相混淆,实际上是以科学来要求一切。[2] 既然科学探究可以在世界的对象中无限进行,那么对科学知识来说就没什么界限,可以有一个把握所有实在的整体的科学的世界图像。在此基础上,人们要求科学确定一切价值,决定应该做的道德行为,为人类生活设定终结目标。这样,哲学就没有自己独特的职能了,唯一给它的任务就是提供科学方法和价值判断的一般逻辑。

尼采对这种科学主义进行了猛烈的批判。他指出,科学保护的只是真理的一种样式,但它不无条件地就是真理本身。在我们的科学探究后面有对知识的热情,有一种只有在哲学基础上才能适当评估的驱动力,就是求真意志。因为求真意志本身在一个非科学的基础上,所以科学不能声称有任何绝对真理。但雅斯贝斯批评尼采说,尼采也把科学知识的一个领域绝对化为哲学。[3] 当他把生物学的过程观变为对世界的无条件说明时,当他说绝对的生成是人代替存在的永恒的替代物时,自己也沦为科学主义的牺牲品。

雅斯贝斯认为,当科学切断与任何统一的哲学原理的关系时,它们就缺乏能够在它们中建立秩序和等级次序的指导观念。结果,每门孤立的科学都把自己绝对化,把它的观点强加给其他科学。马克思主义、精神分析和人类学就被他列为这种科学帝国主义的首要例子。[4] 科学帝国主义是要把某种科学的发现变为最终决定人类存在的东西,它的结果一定是某种取消自由可能性的决定论。因此,在雅斯贝斯看来,讨论哲学与科

[1] Cf. James Collins, "Jaspers on Science and Philosophy", in *The Philosophy of Karl Jaspers,* pp. 121–22.

[2] Cf. Jaspers, *Vom Ursprung und Ziel der Geschichte* (München: Piper, 1983), S. 124f.

[3] Cf. Jaspers, *Nietzsche. Einführung in das Verständnis seines Philosophie* (Berlin: W. de Gruyter & Co. 1950), SS. 176–184.

[4] 参看雅斯贝斯:《时代的精神状况》,第123—126页。

学的关系实质绝不仅仅在于给它们划定有效性,更在于维护人类自由和人类生活的目标。

从认识论上看,用科学替代哲学是因为混淆了不同的认识可能性。科学的确证明世界上的事物(对象)是可知的,但不能由此得出结论说世界作为一个整体也是可知的。人们由于世界上的对象通过科学方法可认识,遂以为科学方法也可以获得世界本身的知识。雅斯贝斯秉承康德知识论的传统,认为认识不是一个涵盖心灵和事物的一般术语,而是意味着一种确定的思想,它包含主体和现象性客体的两极关系。认识的对象和客体并不是事物本身,而是存在的某个特殊的经验样式。因此,知识不能扩展到事物的存在,只能留在它们的客观现象上。就知识限于事物的客观现象而言,它也限于认识主体本身的客观现象。总之,存在本身,不管是事物的存在还是人的存在,都不是认识对象。[1]这是科学真正的局限。

但存在恰恰从一开始就是哲学最主要的探究目标。存在不能被科学认识,或者说,它不是人的认识对象,表明存在比对象要宽泛得多,真理绝不仅仅是科学知识。笛卡尔的错误恰恰在于以为那个与对象和客体相关,也和科学的客观性相关的自我(主体)就是整个自我。这个错误的根源在于一个自然主义的谬误,就是既然人是和世界上其他对象一起的一个对象,那么他也就只是这样一个对象。但对象都服从自然的因果律,如果人也是这样的对象,就意味着自由对他而言将不可能。康德当年在他的批判哲学中苦心孤诣区分作为现象的人和作为本体的人,就是要面对近代以来的这样自然主义谬误,确保人的自由。雅斯贝斯秉承了康德的思路,又加进从克尔凯郭尔那里来的生存的概念,说人固然是一个经验存在的例子和客观现象,但也是生存和自由的基础。"生存"(Existenz)首先意味着超越客观普遍性、必然性和确定性的自由决定。它揭示了通过人独一无二和自由的活动决定的存在。人并不存在于世界之外,但却面对道德冲突和不确定性。

人的自由决定了他不但不满足于事物的知识,也不满足于仅仅在自身内部与存在接触,而要超越自身意识到存在本身,即雅斯贝斯所谓的"大全"(das Umgreifende),或者说,人的存在总是要导向超越

---

[1]   Cf. Jaspers, *Philosophie* I, SS. 4-6.

（Transzendenz）。人总是寻求超越世界，甚至人本身，探求无条件的存在或一（Eine），即世界的存在、人内在行为的存在和超越或上帝的存在。哲学思想就是对这无条件的存在或一的非认识的意识。哲学的目标在于洞察我们中和我们外存在的本源，而不是从一个科学建构到另一个科学建构。

科学思维如德国古典哲学家已经指出的，是分解性的、对事物部分性的思维，而不是对事物存在整体的把握，更不用说对大全的把握。科学无论怎样进步，都无法改变这一点。哲学恰恰是从对存在本身的内在把握，而不是从任何知识中得到它生命的力量和真理。因此，哲学在起源上就内在地独立于科学。它的起源在试图跃向超越的个人生命深处，所以哲学从根本上说是一种实践行为。但是，正因为它是一种实践行为，它总是不可解地与具体的历史处境联系在一起。如前所述，我们的时代是一个科学的时代，科学及其在技术中的实践后果支配着我们的时代，哲学不能与这些支配性因素相脱离。因此，虽然哲学在起源上独立于科学，但在现在的历史处境中又紧密地于科学联系在一起，甚至用它们作为自己思想的工具。说哲学在人的存在中尤其独立的起源和说它今天需要科学作为它不可缺少的工具和发展条件并不矛盾。[1]

哲学和科学虽然有别，但彼此需要，彼此不可或缺。哲学可以澄清科学的结构、局限和它与哲学的不同。靠着哲学的帮助，科学可以限制把科学知识绝对化和给某种科学方法霸权的倾向。虽然雅斯贝斯深受韦伯的影响，但他坚决批判科学的价值无涉（Wertfrei）是思想。的确，就科学不能设定道德的最终目标、不能为道德义务提供规范而言，它是价值无涉的。但是，科学不是无价值的或完全避免价值评判因素的。科学主义将科学知识绝对化其实就是一种价值取向。哲学可以帮助科学家追求思辨知识，避免科学主义的迷信。另一方面，哲学超越必须在客观的经验世界中完成，而不能远离经验世界，因此，客观世界的科学知识的进展能促进哲学的发展，对哲学是有利的。哲学不能避免使用客观知性的范畴，如果它要以清晰、普遍、理性的方式传达它的真理的话。[2]

---

[1]   Cf. James Collins, "Jaspers on Science and Philosophy", p. 132.
[2]   Ibid., pp. 133-34.

如前所述，雅斯贝斯的哲学观深受克尔凯郭尔和尼采的影响，在他看来，哲学是在一个个生命中进行的，但生命总是历史的生命，因此，哲学作为思想建构，永远也不可能完整，虽然这并不妨碍它仍然是真的。为此，雅斯贝斯提出了哲学是"之间性存在"（Zwischensein）的思想。[1]说哲学是"之间性存在"，意思是哲学总是在过去的现实和未来的现实之间说出的思想。它在过去的现实中阐明自己，通过未来的现实变得可能。它并不像一件作品那样是圆满自足的，人们可以永远在那里逗留歇息。它只是一个作为呼吁或确证的功能。所以它总是后来是，以便认识一个不再存在的现实，通过回忆存在保存它。黑格尔说密涅瓦的猫头鹰总是在黄昏起飞就是这个意思。但哲学并不只是在一个时代结束时才出现；它也先行于时代，以便通过展望指明方向使新的现实可能。这就是尼采说的哲学是闪电，点燃新的烈火。但哲学之间性存在绝不是说有两种根本不同的哲学，而是说哲学总是二而一的：通过阐明过去和现在导向从可能把握现实；虽然不是终极的，而是存在于时间性的现象中，但过去和未来都在哲学的超越中扬弃为本真存在的永恒。[2]

生存与边界处境

虽然"生存哲学"一词并不是雅斯贝斯最先使用，但人们一般把雅斯贝斯的哲学称为"生存哲学"。雅斯贝斯则不仅把自己的哲学理解为生存哲学，而且把当代哲学就理解为生存哲学，或者说，在他看来，当代哲学就是生存哲学。他承认，所谓生存哲学，不过是唯一的古老的哲学的一种形态。但现在"以生存二字当作标明哲学特征的名词，也并不是出于偶然"[3]。这就是表明，雅斯贝斯把当代哲学理解为生存哲学，是从现代人的根本历史处境来理解哲学在当代的任务。

现代人的根本历史处境用雅斯贝斯的话概括，就是"这个世界的非

---

[1] Jaspers, *Philosophie* I, S. 268.
[2] Ibid., S. 269.
[3] 雅斯贝斯：《生存哲学》，第1页。

精神化以及它之服从于先进技术"[1]。与以前的人类相比,现代人更少想到与自己的关系,更少关注自己的存在,而一意向外探求和征服。人的日常生活就是处理各种各样外部世界的事务,与天奋斗、与地奋斗、与人(他人)奋斗,唯独不与自己奋斗。科学技术使得现代人觉得自己已经完全超越自然之上,可以任意支配自然了。另一方面,人们为自己在征服外部世界方面所获得的利益所陶醉,将人生就理解为不停的外求与征服,这样的一种欲望不但成为人们生活的唯一动力,也支配着人的生活。人在日常生活这种不由自主的机械运作中完全失去了自己。他活着,但并不在生活。或者用雅斯贝斯的术语说,他实存(Dasein),但并不生存(Existenz)。

与此同时,世界的整体性在日常生活琐碎的追求中,在科学的世界趋向的分解下,在人们的眼前消失了。人们看到的只是世界的某一个事物和某一个方面,但不是作为整体的世界。并且,科学的性质也决定了它们不可能把世界的整体作为它们的对象。但所有科学研究对象恰恰都是在这个整体中被给予的。作为整全的世界,是科学研究者无法掌握的。他们研究得越透彻、越深奥,就离真实的世界越远。科学给我们展现的世界,是一个破碎的、不完整的世界,所以不是真正的现实。而"从事于哲学,即是想从约定俗成的和表现在外的东西,一句话,想从一切表面现象返回到现实"[2]。

但什么是"现实"(Wirklichkeit)?在日常语言中,所谓现实就是与还没有发生的、可能的东西相对的事物。凡是实际已经发生和存在的东西,我们都会说它们是"现实"。但康德哲学的影响却使雅斯贝斯提出,日常世界和科学世界都不是真正的现实。现实不现实不在事物本身是否已经存在或发生,"一切现实的东西,其对我们之所以为现实,纯然因为我是我自身"[3]。也就是说,事物或世界现实与否,是相对于作为我的人而言的。这听上去似乎是不太高明的老式唯心主义的论调,其实不然。

就像世界上没有两片相同的树叶一样,世界上没有两个完全相同的人。人之不同不仅在他们自身的主观条件,还在于每个都存在于一个独特的处境中,他与其处境的关系,是任何他人都无法仿效和复制的。但如

---

[1] 雅斯贝斯:《时代的精神状况》,第16页。
[2] 雅斯贝斯:《生存哲学》,第1页。
[3] 同上。

果我们把自己的处境作为科学认识的对象来对待时，我们与它的种种具体、特殊的关系就不复存在，任何科学认识它的人都可以和它有同样的关系。而没有与它的独一无二的、具体的和特殊的关系同时也就意味着我失去了自己存在的特殊性，在将它作为与我的个人性无关的认识对象时，我的个人意识变成了任何人都有的一般意识，也就失去了它的现实性和我本身的现实性。我认识的也不是我的处境，而是一般的自然。它不再是一个处境，而是一个纯粹对象。虽然我可以把现实作为与我相对的对象——客观世界来认识，但我作为生存仍然生活在这些现实中。如果真正的现实不能通过科学来发现，那么只有通过个人（我）才能找到。但这个个人的存在方式，不能是纯粹的实存、一般意识，而应该是生存。雅斯贝斯说："生存乃是指示现实的字眼之一。"[1]

生存（Existenz）并不是一个现代才出现的西方哲学概念。它由拉丁词 existentia 而来。Existentia 一词最早出现在公元4世纪基督教神学家维克托里努斯（Marius Victorinus）的神学著作中，他用它来翻译希腊词 uparxis（存在、初始），与用来翻译希腊词 ousia（实体）的 substantia 相对。Existentia 这个词在中世纪的哲学语言中常常被用来代替 esse（存在）一词，尤其是以分词形式。在 existere 和 esse 同义的基础上，维克托里努斯也将 existere 与 essentia（本质）同义，不过他很少这么用。Existentia 在他那里一般是指存在。但相应于 uparxis 和 ousia 这两个词在 Victorinus 使用的希腊文本中的不同意思，existentia 在他那里有三个不同的意思。首先是与实体概念相对，指纯粹存在，即存在本身，它既不是主词也不是谓词，与具体的主词正相反。这种与实体概念对立的意义有其存在论思想的前提，就是存在源始是绝对普遍和不定的，只是通过越来越特殊的附加规定和性质才成为具体现实，即实体。维克托里努斯也把 existentia 定义为"先存在的实体"，即先于具体实在而存在的前提。因此，existentia 是指上帝。Existentia 在维克托里努斯那里第二个意思与第一个意思刚好是指有一个形式的确定的存在。最后一个意思是作为 substantia 的同义词，以不甚准确的方式指某物的存在。[2]

---

[1] 雅斯贝斯：《生存哲学》，第1页。

[2] Cf. Joachim Ritter (Hg.), *Historisches Wörterbuch der Philosophie*, Bd. 2, (Darmstadt: Wissenschaftliche Buchgesellschaft, 1972), SS. 854–55.

Existentia 这个术语在中世纪和近代西方哲学中意义不甚统一，但多少都与存在相关。雅斯贝斯的生存概念，不是直接来自中世纪或近代西方哲学，而是来自克尔凯郭尔。克尔凯郭尔不满黑格尔的概念辩证法，以生存概念重新提出个人的存在和自由的问题。在他那里，生存概念标明个人存在最根本的可能性与自由，而不是人的事实存在。现代德国的生存哲学基本上都接受了克尔凯郭尔的这个生存概念的基础上有所发展。雅斯贝斯在《哲学》一书导论的一个注里简要地说明了他的生存概念的历史背景："这个词最初只是意指存在的词中的一个。这个现实从模糊不清的时候开始出现在历史中，但在哲学思想中，它只是预示了后来通过克尔凯郭尔这个词才有的对我们具有历史约束力的思想内容。" [1]

雅斯贝斯认为，存在有三种基本模式，即对象存在（Objektsein）、我存在（Ichsein）和自在的存在（Ansichsein）。它们不是三种并列的存在，而是互相不可解地纠缠在一起的存在的三个极点（Pole）。其中我存在还可区分三种样式，即作为经验的实存（empirisches Dasein）、作为一般意识（Bewußtsein überhaupt）和作为可能的生存。经验的实存是指作为个人我有这个躯体，我就是这个躯体。其次，我存在是指我是一个本质上与其他的我一样的"我"，我是可替换的。这"可替换"的意思不是说经验的个人个性千篇一律，而是指一般的我存在，它是作为对象存在条件的主体性，即我作为一般意识存在。由此可见，在经验的实存和作为一般意识的我这两种我存在的样式中，只有抽象的我、千篇一律的我，而没有真正的自我，即独一无二的、具体个别的自我。只有在"可能的生存"中，我才能真正成为一个不可替代、独一无二的我自己。生存就是与自己存在的可能性相关，它本身就是一种存在的可能，因而不能是一般意识的对象。我们只能体验它，而不能认识它。

但它却比任何认识都重要，"把握了可能生存的意义，一切客观存在和主观存在方式的领域将豁然贯通"。 [2] 这就是说，作为可能生存的我对于志在打通对象存在和我存在的存在领域的哲学来说，具有根本的优先地位。反过来，这种哲学对于可能的生存来说是通向自我和真正的存在

---

[1]　Jaspers, *Philosophie* I, S. 15.

[2]　Ibid., S. 14.

的道路。[1]生存哲学就是这样的哲学。

那么，什么是生存？雅斯贝斯说，生存的存在是不能像对象存在那样，用一个可定义的概念说的。[2]生存不是一个类概念，生存是一个标记（signum），它指示一个既不可客观思考也不是客观有效的存在自我确定的方向。[3]但它不是不可说的。雅斯贝斯自己就对它有一个经典的描述："生存绝不是对象，而是本源，我根据它思考和行动，我用一系列思想说它，这些思想并不认识什么；生存是自己与自我，并以此与他的超越相关。"[4]没有生存这个"本源"在场和作为可能性，"思想和就会遗失在无目的和无本质中"[5]。

但我们如何达到生存？在日常生活和科研活动中，我们与事物相关，也与主观性相关。我们可以研究事物的特性与存在，也可以反思我们主观性的特性和存在。但雅斯贝斯却向人们尖锐提出：是否我们最终把握了客观性和主观性的存在，就等于是"我存在"了，即达到可能的生存了？还是只有通过另一种方式我自己才得以对我在场？这是生存哲学的核心问题。[6]在雅斯贝斯看来，回答是肯定的。因为作为一个指示物（Zeiger），生存指向一切对象性的彼岸。[7]因此，我们不可能像接近任何对象那样接近它："但我们走向生存时，我们是在接近一个绝对的非对象性的东西，可它却是我们实存的核心，我们从它寻求寻找，一切对象性的本质性由它得以弄清。"[8]问题是，我们如何才能从与事物的对象性关系中摆脱出来，通达如此重要的生存，进入生存的状态？

雅斯贝斯用他的"边界处境"的概念来回答这个问题。如果说海德格尔对人存在的基本规定是在世界中存在的话，那么雅斯贝斯对人存在的基本规定是在处境（Situation）中存在。处境首先意味着人存在的历史性。世界并不从我开始，也不会和我一起结束。处境就意味着我们总

[1] Jaspers, *Philosophie* I, S. 15.
[2] Ibid.
[3] Ibid., S. 19.
[4] Ibid.
[5] Ibid., S. 25.
[6] Ibid., S. 15.
[7] Ibid., S. 26.
[8] Ibid., S. 25.

是在特定的过去与未来之间发现我们自己来自一个过去,提出什么是存在? 为什么存在某物,而不是无? 我是谁? 我真正想要什么这些哲学的基本问题;提出关于开端和终结的问题。处境意味着我们总是在一条路上运动,这条路一头是过去,另一头是未来,但它们都隐没在黑暗中。这条路随着我们的运动而不断伸展同时也收缩,两头永远的无法看透的黑暗。我们当然总是在处境中开始认识世界的种种,但处境的存在不是存在的开端,而只是我们世界倾向的开端和哲学的开端。处境来自从前,有着历史的深度;它绝不是固定的,而是将未来作为可能性和不可回避性隐藏在自身中。只要我在它那里实存,它对我就是现实的唯一形态。作为现实,处境总是另样和多样的。处境绝不只是某种直接的东西,它自身承载着过去的现实和自由的决定。换言之,它既是自由的限制,又提供了自由的空间。它作为当前的东西为我提供了未来的可能。从根本上说,处境是经过历史中介的存在显现在具体情况中的充实。[1]

处境其实就是我们的存在视域。从事哲学也就是要洞明处境(Situationaerhellung)。因为处境本身作为世界的发生(Weltgeschehen)和通过自由的决定在不停运动,哲学因此也在不停运动。洞明处境不是哲学的结束,而是哲学的开始。哲学的任务就是在处境中寻求存在。既然发现我在作为可能性的处境中,我必须寻求存在,以真正找到我自己。然而,在寻找存在本身时,我们却遭到了挫败(Scheitern),边界处境无情地向我们表明了这一点。

如前所述,"边界处境"的概念是雅斯贝斯在《世界观心理学》一书中首先提出的。雅斯贝斯最初是把它作为一部"理解心理学"的著作来写的,但后来证明这是一个哲学家,而不是一个心理学家的著作,不仅就边界处境思想而言。但毫无疑问,边界处境是《世界观心理学》中提出的最重要的哲学思想。这个概念的确是"雅斯贝斯原创的哲学直观"[2]。海德格尔在《存在与时间》中也对它有很高的评价,说"它的基本意义超出了一切'态度'和'世界观'的形态学"[3]。

---

[1] Jaspers, *Philosophie* I, S. 3.

[2] Edwin Latzel, "The Concept of 'Ultimate Situation'", in *The Philosophy of Karl Jaspers*, p. 183.

[3] Heidegger, *Sein und Zeit* (Tübingen: Max Niemeyer Verlag, 1967), S. 249.

雅斯贝斯在《世界观心理学》的第三章讨论边界处境的问题。在此之前,他讨论了评价、价值表和价值冲突等问题。人们在多种具体、特殊的处境中会经验到价值的破坏,在这种情况下人们乍一看会觉得价值的约束不是绝对必要的;他们可以不那样。但不管怎样,行动的人处在某些一切特殊处境外的决定性的、根本的处境中,这些处境与人的存在本身有关,他看不到这些处境之外,因为他只盯着在主体—客体二分中的客观事物。"我们把这些在我们生存的边界无论何处感到、经验到、设想到的处境叫作'边界处境'。它们的共同点是——在二分为主体和客体的客观世界中——没有什么是固定的或稳定的,没有不可怀疑地是绝对的东西,经验和思想没有持久的支持。一切都在流动,在无穷的问答运动中;一切都是相对的、有限的、分裂为对立物——没什么是整全的、绝对的和根本的。"[1]

显然,这种对边界处境的描述也可以说是对现代人眼中的世界的描述。当然,并不是所有人都有意识地经验到边界处境。相反,他们生活在他们确信无疑的传统世界秩序中,除了他们自己的生活形式外不承认别的生活形式。但对于意识到边界处境的人来说,他们发现传统的世界秩序覆盖着客观自明的生活形式、世界观、信仰和观念的硬壳。但通过反思的运动、辩证法的运动,可以消解以前自明的硬壳。[2]但人不能完全没有"硬壳"生活,"在生活过程中一个硬壳被消解只是为了给一个新的硬壳提供空间"[3]。因此,生活的过程既包括消解又包括硬壳。

边界处境的概念在《哲学》第二卷中得到进一步的讨论。为了使人们对边界处境的性质有更清晰的认识,雅斯贝斯在讨论边界处境时首先定义"处境"概念:"处境不仅是一个符合自然规律的东西;它是一个有意义的现实,它既不是心理的也不是物理的,而是同时是两者的一个具体现实,这个现实对我的实存(Dasein)意味着利益和损害,机会或限制。"[4]作为实存者,人完全融入了他在其中的处境。也因为"身在此山中",所

[1] Jaspers, *Psychologie der Weltanschauungen* (Berlin: J. Springer, 1954), S. 229.

[2] Ibid., S. 281.

[3] Ibid.

[4] Jaspers, *Philosophie* II (Berlin · Göttingen · Heidelberg: Springer-Verlag, 1956), S. 202.

以我们只能看到我们处境的一些方面。即使通过内省我可以看出我错过的很多可能性，但就在那时，处境已经变了。

但处境也有不变的。像我总是在一个处境中，我不能没有奋斗和痛苦，我不可避免要有罪错，我一定会死，这些处境是不变的，变的只是它们的外表。雅斯贝斯把这些处境称为"边界处境"。就与我们实存的关系而言，它们是"终极的"（endgültig）。[1]"它们是不能一览无余的；在我们的实存中，我们看不到它们后面的任何东西。它们就像我们碰到的一堵墙，使我们无功而返。它们不能被我们改变，而只能通过我们变得清晰，但我们不能从别的东西来解释它们或推导它们。它们是实存本身的一部分。"[2]"边界"这个词的意思就是"局限"和"界限"。边界处境表达的是我们实存的局限和界限。就它们是人无法改变和避免而言，它们是实存的基本条件。

有边界就表明边界之外不是绝对的无，边境处境表示有别的东西；但它同时表示，这别的东西不是实存的意识的对象。边界处境不再是一般意识所能把握的处境，因为意识无非是认识和有目的行为的意识，无论是认识还是有目的行为，意识总是客观地对待它们，或只是避开它们、忽视它们、忘了它们；它仍然在边界之内，不能探问地接近它们的起源。普通的处境是一般意识都能把握的现实，也可以从各种观点对它们进行科学研究。但边界处境作为一个独一无二的现实不是一般意识的单纯知性所能把握，也不是为它存在的。倒不如说，理智或知性在这里遇到了绝对的边界。边界处境不是处境的一个亚种。"边界处境"不是一个理智的概念，也不是一个客观范畴，而是一个雅斯贝斯说的"标记"（signum），一个索引，它指向我存在的一个特殊的深度。这个深度就是克尔凯郭尔首先发掘出来的"生存"。所以雅斯贝斯说："边界处境属于生存。"[3]

但是，作为实存，我们已经习惯于用知性的态度，或者说用一般意识来对待一切事物。凡是无法用一般意识处理的事物，我们都刻意回避它们，或在它们面前闭上眼睛。对待边界处境更是如此，埋头于日常事务的

---

[1]　雅斯贝斯的英译者据此将 Grenzsituation 译为 ultimate situation（终极状况或终结处境）。

[2]　Jaspers, *Philosophie* II, S. 203.

[3]　Ibid.

我们总是有意无意在回避它们。即使我们不想回避它们，而愿意对它们有积极的回应，靠一般意识和认识是无法把握它的。它们作为现实只是对于生存才是可明显感觉到的。"经验边界处境和生存是一回事。"[1]实存无能为力之日却是存在在我们身上跃升之时。对于实存来说，边界处境中存在的问题是陌生的；只有在生存中，存在的自我存在的问题才会在边界处境中成为内在的。但从实存如何实现生存？雅斯贝斯的回答是：通过一个从实存向生存的跳跃。通过这样一个跳跃，我真正的自我诞生了。[2]

生存在边界处境中实现自己的这种跳跃可分为三种形式或三级跳。虽然我们存在于世界之中，但不等于我们不能把世界上的一切，包括自己的实存，置于面前超然地加以打量。这时我不是作为生存，而是站在一个阿基米德点上，非功利地、思考地打量着我希望看和认识的东西。这时我仿佛从世界的种种关系和关联中解脱了出来，不再是作为为我自己的特殊目的在我的处境中生活的人，而是作为一个非功利的观察者在行动。我由此获得的知识是我唯一可以依靠的存在知识的立足点。这第一跳或第一种形式的跳跃的结果是我摆脱了怀疑一切的世界倾向，达到了一种"绝对的孤独"[3]，或"在一切处境之外普遍认识者实质的孤独"[4]。

但仅仅有这一跳是不够的，"这种孤独不是终极的；它本身隐藏着另外的可能性"[5]。世界不可能只是一个与我无关的认识对象，我还是在世界中实存。在边界处境中的挫败使我不安；我试图躲进一般意识中。作为一般意识，我虽然获得一个又一个知识，并且超脱实存，但并不能使作为可能生存的我满意。我还未成为生存。我感到真正与我有关的东西只是在世界存在中可客观认识的东西的边界上向我说话。我无法回避生存，我只能要么生存，要么不生存。当我试图作为一个非功利的观察者获得无处境的知识时，我达到了绝对的孤立，但也把自己与边界处境隔开了，但现在它们对我具有根本重要性。孤独的自我存在将成为一种知，使

---

[1]   Jaspers, *Philosophie* II, S. 204.

[2]   Ibid.

[3]   Ibid.

[4]   Ibid., S. 205.

[5]   Ibid.

我在生存中真正向边界处境敞开。我只是在稍纵即逝的瞬间瞥见它们的深度,懂得它们迫使我决定是否我敢于向它们真正的现实敞开,以此实现我自己。这时,边界处境成了我思考的对象。作为潜在的生存,我为了它们隐藏的可能性考察它们。我不能像在一般意识那样,与它们保持一个事不关己的距离。我作为可能的生存潜藏在胚胎中那样在孤独中准备适时而出,使边界处境作为可能性在哲学上得到明确,这就完成了第二次跳跃,就是"从认识的自我存在的孤独中跳到它可能生存的意识中"[1]。通过与生存直接相关,我洞明了我真正成为现实的可能性,生存于边界处境中的可能性。

但这还不能实现生存。只有"第三跳和真正的一跳,才能从可能的生存到现实的生存"[2]。这不再是认识和观察,我不再是作为单个生命体对特殊处境有限地感兴趣,而是作为生存把握实存的种种边界处境。跳跃就是跃向生存,它是有意识的内在行为(das bewußte inner Tun)。[3]在这样的跳跃后我的生命已经不再只是"在那儿存在着"意义上的存在了,我不再仅仅是在世界上存在着,也是在那里生存着,我是在一个新的意义上说"我自己"。[4]也就是开始真正成为自己。

三次跳跃不是互不相关的,更确切地说它们是彼此联系在一起的跳跃的不同形态。每一个形态都导致在边界处境中从实存到生存。这三种跳跃又导致三种不同的哲学活动:第一种导致世界图像方面的哲学,第二种导致生存洞明的哲学,第三种导致生存的哲学生命。哲学不但是生存的可能,也是生存的生命。生存就意味着从事哲学,思考和实现我们的可能性。它的确首先不是理论,而是实践或行为。

大 全

雅斯贝斯常常因为他的生存概念和边界处境的概念被人误解是二

---

[1] Jaspers, *Philosophie* II, S. 206.
[2] Ibid.
[3] Ibid., S. 207.
[4] Ibid.

战后在风靡法国存在主义的先驱，可他本人明确否认这一点，始终不认为自己是存在主义的同道。[1] 雅斯贝斯的生存哲学的确与法国的存在主义有不同的旨趣。对于他来说，"生存哲学本质上就是形而上学"[2]。"从可能的生存出发的哲学并不以生存为最终目标；它超出生存。"[3] 可以说，在对哲学的基本目标的理解上，雅斯贝斯仍然恪守德国哲学家的传统，认为哲学就是形而上学，它的任务就是追寻存在。这他在《哲学》中就表达得很清楚。

然而，从1935年的《理性与生存》开始，他把存在改称为"大全"（das Umgreifende）。1937年发表的《生存哲学》是雅斯贝斯的三次演讲稿，其中第一讲"大全的存在"阐明了存在就是大全的思想："这个存在，我们称之为无所不包者，或大全。"[4] 但雅斯贝斯关于大全的论述并不等于存在论。相反，雅斯贝斯试图用他的大全概念超越传统的存在论："对从前的存在论来说，万物都只是那些被思维的东西；对哲学来说，万物又都被大全渗透，或者说，万物有就像没有了一样。存在论之说明存在，是把它论述存在时说设想的存在还原到一个最初的存在；哲学活动则先对大全作一种说明，凡以后在论述存在时可能谈到的都以这个大全为根据和本原。"[5]

如雅斯贝斯自己指出的，大全的意思就是无所不包、整全。从古到今，哲学与一切科学不同，就在于它以绝对的整全为目标。据克瑙斯（Gerhard Knauss）的研究，大全概念可以上溯到古希腊哲学的 periechon（无所不包）概念。阿那克西曼德就用 apeiron（无限）这个词来表示绝对的整全。而柏拉图把它提升为最高的理型和理型的理型。柏拉图的思想对西方后世的思想产生了巨大而深远的影响，康德就深受柏拉图思想的影响。类似柏拉图将世界分为现实世界和理型世界，康德把世界分为现象界与本体界。批判哲学主客体二分、感性和知识具有共同源泉的假设，以及自然和自由之间统一性的演绎，都指向一个无条件的全体，这个全体

---

[1]　Cf. Jaspers, *Philosophie* I, S. XXIII.

[2]　Ibid., S. 27.

[3]　Ibid.

[4]　雅斯贝斯：《生存哲学》，第16页。

[5]　同上书，第20页，译文有改动。

虽然超越理智,是被自觉领会的,但它是由概念包容的。这个无条件的全体,就是理念。[1]雅斯贝斯的大全概念直接来自康德的理念;柏拉图和前苏格拉底哲学家有关大全的思想只是后来才为他所知。一般认为,康德哲学是雅斯贝斯哲学的出发点。克瑙斯则认为,雅斯贝斯哲学是康德哲学在当代条件下的自然发展。[2]

但这并不是说,雅斯贝斯的大全概念只是康德的理念或柏拉图的最高的理型的机械模仿。他的大全概念就像他的全部哲学一样,有明显的克尔凯郭尔的影响。大全不再是一劳永逸对所有人都有统一的约束力的东西,而是在于每个人主观的抉择,它始终与我相关:"这个抉择是:究竟我是否不在某一种存在学说里去寻找欺骗性的安身立命之所,而在始终敞开着的大全里去实现和完成作为历史现象的我自身和其他自身呢?"[3]

雅斯贝斯的大全概念与海德格尔的存在概念一样,都不是一时心血来潮的产物,而是针对传统存在论的根本问题提出的。传统存在论的根本问题用海德格尔的话说,就是把存在当成存在者。既然存在是存在者,那么在近代哲学的语境下它就必然像其他存在者一样成为"对象"或"客体",为知性的推理性思维所认识。"但是,任何被认识了的存在,都不是存在本身。"[4]雅斯贝斯明确指出:"它绝不会成为对象。"因为"它是那样一种东西,它自身并不显现,而一切别的东西都在它的里面对我们显现出来。它同时又是那样一种东西,由于它,一切事物不仅成为它们各自直接显现的那个样子,而且还继续是透明的"[5]。但大全不是一个视域,而是每一个特殊视域在其中得到揭示的东西。"这个既不是……对象,也不是在一个……视域中成形的整体我们称之为大全。"[6]雅斯贝斯这个对大全的基本规定与海德格尔,尤其是早期海德格尔对存在的理解非常接近。

在《哲学》中,雅斯贝斯把存在分为三种样式,即客体存在、我存在和自在存在。大全既然就是存在的另一个名称,它当然也包括这三种存

[1] 康德的"理念"与柏拉图的"理型"是同一个词的不同译法。
[2] Cf. Gerhard Knauss, "The Concept of the 'Encompassing'", in *The Philosophy of Karl Jaspers,* pp. 142–43.
[3] 雅斯贝斯:《生存哲学》,第25页。
[4] 同上书,第15页。
[5] 同上书,第16页,译文有改动。
[6] Jaspers, *von der Wahrheit,* S. 38.

在样式。但是,现在这三种存在样式变成了大全的七种样式,这七种样式不是大全本身,而只是"指示大全的几个字眼",[1]或表达我们对大全有限的接近。因此,一方面大全在某种意义上是我们自己所是的存在,另一方面是存在本身。我们所是的大全的样式有实存、一般意识、精神和生存。实现它们的共同中介是理性。作为存在本身的大全是世界和超越。

实存(Dasein)就是人在世界中经验存在。我首先是作为实存存在,因此,"实存有包罗一切的现实意义"[2]。它指我们存在一切经验实在的方面。具体而言,我们总是作为有血有肉的个体生活在经验世界中,我们用各种工具,通过社会交往和语言与世界打交道。但实存不是一个一般抽象,它像海德格尔的此在一样,总是我的存在。虽然我绝不能认识作为大全的我的实存,而只能认识确定的经验的现实形态,如物质、生命、灵魂,但我始终出现在这个包罗一切的实存中。[3]我们实存的种种形式对象化之后,可以成为科学研究的对象,但这些成为科学研究对象的东西,像物质、生命、心灵或意识,就不再是作为实存的大全了。

我所是的第二种大全(das Umgreifende)是一般意识。只是在我们的意识种出现,可体验和成为对象的东西,是为我们的存在(Sein für uns)。[4]意识在实存中已经存在。一切为我们存在的东西之所以是现实的或实在的,就是因为它们对我的身体产生影响,我意识到我身体产生的变化。但这种意识只是我们对环境模糊的反应,一般意识是对世界的清晰反映。正因为如此,我们才不是像其他生命那样,是纯粹在一个环境中的实存。一切对我们存在的东西,必须有一种形态,通过这种形态我们可以在意识中意谓它或经验它,这种形态就是主客体区分。只有进入这个区分的东西,才对我们是明确、客观、固定的存在物。也就是说,每一个存在的东西都必须以一种客观的方式表现出来,只有这样,它才是可传达的。因为只有以同一种样式对两个意识都有效的东西才是可传达的。

在雅斯贝斯看来,意识有两种意义,即一般意识和经验意识。我们作为活生生的实存是意识,但作为这样的意识我们不是或不再是无所不

---

[1]　雅斯贝斯:《生存哲学》,第17页。

[2]　Jaspers, *Vernunft und Existenz*, in *Wahrheit und Leben*, S. 99.

[3]　Ibid., SS. 99－100.

[4]　Ibid., S. 100.

包的。生命是意识的载体,我们在意识中经验到这个本身无意识的基础。作为存在于实存的大全中有生命的实存,如果我们成为我们自己的经验研究的对象,那就意味着我们分门别类地看自己,成了这个实存在特殊个体中分裂的现实。但我们不仅是无数个别意识,而且在个别意识中我们也是一般意识:我们在意识中不仅以互相相似的方式想存在,而且也以同一方式知觉和感受着去存在。这个一般意识,也就是我们所是的又一种大全。雅斯贝斯把一般意识叫作"真意识"。在主观意识方式的多样性和真意识的普遍有效性之间,存在着一种紧张。作为有生命的实存的意识,我们存在于无限特殊的现实的多样性中,陷于零碎和狭隘,不是无所不包的;作为一般意识,我们分有普遍有效的真理的一种非现实性,作为这种意识,本身是一种无限的大全。作为经验意识的实存,我们在任何时候都是一个唯一的包含在其主体性中的个人。但作为一种大全,我们就是知识分可能性和普遍的存在知识的可能性,存在通过这种可能性向意识显现出来。我们不仅分有可认识者的正确性,也分有意志、行为、感觉形式的得到普遍承认的规律性。我们就超出了我们时间性的实存而实现了永恒的真理。[1]

精神是大全的第三种样式。从其存在的起源上来说,精神是可理解的思维、行为、感觉的全体,它不是我的知识的自我封闭的对象,而是理念。雅斯贝斯继承康德的思路,把理念理解为阐明事物存在和在整体关系中协调事物的东西。虽然精神必然要倾向一般意识真理的证明和它之它者——被我们认识和利用的自然界的证明,但它无论在意识世界还是在自然界都要通过理念来运作。它是能动性的无所不包的现实,是一切整体性消解和重构的过程,永远也不会完成。它从越来越现实也越来越破碎的整体性向前突进,从它当前本源一再创造它可能的现实;因为它突向全体,它要保存、提升一切,使一切与一切相关,不排斥任何东西,安置和界定一切。[2]

与一般意识无时间的抽象不同,精神还是时间性的事件;就此而言可把它比作实存;但与实存不同的是,它是通过认识的反思,而不是通过

---

[1] Cf. Jaspers, *Vernunft und Existenz*, SS. 100–101.

[2] Ibid., S. 102.

生物学—心理学事件的运动。我们可以内在地理解它，但不能把它作为自然事件来研究，精神总是对着一般意识的普遍性，它是一个和自己绞在一起的自我产生。[1]

无论作为实存还是作为一般意识，我们都是无所不包的现实。但作为实存，我们无意识地以物质、活力和灵魂作为自己的最终基础：在这种大全中，我们使自己成为对象，只是外在地把自己认识为无目的的东西，同时把我们自己分裂为原始统一，但为了研究目的而分隔的种种现实性（物质、生命、灵魂）中。作为精神我们有意识地与一切我们能理解的东西相关；我们把世界和我们自己变成可理解的整体。在这种大全中我们也使我们自己成为对象，但我们内在地把我们自己认识为一个唯一的无所不包的现实，对于这个现实来说，一切都是精神，它只是精神。[2]

我们所是的大全的第四种样式是生存。与实存、一般意识和精神不同，生存的着眼点不在现实世界，而在存在的可能性。世界上实在的东西并没有穷尽我们的可能性，但我们不仅是现实性，也是可能性。生存就是我们可能性的样式。世上一切现实的东西都可以成为知识的对象，生存却不是知识的对象。对于近代哲学来说，自我只有两个方面，即实存的方面和意识的方面，笛卡尔哲学就是这种思想的典型。康德发现了人有自由的可能，可是他简单地将这种可能归结到自我的意识方面，归结为人的现实性。康德的同时代人哈曼和雅可比首先使用生存的概念来攻击启蒙运动的理性主义和康德的观念论。兰克和谢林则用这个概念来反对黑格尔的理性和理念的概念。但是克尔凯郭尔首先发现自由不在人的现实性，而在人的可能性，他把这种可能性叫生存。

雅斯贝斯的生存概念沿袭了克尔凯郭尔的思路。我们只是在可能性的样式中才是生存。生存是我们的基础。雅斯贝斯把生存比作一个轴，"所有我存在和这个世界上所有对于我真正有意义的东西都围绕着这个轴转"。[3] 与世上所有的东西相比，生存始终悬而未决和模糊不清，没有可见的效应，它不可能被概念把握。它是一切知识"黑暗的基础"。生存是在作为自我存在条件的本源的意义上的大全，它承载着大全一切广

[1]   Cf. Jaspers, *Vernunft und Existenz*, S. 102.

[2]   Ibid.

[3]   Jaspers, *Von der Wahrheit*, S. 76.

度的意义。[1]

虽然生存是我们所是的大全的样式，它却指向我们所不是的那种大全，即大全本身。"我们所是的大全并不是存在本身，而是在*存在本身*的大全中的显现（不是假象）。"[2] 由于存在本身不是对象，它只能通过边界的指示物被我们感知。我们所是的大全在事实上碰到了它的边界。当我们将我们认识的一切事物按照其形式产生时，它们必须以能成为我们的对象的方式出现，所以我们还不能根据其实存产生最微不足道的尘粒。存在本身是看不到的，只是间接显示在我们在经验过程中遇到的作为确定实存和作为一切特殊事件的规律性的东西中。雅斯贝斯把这个东西叫作世界。[3]

虽然我们参与世界，它却是我们所不是的那种大全。世界并不与我们实存这个事实是一回事，它也不是所有实存的东西的总和。因此，它绝不是一个对象，而是我们在其中遇到对象的那个整体。世界的实存不依赖于我们，但它也不是我们实存的原因。它是我们向外超越时所遇到的边界。

我们所是的大全还有另一个边界，那就是超越（Transzendenz）。当我们最深刻地把我们自己作为我们自己来经验时，我们从另外的某个东西经验到我们的本源。这个另外的东西就是"超越"。"超越"是中世纪基督教哲学家发明的概念。从神学上讲，超越是上帝的隐蔽、依赖的意识、作为在创造的行动中的创造物的被创造的概念。超越绝不能被错当成我们自己的主体存在。[4] 在雅斯贝斯这里，超越是生存之所向，是生存的根据："*生存*乃是自我存在，它跟它自己发生关系，它知道它自己是由超越所给予，并且以超越为根据。"[5] 超越就是超越我们的实存，跃向我们存在的可能性："当我们在我们的本质里经验到，超越对于我们来说就是对一切实存的突破、就是现实时，在这样的瞬间，我们的存在意识就产生飞跃。"[6] 相对于实际存在的东西来说，超越什么也不是，因为对我们存在的东西都

---

[1]　Jaspers, *Vernunft und Existenz*, S. 104-105.

[2]　Ibid., S. 103.

[3]　Ibid., S. 104.

[4]　Cf. Gerhard Knauss, "The Concept of the 'Encompassing'", p. 156.

[5]　雅斯贝斯：《生存哲学》，第19页。

[6]　同上，第76页。

是以实存的形态存在着。但超越对我们又是一切,事物只有与超越相关联时,才是真正的存在。

尽管超越是生存的基本,但它也不能没有生存。没有生存超越就没有意义。[1] 不回到生存的基础,超越就是空洞的,就是无。另一方面,超越虽然是神性,但也不是一个理性建构的最高存在者,可以通过概念的梯子到达。虽然超越是超越实存,但只有超越才是现实的存在,因为只有在神性中现实才存在,真理才存在,存在才不会动摇。[2]

超越和生存往往会使人们将雅斯贝斯与非理性主义联系起来,殊不知,理性在雅斯贝斯那里有非常重要的地位。生存固然是一种存在的抉择,但它却不可解地与一个他者联系在一起,这个他者与大全的所有方式的整体关系有关。"它不是一个新的整体,而是持续的要求和运动。它本身不是附加的大全的方式,而是一切大全方式的纽带。它叫理性。"[3]

从康德开始,理性在德国哲学家那里就被赋予了把握整全的功能和使命。康德与黑格尔都区分知性和理性,前者是从事科学研究和一般思维的分析性或分解性的理智,相当于后来人们说的工具理性。后者则是综合把握的能力,它以世界和存在的整全为目标。

雅斯贝斯继承了传统德国哲学知性与理性区分,只是他把前者叫作"一般意识"。[4] 并且,一般意识中有理性,只是理性能通过反思从理智的狭隘范围中抽身而出。雅斯贝斯接受康德的看法,认为理性是"理念的能力",凭借这种能力,它也是从特殊到普遍的道路。"如果理性是通向整体的道路,理念的生命,那么它就是精神的大全。"[5] 理性使我们在忙于日常事务时不至于忘记整全和根本。它以一种理性态度的形式支配着实存,这种态度指导着我们生活的物理—物质机制;它使我们免于不可控的行为;使我们保持中道;通过理性的目标让我们的行为得以在我们生活的整体中持续;平衡我们的本性;以合理的方式调节我们与他人的共存。作为爱,它在我们生存的基础打动我们,从而成为上帝语言。[6]

[1] Jaspers, *Vernunft und Existenz*, S. 105.

[2] Jaspers, *Wahrheit und Leben*, S. 20.

[3] Jaspers, *Vernunft und Existenz*, S. 108.

[4] Ibid.

[5] Ibid.

[6] Cf. Gerhard Knauss, "The Concept of the 'Encompassing'", p. 157.

生存的基础是感觉、经验、无疑问的冲动、本能和任意,没有理性的话,它就会一意孤行,远离世界和超越。没有理性,超越就成了恶魔般的高高在上者,好像从一个暗处在攻击我们;信仰成为迷信;爱成为恐惧。世界变得一片混乱。实存变得无序,失去了它的人性,陷入反社会的邪路。精神退化为可笑的实在,不值得相信。曾经是活生生的精神变成死气沉沉的物质化了。没有理性,一般意识只是一种机械的思维器械。[1]

由此可见,理性不等于简单的思维,它是超越一切界限、无所不在的有要求的思维。它不但在事物之间协调和保持秩序,在事件的规律性和秩序的意义上理解普遍可知的东西和本身就是一个理性存在的东西,也能在彻头彻尾的反理性东西之前揭示其他的东西。理性能够通过思维在持续的越界中的优先地位阐明大全的所有方式,而本身并不是像它们那样的大全。但这并不是说理性是它自身的起源,由于它是无所不包的纽带,它就像是一个起源,所有其他的起源在它那儿显露出来。它永远躁动不安(Unruhe),始终在向前推进。[2]

虽然理性是维系所有大全方式,尤其是我们所是的大全方式的纽带,但理性应该与它们保持一定的距离,而不应该因与它们密不可分而丧失自己。因为那些大全方式都有自身的局限。实存很狭隘,虽然在其纯粹的狭隘中它是有目的的,但总的来说它是盲目的。一般意识追求无目的的正确性,这些正确性的确是普遍有效,但缺乏目的。精神追求自我封闭的和谐的整体性,能看到它,却不能那样生活。理性的生命就在于它能超出这一些,而不为所囿。

至于生存,它与理性可以说是相互支持,不可分割的。"生存只有通过理性才鲜明;理性只有通过生存才有内容。"[3] 理性进入生存也使得雅斯贝斯的生存概念明显不同于克尔凯郭尔的生存概念,更不同于萨特的生存概念。理性与生存的相互支持也使雅斯贝斯的大全概念具有鲜明的理性主义色彩。

不但生存和理性是相互支持的,互补的,而且所有大全的样式彼此间的关系都是这样,它们都互相支持和加强,互相关联,而不是彼此派生

---

[1]　Cf. Gerhard Knauss, "The Concept of the 'Encompassing' ", p. 157.

[2]　Cf. Jaspers, *Vernunft und Existenz*, SS. 108 – 109.

[3]　Ibid., S. 110.

的。大全的每一个样式都有自己的本原。它们的关系不是相互制约或被制约,或同质性的互相影响,也不是逻辑的因果关系或高低等级关系。没有一个大全样式我们可以从中认出所有其他的样式。只有通过越来越进一步的探究存在,我们才能意识到大全的种种样式。在每一种大全样式中都会重新提出存在的整体是否已经被掌握的问题。这些大全样式相互依靠,关涉一个永远也不能完全获得的真理。[1]

大全并不作为一个对象在世界中发生,所以它也不能从其他对象中派生出来。我们的确可以从特殊超越到大全,但超越不是派生。由于大全不是对象,我们不能用研究对象的方式研究它。不但大全本身不是对象,它的种种样式也不是对象。"一切样式的大全,当它们变成研究对象而且仅仅是研究对象时,就好像消沉自毁了;当它们以研究对象的形态而成为可看见和可认识的东西时,就好像气绝身死了。"[2] 我们可以在边界处境中将我们的存在经验扩展到大全,但我们仍然不能以此证明大全。但这并不是完全消极的。大全固然不给我以可知性,但"它让我保持着我的自由"[3],即不完全被我们的知识束缚,而能保持必要的距离。

这并不意味着大全排斥知识,"因为我们可能取得的知识绝不因我们体会了大全而被取消,相反,这种知识由于被相对化了就得到我们从一种新的深度出发的把握;因为它这个无边无际的认识活动此时被我放进了这样一个空间,这个空间虽不能被认知,它却显现为一种好像在透视着一切被认知的存在的东西"[4]。自由就在于突破形成了的存在(Gewordensein),被认知的存在都是形成了的存在。认知固然意味着把握,但它同时也意味着蒙蔽和束缚。所以,对大全的体认就是超越,通过超越(Transzendieren)而达到作为神性的那个超越(Transzendenz)。

就像在早期海德格尔那里,存在在某种意义上就是世界一样,雅斯贝斯的大全也是世界,但同样也不是一般意义的世界,而是作为存在的意义的整体的世界。在我们日常与世界上的事物打交道时,总会发现,我们已经处于一个大的语境中,它决定我们与这些事物可能的关系方式。我

---

[1] Cf. Gerhard Knauss, "The Concept of the 'Encompassing' ", p. 159.

[2] 雅斯贝斯:《生存哲学》,第21页。

[3] 同上书,第22页。

[4] 同上。

们总是已经知道意义和目的,在我们研究世界的种种关系时,总是受已接受的观念的引导。靠着它们我们才能确定可能遇到的极端可能性。连续性和整体性就是这样的观念。我们寻求连续和整体不是经验的结果,因为经验本身只有在连续和整体的基础上才可能。然而,如果我们试图从理论上获得所有可得到的经验的一幅统一的画面时,我们发现,我们还不知道所有可能的经验材料,我们的理论只能给我们临时的画面。新的经验在任何时候都能证明理论是不完全的,因为作为我们探究之前提、经验可能性之条件的连续性和整体性,是永远无法在经验中出现的。如果我们把可能经验的全体叫"世界",那么很显然,这个世界不可能是经验的对象,因而也不是我们研究的对象。它是主客体的统一,我们经验的统一,因为我们自己也包括在这个世界中。在此意义上,大全就是世界。这个世界不是大全的样式,而就是大全本身。[1]

雅斯贝斯晚年在研究历史时也把大全的思想引进了历史。在雅斯贝斯看来,历史的观念是从人的观念中产生的。无论我们以何种方式理解历史,它本质上总是人的历史,哪怕我们关心的是历史事件非人的条件也罢。但我们在历史中不仅探索人之所是,还探索他应该是什么,他渴望怎样来看他自己,他如何理解他自己,也就是说,我们在历史中寻求意义。历史的意义就是人的意义。与自然界任何别的东西相反,人不仅仅是其所是。在一个更为深刻的意义上,人是他所不是。人不是一个事实(factum),而是一个可能。他的尺度不是他的现实,而是他的可能性;不是常规,而是例外。[2]历史的事实是时间性的,但历史的意义和目的是永恒的。所以历史的实际领域一再被超越,历史要求克服,因为历史的起源和目标本身并不属于历史。但正是从历史中产生了超越历史,克服历史,进入大全的要求。纯粹历史知识不能令人满意,它绝不是目的。历史要求被克服。历史本身被一个更为广阔的视域所包容,在此视域中,一切暂时的东西都融为永恒的东西,一切相对的东西都在绝对中尽善尽美。[3]

[1] Cf. Gerhard Knauss, "The Concept of the 'Encompassing'", pp. 161–62.

[2] Ibid., pp. 162–163.

[3] Cf. Jaspers, *Vom Ursprung und Ziel der Geschichte* (München: Piper, 1983), SS. 335–340.

哲学信仰和密码

对于雅斯贝斯来说，哲学就是形而上学，它所追求的对象不是对象，因而不能用理智的方式来接近和把握。也正是在这点上哲学与科学有根本的区别。为了强调哲学不是可以用理智的事业，雅斯贝斯提出了"哲学信仰"的概念。这是他给哲学的基本定位，就是哲学是一种信仰。这的确有点石破天惊的味道。因为在西方哲学史上，哲学总是理性的事业，而信仰属于神学。理性与信仰，哲学与神性，是处在尖锐对立中的。中世纪经院哲学家，如托马斯·阿奎那，为调和这两者煞费苦心。近代西方哲学理性主义的一般趋势，尤其是启蒙运动使得理性与信仰形同水火。倒是康德看出了理智的知识的有效范围是有限的，绝对的本体用理性（知性）根本无法认识和证明，只能诉诸信仰。所以他在《纯粹理性批判》中坦率地说要限制知识的范围，给信仰留下地盘。

雅斯贝斯哲学信仰的提出也是出于相似的考虑，但比康德大大进了一步，就是哲学所追求的东西非理智所能达到，哲学追求的东西也不可能有最终的确定和证明，所以哲学只能是一种信仰。和康德一样，雅斯贝斯也把事物区分为存在本身和现象，存在本身只能在它的现象中被把握，现象对人的思想出现，分裂为主体和客体。存在本身保护主体和客体，但非人所能把握。因为人总是在时间中思维，因而总是不完整的。而存在本身却是绝对的整全，是超时间的。靠本质上破碎不整的思维没法把握存在本身。但存在本身又必须为了人的自由和生存加以肯定。因为自由和生存的根据不在它们自身，而在超越它们的东西，在上帝或超越。对于它们思维无能为力，只有诉诸信仰。

讲到信仰，人们总会首先把它与宗教联系在一起。哲学信仰与宗教信仰有何不同？雅斯贝斯是这样解释的："这两者都谈上帝。哲学信仰对于上帝并无认识，而是只倾听密码的语言。上帝本身只是一个密码。对启示的信仰认为，当上帝为了人类的利益显现自己时，它能看出上帝的行动。……相反，哲学信仰认真对待《圣经》的要求：我们不应该制造木雕的偶像，如果在倾听和发展密码时它没有满足这个要求，它知道它正在做什么。"[1]这就是说,哲学信仰并不声称掌握超越(上帝)的知识,它只是倾听超越的语言(密码)。

但这绝不是说,哲学信仰是非理性的。相反,它绝对是理性的。雅斯贝斯信仰概念的反衬不是一般的理性,而是能提供证据的知识;但它们并不是对立的。雅斯贝斯与康德一样,认为真理并不穷尽于能提供证明或证据的知识。但成为一个人的意义,却并不是以科学知识为基础,也不可能在科学知识中找到支持。它超出了知识领域,而在信仰的领域。知识的真理可以从方法论上得到证明,并且,这种证明可以为任何严格遵循这种方法的人重复。方法论上证明为真的东西无论我信不信都为真。但信仰的真理却是个人真实性的事。除了我自己之外,没有人能对我的信仰负责。总之,信仰是一个个人承诺的事,而知识无所谓承诺不承诺。但信仰和知识不是彼此对立、没有关系的两码事。它们的确有明确的不同,却不毫无关系。在某种意义上,知识依靠信仰,信仰又以某些方式依靠知识。[2]它们只是追求真理的不同方式。

尽管如此,信仰试图掌握的东西还是与能被认识的东西完全不同的。因为雅斯贝斯始终坚持有些重要的东西不能是对象,只能通过信仰来把握,因此,信仰不能和认知混为一谈,就像哲学不能和科学混为一谈一样。但就像哲学并不完全与科学无干,而是要从整体上把握科学的多样性和统一一样,哲学信仰不但要把握知识的多样性,也要从整体上把握被认识的东西。因此,与宗教信仰不同,哲学信仰不是彼岸的,它要在生命和现实的具体性中实现自己。哲学赋予它们以意义和生气。就像哲学是实践行为一样,哲学信仰也是具体的行动,或至少准备行动,而不是一种有气无力的精神状态。

与狄尔泰和海德格尔一样,对于雅斯贝斯来说,人是历史的存在者,人的历史性决定了他总是独一无二、具体的、时间性的。这就意味着他的一切行为都是如此,包括哲学信仰,它同样是历史性的。因此,它不可能是普遍的、唯一的,它的真理没有客观保证。没有什么证据、权威或特别

[1] Jaspers, *Der Philosophische Glaube angesichts der Offenbarung* (München: R.Piper, 1962), S. 196.

[2] Cf. Leonard H. Ehrlich, *Karl Jaspers: Philosophy as Faith* (Amherst: The University of Massachusetts Press, 1975), p. 14.

的启示可以为它担保。它的真理只是对信仰者本人才是决定的和无条件的。父母、精神遗产、文化或宗教只能滋养或唤醒一个人的信仰，但不能肯定它的真理。哲学信仰不像宗教信仰那样排斥别的信仰，相反，"它只是信仰无限相互理解的可能性。它是这样的信仰，它说：真理是把我们联在一起的东西"[1]。

但是，哲学信仰本身的历史性决定了真理的统一不可能在时间中获得。我们在历史和现实中看到的只是各种主义和主张、各种信仰、各种理论体系，它们都声称把握了存在或发现了统一的永恒真理，可是人类在时间过程中对实在的不断把握和展开使这些最终真理的主张一一遭到挫败。无论哲学史还是思想史，似乎是由一堆混乱的信条组成的。但雅斯贝斯并不消极地看待这个现象，所有这些追求统一真理的努力遭遇挫败，恰恰表明了存在本身深不可测。要在时间的长河中把握统一的真理不啻缘木求鱼，根本不可能。但这也提醒人们真理本身的超越性，使人们不至于把自己有限的理解误以为绝对真理。同时，这也为自由和人与人的交流留出了空间，如果统一的真理被一劳永逸地掌握了，人类就只剩下不能不服从的必然性了。

统一的真理本身不会在时间中出现，不能被认识，也不能被构建或派生，只能通过突破人类理解的有限性而领悟。没什么具体的举措能导致这种突破，它需要人类对存在与真理关注的方向有根本的改变，即从暂时的时间性的现实转到永恒真实性和价值的领域，从确定性转向不确定性，从确定的方法转向超越的方法。这就是哲学和哲学信仰的"基本操作"。科学关注暂时的时间性的实在，追求确定性；而哲学关注的永恒的东西注定的时间中的人无法确定地加以把握的，哲学之所以是信仰而不是知识，根源在此。

既然是信仰，在相当程度上只能接受，而不能自作主张。我们甚至都不能计划信仰的未来现实。我们只能准备接受它，活着就是越来越有这方面的准备。我们不能使我们自己的改变成为我们意志的目标；它就像一件礼物那样被赠予我们，我们能经验这个馈赠。[2]这并不是说人完

---

[1] Jaspers, *Der Philosophische Glaube angesichts der Offenbarung* (München: R.Piper, 1962), S. 150.

[2] Jaspers, *Vom Ursprung und Ziel der Geschichte*, S. 278.

全放弃了自己的主动性,而只是表示这样的一种转变不是一个主观认识的行为而是存在方式的改变。这种改变当然有我们自身的根源,这个根源就是理性。

理性作为人的一种能力当然也在时间中,受时间约束,但它不顾我们经验和认知的存在的多样性、差异性和破裂性追求真理的统一。信仰承认权威,但哲学理性并不与权威不相容,而是将它作为一个事实和人关心实现真理的统一的条件予以肯定。雅斯贝斯的哲学信仰是理性和自由的信仰,它肯定真正的权威,尤其是大哲学家遗产的权威。[1]他甚至将哲学信仰等同于理性,"信仰并不异于思想的终极要求,我们称这要求为理性或对统一、整体性于和平的追求"[2]。

在西方首先传统中,信仰的对象一般总是超越的事物,如上帝。雅斯贝斯的哲学信仰也不例外,它事关超越,按照杜夫纳和利科的分析,它是维系个人自由与超越的"核心绳索"。[3]信仰是思想的基石和完成。知性产生于信仰,起码是对于真理的信仰,然后它才能去追求真理,但推理的知性对于存在本身和事物的全体无能为力,在推理思维的界限处知性转变为能把握全体的信仰。思维到了一定的程度,生存一定会求助于信仰以弄清它与一切现实的基础,即存在本身的关系。信仰当然也是思维,作为理性的信仰实际上是适合生存的思维模式。对于知性来说,一切都是认识对象;而对于哲学信仰来说,一切可以是存在本身的现象。信仰剥夺了经验世界终极实在的地位,表明它只是超越的存在本身的现象。

然而,如前所述,与知性相比,信仰没有那么"主动",雅斯贝斯把它比作一种听的能力。与看相比,听更被动些。看可以主动选择看的目标,听却由不得自己,除非把耳朵捂住,在我们听力范围内的一切声音我们都只能照单全收。对于哲学信仰来说,对象不再是作为与认识主体相对的客体出现,而是"从大全的幽暗处""作为一种基础的语言"向我们说话,[4]信仰必须"准备保持倾听"[5]。我们倾听的不是对象的语言,而是上

[1] Cf. Leonard H. Ehrlich, *Karl Jaspers: Philosophy as Faith*, p. 124.

[2] Sebastian Samay, *Reason Revisited* (Dublin: Gill and Macmillan: 1971), p. 170.

[3] Cf. Sebastian Samay, *Reason Revisited*, p. 170.

[4] Jaspers, *Von der Wahrheit*, S. 108.

[5] Jaspers, *Der Philosophische Glaube angesichts der Offenbarung*, S. 35.

帝通过它创造的东西向我们说的语言。[1]通过倾听这种语言,一切实在对信仰变得透明。

"变得透明"是雅斯贝斯一个常用的概念,它的基本意思的穿破事物模糊不清的现实,洞明它们内在的超越性。[2]对象要么作为存在者的各个方面,要么作为无所不包的超越的密码对信仰变得透明。但无论是作为什么,对象在信仰面前,也就是形而上学思想面前,失去了它们独立的地位,它们只是传达超越实在信息的使者。

当我们通过超越对象的客观性进入形而上学思维时,我们就是要把握对象存在的形而上学基础了。但这并不是说思维要离开对象本身,超越到别处去。形而上学思想与经验思想要掌握同样的对象,但它着眼于它们的超越的方面,也就是它们与超越的关系方面,对象在这个关系中变成了超越的密码。形而上学思想没有离开对象,而是提升了对象,把它们变成了形而上学的对象性(Gegenständlichkeit)。但它们不再有独立的地位,它们现在只是超越的对象性。"实存和象征存在是同一个世界的两个方面,世界要么在前者那里向一般意识指明自己,要么在后者那里向生存指明自己。如果世界不暗示什么,而是作为普遍认识的给定东西来看,那它就是实存。如果它是作为本真存在的比喻,那么它就是象征。"[3]

这象征一般而言就是密码(Chiffre),密码是雅斯贝斯形而上学思想的主要概念。《哲学》第三卷"形而上学"近一半篇幅是论述密码及相关问题。雅斯贝斯指出:"形而上学的对象性叫密码,因为它本身不是超越,而是它的语言。"[4]既然密码是超越的语言,雅斯贝斯又把密码称为超越的"密码文字"(Chiffreschrift)。雅斯贝斯这种语言以及它言说的方式都是专门给可能的生存的。之所以叫"对象性"而不叫对象,是要强调密码构成形而上学的对象领域,这是超越的领域。但超越不是一个固定的经验对象,我们无法像对待经验对象那样用概念思维和推理知性直接把握它,而只能通过它的密码来释义学地把握它。

---

[1] Jaspers, *Der Philosophische Glaube angesichts der Offenbarung*, SS. 35–36.

[2] Cf. Sebastian Samay, *Reason Revisited*, p. 171.

[3] Jaspers, *Philosophie* III (Berlin · Göttingen · Heidelberg: Springer-Verlag, 1956), S. 16.

[4] Ibid., S. 129.

作为历史的存在,生存与超越的关系是不稳定的、流动的,而密码和象征因为具有历史性,"象征存在是历史的具体语言",[1] 所以它们以及对它们的解读,也具有同样不稳定和流动的性质,所以密码是形而上学思维的合适对象性。对于形而上学来说,世界上的一切都是密码。世界是密码的世界。形而上学实际就是对密码的解读。有人就因此而将雅斯贝斯的哲学理解为是一种释义学。[2] 密码这个概念预设了理性不能直接认识超越,实在必须在现象的秘密语言中来"解读"。

超越的东西通过密码向我们说话在德国哲学中是有传统的。康德在《判断力批判》中就已提到"大自然借以在其美的形式中形象地向我们倾诉的那些密码"[3];歌德则提到过"世界精神的字母";诺瓦利斯和德国浪漫派也表达过类似的意思。[4]雅斯贝斯的密码概念显然与这个传统是一脉相承的。密码不是内在(Immanenz),也不是超越,而是它们两者的中介。"内在"是雅斯贝斯的一个专门概念,大致指每个人都能经验的世界及其一切。超越作为存在本身并不在纯粹的彼岸,它在实存中成为语言向我们说话,但这个语言非一般意识所能了解,而只有生存才能领悟。"本真存在的可能性经验要求内在超越。"[5]这种内在超越是内在性,即它不是绝对的彼岸,而是在实存世界中,但它马上又消失了;它是超越,但是作为密码的实存中语言。"内在超越"这个概念点明了密码的本质,它是生存与超越的中介。密码是使超越在场的存在。[6]

密码不是一般的象征。雅斯贝斯通过将它们与像符号、隐喻、比较、代表、模型等其他间接指称手段相比较来说明这一点。在雅斯贝斯看来,密码和那些间接表象手段的基本不同就在于:在密码文字中,象征与被象征的东西是不可分的;而后者刚好相反,它们对它们所指的解释,可以在理智上作为一个客观意义被把握的,那些象征手段不过是把它们变成

---

[1] Jaspers, *Philosophie* III (Berlin · Göttingen · Heidelberg: Springer-Verlag, 1956), S. 16.

[2] Cf. Alan M. Olson, *Transcendence and Hermeneutics: An Interpretation of the Philosophy of Karl Jaspers* (The Hague/Boston/London: Martinus Nijhoff, 1979).

[3] 康德:《判断力批判》,邓晓芒译,人民出版社,2002年,第143页。

[4] Cf. Kurt Hoffman, "The Basic Concept of Jaspers' Philosophy", in *The Philosophy of Karl Jaspers*, p. 107.

[5] Jaspers, *Philosophie* III, S. 136.

[6] Ibid., S. 137.

形象的东西。而密码呈现的是实在一个别的方法无法把握的维度。用雅斯贝斯自己的话说,形而上学的象征(密码)是"一个非对象性的东西的对象化"。[1]这个"非对象性的东西"就是超越,象征本身当然不是超越,它只是象征超越,超越只能在象征中出现,在此意义上象征与被象征的超越是不可分的。总之,"形而上学的象征是一个作为密码的存在"。[2]

为了能起到传达超越的作用,象征自己必须尽量隐退,尽量透明,以让被它象征的超越得以通过它这个中介对人们透明。就像事物通过眼镜被戴眼镜的人看见,但眼镜本身并不为他注意。象征本身是不可解释的,要解释象征只有通过别的象征。[3]这就是说,象征本身的解释也是象征性的。理解象征不是理性地认识它、能翻译象征,而是在对象的消失中经验我们与超越的关系。[4]这就是说,形而上学的目的,一般哲学的目的,不是认识,而是一种生存性的解释。

由于形而上学对象总是处于不断的解释中,它们也没有逻辑的一致性,或者说,逻辑对它们不适用。因为逻辑只对知性的范畴思维有效,但范畴思维只能掌握确定的对象,对作为形而上学对象的象征无效。就像海德格尔的释义学循环一样,雅斯贝斯也把形而上学对象看作一个循环、一个同义反复,甚至一个内在矛盾。[5]例如,像经常在海德格尔那里出现的"存在存在"的命题就是一个典型同义反复的例子。黑格尔的辩证法则是内在矛盾的典型例子。[6]它说明形而上学有其自身的逻辑,这种逻辑非知性逻辑所能规范。

所有形而上学的表达式都是象征而不是概念。在一般象征中,雅斯贝斯又区分了可解释的象征和可直观的象征。可解释的象征是客观的,它的意义是能找到答案的。它是一种比喻和描述,只是由于约定俗成或心理习惯而很固定。[7]作为超越的密码的象征是可直观的象征。它不分割能指和所指,而是把握两者为一体。作为密码文字的语言的可直观的

---

[1] Jaspers, *Philosophie* III, S. 16.

[2] Ibid., S. 146.

[3] Ibid., S. 16.

[4] Ibid.

[5] Ibid., S. 15.

[6] Ibid., S. 145.

[7] Ibid., S. 146.

象征只有生存才能通达，而可解释的象征只为一般意识而存在。[1]两种象征的不同似乎就在于它们是否声称认识和知道终极的东西，即最终者（das Letzte）。第一种类型的象征认为自己指的就是一个最终的东西。例如，一个一般的神话理论会告诉我们，在神话中一个特定的象征是在表现如此这般的一个自然过程，或如此这般的一个人类行为，如耕作或手工艺。精神分析理论认为性冲动是最基本的东西，即终极的东西，它以各种伪装形式出现在一切梦、幻想和行为样式中。这些象征模式的共同特征是建立在这个事实上，即无论什么它们指为最终的东西都不再被认为是别的东西的象征，即现象（Erscheinung），而就是存在。[2]这种象征是为了一般意识而存在的，它为理性认识服务；它是客观的，它的意义是单一的。吊诡的是，在多种解释的最后，就它们指一切而言，如在弗洛伊德的体系中，什么都可以说是力比多，这些象征仍然是多义的和不确定的。[3]所谓能解释的象征就是知道最终东西是什么的象征，例如，对于弗洛伊德精神分析来说，最终的东西是利比多；对黑格尔的形而上学来说是辩证的逻辑概念的运动，等等。这种象征为雅斯贝斯所不取。

雅斯贝斯心目中的形而上学象征是可直观的象征，也就是密码。它不知道最终的东西，始终对一切保持开放。它的意义永远不是固定单一的，而是多样的。在一个密码中，能指和所指融为一体，密不可分。"因为一个密码总是内在维度和超越维度的统一，只有它被当作超越的一个单义的象征，它就不再是一个密码。在密码文（Chiffreschrift）中，把象征与被象征者分开是不可能的。它是超越呈现，但它是不能解释的。"[4]普通的象征总是在区分能指（指号）与所指（意义）的基础上进行的。但解读密码就必须把指号和意义结合在一起，向纵深开掘，而不是横向勾连。解读密码不是看在象征外有什么它所象征的东西，而是要越来越深入密码本身。不是要寻找来自别处和通过其他途径来的意义，而是要通过解释它自己内部的层次和深度澄清它已经有的东西。[5]它是超越的密码文

[1] Jaspers, *Philosophie* III, S. 147.

[2] Ibid., S. 145.

[3] Ibid., S. 147.

[4] Ibid., S. 141.

[5] Ibid., SS. 146-47.

字,只有在边界处境超越的生存才能领悟它,所以它只对生存有意义,而非一般意识所能解释。本身似乎是在解释密码的话语其实是进一步的象征。

总之,密码是一种象征模式,当对象成为超越的表达时,就需要这种象征模式。此时,它们的象征作用不再指一个最终的实在和意义。它们需要其他的象征才能起到成为什么的象征的作用。在一般象征中,一切解释的因素最后总是要得到一个确定的单一意义;而密码解读导致一个"不可知的单义性"(unwissbare Eindeutigkeit),即不可能达到的单义性。但会有这样的历史时刻,一个特殊的对象、事件和思想以一种无可比拟的方式完全承担上帝显现的任务,并充满一种特殊生存的意识。在这个决定性的时刻,一切因素都合成一个不会错认的意义和无可怀疑的明确性。但这种明确仍然无法固定:看上去似乎是终点的那一刻马上就过去,成为进一步问题的契机。所以,"密码始终可以不同地解读"。[1] 即使对于同一个人,密码解读也不会结束,更不用说会有一个所有人都接受的普遍结论了。"密码的无限多义性在时间实存中表明是它的本质。"[2]

由于作为密码的超越的语言只有生存才能通达,而非一般意识所能理解,因此,密码解读是一个自我存在的问题,而不是一个理智操作的问题。"这种解读只有与我的自我存在一起才可能。"[3] 当然,这并不是说超越自身的存在依赖于我,但与我无关的超越本身的存在是不能通达的。我只有成为我自己,才能了解超越。就像感官只有完好无损,我们才能感知世界的现实性一样,可能生存的自我存在只有在场,才能与超越相遇。所以,我们不是通过研究、通过收集和理性学会深入密码文字,而是通过实际生活的运动才有这材料的。我们是在生活实践中,在精神振奋中,在爱与恨中,在自我封闭和自我放弃中内在地经验它。"但我不能直截了当证明密码的真理,因为它作为说出的东西在其客观性上是一个游戏,没有有效性主张,因此也不需要证明。"[4]

其实也不可能证明,因为在解读超越的密码文字时我把握的不是科

[1]   Jaspers, *Philosophie* III, S. 149.

[2]   Ibid., S. 150.

[3]   Ibid.

[4]   Ibid., S. 151.

学研究中的那种固定对象，而是一种存在。雅斯贝斯之所以把密码说成是一个"游戏"，正是要暗示它的不拘一格的活动性和不稳定性。因此，密码解读不是按照逻辑规则来推理的必然性操作，而是"出于解读它的人的自由的选择"[1]。密码解读的多样性和密码本身的多义性恰恰表明了人存在的自由本质。知识需要证明，存在不需要证明，就像自由不需要证明一样。

雅斯贝斯根据密码自由灵活多义的特征，对传统存在论进行了批判。传统存在论是把存在本身作为对象来认识，因此，要认识真正的存在为何的人，就试图用概念来固定这种认识。存在论作为存在的理论，只有在我的存在能在一种知识中被自己把握时，才根本得到深度的满足，这种知识作为知识已经表明了真理。[2]但在雅斯贝斯看作，这种存在论对我们是不可能的。"存在论必定崩溃。"[3]因为实存的知识限于外部世界的知识，即雅斯贝斯所谓的世界趋向（Weltorientierung），限于在一个范畴学说中种种可能的思想规定。而存在本身的问题只有在人们从趋向世界转向自身，转向洞明生存时，才会出现。洞明生存的知识只有诉诸自由，而不是通过有一个结果才有其本质；超越的知识深埋在不稳定和多义的密码文字中。这种知识作为可能的生存的知识不是存在论。雅斯贝斯要用始终历史的、绝不是普遍有效的密码的实存来取代存在论的存在。[4]

这当然并不是说雅斯贝斯要取消西方哲学传统的存在问题；和海德格尔一样，他其实只是不满传统存在论对这个问题的处理。在他看来，存在论是将存在固定在一种存在的知识中的方法。[5]这样，对于历史存在的我们不可能固定的存在，就被人为固定为一个对象，即由存在变成了存在者。存在论与科学一样，追求客观规定和确定性。而密码解读恰恰是要在悬而未决中经验存在。知性和生命意志要把人固定在实存中，让他脱离超越的存在。它们教他在持续的存在和无时间的思想中去看存在。它们把人干脆推向作为存在知识的存在论。可人不仅是实存，还是生存，

---

[1] Jaspers, *Philosophie* III, S. 155.

[2] Ibid., S. 157.

[3] Ibid., S. 158.

[4] Ibid., S. 160.

[5] Ibid., S. 161.

作为可能的生存,人能通过解读密码自由跳出这些羁绊。[1]

在雅斯贝斯看来,存在论究其起源,是要把所有思想方式统合成一个贯穿存在、无所不包的思想,然后从这思想中产生能认识这样一种存在的学说。而密码解读刚好相反,它不要求现实生活行为的统一,现实恰恰告诉我们的不是知识与思维方式的统一,而恰恰是知识的破碎性。对于我们真正统一的首先是历史对每一自我存在的行为的影响,对它来说,思维方式的统合为一(Ineinsfassen)只有在密码文字中才是可行的,因为只有它才包含了无限的可能。雅斯贝斯得出结论:"存在论必须消解,这样个人才能回到当前生存的具体性。"[2]

很显然,雅斯贝斯反对传统存在论,与海德格尔一样,不是出于纯粹理论的目的,而是出于生活实践的目的。他要挽救的不仅仅是思想,更是实践行为(Tun)。虽然他把"存在论"这个术语留给了他要反对的哲学思想,但他的密码解读不能不是存在论的。他始终是从自我存在和存在本身立论,因此,真理也就不只是知识或理论(哪怕是哲学)的性质,而是存在的特性:"真理存在于自我存在及其超越的实现中,而不是在将统一性客观思考为可传播的知识的各种哲学思想中。只有破除这个思想,真正的统一才可能。"[3]话虽这么说,雅斯贝斯还是承认,由于语言的历史性和多义性,这种存在的统一在现实中是无法实现的。但这并不是坏事,自由的人就应该这样,雅斯贝斯引用歌德的话来表明这一点:"对于我来说,一种思维方式是不够的;作为诗人和艺术家,我是多神论者,与之相反,作为自然研究者,我是泛神论者。如果我为了我的人格,作为道德的人,需要一个神的话,那也就已经顾及了这一点。"[4]

密码本身由人存在的历史性造成的不确定性和多义性并不等于它缺乏普遍性和一定的秩序。相反,作为超越的语言,它体现了我们对存在和上帝本质的理解。为了说明密码体现了我们对存在和上帝理解的递进秩序与阶段,雅斯贝斯一开始把密码划分为三种语言。首先是"超越的直接语言"(unmittelbare Sprache der Transzendenz)。这种语言是在意识

---

[1]　Jaspers, *Philosophie* III, S. 162.

[2]　Ibid., S. 163.

[3]　Ibid.

[4]　Ibid., S. 164.

的最初阶段,对"生存的绝对意识"出现的。之所以说是"生存的绝对意识",是说此时人的意识还没有对现实种种实用的考虑,因而能够感知渗透在一切事物中超越的语言,亦即超越的显现。此时人的心态就是静静地倾听。但这种超越的直接语言要能传达,需要某种普遍化的过程,最初的倾听者只有进入这个普遍化过程才能理解这种语言。[1]也就是说,倾听者只有能用自己的语言来回答这种超越的直接语言,他才算是懂了这种语言。

这就从第一种语言进入第二种语言。这第二种语言是直观交流的语言,已经脱离了本源,是用故事、图像、形态、表情等来表达一个可传递的内容,它是人用来回答第一种语言的。超越的原始语言在这种形象语言中得到保存和改变。最后,人发展出第三种语言,即"思辨的语言"。人用这种语言来批判的对待形象语言,与之对话,"以形而上学思辨的形式构成第三种哲学传达的语言"[2]。雅斯贝斯用这三种语言大致勾勒了人类意识发展的过程,从沉思原始密码到神话和哲学,最后它又回到原始的密码。但这不是简单的回归,而是黑格尔扬弃意义上的回归,因此,这不是一个坏的循环。

雅斯贝斯认为,日常事物和事件都有一个形而上学的维度。有时,在经验实在的日常经验中我们会突然感到一种忧郁和不满,平日熟悉的对象、景象、声音和快乐一下子变得索然无味。正是在这样的时刻,超越在我们日常经验的框架之外向我们说话。形而上学经验产生了,"形而上学经验就是解读第一种语言"。[3]解读第一种语言就是解读存在,它不是一种理解,不是阐明奠定基础的东西,而是人自身以此而存在。它不是要用理性确定什么,而是要超越理性的确定洞察实存中的存在。

存在总是在每个具体事物中整个儿地宣示自己,形而上学地解读密码也就不是像科学以那样孤立和分解它的对象,而是要意识到这个整体和把握整体。"但密码解读又确立一个直接的整体。"[4]大千世界林林总总,每一事物和事件都是一个沉默的密码,我们在每一个中都遇到一个他

---

[1] Jaspers, *Philosophie* III, S. 129.

[2] Ibid., S. 130.

[3] Ibid.

[4] Ibid., S. 171.

者,也遇到一个包括我们在内的整体。[1] 自古以来,自然哲学就试图用普遍性理论来解释自然的密码,例如自然是宇宙的生命与成长,是生成的迷狂,是痛苦的车轮,是时间,是精神的异化,等等。这些解释在雅斯贝斯看来,既是真的也是假的。作为解释整体性(自然)经验的密码,它们是真的;作为整体性知识,它们是假的。

历史是第一种语言中,也是世界趋向的研究中的另一个密码。就像自然哲学在试图固定自然的终极意义时错了一样,历史哲学在试图说清历史的终极意义时也错了。历史总是处于一个不可测的开端和不可知的未来之间,它的终极意义永远也无法为历史中的人把握。"历史的密码就是本真的东西的挫败。它必须在一个开端和一个终结之间;因为只有微不足道的东西持续存在着。"[2]

一般意识也是原始的密码。它提供给我们的秩序、规则和规律使我们得以在这个世界上生活。因此,这些秩序和规则、规律对我们来说是理所当然、不言而喻的。它们的正确性作为真理有一种光彩;好像它不仅是它自己,而是使它可能的东西即超越在它那里发光。可是,这道光彩是有欺骗性的;我们无法对这作为有效的正确性的真理感到满足;相反,我们在纯粹正确性那里感到了有限性的荒凉,失去了密码。保护我们反对任意和偶然的东西同时也是一张把我围于其中的僵硬不变的网。[3]

超越最大的密码就是人本身。人本身就是整个世界。人不但是一般意识,也是有灵魂的实存。作为小宇宙,人超越经验世界与超越相关。他的自我事实上就是不断的自我超越。"世界和超越交织在人那里,他作为生存处于它们的边界处。"[4] 然而,人却不知道自己是什么,虽然似乎最能知道,但却绝无法知道。[5] 所以他甚至对自己都是一个密码。"当他通过作为密码的自己来看超越时,他最接近超越;他是按照上帝的形象创造的,就是对此的神话表达。"[6]

---

[1] Jaspers, *Philosophie* III, S. 173.

[2] Ibid., S. 183.

[3] Ibid., S. 185.

[4] Ibid., S. 187.

[5] Ibid., S. 186.

[6] Ibid., S. 187.

人只能在瞬间当下的直接性中感知超越语言的回响,人于是创造了图像和想象的语言来传达听到的东西。[1]这种语言以三个连续的层次递进,大致相当于神话、宗教和艺术。神话的特征是,在神话中,超越的因素和自然的因素还未怎么分开。例如,在希腊神话中,神仍然是这个世界的一部分;但在宗教中,自然的因素明显退居次要地位,真正的实在是在另一个世界。艺术则通过显出事物中的超越美化日常实在。不像宗教,艺术并不贬低事物自然的一面;也不像神话,它并不是自然人格化。艺术的启示既是世俗的又是超越的:它们是在它们世俗性中的超越。[2]

雅斯贝斯对神话的态度是矛盾的。一方面他承认神话"表达了某种真理",而且这种真理是其他任何思维方式永远也不能得到的,只能在神话自身中把握。[3]另一方面,他又说掌握神话的真理要求对神话进行哲学反思,需要哲学家对神话去神话。人类需要哲学,即思辨的语言来回答超越原始的呼吁。这就进入了哲学思辨的领域。

在思辨中,思维与存在相互属于,换言之,思辨既是思维也是存在,可能的生存以此才能超越实存而与超越参与。"经验发现和推理结论都不能确定一般超越存在。超越的存在既不能被观察也不能臆造,只能在超越中遇到。"[4]超越的存在不是一个用证据证明的问题,而是通过我们的内存在(Innesein)直观的问题。"在实存状态中的内存在中作为存在显现的东西,必须实际存在,因为否则内在(Innewerden)本身也不存在。"[5]"内存在"是雅斯贝斯对人存在的一种专门说法,意思是人的存在就在存在内部,在此意义上人参与存在本身,而不是与存在分开的两个东西。但存在本身是人现实存在的条件,虽然它是超越,但它也是实际存在的,如果参与它的我们是现实存在的话。

这个说法看起来很像西方传统的上帝存在的论证,其实有根本的不同。传统上帝存在的论证虽然是一种存在论证明,但它不是从存在本身

---

[1]　Jaspers, *Philosophie* III, SS. 131－32.

[2]　Cf. Sebastian Samay, *Reason Revisited*, pp. 183－84.

[3]　Jaspers, *Philosophie* III, S. 26.

[4]　Ibid., S. 199.

[5]　Ibid., S. 201.

去论证,而是从思维出发,假设在某种条件下认识本身陷于逻辑矛盾。[1]
但雅斯贝斯在这里谈的不是一般意识的认识,而是超越一般意识的形而
上学的存在经验。他首先从形而上学上把思维规定为一种存在模式,从
而得出思维与存在的同一,来解决超越的现实存在问题。他首先指出,所
谓内存在就是"思维着的存在"(Denkendsein),这个思维着的存在在生
存的统一(existentieller Einheit)中与其思维是同一的,由此也表明它思维
的东西的现实性。然后雅斯贝斯反过来论述,说如果这个生存着的存在
(人)之思维与其内容,即超越的现实性没有联系的话,那它本身就不是
思维指的存在。但它(人)存在着,因此超越也存在。最后雅斯贝斯论证
道:生存的存在只是与超越的思想一起存在。这个统一首先是思维与存
在在思想者那里的生存的统一,然后它是思想与超越统一的密码。[2]

传统上帝存在的存在论论证的根本问题在于将思维主体与论证对象,
即上帝完全割裂开来,思维与存在是不同的东西。而雅斯贝斯却沿袭了巴门
尼德思有(存在)同一的路子,以思维的存在来证明存在本身的存在,因为它
毕竟是存在的一种样式,在存在内的存在,即内存在(Innesein)。但思有同一
对于雅斯贝斯来说也是一个密码而不是一个事实。因为把握它的形而上学
经验与知性不同,不是要确定事实,而是要让心灵对存在的整体性开放。

因此,要克服思有同一这个密码的怀疑也不能通过看不见的证据或
反论证,而要通过一种行动:"除了一个行动外,没什么能反驳我的怀疑。
我们不能证明超越,而只能见证它。没有我的行动,它对我们存在的那个
密码就不能成为现实的。从不满和爱中产生了这个行动,它积极使这个
还不存在的密码成为现实。……从事哲学的人的超越就像宗教的上帝一
样不能证实,上帝也只能在礼拜中发现。"[3]可见,归根结底,思有同一不
是一个认识问题,而是生存实践的问题。而作为这种实践的基本模式的

---

[1] 这个传统上帝存在的论证是这样的:上帝作为最完满和无限的存在,不能设想
    有什么比它更大,这个上帝概念就意味着上帝的存在或现实性。因为如果这个
    概念指的只是一个可能的东西,如果上帝并不实际存在,那么人们就可以设想
    一个比可设想的最大的东西更大的东西,即一个不仅可能而且也现实的实在。
    但设想比可设想的最大的东西更大的东西显然是矛盾的。所以设想最完满和
    无限的存在就包括他的存在和现实性(Cf. Sebastian Samay, *Reason Revisited*,
    p. 195)。

[2] Jaspers, *Philosophie* III, S. 201.

[3] Ibid., SS. 203 – 204.

密码解读,显然也不是知性的操作,而是我们基本的生存实践。在这一点上,雅斯贝斯的释义学与海德格尔的释义学完全一致。

交　流

在现代西方哲学中,交流(Kommunikation)[1]已是一个非常流行的概念,一提起这个概念,人们往往把它和哈贝马斯联系在一起,殊不知在雅斯贝斯哲学中它就已经是一个核心概念了,交流构成他最重要的一些思想。雅斯贝斯哲学主要关心两个问题:存在与真理的关系和生存与存在的关联,[2]他的交流理论恰恰起到了沟通这两大问题领域的枢纽作用。有人甚至认为,雅斯贝斯的交流理论是他最重要的哲学创新。[3]此外,雅斯贝斯的交流理论对哈贝马斯的早期工作也产生了重要的影响。[4]

与海德格尔一样,雅斯贝斯也认为哲学最根本的问题是存在的问题,存在当然不是人,但存在的问题必须通过人才能解决。换言之,人是通向存在问题的唯一同道。而这又是与人的独有特性相关的。在海德格尔那里,这个人独有的特性是对存在的理解;而在雅斯贝斯这里,就是交流。"只有在真正的交流中,我才能真正说我存在。"[5]"交流是人存在的普遍条件。"[6]真正的交流是一个历史决定,通过交流,我扬弃了作为孤立的我在的自我存在,在交往中来把握自我存在。[7]

---

[1] Kommunikation这个词时下一般被译为"交往",窃以为不妥。无论是在雅斯贝斯那里,还是在哈贝马斯那里,这个术语都主要指人与人之间语言与思想的交流。而"交往"在汉语中恰恰主要指人与人之间非语言与思想的交际,如一般交友、生意往来及各种人际接触。人与人之间互相用语言进行的思想与情感的传达我们一般会说"交流",而不会用"交往"一词。例如,两人讨论某个问题,我们不会说他们在"交往",而一般会说他们在"交流"。况且,雅斯贝斯也经常将Mitteilung(通报、传达)一词与Kommunikation一词混用。故我将Kommunikation译为"交流"。

[2] Cf. Kurt Hoffman, "The Basic Concept of Jaspers' Philosophy", p. 110.

[3] Cf. Chris Thornhill, *Karl Jaspers* (London & New York: Routledge, 2002), p. 25.

[4] Ibid., p. 202.

[5] Jaspers, *Philosophie* II, S. 121.

[6] Jaspers, *Vernunft und Existenz*, S. 122.

[7] Jaspers, *Philosophie* II, S. 58.

在雅斯贝斯看来，人存在与动物存在最不一样的地方，就是人与他人一起生活在一个共同体中，并且，我们存在，我们是什么，只有通过这个共同体才有意识地得到理解。没有一个单单为了自己的纯粹个人。[1]动物要么作为它们所是的个体，一代代始终一次又一次通过遗传和自然生长存在；要么它们也建立共同体，它们通过它们的本能无意识地被接纳进这些共同体中。人作为个体甚至比许多动物还要散漫，但他的共同体也更为根本地制约了他，他的共同体本质上不同于动物的共同体。

首先，人的共同体本质上不是直接的，而是经过与一个他者的关系中介的：即通过与世界上一般有意识目的的关系、通过与真理的关系、通过与上帝的关系。其次，人于共同体中的交流在这些关系中总是随着可能内容的更换而运动；它没有静止点，不像动物那样有一个仅仅自我重复的最终目标。它是历史的，没有最终目标。相反，因而它是一个不保险的、有风险的实在。第三，人的存在不单单是通过遗传，而首先是通过传统。每个新人的存在都始于交流，而不是始于他的生物学现实性。[2]人与动物的这三个本质差异，可以归结到一点，就是人的存在在于交流，而动物的存在则否。

雅斯贝斯由此得出结论说：交流是人包罗一切的本质，即人是什么和什么为他存在，在某种意义上都在于交流：作为我们所是的那个大全，在每个形态上都是交流；那个是存在本身的大全，它在可传达性中成为语言或变得可说时，它只为我们存在。[3]

那么什么是"交流"？雅斯贝斯在《哲学》第二卷中这样定义道："交流就是与他人生活在一起，它在实存中以多种多样的方式来完成，它就在那里存在于各种共同体关系中。"[4]不能经验主义地理解雅斯贝斯的这个定义。因为他马上明确说，真正的交流是我们与他人创造的，而不是经验现成的东西。[5]交流的先决条件是在共同体中的人产生了自我意识，开始追问自己的存在了。仅仅是生活在共同体中并不是在交流中。

---

[1] Cf. Jaspers, *Vernunft und Existenz*, SS. 120–21.

[2]   Ibid., 121–22.

[3]   Ibid., S. 122.

[4]   Jaspers, *Philosophie* II, S. 51.

[5]   Ibid.

如果我们被周围人的一般意识左右，即使整天与他们打交道，与他们有种种交往，也不叫"交流"。

但作为交流前提的那个自我意识却不是近代西方主体哲学所主张的那种"自我意识"，那种"自我意识"在雅斯贝斯看来只是知性的形式的我，只是一般意识。但有自我意识的人既不是一个知性的形式的我，也不只是有生命的实存，而是有自己的内涵的人，是生存。因此，雅斯贝斯说的"交流"，不是一般的交流，而是生存交流（existentiellen Kommunikation）。并且，这种交流首先的出于对非生存交流的不满。

人有三种非生存的存在方式，即实存、一般意识和精神。相应地，也就有三种非生存的交流方式。实存是个功利领域，追求的是无限满足自己的目的和欲望。为了满足种种功利的目的，实存的大全迫使产生一种实存的交流。实存共同体的真理概念是实用的真理概念，只有相对的和自我变动的真理，就像实存本身也是自我变动的。甚至会是这样，我的对方的立场今天在我看来是没道理的，明天在变动的情况下却与我自己的意图相关。每个似乎是正确的立场都可以被现实的事件反驳。这种交流当然不能令人满意。

一般意识的交流也有问题。作为一般意识我已经与其他意识一起存在了。就像意识不是没有对象一样，自我意识也不是没有另一个自我意识。一个没有交流、没有问题和回答的独一无二孤立的意识，就不是自我意识。只有在另一个我中才能认出我自己。但是，一般意识的交流还只是手段，而不是自我的存在。因为在这种交流中我是任何人，即一般的普遍的我，是可以被另一个一般的我随意替代的。虽然我要是这个一般的我，但我也要我自己，不只是任何人。[1] 可见一般意识的交流也不是真正的交流，即两个不同的我的不同立场观点的交流。

精神的交流是指个人生活在一个精神共同体中，该共同体体现一个整体的观念。个人意识到他在这个整体中的位置，这位置因该整体有其自己的意义。他的交流就是一个成员与有机整体的交流。他和其余所有人一样是不同的，但在那个包容他们的那个秩序中他们又是一样的。他们从那个普遍在场的观念出发来相互交流，因此，这种交流就好像是一个

---

[1] Jaspers, *Philosophie* II, S. 55.

在一般意识意义上无法清楚认识的整体在说话、在限制、在通告，什么对它是重要的。没有这个整体的有效内容，这种交流马上就会变得无关紧要和任意。[1] 在精神的交流中，像一般意识中知性的人那样承认和遵守同一律和矛盾律是不够了。这里交流的人是从一个观念的实体理解和说话。纯粹世上的一个对象不能满足他，他必须有非世俗的、不能为一般意识认识的东西来充实。这就是他在那个整体中的位置。属于他所在的那个历史整体性的东西就是真的。但他的那个整体只是一个整体（ein Ganzes），而不是唯一的整体（das Ganzes），作为整体性必然与另一个整体性相关。

综上所述，我们可以看到，这三种交流形式各有自己的真理意义。实存的真理是实用的证明；一般意识的真理是不可反驳的证据；精神的真理是确信。这都不是真正的真理；它们都没有指明一切交流可能性的最终根据和基础。所以作为交流，它们是不能令人满意的。

但仅仅对以上三种交流不满还不够，真正的交流即生存的交流还必须对只有我自己不满。"只有我"（ich allein）是指把生活的意义理解为"只有我"，好像我已经能够为我知道真的东西，虽然也关心别人，向他们提供在我看来对他们合适的东西，但这样一来他们好像不是真正最内在地与我有关，这样我就陷入困境。我不能发现真的东西；因为真的东西不仅仅对我真；"如果不是通过爱别人的话，我不能爱自己。如果只是我存在的话，我一定空虚落寞"[2]。如果我要成为我所是的话，就要和各个独一无二的他者一起存在。这种共同存在的途径就是交流。

真正的交流还需要对他人不满。如果他人不要是他自己的话，我不能成为我自己；如果他人不自由的话，我不能自由。如果我对他人无把握的话，我对自己也无把握。在交流中，我不仅感到对自己有责任，而且对他人也有责任，好像他就是我，我就是他一样；如果他对我将心比心的话，我也会这样对待他。我并不是单单通过我自己的行为来了解交流的意义，而是必须有他人行为的协助。当他人对我不是一个助力，而成为我的对象时，我就对他人不满了。如果他人在其行为中不是他自己，

[1]　Cf. Jaspers, *Vernunft und Existenz*, S. 125.

[2]　Jaspers, *Philosophie* II, S. 56.

那我也不是我自己。只有两个独立的自己相互承认，他们才能成为他们自己。[1]

上述三种不满是真正的交流的前提条件，它们促使人们趋向真正的交流，即生存的交流。何谓生存的交流？雅斯贝斯说："在这种交流中，通过我知道我自己在交流，他人只是这个他人：唯一性是这种存在实体性的显像。生存的交流不是去示范，不是去模仿，而绝对每次都是唯一的。它是在两个自我之间进行，他们只是他们自己，不是代表，不能被替换。"[2]这就是说，生存交流是具体特殊的个人间的交流，它只是出于作为可能性的自由，它的必然性只是自由的必然性。因此，它要求避免一切最终的尺度。所有证明都是次要的，只是交流的中介，而不是它的条件。本能地要求他人应该像神一样阻碍一切交流。[3]

生存交流的最终目的不是像哈贝马斯的交流理论所主张的那样，是交流者最终达成某种共识；而是交流者最终各自成为自己。如果我要成为自己，在于我存在和与他人一起存在这两者的交流。如果我作为一个独立的人不是我自己，那就是把整个自我消失在他人中了。交流总是在两人之间进行的，他们是有联系，但必须仍然是两个人。"不进入交流我就不能成为自己，不孤独我就不能进入交流。"[4]雅斯贝斯这段辩证味颇重的论述指明了孤独对于交流的意义。但这里说的"孤独"（Einsamkeit）不是社会学意义上的孤立存在，而是有雅斯贝斯特定的生存哲学上的意义："成为我自己就是成为孤独，然而是这样，在孤独中我还不是我自己；因为孤独是准备可能的生存的意识，它只有在交流中实现。"[5]可见，孤独是交流的必要条件。

交流的另一个必要条件是我与在他人一起而变得开放。这种变得开放同时也是我作为自己的实现。如果我以为变得开放就是洞明隐藏的特征，那我就因为思想丢掉了生存的可能性。生存是在开放的过程中创造自己，让自己变得清晰的。变得开放就像无中生有一样，不是纯粹实存

---

[1] Jaspers, *Philosophie* II, S. 57.

[2] Ibid., S. 58.

[3] Ibid., S. 59.

[4] Ibid., S. 61.

[5] Ibid.

意义上的。它同时也产生存在。所以，开放就是实现自我的过程，它不是在孤立的生存中，而是在与他人的交流中完成的。我作为自为的个人既不开放也不现实。在交流中变得开放是一种独特的斗争，但作为斗争它同时也是爱。[1]严格地说，爱还不是交流，而是它的源泉，交流通过爱而阐明自己。[2]

与哈贝马斯把交流视为平心静气的理性讨论不同，雅斯贝斯把交流理解为个人为了生存的斗争，它是一个既为自己的生存也为他人的生存的斗争。这种生存斗争既不是为了对付自然也不是为了对付他人，这种生存斗争只是为了彻底开放，为了排除一切权力和优势，为了他人的自我存在也为了自己的自我存在。在这种交流的斗争种有一种无与伦比的团结。它不是两个生存彼此反对的斗争，而是一个反对自己也反对他人，但只是为了真理的斗争。[3]

就自我存在首先在交流中生成而言，我和他人都不是一个先于交流的固定的自我实体。倒不如说，当我自己和他人采取一个固定的存在状态时，真正的交流就在那时停止了。雅斯贝斯一再强调，在交流中生成就像从无中创造。它没有一个可知的起源，所有为了现存的个人存在的固定主张都是与生成的辩证法背道而驰的。在交流中没有封闭的单子的地位。交流是由爱在时间实存（Zeitdasein）实现的运动，两人存在（Zweisein）使爱无法平静而产生交流的运动，这是通过自己变得开放而成为自己的运动，所以说爱是在交流中自我存在实质性起源。[4]

如果说在《哲学》中雅斯贝斯强调爱对于交流的起源作用，那么在《理性与生存》中他则把理性引入生存交流："在生存交流中，现在理性是贯穿一切的（Alldurchdringende）。"[5]这一点也不奇怪，因为理性与生存本来就不是截然分开的。在雅斯贝斯看来，生存的基础在其深度上有这么一个机能，它在大全的一切方式中出现。理性并不是与生存截然不同的两个东西，而就是可能的生存，它始终在想着他人，想着不是我们自己所

---

[1]   Jaspers, *Philosophie* II, SS. 64–65.

[2]   Ibid., S. 71.

[3]   Ibid., SS. 65–66.

[4]   Ibid., S. 73.

[5]   Jaspers, *Vernunft und Existenz*, S. 134.

是的存在,想着世界和超越。这些东西所是者,应该都是可以传达的,也因而才成为为我们的存在(Sein für uns),但是在本质上,通过这本质,它们真正与生存有关。

作为理性和生存,存在与在交流中存在(In-Kommunikation-Sein)是一回事,人真的是他自己。但是,理性与生存都不能像大全的方式那样对象化。通过思想向理性和生存的超越,这个不可知的自我存在的可能性内在了(Innewerden),即作为通过理性的生存的交流实现了。[1]也就是说,生存的交流只有在思想的超越中才能达到。

生存的交流之所以被雅斯贝斯视为真正的交流,不仅因为它事关自我的存在,也因为它的真理意义才是雅斯贝斯要主张的真理。我们在实存中经验的是作为实用的证明的真理;在一般意识那里经验的是不可反驳的证据的真理;在精神中经验的是对精神观念的确信的真理;作为生存,我们在信仰中经验真理。这种信仰当然不是非理性的信仰,而是理性的哲学信仰。之所以叫信仰,是因为它拒绝知性的那套证明方式和建立在那套证明方式基础上的真理观。哲学信仰始终意味着,任何试图用可证明或独断的形式把超越的真理客观化的企图,都打断了交流的相对过程,超越始终需要这个过程,因而它把这种真理变成了非真理。严格地说,哲学信仰就是只通过交流来接近超越。[2]

在雅斯贝斯看来:"当真理与交流联系在一起时,真理本身只能是在生成中,它在其深度上不是独断的,而是交流的。"[3]这是因为,首先,生存从根本上说总是在时间中,无论生存还是交流都不可能在时间中完成,而只能在时间中生成,那么与生存相关的真理当然也是生成着,而不是完成的。其次,正是由于我们追求终极真理的意图在真理的多样性面前遭到挫败,无限的交流意志才得以付诸实施。再次,如果真理不能在交流中最终获得和固定,真理与交流一样,看到自己仿佛在超越面前消失了,它们的生成仿佛在存在面前消失了。[4]雅斯贝斯在这里有点将真理归于超越的意思。

---

[1]　Jaspers, *Vernunft und Existenz*, S. 135.

[2]　Cf. Chris Thorahill, *Karl Jaspers,* p. 28.

[3]　Jaspers, *Vernunft und Existenz*, SS. 136 – 37.

[4]　Ibid., S. 137.

但真理不是超越,超越是绝对的,真理是相对的;超越是永恒的,真理是时间性的,如果它只能在时间中进行的交流中不断生成的话。那么,雅斯贝斯问:在多大程度上整个交流是真理的实现,是我们在时间中的真理。要回答这个问题,首先要弄清时间中的真理的双重意义。[1]

如果是真理的东西似乎在对象、象征和陈述中历史地被最终掌握时,仍然有这样的问题,就是这个已经获得和现在是现成的真理如何向所有人传达。这个真理封闭在自身,本身在时间中是无时间的,因而是本身完美,不取决于人;但人却有赖于它。如果交流每次都是从人开始,这就意味着它不是相互产生自我,而是掌握真理的人把它给予还未掌握真理的人。然而也因此开始了真理改变的过程。因为他们接受它,却是从自身去理解它;事实上并没有接受。真理不是原汁原味被传达给人们,而是被稀释、被颠倒,或变成来自新的起源的完全另外的东西;它以这种形态在人们中传播,直到触到边界,无法再进一步传播。[2]这是传统真理观必然的命运。

源始地与交流联系在一起的真理就不同了。它完全在于交流的实现。单单它自己既不能存在也不能完成。它不仅以被传达真理的人的改变为条件,也以传达真理的人由于准备交流和能交流、由于他同样关键的听和说的能力、由于他有意识地内存在于交流的一切方式和一切阶段,而本身改变为条件。这种真理首先作为交流而存在,通过它而成为现实,因而首先与它一起产生,而不是先已存在在那里,然后被传达给人。它不是一个用方法论可以达致的目标,在此目标中它没有交流也能有效。[3]真理以交流为转移,随交流而生成。这从根本上颠覆了传统的真理观。

值得注意的是,雅斯贝斯不是出于知识的目的,而是出于人类生活实践的目的来颠覆传统真理观的。他认为,现存的真理在历史中已经发展成塑造人的哲学和宗教技术,不是通过交流,而是通过一种把个人封闭在自身中的规训把个人变成真理的内在化(Innewerden),即真理的模型。如果人不想把这种格式化的人的类型误以为是人的完成的话,就需要更深刻的交流训练,通过无限说明问题的交流产生一个人类,一个真正自由

[1]　Jaspers, *Vernunft und Existenz*, S. 137.

[2]　Ibid., SS. 137-38.

[3]　Ibid., S. 138.

的人类。"生存的交流的必然性是一个这样的自由的必然性,它不能被客观把握。"[1]

在独断地认识真理的方式和交流地认识真理的方式之间存在着极端的鸿沟。现存真理的前提是:真理本身我们是可以通达的,它作为我之外固定的东西有效,它已经在那里,只要去找就行了,我们的任务是发现,而不是产生。唯一正确的世界安排不是在一个纯粹的内在性中,就是在彼岸,是我们可以确定的。而在每一个通过交流为我们实现的真理形态中都有一个界限。在我们内在性中最终的东西就是世界和所有世上可认识的真理不可解决的未完成性。每一种真理形态都在世界上遭到挫败,[2]没有一个可以作为真理得到彻底贯彻。[3]

如果是这种真理的话,那它只能在超越中存在,超越不是彼岸世界或一个一度更好的世界。从每个交流的未完成性和每种真理形态在世界的挫败来真正理解超越的思想,就像是一个上帝证明:从每个真理意义的不完全性它在真理必须存在这个前提下,触及了超越。因此它只对生存有效,对于生存来说,真理是它无条件深为关心的事,但世上绝无唯一的、处于静止状态的、无时间的真理。[4]生存是时间实存中不能扬弃的运动,它的范围跨越现实性和可能性的整个范围。只有生存在世界上有了最开放的空间后,产生于理性和生存的交流意志才能起作用。

交流意味着开放。开放有双重意义。首先是指还未知的东西的可知性。其次是指对和我交流的我所不是的他人开放。我虽然无限想要成为自己,但能和他团结一致。与人交流永远也不会结束。无限的交流意志意味着绝不简单地征服他人,而是认识他,倾听他,把他当回事,直到他自己改变。这是雅斯贝斯看重的开放。

与哈贝马斯的交流理论显著不同的是,雅斯贝斯并不相信真理的唯一性。相反,他从人的历史性出发,坚持真理的多样性。生存的无条件性

[1] Jaspers, *Philosophie* II, S. 58.
[2] "挫败"(Scheitern)是雅斯贝斯的一个专门术语,指一切要达到绝对的努力之徒劳和不可能。Cf. Johannes Thyssen, "The Concept of 'Foundering' in Jaspers' Philosophy", in *The Philosophy of Karl Jaspers*, pp. 297–335.
[3] Jaspers, *Vernunft und Existenz*, S. 139.
[4] Ibid.

决定了真理的多样性。在哲学上承认真理的多样性，马上会招来相对主义和虚无主义的指责。雅斯贝斯会认为，这是因为不明白真理与人存在的关系。

人不可能在时间实存中把超越当作一个像世界上的事物那样的、对谁都一样的、可认识的对象，这样，世界上绝对的那一个唯一真理（die Einen Wahrheit）的任何一种方式都只是历史的：对于这一个生存（die Existenz）是无条件的，但恰恰因此不是普遍有效的。因为对于人来说不是不可能，而只是在心理上无限困难，在同时承认别人的真理（对他自己来说这并不是真理）的情况下，在同时坚持所有普遍真理的相对性和特殊性的情况下，全力贯彻自己的真理，因此他应该有诚实的最高要求，也实行只是表面上不统一的东西，而不回避它。[1]

这说明雅斯贝斯并不主张相对主义的真理观，只是主张在时间实存中真理都是相对和特殊的，但对于信仰真理的人来说，他信仰的真理对他来说是无条件的。所有相对真理都只是唯一真理的种种方式或样态，就像大全有各种方式或样态一样。"由于真理意义的一切样态在我们人存在的现实中都集中在一起，并且人是出自一切样态的一切起源而存在着的，这就迫使我们趋向这样一个唯一真理，在这个真理中，任何样态的大全都不至于毁灭。而且，由于真理意义的多样性是这样明显，这也才把探索唯一真理的问题提到这样一点上来，在这点上，宽广的前景是可能的，而直接的答案——唯一真理的追求愈是迫切——则变成不可能。"[2]可见，雅斯贝斯并不否定绝对的唯一真理，他只是否定它的直接答案。

但雅斯贝斯的交流哲学，的确是一种关于生存的相对性的学说，它拒绝一切绝对化或整体化的世界观，因为那样的话人类自由就没有任何余地了。交流的无限性和未完成性固然是由于生存的有限性和历史性，而交流的不完全性反过来又表明生存的不确定性。并且，真正的交流恰恰只有在我们发现我们的超越起源被遮蔽时才会发生。[3]交流并不揭示最终的真理，而是打开了通往生存真理的道路，也因此打开了通往唯一真

---

[1]　Jaspers, *Vernunft und Existenz*, S. 141.

[2]　雅斯贝斯：《生存哲学》，第40页，译文有改动。

[3]　Cf. Jaspers, *Philosophie* II, S. 106.

理的道路。在与他人交流中,我始终在"通向唯一的路上"。[1]

正因如此,雅斯贝斯讲的交流不是像哈贝马斯的交流那样,是在一个理想语境中进行,而是在日常世界的现实语境中进行。在谈到在其积极的实现中洞明交流时,雅斯贝斯说,这不是"在纯粹个人无对象的交流中进行的,也不是在作为一个可观察和可产生的整体的世界实存的客观性中进行的,而是参与两者:参与我与其他个人交流中实存的绝对的个人性和参与我遇到其他个人的那个世界的客观性"。[2]交流归根结底是我们本质的存在方式。

交流理论再清楚不过地体现了雅斯贝斯哲学的实践哲学性质。毫无疑问,交流不是学院哲学的理论沉思、推理和论证,作为我们存在的本质方式,它首先是一种生活实践。交流不是"表达"思想,它对于思想本身来说是次要的。倒不如说,真理本身就是交流性的;在生存领域中,真理就是交流。所以雅斯贝斯的学生阿伦特说,在这种情况下,"思维成了实践的,但不是实用的;它是一种人际实践,而不是一个个人在他自我封闭的孤独中的表演"。[3]哲学通过将真理等同于交流而离开了纯粹思辨的象牙塔。

世 界 哲 学

交流不仅仅是个人之间的交流,也可以是,并且一定会发展为个人与传统、民族与民族、文化与文化之间的交流,也就是"普遍的交流"。这是人类的希望之所在。"哲学就意味我们在为普遍交流的可能性工作。"[4]如果交流的根源在于人自由的可能性的话,那么极权主义就意味着人与人之间的交流最彻底的断绝,因而同时也是人自我存在的结束。[5]雅斯

---

[1] Cf. Jaspers, *Philosophie* II, S. 422.

[2] Ibid., S. 343.

[3] Hannah Arendt,"Karl Jaspers: Citizen of the World", in *The Philosophy of Karl Jaspers*, p. 543.

[4] Jaspers,"Philosophical Autobiography", p. 82.

[5] Ibid.

贝斯并不是从他的交流理论中推出这个结论的,而首先是从他个人在纳粹统治期间的历史经历中悟出这个结论。在此基础上,他提出了世界哲学和世界哲学史(Weltgeschichte der Philosophie)的思想。

根据他自己的回忆,他是在1937年在提出哲学逻辑思想的同时,提出世界哲学史的计划的。他的朋友,印度学家亨里希·齐默尔(Heinrich Zimmer)在移民国外前带给他许多中国和印度的文献与书籍。他一下子就被中国哲学迷住了,投入到中国哲学的研究之中。在纳粹统治风雨如晦的日子,他的妻子经常根据他们的心情读莎士比亚和埃斯库罗斯、英国历史和中国小说。通过这样的阅读,雅斯贝斯获得了关于世界的新的认识。他说,他精神上喜欢逗留在中国,感到那里有人类存在的共同起源,可以对抗他周围的野蛮。他对中国的人道表示热爱和赞叹。与此同时,西方历史的现实也使他觉得需要更严格地审查西方的心灵。问题是,在什么意义上他们是可以抵抗恐怖的精神的创造者和保卫者,又在什么意义上他们成了使这种恐怖可能的铺路者。[1]世界哲学和世界哲学史的思想就是在这样一种对西方思想批判反思的背景下提出的。在雅斯贝斯看来,世界哲学是欧洲哲学的出路:"我们正走在通过我们时代的暮色从欧洲哲学的晚霞走向世界哲学的朝霞的路上。"[2]雅斯贝斯晚年的助手桑纳尔认为,这表明雅斯贝斯后期的工作不再是生存哲学,而是走向一种世界哲学。[3]

但首先要注意的是,这不能理解为雅斯贝斯要从西方走向东方,而应该理解为,雅斯贝斯要超越西方和东方的畛域,探索真正普遍的世界哲学的可能性,因为他最终把自己定位为"世界公民"。雅斯贝斯当然把自己看作德国人,经常以德国人的身份说话,但他的倾向却是世界主义的。他在《哲学自传》中写道,纳粹国家的民族狭隘和不人道使他产生了要成为世界公民的冲动。[4]作为哲学家,他属于西方哲学的传统,但他的思想

[1] Jaspers, "Philosophical Autobiography", p. 82.

[2] Ibid., pp. 83–84.

[3] Hans Saner, "Jaspers' Idee einer kommenden Weltphilosophie", in *Karl Jaspers Today*, Edited by Leonard H. Ehrlich and Richard Wisser (Washington, D.C.: Center for Advanced Research in Phenomenology & University Press of America, 1988), p. 76.

[4] Jaspers, "Philosophical Autobiography", p. 65.

对一切理解真理的样式开放。在他给自己写的讣告中谈到他的哲学时，他说他"要参与时代的任务……这个任务就是找到从西方哲学的终结到未来的世界哲学的道路"[1]。

德国思想家向来有普世情怀。康德写过《世界公民观点下的普遍历史观念》，歌德提出过"世界文学"的思想。在哲学上，康德曾经提出"世界概念的哲学"(Philosophie als Weltbegriff)与"学院概念的哲学"(Philosophie als Schulbegriff)相对。"世界概念的哲学"不仅为职业哲学提供专业知识，思考它的主要问题，还追问"人类理性的最终目的"，[2]从而追问所有人必然会感兴趣的一切问题。这样哲学就超越了一切本土的东西，具有一种"世界公民的意义"。[3]但是，康德的"世界概念的哲学"是出于哲学问题的普遍性，而不是出于哲学本身的普遍性。西方哲学对他来说就是哲学本身(die Philosophie)。

根据雅斯贝斯晚年的助手桑纳尔考证，"世界哲学"(Weltphilosophie)一词最早出现在青年马克思的笔下，马克思在给他父亲的一封信中首先使用了这个概念。当时他告诉他父亲他离开了诗歌，与从事哲学的朋友们争论，渐渐转向黑格尔哲学："这里在争论中显露出一些冲突的观点，我越来越牢固地被今天的世界哲学吸引，我想奔向它……"[4]但这肯定不是雅斯贝斯"世界哲学"的意思。根据他的交流理论，雅斯贝斯的"世界哲学"不可能是指一种全世界都有效的大一统的思想，如黑格尔哲学所主张的，而是指能理解一切思想和使一切思想得以平等交流与争论的思想。

除了他的交流理论外，雅斯贝斯对东方哲学(中国、印度)的了解也对他世界哲学的思想有相当的影响。从莱布尼茨开始，德国哲学家就开

---

[1] Cf. Leonard H. Ehrlich, "Tolerance and the Prospect of a World Philosophy", in *Karl Jaspers Today*, p. 93.

[2] Kant, *Logik. Einhandbuch zu Vorlesungen.* Akademie-Ausgabe Bd. IX (Berlin und Leipzig, 1923), S. 24.

[3] Ibid., S. 25.

[4] Cf. Hans Saner, "Jaspers' Idee einer kommenden Weltphilosophie", in *Karl Jaspers Today*, Edited by Leonard H. Ehrlich and Richard Wisser (Washington, D.C.: Center for Advanced Research in Phenomenology & University Press of America, 1988), p. 78.

始对东方哲学发生了浓厚的兴趣。到了19世纪，德国哲学家不仅继续对东方哲学感兴趣，而且开始将它们作为自己哲学思考的助力。例如，谢林、叔本华、多伊森（Paul Deussen, 1845—1919）和爱德华·冯·哈特曼（Eduard von Hartmann, 1842—1906）等人都将印度哲学思想引进德国哲学的讨论，以此在近代第一次要突破欧洲哲学视野的局限。叔本华已经抛弃了康德、黑格尔哲学的欧洲中心主义立场，说形而上学是"超越时空的一切时代和民族的天才的崇高对话"[1]。叔本华这个思想可以说是雅斯贝斯"世界哲学"思想的先驱。

舍勒是雅斯贝斯的另一个先驱，虽说他们可以算是同时代人。舍勒在1924年出版的《知识社会学的问题》一书中提出了一个"哲学理论史的阶段说"。他把由教士和僧侣承担的超民族的、经院的、教会的哲学，年轻的欧洲国家的有民族神话色彩的哲学和19世纪具有明确民族取向的哲学与一种"真正的世界主义的世界哲学"相区别，这种世界哲学把各文化圈的领袖和代表间充满生气的讨论作为它的研究方法。[2]虽然没有证据说雅斯贝斯受到了舍勒的直接影响，但至少可以说在世界哲学问题上他们是同道。

根据桑纳尔的研究，雅斯贝斯早在1916年他的尼采课程上就使用了"世界哲学"这个术语。当时他区别了整个思想史上两种哲学特色：一种是"人的哲学"，一种就是"世界哲学"。古希腊的智者、法国道德主义者、叔本华和尼采都是属于"人的哲学"的思想家，他们把一切关系都联系到人来把握，他们从心理学上一切问题对于可能的人类研究的意义。像柏拉图、亚里士多德、斯宾诺莎和康德这样的世界哲学家才是真正的哲学家，他们创造整体性的，常常是新的世界观。[3]根据这样的区分，"世界哲学"的意义似乎是指不局限于人，而是提供一个整体性世界观的哲学；而研究心理学和生存哲学的雅斯贝斯只能算是"人的哲学"。因此，几乎可以肯定，雅斯贝斯此时虽使用了"世界哲学"的术语，但并不是在后来的"世界哲学"思想意义上用的。

---

[1] 转引自 Max Scheler, *Die Wissensformen und die Gesellschaft. Gsammelte Werke* Bd. 8 (Bern und München: Francke Verlag, 1980), S. 91。

[2] 同上。

[3] Cf. Hans Saner, "Jaspers' Idee einer kommenden Weltphilosophie", p. 80.

按照雅斯贝斯自己的说法,世界哲学的观念在他那里是慢慢发展起来的。在完成《哲学》后他担心,对他来说可说的本质上现在都已说了,他遂在《理性与生存》中首次突破他思想以生存为中心的做法,而关注各种不同的起源,它们只能在思想中通过无限广阔的理性来把握。当他在30年代研究了中国哲学和印度哲学后,他首次从西方哲学外部看到了西方哲学的局限。这意味着在历史中有一个更大的思维空间,有待重新获得。基于这样的认识,他将世界哲学视为他后半生努力的目标。[1]

尽管如此,的确如阿伦特所指出,人们很容易证明雅斯贝斯的哲学工作从《世界观的心理学》开始到后来的世界哲学史,有一个"世界主义的取向"。[2] 真正的世界哲学的前提是不以任何一个哲学传统为标准、为核心,否认一切传统的权威。而《世界观的心理学》恰恰就是否认任何学说的权威性,而代之以一种普遍的相对性,每一特殊的哲学内容只是个别哲学活动的中介。传统权威的硬壳被打开,传统哲学的内容在经受与当前的哲学交流的考验时,彼此自由交流。在这种普遍交流中,当前哲学家的生存经验,一切独断的形而上学内容,都消解为过程、思想的散步。由于它们与我目前的生存和哲学活动的相关性,它们失去了它们在编年史系列中固定的历史位置,进入了一个精神领域,在此领域中,一切都是同时代的。无论我现在思考什么,它都是在与一切已经被思考的东西不断的交流中。[3] 这样,无论是思考西方哲学还是思考东方哲学,无论是从事西方式的哲学工作还是从事东方式的哲学工作,真正哲学内在的交流原则使得任何特殊的区域区分都是相对的。但这还只是世界哲学可能性的一个条件。

世界哲学之所以可能的条件还在于人类有共同的起源、共同的目标。这个条件要比交流更为根本。没有这个条件普遍和无限的交流也就不可能。因为只有共同的历史,才能给当前发生的事的意义提供标尺。[4] 这个共同的历史,就是真正意义上的世界史。可是在雅斯贝斯看来,迄今为止,

[1] Cf. Hans Saner, "Jaspers' Idee einer kommenden Weltphilosophie", p. 83, 84.

[2] Hannah Arendt, "Karl Jaspers: Citizen of the World", p. 541.

[3] Ibid., p. 542.

[4] Jaspers, *Vom Ursriung und Ziel der Geschite,* S.15.

人类还没有真正的世界史，所谓的世界史不过的当地史的集合。[1]在严格意义上，当今发生是事还不能被称为"事实上普遍的地球史"[2]。真正的世界史只有在明白人类有共同的起源和共同的目标基础上才有可能。雅斯贝斯用他著名的"轴心时代"的学说来阐明人类的共同起源和共同目标。

"轴心时代"的思想是雅斯贝斯在《论历史的起源和目标》中提出的。在"轴心时代"这一时间段中产生了"从那以来人能是的一切"[3]。雅斯贝斯把这个时间段定在公元前800年至公元前200年左右，当时在中国出现了孔子和老子，在印度出现了《奥义书》和释迦牟尼，在波斯出现了扎拉图斯特拉，在巴勒斯坦出现了先知，在希腊出现了荷马、哲学家和悲剧作家。在雅斯贝斯之前，19世纪的德国哲学家拉索（Ernst von Lasaulx）和《道德经》的注释者维克托·冯·斯特劳斯就已经指出过，大约在公元前500年前后，在中国、印度、波斯、以色列、罗马和希腊各自独立产生了这么一些人。[4]但"轴心时代"却是雅斯贝斯的发明。

"轴心时代"的思想首先是针对基督教的历史哲学的。基督教也认为人类有一个共同的起源，这就是创世纪的神话，有一个共同的目标，这就是救赎和最后审判。基督教的历史哲学，从奥古斯丁到黑格尔，都把基督的出现看作世界历史的转折点和中心。但这只对基督徒有效。但轴心时代却是人类历史共同的起源。雅斯贝斯说："真正看到轴心时代的事实，使它们成为我们普遍历史概念的基础，就是掌握了超越一切不同的信仰，对于全人类共同的东西。"[5]雅斯贝斯指出，基督教的历史哲学是从自己的基础，根据自己的信仰来看历史的统一，而他在与一切其他人类的根据交流中思考历史的统一。"轴心时代是一个酵素，把人类带进了世界历史的共同关系中。"[6]

在轴心时代，世界各大文明发生的重大事件完全没有联系，它们成了各大文明的起源。但是，尽管这些事件非常不同，它们却有着某种共同

[1] Jaspers, *Vom Ursriung und Ziel der Geschite,* S. 45.
[2] Ibid., S. 98.
[3] Ibid., S. 19.
[4] Ibid., SS. 35–36. Cf. Hans Saner, "Jaspers' Idee einer kommenden Weltphilosophie", p. 84.
[5] Jaspers, *Vom Ursriung und Ziel der Geschite*, S. 40.
[6] Ibid., S. 76.

的东西。这就是人类形成了他们思想的基本范畴和他们信仰的基本信条。一句话,人类首次发现了对人的理性理解。[1]此前的东西都是对它的准备,而后来的一切实际上有意识地要回到过去与之相关。人类的世界史由此获得其结构。[2]

雅斯贝斯提出"轴心时代"的思想有一个明确的目的,就是反对西方中心论。他一再强调轴心时代不是纯粹观念的东西,而是可以在经验中发现的事实,这个事实可以被所有人,包括基督徒接受。轴心时代表明人类有共同的起源和共同的目标,如果我们视这共同的东西为上帝的话,那么上帝也历史地以多种方式显示它自己,开启了许多通往它的道路。所以轴心时代的思想是反对主张某种信仰真理的唯一性的错误的最好手段。在雅斯贝斯看来,一个信仰可以在它的历史生存中是绝对的,但它不是像科学真理那样对它陈述的东西都普遍有效。然而,西方思想的世俗化的形式——独断论哲学和科学世界观却正是主张只有它们掌握了真理。这种主张通过权力意志成了盲信和人类傲慢与自欺的工具。而轴心时代和普遍历史的语言就是要反对那种排他性的真理主张。[3]由此我们可以肯定,雅斯贝斯的世界哲学也不是以某种哲学为基准,而是立足于人类哲学共同的东西,同时允许它有多种表现和通道。

世界哲学最后的一个可能性条件是人类在历史上第一次有了一个共同的现在。这是现代化的过程造成的。在此过程中,西方将它们的规则和法则强加给世界,从而产生了超越一切民族和地域的人类。在以前的世代,"人类"还只是一个概念或一个理想,现在却成了一个紧迫的现实。"人类"的出现不是由于人文主义者的梦想或哲学家的推理,甚至也不是由于或主要是由于政治事件,而只是由于现代科学技术的发展。人类现在真正是天涯若比邻,在世界任何一个地方发生的事都会在地球的每一个角落引起震动。技术造成的世界的一体,但同样也可以使它万劫不复。人类今天真的是同呼吸、共命运,休戚与共了。但这种休戚与共是否定意义上的休戚与共,是建立在对地球毁灭的恐惧基础上的休戚与共。[4]

---

[1]   Jaspers, *Vom Ursriung und Ziel der Geschite*, S. 20.

[2]   Ibid., S. 342.

[3]   Ibid., S. 41.

[4]   Cf. Hannah Arendt, "Karl Jaspers: Citizen of the World", p. 545.

今天这个被动地被技术统一起来的人类虽然是被迫休戚相关,但如要避免毁灭的话,他们必须看到自己有共同的起源(人道意义上而不是生物学或生理学意义上)。人应该运用他们具有的无限交流的意志,通过交流彼此认识到他们不仅在毁灭的可能性上,而且也在共同的起源和目标上是休戚与共的。但这不等于说交流的结果是统一于某种哲学或某个信仰。人类的统一和它的休戚与共不能是普遍同意某种宗教或某种哲学或某种政府形式,而在于相信条条道路同罗马,每个人、每种哲学都可以以自己的方式通向那个绝对的一。世界哲学绝不是要取消印度、中国或西方伟大的哲学体系,而只是要剥夺它们的独断主张,把它们消解为可以彼此相遇、彼此交流的自由的思想散步,而它们所包含、所表现的那个一由于这样的思想散步而证明是可传达、可交流的。

　　世界哲学是人类哲学,而不是人的哲学。阿伦特曾精辟地说明两种的区别:人类哲学与人的哲学的区别就在于它坚持,不是在孤独的对话中与自己谈话的人,而是在彼此交谈和交流中的人们住在地球上。[1]这彼此交谈和交流的人们包括不同时代、不同民族、不同地域的人。世界哲学提供了一个全球性的、超时间的空间,在此空间中,一切时代、一切地方的思想在我们特殊的历史处境框架中进行世界对话。所以它总是重新获得迄今为止的思想,以产生新的历史思想。就像交流蕴含着思想的无限可能一样,世界哲学也意味着思想的无限可能,无论是在对其起源的阐明上还是在可思维的事物的整个广度上。

　　世界哲学不是欧洲哲学,当然也不是中国哲学或印度哲学。倒不如说它是一切思想的空间,原则上对所有人说话。但这不是说世界哲学将用一种哲学的普遍语言(如英美语言哲学追求的理想语言或日常语言)说话,声称这种语言的普遍有效性恰恰稀释和狭隘了哲学的言说。普遍的思想空间要求一个普遍的语言空间,就像在普遍的思想空间中每一种思想独大一样,在这个普遍的语言空间中也没有一种语言可以垄断。理性语言和非理性语言、实用语言和神秘语言、具象语言和隐喻语言、科学语言和艺术语言,都是这个语言空间中地位平等的语言游戏。西方的语言不可能是哲学的标准语言。

---

[1]　Cf. Hannah Arendt, "Karl Jaspers: Citizen of the World", p. 547.

世界哲学可能性的三个条件注定它的实践哲学性质和历史性质。世界哲学通过的是一个超时间的空间，但作为一个交流的空间，它本身不是超历史的，而是有其历史性。它的历史性就是它产生的历史条件，由于交通技术和通信技术的发展造成的"地球的统一"（die Erdeinheit）。原子弹的产生使得人类而不仅仅是个人的灭绝成为现实的可能。所有思想、所有行为都不再只是垂直地与自己有关，而是横向涉及全人类。人类和世界当前的处境要求世界哲学，只有它才是适合未来时代的思想。世界哲学将为一个新的世界奠定基础。

世界哲学不仅仅是一个乌托邦，它也是一个世界批判：现实地分析现状以导致一个合理的未来。世界哲学有其实践的使命。按照桑纳尔的说法，世界哲学始终是三重性的，即对思想的思考、对现实的思考和呼吁实现，这又有三个方面：在过去的整个广度上回忆过去、在可能事物的整体空间中阐明和批判当前，通过呼吁预期和阐明在普遍交流的主导观念中显示自己的东西。对思想的思考可以是对现实的思考免于匆忙的纲领式综合。对现实的思考可以使对思想的思考免于异想天开。而呼吁性思考可以使这两者免于冷漠。[1]

不管怎么说，世界哲学具有强烈的实践哲学色彩，它之所以成为雅斯贝斯最后三十年哲学工作的中心，首先是由于雅斯贝斯越来越多地考虑全球化时代人类面临的紧迫问题。他亲身经历的时代惨祸使他认识到："只有通过对现在负责我们才能对未来负责。"[2]这就是为什么《论历史的起源和目标》与一般的历史哲学不同，有着明显的现实针对性。《原子弹与人类的未来》就更不用说了，它与《论历史的起源与目标》一样，都是要探索一个新的合理的世界秩序的框架条件及其各个方面。这种世界秩序以自由和社会正义为条件，把战争排除在政治手段之外。这种世界秩序为了自由的缘故并不要求一个世界中央政府，而是要求一个世界范围的国家联邦，各个国家为了所有国家和所有人的共同利益限制它们的绝对主权。这样，一切外交政治就成了世界内政，一切政治分歧就成了世界和平政治。[3]

[1] Cf. Hans Saner, "Jaspers' Idee einer kommenden Weltphilosophie", p. 83
[2] Jaspers, *Vom Ursrung und Ziel der Geschichte*, S. 195.
[3] Cf. Hans Saner, "Jaspers' Idee einer kommenden Weltphilosophie", p. 85.

雅斯贝斯世界历史哲学、世界秩序哲学和世界和平哲学都是建立在普遍交流意志基础上。但是,对雅斯贝斯来说,世界范围的相互理解并不因为人有一个共同的乌托邦,一个共同的目标就已经可能。倒不如说,它以世界范围的能理解为前提。哲学通过两条道路来达到这个目标。一条是世界哲学史,哲学通过它重新索问迄今为止的哲学思想,在多大程度上他是促进交流的;在多大程度上它是阻碍交流的。另一条路是普遍逻辑,哲学通过它揭示思想的所有起源,以自己达到一个普遍的广度。[1]

　　世界哲学史不仅要谈超越一切特殊哲学的哲学,即哲学的哲学,还包括一切与哲学相关的思想和创造,包括艺术家的思想、学者的思想、政治家的思想、神学家和权威人士的思想。简言之,在轴心时代一下子在世界各地出现的一切思想内容,以及它们的历史发展和演变。大约在1950年左右,雅斯贝斯设想一个由三部分组成的“普遍哲学史”,即思想形态、思想内容和思想方法。[2]后来这个计划变得更复杂。由于雅斯贝斯有关这方面的文献很多还未发表,这里只能转述他晚年的助手桑纳尔对这个计划主要思路的描述。

　　世界哲学史从观念上讲,就像世界史本身一样是一个整体。一旦人们去研究这个整体,它就分裂为一种统一的多样性,这种多样性是根据方面来确定的。但方面自身的数量是开放的。它取决于切中真正本质的东西。雅斯贝斯自己说:哲学是通过个别哲学家来到世界上的。但每一个哲学家都生活在一个特定的时代和文化空间。从这个历史—编年史方面看,哲学史作为一个整体成为一个世界文化空间史和世界时代史。在这里,哲学家似乎是由历史形成的他的时代的孩子。此外,每个哲学家思想都有内容,他的思想都有一个问题。从这个方面看,哲学史作为一个整体是世界哲学问题和内容史、世界哲学问答史。每个哲学家都是一个不可交换的个人,一个历史地表现自己的个人。从这个个人方面看,哲学史的整体是世界大哲学家史:一个想象的作为同时代人的思想家的共和国。每个思想家在从事哲学活动时总是要依赖和与语言、宗教和艺术中的种种精神基础有关。从这个发生的方面看,作为一个整体的哲学史是哲学

---

[1]　Cf. Hans Saner, "Jaspers' Idee einer kommenden Weltphilosophie", p. 86.

[2]　Ibid.

在语言、神话、宗教和艺术中的起源和共鸣史。每一个哲学家都将他的思想实现为一部著作，并通过它对世界发生影响。从这个实用的方面看，哲学史的整体世界哲学实现史和影响史。每个哲学家最终都与另外的哲学家相关，接受它们的思想，与之斗争，把它们占为己有。从这个动力学方面看，作为整体的哲学史是世界哲学争论史、哲学消化史和交流史。迄今为止的哲学的整体性过于复杂，不可能把它作为一个整体来表述。[1]

普遍逻辑是为了弄清在全部精神史中，思想如何和以何种形式是可交流的或对于思想是灾难性的。因此，普遍逻辑不单纯是一种形式正确的思维的学说，而是必须表明，真理的显现空间如何对一切真理意义的真理崭露。所以这种逻辑不只是知性逻辑，也不能只是生存哲学的事后追补的逻辑，而是一种思维的全逻辑（All-Logik），一种"包罗思维种种可能性的体系"。[2]但真理在实存的空间中展开它特殊的真理意义为有用的实用真理；在一般意识空间中展开其特殊真理意义为正确的逻辑的普遍真理；在精神空间中展开其特殊的真理意义为无所不包的观念的产生意义的真理；在生存空间中展开其特殊意义为个人的生存和绝对真理；在超越空间展开其特殊真理意义为飘忽不定的密码真理，它只是指示全体他者，指示形而上学的东西，却不固定它。不应该去发现一个绝对但同时对所有人有效的真理。只有不再混淆不同的真理意义，认识的种种方法和意义得以展开，交流的可能性才有其最大的范围和批判的精确性：思想完全开放但并不消失，飘忽不定但却精确。只有当真理不再是唯一的、对所有人都有约束的真理，另类思想才不再被强暴。普遍逻辑这个理性的工具要的是整个空间，而不是思想的整体把握。普遍逻辑是世界哲学的逻辑，它的真理概念是理性的真理概念："真理是把我们联系在一起的东西。"[3]

按照桑纳尔的说法，"世界哲学"这个术语还有另外有细微差别的意义，即"世界"也是指在世界存在的整体性、现实的整体性，指地球、世界秩序、世界和平、世界史和维护世界的统一。世界作为大全，始终只是从

---

[1] Cf. Hans Saner, "Jaspers' Idee einer kommenden Weltphilosophie", pp. 87–88.

[2] Jaspers, *Weltgeschichte der Philosphie. Einleitung. Aus dem Nachlaß*, hg. von H. Saner (München-Zürich: Piper, 1982), S. 76f.

[3] Cf. Hans Saner, "Jaspers' Idee einer kommenden Weltphilosophie", pp. 88–89.

不同方面才可被把握为统一，它被加强为思维的对象。就此而言世界哲学也是普遍思想，它日益通过思想的途径阐明和展开世界，而不同时遗忘个人的生存。因此，在他看来，雅斯贝斯的世界哲学绝不是他的生存哲学的对立面。[1] 世界哲学是生存哲学理性和交流主题的实践哲学的发展和展开，也是它的提高。

雅斯贝斯哲学从生存哲学到世界哲学的发展道路使我们看到，他是如何在哲学地回应时代问题的同时发展了哲学本身。存在的多样性思想，对交流的强调，真理意义的多样性和真理本身不定性的观念，以及世界哲学的设想，无不显示了雅斯贝斯哲学的先见性和未来性。除了世界哲学外，后雅斯贝斯的哲学几乎都以自己的方式重复雅斯贝斯说过的东西。而对于世界哲学的忽视，则暴露了后雅斯贝斯哲学对于哲学的实践性的忽视。仅凭这一点，雅斯贝斯就没有过时。而他所思考的问题依然存在，更证明他的现实相关性。人们可以不同意雅斯贝斯对现实的思考，但不能忽视他始终在思考现实。正是由于他对现实的敏感和思考，使他仍然是我们时代的哲学家，不管人们是将他记住还是遗忘。

---

[1]　Cf. Hans Saner, "Jaspers' Idee einer kommenden Weltphilosophie", pp. 90-91.

汉斯－格奥尔格·伽达默尔

Hans-Georg Gadamer
1900—2002

第
六
章

2002年3月14日，伽达默尔（Hans-Georg Gadamer, 1900—2002）去世，标志着德国哲学一个时代的结束。伽达默尔一生横跨两个世纪，经历和见证了德国哲学乃至西方哲学的巨变，也是这个巨变的参与者。在海德格尔和阿多诺去世后，他和哈贝马斯成了当代德国哲学的象征。他的哲学释义学虽然与海德格尔的哲学有莫大关系，但并不是海德格尔哲学的变种，而是能自成一家，影响早已超出哲学的范围。伽达默尔是现代德国哲学当之无愧的殿军。

伽达默尔的哲学生涯和他思想的出发点

伽达默尔1900年2月11日出生在德国马堡的一个教授家庭，父亲是一个药物化学家，从伽达默尔童年开始，他就想方设法使他对自然科学产生兴趣，但终归于失败，伽达默尔最终还是走上了哲学的道路。

和许多德国哲学家不同，伽达默尔不是一个早慧的人。他于1918年中学毕业后进布列斯劳大学学习，读的第一本哲学著作是康德的《纯粹理性批判》，但没有看懂；可是伽达默尔还是选择了哲学。一年以后，他转学到马堡。马堡当时是新康德主义的重镇，柯亨已经去世，但那托普还在，他成了伽达默尔的导师。第一次世界大战以后的德国大学和整个德国社会一样，处在困惑与混乱之中。各种思潮、各种学派都在大学里宣传自己的主张，而失去信仰的年轻人面对这纷至沓来的各种思潮和学说，不免目迷五色，不知所从。伽达默尔由于兴趣广泛，就更是如此。尽管这样，他并没有放弃哲学。虽然对新康德主义有所不满，他还是在那托普的指导下完成了他的博士论文。但这篇《柏拉图对话中乐趣的本质》的博士论文却很不成功,有人说这是一部"116页潦草写成的著作,只有5个脚注"。海德格尔一开始也对他不看好,在给学生洛维特的一封信中,海德格尔说:"我们暂时在伽达默尔那里完全看不到积极的东西。迄今为止,他只是机械重复概念和命题,对哲学却一无所知。"

伽达默尔自己后来也承认他的博士论文很糟。但这既有他主观的原因,也有客观的原因。客观原因就是当时德国大学主流学院哲学新康德主义再也没有什么生命力,已经无法吸引和打动像伽达默尔这样战后成长起来的青年学子了。伽达默尔从新康德主义那里得不到他要得到的东西。相反,倒是在学院哲学以外的东西,如陀斯妥耶夫斯基的小说、凡·高的通信、克尔凯郭尔的《非此即彼》,尤其是尼采的哲学中找到了吸引他和他想要的东西——真理,但这种真理不是"在一般性的陈述和认识中,而是应在自我经历的直接性和自我生存的不可替代性中得到证明"[1]。伽达默尔不禁要问:"具有哲学力量、能经受这种哲学批判冲撞的思想家在哪里?"[2]

在伽达默尔的大学时代,现象学已经开始流行。虽然伽达默尔并不否认胡塞尔的哲学贡献,但胡塞尔最终的先验唯心主义倾向还是不能使他满意。直到认识了海德格尔之后,伽达默尔才真正找到了自己的哲学方向。正是通过海德格尔,伽达默尔最终与新康德主义渐行渐远;也正是通过海德格尔的途径,伽达默尔去理解马克思、弗洛伊德和尼采。伽达默尔后来回忆说,海德格尔吸引他和像他一样的青年学生的,是"在海德格尔那里所形成的对哲学传统的思维是生动活泼的,因为它被理解为对真正的问题的回答"[3]。也就是说,吸引伽达默尔的是海德格尔使传统智慧成为对现实问题思考的独特风格和能力。传统与现在的联系不是类似现代性思想中理论—实践关系的那种技术性的应用关系,而是传统与现实问题本质的存在论关联,传统就这样成为现在的东西,而不是什么"借鉴"的东西。这决定了伽达默尔一生的哲学方向。也正因为将传统理解

---

[1] L. J. 庞格拉茨主编:《德国著名哲学家自述》下册,张慎等译,东方出版社,2002年,第57页。
[2] 同上书,第58页。
[3] 同上书,第60页。

为不仅仅是传统，传统哲学的问题也不仅仅是"学术"问题，所以伽达默尔和海德格尔一样拒绝学院哲学，力求在对原初的世界经历作进一步的思考中去彻底思考我们生活于其中的语言所具有的概念力量和直观力量。[1]总之，海德格尔对伽达默尔的影响是终身的、根本性的。[2]

众所周知，伽达默尔是一个不错的古典语言学家。但他学习古典语言学，也是受海德格尔的某种影响。因为他觉得海德格尔对他的影响太大，他要去学点海德格尔不知道的东西，于是就去追随古典语言学家保罗·弗里德兰德（Paul Friedländer）。伽达默尔学成之后，以一篇关于亚里士多德的早期著作《规训篇》的论文动摇了当时显赫一时的耶格对亚里士多德的解释。

1928年，在海德格尔的指导下，伽达默尔的教授资格论文《柏拉图的辩证伦理学》一文获得通过，但在当时德国困难的经济条件下却一时找不到正式的教职，只能先在母校马堡大学担任私人讲师（即不拿工资的教师），一度因为穷困潦倒住在海德格尔家里。希特勒上台后，由于许多犹太教授逐渐离职，伽达默尔得以担任一些临时教授的职务，直到1939年，他被莱比锡大学聘为哲学教授和哲学系主任。一些人就因为伽达默尔的这段因犹太人之祸而得福的经历，怀疑他也像海德格尔一样是由于投靠了纳粹所致。[3]但事实证明，伽达默尔是清白的。他虽然没有公开反抗纳粹的统治，但从来也没有支持和拥护纳粹。1934年，他在自己的论文《柏拉图与诗人》的开始处引了一段歌德的话作为题辞，这段话是："从事哲学思想的人都不会赞同时代的想法。"在纳粹要人文科学为战争服务时，他一头扎进古典研究中。他认为，在这样的时代，一个国家最优秀的人如果不想被政客左右的话，就应进入他们不感兴趣的领域。

---

[1] 《德国著名哲学家自述》下册，第61页。

[2] 伽达默尔甚至说，他在写作时一直有一种讨厌的感觉，仿佛海德格尔正从背后盯着他。见《德国著名哲学家自述》下册，第69页。

[3] 最典型的是Teresa Orozco写的《柏拉图式的暴力：伽达默尔在纳粹时期的政治释义学》（Hamburg: Argument Verlag, 1995）一书，该书用深文周纳、含沙射影的方法暗示伽达默尔做了和海德格尔同样的事。该书出版后，立刻在有影响的《法兰克福汇报》上遭到彻底驳斥（见1995年12月4日的该报）。尽管这样，美国人理查德·沃林5年后仍以该书为根据在《新共和》（2000年5月）上发表文章攻击伽达默尔，随即遭到他的同胞、伽达默尔的学生理查德·E. 帕尔默的反驳。这种戏剧性的事态发展，颇能说明真理在我们时代的状况。

第二次世界大战结束后，伽达默尔一度担任莱比锡大学的校长。两年后，他移居西德，担任法兰克福大学的哲学教授。1949年，他接受海德堡大学的聘请，担任哲学教授和哲学系主任，在那里工作了整整25年，培养了一批日后有影响的学生。但伽达默尔真正成名，应该是在他60岁时发表了《真理与方法》一书以后。这本书奠定了伽达默尔在现代德国哲学史，乃至现代世界哲学史上的地位。

1968年，伽达默尔从海德堡大学退休，但并没有因此退出哲学舞台。相反，他频频去美国讲学，将影响从欧洲扩展到了北美，乃至全世界。同时他笔耕不辍，不断有新作问世，直到他以百岁高龄辞世时，丝毫没有思想退化的迹象，反而不断有所发展。而且他一直关注当代哲学思想的动向，始终活跃在西方思想的第一线，他与哈贝马斯、与德里达的争论，都是当代西方哲学史上的重要事件。伽达默尔著作等身，除了《真理与方法》外，《柏拉图的辩证伦理学》《黑格尔的辩证法》《海德格尔的道路》《科学时代的理性》《柏拉图和亚里士多德之间的善的理念》《我是谁，你是谁》《哲学的起始》《知识的起始》《释义学的构思》等，也都是重要的代表作。伽达默尔的著作在世时就编成10卷本的文集，这10卷本的文集虽然叫《全集》(Gesammelte Werke)，但收罗很不全。一个原因是伽达默尔在这10卷文集出版后（最后一卷出版于1995年）还不断发表新作，如他在1996年出版了《哲学的起始》，1999年出版了《知识的起始》；2000年出版的《释义学的构思》更是被认为可为他文集的第11卷。此外，伽达默尔大量的书信、讲稿和访谈等，10卷本的文集也都没有收录。但不管怎么说，这10卷本文集应该是研究伽达默尔的基本文献。[1]

伽达默尔以哲学释义学名世。如本书第一章在论述狄尔泰的释义学思想时所指出的，释义学并不是现代的发明。[2]释义学一开始与哲学并无多大关系，只是到近代，尤其是通过施莱尔马赫和狄尔泰，它才进入哲学，成为哲学的重要论题。但伽达默尔的哲学释义学却另有师承，它与海德

---

[1]　日本学者卷田悦郎编的《伽达默尔著作索引》(Frankfurt am Main: Peter Lang, 1995) 一书收罗详尽，不仅有伽达默尔各种著作的发表日期和发表地方，而且还包括他著作（包括论文）各种语言的译本，译者与出版社或发表的刊物，可惜这部索引只编到1994年为止。

[2]　有关释义学的历史发展情况，可参看本书第一章。

格尔有莫大关系。在《真理与方法》的第3版后记中伽达默尔说："如果人们想要确定我的工作在我们这个世纪的哲学中的位置的话，必须从以下这点出发，即我试图调解哲学和科学，特别是要创造性地将海德格尔的根本问题（这些问题对我有决定性影响）延伸进科学经验的广阔领域。"[1]

海德格尔深受狄尔泰的影响，他从狄尔泰那里接过了释义学的思想，对之进行了现象学的改造（这种改造是双向的，即在用现象学改造释义学的同时，海德格尔也将现象学改造成"释义学的现象学"），[2] 以此开始了他的哲学革命。海德格尔完成了释义学的一次重要转折，没有他所完成的这个转折，伽达默尔的哲学释义学是无法想象的。

海德格尔从一开始就对当时德国流行的传统唯心论哲学不满。在狄尔泰和尼采的影响下，他很早就以"生命"的概念来对抗传统"精神"的概念，[3] 并且接受狄尔泰的做法："哲学地理解'生命'，并从'生命'本身为这种理解确保一个释义学基础。"[4] 也就是说，他要从生命本身来理解生命，而释义学则应该是这种理解的基础。但是，传统的释义学并不能使人从生命本身去理解生命，即作为一种文本理解和解释的方法，它还不能洞开原始的生命经验的领域。而当时流行的现象学却恰好以"回到事物本身"，即回到人的原始经验为鹄的。然而，胡塞尔本人并没有摆脱精神哲学或意识哲学的传统，相反，他使现象学方法成为论证作为先验主体性的意识的根本性的途径，这是海德格尔无法接受的。他不能不对现象学方法进行一番改造，以适应他自己的哲学目标。

正如施皮格伯格指出，海德格尔与胡塞尔最根本的分歧在于，胡塞尔关心的是纯粹自我和纯粹意识，而海德格尔毕生关注的是存在问题。[5] 他认为存在的事实性是比人类意识和人类知识远为基本的东西，而胡塞

[1] Hans-Georg Gadamer, "Nachwort zur 3. Auflage", Gesmmelte Werke 2, S. 450.
[2] Cf. Hans-Georg Gadamer, *Gadamer in Conversation*, ed. & trans. by Richard E. Palmer (New Haven & London: Yale University Press, 2001), p. 38.
[3] Cf. Theodore J. Kisiel, *The Genesis of Heidegger's 'Being and Time'* (Berkeley/Los Angeles/London: University of California Press,1993).
[4] Heidegger, *Sein und Zeit*, S. 398.
[5] 参看赫伯特·施皮格伯格:《现象学运动》，王炳文、张金言译，商务印书馆，1995年，第488页。

尔却认为甚至存在的事实性也属于意识的本质范围。[1]胡塞尔的意识现象学不仅不能彻底摆脱旧哲学的传统，而且本身与旧哲学有不少共同之处。对于海德格尔来说，只有对这种现象学进行一番释义学的改造，将其变成释义学的现象学，才能成为他自己哲学的利器。所以他在《存在与时间》一开始交代完存在问题之所以重要之后，紧接着就讨论方法问题乃势所必然。

在这里海德格尔施展了他著名的词源学解释功夫（即释义学功夫），通过对"现象学"一词在古希腊文词源中两个组成部分（现象和逻各斯）语义的解说，得出现象学是一种通达隐而不露或被遮蔽的事物的方法，存在就是这隐而不露的事物。[2]因此，现象学是彰显存在及其问题的唯一合适方法。与以往的哲学方法不同的是，这方法不是我们强迫事物显现，而是事物向我们显现，这正符合现象学"回到事物本身"的宗旨。现象学就是以一种真正属于事物的通达方式让事物对我们显现。

很显然，这种通达事物的方式自然不是将主观意识和范畴强加于事物，而是自然而然与事物相遇，或让事物显现。前提是人必须存在于世，并且理解事物；没有理解事物就不可能显现为事物。但理解不是一个静止的固定的框架，而是在与事物相遇过程中历史地积累和形成的。理解者对现象的理解也就是对自己存在的理解，理解和解释属于人存在（此在）的基本结构。因此，存在可以通过对人们对现象的理解和解释的分析，即通过对此在的释义学分析得以彰显。此在的释义学，或者释义学的现象学，就是存在论或基础存在论的唯一合适方法。

海德格尔的释义学的现象学与胡塞尔的现象学的最明显不同在于，它以人生存的历史经验为基础，解释首先是"解释此在的存在"。[3]它是对"生存的生存性的分析"，[4]即对此在存在的种种本真可能性的分析；而所有这些分析归根结底是对此在时间性结构的分析，此在的时间性结构，即此在生存经验的历史性是存在显现的必要境域。此在的释义学，其

---

[1]   Cf. Hans-Georg Gadamer, *Wahrheit und Methode,* Gasammelte Werke, Bd. 1, (Tübingen: J.C.B. Mohr, 1986), S. 260.

[2]   Cf. Heidegger, *Sein und Zeit,* S.35.

[3]   Heidegger, *Sein und Zeit,* S. 37.

[4]   Ibid., S. 38.

根本对象是人的历史的生存经验。但它的目的并不仅仅是要阐明此在的历史性,而是更要揭示存在的意义和此在的结构。在此意义上,释义学也为一切其他对不是此在的存在者的存在论研究提供了境域,它阐明一切存在论研究的可能性之条件。

海德格尔就是这样为哲学释义学奠定坚实基础。虽然在《存在与时间》之后,除了在《通向语言途中》之外,海德格尔再没有提"释义学"这个词,但他的后期哲学仍然彻头彻尾是释义的。[1]这不仅表现在他《存在与时间》之后的著作许多是对西方哲学家和诗人的释义学阐释,更表现在他始终没有放弃通过释义学方法通达存在或使存在从遮蔽中显露。只是后来他不再限于分析此在的生存结构,而是将存在、思、人(此在)、诗和哲学同一为言说的释义学功能中,释义学仍然是要把握(理解、阐发)和彰显存在的意义,文本解释只是让存在自己显露或言说的途径,而不是解释者发现固有意义或阐发主观意图的方法。一句话,释义学仍然是一种存在经验,而不是主体(解释者)施于客体(文本)的方法论操作。[2]

对于海德格尔释义学的根本特性,伽达默尔有非常准确地把握和阐发。在《真理与方法》第2版序言中,他写道:"在我看来,海德格尔对人的此在的时间性分析令人信服地表明,理解不是主体的一种行为方式,而是此在本身的存在方式。'释义学'这个概念在这里就是在这个意义上用的。它表明构成其有限性和历史性的此在基本的运动性,因而包含了它的全部世界经验。理解的这种运动性全面而普遍,这不是出于任意或片面的构造夸张,而是在于事物的本性。"[3]海德格尔使用"释义学"这个概念,不是把它当作一种方法论学说,而是作为一种真实经验的理论,这种经验就是思。[4]需要指出,海德格尔讲的"思",绝不是传统哲学意义上的主观意识或思维,而是一种出位之思,即人对存在显露的听任接纳。它

---

[1] Cf. Richard E. Palmer, *Hermenuetics* (Evanston: Northwest University Press, 1969), pp. 140–161.

[2] 正因为如此,我坚持将 Hermeneutik 译成"释义学"而不是"诠释学"或"解释学",因为后两种译法方法论的味道太重,而对存在经验的核心内容——"意义"几无触及。即使在施莱尔马赫和狄尔泰那里, Hermeneutik 也以译为"释义学"为好。参看本书第一章的有关内容。

[3] Hans-Georg Gadamenr, *Wahrheit und Methode (Ergänzungen)*, Gesammelte Werke, Bd. 2, (Tübingen: J.C.B. Mohr, 1986), S. 440.

[4] Ibid., S. 446.

首先是一种存在方式或存在行为,而不是认识论意义上或主客体关系上的意识行为。

伽达默尔完全接受海德格尔的"释义学"概念。[1]因此,在他看来,释义学基本上不是一个人文科学方法论的问题,不是主体认识客体的主观意识活动,而是人类基本的存在活动,所以,"文本的理解与解释不仅是科学深为关切的事情,而且也显然属于人类的整个世界经验"。[2]这就等于说,我们的存在是释义学的。如果这样的话,释义学所涉及的就不是特殊的方法论问题,甚至也不是一般的哲学问题,而是涉及我们生活经验的普遍问题。这个问题在于,现代科学使得真理与存在、知识与生命产生了严重的疏离,也就是说,在科学世界和生活世界之间,有着一道不可逾越的鸿沟。一方面,生命的意义与价值不是真理;另一方面,真理没有生命的意义,与生命无关。换言之,我们存在的基本状况不属于真理,反之亦然。例如,古希腊美的宗教在从人与上帝关系中创造的具体艺术品中体验神性。但在近代科学和哲学看来,艺术品不包含真理的内容,它只能是非功利的审美对象。历史实证主义则认为历史经验就像月球上的一块石头那样与我们的存在经验无关,我们只能尽量将自己的主观经验去除干净之后才能把握它的意义。[3]

因此,在伽达默尔看来,"现在的问题是我们存在的释义学限制性应如何面对现代科学的现实存在(Existenz)使其自己具有正当性"。[4]这实际上就是他给自己的哲学释义学提出的任务。这个任务"超越以审美意识、历史意识和局限为避免误解的技术的释义学意识为基础的种种成见,克服存在于它们中的种种疏离"。[5]所以他在《真理与方法》一开始就开宗明义地声明:"下列研究始于这种反抗,它要在现代科学内部抵制科学

---

[1] 虽然伽达默尔说他的哲学释义学是试图遵循后期海德格尔的问题方向,并以一种新的方式使其容易理解(Cf. Hans-Georg Gadamer, "Zwischen Phänomenologie und Dialektik", Gesammelte Werke, Bd. 2, S. 10),但他的释义学基本概念毫无疑问来自早期海德格尔对释义学的规定。

[2] Hans-Georg Gadamer, *Wahrheit und Methode*, S. 1.

[3] Cf. Hans-Georg Gadamer, "Die Universalität des hermeneutischen Problems", Gesammelte Werke, Bd. 2, SS. 220-222.

[4] Ibid. S. 225.

[5] Ibid. S. 223.

方法的普遍性要求。它关心的是在有真理经验的地方探寻这种超出科学控制范围的经验，并根据这种经验来追问它自己的正当性。"[1] 伽达默尔沿袭海德格尔基础存在论是一切局部存在论的基础的思路，认为科学方法并不具有普遍有效性；相反，生存论的理解才是人文科学的理解和自然科学的理解的基础，只有哲学释义学才可以合理拥有普遍性要求，因为它涉及的是人存在的基本经验，也就是伽达默尔特别注重的那种"超出科学方法论控制范围"的真理经验。

伽达默尔的这个声明以及相关的论述引起不少误解和批评，最主要的就是认为他将真理与方法相对立，似乎科学方法论与他要追寻的真理是不相容的。[2] 因此就有人讽刺说，《真理与方法》应该改为《真理或方法》或《真理对方法》。[3]

应当承认，如人们所批评的，伽达默尔对方法或科学方法的规定是本质主义的、片面的、抽象的、反历史的，他完全忽视了科学方法的历史发展，即它的历史性，以及它的多样性，[4] 实际上他是将它作为一个否定的概念来使用。尽管如此，伽达默尔并没有完全否定方法和方法论的必要性，并多次声明这一点。[5] 他强调释义学，而不是科学方法的普遍性，不仅仅是为了指出科学方法论的局限，更是要突出在现代科学文化影响下几乎被遗忘的那种"真理经验"。

科学方法诚然并不只有一种，但归根结底都是以人先验设定的假设、程序和检验标准来得出结论和检验结论的对错。当然，对错的最终判断总是所谓"客观事实"，而"客观事实"总是预设了一个能认识和判断"客观事实"的主体，或主观意识。它是方法理性的最终基础，它可以在主客体对立分裂的基础上认识所谓"科学真理"，却无法达到存在的真

[1] Hans-Georg Gadamer, *Wahrheit und Methode*, S. 1-2.
[2] 在这问题上伽达默尔与海德格尔有明显的不同。海德格尔口口声声说释义学是一种方法论，但伽达默尔却始终拒绝这种说法，而坚持其存在论性质。这也是他被误解为完全不要方法的一个重要原因。
[3] Cf. Ernst Tugendhat, *Philosophische Aufsätze*(Frankfurt an Main: Suhrkamp, 1992), S. 428.
[4] Cf. Joel C. Weinsheimer, *Gadamer's Hermeneutics: A Reading of "Truth and Method"* (New Haven & London: Yale University Press, 1985), pp. 2-4.
[5] Cf. Hans-Georg Gadamer, *Wahrheit und Methode(Ergänzungen)*, S. 439; *Gadamer in Conversation*, p. 41.

理。而海德格尔和伽达默尔恰恰是要用释义学来达到存在的真理。哲学释义学首先关心的不是提供一套正确理解的原则，不是如何消除误解，而是如何释义学地展开我们原始的世界经验、真理经验，同时揭示我们世界经验的释义学性，从而使我们看到方法理性或工具理性无法看到的东西。

不仅如此，伽达默尔要用释义学来对抗科学方法论，还有一个实践哲学的考虑。他认为支配我们的知识、科学和真理概念的客观知识的理想有一个根本的缺陷，就是人是知识和真理的旁观者，而不是真理经验的参与者。释义学向我们表明，我们实际上参与了在我们的艺术、宗教和历史传统中发展的人文经验的基本表达，哲学深入人类的基本经验中，不能完全被概念化。[1] 这就暗示了哲学的实践可能性，或释义学的实践哲学可能性。

审美意识批判和艺术经验

要证明哲学释义学的合理性和真理性，首先必须证明它要揭示的科学之外的种种经验方式的合理性和真理性，其中最主要的是艺术经验和历史经验的合理性和真理性。这两种经验方式都是被现代科学排除在真理范围之外的，理由是它们一个是主观的，一个是相对的，都不符合科学真理的普遍必然性要求。而在伽达默尔看来，这两种经验方式所经验到的真理，恰恰是科学方法和任何其他方式所无法达到的。它们典型地证明了释义学经验的普遍性和真理性。因此，释义学研究必须从艺术经验和历史经验出发，以使释义学现象得到充分的展示，并进而发展一种与我们整个释义学经验相适应的知识和真理概念。[2]

艺术经验被认为是完全主观的，无关知识与真理，是近代才有的看法，确切地说，是随着美学的产生才逐渐在西方占主导地位的看法。无论是在古代世界还是在中世纪，西方人都没有将艺术经验与知识和真理截

---

[1] Cf. Hans-Georg Gadamer, *Gadamer in Conversation*, pp. 40–41.

[2] Cf. Hans-Georg Gadamer, *Wahrheit und Methode*, S. 3.

然分开。人们在艺术的视觉语言和诗的叙述形式中,同样能感受到知识和真理。希腊悲剧和中世纪的宗教画对于当时的人来说首先是宗教真理的表达,然后才是艺术的表达。即使在近代美学之父鲍姆加登那里,"美学"仍然意味着"感性知识"(cognitio sensitiva)。[1]

但是,根据西方传统的知识概念,"感性知识"是一个悖论。从古希腊时起,西方人就认为知识不能是感性和主观的,而是关于事物的普遍性与规律性的东西。感性的东西只是普遍规律的一个特例。但是,我们美的经验显然不是普遍美的一个特例。辉煌的落日并不是一般落日的特例。在艺术领域,真理并不在于某种普遍规律通过作品得到了表现。相反,感性知识的意思是,在感性经验明显的特殊性中,在我们美的经验中有某种东西吸引和迫使我们细细考量个别现象本身。[2]但这不等于说,我们的美感或审美经验也只能是主观个别的。相反,它发生的个别性和主观性并不排除它可以具有普遍的性质。伽达默尔认为康德美学的成就即在于此。[3]

康德之所以能证明美的经验具有普遍性,是借助了共通感(sensus communis, Gemeinsinn)这个概念。所谓共通感就是具体普遍性或感性的普遍性,它不同于自然规律那种抽象普遍性或知性的概念普遍性。这种普遍性不是科学世界或自然的普遍性,但却是生活世界的普遍性。美丑善恶事实上并非纯个人的判断,而是如康德说的我们不允许任何人有异议。[4]但这并不是说我可以通过论证来说服人们接受我的判断,而是说每个人都得发展他自己的美感,从而能区别美丑。这里涉及的不是科学的证明和论证,而是鉴赏判断。

康德在《判断力批判》中把判断分为规定判断和反思判断,规定判断是使特殊事物从属于一个一般概念;而反思判断则不同。它不是将特殊事物从属于一般概念,而是根据特殊经验作出一个一般判断。鉴赏判断就是这样的反思判断,它不是将美的事物从属于概念,而是从现象中得

---

[1] Alexander Baumgarten, *Aesthetica* (Hildesham: Georg Olms, 1961), S. 1.

[2] Hans-Georg Gadamer, *Die Aktualität des Schönen* (Stuttgart: Reclam, 1977), S. 21.

[3] Ibid., S. 22.

[4] Kant, *Kritik der Urteilskraft*, B 67, A 66.

出具有普遍约束性的美感。这就证明在科学的普遍性之外，还有同样合理的普遍性，真理并不是科学的专利。这一点一经确立的话，人文科学（Geisteswissenschaften）的正当性也就不言而喻了。

然而，康德并没有沿着这个方向继续走下去，反而将美学主观化，从而将艺术经验彻底排除在真理之外。所谓将美学主观化，就是认为鉴赏判断提供的不是其对象的知识，而只是非客观存在的私人感觉。说某物是美的，不是在说某物，而是在说对某物的主观感觉，即这物给予我的愉悦。"美学"（Äesthetik）一词本来的意义就是"感性"。此外，康德认为，鉴赏完全是一种个人的能力，鉴赏对象不可能教我们这种能力，我们也不可能通过模仿别人得到这种能力。鉴赏的这种私人性使得概念根本不适于它。当然，康德坚持认为审美鉴赏具有普遍性，因为它是一种共通感，却是主观的普遍性，而非如科学知识那种客观的普遍性，它完全没有任何认识意义。因为康德"将共通感归结为主观的原则，它对审美判断对象并无认识"[1]。这就奠定了近代主观化美学的基础。

康德的天才概念则进一步确立了美学的主观性和非知识性。康德说，"美的艺术是天才的艺术"，意思就是，艺术是主观或主体性的产物，"在自然和艺术中美只有同一种先天原则，它完全在主体性中。审美判断力根本没为美的客体建立独立的有效性领域"[2]。这就是说，美的对象完全要依赖审美主体，天才是艺术的标准。因此，艺术不是人与世界的相遇，而是人主观和内省地与自己相遇。康德后的美学则在康德主观美学的基础上将美学进一步主观化，天才成了一种反理性的神秘能力，艺术不是出于意识，而是出于生命，出于体验。

体验（Erlebnis）一词强调的是经验的直接性和亲历性，"体验"这个词的主要规定者和使用者狄尔泰就用它来指生命经验。体验的主观色彩显然是不言而喻的。但是，伽达默尔认为，作为体验的艺术作品固然是一个自为的世界，作为体验的在审美中被体验到的东西也脱离了现实的整体关系。艺术作品的力量固然使体验者一下子摆脱了他的生命总体关系，但也同时将他拉回到他此在的整体上。审美体验总是包含着一个无

---

[1]　Hans-Georg Gadamer, *Wahrheit und Methode*, S. 49.

[2]　Ibid., S. 61.

限整体的经验。[1]这就是说,审美体验不仅是像唯心主义美学认为的那样是主观经验,也是存在的经验。

美学的主观化导致美学的双重区分,即艺术作品既与它的世界没有关系,更与我们的世界没有关系。艺术就是艺术,不多也不少。它在知识的范围之外,不能通达现实世界。在现代性的条件下,这种艺术观并非全然是消极的,它至少起着一种对抗机械化了的现实世界的作用。席勒的《审美教育书简》就是一个明显的例子。在席勒看来,艺术是与一切限制相抗的"理想王国",它不但反抗机械化的现实生活,也反抗"国家和社会的道德束缚"。[2]然而,既然艺术将自己视为与道德、社会和科学的现实相对立的"理想王国",它也就不能不被看作人为的东西,是现象和非现实。艺术的独立性恰恰建立在它与现实的对立上,似乎只有不顾一切现实的东西,与现实完全脱离关系艺术才能是艺术。换言之,"只有通过不顾一切作品作为其原始的生命关系扎根于其中的东西,不顾一切地从中获取它意义的宗教或世俗的作用,它才能作为'纯粹作品'露面"。[3]

艺术既然脱离了它的世界,艺术活动也就会脱离社会,"为艺术而艺术"的口号是主观化美学的必然结果。然而,在伽达默尔看来,艺术并不仅仅是艺术,艺术要比艺术更多。为了说明这个在许多人看来是荒唐的思想,伽达默尔引进了象征的概念。象征与譬喻不同,譬喻的意义不在自身,而在它所喻指的东西。象征则相反,它自身的存在就有意义,但它也指向它以外的事物,"因为象征绝不是任意采取或创造的符号,而是以可见事物和不可见事物间的某种形而上学总体关系为前提"。[4]这就是说,象征首先是一个存在论的概念,得从存在论上去理解。"象征意味着感性现象与超感性现象的合一。"[5]而这也正是艺术的特征,艺术就是象征,这在德国古典思想家那里已经有了比较清楚的认识。作为象征的艺术,它不可能是"纯粹的",它必然包含艺术之外的许多因素。因此,伽达默尔说:"为了正确对待艺术,美学必须走出自身并放弃美学事物的'纯

[1]   Cf. Hans-Georg Gadamer, *Wahrheit und Methode*, SS. 75–76.

[2]   Ibid., S. 88.

[3]   Ibid., S. 91.

[4]   Ibid., S. 78.

[5]   Ibid., S. 83.

粹性'。"[1]

对于伽达默尔来说,这不是一个主观的要求。作为象征的艺术本身的释义学性,决定了艺术作品不可能由天才单独完成,也不可能由它自己独立完成。如果哪怕是简单的知觉也不是"纯粹的",而是已经包含了某种理解和解释的话,那么艺术作品就更是如此了。艺术作品的完成是一个无尽的历史过程,而艺术本身乃是一种历史的解释,它需要理解,并且只能历史地理解。"艺术的万神殿不是向纯粹审美意识展现自身的无时间的当下性,而是历史地集聚与会合的精神的业绩。"[2]当我们与艺术作品相遇时,我们并不是在陶然物外地把玩某个我们之外的审美"客体"或"对象",而是在与世界相遇。因此,审美经验是我们存在经验的一部分,通过它我们融入艺术所体现和展现的那个历史。作为经验,艺术经验同样具有认识的功能,虽然它的认识方式与科学和伦理学的认识方式不同,但它同样可以拥有真理,同样可以有真理的诉求。伽达默尔高度赞赏黑格尔的《美学》,就是因为他将美学视为世界观的历史,真理的历史。美学鉴赏归根结底是一种认识方式,艺术经验的问题归根结底是艺术真理的问题。这种经验和这种真理将在一个重要的方面证明比科学经验和科学真理更为根本的经验和真理。

近代主观化的美学实际上是根据科学知识观和真理观来给自己定位的,而近代科学的知识观和真理观则是建立在主客体分离对立的思维模式基础上,主体和主体性是知识与真理的最终动力和根据。因此,要彻底批判和超越近代美学,要重申艺术的真理,必须破除上述的思维定式,超越主客体对立而恢复它们的原始统一。伽达默尔像许多现代哲学家,如尼采、维特根斯坦和德里达一样,引进"游戏"概念来克服主客体的二元对立。

在西方思想史上,第一个积极正面地将游戏与艺术联系在一起思考的是康德。在此之前,西方思想家也有人把艺术视为游戏,但他们在这样做时往往是为了贬低这两者;而赋予艺术较高地位的人,又往往牺牲艺术游戏的方面而强调其理性的方面。康德的立场是在这两个极端间持一

---

[1]   Hans-Georg Gadamer, *Wahrheit und Methode*, S. 98.

[2]   Ibid., S. 102.

个辩证的态度。在《判断力批判》第43节,他区分了艺术和自然、科学和工艺,他警告说:"现在有一些教育家认为促进自由艺术最好的途径就是把它从一切强制中解放出来,并且把它从劳动转化为单纯游戏。"[1] 席勒深受康德这方面思想的影响,他把它转换到费希特的冲动理论基础上,把艺术行为规定为一种在质料冲动和形式冲动之间展开其自身自由的潜在性游戏冲动。

但无论是在康德还是席勒那里,游戏都还是一种心灵的状态,是精神诸能力的游戏,因而是主体性的一种属性。[2] 但当伽达默尔将艺术作品称为游戏时,他指的是艺术作品的存在方式。在人们通常看来,游戏是一个主体的行为,游戏态度也是一种主观的态度,当我们说"游戏人生"时,似乎就是取这种主观的意思。但伽达默尔认为,游戏基本与主观的态度和情绪无关。"当我们在艺术经验的语境中谈游戏时,游戏不是指游戏者或欣赏者行为的态度或精神状态,更不是指在游戏中实现自己的主体性的自由,而是指艺术作品本身的存在方式。"[3] "游戏具有一种独立于游戏者的意识的独特本质","游戏的主体不是游戏者,而是游戏只有通过游戏者才表现出来"。[4] 游戏当然需要游戏者全身心地投入,但游戏的主体不是游戏者,而是游戏本身,任何游戏者都无法预期游戏的进程,更不能决定游戏的规则,他只能在规则许可的范围内发挥其主观能动性。但更为根本的却是游戏者只有"忘我"地投入游戏,也就是在游戏中失去自己,才能玩好游戏。他必须被游戏所支配,而不是相反。

另一方面,"游戏的存在方式不允许游戏者像对待一个客体那样对待游戏"。[5] 游戏者只能加入游戏才能进行游戏。这就意味着游戏,也就是艺术作品,完全超越了近代哲学和近代科学主客体对立的知识架构,主体和客体在游戏中得到了重新统一。如果艺术经验同样具有认识功能和真理诉求,那么这种认识和真理显然建立在主客体统一的基础上。

[1]　Kant, *Kritik der Urteilskraft*, B 176, A 174.

[2]　Cf. Joel C. Weinsheimer, *Gadamer's Herneutics* (New Haven & London, 1985), p. 101.

[3]　Hans-Gerog Gadamer, *Wahrheit und Methode,* S. 107.

[4]　Ibid., S. 108.

[5]　Ibid.

在伽达默尔看来,游戏和艺术作品都只存在于主体和客体的统一经验中。只有当在游戏和审美鉴赏中主体不再是主体,而客体也不再是客体,而是统一为游戏和鉴赏经验本身时,游戏和艺术作品才存在。如果没有人玩游戏,游戏就不存在。同样,没有人审美鉴赏,艺术作品也不存在。博物馆库房中或埋在地下的艺术作品其实不是艺术作品,而只是一样普通的东西。游戏就是它的"游戏",而一出戏也只有演出时才是"戏"。游戏的经验和艺术的经验一样,都不是主体的经验,因为主体本身被这经验所改变。审美鉴赏同样不是主体处理客体,而是主体和艺术作品统一于艺术经验。

游戏和艺术作品只有在被玩和鉴赏中才有其存在,意味它们具有表现的性质。游戏活动就是在表现游戏;而艺术也总是需要被表现和表现着什么。游戏为游戏者而存在,艺术作品为鉴赏者而存在,这意味着它们需要他们来表现。游戏表现自己,我们也在游戏中表现我们自己。在伽达默尔那里,游戏是艺术的象征,游戏的特征都可以平移到艺术(他煞费苦心地证明所有艺术门类:戏剧、绘画、建筑、音乐、文学都具有游戏的主要特征)。不但艺术表现自身,而且也为艺术作品的接受者(观众、听众,鉴赏者)表现。我们通过对艺术作品的解释来表现我们自己,理解艺术是自我理解的一个基本方式。

艺术作品在它的表现中存在,这对于戏剧、舞蹈、音乐这些艺术形式来说不难理解。而造型艺术或文学的表现就在于我们对它们的解释。一本谁也不懂的书是"死"书;一幅无人欣赏的画根本就不是画;一座废弃的建筑不是建筑,而是废墟。这些都不难理解。伽达默尔引起争议的是他解释的多样性的观点。伽达默尔认为,作品虽然只有一个,对它的解释却可以是多样的;并且,这些多样的解释可能都是真的,合理的。有多少演员就有多少《哈姆雷特》,大家恐怕不会反对这个观点。可是,人们却无法接受伽达默尔的解释的多样性的观点。从近代自然科学主客体二分的认识模式出发,人们习惯将认识自然对象的方式平移到对艺术作品的解释。一件艺术作品似乎只应有一个答案,这就是作者的原意。与之相符的解释就是真的;反之则为假。然而,且不说作者的本意绝不像物质对象的物理性质那么容易确定,艺术作品的语言与形式本身有其独立性,这两者决定了艺术作品的唯一正解实际上是不可能的,即使作为理想,也是没有道理的。

艺术作品的表现性决定了它永远处在完成过程中,正是这种未完成特性,使艺术作品实际上是一个历史生长的有机体,它的意义在不断充实和丰富。解释的多样性不是主观的多样性,而是艺术作品自身可以这样那样解释的可能性。艺术作品尽管在其表现中可能发生众多的改变和变形,但它仍是它自身。[1]这种可能性来自审美存在的时间性。

审美活动首先不是一个意识活动,而是一个存在活动。伽达默尔始终是从存在论,而不是从传统美学意义上谈论艺术经验的。如果说传统美学是通过美学的双重区分使艺术作品脱离它自己的世界也脱离我们的世界的话,伽达默尔则要用"美学无区分"来恢复艺术作品的世界性,即它的存在论性质。所谓的"美学无区分",就是艺术作品与其自己的世界和我们世界的同时性。伽达默尔用时间性概念来证明此点。

伽达默尔像在他之前的柏格森和海德格尔一样,区分两种时间。一种是空洞的,有待我们去填满的形式的时间。比方说,我们给自己一天的活动列个时间表,几点做什么,或什么也不做。另一种时间伽达默尔称为"充实的时间"或"自主的时间"(die Eigenzeit)。[2]这种时间不由我们来安排,而是悄悄降临到我们。一个人生命中的童年、青年、成年、老年和死亡就是这种"自主的时间"的典型例子。这不是时钟上的时间,与它之间有明显的断裂。我们突然发现自己已不再是孩子,时钟却无法告诉我们这一点。艺术作品与这种生命的时间经验密切相关。

伽达默尔认为,艺术作品是一个有机统一体,它也有它自主的时间性。当然,在并不是说它也经历童年、成年和老年。而是说艺术作品也同样由它的时间结构,而不是由它在物理时间中存在的延续所决定。音乐就是一个很好的例子。作曲家用一些模糊的速度标记来描述作品的个别速度。但这只是作曲家给的一些技术说明,它们帮助我们保持"正确的速度"或把握作为整体的作品。作品正确的速度实际上是不能量化或计算出来的。它要由作品来决定,确切地说,由演奏的作品或作品的演奏来决定。[3]

---

[1] Hans-Gerog Gadamer, *Wahrheit und Methode,* S. 127.

[2] Hans-Georg Gadamer, *Die Aktualität des Schönen,* S. 55.

[3] Cf. Hans_Georg Gadamer, *Die Aktualität des Schönen,* SS. 57−58.

伽达默尔用我们对韵律的经验来说明艺术作品的时间性。心理学告诉我们，韵律是我们听和理解的一个因素。如果我们有规则地间隔一段时间就重复一系列声音或音调的话，听者就会情不自禁地将音律引入这声音的系列。但伽达默尔认为这种对韵律的主观解释，或将它解释为声音间客观物理的时间关系都不足以说明韵律。伽达默尔的观点是韵律已经内在于一定的形式中，但需要我们投入进这个形式以把它引出来。这就是说，韵律是我们与作用于我们的作品的时间性互动的结果。

不仅语言、音乐和舞蹈艺术将它们的自主时间托付给我们，绘画和建筑艺术也是如此。这些艺术形式也有时间性，我们总是通过一个时间性的鉴赏过程才能把握一幅绘画或一座建筑。我们的古人就已经将看画叫作"读"画，就像读一部文学作品一样。同样，一座伟大的建筑也需要细读才能窥其堂奥。这种"读"就是作品的时间性和我们的时间性交融的过程。我们有限的存在就这样和无限的存在发生了关联。

在伽达默尔看来，艺术在某种意义上表现了对时间的克服，它表现的是永恒的东西。但没有有限的人去理解和把握，这种永恒的东西就会消失，艺术本身也不能存在。另一方面，有限的人在理解与解释艺术作品时也超越了自己的当下性，得到了升华，达到过去与现在的统一。艺术经验实际上表现了一种同时性，即作品的世界和我们的世界间并不存在断裂，因为作品的时间性和我们存在的时间性并不存在断裂。"同时性"的要旨是使过去的东西或正在消失的东西成为现在的东西。[1]艺术展现的就是我们自己（艺术的鉴赏者和解释者）世界的真理世界，我们生活在其中的宗教和伦理世界的真理，这个世界展现在我们的面前，我们从中认识了我们自己。[2]但艺术作品并不直接呈现我们的世界，它需要通过我们的解释才能做到这点，在解释艺术作品时，我们实际上是在解释我们自己，是意义的连续性将艺术作品和现存世界（Daseinswelt）联系在一起，文明社会异化的意识也未完全脱离这种意义连续体本身。[3]

但艺术并不仅仅与我们的世界有关，它也与自己的世界有关，它并未因需要解释存在而失去它自己的世界，它既对未来开放，也对过

---

[1]   Cf. Hans-Georg Gadamer, *Wahrheit und Methode*, SS. 132–133.

[2]   Ibid., S. 133.

[3]   Ibid., S. 138.

去开放。正如一位西方学者所言:"艺术作品在与每一现在同时时,也置身于它们的历史本源和功能中。"[1]历史作品与其原初世界的关系就是它的历史性。伽达默尔将艺术作品的这种历史性称为"偶缘性"(Okkasionalität)。艺术作品的偶缘性不仅指它在一个特定的时代被创造,也指它揭示那个时代。艺术作品的偶缘性不断从内容上规定着意义,这种规定绝不会因未来任何时候的解释所中断;相反,始终对它们产生影响。这也表明过去的世界和现在的世界之间并没有一条不可逾越的鸿沟。

对艺术作品历史性的确认表明伽达默尔仍然承认艺术作品本身,只是它在不同的时代以不同的面相示人,永远也不会凝固为一个样子。"并不是作品'自在存在',不同的只是效果,而是艺术作品就是在不断变化的条件下呈现自己的东西。今天的观赏者不仅不同地看,也看到了不同的东西。"[2]但他们不会将《蒙娜丽莎》看成《格尔尼卡》,或将《红楼梦》看成《封神演义》,因为作品的偶缘性将制约一切可能的解释,不管这些解释彼此会有多大的不同。在此意义上,伽达默尔并不是相对主义者。

另外,艺术作品需要解释才能存在不能理解为艺术作品有赖于主体性(无论是艺术家还是解释者)才能存在。就像游戏的主体是游戏本身而不是游戏者一样,作为一个有机统一体的艺术作品,其主体是它自己,而不是艺术家或解释者。它不是近代美学所理解的"审美对象",而是一个存在论事件。不是什么人使它变化,而是它自己在不同的历史世界不断变化。解释者只是其自身变化的一个重要因素,就像游戏者是使游戏得以进行的一个重要因素一样。

这方面最明显的例子就是文学作品。很显然,文学作品表现某些东西,但绝不是读者的经验。"只有从艺术作品的存在论出发——而不是从阅读过程中出现的审美体验出发——文学这种艺术特性才能被把握。阅读本质上属于文学艺术作品,……"[3]伽达默尔和接受美学的根本分歧也

---

[1] Janet Wolff, *Hermeneutic Philosophy* (London: Routledge and Kegan Paul, 1975), p. 110.

[2] Han-Georg Gadamer, *Wahrheit und Methode,* S. 153.

[3] Ibid., S. 166.

在这里。[1]阅读属于作品,意思就是阅读是作品的本质因素,作品就是阅读,作品在阅读。作品是在读一个世界,是世界的阅读。当然,我们也可以说作品的被读;但不是被某个人,而是被另一个世界阅读。文学作品不属于作者也不属于读者,而属于一个世界。

　　文学作品表明艺术不仅仅是艺术,它也是知识,但不是像科学那样的知识,而是揭示存在真理的知识。艺术对真理的揭示不是直接的,而是需要理解和解释。理解和解释本质上属于任何一种艺术。而释义学恰恰就是关注理解和解释的学科,因此,"美学必须并入释义学中"。[2]这不是说美学是释义学的一个组成部分,而是说"需要克服美学概念本身"。[3]如果艺术作品不是我们审美体验的永恒对象,而是属于一个完全规定其意义的世界,艺术作品的艺术只有从这个世界才能得到理解的话,[4]那么艺术经验实际上就是我们的世界经验、存在经验。只有在释义学中我们才能真正理解艺术。对传统审美意识的批判为的是恢复和强调这种典型的释义学经验的正当性。

历史意识批判和理解的历史性

　　释义学从一开始,无论是作为一种解释的方法还是作为一门辅助学科,都牵涉到对历史现象的理解问题,历史理解向来是释义学的主要问题之一。近代释义学由施莱尔马赫和狄尔泰引入哲学更是与历史理解有莫大的关系。但伽达默尔认为,无论是施莱尔马赫还是狄尔泰,都没有完全摆脱近代认识论的影响,他们仍然将历史作为一种理解"对象",认为我们完全可以达到对它的"正确"理解。在近代科学的客观性概念影响下,以德罗伊森和兰克为代表的德国历史学派将历史作为客观的研究对象,主张以恢复历史的本来面目为目的,"客观地"研究历史,此之谓"历史意

---

[1]　有关伽达默尔和接受美学的分歧可参看 *Gadamer in Conversation*, pp. 63–64.

[2]　Hans-Georg Gadamer, *Wahrheit und Methode,* S. 170.

[3]　Hans-Georg Gadamer, "Die Wahrheit des Kunstwerks", Gesammelt Werke 3 (Tübingen: J. C. Mohr, 1987), S. 253.

[4]　Ibid., S. 171.

识"。"历史意识给自己提出这样的任务：从一个时代的精神出发理解那个时代的一切见证，使它们远离我们当前生活吸引我们的种种现实性，不在道德上自以为是，而是承认过去也是人类的过去。"[1]

故此，虽然19世纪的历史科学是浪漫主义的产物，但它与启蒙运动却有内在的共同点，即它们都排斥成见，将其视为历史理解的大敌。即使是今天的人们在此问题上基本仍会持同样的看法。我们都会同意，不能用今天的眼光和标准来看待过去。但问题是，历史或历史的东西，真是像自然对象一样的对象吗？

无论是狄尔泰还是历史学派，都不会这么认为。但他们都认为我们可以从外面来理解他们，就像科学家可以从物质事物的外部来认识它们一样。至于标榜理性的启蒙运动，更是将成见视为科学的最大障碍而予以绝对否定。但是，对于伽达默尔来说，历史并不仅仅是人类活动的结果，更应该被理解一种意义的总体关系（Sinnzusammenhang）。[2]因此，不是历史属于我们，而是我们属于历史。"个人的成见远不只是他的判断，更是他存在的历史实在。"[3]我们在对事物作出理性判断之前，总是已经对该事物有了某种理解，[4]这就是成见。"早在我们通过自我反思理解我们之前，我们就已自然而然地在家庭、社会和国家中理解了我们自己。"[5]成见不是我们主观产生的东西，而是我们的存在条件之一。没有任何成见（即海德格尔所说的前理解）的人根本就不可能存在。当然，成见并不都是合理的；但合理的成见是理解的基本条件。它们不是我们可以随意抛弃的东西，而是历史理解不可缺的基础。

如果成见不只是我们的预先判断（Vorurteile），而是我们存在的历史实在，那么，理解就不可能在历史之外进行，而只能在历史这个意义的

[1] Hans-Georg Gadamer, "Die Universalität des hermeneutischen Problems", Gesammelte Werke 2, S. 221.

[2] Cf. Hans-Georg Gadamer, "Hermeneutik und Historismus", Gesammelte Werke, S. 388.

[3] Hans-Georg Gadamer, *Wahrheit und Methode*, S. 281.

[4] 这个思想应归功于胡塞尔，他认为理解一个对象就是将它理解为是（als）什么东西，也就是予以此对象以意义。海德格尔在此基础上提出理解的"作为结构"（Als-Struktur）。伽达默尔关于成见的思想只是将他们的观点进一步用于历史理解。

[5] Hans-Georg Gadamer, *Wahrheit und Methode*, S. 281.

总体关系中进行。换言之,在理解历史或传统时,我们已经在它们之中,而不是在它们之外。因此,历史也罢,传统也罢,都不是在我们之外与我们对立的东西,而是制约和形成我们的成见,因而也制约我们理解的东西。

伽达默尔认为,启蒙运动之所以否定成见,是因为它认为成见不是出于权威就是由于过分轻率,而不是出于理性。不是出于理性的东西,就是不合理的。在伽达默尔看来,启蒙运动诋毁一切权威恰恰也是一种成见。实际上权威与理性之间并不存在着启蒙运动所以为的那种对立。权威和服从权威并非都是无理性的,我们服从权威往往是因为权威的确在判断和见解方面胜过自己。

传统与理性之间也不存在着绝对的对立。"传统按其实质是保存,……保存是一种理性的行动。"[1]保存并非是盲目地将一切都保存下来,而是一个自由的、有选择的行动。否则就无法解释为什么过去的东西有的历久弥新,有的却湮没不彰了。如果传统并不是像启蒙运动所以为的那样是与理性对立的,那么我们就应该正确评估传统在历史理解中的作用,不是将它看成是一个必须克服的消极因素,而是看作我们理解的基本条件。

但它不是认识论的条件,而是存在论的条件。伽达默尔秉承海德格尔的思路,始终将理解视为人的客观存在方式,而不是主观的认识活动。理解不是主体(解释者)对客体(文本)的主观认识活动,而首先是一种基本的存在活动。海德格尔在《存在与时间》中已经非常透彻地论述了自然科学那种主题性的认识活动不是原初的,而是派生的,局部的。我们每天刷牙拿起牙刷时从未先将它作为认识对象肯认一下,再用它刷牙,对它的理解早就是使用它的活动的一个内在要素。只是在我们习以为常的器具发生故障或问题时,我们才会将它们作为认识对象来端详。

伽达默尔将海德格尔的这个思想扩大到我们的历史理解。理解既不是主观的,也不是客观的,"引导我们文本理解的那个意义预期不是主

---

[1]　Hans-Georg Gadamer, *Wahrheit und Methode*, S. 286.

体性行为,而是由将我们与传统连在一起的共同性所规定的"。[1]理解的根本目的不是理解文本的作者,或文本的"客观意义",而是文本有关的问题(die Sache)。将我们与传统连在一起的"共同性"就是这种问题的共同性。理解实际上是一个扩大这共同性的过程,是过去与现在沟通的过程。哲学释义学并不关心理解具体怎样进行,而关心理解的存在论条件。"释义学的任务根本不是发展一种理解的程序,而是弄清理解发生的条件。"[2]它的目标是存在论,而不是认识论的。

正因为如此,它和传统释义学在一些释义学的基本问题上有根本分歧。例如,传统释义学认为解释者与原作者由于所处时代的不同,存在着由时代间距造成的理解障碍。如果我们必须比作者更好地理解作者的话,我们应该设法克服这时间间距,忘记我们自己的特殊性,以当时的概念和观念来理解,才能确保历史的客观性。但在伽达默尔看来,时间非但不是理解的障碍,反倒是理解的基本条件。因为时间间距"不是一条张开的鸿沟,而是充满习俗和传统的连续性,一切传统由于它才向我们呈现"。[3]谁都知道,要理解一个陌生的传统,一开始只能以今度古,或推己及人。时间间距恰恰给了我们进入陌生世界的凭借与尺度。理解的目的不是要客观地理解作者或文本(这实际上做不到),而是通过新的理解和解释扩充文本的意义。这与艺术作品的理解和解释没什么两样。

除此之外,时间间距还有一个积极作用就是过滤正确的成见和错误的成见。伽达默尔承认我们的成见并不都是正确的,但正因为成见不是我们自己产生的主观判断,而是我们的历史存在给予我们的,所以我们不可能一下子就能区分正确的成见和错误的成见,而需要时间的过滤,时间间距"才能把我们得以进行理解的真成见和我们由之产生误解的错成见区分开来"。所以时间间距不但不是我们应该予以克服的因素,反而是我们予以正面肯定的因素。

对于伽达默尔来说,历史理解根本就不是一种主客体之间的认识关系,而是我们存在的历史关系。"真正的历史对象不是对象,而是这一个

---

[1] Hans-Georg Gadamer, *Wahrheit und Methode*, S. 298.

[2] Ibid., S. 300.

[3] Ibid., S. 302.

和另一个的统一,是一种关系,历史实在和历史理解的实在同处在这关系中。"[1]这就是说,历史对象是过去的存在与现在的存在之统一,理解不是在脱离历史的主观活动,而是在历史中的存在。伽达默尔把这种历史,即我们存在于其中或所属的历史叫"效果历史"。"理解按其本质乃是一个效果历史事件。"[2]意识到我们与历史对象有区别的历史意识本身就包容在效果历史中,是效果历史的一部分。真正的历史意识应该是效果历史意识,即认可效果历史对我们的影响是我们理解的前提,是任何方法论所无法去除的。这样,效果历史意识就是理解过程本身的一个要素。[3]

因此,对于伽达默尔来说,效果历史意识绝不是传统主体性哲学讲的自我意识,不是一种主观态度或主观见解;而恰恰是指效果历史对我们意识的限制。可是在一些后海德格尔的读者眼里,"效果历史意识"这个概念背离了海德格尔反意识哲学的立场。以至于伽达默尔不得不在《真理与方法》出版20多年后再次声明效果历史意识不是意识,而是存在。[4]效果历史意识其实就是指理解本身的历史性。

理解的历史性包括承认我们(理解者)的历史特殊性和承认理解对象(传统)的历史特殊性。肯定我们自己历史性的正当性不等于否定传统的正当性,让传统屈从于我们的尺度和标准。我们有我们看问题的视域,传统有传统看问题的视域。真正的理解不是以一种视域来吞并另一种视域,而是将传统的视域与自己的视域区别开来,然后通过不同视域的平等对话达到视域融合。理解就是这样一种视域融合的过程。

伽达默尔审美意识与历史意识批判的一个根本目的,是要拯救经验概念。他对近代的经验概念深感不满,认为它完全是从科学出发看问题,没有注意经验内在的历史性,似乎经验只有丢弃并取消自己的历史才是经验。可重复性成了经验的主要规定,并且经验是主体可完全决定和操纵的。但释义学经验恰恰向我们表明:"经验的完成是这样一个过程:没有人能支配这个过程,这个或那个观察的特殊分量也不能决定它,而是一

---

[1] Hans-Georg Gadamer, *Wahrheit und Methode,* S. 305.

[2] Ibid.

[3] Ibid., S. 306.

[4] Hans-Georg Gadamer, "Zwischen Phänomenologie und Dialektik", Gesammelte Werke 2, S. 11.

切以一种不可分割的方式在经验中排列在一起。"[1]

在伽达默尔看来，经验是属于人类历史本质的东西，经验就是对人类有限性的经验。[2]由于人是有限的，他就不能封闭自己，而必须对新的经验开放。但这绝不是用经验去认识和支配未知的事物，而是让自己的经验不断增长。释义学经验就是这种不断增长的经验。作为历史的经验或历史性的经验，它特别与传统有关。传统不是一个认识对象，而是一个真正的交往伙伴，我们与传统的关系，是"我"与"你"的关系。[3]所以释义学经验有一种对话的结构，但不是一般的对话结构，而是问答结构。

伽达默尔说："显然，所有经验都预设了问题结构。不问问题人就没有经验。"[4]释义学经验尤其与问题有关。如上所述，释义学经验是向新的经验不断开放，而提问恰是进入开放的手段。不能使人进入开放状态的提问就是错误的提问。只有当文本对我们成为一个问题时，我们才会开始理解。为了回答这些问题，我们这些被问的人必须着手去提出问题，必须把传统或文本视为对我们问题的回答。[5]"因为提出问题，就是打开了意义的各种可能性，因而就让有意义的东西进入自己的意见中。"[6]理解就是使自己保持开放，也使文本（传统）保持开放。这也意味着作为释义学经验的逻辑结构的问答辩证法本身是开放的。"我们此在的历史有限性在于，我们自己意识到在我们之后别人将以不同的方式去理解。"[7]一个回答也意味着一个新问题，问答的互动是永无止境的。因此，没有固定的意义，只有不断得到规定的意义。每一代人都有自己的问题，也都有自己的回答。传统就是在这样一代代人的问答中得到保持和发展，它活在释义学的问答中。视域的融合，即对历史经验的开放，也是在这种问答过程中实现的。

---

[1]　Hans-Georg Gadamer, *Wahrheit und Methode*, S. 358.

[2]　Ibid., S. 363.

[3]　Ibid., S. 364.

[4]　Ibid., S. 368.

[5]　Ibid., SS. 379 – 380.

[6]　Ibid., S. 381.

[7]　Ibid., S. 379.

释义学经验和语言

问答是一种交谈,因而是一种语言行为。"在理解中所发生的视域融合是语言的真正成就。"[1] 语言问题在伽达默尔的哲学释义学中占有一个非常重要的地位。伽达默尔说:"我们的全部世界经验,尤其是释义学经验是从语言这个中心出发展开的。"[2] 语言为释义学经验或我们世界经验的中心,这一点也不奇怪。施莱尔马赫就已经指出:"释义学的一切前提不过就是语言。"[3] 但对于伽达默尔来说,语言之为释义学经验的中心,并不仅仅因为理解的对象(文本、历史记录、传统等等)在很大程度上靠语言来承载,也不仅仅因为理解过程实际上是一个问答过程即语言过程,或它是一个联结不同事物关系的枢纽,以及我们取得一致的凭借。说语言是"中心",首先是指"它联系存在者全体,将人的有限——历史的本质与其自身和世界沟通"。[4]

在语言问题上,伽达默尔同样深受海德格尔的影响。他公开承认,正是从海德格尔那里,他学得了摆脱拉丁的概念语言,寻求从希腊语言进入思考形而上学,由此开始较深入地研究言与思、词与概念、辩证法与修辞学、说的共同性与听的相互性的密切关系,并将此作为他追随海德格尔主导思想的思想。[5] 海德格尔主要是从存在的角度来思考语言的本质,认为语言首先是存在的语言,语言是存在之家,语言揭示了我们的世界存在,语言不是任何意义上的工具,语言是此在的存在方式等等。这些在伽达默尔的著作中都有所反映。一句"能被理解的存在就是语言"[6] 将海德格尔对他的影响表述得淋漓尽致。

除了海德格尔的影响外,伽达默尔的语言思想也受到了洪堡语言哲学传统的影响。虽然他不同意洪堡语言哲学中的形式主义,但十分赞赏

---

[1] Hans-Georg Gadamer, *Wahrheit und Methode*, S. 383.

[2] Ibid., S. 461.

[3] Ibid., S. 387.

[4] Ibid.

[5] Cf. Hans-Georg Gadamer, "Zur Phänomenologie von Ritual und Sprach", Gesammelte Werke 8 (Tübingen: J.C.B. Mohr, 1993), S. 404.

[6] Hans-Georg Gadamer, *Wahrheit und Methode*, S. 478.

洪堡将人的世界模式原初地同语言联系在一起的思想。语言不仅是人在世上面临的一样东西，也表达了人有世界。世界只有进入语言才成其为世界，语言也只有当世界在其中表达时才成其为语言。"语言原初的人性同时也意味着人在世界存在的语言性。"[1]

与动物不同，人并不被束缚于自然界，而能上升到人自己的世界——人文世界。"有一个世界"就是指人可以不受世界中所遇到事物的束缚，将它置于自己面前。但这一切以有语言为前提。语言是人自由的象征，通过它，人有了自己的世界。世界必然在语言中表达自己。语言中的世界经验是绝对先在的，也是绝对包容一切的。这并非否认世界没有人也会存在并将这样存在；相反，在每个人用语言构造的世界观中已经包含了这一点，或者说，这本身就是人世界经验的意义的一部分。所谓世界本身不过就是语言图式化了的经验所涉及的那个全体。当然，语言是多样的，世界观也是多样的，但承认这一点并不等于把世界"相对化"。相反，世界就是这样一个多样的连续和统一。"能被理解的存在就是语言"是说不进入语言的东西从存在论上来说是不可理解的。世界的语言性与我们世界经验的语言性是一致的，它们无非表示语言是世界的视域，理解的语言性是我们世界经验的基本特征。

伽达默尔与海德格尔一样，从来就不认为语言问题仅仅是语言问题。相反，在他看来，语言问题在当代哲学讨论中占有中心的位置，是与近代科学的存在向我们提出的近代的中心问题有关，这个问题就是，我们自然的世界图像、世界经验（这是只要我们经历了我们的生命史和生活命运就会有的）与科学意见所表现的无懈可击和匿名的权威是什么关系？[2] 或者说，面对近代科学的存在，我们存在的释义学条件如何是正当的？[3]

之所以会有这样的问题，是因为近代科学经验早已越出了它的正当范围，而日益侵蚀我们的自然经验。这种科学经验最基本的特征是强调世界的自在性和外在性，即与人的此在无关，或超越了此在的相对性，因而认为有"绝对对象"存在。而人作为主体只能在这现成在手的事物之

---

[1]　Hans-Georg Gadamer, *Wahrheit und Methode,* S. 447.

[2]　Hans-Georg Gadamer, "Die Universalität des hermeneutischen Problems", S. 219.

[3]　Ibid., S. 225.

外来经验这事物。然而，正如伽达默尔所指出的："无论是物理学还是生物学所研究的自在存在，都是相对于它们的提问而设的存在设定。"[1]它们本身是一种主观的设定。可是，由于科学强调它的对象的自在性和客观性，使得一般人误以为科学经验就是我们的"自然"经验，因而是唯一真实的经验；科学的世界就是"客观的"世界，因而是唯一真实的世界。在这种误解之下，科学的客观概念几乎具有所向披靡的威力。不仅一般人，而且人文科学学者也都服膺这种客观概念。古典释义学和历史学派就是一个明显的例子，实证主义就更不用说了。

伽达默尔的哲学释义学的根本目的，就是要恢复被科学经验遮蔽的我们存在的释义学经验。在《真理与方法》的导言中，他开宗明义地说他的研究要探寻超越科学方法论控制范围的真理经验。[2]审美意识批判和历史意识批判都是为了克服科学的客观概念，恢复那种原始的自然的经验："审美意识批判和历史意识批判迫使我们批判客观性概念，并促使我们排除近代科学的笛卡尔主义基础，恢复希腊思想中的真理因素。我们既不能简单地跟从希腊人，也不能简单地追随德国唯心主义的同一哲学：我们是从语言中心出发进行思维。"[3]

说语言是中心，一个较为明显的意思是："语言是联系自我和世界的中介。"[4]语言体现了人与事物的统一，语言就是世界经验。[5]因此，它不是如现代语言科学或语言哲学所设想的那样，是我们用来指称外部世界的纯粹符号、象征或形式工具。语言的功能绝不是这样的工具性功能。科学的客观性理想需要精确的指涉和明确的概念，它把词变成符号，而受科学思潮影响的语言学家和哲学家也遵循这条思路，将语言视为一套工具性的符号系统，人可以任意用它来描述或指称事物。当然，将语言视为符号的理论可以一直追溯到古希腊，但在现代几乎成了西方语言思想的主流。语词成了主体性发明的工具，完全被剥夺了它自己的生命。

但在伽达默尔看来，语言有它自己的生命，语言不属于人，而属于存

---

[1]　Hans-Georg Gadamer, *Wahrheit und Methode,* S. 456.

[2]　Ibid., S. 1.

[3]　Ibid., S. 465.

[4]　Ibid., S. 478.

[5]　Ibid., S. 442.

在。无论我们说什么，我们说的都不是人的反思，而是事物本身，或一种存在状态。当我们说话时，重要的不是说话的形式或由人将此话说出，而是事物以某种方式得到了揭示。并不是我们发明了语词，然后赋予其意义；而是语词本身就有意义。但这并不是说，语词先于一切存在者的经验而存在，经验一开始是无词的（wortlos），然后通过进入语词的形式才成为反思的对象。相反，语词属于经验本身，经验寻找并找到表达经验的语词。[1] 这里起根本作用的不是精神或主体，而是事物本身或存在，因为"寻求表达的思维不是与精神有关，而是与事物有关"，"精神内在的词不是由某种反思活动构成的"。[2]

对于习惯了主客体分裂的思维模式的人来说，伽达默尔上述思想几乎无法理解，甚至是神秘主义的。但伽达默尔恰恰是要用他的哲学释义学来克服这种思维定式。语言不是纯粹的符号系统，而是世界经验，这意味着语言不是静止的工具，而是一个时间性的事件。这个事件的发生与任何事件的发生一样，不完全是可控的。它是一个历史的生命关系，因此，重要的不是语言的形式，而是语言历史地传达给我们的东西。语言揭示我们的世界，世界在语言中得到揭示。世界是通过语言对人表述的。"语言原始的人类性同时也意味着人类在世存在原始的语言性。"[3]

世界上只有人有语言和使用语言，在此意义上语言当然可以说是人的语言。然而，伽达默尔却更愿意将语言称为"事物的语言"，其理由就是语言的"事物性"（Sachlichkeit）。"从语言的世界关系中因此具有了语言特有的事实性。语言表达的是事实情况。一个具有如此这般情况的事实——这种说法就包含有对独立他在性的承认，这种他在性以说话者同事物的距离为前提。"[4] 这就是说，语言不能被想象为主体性对世界的投射，[5] 而是世界的表现。人存在于世界，也存在于语言。

语言的第一个特征是自我遗忘。每个人在说话时都不会意识到在

[1] Hans-Georg Gadamer, *Wahrheit und Methode,* S. 421.

[2] Ibid., S. 430.

[3] Ibid., S. 447.

[4] Ibid., S. 449.

[5] Hans-Georg Gadamer, "Die Natur der Sache und die Sprache der Ding", Gesammelte Werke 2, S. 75.

使用语言,更不会注意语言的结构、语法和句法之类的东西。这说明语言不是形式,而首先是内容,是它说的东西。可惜语言学家往往忘记这一点。语言的第二个特征是它的忘我性。说一种别人不懂的语言的人实际上不在说,说总是对某人说。词总应该是正确的词,但这不是说它是为表达我要说的事,而是说它将此事置于我对之说话的人面前。因此,说不属于"我",而属于"我们"的范围。语言本质上是对话也指明了这一点。语言第三个特征是语言的普遍性。语言是包容一切的,没什么不能说。我们说的能力与理性的普遍性是同步的。所以每一对话都是内在无限的。[1]伽达默尔归纳的语言的这三个基本特征恰好概括了他语言存在论的基本原则:1.语言的世界性,2.语言的非主体性,3.语言的存在性。

就像世界不是存在物的总和一样,语言也不是词典的词加语法。语言是一种历史活动,也是世界的视域(世界观),世界经验总是以语言的形式出现的,"语言的世界经验是绝对的"[2]。这当然不是说没有非语言的事物存在,而是说:"在对人类世界的语言把握中,不是现成在手的东西被考虑和衡量,而是存在物作为存在着的和有意义的东西向人显示的那样,它在语言中得到表达。"[3]它不是作为一个认识"对象""被表达",而是作为我们世界经验的一部分得到了表达或表达了出来。经验不是先于语言的东西,而是经验本身存在并通过语言发生。语言性渗透了历史的人在世存在的方式。不是人拥有和控制语言,而是人隶属和参与语言,就像他隶属和参与历史一样。这种隶属在释义学理解即历史理解中表现得最清楚,"理解的语言性是效果历史意识的具体化"[4]。

"隶属"(Zugehörigkeit)概念对于理解伽达默尔的释义学经验的思想非常重要。理解的历史性,即我们隶属于传统,具体体现在我们隶属于语言。语言是我们世界经验的中介,也是我们历史经验的中介。"隶属"意味着服从而不是支配。不是我们说语言,而是语言说我们。伽达默尔用"听"来说明我们只能去听释义学经验所遇到的一切,而没有事先选择和

---

[1] Cf. Hans-Georg Gadamer, "Mensch und Sprache", Gesammelte Werke 2, SS. 151-152.

[2] Hans-Georg Gadamer, *Wahrheit und Methode,* S. 453.

[3] Ibid., S. 460.

[4] Ibid., S. 394.

拒斥的自由。"被攀谈的人不管他愿不愿意都必须倾听。他不可能像观看时通过盯住某个方向而不看其他那样不听。"[1]

语言是一个事件,但不是由我们操纵的事件,而是事物本身的行动,是自我运动。不是我们通过语言揭示事物,而是语言自我运动使事物被理解。语言之所以能这样,在于它有一思辨结构。我们说话并不是像会谈的速记那样要把说出的东西定格下来。真正的说或理解是无穷的对话,它是通过说,而不是说出的东西使自己被理解或达到理解。"它把说出的话与未说的无限性联结在意义的统一体中使之被理解。以这种方式说话的人也许只是用最普通、最常见的词,然而他却用它们表达未说的和该说的。因此,当说话者并非用他的词描摹存在物,而是说出与存在整体的关系,让它用语言表达出来,他就是在思辨地说。"[2]

"思辨"一词在伽达默尔这里有其特殊的意义。伽达默尔说,思辨意味着反映关系。[3]我们知道,同一个事物,在不同的条件下可以有不同的反映。即使同一事物在镜子中的反映——其镜像,也伴随每一次的反映事件而稍有不同。一句话,映像是无法固定的。说语言是思辨的或有思辨结构,是说人类的说是有限的、偶缘性的,它之所以有意义,能被理解,是因为在说中意义的整体在发生作用,它却不能把意义的整体完全说出来。所有人类的说之所以有限,是因为在它之中存在有待展开和解释的意义的无限性。[4]

语言的思辨性在于它反映的东西要比它说的东西多。说出的反映未说的;部分反映了整体。但在每一语言行为中起决定作用的意义整体,却是无法把握的。这个无法把握的意义整体,其实就是存在。当伽达默尔一再强调说不是说一个陈述或命题时,他要强调的只是意义的不可固定性。说的实质就像镜像的实质一样,在于其意义不能由陈述来把握、决定和包裹,因为言说总是有限的、偶缘性的,它实际上反映了未说的东西的无限性。因为语言归根结底是一个意义发生的过程,是交谈、一致和理解的发生过程。"只要词有限的可能性归属于所要的意义就像归属于

---

[1]   Hans-Georg Gadamer, *Wahrheit und Methode,* S. 466.

[2]   Ibid., S. 473.

[3]   Ibid., S. 469.

[4]   Ibid., S. 462.

一个无限的方向,这个发生过程就是思辨的。"[1]

很显然,在伽达默尔看来,是语言自身的特点构成了意义的无限性。当然,人们的言说总是有限的,但这样的一种有限有着有待展开和阐述的意义的无限性。语言的这个特点反映了语言本身的历史性。语言是无穷的对话,语言的无限性是意义的无限性的根据,语言的历史性与人的世界经验的无限性刚好是一致的。语言的历史性一方面固然证明人的有限性,另一方面也证明存在的无限性。语言的思辨结构恰恰体现了有限与无限,一与多的统一。"与我们作为有限存在者相适应的有限与无限的中介在于语言,在于我们世界经验的语言性。"[2]

伽达默尔坚持事物与人在语言中先天的一致及其与语言的思辨关系。语言体现了人与世界先天的一致,但语言并不像传统存在论中的事物或精神那样,是一种最高的实体。它只不过是事物的存在状态。在一种普遍意义上,一切被理解的事物的存在状态就是语言,释义学现象与存在者的关系是解释。[3]如果人的世界经验的语言性和可理解性是根本的和绝对的,因而人与世界或他人的关系首先是一种释义学关系(理解关系)、释义学现象,那么它当然具有普遍性。如果我们承认释义学现象的普遍性,我们必然要承认释义学是"哲学的一个普遍方面,而不是所谓人文科学的方法论基础"。[4]

实 践 哲 学

从20世纪70年代开始,伽达默尔思想中实践哲学的倾向越来越清楚地表现出来。1972年他发表"作为实践哲学的释义学"一文,公开提出"释义学是哲学,作为哲学它是实践哲学"。[5]这样说并不意味着伽达默尔的思想发生了一个"实践哲学转折"。如果我们进一步阅读伽达默尔

[1] Hans-Georg Gadamer, *Wahrheit und Methode,* S. 473.

[2] Hans-Georg Gadamer, "Die Natur der Sache und die Sprache der Ding", S. 76.

[3] Hans-Georg Gadamer, *Wahrheit und Methode*, S. 478.

[4] Ibid., S. 479

[5] Hans-Georg Gadamer, "Hermeneutik als praktische Philosophie", in *Vernunft im Zeitalter der Wissenschft* (Frankfurt am Main: Suhrkamp Verlag, 1976), S. 108.

在《真理与方法》发表前后的著作,就不难发现,实践哲学的问题确实是他毕生关心的主要问题,而这个问题的基础,则在《真理与方法》中通过对释义学"应用"因素的强调和对亚里士多德《伦理学》的阐释,已经奠定了。

伽达默尔在《真理与方法》的导言中指出,理解者的理解与正确阐释不只是人文科学方法学说的一个特殊问题。从古代起,神学与法学释义学就并不具有科学的特征,倒不如说它同科学培养的法官与教士的实践行为相适应,并为之服务。[1] 释义学固然研究理解和解释的现象,但释义学理解作为一个整体过程并非只有理解和解释两个因素,它还必然包括应用。[2] 所谓"应用",就是将一个一般文本——传统、法律或宗教原理应用于一个特殊情况。从逻辑上讲,这是普遍与特殊的关系。亚里士多德在他的《尼各马可伦理学》中就专门处理过这个问题。

我们知道,伽达默尔与海德格尔的最初相遇是在后者主持的亚里士多德《尼各马可伦理学》的讨论班上,那个讨论班对他毕生的哲学道路产生了根本影响。[3]《真理与方法》对《尼各马可伦理学》的阐释,就是一个证明。伽达默尔高度评价亚里士多德在伦理学问题上对苏格拉底—柏拉图理智主义的批判。亚里士多德认为,柏拉图善的理型只是一个空洞的普遍性,而他自己则始终从人的伦理生活(ethos)本身出发。他的实践哲学的目的和任务是用流行的善和幸福生活的概念来分析他那个时代人的生活。伦理生活并不是一个完全无规律可循的领域,它虽然是变化的,但还是有其相对的规则。问题是怎样才能获得关于人的伦理存在的知识,以及知识对人的伦理存在起什么作用。

不言而喻,人的伦理行为不是一种简单的能力,它们必然包含着伦理知识,即善恶之知,否则就不是人的行为。并且,伦理知识总是出现在人的具体实践处境中,使人看到他的实践处境要求什么,即行为者必须在特殊的实践处境中看到普遍的伦理要求。正如人通过其行为而有其所是,伦理知识也只有在具体实践中才能真正最终存在。显然,伦理知识不

---

[1] Hans-Georg Gadamer, *Wahrheit und Methode*, S. 1.

[2] Ibid., S. 313.

[3] Cf. Hans-Georg Gadamer, "Hermeneutik und Historismus", Gesammelte Werke 2, S. 422, "Die Marburger Theologie", Gesammelte Werke 3, S. 199.

是一种具体的知识，也不像数学那么精确，它是一种只有在实践中才能实现的一般。"伦理知识不是在一般的勇敢、正义等概念中，而是在根据这种知识确定此时此地合适之事的具体应用中完成自己。"[1]对于亚里士多德来说，伦理知识本身就是伦理存在的一种方式，这种方式本身同他称之为伦理生活的全部具体的东西不可分离。[2]

伦理知识与科学知识有很大区别。亚里士多德把前者称为 *phronesis*（实践智慧），把后者称为 *episteme*，以数学为典型代表。这是一种关于不变事物的知识，以证明为根据，可教也可学。而伦理知识则不是固定的，它既不可教也不可学，它是人全部教化、传统、文化、历史的结果，它是存在性的知识。除了这两种知识外，还有第三种知识，就是技术知识，或匠人知识。这也是一种可教可学的知识，或者说，一种能力。人可以学一门技术，可以因而掌握一种能力，但人永远无法通过学习知道实践生活中何者为宜。伦理知识的实践应用绝不是像理论知识或技术知识那样把一些固定的原理、规则用于对象，而是在实践行为中实现自己。可是，在近代科学方法论的影响下，一谈"应用"或"实践"，人们就以为是像工匠将他们的技术知识无一例外地付诸实施，或科学理论的应用。这种应用是放之四海而皆准的，根本无须考虑具体情况。

但伦理知识恰好相反，它本身只是一些抽象原则，它们要在具体的应用中得到规定或修正。这与技术知识或科学知识的应用是不同的。例如，我们只要具备了足够数学知识，在任何情况下都能解决数学问题。牙医在给任何不同的病人补牙时所用的技术都是一样的。但什么算是勇敢的行为，却没有普遍一律的规定，端视伦理实践的具体情况而定。这其中的区别伽达默尔说得很清楚："人所有的他应当是什么的意象，也就是他的对与错的概念，体面、勇敢、尊严和团结的概念（所有这些概念在亚里士多德的美德表中有其相应者）在某种意义上都是他注目的理想。但它与手艺人要生产的东西的蓝图呈现给手艺人的理想的区别还是可以看得出来。例如，何者是正确的不能脱离要求我正确行动的情况而定，而手艺人要生产的那个东西的观念（eidos）则是完全确定的，即为它的用处所

---

[1] Hans-Georg Gadamer, "Über die Möglichkeit einer philosophischen Ethik", Gesammelte Werke 4 (Tübingen: J.C.B.Mohr, 1987), S. 183.

[2] Ibid.

规定。"[1]

伽达默尔认为亚里士多德实践哲学的意义就在于：他在理论与理论哲学的争论中发展了实践哲学，这样，他使人类实践上升到一个独立的知识领域。"实践"就是实践事情的全部，包括一切人类行为和人在世界中的安排，政治和立法也属于这个范围。通过最广义的社会与国家生活秩序的"宪法"，人类事务得到自我规范，秩序井然，规则明确。[2]一句话，实践是我们的"生活形式"，[3]实践领域是我们最基本的生存领域。但现代性的出现却使这个领域几乎被人遗忘，遑论它的正当性。而释义学的实践哲学则是要重新肯定和突出这种正当性。

近代自然科学的出现对西方思想产生了划时代的影响。自然科学方法论的一般原则成了西方思想的一般原则。例如，人们认为知识就是自然科学理论体现的那种知识，它与其对象是可以分开的。而亚里士多德所讲的实践之知或伦理知识却逐渐被遗忘。与此相应，近代的实践概念与亚里士多德的实践概念有很大的不同。近代的实践概念是以自然科学工作中把原理应用于实践或转化为生产技术为模式的。因此，近代的实践概念更多指亚里士多德意义上的技艺（techne）或生产（poiesis）。这恰恰不是亚里士多德意义上的实践概念。这样的实践概念必然造成理论与实践的分裂，因为理论不再是实践过程的一部分，知识本身不是在实践中完成，实践反而只是用理论来操作。理论与实践的分裂、知与行的分裂，伴随着实践智慧的遗忘和生活世界的遗忘。

不仅如此，近代科学还把古代科学思想的遗产置于新的基础上。一个新的认识世界的时代随着伽利略开始了。一种新的可知性思想从现在起规定了科学提问的对象。这就是方法的思想和方法对于事物的优先性，方法上可知的条件规定了科学的对象。在这种情况下，人文科学本身成了问题。它究竟是不是科学？它是什么样的科学？

胡塞尔和海德格尔的哲学为事情向一个新的方向发展作出了根本的贡献。胡塞尔"生活世界"的概念提醒人们注意一切科学知识的先决

---

[1]　Hans-Georg Gadamer, *Wahrheit und Methode*, SS. 322–323.

[2]　Hans-Georg Gadamer, "Problem der praktische Vernunft", Gesammelte Werke 2, S. 324.

[3]　Hans-Georg Gadamer, *Gadamer in Conversation*, pp. 78–79.

条件；海德格尔的"事实性释义学"更是如此。伽达默尔从中得出结论：知识并不是控制异己的东西，在人文科学中重要的不是客观性，而是与对象发生着的关系。关心人文科学的哲学家应该去追究这种不同于自然科学的理论知识的知识。人文科学的科学性和正当性取决于这种知识的科学性与正当性。如果不能证明这种知识的独立性和有效性，人文科学就无法真正取得自己认识论和方法论上的独立地位。而"实践哲学在我们全体关系中只是作为一个与近代方法论概念不符的这种传统哲学的例子"。[1]

伽达默尔重新提出实践哲学，绝不是要恢复传统的实践哲学，而恰恰是要突破传统实践哲学的范围，揭示实践哲学传统的题中应有之义，从而使人文科学有一个坚实的基础。不仅如此，如果我们把善的问题作为好像是技术与科学在它们领域中遵循的一切知识的自我观念的最高完成来提出，那么这实际上就意味着伦理知识是一种基础性的知识，而以此为内容的实践哲学就应该是一种具有基础意义的哲学。实践哲学涉及人类生活最基本的方面，因而它也具有基础意义的普遍性。"实践哲学与人类生活中包罗万象的善的问题有关，它不是像技术那样通常只限于一个特定的领域。"[2]实践哲学并不处理某个特定的对象领域，而是涉及人类自身对象化的全部领域、他们的所作所为与痛苦、他们持久的创造等等。

作为实践哲学的释义学绝不只是要维护或确立人文科学的知识与真理的合法地位，而是要通过阐明人文科学的实践相关性，与实践问题直接发生关系。在伽达默尔看来，实践哲学不能是凌空蹈袭的纯粹抽象的理论。伦理问题的哲学化应该有伦理上的现实意义。他认为康德、黑格尔或胡塞尔、舍勒这样的哲学家在实践哲学中的理论研究不仅是要推进理论的明确性，而且也必定影响我们明确作出决定和在实践与政治生活上的一般趋向。[3]实践哲学就应该这样。

---

[1] Hans-Georg Gadamer, "Hermeneutik als theoretische und praktische Aufgabe", Gesammelte Werke 2, S. 305.

[2] Hans-Georg Gadamer, "Hermeneutik als theoretische und praktische Aufgabe", S. 304.

[3] Hans-Georg Gadamer, "Practical Philosophy as a Model of Human Sciences", in *Research in phenomenology*, vol. IX(1979), p. 80.

正是在实践哲学本身的实践性上,伽达默尔与海德格尔的分歧是明显的。伽达默尔认为:"人们需要的不仅是坚持最终的问题,而是可实行什么的感觉,此时此地,什么是可能的,什么是正确的。"[1]明眼人一看就知道这是针对海德格尔说的。在给美国哲学家理查德·伯恩斯坦的一封信中,伽达默尔更是公开挑明了他和海德格尔在这个问题上的分歧:"如果我们把尼采的预言和当前的意识形态混乱同以它自己团结的形式实际上生活着的生活等同起来,那我们岂不都冒了可怕的理智狂妄的危险?事实上,在这里我与海德格尔的分歧是根本性的。"[2]这就是说,在他看来,海德格尔实际上混淆了哲学家眼中的世界与现实生活的世界。但实践哲学之为实践哲学,显然应当关注现实的世界与现实的问题。

伽达默尔认为,我们这个世界面临的最主要问题是:随着技术对生活的全面统治,实践与实践的智慧正在逐渐消失。"在像我们这样的科学文化中,技术(techne)和工艺领域大大扩张。因此,掌握达到先定目的的手段已经变得更加单一和可控制。关键的变化是人际接触和公民间相互交换观点不再能促进实践的智慧。不仅工匠的技艺为工业劳动所取代;我们日常生活的许多形式也被技术地组织起来,因此它们不再需要个人的决定。在现代社会中,舆论本身以一种新的、真正决定性的方式成为复杂技术的对象——我认为,这是我们文明面临的主要问题。"[3]问题的关键是,这将导致人们不再有自己的观点可以交流,不再需要自己运用实践理性来作出决定,因为你不会不服从技术的逻辑。这样,民主社会就名存实亡了。

在伽达默尔看来,人类的团结要有一个落脚点,这就是人与人之间充分、自由地交换意见与对话。"团结"这个概念在伽达默尔那里的确切意思是通过充分、自由的对话后人们所达到的团结一致。一旦没有这种团结一致,也就不再会有人类的现实。所以伽达默尔公开表明他关心的

[1] Hans-Georg Gadamer, "Vorwort zur 2. Auflage", Gesammete Werke 2, S. 448.

[2] Richard Bernstein, *Beyond Objectivism and Relativism: Science, Hermeneutics, and Praxis* (Philadelphia: University of Pennsylvania Press, 1983), S. 264.

[3] Hans-Georg Gadamer, "Hermeneutics and Social Science", in *Cultural Hermeneutics* 2 (1975), pp. 313–314.

是这种团结一致的种种形式。[1] 在这些形式中最重要的是对话。当德国《明镜》周刊的记者在他百岁时采访他，问他在哲学中希望什么时，他的回答是世界各宗教重新相互对话。[2]

但是，仅仅强调对话是不够的。伽达默尔不能不承认，语言的普遍性不能否定前语言的世界经验的存在。这些世界经验可以不需要语言，但却是语言的前提。语言的普遍性和共同性还不足以证明人类的共存性。于是，在《真理与方法》之后，伽达默尔开始转向一个比语言性更广阔的方向。他仍然从最易使我们回到原始经验的审美经验开始。在1977年出版的《美的现实性》中，他提出"节庆"（das Fest）的概念。众所周知，节庆的特点就是人们共同参与、游戏、狂欢。没有这一点，也就不成其为节庆。节庆彰显了共同体或共存的经验。伽达默尔说："如果有什么与一起节庆的经验联结在一起，那就是不允许人与他人分隔开来。节庆就是共同性，就是共同性自身以其最完美的形式来表现。节庆总是一切人的。"[3] 显然，伽达默尔试图用节庆这个概念来揭示人类原始的共存性。

到了20世纪90年代，伽达默尔又提出"仪式"（das Ritual）这个概念来进一步阐发他这方面的思想。比起节庆的概念，"仪式"这个概念有更明显的人类学的色彩。从人类学的角度看，仪式这个概念比节庆的涵盖面要广阔得多。和节庆一样，仪式也是一个共同体所有成员都参与的活动。它可以没有语言，或先于语言。例如，葬礼可以是完全无声的。实际上，语言是仪式的一部分，而不是相反。但仪式的语言不是对话，而是表述性行为，如进行婚礼、作出承诺、宣布裁决或通过判决等。仪式规定了行为必须遵守的规则和程序，它就像游戏概念一样，被伽达默尔用来揭示人类原始实践生活的范型。

仪式是比语言更深的实践层次，因为它不仅像语言或对话那样，要遵守学到的规则或达到规定的目标，它实际上还培养了人的正确感。在一个仪式中出错就是无礼，仪式中养成的行为的分寸感就是所谓正确性的基础。这种正确感不是什么圣人先验的规定，也不是当局有意的灌输，

---

[1]　Cf. Richard Bernstein, *Beyond Objectivism and Relativism*, S. 264.

[2]　Cf. *Der Spiegel*, Nr. 8/ 21.2.2000, S. 305.

[3]　Hans-Georg Gadamer, *Die Aktualität des Schönen*, S. 52.

而是在生活实践中自然产生和形成的生存习惯。正是这种在人类相互关联、相互影响的共同存在模式（仪式只是一个比较原始、典型的例子）中产生和形成的合适感或正确感，使人得以克服或压制动物无法克服的本能，能够相互合作地共存在一起，而不像动物那样仅凭本能乌合在一起。这是人类团结的基础。对话只关系到两个人，仪式则关系到共同体的所有成员。仪式从存在论上显示了人类的共存性。

然而，人类的共存性是否一定保证人类的团结？伽达默尔是这样认为的。但从人类的历史和现实来看，人们有理由对伽达默尔的这个善良信念持保留态度。"对话"与"团结"在今天的世界上还是要去争取的事，如果不是完全不可能的话。但不管怎么说，通过把释义学引向实践哲学，伽达默尔不仅大大丰富了释义学的理论内涵，也因此为它奠定了新的基础。反过来，释义学的普遍性最终必然以人在生活世界的世界经验的基本性为根据，这就进一步证明了世界哲学的必然性和必要性。由此看来，伽达默尔完全有理由说，实践哲学的伟大传统活在意识到它的哲学含义的释义学中。[1]

---

[1] Hans-Georg Gadamer, "Hermeneutik als praktische Philosophie", S. 108.

三个政治哲学家

Carl Schmitt
1888—1985

Leo Strauss
1899—1973

Hannah Arendt
1906—1975

第七章

现当代德国的政治哲学有着明显的特点，值得专门论述，这就是本书为它专辟一章的理由。本章要讨论的三位政治哲学家中的两位：列奥·施特劳斯和汉娜·阿伦特都在20世纪30年代移居美国并加入美国国籍，但他们无论是从其思想文化背景还是从其思想倾向而言，更不用说其出身，都应该算是德国思想家而不是美国思想家。本章要讨论的这三位德国政治哲学家有一个共同特点，就是他们都学识渊博，思想深湛，文采斐然，其思路观点常别出心裁，给人有石破天惊之感。虽然他们的著作并不好读，但读他们的著作确是一种享受。以西方现代政治哲学的主流观点看，这三人的思想都可说是另类，但在思想史上，真正的贡献与推动往往是由另类作出的。此外，这三位政治哲学家的思想都与他们所经历的时代有莫大的关系，都可说是他们对时代问题的回答，但本书出于篇幅考虑并不着重探讨时代对他们思想的影响。

卡尔·施米特

卡尔·施米特（Carl Schmitt, 1888—1985）是现代德国最重要和最有影响，也是最有争议性的政治哲学家、法学家之一。尽管人们对他的褒贬往往截然不同，但他作为一个思想深刻、影响深远的思想家却是一个不争的事实，人们对他的兴趣逐年增加部分证明了这一点。他的等身著作对于后人将永远是一个诱惑和挑战。

施米特于1888年7月11日出生在德国西部一个叫普莱腾贝格的小城的一个信奉天主教的小资产阶级家庭，天主教思想对他的一生产生了极大的影响,而文科中学的人文教育则对他的天主教思想影响起到了一定的平衡作用。[1]中学毕业后他先后在柏林、慕尼黑和斯特拉斯堡学习法学。1910年,施米特以《论罪责和罪责种类》获法学博士学位。

施米特是一个多产的学者,几乎从大学一毕业他就不断有著作发表。1912年他出版了《法律和判断》一书,紧接着1914年他又发表了《国家的价值与个人的意义》,两年后是一本关于诗人特奥多·多伯勒的长篇叙事诗《北极光》的著作《特奥多·多伯勒的〈北极光〉》,但它不是纯粹的文学评论著作,在这部著作中,施米特第一次依仗天主教的思想资源对现代性,尤其是现代道德与政治的种种状况进行了批判。多伯勒(Theodor Däubler, 1876—1934)是一位至今仍名不见经传的诗人。施米特之所以对他大加赞美,既与他的艺术观有关,也与他对时代问题的判断有关。和许多德国思想家一样,施米特认为,真正的诗诗意地保存了理念和历史神圣的意义。多伯勒的《北极光》在他看来正是这样的一部诗歌作品,它既有宗教的意义,又有时代批判的意义,它是对西方命运诗

---

[1] 按照施米特自己的说法,他不但是法学家,也是"政治神学家"。德国学者亨利希·迈耶解释说,这是指"一种政治理论,政治学说或政治立场的规定,根据这个政治神学的自我理解,对于这种政治理论、政治学说或政治立场的规定来说,上帝的启示是最高的权威和最终的根据"(见 Reinhard Mehring, "Carl Schmitt", in *Metzler Philosophen Lexion*, Stuttgart & Weimar, 1995, S. 799)。迈耶也因此将施米特的学说定位为政治神学。这种定位的确可以在施米特的文本中找到足够的支持,但也不是毫无问题。因为虽然天主教思想对施米特有很大的影响,但他的思想显然还有许多别的渊源。过分强调他的政治神学会忽略他的主要著作大多是非宗教的这个事实。例如,德国学者斯塔夫就指出,施米特的理论在一些关键的关节点上与基督教信仰相冲突,如基督教主张人人平等,而施米特却是个精英主义者;基督教对政治领域使用暴力有保留,而施米特则不然(见 Ilse Staff, "Zum Begriff der Politischen Theologie bei Carl Schmitt", in *Christentum und Modern Recht*, Frankfurt a.m.: Suhrkamp, 1984, SS. 200-1, 204-5)。对于迈耶的定位,美国学者肖曼在其著作《卡尔·施米特: 法的终结》一书中提出了详尽的商榷意见(见 William E. Scheuerman, *Karl Schmitt: The End of Law*, Lanham·Boulder·New York·Oxford: Rowman & Littlefield Publishers, Inc., 1999, pp. 226-249)。肖曼认为,当前在德国流行的将施米特解读为一个私下的天主教神学家会模糊他的思想对于当代政治和法学理论的真实意义(见 William E. Scheuerman, *Carl Schmitt: The End of Law*, p. 3)。实际上施米特对基督教资源的态度和韦伯对基督教的态度一样,只是为我所用,而不是亦步亦趋。他早年甘冒开除教籍的风险也要与编造了贵族身世的第一任妻子离婚,从一个侧面证明了这一点。

的启示和感知，它的现实性恰恰在于它"抵消了这个无精神的时代"[1]。这个时代之所以是"无精神的"（geistlos），是因为它贬低了观念的能力和将理性阐释为知性。所谓将理性阐释为知性，也就是说将理性变为计算理性。施米特认为现代这个无精神时代其实是一个经济当家的时代，它的经济思想颠倒了理性和知性的关系，将西方精神贬低为"资本主义的算计"，这种纯粹知性算计的经济思想使精神反常。多伯勒的《北极光》之所以是"永恒之书"（das Buch des Aeons）并能平衡这个机械的时代，是由于多伯勒将语言改造为一种纯粹的艺术媒介，"拒绝了日常知性媒介的自然主义"。[2]施米特一生都坚持了他在这部早期著作中对现代性的诊断。他的政治哲学实际上是对他所诊断出的现代性问题的批判和回应。

　　第一次世界大战期间，施米特由于在训练中背部受伤，只能作为志愿者于1915年至1919年在慕尼黑的军管部门服务。1916年他凭《国家的价值与个人的意义》一书在母校斯特拉斯堡大学获大学授课资格。1919年在慕尼黑商业高等学校任讲师，参加过韦伯主持的讲师讨论班（Dozentenseminar）。同年出版了《政治浪漫主义》一书。这部著作在施米特的著作思想发展史上有着重要的意义。

　　从表面上看，《政治浪漫主义》有点像是一部思想史的作品，施米特在这里一反许多流行的对浪漫主义的看法，提出了自己对浪漫主义的独特理解，实际我们却可从中看出施米特对现代政治的一些根本不满之所在，这些不满构成了他一生批判现代政治的基本出发点和动力。[3]这部著作也可是说是施米特20世纪20年代发表的几部主要著作，尤其是《论专政》《政治神学》《当今议会制的思想史状况》和《政治的概念》的思想史序言，是他在这几部著作中提出的政治决断论思想的张本。

---

[1]　Carl Schmitt, *Theodor Däublers >Nordlicht<. Drei Studien über die Elemente, den Geist und die Aktualität des Werkes*, Berlin, 1991, S. 69.

[2]　Ibid., S. 47.

[3]　洛维特在《政治决断论（C. 施米特）》中说，施米特自己对于政治的特殊本质的概念是由这个事实来标示的：它首先是一个驳斥浪漫主义政治概念的反概念，其次是与神学的政治概念并行的一个世俗化的概念。（见 Karl Löwith, *Der Mensch inmitten der Geschichte*, Suttgart: J.B. Metzlersche Verlagsbuchhandlung, 1990, S. 19）

提起浪漫主义,特别是政治浪漫主义,一般人总是以为它是对现代性的反动,它在思想上理性主义的反题,在政治上是保守主义和反革命,在文化上则是中世纪基督教文化的余绪。而《政治浪漫主义》却正是要翻这个案,施米特要表明,浪漫主义是典型的现代性产物,现代政治的一些致命弱点恰恰与为资产阶级接受和培养的浪漫主义的态度有关。

　　在施米特看来,要正确把握浪漫主义的基本特性,不能简单地只着眼它的一些现象,而要追溯它的形而上学背景与原则,只有掌握了它的形而上学原则,才能给它正确定位。施米特认为,浪漫主义与理性主义一样,同样产生于近代形而上学原则的转换,就是超越的上帝不再是基本的形而上学原理,而为两个新的实在——人和历史所代替。笛卡尔我思故我在的论证从表面上看是从思想推理出存在,实际上却使存在与思想天人永隔。哲学成为人类中心论和自然中心论的,思维与存在、概念与实在、心灵与自然、主体与客体之间横亘着一条无法逾越的鸿沟。

　　浪漫主义可以被看作对18世纪理性主义的反动,但它只是当时四种反动的模式之一;另外三种对18世纪抽象理性主义的反动,分别是后康德德国观念论、宗教神秘主义以及维柯历史和传统主义。浪漫主义的反动可以称为情感和审美的反动,它起源于英国哲学家莎夫茨伯里(Anthony Ashley Cooper, Third Earl of Shaftesbury, 1671—1713)。这四种反动都致力于克服上述思维与存在等等的对立,但各自的取径不同。浪漫主义是要用一种审美平衡的和谐来克服这些对立。换言之,它是要通过将这些对立化约为审美的或情感的差别来融合它们。然而,浪漫主义在这方面并没有成功。原因在于它一方面仍然立足自我和主体;另一方面对现实采取反讽的态度。

　　浪漫主义的形而上学原则就是现代性的形而上学原则,即人和历史,只不过它将它们浪漫化了,浪漫的自我成了最终的形而上学原则。但这个浪漫的自我不过是资产阶级社会秩序中解放了的、私下的个人,却成了资产阶级社会的中心:"在自由资产阶级世界,分离的、孤立的和解放了的个人成了中心点,最高上诉法庭,绝对者。自然,是上帝的幻想只能保持在泛神论或万有神在论的感情中。……主体始终声称他的经验是唯一有意思的东西。这种要求只能在建立在规则基础上的资产阶级秩序中实现。"[1]施米特非常清楚,浪漫主义不过是近代世俗化过程和私人化构成的反映,"从心理学和历史上来讲,浪漫主义是资产阶级安全感的产物"[2]。将事物浪漫化不过是要通过想象和幻想的方式,证明自己的中心和对事物的任意支配。因此,没有本身浪漫的对象,无论它是骑士还是仙女,只有被浪漫化的对象:"一个强盗骑士是一个浪漫的形象,但他不是浪漫的。中世纪是一个被有力地浪漫化了的复杂物,但它不是浪漫的。对于定义这个概念(指浪漫主义——笔者注)只有浪漫化的主体及其活动才是重要的。"[3]

既然自己是世界的中心,除了自己之外不再有别的形而上学原则,那么浪漫主义就必然表现为一种主观化的机缘论(occasionalism)。机缘论最初是由考德莫(Géraude de Cordemoy, 1620—1694)、高林克斯(Arnold Geulincx, 1624—1669)和马勒布朗士(Nicolaus Malebranche, 1638—1715)等人为克服笛卡尔哲学思维与存在、内在与外在、灵魂与身体、思维与广延等的对立而提出的。他们认为上述对立的两造乃至所有事物本身不能发生因果关系和相互作用,上帝才是一切精神和物理事件的真正原因。上帝引起精神和物质现象对应。意识过程、意志冲动和肌肉运动都是上帝活动的机缘,上帝意志的威力和效能通过它们来实现。到了浪漫主义那里,自我代替上帝成了"更高的第三者"。但是,由于浪漫主义者对待实在的反讽态度,他们同样无法克服近代形而上学造成的二元分裂。

所谓对实在的反讽态度就是解构实在的现实性而在种种可能性中游走。浪漫主义者之所以喜欢遥远的、异国他乡的、神秘的、变幻无常的、幻想的东西,不是因为它们本身有什么重要,而在于"它们的浪漫功能是否定这里和现在"[4]。浪漫主义者这么做并不是要否认日常存在和日常生活的实在性,而是不想被这里和现在的种种限制所束缚。因此,他们不断地从一个实在流向另一个实在,从自我到人民,到国家,到理念,到历史,到教会,将每个实在都玩一把就走,没有任何担待和承诺。施米特分析道:"他

---

[1] Carl Schmitt, *Political Romanticism* (Cambridge, Mass.: The MIT Press, 1986), tran. by Guy Oakes, p. 99.

[2] Ibid.

[3] Ibid.

[4] Carl Schmitt, *Political Romanticism*, p. 70.

反讽地躲避客观性的种种约束,不让自己对任何东西作出承诺。保留一切无限的可能性就在于反讽。这样,他保留了他自己内在的、宜人的自由,这种自由在于不放弃任何可能性。"[1]"靠着反讽的帮助,他可以使他自己反对任何单独的实在。"[2]浪漫派也会主张某个更高的和真正的实在,但不会持久。归根结底只有他和他的审美(感性)意识不能动,其他都是权宜之计。

浪漫主义者不想具体实现什么,他沉溺于自己的幻想中,通过想象来把玩世界。为此,他必须要将世界诗化。所谓诗化世界就是将一切文化领域变为美学,将一切人类行为化约为情感。这样一来,孤立的个人就成了一切行为的中心,它是它自己的参照点,自己的教士。诗化世界的结果是绝对的主观化,一切实在的东西只是自我的机缘。对象存在,但没有实体、本质和功能。它只是浪漫的幻想游戏运动的一个具体的点。人们已经无法区分对象和浪漫的对象,因为不再有任何对象,只有机缘。[3]现实世界的实质冲突在一个更高的情感的和谐中得到审美的化解。[4]

政治浪漫主义作为浪漫态度在政治上的体现当然具有一切浪漫主义的主要特征,首先就是它的机缘论。机缘论意味着政治浪漫主义没有任何实质性的政治立场,因此,它可以适应最不同的政治环境,为不同政治立场的人采用。政治浪漫主义不是保守主义或反革命政治立场的代名词,在一定条件下,它完全可以为狂热地鼓吹和拥护革命的人所有。同样由于政治浪漫主义的机缘论,浪漫主义者往往没有清楚的立场和明确的政治信仰,对政治问题的实质不感兴趣。例如,弗里德利希·施莱格尔和亚当·缪勒就是如此。按照施米特的看法,这也是浪漫主义诗化政治,将政治化约为美学所致,政治问题对他们来说只是审美的机缘而已。

在施米特看来,政治浪漫主义是反政治的,因为它的机缘论使得它不可能在事关对与错、正义与非正义的冲突中作出决断,而这正是政治的基本职责。诗化政治掏空了在这两者间作选择的条件[5],一切都变成个人情感的事,再也没有客观的原则,因为现在审美(感觉)主体成了最终

---

[1]　Carl Schmitt, *Political Romanticism*, p. 72.

[2]　Ibid., p. 73.

[3]　Ibid., p. 85.

[4]　Guy Oakes, "Tanslator's introduction", *Political Romanticism,* p. xxiv.

[5]　Ibid., p. xxxi.

的形而上学原则。将孤立的、解放了的个人提升到最终的形而上学原则的地位只有在资产阶级当家作主的时代才有可能。资产阶级在将世界主观化和世俗化的同时也将形而上学主观化和世俗化。资产阶级的社会秩序保证了公共领域和私人领域的二分，而自由主义则坚持法律保障私人活动不受干涉。这一切都是浪漫主义得以产生的外在条件。所以有人说，根据施米特的论证，浪漫主义有赖自由主义，政治浪漫主义是自由主义的完成，施米特对政治浪漫主义的批判是对近代浪漫化了的资产阶级秩序的攻击，《政治浪漫主义》是对近代自由主义的形而上学和元政治基础的批判不无道理。[1]

《政治浪漫主义》也是施米特对现代资产阶级政治的诊断：这种政治是一个反政治或非政治的政治，它的特点就是缺乏决断和机缘论；而真正的政治恰好与此相反，它是主权的决断。发表于1922年的《政治神学》，毫不含糊地表明了这一点。

《政治神学》是个容易产生误会的书名，施米特的这部主要著作并不讨论政治神学，而是要围绕着政治的主要问题——主权问题从法学和政治学两个方面展开讨论。该书共分4章，第一章讨论主权的定义，第二章从法的形式和决断论两方面来谈论主权问题，第四章讨论德·梅斯特里、波纳尔德和多诺索·科特的国家哲学；第三章才涉及政治神学，但在这里"政治神学"只是提供一个深入思考现代条件下主权问题的方法论框架，或如德国学者梅林所言：施米特在这里是将某种确定的概念建构方法称为政治神学。[2]

施米特的主权理论并不复杂：主权[3]就是在紧急状态下作决断的权利，统治者（Souverän，也可译为"主权者"）就是在紧急状态下作决断

[1] Guy Oakes, "Translator Introduction", p. xxxii, xxxv.

[2] Reinhard Mehring, *Carl Schmitt zur Einführung* (Hamburg: Junius, 1992), S. 57.

[3] "主权"（sovereignty, Souveränität）其实是一个模糊的、在政治科学和政治哲学中引起许多争论的概念，Roger Scruton编的《政治思想词典》甚至说它是什么意思不清楚（见 *A Dictionary of Political Thought*, London: Macmillan Press, 1982, p. 441），但有一点是可以肯定的，它的基本意思应该是指"独立的最高统治权"。对外它指一个国家对一定的人民和领土的管辖权，对内指一个政府对社会的治理。所以Souveränität应该译为"统治权"更合适，这一点结合施米特的有关文本尤其明显。本文采用"主权"的译法只是因为它已约定俗成，并不表示作者认为这是一个非常合适的翻译。

的人。[1]这个在今天某些人看来非常骇怪之论,不过基本重复了西方古典政治学家和法学家通行的关于"主权"的说法。从博丹到霍布斯,从卢梭到黑格尔,西方古典政治思想家大都认为主权意味着高于法律且不必服从法律的权威或权力。例如,英国著名法学家布莱克斯通(William Blackstone, 1723—1780)在其代表作《英格兰法律释义》中说:"在每个国家有和必须有一个最高的、不可抗拒的、绝对的和不受控制的权威,主权的权利就在于……此。"[2] 20世纪80年代出版的《布莱克维尔政治学百科全书》说:"主权的特征在于它是最高的、最终的和最普遍的权力或权威","上述意义上的主权者是国家中拥有和行使最高权力的机关,它可以是一个个人,也可以是一个集体。……这种主权者有时被认为有必要高于法律,而绝不从属于任何对它的限定或限制。……这种观点的古老根源在于'法律不约束君主'的概念,而其现代根源在于杰里米·边沁和约翰·奥斯汀的著述;在他们的著述中,法律被界说为主权者的命令,而主权者被界说为大众惯常服从的而它惯常不服从任何其他个人的个人和集团"[3]。

如果说施米特关于"主权"的说法中也有些新东西的话,那就是强调"决断"及其外在条件"紧急状态"。人们一般认为,施米特的这个思想与他所经历的第一次世界大战和战争结束旧帝国的崩溃、巴伐利亚州的内战状态和魏玛共和国初建时的混乱状态有关。早在战争服役期间,他就在思考专政(Diktatur,一译"独裁")问题,紧急状态和内战的经验促使他对这个现象进行法律史的研究。1921年他出版了《论专政》一书,这部著作追溯了主权思想的历史演变,在此基础上提出了一个批判的专政概念,并以此区分两种专政,一种是古老的、起源于罗马时代的临时专政(die kommissarische Diktatur)制度,它是为了恢复被破坏的秩序和宪法的临时目的而建立的某种特殊措施和紧急权力;另一种是自法国大革命后转向的人民主权,施米特把它叫作"主权专政",它是宪法赋予的人民的权力。这两种专政的基本区别正在于前者产生于紧急状态与决断,

---

[1] Carl Schmitt, *Politische Theologie* (Berlin: Duncker & Humblot, 1996), S. 13.

[2] 转引自 *A Dictionary of Political Thought*, p. 440。

[3] 戴维·米勒、韦农·波格丹诺编:《布莱克维尔政治学百科全书》,中国政法大学出版社,1992年,第726—727页。

而后者则不然。施米特显然是从前者中找到了他的决断论主权学说的历史根据。

但是，促使施米特提出他的决断论主权学说的，显然是现实的考虑。但仅仅以为由于一次大战及战后的经验使得施米特不相信自由主义的民主政治，而希望有超越法律之上的独裁统治者乾纲独断、恢复秩序、重整河山，那还是比较皮相的看法。施米特有深得多的考虑，他的主权学说不仅是一种实用主义的权宜之计，还代表了他对现代性政治的根本反思。《政治浪漫主义》已经表明，在施米特看来，自由主义资产阶级优柔寡断，哪怕火烧眉毛了还要研究研究再说，但政治，更确切地说，主权，就是作决断。这种超越法律作决断的根据，就是紧急状态。

但施米特说的紧急状态和决断都有独特的规定，不了解这独特的规定，就无法正确把握他的思想。首先，施米特讲的紧急状态不是指一般的治安或自然灾害方面原因而采取的紧急措施或紧急命令，而是指事关国家生死存亡的极端紧急情况。在这种情况下，需要一种无限的权力把全部现存的秩序悬置起来。紧急状态不等于无政府状态或混乱，因为国家还在，只是法律要往后靠。紧急状态从法律意义上讲仍是一种秩序，只不过不是法律秩序而已。与此特定的紧急状态相应，施米特讲的决断也不是一般就某个具体问题作决断，如是否实行宵禁或军管，而是就国家的大经大法作出决断，所以它必须不受一切法律规范的束缚，真正是绝对的。

从常理说，紧急状态总是例外和临时的，因此，产生于紧急状态的种种决断和举措也只有例外的、临时的有效性和意义，一俟恢复常态便随之消失。如古罗马的辛辛纳特斯战时应召为独裁者，放下犁头前往拯救国家，一俟战争结束，即解甲归田，重操旧业。所以比起法律及其规范，紧急状态及其决断总是权宜之计，是为了恢复常态而不得已采取的手段。但施米特不这么看。

首先，紧急状态（Ausnamefall）是一种特殊情况或例外（Ausname），而例外是无法将其归入某一规范之下的，也不能对它有一般的理解。每一个一般规范都要求常规的生活状况或常态，只有在常态下它才有效。没有一个规范在混乱的情况下还可以应用。首先必须产生秩序，这样法律秩序才有意义。规范状态是创造出来的，而主权者就是明确决定正常情况或常态是否真正存在的人，他垄断着这最终的决定权。国家主权的本质就在于它不是对强制或政权的垄断,而是对这种决断的垄断。紧急状态最清楚地暴露了国家主权的这种本质。[1]这就是说,所谓的常态是人为制造的,只有制造出常态,同样是人为制造的法律规范才得以应用。但我们没有制造法律的法律,没有产生规范的规范,法律必须经过叫作主权的权威的决断,"这个权威证明,为了产生法律,它不需要有法律"。[2]

如果这样的话,常态显然不是我们生命(生活)的原始状态,"具体生命的哲学不应该在非常情况和极端状态前退缩,而必须最高程度地对它感兴趣。对于它来说例外比规则更重要……非常情况比正常情况更有意思。正常证明不了什么,非常证明一切;规则不仅证明它,规则根本只是靠非常情况而活。在非常情况下现实生活的力量冲破在重复中僵化的机械构造的外壳"[3]。可见,施米特强调紧急状态和决断,并非仅仅是为了解决当下的政治问题,而是也有生存哲学的根据。人类具体的生命关系决定了"国家的生存在此无疑具有对法律形式之有效性的优先性"[4]。

这种对于紧急状态的重要意义的强烈意识在17世纪的自然法思想里还有,但到了18世纪的理性主义和自由主义思想家那里,就荡然无存了。在自然科学强调常态,强调一般,强调平均数,强调规律的思想影响下,紧急状态和决断论被完全忽略了。施米特认为,新康德主义者凯尔森的形式主义法学就是近代理性主义法学在现代的表现。这种法学理性主义竭力要将紧急状态纳入一般法律规范的有效性之下,使它中规中矩。但施米特要问:"法律哪来这力量? 一个规范对它事实上根本无法把握的特殊或非常的具体情况也有效,这在理解上怎么可能?"[5]形式主义的法学思想被自然科学的思想所控制,拼命追求科学性,却完全忽略了法律生活特殊的现实性,没有看到它追求的形式在于某个确定的有关当局作出的具体决断。法律形式没有先验形式那种先天的空洞性,因为它来自法律具体的东西。它不是具有技术精确性的形式,因为它有一种本质上从世纪出发的、非个人的目的旨趣。[6]这就是说,法律形式在施米特看来应

---

[1]　Cf. Carl Schmitt, *Politische Theologie*, S.19.

[2]　Ibid.

[3]　Ibid., S. 21.

[4]　Ibid., S. 18.

[5]　Ibid., S. 20.

[6]　Ibid., S. 40.

该是一种实践形式而不是理论形式。

然而,自由主义的形式主义法学思想在现代却成了西方法学思想的主流,间接地也在成为世界其他地方法学思想的主流。它之所以能在两个世纪的时间里风靡世界,不仅仅是由于西方的政治经济优势,更是因为启蒙运动理性主义的现代叙事给了它一种近乎神圣的正当性。但在施米特看来,"近代国家学说的一切精辟概念都是世俗化了的神学概念"[1]。例如,无限权力的立法者的概念就是从全能的上帝概念而来。而紧急状态之于法学就像奇迹之于神学。神学和法学之间有着一种平行的类似。近代法治国家的观念并不像启蒙理性主义讲的那么理性,那么与神学毫不相关。

但是,理性主义思想家却不见此,他们看不到自己思想的形而上学基础,却以为自然规律和规范规律是一回事,因而拼命要去除"任意性",达到"客观性",这就使他们必然要将特殊和例外从人类精神领域中排除。凯尔森将国家等同于法律形式便是一个典型的例子,虽然他承认"法律科学所针对的现实并不是构成自然科学对象的自然现实。如果将法律科学和政治分开是必要的话,那么,将它与自然科学分开也同样是必要的"[2]。但他把法学视为"一种特定的社会技术",是"从对实际法律思想的逻辑分析所确立的基本规范中去寻求法律的基础,即它的有效力的理由"[3]。这样,他实际上把法律建立在一个空洞的基础上。这就是说,形式主义法学要求规范一切社会生活和政治的法律概念其实是没有实在的基础或根据的。它也无法消除紧急状态或特殊情况。它要求人类依法办事,表面上看十分合理,非常公正,但因为它排除一切特殊情况,也就是真实的生活实践,因此,它在实施时就会问题重重,根本无法兑现它的承诺。[4]但这种与科层制结合在一起的照章办事却根本取消了政治的本质——主权决断。这也是施米特反对自由主义政治的根本原因。

---

[1] Cf. Carl Schmitt, *Politische Theologie*, S. 43.

[2] 凯尔森:《法与国家的一般理论》,沈宗灵译,中国大百科全书出版社,1996年,第 II 页。

[3] 同上书,第 III 页。

[4] 例如,按照西方现代正统的法学理论,法治是民主和人权的保障。但当人们将事关社会全体或多数人权利的事交给法院去裁决时,实际上是将决定权交到了少数人手里。法院的决断很难说是非个人的。

1922年施米特接替著名法学家鲁道夫·斯迈兹受聘为波恩大学法学教授。部分是因为对魏玛民主制度的不满,部分是出于他对现代政治的一贯批判反思,他在20年代写的另几部著作《当今议会制的思想史状况》(1923年)、《罗马天主教与政治形式》(1923年)和《宪法学说》(1928年)中进一步分析和批判了现代西方政治的标志性制度——议会制和民主制。

但是,正如施米特的批评者托马在给《当今议会制的思想史状况》写的书评中所说的,施米特这本书不是要重复人们早已耳熟能详的近代议会实践的失败,而是要探索这种制度的最终核心。[1]和许多德国现代思想家一样,施米特有着很强的历史意识。在他看来,近代西方政治经历了一个从王朝正当性到民主正当性的发展过程。君主制的形式原则是代表制,这是一个来自基督教的概念;而民主制的形式原则则是同一性。议会制是从君主制到民主制之间的一个过渡阶段,它一方面依据民主的理念;另一方面又利用代表制的形式原则。所以它有贵族制的因素。[2]

在这部著作中,施米特提出了著名的也是非常有争议的议会制和民主制的区分。一般人们总是将议会制认作是民主的标志,而施米特认为恰恰相反,它们不但不是一回事,而且有着根本区别。施米特在这里讲的议会制是特指19世纪古典议会制,它的根本原则是讨论和公开。"讨论意味着交换看法,通过论证某事的真理或正义说服对手,或让别人说服自己某事是真的和正义的。"[3]这就是说,议会制是一个理性主义的制度,议员们通过公开的、理性的辩论和争论,取得共识。他们只服从更好的论证,而不是建立在权力和利益基础上的种种欲望和要求。讨论不是谈判,更不是讨价还价。议员不是哪个党派的代表,而是全体人民的代表。但议会的理性主义是相对的理性主义而不是绝对理性主义。所谓相对的理性主义,意思是议员们并不掌握绝对真理,而是通过不受限制的观点的自由

---

[1] Richard Thoma, "On the Ideology of Parliamentarism", in Carl Schmitt, *The Crisis of Parliamentary Democracy*, translated by Ellen Kennedy, Cambridge, Mass.: The MIT Press, p. 78. (这是《当今议会制的思想史状况》的英译本,无论是从这本书的基本思想还是从托马对它主要目的的揭示来看,英译本的题目显然不太合适。)

[2] Cf. Carl Schmitt, *Die Verfassungslehre* (Berlin: Duncker & Humblot, 1983), § 23.

[3] Carl Schmitt, *The Crisis of Parliamentary Democracy*, p. 5.

竞争来产生和谐,就像从经济的自由竞争产生最终的和谐一样。

在19世纪,议会制与民主是携手同行的。但是,好景不长,到了现代,议会制已名存实亡了。它不再是一种建立在理性和公开讨论基础上的决定社会生活的制度,而成了一种只是选举领导人的手段[1],"一种必需的社会和政治技术的工具"。[2]唯理是从的公开讨论的原则失去了,现在有的只是幕后的利益交易和讨价还价。在这种情况下,公开性自然也就不可能了。施米特认为,造成古典议会制这种根本危机的,是由于人民意志与人民代表之间的紧张,议会里的自由辩论不足以形成近代大众民主所需要的万众一心的政治意志。当政治走向街头时,论证性的公共讨论就成了空洞的形式。民主制下的政党并不面对面讨论彼此的观点,而是作为一个个社会和经济的权力集团算计着它们彼此的利益和权力机会,它们的妥协与合作是建立在这个基础上的。古典议会制需要议员受过良好的教育,有深思熟虑的理智能力。大众民主不需要这些,开动宣传机器,操纵舆论就可以赢得大众,宣传机器的最大功效在于诉诸当下的利益和热情。而大众的功能只是说"是"或"不"。人民是根据同情和厌恶、友与敌来作决定的。这样,现代政治就从议会制的相对理性走向了非理性,理智退出舞台,暴力就登场了。施米特敏锐地看到,如果事情到了这一步,那么不一定通过公开的、自我宣布的独裁,而只要通过某种经验,事情就可能不同,议会就会完蛋。[3]

在施米特那里,不但议会制与民主制有不同,而且民主与自由主义也不是一回事,因为相信议会制,相信通过讨论来治理,是自由主义的思想,而不属于民主。民主的原则是平等,它首先要求均一性,其次要求消除异质性。民主就是要在统治者和被统治者,根据与人民之间建立同一性。但是,这种同一性可以用许多手段来建立,这就意味的民主制在深层目的上与专制制度一致的可能性。在施米特看来,就像不平等属于平等

---

[1] 连韦伯这样的自由主义者都这么认为。韦伯在和鲁登道夫谈话时说:"在民主制度下,人们会选举他们信任的领袖。然后被选出来的人说,'现在闭上你们的嘴,一切听我指挥,人民和政党都不准自由地干预领袖的事'。"(见玛丽安妮·韦伯:《马克斯·韦伯传》,阎克文、王利平、姚中秋译,江苏人民出版社,2002年,第748页。)

[2] Carl Schmitt, *The Crisis of Parliamentary Democracy*, p. 8.

[3] Ibid.

一样,不给一部分人平等的权利也可以叫民主,西方各国的民主基本上都是这样的民主,在它们那里,外国人就像在雅典的外国人一样,是没有平等的权利的。但这并非不正常,而是正常的,因为政治总是为实质的不平等所支配。[1]民主制追求实质平等或均一性却造成了自身的危机,因为在政治中只有具体的平等,没有抽象的平等,而民主从抽象平等原则出发,只能通过一般的人类平等来解决实质平等和均一性的问题,是不可能成功的。大众民主的危机又进一步导致了议会制的危机。

近代大众民主要实现统治者和被统治者的同一性,它就会把议会制看作不可思议和过时的制度,一旦出现紧急情况,人民意志会成为不可抗拒的唯一标准。所以,自由主义与民主实际上是不相容的,即使它们一时联盟,终究要分手。当代议会制的危机正证明了这一点。议会制和民主制的矛盾实际是两种世界观——自由个人主义和民主均一性的矛盾。

施米特用一个理想化的古典议会制描述来与现代大众民主相对照容易使人产生一种错觉,以为他是以这个理想来批评现代的大众民主,实际上正好相反,他是以大众民主的现实来进一步证明议会制的必然没落,尽管他对议会制并非完全没有同情。[2]但议会制的必然没落不仅仅是现实政治发展的结果,也是它的理论缺陷必然导致的结果。不过,施米特对议会制必然没落的诊断却未必完全是从理论分析而来,可能在很大程度上也由于他对魏玛民主制的观察。他在1932年发表的《合法性和正当性》一书可以证明这点。

《合法性和正当性》可以与《当今议会制的思想史状况》配成一对来看,后者写的是古典议会制原则的瓦解;而前者则分析死去的议会制对于魏玛立法国家状况[3]的实践结果。[4]在施米特看来,魏玛议会制根本不是他理想的那种19世纪的古典议会制,它没有后者所具有的相对理性主义的信仰基础和原则,自相矛盾。施米特把魏玛共和国叫"立法国家",是

---

[1]   Cf. Carl Schmitt, *The Crisis of Parliamentary Democracy,* p. 13.

[2]   在《当今议会制的思想史状况》中他说:"今天对公开性和讨论的信仰显得过时也是我的担心。"(见 *The Crisis of Parliamentary Democracy*, p. 2)

[3]   "立法国家"(Gesetzgebungsstaat)是施米特发明的一个概念,他这样定义这个概念:"其特性在于它将规范化视为共同意志的最高和决定性的表达。"(Carl Schmitt, *Legalität und Legitimität*, Berlin: Duncker & Humblot, 1998, S. 7)

[4]   Cf. Reinhard Mehring, *Carl Schmitt zur Einführung*, S. 93.

因为他认为它的宪法原则完全是规范主义（Normativismus）的，它自强调规范的形式的合法性而完全不问其实质内容。这又使它对法律完全持功能主义的态度。它的民主伦理就是多数原则，即随时准备为了让政治对手有同样的机会赢得权力而放弃掌权的"政治奖励"。施米特认为这是非常危险的，它使得可能会有这种"合法的革命"，敌视宪法的政党以合法的手段上台后将政治对手排除在外，然后"合法性之门"关上。更危险的是，由于议会制立法国家空洞的形式主义和功能主义，即只问合不合法，不问是非正义，因而必然会否定反抗权，即国家权力的滥用和不公正。

这种危险的结果之所以可能，是由于立法国家的规范化倾向，规范化的形式主义要求对一切实质正义保持中立，实际上是对正义和非正义保持中立，而以纯粹算术的多数统计作为合法性的唯一根据。这种合法性诉求使得一切对非正义和违法的反抗都成为"非法"。如果多数可以任意决定合法与非法，那么它就可以轻易将它的国内政治对手宣布为非法，把他们从中排除出去。

为了揭示这种"合法性"（Legalität）的问题，施米特特意将"正当性"（Legitimität）作为它的对立概念加以提出。如果说"合法性"是指是否符合法律规范和程序，那么"正当性"则是体现了一个先于规范化法律存在的、现实的、符合正义的意志。它应该是所谓"合法性"的存在论前提。但在现代，合法性成了与正当性对立的东西，它们的对立是比支配与合作、权威与自由、法治国家与专制更重大的对立。但是，由于自由主义及依据它的议会制没有特殊的激情，没有"价值有效性诉求"，因而也没有"它自己特有的正当性力量"；它也完全不需要去费神地进行相应的正当化。合法性成了公共事务的唯一准则，而正当性和权威完全成了多余的东西，最多成为合法性的表达或从合法性派生而来。这种情况韦伯也看得很清楚，在《经济与社会》中他指出，"合法性可以被认为就是正当性"，"今天最常见的正当性形式就是合法性信仰"[1]。这就是说，在现代，合法性已经完全取代了正当性并且成了正当性。但这种以合法为正当必然导致立法国家自身的瓦解。

从理论上说，以合法为正当是规范主义法学思想的必然结果。施米

[1] 见Carl Schmitt, *Legalität und Legitimität*, S. 13。

特在其代表作《宪法学说》中对规范主义作了进一步的分析与批判。

《宪法学说》共分四个部分:(1)宪法的概念;(2)现代宪法的法治国家要素;(3)现代宪法的政治要素;(4)(国际)联盟的宪法学说。前三个部分都与议会制及其内在的理论(自由主义宪政理论)缺陷这个基本问题有关,而这个问题的核心则是对政治的理解问题,或者说直接指向政治的概念问题。因为宪法归根结底是关于政治统一的样式和形式的积极的、民族的整体决定。[1]所以有人说施米特的"宪法概念"与他的《政治的概念》有着系统的整体关系是十分正确的。[2]

在施米特看来,自由主义的宪政理论的最大问题就是所谓的"规范主义",即让政治权力从属于一个规范的系统,从属于一种建立在规则基础上的法律控制。宪法是规范的规范,是基本法律的规范。"法治"与"人治"的区别就在于前者的权威和权力只来自规定的、书面写下的宪法。可是,自由主义者却没有看到,在作出关于宪法的决断之前,先已有了"绝对的"政治存在的"形式之形式",或者说原始的存在论意义上的政治经验。他们认为应该是宪法先于国家,而不是相反。成文法本身的正当性则来自所谓的自然权力,所以早期的规范主义有明显的道德色彩。自由主义者毫不怀疑他们的法律和宪法理想的正确性和合理性,所以他们基本上都是普遍主义者,他们相信他们建立的法律体现了神圣的自然法则,因而具有自然法则同样的普遍性。但在施米特看来,规范主义其实是一个乌托邦世界观,它与我们原始的政治经验格格不入,因此是无法坚持的,现代自由主义者最终不得不放弃死板的规范主义,而迁就与传统自由主义者(如洛克、孟德斯鸠等人)设想的法律理想不尽相容的法律形式。在施米特看来,自由主义的规范主义缺乏政治有效性,传统自由主义法律的没落是注定的和不可逆转的。[3]

施米特将新康德主义法学家凯尔森作为他的主要批判目标。凯尔森的形式主义法学把规范主义的弊病表现得淋漓尽致。他认为法律系统是由一整套规范组成的,这套规范本身则是从一个基本规范派生出来的。与传统自由主义不同的是,凯尔森将法律与道德完全分开,这样,就如施

[1]   Carl Schmitt, *Die Verfassungslehre,* §3.

[2]   Reinhard Mehring, *Carl Schmitt zur Einfürung,* S. 81.

[3]   Cf. William E. Scheuerman, *Carl Schmitt: The End of Law*, p. 64.

米特所讽刺的,如果一个法律规范有效和因为它有效它就有效,而不是因为它涉及一个更基本的道德理想才有效,[1]这种规范主义必然是一种相对主义。凯尔森明确认为,我们的时代是一个相对主义的时代,对绝对真理的信仰必然消退了。民主是对于现代来说最好的政治形式,因为它直接表达了近代道德相对主义的命令。自由民主的基本机制和程序,如言论自由、保护少数等只有在政治共同体的成员接受如下可能性:他们的道德和政治观可能证明是不对的时才有意义。如果人们相信他们自己观点的绝对正确,就没有理由再去接受自由民主的程序,就一定会要求垄断政治权力。[2]但是,这种相对主义是自败的和不自洽的,因为它不能再有令人信服的理由去确定基本规范和派生的规范。宪法也因此失去了其核心的价值。这样,宪法实际上可以随便修改,只要取得议会的多数,改变自由民主的核心程序就像改良大学的神学系一样正当合法。这正是施米特在魏玛宪法中看到的危险。相对主义必然和虚无主义联系在一起,从凯尔森的形式主义法学可以看到,形式主义的自由主义保护不了自己。归根结底,相对主义形式和规范主义武装了自己的敌人。[3]

从理论上讲,规范主义的错误不是认识论的错误,而是存在论的错误,它没有看到政治经验的生存论因素,政治经验归根结底是敌我之间的冲突,这种冲突不是预先确定的一般规范或无利害关系、因而是中立的第三者的评判所能决定的。[4]这就是说,这种生存的冲突不是自由主义的法律方法可以解决的。由于法律的生存论前提,法律不可能是真正中立的,到了危机关头,法律方法必然要政治化,成为政治斗争的武器。所以,自由主义的宪政恰恰在一个共同体的政治整合成问题时变得没有价值。[5]当然,自由主义的政治在实践中更经常的是从权,而不是宋襄公式地践行它们的理论,所以并不像施米特说的那么危在旦夕;但理论与实践之间的这种落差恰好说明了自由主义理论根本的问题。

施米特对现代西方政治的最大不满是它多谋寡断。在他看来,一个

---

[1]   Cf. Carl Schmitt, *Die Verfassungslehre,* S. 9.

[2]   Cf. William E. Scheuerman, *Carl Schmitt: The End of Law*, p. 277.

[3]   Ibid., p. 65.

[4]   Carl Schmitt, *Der Begriff des Politischen* (Berlin: Duncker & Humblot, 1963), S. 27.

[5]   Cf. William E. Scheuerman, *Carl Schmitt: The End of Law,* p. 67.

宪政体制要有效,必须建立在权威决断的基础上,宪法权力的合法性不是靠伦理学或法律规范的证明,而是靠被承认。政治经验的核心因素本质上是超规范的,合法性最终只在于政治权力的有效性。因此,合法性问题本质上是个权力问题。[1]合法性是靠权力创造的,而不是相反。德里达在一篇谈美国《独立宣言》的文章中就指出:"武力政变产生权利,建立权利或法律,给予权利,使法律显露出来,诞生法律并使之胜利。"[2]这同样是说法律起源的非规范性和任意性。

1928年,施米特去柏林高等商业学校接替魏玛宪法之父胡果·普劳斯(Hugo Preuß)任法学教授。1929年开始的经济危机及其引起的政治危机使施米特进一步确信魏玛宪政岌岌可危。在他看来,魏玛国家和宪法在构造上都有多元性的问题,使得国家无法真正统一,宪法自身埋下了毁灭的种子。[3]党派政治的多元性、经济多元制和联邦国家的联邦制使得国家意志很难形成,尤其是自由主义的国家不干预经济的原则使得国家无法对多元的经济状况进行必要的计划,魏玛在政治上和经济上都陷入混乱。在这种情况下,施米特写了《宪法的守护者》一书,鼓吹加强总统的权力来拯救宪法。不了解德国政治哲学传统,尤其是黑格尔政治哲学传统的人会认为施米特实际上是反对民主,主张独裁,为日后希特勒上台铺平道路。其实问题没那么简单。施米特的这个设想,既与当年魏玛特殊的政治经济有关,也与他对现代国家的历史演变的观察和思考有关。

在著名的《法哲学原理》中,黑格尔特意区分了(市民)社会与国家,前者是追求私人利益的领域,而后者才是真正的公共领域,即政治领域。施米特非常欣赏黑格尔的这个区分,因为这个区分公私分明。一方面,任何个人或私人利益集团不能用国家的权力与公器来为自己谋私利;另一方面,国家也不干涉属于个人的事情,如经济活动或宗教信仰。19世纪欧洲国家基本上都是建立在这个国家与社会的清楚区分上的。然而,

---

[1] Cf. William E. Scheuerman, *Carl Schmitt: The End of Law,* p. 68.

[2] Jacques Derrida, "Delarations of Independence", trans. Tom Keenan and Tom Pepper, *New Political Science* 15(1986): 10.

[3] 施米特有关魏玛宪法自身原则的不一致,可参看《合法性和正当性》的第2章"魏玛宪法的三个特殊立法者"。

施米特与欧克肖特和阿伦特一样[1]，认为现代政治或现代国家归根结底是"反政治"的，经济最终不但成了私人的目的，也成了国家的目的。自由主义的近代国家虽然一开始就主张国家中立和不干预，但近代国家仍然保留了君主专制正义的一些残余，它逐渐演变为所谓"行政国家"（Regierungsstaat）和"管理国家"（Verwaltungsstaat），国家的重心在行政，在使用国家权力达到功利的目的，在有用性。这实际上是与中立和不干预原则矛盾的，这也解释了为什么没有一个现代国家是彻底实行了这两条自由主义的原则。

但是，一旦以现实利益为底色的合目的性（Zweckmäßigkeit）成为国家的现实存在原则（Daseinsprinzip），黑格尔意义上的国家与社会的区分也就不存在了，因为"如果社会将自己组织为国家，如果国家和社会基本上是同一的，那么所有社会和经济问题就成了国家的直接目的"[2]。这意味着国家的社会化和国家的经济化，"国家作为社会的派生物客观上不再能与社会相区分，它占有了一切社会的东西，即任何有关人类集体存在的东西。不再有任何社会领域国家必须在不干预的意义上对其遵守绝对中立的原则"[3]。国家成了干预主义的国家，但这并不证明政治战胜了经济；恰好相反，它正证明现代国家的非政治性。

现代国家政治的非政治性使得韦伯和欧克肖特都曾把现代国家称为"企业"，它在结构上与资本主义社会是一致的。而施米特则看到政党也已演变为"社会或经济的权力集团"。在多元的政党国家中它们是有着世界观诉求的竞争企业，它们在经济上压榨国家，在意识形态上分裂民族，在这种情况下，施米特提出让国家总统作国家统一和宪法的守护者。鉴于当时魏玛议会的无能和亟须形成国家意志来共度时艰，施米特只能求助作为宪法守护者的共和国总统。这种想法不是偶然的。在第二帝国时代，德皇作为国家和民族的象征高居于议会之上，他超越一切利益集团，是一切利益集团传统的最后仲裁者，也是宪法的维护者。[4]魏玛宪法

---

[1] 有关欧克肖特这方面的观点，可参看其所著《论人类行为》和《政治中的理性主义》；阿伦特这方面的观点可参看其代表作《人类的条件》。

[2] Carl Schmitt, *Der Hüter der Verfassung* (Tübingen : Mohr, 1931), S. 78–79.

[3] Ibid., S. 79.

[4] 参看科佩尔·S. 平森：《德国近现代史》上册，范德一译，商务印书馆，1987年，第222—223页。

之父胡果·普劳斯和韦伯当初在考虑魏玛宪法的时候就曾担心议会专制主义,因而设想以与以前立宪君主德皇的功能有某些相似之处的总统制来平衡议会的问题。他们以及施米特都认为,因为魏玛的总统是直选的,所以他可以代表人民的意志来行使权力。

鼓吹将最高权力集中到总统手里,除了当时魏玛民主的现实危机外,施米特还有深一层的考虑,这就是自由主义已经过时了,现代性的经济政治逻辑使得现代国家变成了所谓"全权国家"(totalen Staat),这种全权国家以经济利益为最高目的,它在本身非政治化的同时介入社会生活的方方面面,自由主义的法治和相对形式主义的决策模式与这种干预一切的全权国家的要求是不相容的。全权国家要求抛弃自由民主的核心制度,建立一个有着例外权力的、以行政为中心的政权。虽然施米特对全权国家并不持全然肯定的态度,但他不能不觉得在现代的经济政治条件下它乃势所必然。无论如何,比起无所作为的自由主义国家来说,它不是一无可取。它固然也导致国家与社会合一,但"实际上正是全权国家必然要抛弃19世纪的非政治化倾向,它不再知道任何绝对非政治的东西"[1]。所以施米特把国家的多元社会化和社会的民主化叫作跨越国家任务的否定意义上的"转向全权国家",而认为总统制是社会总体整合向着一个"积极的"和"质的"全权国家退化的开始。作为"宪法的守护者",总统制不但守护宪法,更守护政治。他象征国家作为一种稳定和独特的力量高居于社会之上。

"政治"是施米特始终强调的东西,但也是他最容易引起误解的东西,尤其是他把政治定义为区分敌友,更让不少人觉得他不过是一个前法西斯主义和法西斯主义的思想家。[2]但正确理解一个思想家要比给他戴一顶意识形态的帽子难得多。施米特的政治概念显然与他的国家概念有关,他影响最大也争议最大的著作《政治的概念》第一句话就是"国家的概念以政治的概念为前提"[3]。但政治与国家不能混为一谈,国家可

---

[1] Carl Schmitt, *Der Begriff des Politischen* (Duncker & Humblot: Berlin, 1963), S. 26.

[2] 参看卢卡奇:《理性的毁灭》,王玖兴等译,山东人民出版社,1997年,第589—600页。

[3] Carl Schmitt, *Der Begriff des Politischen*, S. 20.

以非政治化，而政治就是政治。恰恰是这个绝对的政治概念可以使我们一方面看到国将不国，另一方面也使我们看到国家真正使命和目的是什么。

施米特把政治定义为区分敌友，这种区分不是建立在道德、审美、经济或其他的什么基础上，而是建立在人类学的生存条件基础上，是人类学的生存条件决定了人类群体根本的敌对性，一切政治现象和政治事件只有在懂得这种敌对性后才能得到真正的理解。构成施米特政治概念人类学基础的，实际上就是霍布斯讲的自然状态。只不过在霍布斯那里自然状态是个人之间的战争状态，而在施米特那里是群体之间的战争状态。并且，霍布斯是要最终克服这种状态，而施米特则要肯定这种状态[1]这种状态决定了敌我区分生存论的基本性。如果一个群体在生存上受到威胁，就像一个个人生存受到威胁时一样，它用战争来消灭威胁它生存的敌人是完全正当的，虽然只是政治意义上的正当，而非道德意义上的正当。战争没有什么道德规范上的意义，只有生存的意义。正义不属于战争概念[2]，自古无义战。自由主义的虚伪就在于，总是以一些高尚的名义，如"永远消除战争"之类，来发动战争，要人们慷慨赴死，实际上却是为了现实的经济利益。很多人把《政治的概念》解读为施米特狂热鼓吹战争和杀戮的文本，但施米特在其中明明白白地说："没有任何纲领、理想、规范、和目的性能给予人们支配别人肉体生命的权力。"[3]至于为了群体生存的生死斗争，那另当别论。因为那涉及我们的人类学生存条件，没有别的办法。施米特之所以对战争说了很多，是因为作为最极端的政治手段战争揭示了那种支撑着所有政治观念的敌友区分的可能性。[4]因此，战争对于认识政治至关重要。主权决断首先就是决定战争和敌友。

如果区分敌友的可能性根植于人类基本的生存条件，那么政治就是人类无法避免的东西。现代性条件所产生的非政治化并没有真正消除政治，而只是一种歪曲了的政治。自由主义的中立化和非政治化都有政治的

---

[1]　参看列奥·施特劳斯：《施米特〈政治的概念〉评注》，刘宗坤译，《施米特：政治的剩余价值》，上海人民出版社，2002年，第218—220页。

[2]　Carl Schmitt, *Der Begriff des Politischen,* S. 50.

[3]　Ibid., S. 49.

[4]　Ibid., S. 36.

意义,这是因为,"在政治存在的具体现实中,不是抽象的'秩序'和一组规范,而是具体的人或人的联合在统治着别的具体的人和人的联合"[1]。经济最终会变成政治,因为经济财产达到一定程度就会变成社会权力,而由此激发的阶级对立就会演变为阶级斗争。自由主义不但不能消除政治,反而会导向新的敌友组合。[2]施米特的这个观察即使今天来看仍然基本有效。

1933年,纳粹上台,施米特见风使舵,马上一改对纳粹的否定态度,向纳粹靠拢。他不但加入了纳粹党,而且积极从理论上为纳粹辩护,提供纳粹执政的合法性依据。纳粹在刚上台时也需要像施米特这样的著名学者来为自己服务,因此双方一拍即合。施米特既然愿意助纳粹一臂之力,纳粹当然也投桃报李,给了施米特不少名分和职位。他担任了著名的《德国法学报》的发行人,"元首代表高校委员会"的成员,德国法学科学院成员,德国纳粹党人法学家联盟高校教师帝国专业组组长,以及普鲁士州议会的议员。但到了1936年,纳粹内部不喜欢施米特的人抓住他以前的言论对他发起攻击,施米特逐渐在政治上失势,开始与纳粹政权保持一定的距离,但仍为纳粹的战争行为辩护。施米特在纳粹统治时期的言行使他战后遭到盟军的拘押,虽然纽伦堡国际法院最终将他无罪开释,但他的这段经历却无法让人释怀。

但施米特对此却有他自己的解释,说他这是"原始德国的发明:通过合作来抵抗"[3]。这样的解释当然不能被一般人接受。因为如果他真要"通过合作来抵抗"的话,有些完全不符合他这样身份的人的肉麻的话和杀气腾腾的话没有必要一而再,再而三地从他嘴里说出。1933年10月3日,在民族社会主义法学家联盟第四次全国大会上施米特说:"德国人们的领袖阿道夫·希特勒,他的意志就是德国人民的nomos(法)。"[4]他不但鼓吹要和犹太精神作斗争,而且竟然说纽伦堡种族法是"自由的宪

[1] Carl Schmitt, *Der Begriff des Politischen,* S. 72.

[2] Ibid., S. 78.

[3] Carl Schmitt, *Glossarium. Aufzeichnungen der Jahre 1947 – 1951*, hesg. E. V. Medem, Berlin: Dunker & Humblot, 1991, S. 222.

[4] 转引自Reinhard Mehring, *Carl Schmitt zur Einführung,* S. 107。Nomos在希腊文中是"法律"的意思,但施米特将其内涵扩大为指法的整体,不但包括规范,还包括决断和秩序。Nomos这个概念成了施米特后期著作的基本概念。

法"[1]。他不但帮助纳粹完成法律一体化，还自称"在贯彻民族社会主义思想财富的伟大的世界观斗争中我们没有落后"[2]。凡此种种，都让人觉得施米特的自我辩护十分勉强。

许多人会觉得施米特在纳粹统治期间的表现是一种机会主义，是在进行政治投机。但这种看法太肤浅也太简单。施米特是一个有自己思想的思想家，他在纳粹时期的言行有机会主义的成分，但也的确和他的思想有密切的关系。施米特一贯反对自由主义的形式主义和规范主义的法学，因为法律总是要在具体的语境中实施，自由主义要求的法律规范不符合日常司法经验的真实生活的要求。它所追求的普遍主义法律过于空泛，不可避免使法律秩序陷入一种"混乱"和"无政府"状态，不能给法律决策者提供任何帮助。

韦伯相信，在一个祛了魅的文化多元时代，仍有可能有最低限度的"理性的合法性"。但在施米特看来，这种普遍有效的"理性的合法性"只能是个赝品。孟德斯鸠曾经把法官描述为"说出法律的话的嘴"，但施米特发现了"不同嘴的不同，它们不同地说似乎是相似的词句。我们注意到它们任何那么不同地'说'同样的话"[3]。之所以如此，是因为不同种族和文化的法学家为了追求对立的道德和政治目的而解释和应用法律。因此，法律决定不再有共同的伦理和知识基础。这在他之前思想中已有表述。在《政治神学》中，施米特已经公然说决断不是以理性和讨论为基础，绝对的决断是从无中创造出来的。但现在他的立场已经不那么虚无主义了，决断不是无基础，而是有基础的，这个基础就是种族的立场。日耳曼人要有日耳曼人的法律，种族和人种上的异己分子都不能解释日耳曼的法律。

但是，这不能理解为施米特鼓吹的"德国的法学思想"是一种种族主义的思想，它仍然与他此前的基本思想是一脉相承，虽然也有重要的变化。此时施米特提出一个重要的概念叫"具体秩序"（die konkrete Ordnung）。每一有效的规范都以现存的秩序为前提，只有在现存的"法

---

[1] Cf. Reinhard Mehring, *Carl Schmitt zur Einführung*, S. 105.

[2] Ibid.

[3] Carl Schmitt, *Staat, Bewegung, Volk: Die Dreiliederung der politischen Einheit* (Hamburg Hanseatische Verlagsanstalt, 1933), S. 45.

的秩序"中规范才是有效和有意义的。社会是有系列多样的社群或"秩序",它们有非常特殊的需要,这些需要无法通过一般规范或概念加以法律化。这些具体秩序的核心经验只有通过信仰、纪律和荣誉来捕捉,不能从属于任何一套一般规范。[1]施米特在《论法学思想的三种类型》中说中世纪亚里士多德—托马斯主义的自然法是他具体秩序思想的先驱[2],而将纳粹对自由主义法律规则的破坏视为具体秩序思想的完美体现。因此,具体秩序思想要求民族社会主义运动高于传统国家机器和德国人民之上。具体秩序的思想也使反犹主义顺理成章,因为施米特认为普遍主义的自由主义的规范主义使典型的犹太法律分析模式。既然具体秩序的思想的基本真理是每一个种族群体都有其特殊品质特有的法律体系,那么具体秩序思想就要求日耳曼人摆脱异己的法律和思想影响,摆脱犹太人强调形式保护和程序的重要性的法治概念。[3]为此他支持纳粹的种族政策。

施米特在《政治神学》中将决断论和规范论作为两种对立的方法论,但这时他扬弃了这种对立。他认为现代国家不能不讲究效率,这就不能不解决立法和行政的二分问题,领袖拥有最终的立法和行政权的"领袖国家"(Führerstaat)是一个合乎逻辑的解决办法。在施米特的心目中,纳粹政权就是一个这样的"领袖国家"。在《论三种法学思想》的最后施米特说:"国家作为政治统一体中一套特殊的秩序不再是政治的专利,而只是运动领袖的一个工具。"[4]既然如此,那么"元首的计划和意志就是法律"[5]。这种法学思想,纳粹当然是十分欢迎的。

如果说《论三种法学思想》是为了论证新的适合德国人的法学思想的必然性和必要性的话,那么《国家、运动、人民:政治统一体的三分》则是公然为纳粹政权提供合法性论证,当然也与施米特的一贯的国家思想有关。施米特认为魏玛宪政到了1933年已经呈现出革命的特征了,它已

---

[1] Carl Schmitt, *Uber die drei Arten des rechtswissenschaftlichen Denkens* Hamburg: Hanseatische Verlagsanstalt, 1934, S. 52.

[2] Carl Schmitt, *Über die drei Arten des rechtswissenschaftlichen Denkens*, S. 7.

[3] Cf. William E. Scheuerman, *Carl Schmitt: The End of Law*, pp. 122-123.

[4] Carl Schmitt, *Über die drei Arten des rechtswissenschaftlichen Denken*, S. 66.

[5] 转引自 Reinhard Mehring, *Carl Schmitt zur Einführung*, S. 110。

不再有效了。而新的纳粹政权则以国家、运动、人民三分,克服了魏玛国家原来的自由民主制和德国官吏国家的二分国家结构。这套国家、运动、人民的秩序通过作为民族社会主义法律的基本概念的元首制和同种性与政治统一体相和谐。纳粹政权是一个建立在同种性基础上的元首国家。在这个国家、运动、人民的三位一体中,"狭义的国家是政治—静态的部分,运动是政治—动力因素,人民是在政治决断保护和荫庇下非政治的方面"[1]。在这三个成分中,运动是最重要的,它是动力因素,人民既然是被保护者,那就不用说了;国家也只有从属的地位,因为"今天政治不再从国家中生成,而是国家必须从政治中生成"[2]。这意味着全面的一党统治,而领袖制则是这种统治的人格特征。这里讲的领袖制绝不是施米特以前主张的政治中立的总统制,因为这时施米特已经觉得总统制也有问题,它不过是"政治领导的代用品"[3]。施米特的国家结构三分法实际上是在为纳粹的极权统治作辩护。

随着政治上的失势,施米特1936年以后把关注点转到了战争和国际法问题上。他在这方面的论述同样有明显为纳粹的对外政策和战争政策辩护的色彩,但也同样是他战前的一些基本思想的发展。施米特对现行国际法的思考始于20世纪20年代,协约国和国联对德国的种种措施和态度使他看出自由主义的国际法产生了一种比以前任何一种殖民统治都更具压迫性的支配体系。自由主义所有国家普遍平等的理想只是掩盖真实的政治经济剥削和压迫的虚伪面具,实际上它使大多数国家从属于一个紧密的强国群体。自由主义将个人间的"自然状态"用来描述国家间的关系,认为就像可通过应用普遍的规范和法律解决个人间的冲突那样,我们也可以用普遍的规范和法律来解决国际间的问题。但国际法比各国的国内法更加空疏和不确定,除了给列强提供了一种可资利用的新武器外,不可能成为"政治正义"的途径。

自由主义在国际法上的普遍主义的基础是"普遍人性",这样,以国际法名义采取的行动都是"人道的"行动,而反对这类行动就是反人道。挑战这类行动的非正义的人马上就是反人道的罪犯。哪怕以国际法名义

---

[1]　Carl Schmitt, *Staat, Bewegung, Volk*, S. 12.

[2]　Ibid., S. 15.

[3]　Ibid., S. 31.

的暴力行动也是对人道—伦理追求普遍和平的贡献；而反国际法的战争就是无法无天的反人道的犯罪行为。所以，施米特反对区分战争的性质，战争就是战争，没什么道德的性质。国际间的冲突是不同质的政治实体之间的生死斗争，是不能用形式化的法律来解决的。缺乏规定性的形式的国际法在当今的世界只能是强者谋取自己利益的武器。一个典型的例子就是美国人发明的不干涉原则。

施米特特别分析了门罗主义，指出它是美帝国主义众多武器中的一件，美国用它来确保自己的美洲的霸权，防止欧洲列强对美洲的干涉。但是，施米特对门罗主义的评价并不完全是负面的。相反，施米特还对门罗主义表示了相当的欣赏。他认为门罗主义有"世界历史意义"，是一个现实的伟大的帝国主义的完美表现。美国人教导世界其他地方的人，现代帝国主义的本质就是操纵灵活的法律概念来吞噬中小国家，它们的主权在我们这个经济技术迅速发展的时代不可能幸存。美国人用门罗主义揭示了国际关系未来的面貌：世界注定要被划分为一小群以整个大陆或更多地区为单位的"巨大复合体"，其中有一个政治实体对其邻国事实上行使主权。[1]德国的任务就是跻身这列强集团。

纳粹上台使施米特看到了德国也成为霸权的希望。如果说美国的霸权是由于全世界无批判地接受了它那一套其实是帝国主义的自由主义范畴，那么纳粹的国际法理论就必须反其道而行之，与之针锋相对，首先就是反对流行国际法的普遍主义诉求。在施米特看来，自由主义形式主义的国际法只能导致混乱，新的国际法应该以相同人种的共同体为本位，法学家有这个共同体的特殊本能，受过它的特殊思维模式的训练，一句话，有效的法律体系应以共同的人种和种族的"具体秩序"为基础。既然国际法的普遍主义必然导致帝国主义，那么德国法律的反犹和种族主义特征决定了它是反普遍主义的，所以它也是"非帝国主义和非侵略性的"。

随着纳粹军队进军的鼓点，施米特的国际法理论也开始改变腔调。施米特认为，德国要跻身支配世界的列强行列，就要向美国学习。美帝

---

[1] Carl Schmitt, *Die Kernfrage des Völkerbundes* (Berlin: Duemmlers Verlag, 1926), S. 11.

国主义在建立霸权方面是相当成功的,虽然它也要为当代自由主义国际法的许多虚伪之处负责。德国要有自己的门罗主义,这就是说,施米特要援引美国在美洲霸权的例子来为德国在中东欧的霸权辩护。这当然不意味着照搬美国人的那一套,施米特心目中的德国的门罗主义,仍然是以他的"具体秩序"概念为理论基础。这里讲的具体秩序,是相邻相近,互相尊重地定居在一起的各民族的具体秩序。在此基础上,施米特提出他的"大区域"(Grossraum)的概念。大区域包括许多国家,但有一个支配性的统摄一切的强权,施米特称它为Reich(帝国)。自由主义法学要构造一个对一切地方、一切时代普遍有效的国际法体系;而纳粹的国际法本着门罗主义的精神,着重法律的地理和疆域的处境。Grossraum这个概念指的就是法律经验的区域或地理方面,而不是指所谓的扩大生存空间。[1]

施米特认为,自由主义意义上的国际法是根本不可能的,最多只能有联结相邻相近的种族群体法律形式。这意味着大区域外的人对任何大区域的合法干涉都是不正当的。这个德国的门罗主义的意义还不仅于此,它还意味着如果美国可以用门罗主义不许欧洲列强干涉美洲的事务,那么德国人也可以要求美国人尊重他们自己的外交政策传统,不要染指欧洲事务。这当然也是一种霸权思维的理论,虽然还只是区域霸权,但理论在霸权面前归根结底很苍白,因为霸权只承认权力和实力。施米特的大区域理论可以为德国在欧洲的霸权辩护,却不能使它被人们承认。

二次大战后,虽然纽伦堡法庭将施米特无罪开释,但他失去了柏林的法学教授的教职,回到家乡普莱腾贝格,深居简出,但却并非不问世事,继续不断通过写作和作报告来表达他对世界的关心和看法,年龄似乎毫不影响他精神的活跃。同时,也不断地有学生、追随者和仰慕者去拜访他,媒体的从业人员也没有忘记光顾他,他通过这些人对战后德国思想界继续施加其影响。[2]

战后施米特发表的著作,一方面是从深层次总结战争的经验,另一方面是从总体上对当今世界和时代进行反思。但总的来说,他的思想毫

---

[1]　这就是我为什么把Grossraum译为"大区域"。

[2]　Cf. Jürgen Habermas, "The Horrors of Autonomy: Carl Schmitt in English", *The New Conservatism* (Cambridge, Mass.: The MIT Press, 1990), pp. 132–135.

无实质的改变，他继续他一贯的思路，当然有所发展。他对战后的世界，无论德国还是世界，都没有积极的评价。施米特一定觉得战后的世界不是否定而恰恰是证实了他对现代世界的一贯诊断。第二次世界大战时施米特提出"大区域"的概念固然有为纳粹在中东欧的霸权辩护的企图，但也的确是表达了他对多元世界的希望。现在，随着"西半球"的胜利，施米特觉得一切其他的政治可能性都不可能了，他一直担心的"世界统一"已经实现了。他认为冷战本质上不是两个不同的政治制度之间的对抗，而是两个原则上不可分的强求瓜分地球资源的斗争。意识形态的差异最终是为了自欺，实际上东西方都上了同样的技术神话的当。

施米特从人类学和历史哲学的角度来思考对地球资源的占有、瓜分和榨取。他认为人类生来就有一种帝国主义的占有欲望，他把它看成人类的原始现象。如果是占有世界，那么世界政治基本上就只是瓜分："因为今天东西方人们称为世界历史的东西，就是在占有对象、手段和形式上面发展的历史，人们解释这历史为进步。这个发展从游牧民族和农业——封建时代的占有土地和16—19世纪的占有海洋，经过工业——技术时代的占有工业和它区分发达与不发达地区，到当代的占有大气层和空间。"[1]原始的帝国主义欲望就保留在为瓜分榨取地球权而进行的斗争中，同时进入大气空间和宇宙空间。

由于施米特将东西方的斗争看作瓜分地球资源的斗争，而不是不同政治理念或原则的斗争，所以他将这个斗争视为"世界内战"。虽然他反对马克思主义，但并不因此就站在"西半球"这一边。在他看来，这两者在原则上是一样的，是一枚硬币的两面，都是"经济思想"的信徒。他将马克思主义者视为资产阶级敌对的兄弟，马克思主义和自由主义是一对孪生兄弟，虽然它们都把对方视为绝对的敌人。

"绝对敌人"的概念意味着政治多元的不可能，意味着必须通过生死斗争达到"世界统一"。而这恰恰是施米特所反对的。他在《政治的概念》中就坚决否认有绝对的敌人，敌人总是相对一定的生存条件和处境而言的。面对冷战的正邪善恶截然二分的意识形态模式，施米特在1963年出版的《游击队理论》中进一步论述了他反对"绝对敌人"的思想。他

[1] 转引自 Reinhard Mehring, *Carl Schmitt zur Einführung*, SS. 132-133。

在这部著作中追溯了从"传统的"和"实际的"敌人到"绝对敌人"这种歧视性的转变,将"游击队"作为不同于现代性这种绝对的敌我区分的政治概念加以提出。施米特认为,游击队员是为了保卫自己的家园,出于民族主义的立场,而不是别的什么道德立场或意识形态立场去战斗,他们只有当下实际的敌人,没有绝对的敌人。施米特强调游击队员的乡土情怀和家园感,依然是以人的原始生存性来反对现代性政治的意识形态绝对性和单一性,伸张政治多元性。在这个"世界统一"的时代,对经济—技术文明的政治反抗的使命转移到现代性的个别游击队身上,既然德国也已被纳入世界的统一中。游击队不是什么政治形式,它的反抗也毫无章法和规则可言,它是非正规的。但它与大地的血肉联系使它对被管理的世界的反抗具有更高的正当性[1],既然地球已不再有法。

人们很容易对施米特提出种种批判,但他提出的种种问题却并不容易回答。施米特去世很久了,他对当代世界的种种诊断和警告并没有失效。认真思考他提出的问题,比以某种意识形态立场去批评他的人格困难得多,但这却是今天最应该做的。

列奥·施特劳斯

列奥·施特劳斯(Leo Strauss, 1899—1973)也是当代最有影响的西方政治哲学家之一,一生出版了15本书,发表了大量论文。与施米特的命运大相径庭,施特劳斯由于他的一些学生进入美国政治的最高决策层,在某些人看来他的思想几乎成了美国的官方哲学。其实施特劳斯的思想哪有那么简单,但唯其不简单,就逃不脱多种解释的命运,尤其当人们将他显白与隐微的区分用在他自己身上时。

施特劳斯于1899年9月20日出生在德国黑森州一个叫基希海因的小镇的一个正统犹太人家庭。在上中学时,受到了德国人文主义传统的影响,读了叔本华和尼采的著作。16岁时读了柏拉图的对话《拉凯斯

---

[1] Cf. Carl Schmitt, *Die Theorie des Partisanen. Zwischenbemerkung zum Begriff des Politischen* (Berlin: Duncker & Humblot, 1963), S. 77, 86.

篇》,遂决定要毕生研究柏拉图,但不是作为哲学教授。他的理想是一边养养兔子,一边当个乡村邮政局长维持生计。中学毕业后辗转于马堡、法兰克福、柏林、汉堡等大学学习哲学、数学和自然科学。1921年底施特劳斯在卡西尔的指导下以《雅可比哲学学说中的认识论问题》一文获汉堡大学哲学博士学位,施特劳斯对这篇博士论文很不满意,一直羞于提起。在这之后,他去弗莱堡大学听了胡塞尔的课,觉得收获不是很大。海德格尔那时还是名不见经传的青年教师,施特劳斯有时也去听他的课,虽然一个字也不懂,"却意识到他所处理的问题,对于人作为人来说至关重要"[1]。虽然海德格尔后来成了他的一个批判对象,但海德格尔对他思想的影响却是巨大的。

海德格尔1925年去马堡大学教书,施特劳斯也在这年结束了自己的学习时代,进柏林犹太学院编纂和评注犹太哲学家门德尔森(Moses Mendelssohn, 1729—1786)著作百年纪念版。1932年犹太学院停止活动,施特劳斯先去了巴黎,后又去了英国研究霍布斯。1938年施特劳斯移居美国,在新社会研究学校教了10年书之后,于1949年应聘去芝加哥大学,1959年被聘为"哈金斯杰出讲座教授"。施特劳斯1932年离开德国后仅在1954年回德国几天去给他父亲扫墓。1965年他的母校汉堡大学授予他政治学荣誉博士。1968年施特劳斯从芝加哥大学退休后,先后在加州的克莱蒙特学院和马里兰州的圣约翰学院任教。1973年10月18日施特劳斯在美国马里兰州的安纳波利斯去世。

和施米特一样,施特劳斯的思想明显是对西方现代性危机的一种回应,"在对此危机的应对中,他开始了其哲学事业"[2]。离开了他思想的这个主要动机,就无法把握他的"微言大义",如果真有的话。

在施特劳斯看来,"我们时代的危机核心在于人们对我们可以称之为'现代事业'的那一切的怀疑"[3]。这就是说,现代西方的危机就是现代

---

[1] 列奥·施特劳斯:《剖白》,《施特劳斯与古典政治哲学》,上海三联书店,2002年,第727页。

[2] 格布哈德:《施特劳斯:困惑时代中追寻真理》,《施特劳斯与古典政治哲学》,第270页。

[3] Leo Strauss, "Political Philosophy and the Crisis of Our Time", *The Post-behavioral Era*, ed. by G. J. Graham and W. Carey, New York, 1972, p. 217.

性的危机。这种危机首先是精神的危机,人们不再相信有有关对与错、正义和美好的根本问题,而只相信自我的利益,只信赖自己的意志,意志高于理性,怀疑有不变的人性,人成了自己意义和价值的创造者,永恒真理成了一场骗局。用施特劳斯的话说:"现代性的危机表现或者说存在于这样一宗事实中:现代西方人再也不知道他想要什么——他再也不相信自己能够知道什么是好的,什么是坏的;什么是对的,什么是错的。"[1]一般人们用相对主义或虚无主义来描述这种现象,但施特劳斯也讲"相对主义"和"虚无主义",但他认为它们归根结底都是某种历史主义。因为历史主义的主要想法就是"所有人类的思想都是历史性的,因而对于把握任何永恒的东西来说都是无能为力的"[2]。在施特劳斯看来,"恰恰是在这个所谓的现代思想的历史化中现代性的问题最明显……"[3]。

当然,相对主义和虚无主义是有区别的。相对主义还承认有真理存在,但真理不是绝对的,而是相对于某种立场和价值体系而言。相对主义认为,我们每个人都生活在一定的文化环境和思想传统中,我们相信我们的文化环境和思想传统的基本原则和立场是天经地义的。这就是我们对它的承诺。我们的任何观点和看法都是以它为基础,从它出发的。这就意味着任何观点和立场都是不能批评。每个人总是认为自己的立场是真的,而(与自己不同的)别人的立场是错的,彼此彼此。我可以站在我的立场上批评别人的立场,别人也可以站在他的立场上批评我的立场。但这不是虚无主义,因为至少我们还相信我们的价值。只要有足够理性的话,这种相对主义也不会导致价值大战或"文明的冲突",因为大家认识到彼此彼此以后,可以和平共处。一个相对主义者可以承认文明并不高于吃人习俗,因为我们反对吃人习俗只是因为我们恰巧处于文明的历史处境。但历史处境是必然要变的,产生信仰文明的历史处境也可能让路给产生信仰吃人习俗的历史处境。当然,也有的相对主义并不认为我

---

[1] 列奥·施特劳斯:《现代性的三次浪潮》,《学术思想评论》第六辑,吉林人民出版社,2002年,第86页。

[2] 列奥·施特劳斯:《自然权利与历史》,彭刚译,生活·读书·新知三联书店,2003年,第13页。

[3] Leo Strauss, *The Rebirth of Classical Political Rationalism* (Chicago & London: The University of Chicago Press, 1989), p. 245.

们的价值完全是由我们的历史处境决定的：我们可以超越我们的历史处境而进入完全不同的看法。但施特劳斯认为这根本做不到。只要我们承诺了文明的价值，我们的承诺就会使我们强烈反对吃人习俗，不让我们的社会向那个方向转变，甚至连同情的理解都不可能。[1]

问题不在于反对别人的价值，而在于反对必须有一客观的真理的基础。相对主义的根本问题就是否认有这样的基础，致使现代西方陷入深重的精神危机，西方的几大主要意识形态，都未摆脱相对主义的窠臼。首先是自由主义。在施特劳斯看来，自由主义在最基本的问题上陷入了相对主义，造成了当代自由主义的根本危机。施特劳斯以柏林的著名论文《两种自由概念》为例来证明他的观察。

在《两种自由概念》中，柏林区分了两种自由概念，即消极自由和积极自由。前者是免于什么的自由，后者是去干什么的自由。柏林比较珍视的是消极自由，他把它看作本身就是目的或终结价值。消极自由不是哪儿都能找到的，它是一种特殊的近代西方的理想，即使在近代西方世界，也只是某些个人，而不是大众珍爱它。虽然消极自由自身就是目的，但它不是唯一的目的，也不是最高的目的，柏林拒绝给人类的目的分等级。他相信，人类的目的不止一种，而这些目的并不都是彼此可相容的。因此，在绝对的要求之间作选择的必要是人类境遇不可避免的一个特征。自由因它而有价值。[2]柏林认为，自由主义的传统从密尔开始就坚持人类的目的都同样本身就是终极性的、不可批评的。"自由具有某种疆界，任何人都不能逾越这个疆界来侵犯我的自由。我们可以用各种不同的名称或性质来称呼决定这种疆界的规则，我们可以称这些规则为自然权利、上帝之言、自然法则、功利的要求或'人类最深刻利益'的要求；我可以相信它们是先天有效的，或宣称它们是我自己的主观目的，或我的社会或文化的目的。这些规则和要求的共同之处是它们被广泛接受，它们深深地以现实的人性为基础，在历史中发展，以致到现在成了我们称之为正常人的本质部分。真正相信个人自由有最低限度的不可侵犯性必需某种这

---

[1] Cf. Leo Strauss, *The Rebirth of Classic Political Rqationalism*, pp. 8-12.

[2] Cf. Isaiah Berlin, *Two Concepts of Liberty* (Oxford: Oxford University Press, 1958), p. 54.

样绝对的立场。"[1]

也许在柏林看来,他已经给了维护私人领域一个绝对的基础;但在施特劳斯看来根本就没有基础,因为任何"这样绝对的立场"都只是出于我主观的意志或社会的意志。柏林实际上是自相矛盾的,因为"免于什么的自由"和"去干什么的自由""对于生活的目的来讲是两种深刻地不同和不可调和的态度。……它们每一个都有绝对的诉求。这些诉求不能两个都被完全满足。但……它们每一个寻求的满足都是一个终结价值,它……有同样的权利被归为人类最深层的利益之列"[2]。这样,最低限度私人领域的绝对诉求就不能完全满足,因为对立的诉求有同样的权利。施特劳斯因此尖刻地说:"柏林理解的自由主义没有绝对基础不能活,有绝对基础也不能活。"[3]柏林对自由主义的表述表明自由主义已经放弃了它绝对的基础,正试图成为完全相对主义的。这是造成自由主义危机的根本原因。

自由主义的对手马克思主义也陷入了同样的相对主义。施特劳斯用来证明他的这个观点的文本是卢卡奇的《历史与阶级意识》。卢卡奇在《理性的毁灭》中曾批评韦伯的社会科学的概念。为了保证社会科学研究的客观性,韦伯在新康德主义事实与价值二分的基础上提出了"价值中立"的主张。在韦伯看来,任何评价都是超理性或非理性的,社会科学的研究应该像自然科学的研究一样,只顾事实,不牵涉价值。但这实际上是做不到的。要不带价值(价值中立)去研究事实及其原因,必须先要选择相关的事实;这种选择必然会受价值参照系的引导;而选择事实时所参照的价值本身也必须被选择;这种选择归根结底决定了社会科学家的概念架构,但它是任意的;因此,社会科学基本上是非理性或主观的。[4]

卢卡奇认为社会科学可以既是客观的又是评价性的,只要它不局限于研究任意选择的事实或部分,而是根据历史进程来理解特殊的社会现

---

[1]　Cf. Isaiah Berlin, *Two Concepts of Liberty* (Oxford: Oxford University Press, 1958), p. 50.

[2]　Isaiah Berlin, *Two Concepts of Liberty*, pp. 51–52.

[3]　Leo Strauss, *The Rebirth of Classical Political Rationalism*, p. 16.

[4]　Ibid., p. 19.

象。这当然只有辩证唯物主义和历史唯物主义方能做到，它是一种总体性的视野，历史的进步性和可被理性认识的规律性在它那里得到了最高形式的表达。从表面上看，这种立场不但不是相对主义，而且也是主张有客观的真理。但施特劳斯不这么看。

施特劳斯指出，这种相信历史进步和理性的思想来自黑格尔，这个思想的前提是历史进程原则上完成了；因为如果它没完成，人们就无法知道历史发展未来的各个阶段会不会导致理性的自我毁灭。但是，根据马克思的想法，历史进程没有完成。此外，马克思不承认超历史或自然的目的，根据这些目的我们可以判断究竟是进步还是倒退。那么，是否马克思主义就避免了相对主义呢？施特劳斯认为答案是否定的。

卢卡奇在他的代表作《历史与阶级意识》中针对资产阶级科学提出的历史唯物主义必须运用于自身的要求，公开承认历史唯物主义能够而且必须运用于自身，但这种运用于自身却没有导致一种十足的相对主义，绝没有导致历史唯物主义不是正确的历史方法这一结论。根据马克思的考察，历史唯物主义的实质性真理和古典国民经济学的真理属于同一类型：它们在一定的社会制度和生产制度之内是真理。作为这样一种真理，而且只有作为这样一种真理，它们才是无条件起作用的。但这一点并不排除出现这样一些社会，在这些社会中，由于其社会结构的本质，其他一些范畴，其他一些真理体系也将起作用"[1]。

施特劳斯分析认为，卢卡奇的上述表述至少表明马克思主义的真理原则上将被不同的真理所取代[2]，因此，在施特劳斯看来，马克思主义同样没有避免相对主义，而它的相对主义同样是出于历史主义。

被许多人视为科学的意识形态的实证主义实际上也是一种相对主义。施特劳斯讲的实证主义是逻辑实证主义，它严格区分逻辑的问题和心理学的问题。它关注科学和知识的逻辑结构，不关心它们的心理发生。它认为这样它就可以避免"历史的发现"所造成的问题，即人性是变化的。在逻辑实证主义之前，康德已经区分了有效性与发生的问题。但康德之所以能超越心理学是因为他承认先天的东西，先天的东西没有发生

[1]　卢卡奇：《历史与阶级意识》，杜章智、任立、燕宏远译，商务印书馆，1995年，第311—312页。

[2]　Cf. Leo Strauss, *The Rebirth of Classical Rationalism*, pp. 20-21.

的问题,至少没有经验发生的问题。但逻辑实证主义拒绝先天的东西,这样它就不能避免在科学从先于科学的东西中经验发生的问题上卷进心理学。因为实证主义否认有"纯粹理性"或"纯粹精神",它只能用"人类有机体"来回答"为什么要科学"的问题。它必定把科学理解为某种有机体的活动,一种在那种有机体的生命中完成一种重要功能的活动。人是一种有机体,这种有机体不能预言就不能生活得很好,而科学就是最有效的预言形式。[1]

但这种看法在今天显然成问题。在热核武器的时代,科学与人类生存的关系并不都是正面的。此外,社会的高度发展需要高度发达的工业社会,这种社会使得"不发达社会"更难生存。为了发展,许多不发达社会破坏了它们传统的生活方式,但谁敢说这种激进的转型和破坏是那些人民生活和生活得更好的必要条件?那些人民一点都不知道科学的可能性也生存了下来,有时还活得挺幸福。虽然有必要将科学追溯到某种有机体的需要,实际不可能这么做。因为并不能证明科学对于人类生活或生活得好是必要的,要做这样的证明的话,事实上就是在作一个关于科学的理性的价值判断;而根据实证主义,理性的价值判断是不可能的,例如,理性不能证明无私的满足比自私的满足要好。[2]

实证主义试图通过区分有效性和发生问题来将科学视为自主的东西,但它做不到。因为科学预设了科学外的种种条件。科学影响了人类生活的方方面面,但科学也不能不受非科学因素的影响。人类精神在不同的时代可能是不同的,因此,科学本身(包括它的有效性)取决于它兴趣的方向或形成它假设的想象,取决于时代的精神,就像托马斯·库恩和其他一些科学哲学家向我们论证的那样。实证主义如果无法最终证明科学的自主性,那么相对主义是它必然的归宿。

如果连实证主义都免不了相对主义,那么以克尔凯郭尔、尼采和海德格尔为代表的存在主义就更不用说。也许是为了表示他们这些人是极端的相对主义或虚无主义,施特劳斯称他们为激进历史主义。尼采是激进历史主义的鼻祖。尼采的相对主义来自衰弱的黑格尔主义。黑格尔认

---

[1] Cf. Leo Strauss, *The Rebirth of Classical Rationalism*, p. 22.

[2] Ibid., p. 23.

为历史是一个理性的过程，这个过程到他的时代已经达到终点，一切理论和实践问题原则上已经解决。但对于尼采来说，历史不可能结束，因此，我们自己的原则，包括对进步的信仰，和以前的所有原则一样，都是相对的，因为过去的思想和我们自己的思想都取决于对我们而言是无法回避的前提，但我们知道它们是要消亡的。只有当我们完全毫不怀疑思想和行动的原则时，文化才是可能的，它限制了我们的视域，同时给了我们特性和风格。但它同时也向我们表明任何原则都是可质疑，甚至是可拒绝的。在不同时代受尊重的不同价值没有客观的支持，它们都是人的创造；它们都是由于人类的自由规划，这种规划形成文化得以可能的境域。这样，重估一切价值就是现在的人们应该做的事；而在一切人类的创造和规划后面，则是普遍的权力意志。施特劳斯认为，尼采自己也拿不准权力意志究竟是他自己的主观设想（因而会被未来这样的设想所替代）还是最终真理，所以他不可能克服相对主义。[1]

如此看来，对于施特劳斯来说，现代性危机可以归结为相对主义或历史主义的危机。实际却不然。他多次重申，现代性的危机从根本上说是现代政治哲学的危机。[2]这就等于把相对主义或历史主义进一步归结为政治哲学的危机。这听上去有点匪夷所思。在一般人看来，相对主义也好，虚无主义或历史主义也好，充其量是个认识论或方法论意义上的理论问题，与政治没有直接的关系；政治哲学的危机如果有的话，也应该是它们的结果，而不是原因。然而，这恰恰体现了施特劳斯思想的深刻。他恰恰首先是从政治上来理解相对主义或者说历史主义问题的。而他的这个独特思路也给我们正确把握他的思想提供了一条宝贵的线索。

施特劳斯1932年给施米特的《政治的概念》写的评注给我们了解其思想出发点提供了一个可靠的文本。从这个文本中可以看到，施特劳斯是同情和支持施米特对自由主义的批判的。但他对施米特的批判又是不满的。他认为施米特对自由主义的批判发生在自由主义的视界之内；他

---

[1] Cf. Leo Strauss, *The Rebirth of Classical Rationalism*, pp. 25－26.

[2] 列奥·施特劳斯：《现代性的三次浪潮》，第87页。参看列奥·施特劳斯和约瑟夫·克罗波西主编：《政治哲学史》下册，李天然等译，河北人民出版社，1993年，第1073页。

的非自由主义倾向依然受制于无法克服的"自由主义思想体系"。只有成功突破自由主义的视界，才能完成施米特提出的对自由主义的批判。[1]从表面上看，这似乎是指施米特的批判同样是以霍布斯的"自然状态"学说为理论前提，不同的只是霍布斯的"自然状态"是指个人间的战争状态，而施米特将它用来描写政治群体之间的战争状态。霍布斯要人们摆脱自然状态，而施米特拒绝否定自然状态。但问题远没有那么简单。在施特劳斯看来，霍布斯是在自由主义的视界里完成了自由主义的奠基，因此，只有在充分理解霍布斯的基础上，才有可能彻底批判自由主义。[2]言下之意是施米特没有充分理解霍布斯。

那么究竟施米特在什么地方没有"充分理解"霍布斯呢？当然不是在"自然状态"上，而在霍布斯是在什么意义上是自由主义的奠基人。霍布斯主张个人权利要求先于国家并决定国家的目的和权限，他所奠定的单纯保全生命的自然权利要求为自由主义的整个人权体系开辟了道路。[3]霍布斯和17世纪的其他政治哲学家一样，认为自然状态中的人是恶的；但由于他否认原罪，他不得不把恶看成是"无辜的"；又因为他不承认人具有任何固有的先于作为正当要求之于一切要求的义务，他否认"罪"。而在施特劳斯看来，"一旦把恶理解为无辜的'恶'并由此把善理解为恶本身的一个方面，那么善与恶的对立便丧失了严格界线，从而也失去了意义"[4]。而施米特要完成对自由主义的彻底批判，就应该消除把人性之恶看成是动物性的无辜之恶的观点，回到把恶作为道德之卑劣的观点。可是施米特所做的却正好与此相反。[5]

这也是施特劳斯和施米特的分歧所在。虽然他们在现代西方政治危机和现代性危机的许多问题上有相近或一致的看法，但在价值问题上截然有别。施米特有明显的非理性主义和虚无主义的色彩，他在《政治神学》中就公开主张决断并不以理性和讨论为基础，它也不能证明自己，

---

[1]　列奥·施特劳斯：《施米特〈政治的概念〉评注》，《施米特：政治的剩余价值》，上海人民出版社，2002年，第233页。

[2]　同上。

[3]　同上书，第220页。

[4]　同上书，第226—227页。

[5]　同上书，第227页。

决断是从无中产生的，也就是没有根据的。[1]而施特劳斯刚好相反，他毕生致力于反对这种虚无主义。因为正是这种虚无主义，导致了对现代世界对政治的否定，导致一个施米特所讲的"中立化和非政治时代"[2]。

施特劳斯和许多现代西方政治哲学家（如施米特、阿伦特和欧克肖特）一样，认为现代实际上是一个没有政治的时代，"现代精神在自由主义运动中大获全胜，而自由主义的特征恰恰在于对政治的否定"[3]。而自由主义对政治的否定恰恰是通过对道德的否定完成的。一方面，文明的理想就是脱离自然状态，就是在安全的情况下过着舒适安逸的生活，人类的社会关系只是一个"消费与生产的整体"。另一方面，人们不愿再为了信仰之类的事情争吵，而宁肯通过不争论（不再提出何为正义的问题）达成一致。而"政治性作为人类的命运取决于对人来讲什么是最重要的东西"[4]，可现在恰恰是现代之前人们认为最重要的东西变得无关紧要了。人们"在对享有和平以及获取的果实的完美保障中获得满足。对这个世界的憎恶与恶心，在这样的世界中，这类'严格的道德判断'没有立锥之地"[5]。这就是施特劳斯理解的非政治化。既然非政治化就是非道德化或去价值判断，那么，"对政治的肯定最终无非是对道德的肯定"[6]。这正是政治哲学的本分。

在亚里士多德那里，政治学是伦理学的继续和补充，它同样讨论德性和正义的问题，讨论人们应当任何生活的问题。古典政治哲学追求的不是对"是"的分析和论证，而是对"应该"的规定和描述。它关心的是最好的政治秩序、最好的政制，而这种政制能最好地促进德性的实践（好生活）。对于古典政治哲学家来说，正义、善和德性都是客观永恒的原则，不为尧存，不为桀亡。社会与人都有完善状态，这种完善状态就是生活的终极目的，也是政治的终极目的，它是由人的自然本性所规定的。善的生

[1] Cf. Carl Schmitt, *Politische Theologie,* SS. 37-38.
[2] Cf. Carl Schmitt, "Das Zeitalter der Neutralisierungen und Entpolitisierungen", *Der Begriff des Politischen*, SS. 79-95.
[3] 列奥·施特劳斯:《施米特〈政治的概念〉评注》，第213页。
[4] 同上书，第229页。
[5] 迈尔:《隐匿的对话——施米特与施特劳斯》，朱雁冰、汪庆华等译，华夏出版社，2002年，第41—42页。
[6] 列奥·施特劳斯:《施米特〈政治的概念〉评注》，第228页。

活就是按照人的自然本性去生活。

但到了近代,政治哲学发生了根本的变化。施特劳斯将这个变化分为三个阶段。第一个阶段是由马基雅维利完成的。马基雅维利不承认超越的神圣的东西,不承认完善的人生这样永恒的目的,自然也就不承认德性的目的地位。德性充其量只是政治生活的手段,政治生活合宜与否不受制于道德。政治社会是道德的前提,而不是相反。政治问题的解决操之在人,通过制度设计加以一定的控制就可以解决一切政治问题。政治不再是一门艺术,更不是人基本的生活方式,而是一种技术。因此,道德不道德是无所谓的。他公然说:"甚至对于一个魔鬼之族来说,建立国家(也就是正义的国家)的问题也是可以得到解决的,只要魔鬼有感觉。"

马基雅维利在政治领域中造成的变化与另外两个发生在他身后的巨大变化有内在的契合。一个是近代自然科学革命,更确切地说,是人的知识观念的巨大变化。在古代,知识是对人或宇宙秩序的客观认识,是接受性的。而现在知识是建构性的,人们把自然传唤到自己理性法庭前,"拷问自然",或为自然立法。这样,人不仅能够改造主观世界,也能改造客观世界。在用制度去控制政治社会的同时,人也对自然条件进行最大限度的控制。自然和人一样成了原材料,可以任意榨取、利用和改造。另一个大转变则是政治哲学和道德哲学的大转变。这个大转变一言以蔽之,就是"道德问题和政治问题还原为技术问题",也就是道德与政治以人的自身保存为目的。[1]

政治哲学根本变化的第二个阶段是由卢梭完成的。卢梭把霍布斯的自然状态的概念彻底化为历史的概念,将人性归因于历史过程,以普遍意志来代替超越的自然法。这就意味着普遍意志兼具存在和应该两种品格,存在与应该的鸿沟可以在历史过程中得到克服。这种合理性在历史中得到实现的思路开启了黑格尔历史哲学的先河。既然合理性在历史中得到保证和实现,那么普遍意志的合理性显然与人的自然本性无关,人彻底摆脱了自然的监护,理性取代了自然。[2]

所谓现代性的三次浪潮的最后一次,也就是政治哲学根本变化的最

---

[1]　参看列奥·施特劳斯:《现代性的三次浪潮》,第91—93页。

[2]　同上书,第93—96页。

后一个阶段与尼采有关。尼采沿着黑格尔的历史性思想继续往前走,得出一切理想都来源于人的创造或筹划,以权利意志为根基的价值重估表明人最终把命运握在自己的手里。但当尼采把一切归结为普遍的权力意志时,人类的命运和行动都变得前所未有的不确定。[1]

与古典政治哲学相比,现代政治哲学不仅必然导致相对主义和历史主义,而且在功能上都发生了根本的变化。"政治哲学不复具有它在古典时期曾经具有的功能,即提醒警戒政治生活:完美的国家,存在着永恒不变的典型范例;政治哲学现在只负有近代所特有的任务,即为本质上是未来的完美国家,首次勾勒描绘纲要规划。"[2]在古典时期,政治哲学是直接与政治生活有关,它的主导性主题就是在前哲学的政治生活中实际发生的政治争论,它的目的是要解决这些争论,所以古典政治哲学本质上是"实践的"。而现代政治哲学常常把自己叫作政治"理论"甚至"政治科学",这不是偶然的。现代政治哲学往往以自然科学的方法为楷模,套用自然科学的"分解综合"的方法,使它与政治生活的关系不再那么直接。更致命的是它不再能触及政治最根本的问题。[3]这就是为什么施特劳斯要说现代性的危机是政治哲学的危机。

在给艾宾诺斯的著作《论形而上学的进步》写的书评中,施特劳斯第一次提出了"两层洞穴"说来描述现代的思想困境和他对走出这困境的基本设想。"洞穴"隐喻来自柏拉图。柏拉图在《国家篇》(又译《理想

---

[1]　参看列奥·施特劳斯:《现代性的三次浪潮》,第97—100页。

[2]　列奥·施特劳斯:《霍布斯的政治哲学》,申彤译,译林出版社,2001年,第126页。

[3]　施特劳斯在分析霍布斯引用伽利略的方法时说:"政治哲学将现存国家分析分解成为它的要素,只是为了通过进而对这些要素施行一个更好的综合处理,正确的国家形式会由此而产生。所以,政治哲学的程序,与其说像物理学的程序,不如说像一个技工的程序,技工把一部损坏了的机器拆卸成部件,除去阻碍机器运转的病灶,再把机器重新组装起来;他这样做,完全是为了机器能够正常运作。这样看来,政治哲学就成为规范国家机器的一门技艺。它的任务,在于将现存国家的不稳定和失衡,变革成为正确国家的稳定和平衡。政治哲学只有成为这样一门技艺,才可能使用'分解综合'的方法。这意味着,将这个方法引入政治哲学,要求事先缩小政治问题的范围,即取消涉及国家的目的的那个根本问题。……将伽利略的方法引入政治科学,其代价是从一开始,这门新的政治科学就放弃了对于最带根本性、最紧迫的问题的全部探讨。"(列奥·施特劳斯:《霍布斯的政治哲学》,第183页)

国》)的第7卷用"洞穴"这个隐喻来指意见世界和政治社会。囚禁在洞穴里的人看不到真理的阳光,只能见到洞壁上的阴影。施特劳斯也认为哲学的真理与政治社会中的种种观点是有距离的。现代性的思想(现代自然科学和受现代自然科学影响的哲学)使人们不但进一步远离了哲学的真理,也远离了真正的(不是现代自然科学意义上的)自然世界和政治世界,构成了所谓的"第二洞穴"。现在,政治哲学的任务就是要使人们先从第二个洞穴上升到第一个洞穴,最终使少数人走出洞穴。因为归根结底,"政治哲学这个术语中的形容词'政治'不是指一个主题,也不是指一种处理方式……'政治哲学'的意思主要不是指对政治的哲学处理,而是对哲学的政治或通俗的处理,或哲学的政治引导——试图将有资格的公民,或他们有资格的儿孙从政治生活引向哲学生活"[1]。

要完成这样的任务,除了"历史的反思"或者说向古典思想学习外,没有别的办法。施特劳斯在一封致洛维特的信中说,"我们不能用现代的手段来克服现代性",而只能用"自然理解的思想方式"。既然自然理性的工具早已被我们忘却,我们只能向古人重新学习这些东西。[2]而且,"我们时代的危机提供了意外的便利,使我们能够用一种非传统的方式来理解迄今为止仅仅用传统的或者是派生的方式来理解的东西"[3]。这就是为什么施特劳斯主要用对古典文本解读的方式来进行他的哲学工作。

当然,这也说明施特劳斯并不是要回到过去,他也知道古典的原则对于现代社会没有直接的效用,因为现代社会是古人根本无法想象的。他只是要借用古典的资源来克服现代性的危机,尽管他所借用的古典资源也是经过了他的阐释。其实施特劳斯与对他有很大影响的尼采和海德格尔一样,言必称希腊不是要以今之古人自居,而像尼采所说的:"他们本质上不是要'回去',而是要离开。再有一点力量,思想再奔放一点,再多点勇气和艺术家气质他们就要离开——而不是回去!"[4]通过古典的资源

[1] Leo Strauss, *The Rebirth of Classical Rationalism,* p. 62.

[2] 参见格布哈德:《施特劳斯:困惑时代中追寻真理》,第294页。

[3] Leo Strauss, *What is Political Philosophy* (Chicago: University of Chicago Press, 1986), p. 27.

[4] Nietzsche, *Jenseits von Gut und Böse. Kritische Studienausgabe 5* (München: dtv/ de Gruyter, 1988), S. 24.

离开现代性从而克服现代性,这是施特劳斯思想的根本路径。

如上所述,在施特劳斯看来,现代世界最大的问题就是不承认,从而也不再有永恒的普遍原则,历史主义也好,非政治也好,结果都是由于不承认有永恒的普遍原则,导致无对错、无是非、无可无不可,对于古代人至关重要的问题:什么是正义,什么是正当的生活,什么是不可或缺的东西,现代人再也不会提出来。施特劳斯和施米特一样对当时流行的所谓"文化哲学"深恶痛绝,也是因为它把一切归结为传统或文化,使得上述人类的基本问题相对化。

因此,要解决现代性危机,首先得确立一个不可动摇的、永恒的普遍原则,有了这个原则,人类的生存就有了基础、有了根。这个任务非哲学莫属。因为按照西方的传统,"哲学是对万物'原则'之追寻,而这首先指的是对万物'起始'或'最初事物'的追寻"[1]。只有"起始的东西"和"最初事物"才有资格是基础的基础,绝对原则。这个"起始的东西"和"最初事物"就是自然,当然不是现代自然科学意义上的自然,而是古希腊physis(意为"生长""使生长""使出现")意义上的自然。这个自然虽说是最初事物,却是后来才发现的。"发现自然乃是哲学的工作。"[2]

最初,在前哲学世界,人们并不知道什么是自然。人们完全按自己习惯的方式和传统来行事,不同的部落有不同的习惯和行事方式,不同的传统,但人们并不以为怪。只是凡是"自己的""祖传的"就是好,古老与传统就是正确性的保障,各部落所信仰的神祇所规定的律法就是正当的。人们对于习俗、传统和神祇的权威从无质疑。但绝对的普遍原则恰恰是在质疑中产生的。

哲学虽然追寻普遍原则,却是通过质疑来这么做的。不同部落之间不同的行为方式、不同的传统、不同的信仰彼此冲突,就产生了何为正确的质疑。比方说,认为诸神是由大地所生的观点就与认为它们创造了大地的观点不可调和,那么究竟何者为真? 这就需要有一个普遍的真或正确的标准。人们发现,习俗、传统、神明都是人为的东西,既然它们因人(们)而异。有人为的事物就一定有自然,并且,自然是人为事物的前提,

---

[1] 列奥·施特劳斯:《自然权利与历史》,第83页。
[2] 同上书,第82页。

因为它对任何时候的任何人都是一样的,为任何时候的任何人所共有。自然就是这样被最初的哲学家发现了。施特劳斯说,自然的发现表明人类有超历史、超社会、超道德和超宗教的可能性。[1]这就对从维科到狄尔泰,从黑格尔到海德格尔的近代历史性思想作了断然的拒绝和否定。

近代历史主义导致了相对主义和反本质主义,而施特劳斯通过他的"自然"概念恰恰是要重申有不变的存在,自然就是这不变的存在。他说:"哲学对初始事物的寻求不仅假定了初始事物的存在,而且还假定了初始事物是始终如一的,而始终如一、不会损毁的事物比之并非始终如一的事物,是更加真实的存在。"[2]施特劳斯并由此引申出"一切的自由和不确定性都是以某种更为根本的必然性为前提"[3]的结论。施特劳斯对于自然概念的论述,除了自然是后来发现的,基本上是重复他之前许多旧形而上学家的说法。但对于有些旧形而上学家来说,问题就此结束了;而对于施特劳斯来说,问题还有待展开。

问题在于,发现自然不等于能确定自然。自然之为自然,就在于它处在前科学和前哲学的世界。哲学依靠的是理性,即使理性能够证明自然的存在[4],它更没法证明我们为什么要相信理性的证明。相反,如施特劳斯的学生雅法所说:"哲学或理性的权威乃是来自感知到理性是人身上最好的或者最神圣的东西,以及来自感知到那种献身于理性教化的生活才是人最幸福的生活,比如说亚里士多德《尼各马科伦理学》的第一章及第十章即肯定了这一点。"[5]理性在现代的自我解构恰恰是因为它要证明它

---

[1] 列奥·施特劳斯:《自然权利与历史》,第90页。

[2] 施特劳斯的论证是这样的:"倘若不是存在着某种持久而永恒的事物,显明可见的变化就不可能发生;或者说,显明可见的偶然的存在物就要求有某种必然的从而是永恒的事物的存在。始终如一的存在物比之并非始终如一的存在物更加高贵,因为只有前者才是后者以及后者的存在的终极因;或者说,因为并非始终如一的事物要在由始终如一的事物所构成的秩序中才能找到其位份。"(列奥·施特劳斯:《自然权利与历史》,第90页)

[3] 列奥·施特劳斯:《自然权利与历史》,第91页。

[4] 施特劳斯用理性证明自然的存在,但别人同样可以用理性来得出相反的结论。例如,施特劳斯说,如果一个人走南闯北,见的世面多了,发现各地方的人都有自己的习俗和做法,就会产生究竟什么才是正确,也就是普遍的正确的原则问题。但韦伯可以根据同样的事实来证明没什么普遍的合理。

[5] 雅法:《施特劳斯、圣经与政治哲学》,《施特劳斯与古典政治哲学》,第187—188页。

是根据和它是有根据的,结果却导致彻底的虚无主义和反理性主义。培根和笛卡尔等人的怀疑主义是要通过怀疑达到绝对的确定,结果正相反。苏格拉底的"我知我之不知"的怀疑主义与近代怀疑主义之根本的不同,就在于他看到了知(理性)本身的局限,因而将研究的目光从自然转到了人间的事物。施特劳斯通过他对古典文本的解读对此作了独特的阐释。[1]哲学既然无法靠理性来给出事情(包括它自己)的合理性根据,那么要单凭哲学(理性)本身的力量来克服虚无主义显然是难以办到的。

问题不仅仅是哲学无法为自己提供根据,更在于它必须在自然的、前科学的认识中为自己找根据。这其实涉及了哲学自身的存在论根据问题。虽然哲学研究的是不变的原则和永恒的事物,但它恰恰是在变易的前哲学世界,即政治社会中认出不变的存在的。和他以前的许多形而上学家一样,施特劳斯从来没有因为强调永恒不变者而否认政治社会的重要性,他甚至要求在哲学认识之前首先得按照政治社会理解它自己的方式去理解它:"哲学乃是一种从那'首先为我们而存在的东西'通向'那由其本性(nature)而存在的东西'的上溯。此种上溯要求尽可能充分地按照那种它先于该上溯的方法来理解'首先为我们而存在的东西'。"[2]主张先想办法从由现代科学和现代哲学造成的第二洞穴上升到作为政治社会的第一洞穴,也是要人们先回到前科学的日常世界或胡塞尔所谓的"生活世界"。

政治社会这个"第一洞穴"在施特劳斯那里并没有像"洞穴"在柏拉图那里那么强的负面意义。因为政治社会是人类存在的基本状态和条件。可是,任何政治社会都是特殊的,都是"封闭的社会",即柏拉图意义上的自然洞穴。任何曾经存在过的政治社会或任何将来会出现的"政治社会"都必然立足于该社会一套特殊而根本的"意见",这种"意见"不能被"知识"所取代。[3]这就是说,政治社会这个洞穴是人类无法离开的。

---

[1] Cf. Leo Strauss, "The Problems of Socrates: Five Lectures", *The Rebirth of Classical Political rationalism*, pp. 103–183.《自然权利与历史》,第121—127页。

[2] Leo Strauss, *The City and Man* (Chicago: Rand Mcnally, 1964), p. 240.

[3] Cf. Leo Strauss, *Liberalism Ancient and Modern* (New York: Basic Book, 1968), p. x.

当然，也有少数人可以暂时跑到洞外，这就是哲学家。哲学家可以超越洞穴思考普遍的真理，而不是特殊的意见，他们不仅可以超越政治意见，而且也可以超越政治生活本身的维度；[1] 但他们终究还是生活在政治社会这个洞穴中，他们无法一去不回，杳如黄鹤。[2] 施特劳斯明确指出：

> 哲学作为一种从意见上升到科学的努力，必然与意见的领域相关，以意见为其不可少的出发点，因此它也与政治领域必然相关。所以，当哲学开始反思其自身的所为时，政治的领域就必然成为哲学思考的焦点。哲学要充分理解自己的目的与本性，就必须理解自己必不可少的出发点，因而就必须理解政治事物的本性。[3]

哲学家既生活在政治社会中又超越政治社会，这就必然与政治处于一种紧张的关系。哲学家对待政治可以有两种对立的态度，施特劳斯在《苏格拉底和阿里斯托芬》一书中用他精心塑造的少年苏格拉底和成年苏格拉底的形象来分别象征这两种对立态度。少年苏格拉底以哲学和绝对真理的代言人自居，猛烈攻击批评城邦政治和城邦所尊崇的一切。施特劳斯认为这是近代启蒙哲学传统的滥觞，哲学与政治生活或政治存在脱节，无视意见和生活世界，试图以哲学的理念来改造世界，这样地上的天国就将实现。现代哲学的困境和危机已经证明这是一条死路。成年苏格拉底则是将哲学从天上召唤下来，只关心人间的事务，关心政治和道德事务的哲学家。他清明而不狂热，温良而不极端，大度而不偏狭，能通过教育立法者在根本上影响政治，但绝不会导致"哲学的政治化"。他从现实的政治本身出发，而不是从科学的概念出发去理解政治，同时他仍然保持着哲学的独立性和超越性。

在施特劳斯的心目中，成年苏格拉底的形象也就是古典政治哲学家的形象。他们和政治生活有直接的关系，他们关心政治是因为他们首先

---

[1] Cf. Leo Strauss, *What is Political Philosophy*, p. 90–91.

[2] 柏拉图在《理想国》中讲哲学家一旦走出洞穴就再也不愿回去，但柏拉图特意说"他们的心灵永远渴望逗留在高处"。(柏拉图：《理想国》，郭斌和、张竹明译，商务印书馆，1986年，第276页) 这就是说哲学家只能使灵魂超越政治生活，他们毕竟还得在政治社会中生活。施特劳斯讲哲学家的超越时也是这个意思。

[3] Leo Strauss, *What is Political Philosophy*, p. 92.

是好公民,他们在政治社会中特殊的作用就是平息政治争论,通过说服在公民中达成一致。实际上政治涉及很多技巧,其中,立法是最基本的政治技巧。每个立法者在关心自己的政治共同体的同时,也得提出一些关于一切立法的普遍问题。这些普遍的政治问题就是要由政治哲学家来回答了。能教导立法者,政治哲学家就算达到了自己的目标。为了达到自己的目标,政治哲学家必须提出一些在政治竞技场上从来没有提出过一般问题:如什么是德性? 什么是有了它就有了统治的最高权利的德性,等等。为了回答这些问题,政治哲学家不得不超越普通的观点、政治的观点,最终是政治生活本身。他理解到政治生活不能达到它的最终目的,只有献身沉思,献身哲学的生活才能达到政治的最终目的,所以政治哲学的最高主题是哲学生活;但哲学家不能不以政治事物为其根本出发点。[1]

尽管如此,哲学家与政治总是处在不可调和的矛盾中,苏格拉底本人就是这种矛盾的牺牲品,尽管他可以说是古典政治哲学家的典范。哲学家与政治的矛盾根本在于,哲学家可以承认观点,就像他必须承认政治生活一样,但他必须超越观点,超越政治生活。他的思考经常会与观点,以及观点下面的传统、习俗和制度格格不入,甚至正相反。"哲学旨在以知识取代意见,但意见却是政治社会或城邦的要素,因此哲学具有颠覆性……哲学本身是超政治、超宗教、超道德的,但政治社会却永远是而且应该是道德的、宗教的。"[2]不仅如此,任何政治制度都是不完美的;而哲学追求的却永远是完美。这就注定了哲学家与现实政治处在内在的冲突中。

另一方面,一般人也会问,为什么人类生活需要哲学? 为什么以整体自然的真正知识取代关于全体自然的观点是好的,是正确的? 这些问题也把哲学传唤到政治共同体的法庭前,让哲学在政治上负责。[3]这也使得哲学家处于危险的境地。

为了避免这种危险,施特劳斯提出哲学家应该有公开的和秘密的两种表达方式。据说这也是从古典哲学家那里来的。柏拉图看到他的老师苏格拉底被政治共同体处死后就学乖了:不去和流行的意见硬顶,而是

[1]   Cf. Leo Strauss, *The Rebirth of Classical Political Rationalim*, pp. 51–61.

[2]   Leo Strauss, *Jewish Philosophy and the Crisis of Modernity: Essays and Lectures in Modern Jewish Thought* (New York: State University of New York, 1997), p. 463.

[3]   Cf. Leo Strauss, *The Rebirth of Classical Political Philosophy*, p. 61.

采取迂回曲折的方法。公开表述的话尽可能照顾到流行的意见,甚至表面上暂时接受它们,以让真理慢慢取代它们。哲学家公开的教诲也就是柏拉图说的"高贵的谎言",它们并不是完全的真理,但也并非与真理根本无关。没有哲学根基的芸芸众生只配接受哲学家公开的教诲。公开的教诲既不违背真理,又不会招致政治共同体的迫害,是哲学家保护自己和保护哲学的盔甲。但哲学家公开的教诲也不完全是消极的伪装,它是真真假假,假中有真,有哲学根基者一旦领悟其中的奥秘,将会被一步步引向纯粹的真理。

柏拉图和亚里士多德都认为,理论的生活高于政治和实践的生活,只有它才是哲学家的追求目标。施特劳斯完全继承了这个传统。虽然他赞成关心政治生活的成年苏格拉底而反对以哲学的名义与政治处于极端对立的少年苏格拉底,但他始终认为哲学家的最终目标是沉思的理论生活,他所肯定的绝对真理在理论生活中才能获得。但是,由于哲学家生活在一个与他内在传统格格不入的政治社会中,他的真正思想不能公开直白地表达,而只能隐晦地加以表达。哲学家秘密的教诲只在少数得道之士中秘传,芸芸众生是不得与闻的。

施特劳斯公开和秘密的表达的学说表明,在他看来,哲学由于其本身的性质,将永远处于与政治的冲突中,哲学家公开的教诲只是一种策略和权宜之计,而不是完全放弃自己。关心政治生活绝不是为了操纵政治生活,和政治生活发生直接关系也不是去从政或给权势人物出谋划策,而是要以入世精神做出世事业,最终是要走向哲学,达到真理的世界。哲学的本质的独立性不允许它成为政治的工具和附庸。施特劳斯曾明确指出:"哲学,尤其是政治哲学一旦屈从于权威,就失去了它的本色;它就会蜕变为意识形态,亦即为某一特定的或将要出现的社会秩序所作的辩护词;或者,它就会变成神学或法学。"[1]如此看来,根据他的某些学生在美国政府决策层中任要职,甚至根据美国的外交政策去理解施特劳斯的思想,恰与施特劳斯的思想背道而驰。

哲学与政治处于永久的内在冲突,哲学不能政治化同时政治也不能哲学化,说明政治和哲学一样有其不能化约的独立性。施特劳斯完全同

---

[1]　列奥·施特劳斯:《自然权利与历史》,第93页。

意施米特提出的政治不是一个与其他领域并存的相对独立的领域的看法，他认为施米特对政治的这种结构性定位说明政治是基础性的。[1] 既然是基础性的，就它根据在其自身，而不在它之外的哲学。换言之，哲学不可能给政治生活提供根据。相反，它自身必须以之为基础。

施特劳斯在讲哲学是对万物原则、万物的起始和意义的追寻时，不忘提醒人们神话也是这样。[2] 这就是在暗示，无论是从文明史还是思想史，甚至发生学的意义上说，哲学都不具有源始性的地位，即它是万物原则、意义和起源的唯一渊薮。相反，在哲学之前，已经有个前哲学的世界。自然的确是本源性的，但它的前哲学的相等物"习俗"或"方式"（指人的基本的存在方式）至少与它同样本源，虽然它们是人为的。虽然方式有许许多多，但我们总认为其中有一种是特别重要的，这就是我们所属的那个群体的方式——我们的方式。我们的方式当然就是正确的方式。为什么？因为它是古老的，因为它是我们自己的，或者用柏克的话说，因为它是"家里产生的，是传统"。也就是说，因为它是"祖传的"。因此，最原始的观念就是祖传的就是好的，好东西必然是祖传的，祖先总是高明的。要保证祖先总是高明的，就要把祖先理解为神或神的子孙，或神的学生。如果是这样的话，那么结论必然是有必要认为正确的方式就是神的律法（theos nomos）。[3] 如此看来，神圣的律法至少和自然一样原始。但是，就违背神圣律法的东西绝不能是自然的而言，神圣的律法与自然有某种相通性。

将习俗或方式上溯到神圣的律法，这神圣的律法不但不是哲学的发现，如自然那样，反而是哲学的源头[4]，说明光凭哲学无法担当给政治社会奠定基础（确定普遍永恒原则）的任务。前哲学的社会显然并不像现代社会那样处于价值无政府状态，相反，它有对它而言是普遍和永恒的规范，这样它才能存在下去。这些规范的根据，当然不在理性，而在天启。

---

[1] 参看列奥·施特劳斯：《施米特〈政治的概念〉评注》，《施米特：政治的剩余价值》，第217页。

[2] 参看列奥·施特劳斯：《自然权利与历史》，第83页；*The Rebirth of Classical Political Philosophy*, p. 253.

[3] Cf. Leo Strauss, *The Rebirth of Classical Political Philosophy*, p. 254.

[4] Ibid., p. 255.

神的全能保证了规范的正确和正当。"为了能让社会至少在少量的自由中像样地生存下去，对规范的神圣化便不可或缺。为了能向诸个人提供足够的力量以使他们能够作出为克服极端的自私、挫败外部敌人而需要的牺牲，上述神圣化是必要的。这种神圣化——它们支持着维持社会的像样自由所需要的个人承诺——具有的是意见的地位。"[1]虽然是意见，但对于产生它的政治社会来说，它却是普遍有效的。

尽管任何政治社会都是特殊的，但从政治社会中产生的哲学却要超越特殊的政治社会而追求普遍的原则，它要质疑所有意见，即使是最好的意见，在它看来也是不充分的知识，它要求一切知识都要得到理性的证明。而天启之为天启，就在于它是不能用人的理性证明，也无须这样证明的。这样，哲学和宗教、理性和天启，或雅典和耶路撒冷就必然处于冲突中，尽管它们也是西方文明的两大根源。

施特劳斯认为，既然西方文明由这两个彼此冲突的因素构成，那么对现代性危机的反思就使我们回到西方文明前现代的整合中，回到这两个因素形成的巨大张力中，从中寻找现代危机的出路。

施特劳斯非常清楚，雅典和耶路撒冷的冲突是根本性的，不可调和的，因为两者认为必需的东西非常不一样。希腊哲学认为自主的知性的生活是必需的；而圣经认为顺从的爱的生活是必需的。虽然也可以将两者综合在一起，如希腊哲学可以在辅助性功能上来使用顺从的爱；而圣经可以将哲学作为婢女来使用；但在每种情况下被使用的东西都反抗这样的使用，所以冲突是非常激烈的。但是，不一致总是以一致为前提，因为人们必须在某些事上不一致，但在那些事情的重要性上会一致。

施特劳斯认为，希腊哲学和圣经在反对他所描述的现代性的那些因素上完全一致，当然，这种一致只是含蓄的。圣经和希腊哲学都同意道德的重要性，在道德的内容、道德最终的不足上也一致。它们在由什么来补充或完成道德上，或换言之，在道德的基础问题上不一致。圣经和希腊哲学共同的基础是神圣的律法问题，但它们以截然相反的方式来解决这个问题。[2]

---

[1] 本斯：《前科学世界与历史主义——关于施特劳斯、海德格尔与胡塞尔的一些反思》，《施特劳斯与古典政治哲学》，第384页。

[2] Cf. Leo Strauss, *The Rebirth of Classical Political Philosophy*, pp. 247-248.

在施特劳斯看来，宗教的根源是恐惧加怜悯与罪的现象结合在一起。上帝是王，是审判者，也是恐惧的对象；上帝是众人之父，使一切人成兄弟，因此也使怜悯神圣化。而希腊哲学正相反，亚里士多德认为没有这些情感的人才是更好的人，因为他们从一切病态中解放了出来，可以全身心从事高尚的行为。"认识你自己"对希腊人来说意思就是知道当一个人意味着什么，知道人在宇宙中的位置，检验自己的意见和偏见，而不是检查自己的内心深处。在希腊哲学家看来，是知性或沉思完成道德。但这必然要削弱道德要求的威严。而根据圣经，是谦卑、罪感、忏悔和信仰神圣的怜悯完成道德，它们必然加强道德要求的威严。沉思本质上是超社会或反社会的，而服从和信仰则本质上与信仰者共同体相关。但沉思这种反社会的完美是以政治共同体，城邦为前提的。[1]

施特劳斯还认为，道德要求的力量在希腊哲学中被削弱，因为在希腊哲学中这个要求没有得到神圣允诺的支持。哲学家生活在恐惧和颤栗之上，也生活在希望之上。他的智慧不是像在圣经里那样，始于对上帝的恐惧，而是始于惊异；圣经中的人生活在恐惧和颤栗中，也生活在希望中。这就使得哲学家有一种特别的平静。施特劳斯用一个例子来说明这一点。先知拿单严厉而无情地指责大卫王，因为他犯下了一桩谋杀和一桩通奸行为。但是一个希腊诗人哲学家却以开玩笑的方式优雅地让一个犯了无数谋杀和其他罪行的希腊僭主相信如果他更有理性的话，他就会有更大的快乐。[2]

《圣经》讲上帝的全能，而这与希腊哲学格格不入。在希腊思想中，神是万能的，但神万能是因为它们知道事物的本性，所以它们才万能，也因此它们不是万能的。希腊哲学只相信理性的力量，理性不能证明的东西，哲学家就掉头不顾。哲学家拒绝承认天启是因为它不能明证。哲学是一种生活方式，但它在其原始的和完全的意义上与圣经的生活方式是不相容的。哲学和圣经是人类灵魂戏剧的两个对手。每一个都声称知道或掌握了真理，决定性的真理，关于正确的生活方式的真理。但真理只能有一个，因此它们就冲突不断。[3]

---

[1] Cf. Leo Strauss, *The Rebirth of Classical Political Rationalism*, pp. 250-251.

[2] Ibid., p. 251.

[3] Ibid., p. 260.

施特劳斯详细考察了传统支持天启的论证和哲学反对天启的论证，以及近代历史批判反对天启的论证[1]，最后发现"所有声称对天启的驳斥都以不信天启为前提，所有声称对哲学的驳斥都以信仰天启为前提"。实际上"从未有哲学家驳斥掉天启，从未有神学家驳斥掉哲学"[2]。天启和理性之间没有共同的基础，因此，它们的矛盾是不可调和的。"没有人可以既是哲学家又是神学家，就此而言，也没有某种超越哲学和神学的可能性，或假装是两者的综合。"[3] 但这没什么关系，因为"西方的传统不允许有对根本矛盾的最终解决，不允许有一个没有矛盾的社会。只要仍有西方世界，就将有不相信哲学家的神学家和被神学家惹恼的哲学家"[4]。况且，这种不可解的冲突也不是什么坏事；相反，"这种不可解的冲突是西方文明生命力之秘密"[5]。

也许正因为如此，施特劳斯要我们不是当面对神学挑战的哲学家，就当面对哲学挑战的神学家[6]，两者必居其一。那么他自己最终究竟是哲学家还是神学家？也许在许多人看来，这个问题几乎不成立。施特劳斯当然是哲学家。学术界一直把他看作20世纪最重要的政治哲学家。格林告诉我们，施特劳斯"重新寻求一种建立在理性基础之上的哲学——以理性探求和理性原则为基础的哲学"[7]。而他的学生罗森则说施特劳斯是"被迫转向前哲学的境况来捍卫哲学"[8]。如此看来，施特劳斯是哲学家应该是铁定无疑。

但是，从施特劳斯对天启与哲学的冲突的态度来看，特别是从他的思想动机来看，问题似乎并不那么简单。据施特劳斯多年的朋友克莱恩说，施特劳斯主要对两个问题感兴趣：一个是上帝问题，另一个是政治问题。[9] 这与施特劳斯自己对他的思考主题的定位是一致的。他在晚年回忆自己的思想道路时承认，从20世纪20年代起"神学—政治问题始终是

---

[1] Cf. Leo Strauss, *The Rebirth of Classical Political Rationalism*, pp. 260–269.

[2] Ibid., p. 269.

[3] Ibid., p. 270.

[4] Ibid., p.73.

[5] Ibid., p. 270.

[6] Ibid.

[7] 格林："现代犹太思想流变中的施特劳斯"，《施特劳斯与古典政治哲学》，第60页。

[8] 罗森：《施特劳斯与古今之争》，《施特劳斯与古典政治哲学》，第372页。

[9] 参看《施特劳斯与古典政治哲学》，第723页。

我的研究所围绕的主题",并且他认为这一定位有助于将自己的研究论题统一起来。[1]施特劳斯虽然认为哲学与宗教的冲突是西方文明的生命力所在,西方文明有赖于这两者的不断对话。但他本人并不是毫无偏向和中立的。这一点从他在《进步与退回》中对《圣经》和希腊哲学的叙述中就很容易看出。现代性危机在他看来也是神学—政治困境。这个危机的核心是人类失去了安身立命的根本。哲学不能提供这样一个根本。因为哲学"作为对显然和必然的知识的追求,它本身建立在一个非必然的决断之上,建立在一个意志的行动上,有如信仰"[2]。这就是说,实际上哲学自身的基础也非理性,而是非理性的类似信仰的东西。因此,近代哲学对宗教的批判非但没有压倒宗教,相反,"随着理性主义的最后崩溃,理性与启示、信与不信之间的永恒战斗在原则上,甚至还可以说在人类思想的层面上已经判定启示是赢家"[3]。他甚至把政治哲学称为"神学不可或缺的婢女"[4]。从施特劳斯的这些思想看,如果神学家和哲学家像他自己讲的那样不能一身兼二任,而只能居其一的话,他自己究竟站在哪一边是十分清楚的。

当然,施特劳斯绝不是一般意义上的神学家,他的神学姿态无非要表明,永恒的普遍原则只能通过天启得到保证与确定。哲学并非不需要,也并非不重要,毕竟普遍原则还要靠它来发现,它的超越性是原则普遍性的保证。但哲学本身的基础还需别的非哲学的东西来给它奠定。"为了复兴哲学的生活方式,施特劳斯不得不抛弃现代哲学失败了的确定性及其体系,而要为哲学确立最简单、最明白、最坚固的基础。"[5]神学—政治问题则是施特劳斯通向这个目标的唯一路径。在他的晚期著作中神学家明显占了哲学家的上风也证明了这一点。[6]

---

[1] 见迈尔:《隐匿的对话——施米特与施特劳斯》,第163—165页。

[2] 列奥·施特劳斯:"《斯宾诺莎宗教批判》英译本导言",《学术思想评论》第6辑,第269页。

[3] 同上书,第238页。

[4] Leo Strauss, *The City and Man*, p. 1.

[5] 洛文萨尔:《施特劳斯的〈柏拉图式的政治哲学研究〉》,《施特劳斯与古典政治哲学》,第662页。

[6] Cf. Alfons Söllner, "Leo Strauss", *Philosophische Philosophie des 20. Jahrhunderts* (München: R. Oldenbourg Verlag, 1990), hrsg. von Karl Graf Ballestrem und Henning Ottmann, SS. 118-119.

但不管施特劳斯的天启和神学是一神论的还是泛神论的,他都无法解决天启和神学本身的特殊性问题。除了传统的诉诸信仰的办法,他不可能有其他的办法。但这样他就无法解决他要解决的现代性问题,因为他并不比以前的神学家高明多少,煞费苦心地解读经典无非是为了证明信仰和天启是真正的出路。当然,施特劳斯很可能也看到了这一点,所以不管他本人倾向如何,他还是将勉强将哲学视为与天启平等的对手,以留出二元解释的空间。但是,施特劳斯将现代性危机上溯到作为西方文明两大根源的理性与天启的冲突,又说这冲突永远无法解决,是否是下意识地承认现代性的危机在西方文明的架构内其实是无法解决的?

汉娜·阿伦特

汉娜·阿伦特(Hannah Arendt, 1906—1975)是20世纪最杰出的政治哲学家之一,也是最难以归类的政治哲学家。人们很容易将施米特或施特劳斯列入"保守主义哲学家",但要给阿伦特对号入座却不太容易。1972年12月,加拿大社会和政治思想研究学会在多伦多举办了一个阿伦特学术讨论会。会上有人这样问阿伦特:"你是什么人?你是一个保守主义者?你属于自由主义者?在当代的种种可能性框架中你站在何处?"阿伦特的回答是:她不知道。她认为她从未占据过一个这样的位置。左派认为她是保守主义者,保守主义者则认为她是左派。阿伦特说她对此不感兴趣。她不相信20世纪的真正问题可以用这种方式得到澄清。[1]这个思想充满原创性的思想家,曾长期处于西方学术舞台的边缘,但近年来她得到了人们越来越多的关注,人们对她的评价也越来越高。她注定作为现代性最有力、最犀利的批判者和揭示者,政治领域的重新发现者而被人们长久地提起和铭记。

汉娜·阿伦特1906年生于德国汉诺威一个犹太中产阶级家庭,父亲是个工程师。阿伦特的父母都是社会民主党的成员,家庭气氛十分开放。3岁时阿伦特随父母回到他们的家乡哥尼斯堡。四年后她的父亲去

---

[1] Cf. Hannah Arendt, *Ich will verstehen* (München: Piper Verlag, 1997), S. 107.

世。阿伦特的母亲是一个个性坚强的女人,她这种性格也影响了受她监护的阿伦特。阿伦特自幼聪慧,智力成熟很早,16岁时就读了《纯粹理性批判》和雅斯贝斯的《世界观心理学》。中学还未毕业阿伦特就去柏林大学听瓜尔蒂尼(Romano Guardini, 1885—1968)的古典语言学和基督教神学的课。1924年秋,阿伦特中学毕业,随即去马堡大学读哲学。海德格尔是她在马堡大学的老师,后来又是她的情人。海德格尔对她的思想产生了重大的影响,海德格尔使她有了一种激情的思想的概念,在这种激情的思想中,思想与激情为一。虽然阿伦特对海德格尔纳粹时期的所作所为痛心疾首,并不遗余力地批评,但她终身保持了对他最深挚的爱。[1] 1925年,在海德格尔介绍下,阿伦特去海德堡大学师从雅斯贝斯。雅斯贝斯对她的思想也有很大的影响,如果说她对海德格尔的感情是爱,那么对雅斯贝斯的感情就是敬。她和雅斯贝斯保持了终身的密切关系。1928年,阿伦特以《奥古斯丁的爱的概念》在海德堡大学获哲学博士学位。

由于她"本能反对大学;她要自由"(这是她老师雅斯贝斯的观察),取得学位后阿伦特并未继续留在大学,而是去了柏林,准备写一部德国浪漫主义时期一位犹太女性拉尔·法哈根的传记。她要借此研究犹太人的文化认同问题以及他们的社会困难。纳粹上台改变了阿伦特生活的轨迹,她开始关心政治,并参加政治活动,收留逃亡的共产党人,参加犹太复国主义运动。不久她就被捕了,在警察局关了8天。获释后她就"自我流亡"了,经捷克、瑞士去了巴黎。第二次世界大战爆发后,阿伦特去了美国。在美国她一开始也积极参加了犹太复国主义运动,但后来逐渐疏远了这个运动。第二次世界大战结束前夕,阿伦特参加了"犹太文化复兴委员会"的工作。战后担任了一家出版社的总编。

1951年,阿伦特加入美国国籍。同年,她的成名作《极权主义的起源》出版,这部鸿篇巨制使阿伦特一夜成名,美国一流大学的大门纷纷向她敞开。1958年,阿伦特又出版了她的代表作《人类的条件》,这部著作奠定了她作为我们时代主要政治哲学家的地位。1961年,以色列准备开

---

[1] 关于阿伦特和海德格尔的关系,可参看张汝伦:《哲人与爱》,《坚持理想》,上海人民出版社,1996年,第238—249页,以及《边缘人阿伦特》,《文景》2003年第3期,第73—79页。

庭审判前纳粹战犯艾希曼,此人是"最终解决"的策划者和实施者,罪大恶极。阿伦特知道后向《纽约客》杂志提出作为他们的特派记者去耶路撒冷实地报道这场万众瞩目的审判。阿伦特写的报道后来以《艾希曼在耶路撒冷》为题出版,引起了一场轩然大波。阿伦特的报道主要是由于以下观点引起了犹太人的愤怒。首先,阿伦特认为艾希曼的罪恶是平庸的罪恶。他不过是由于缺乏良心,缺乏思维能力,缺乏理性的判断能力,一味服从上级的命令而已。其次,艾希曼犯的是反人类罪,应该由一个国际法庭来审判。再次,没有犹太人的合作,大屠杀不会那么顺利。阿伦特一下子成了犹太社会口诛笔伐的对象,许多多年的老朋友都因此与她断绝来往,但她不为所动。《艾希曼在耶路撒冷》经受了时间的考验,成了理解极权统治下个人功能化的关键著作。[1]

1963年,阿伦特被芝加哥大学聘为教授。1968年,她被纽约新社会研究学校聘为教授。晚年的阿伦特开始从政治世界回到哲学世界,她全力撰写《精神生活》一书,但没有写完就于1975年12月4日去世。

如上所述,阿伦特本来对政治毫无兴趣,纳粹夺取政权及犹太人随后的悲惨遭遇,使得她决心要从政治上来回答这个威胁和挑战。政治成为她的思考对象,主要不是由于理论的动机,而是由于经验的动机。[2]正如英国著名的阿伦特研究者卡诺芬指出的:"阿伦特政治思想的整个议事日程都是由她对世纪中叶的政治灾难的反思定的。"[3]这个"政治灾难",当然就是指纳粹统治等,阿伦特把它们称为"极权主义"。"作为一个政治思想家,阿伦特一切思想活动都是以研究'极权主义的起源'作为出发点的。"[4]

《极权主义的起源》发表在冷战方殷的1951年,这个书名使许多人误以为阿伦特的这本书是为冷战中的一方提供了重磅炮弹。可是,促使阿伦特写这部巨著的,根本不是当时的冷战,而是前冷战发生的事件。实

[1] Cf. Ernst Vollrath: "Hannah Arendt", *Politische Philosophie des 20. Jahrhunderts*, S. 17.

[2] Cf. Hannah Arendt, *Ich will verstehen*, S. 47.

[3] Margaret Canovan, *Hannah Arendt: A Reinterpretation of Her Political Thought* (Cambridge: Cambridge University Press, 1992), p. 7.

[4] 川崎修:《阿伦特——公共性的复权》,斯日译,河北教育出版社,2002年,第5页。

际上, 对于阿伦特来说, 极权主义不是指一种特别野蛮的政权, 而是指某个更新更危险的东西。[1]纳粹等只不过是它的标准体现而已。极权主义是政治现代性的一个极端形式, 是西方文明崩溃的征象。《极权主义的起源》就是想探讨这个崩溃是由哪些因素促成的。"这些因素就是那些在现代世界通行的现象, 它们本身不是极权主义的, 但在任何国家都可被用作极权主义的基础, 不管其自己的特殊传统是什么。"[2]

在回答著名政治哲学家沃格林(Eric Voegelin, 1901—1985)给这部著作写的书评时, 阿伦特说: "我不是写一部极权主义史, 而是根据历史来分析; 我不是写一部反犹主义或帝国主义史, 而是分析仇恨犹太人的因素和扩张的因素, 这些因素依然清晰可见并在极权主义现象本身中起重要作用。……这本书……对形成极权主义的因素给予一个历史的说明, 接着这个说明的是分析极权主义运动和统治本身的基本结构。"[3]《极权主义的起源》出版后, 引起了很多批判, 这些批判许多是从实证史学的立场批评这部著作对极权主义的描述有许多与事实不符。但从阿伦特对沃格林的答辩中我们可以看到, 阿伦特在这部书中并不是想要给极权主义提供一个经验的描述, 而是要将它作为现代特有的一个现象加以分析, 表明我们时代的危险。

在《极权主义的起源》德文版的序言中, 阿伦特告诉我们: "这本书, 目的是要阐述从德意志第三帝国……体制中, 我们初次看到的、我个人认为是一种新的'国家形式'的极权主义统治, 揭示它的起因和条件。这些起因是, 民族国家的没落和崩溃, 以及现代大众社会的虚无主义的泛滥。这种崩溃过程所释放出来的各种因素, 正是本身的第一部和第二部所要探究的历史根源。第三部则是分析极权主义的本质形态。"[4]从阿伦特的这些自我告白来看,《极权主义的起源》绝不是一部肤浅的对极权主义的意识形态的批判, 也不是对极权主义的经验描述, 而是要从根本上探讨这个现代特有现象的深层历史原因及其结构因素。正因为如此, 她的许多

---

[1] Margaret Canovan, *Hannah Arendt: A Reinterpretation of Her Political Thought*, p. 23.

[2] Ibid., p. 20.

[3] Hannah Arendt, "A Reply", *Review of Politics* 15 (January 1953), pp. 77-78.

[4] 转引自川崎修:《阿伦特——公共性的复权》, 第29页。

观点和分析至今仍有重要的意义。

由于"极权主义"本身并不是一个有着清楚界定的概念,并且在当代意识形态斗争中变得更加模糊。[1]因此,要正确把握阿伦特的思想,首先要弄清"极权主义"在她那里究竟何所指。换言之,极权主义如果是人类历史上一个崭新的现象的话,它新在何处?

阿伦特指出,极权主义之新,不在于它所造成的痛苦,人类从来就不乏痛苦;也不在于它害死了多少人;而在于它使人性本身处于危险之中。[2]它是一种全新的政府形式,和传统的暴政或专制不是一回事,因此根本无法用传统的范畴去把握它。它那种恐怖的原创性任何历史流传下来的类似之事都无法使之逊色。[3]它的特点就是依靠意识形态和恐怖来统治。

极权主义与传统的暴政或专制不一样,首先在于它的行为不是像专制暴君的行为那样完全任意。它固然也蔑视成文法,但它不是毫无"章法",它有它的法,这就是它信奉的自然或历史的法则。它不但自己严格服从这法则,而且还强制实施这法则。由于坚信这法则就是天道或历史的必然规律,它不惜一切代价使之实现,包括牺牲具体的人。极权主义相信只有人类,而不是一个个具体的人,才是这些法则的实际承担者,其余东西都是被动地被它们决定的。

极权主义的一个特点就是把法则解释为运动的法则,自然和历史本身就是运动,它们的法则就更不用说了,与稳定和不变没有关系。统治者的职责不是应用法律,而是根据其内在的法则无条件执行这运动。统治者谈不上什么"正义"和"明智",他们只是"科学地"认识。因为他们认识了自然和历史的法则,他们就有责任排除一切干扰让其得到贯彻。主要的手段就是用恐怖来为其扫清一切障碍,确切地说,具体的、复数的个

---

[1] 有关这方面的情况可参看Michael Bittman, "Totalitarianism: the Career of a Concept", in Gisela T. Kaplan and Clive S. Kessler (ed.) *Hannah Arendt, Thinking, Judging, Freedom* (Sydney: Allen & Unwin, 1989), pp. 56–68。

[2] Hannah Arendt, *Totalitarianism*, Part Three of *The Origins of Totalitarianism* (New York: Harcourt, Brace & World, Inc., 1968), pp. 156–157.

[3] Hannah Arendt, "Understanding and Politics", in *Essays in Understanding, 1930–1954*, edited by Jerome Kohn (New York: Harcourt Brace & Company, 1994), p. 309.

人给运动造成的干扰和障碍。

因此,恐怖给运动或自己扫清障碍不完全靠肉体消灭,因为人总是杀不完的,而是靠通过恐怖使人划一,失去自己的个性和特殊性,失去自己的创造性和创新能力,成为人这个类的一个样本。"恐怖通过取消法律的种种边界使所有的人划一化,而正是这些边界给每个人的自由提供了存活的空间。极权主义的恐怖并不剥夺所有自由或取消某些根本的自由,至少根据我们有限的知识,它也没有成功地从人们心里根除对自由的热爱;它只是无情地逼迫人们互相反对,这样,自由行动的空间——这就是自由的现实——就消失了。"[1]

在阿伦特看来,人区别于动物的地方就在于他们的个别性和他们能自发行动和思想的能力。每个人都是不同的,每个人都能开始新的事情。人的本性是"不自然的"(unnatural)。即他能自发行动;他能给自然过程设置人为的界限;制定法律,互相赋予权利,这些权利是"人的",而不是"自然的"。但这些恰恰是极权主义的恐怖所要着力消除的。极权主义要在一切层面上消灭人的复数性和人的自发性,消除一切人为和偶然的东西,把人变成人类动物的标本,变成仅仅是一样东西,一个低于动物的东西,"一个不停反应和反映的集合"[2]。要达到这种对人的完全的控制一般通过以下步骤:首先是通过剥夺各种权利和公民权毁灭法人,然后是通过创造人的良心不再能起作用的种种条件毁灭道德人,最后通过集中营和死亡营毁灭个人,使得一个个个人成为"绝对的多余"。所以在阿伦特看来,极权主义的目标不是对人的专制统治,而是要建立一个制度,在这个制度中各种各样的人是多余的。[3]

要建立这样的制度,光靠恐怖是不够的,还需要意识形态的帮助。阿伦特认为,意识形态本身就像恐怖本身一样,并不是极权主义的,"只有在新型的极权主义政府手里,意识形态才成了政治行动的发动机,这是从双重意义上讲的:意识形态决定统治者的政治行动和使被统治者容忍这

[1] Hannah Arendt, "On the Nature of Totalitarianism", in *Essays in Understanding*, pp. 342–343.

[2] Hannah Arendt, "Mankind and Terror", in *Essays in Understanding*, p. 304.

[3] Hannah Arendt, *The Origins of Totalitarianism* (New York: Harcourt, Brace, Jovanovich Publishers, 1973), p. 457.

些行动"[1]。意识形态是解释生活和世界的系统,它们声称能解释一切,过去和未来,但就是与现实经验不一致。但这也正是它起作用的条件:既然意识形态认为自己不取决于现存的经验,它就把一切事实视为制造出来的,这样也就不再知道任何区分真假的标准,"谣言的重复就是真理"就一点也不奇怪了。

总之,恐怖和意识形态本身并不必然是极权主义的,但在极权主义统治下,它们就是极权统治的两大功能,目的都是把人变成毫无主动性的原材料,变成实现自然和历史运动的铺路石。不同的是前者取消个人的思想,而后者给划一的人们一套划一的关于自然和历史运动的逻辑,这套理解证明了前者的合理。由此看来,极权主义就是从根本上毁灭人性。

那么,这样一个从根本上毁灭人性的东西,究竟是怎样产生的? 这正是《极权主义的起源》以及阿伦特毕生的工作所要回答的。

阿伦特1946年在写给她的出版商的信中说:"极权主义形式的成熟的帝国主义是某些因素的混合物,这些因素表现在我们时代所有政治状况和问题中。这些因素是反犹主义、民族国家的衰落、种族主义、为扩张而扩张,资本和暴徒的联盟。"[2]这里特别值得注意的是阿伦特把极权主义称为"成熟的帝国主义"(full-fledged imperialism in its totalitarian form),这说明在上述这些因素中,标志着帝国主义特征的"为扩张而扩张"是关键的因素。《极权主义的起源》在内容安排上的确有些问题,它并没有按照问题的内在思路和逻辑来写。从阿伦特的思路上看,第二部分"帝国主义"应该是开篇部分,因为读过这本书的人都知道,阿伦特将19世纪的帝国主义视为20世纪极权主义的前提。而从上述她给出版商的信来看,她显然是将极权主义置于帝国主义的范畴下。正是"为扩张而扩张"的帝国主义造成了民族国家的衰亡;而种族主义只是帝国主义证明自己征服全球合理的一种意识形态;资本主义的发展不但产生了过剩的资本,也产生了过剩的人。这些过剩的人被社会抛弃,成为暴徒。正是帝国主义的扩张造成了资本与暴徒的联盟。而反犹主义只有在上述这些背景下才能得到正确的认识。总之,对权力的无限追求导致资本

[1] Hannah Arendt, "On the Nature of Totalitarianism", p. 349.
[2] 转引自 Margaret Canovan, *Hannah Arendt: A Reinterpretation of Her Political Thought,* p. 28。

在全球的征服和扩张,在这过程中,民族的维系被放弃,最后导致集中营里的"全面宰制",这就是《极权主义的起源》所勾勒的极权主义的来龙去脉。

阿伦特把帝国主义兴起的时间定在1884年左右,此时近代形成的民族国家的体系开始与工业和经济的发展不相适应了,资本的扩张要求资本和权力的输出,这就必然要突破民族国家的界限,而民族国家的瓦解直接导致帝国主义和后来极权主义运动和政府的兴起。在阿伦特看来,民族主义是与帝国主义根本对立的东西。这不仅是因为民族国家必然是帝国主义扩张的天然障碍,而且还因为民族国家是一种人道主义的创制,是一种文明的结构,它提供法律秩序,保障人们的种种权利,在民族国家中,人作为立法者和公民制约着资产阶级无法无天的扩张欲望。[1] 资产阶级虽然已经成为统治阶级,但它一开始对政治并不感兴趣,"它把所有政治决定交给国家"[2]。借用黑格尔的概念,资产阶级一开始把市民社会(欲望的世界)看成自己的天然领地,而把政治交给国家。(民族)国家与社会的相安无事,是19世纪西方国家政治、社会秩序得以稳定的主要因素。

但是,这种稳定随着资产阶级的政治解放而一去不复返了。资本主义经济隐含着你死我活的竞争和无限扩张的趋势,最初欧洲的种种政治创制还能遏制这些趋势,但资本的扩张最终打破了民族政治的种种创制,资产阶级开始走向政治前台,把政治牢牢掌握在自己的手里。"资产阶级出于经济必然性而转向政治;因为如果它不想要放弃资本主义制度,它的内在规律就是不断的经济增长,它就得将这个规律强加给它国家的政府,宣布扩张是对外政策的最终政治目标。"[3] 对外的资本输出必然伴随着权力的输出,资产阶级需要将民族的暴力工具扩张到国外以保护它的海外投资。帝国主义就这样诞生了,它的诞生以民族国家的衰落为前提。

为了保护海外投资而输出的权力只能是暴力手段——警察和军队,这些东西在自己本国还受到文官制度和法律的控制,但到了殖民地国家,

---

[1] Cf. Margaret Canovan, *Hannah Arendt: A Reinterpretation of Her Political Thought,* p. 31.

[2] Hannah Arendt, *Imperialism.* Part Two of *The Origins of Totalitarianism* (New York: Harcourt, Brace & World, Inc., 1968), p. 3.

[3] Ibid., p. 6.

就完全没了约束。因为"只有权力的无限积累才能产生资本的无限积累"[1]。民族国家最重要的持久的功能之一就是权力的扩张。这种帝国主义的扩张概念最终成为帝国主义的政治哲学。"这种帝国主义政治哲学的新特征不是它给暴力以支配的地位,也不是发现了权力是基本的政治现实之一。暴力始终是政治行动的最终手段(ultima ratio),而权力则是统治和治理的表现形式。但两者以前从未成为国家有意识的目标或任何确定的政策的终极目的。"[2]现在,只有无限的扩张才能满足资本无限积累的希望,才能产生权力无目的的积累这种扩张概念成了新的政治实体(帝国主义国家)的基础,其逻辑结果就是摧毁一切共同体。而当权力与它应为之服务的政治共同体分离时,它就成了政治行动的本质和政治思想的核心。[3]这就意味着政治名存实亡了。

如前所述,阿伦特认为,资产阶级一开始对政治是没有兴趣的,他们只想赚钱,而把治理的事情交给任何类型的国家,只要它们能保护私有财产权就行了。在他们看来,国家只是一个组织得很好的警察机构。他们不愿意插足公共事物,而宁愿私下里赚钱。他们只知私,不知公。到了帝国主义时代,这些商人摇身一变成了政治家。但他们的语言还是成功商人的语言,他们私人的行为做派慢慢变成了公共事务行为的规矩和原则。[4]这就导致公共事务私人化,或者反过来说也一样,私人事务公共化。其实质则是经济的政治化和政治的经济化。总之,古典意义上的政治是不存在了。

资本的扩张造成民族国家的没落,而帝国主义的产生又使民族国家内在的矛盾尖锐化,使得民族国家及其政治秩序最终崩溃,为极权主义登台铺平了道路。民族国家包含两个彼此矛盾的因素:"民族性"和"国家"。国家是一个法律机构,它的本质就是保证在一个特定疆域里的居民的法律权利。尽管国家的这种功能起源于君主制时代,但法国大革命并没有改变这一点。而民族最初就是以农民为主体的共同体,民族性就是对共同的文化世界或传统的意识。很显然,国家代表的法的普遍性与

---

[1]　Hannah Arendt, *Imperialism*, p. 17.

[2]　Ibid.

[3]　Ibid., pp. 17-18.

[4]　Ibid., p. 18.

民族代表的历史、文化的特殊性之间一开始就有某种紧张关系,存在着"国家沦为民族的工具,公民变成特定民族成员"的危险。但虽然民族国家是民族对国家的征服,只要国家形式上还是民族国家,法治的架构就不至于被破坏。

但民族国家的法律只保护自己国民的权利,当年柏克据此批评法国的《人权和公民权宣言》太抽象,只有具体的人权,如"英国人的权利",而没有抽象的普遍的人权。人权根本不是天赋的,而是人为的,是特殊文明的产物。可帝国主义的扩张造成了大量的无国无家的人,他们是人,但不是公民,因此,即使托庇于某国,也不享有该国法律保证的该国国民的种种权利,甚至根本不受法律保护。他们被迫陷入一种无权的野蛮状态。有无权利的被统治者,就有无法无天的统治者。民族国家的国家机构的初衷是保护和保证人作为人、作为公民和国民的种种权利,但国家与民族矛盾的实践结果却是人权只能作为国民权来保护和实施,这就使得国家失去了它的法律(普遍)的、理性的外表,可以被浪漫主义者解释为"民族灵魂"模糊不清的代表。[1]这就意味着民族国家诞生时"民族性"与"国家"的平衡被打破,"民族性"彻底征服了"国家",民族的诉求凌驾于法律之上。民族国家赖以存在的"民族性"和"国家"的平衡被打破,民族国家也就瓦解了。

一般而言,阿伦特对民族主义基本是肯定的,因为真正的民族主义总是与特殊的疆界和文化联系在一起,与特殊人群的经验联系在一起,它是帝国主义的对立面,是帝国主义扩张的障碍。但有一种特殊形式的民族主义,即她称之为"部落民族主义"(tribal nationalism)的,是她所反对的。部落民族主义是大陆帝国主义(即所谓泛日耳曼运动和泛斯拉夫运动)后面的驱动力。[2]大陆帝国主义与英帝国主义不同之处有二:一是更意识形态化;二是完全罔顾经验和常识。这两个特点使部落民族主义与极权主义极为相近。

在阿伦特看来,种族主义不但不是民族主义的一种形式,而且还是它的对立面。民族这个概念既意味着群体的认同,又意味着这个群体的

---

[1]   Hannah Arendt, *Imperialism,* pp. 110-111.
[2]   Ibid., p. 109.

所有成员本质上平等。而种族主义正相反,它总是要区分血统的高贵和低贱。种族主义的理论至少可以上溯到18世纪,但真正凶恶的种族主义却从帝国主义抢夺非洲的经验和政治需要中产生。在此意义上,种族主义也是帝国主义的产物。帝国主义是政治屈从于资产阶级经济的产物,但到了种族主义的帝国主义那里,如纳粹就不再是经济至上,而是暴力至上了。种族主义是帝国主义代表性的政治支配形态。[1]

资本主义的发展不仅产生了多余的资本,也产生了多余的人,这就是被阶级社会所抛弃的"暴徒"。暴徒不等于大众,也不等于工人阶级。它是被一切阶级拒绝的人,是传统阶级社会解体的产物。暴徒虽然不属于任何阶级,但却是资本主义发展的产物。暴徒绝不是没有头脑,受人摆布的可怜虫。相反,他们都是一些有着强烈的企图心和野心的人。暴徒之为暴徒,是因为他们抛弃了一切传统的价值规范和资产阶级的虚伪,变得肆无忌惮,为所欲为,因而特别具有破坏性。希特勒及其同伙就是这样的暴徒的典型。暴徒的出现也反映了民族国家秩序的崩溃,多余的资本和多余的人(暴徒)共同颠覆了旧秩序。而种族主义则起到了加强资本和暴徒的联盟的作用,这一点在纳粹极权主义那里可以看得很清楚。

反犹主义是《极权主义的起源》第一部的主题,如前所述,阿伦特在这里并不要写一部反犹主义的历史,而是要剖析反犹主义和极权主义的关系。因此,她笔下的反犹主义不同于中世纪以来在欧洲文化中一直存在的对犹太人的厌恶或憎恨的情感,而是指一种包罗一切的意识形态。这种意识形态与近代民族国家的命运有绝大的关系。一方面,犹太人在民族国家的历史上发挥了非常重要的作用;另一方面,反犹主义运动的生长与欧洲民族国家的衰落是同时发生的。因此,"现代反犹主义必须在民族国家的发展这个更一般的框架里来看"[2]。由于犹太人与近代民族国家特殊的微秒关系,以及他们自身在近代所表现出来的种种奇特之处,使他们成为旧秩序的象征,反犹主义实际上是对旧欧洲体制的一种攻击。例如,极权主义运动要建立全面宰制,要建立全球帝国,必须要突破旧的民族国家的藩篱,犹太银行家既然曾对近代欧洲民族国家出过大力,理所

[1]　参看川崎修:《阿伦特——公共性的复权》,第69—94页。

[2]　Hannah Arendt, *Antisemitism,* Part One of *The Origins of totalitarianism* (New York: Harcourt, Brace & World, Inc., 1968), p. 9.

当然是近代民族国家体系的罪恶象征。因此,纳粹迫害犹太人,以及一般的反犹主义,都不应该从社会心理的角度,而应从政治的角度来考察。这就是阿伦特对反犹主义思考的一个基本出发点。

阿伦特关于反犹主义的第二个基本考虑是:犹太人对他们自己沦为反犹主义的牺牲品负有比别人更大的责任。这个想法后来在《艾希曼在耶路撒冷》中得到了进一步的发挥。犹太人的责任主要有两个方面:一是他们缺乏政治意识;二是他们鬼鬼祟祟自以为是一个上帝特选的种族,给极权主义运动提供了一个仿效的样板。

阿伦特将反犹主义分为政治反犹主义和社会反犹主义,通过分别考察这两种反犹主义,阿伦特详细论证了她的上述观点。阿伦特认为,反犹主义是一种政治现象,而不是社会现象,犹太人的命运与欧洲民族国家的命运息息相关。欧洲民族国家的建立使得犹太居民第一次获得了平等的权利,同时也以平等的名义取消了犹太人的限制和特权。少数犹太金融巨子对欧洲民族国家的财政金融的巨大支持,使得他们得到了某些特权,国家也把他们当作一个单独的群体,他们并没有完全融入其他的人群中去。相反,他们之所以在财政金融领域能玩得转,在欧洲的战争与和平中起到独特的作用,就在于他们没有自己的国家或民族,他们是"欧洲人"。他们的这种特权地位也使他们在非犹太人眼里是危险的。但他们从未在任何情况下为了自己的目的利用他们的特殊地位,因为他们没有这种政治意识。

随着帝国主义的兴起,犹太人逐渐失去了他们在近代欧洲经济和政治事务中的突出地位。"帝国主义扩张,以及暴力手段的日渐完善和国家对它们的绝对垄断,使得国家成了一个有趣的商业事业。这当然意味着犹太人渐渐但自动失去了他们排他的独特地位。"[1] 同时,犹太人,这个欧洲除了吉卜赛人外唯一没有国家的欧洲人,民族国家体系突然崩溃对他们的威胁是不言而喻的。欧洲政治如果还是建立在梅特涅的"权力平衡"的基础上,那么他们还可以在夹缝中生存;但如果是奉行不断扩张政策的帝国主义或全面宰制的极权主义,那么他们就岌岌可危了。帝国主

---

[1] Hannah Arendt, *Antisemitism,* Part One of *The Origins of totalitarianism* (New York: Harcourt, Brace & World, Inc., 1968), p. 18.

义和极权主义必然要反对民族国家,反犹主义就成了它们反对民族国家体系的一件非常顺手的武器。

虽然反犹主义本质上是一个政治问题,但为了理解现代反犹主义"特别的残酷",我们有必要考察犹太人的社会状况。近代社会虽然给了犹太人政治平等,但并没有给他们社会平等。并且,社会对犹太人的歧视恰恰是由于犹太人在政治上与其他群体日益平等。政治上越平等,他们的不同就越显眼,就越导致社会对他们的不满。[1]

但犹太人并非都愿意成为社会里的"外人",他们也有不少人愿意被同化。另一方面,欧洲的上流社会也接纳了一些犹太人中的优秀分子,像阿伦特为之作传的拉尔·法哈根。但上流社会不是将他们作为平等的一员来接受,而是作为例外来接受他们。普通的犹太人不能指望被上流社会接受,只有那些显然失去了自己的犹太特性的人才有可能被上流社会接受,如海涅和法哈根。可是,上流社会接纳他们恰恰是因为他们的犹太特性,而不是将他们当自己人。他们是不像犹太人的犹太人,或者说他们"是但还不是犹太人"[2]。

当然,也并不是所有的人都希望被上流社会接纳,他们自愿当"贱民",不寻求社会的承认,保持"贱民"的种种美德:博爱、仁慈、没有偏见、对非正义敏感。[3]这是阿伦特自己赞赏的立场。但不管是想挤进上流社会被人接纳,还是甘心情愿当"贱民",犹太人在政治上总是"局外人",这是他们都不去关心政治权利和政治权力问题,不去评估他们的政治处境。另一方面,反犹主义者日益相信,犹太性是一种天生的特性,是一种只有通过根除才能彻底治愈的病。[4]

问题还在于犹太人自己也相信自己是一个特别的种族,具有特别的内在气质。一些著名的犹太人还极力宣扬这点以为自己捞取好处,如迪斯累里,他创造的"一整套关于犹太人影响和组织的理论我们通常在更邪恶的反犹主义的种种形式中可以找到"[5]。阿伦特发现,非常具有讽刺

---

[1]　Cf. Hannah Arendt, *Antisemitism,* pp. 54–55.

[2]　Ibid., p. 56.

[3]　Ibid., p. 66.

[4]　Cf. Margaret Canovan, *Hannah Arendt: A Reinteroretation of Her Political Thought,* p. 48.

[5]　Hannah Arendt, *Antisenmitism,* p. 71.

意味的是,反犹主义是以犹太人之道反治犹太人之身。他们接过犹太人上帝选择的子民的意识形态,只不过把犹太人变成了日耳曼人。他们模仿犹太人的组织原则,用犹太人自己的话来证明这是一个必须消灭的民族。希特勒甚至说:"教给我们统治秘诀的人,正是犹太人。"阿伦特正是根据这些来表明犹太人对自己的命运负有相当的责任。

其实不仅仅是犹太人,我们所有的人都要对世界发生的事负责任,如果我们坚持人性的基本特点就是人的主动性的话。认为自己不需为世界发生的事负责,正表明我们没有政治意识,我们甘愿成为阿伦特所谓的"一束反应";而这恰恰是极权主义统治的最大祸害和后果。反过来,极权主义没有被操纵的、划一了的大众的无私支持,也是根本不可能的。极权主义运动是大众的运动,正是大众的无私奉献使得极权主义领导人可以无视他们人民的生命和利益。[1]"大众"是极权主义的基本条件:"无论何处,只要有大众,并且他们为了这样那样的理由有政治组织的欲望,极权主义运动就有可能。"[2]

"大众"完全是一个现代的现象,从克尔凯郭尔和尼采开始,"大众"一直是许多西方思想家关注的焦点。但是,他们都没有揭示大众对于现代政治的影响。阿伦特却从现代政治的角度对大众在现代政治中的消极作用作了透辟的分析。大众与暴徒不同,大众是阶级社会崩溃的产物,他们完全丧失了自己的阶级基础,所以他们能反映"人民的意志"。而暴徒虽然也脱离了原来的阶级社会,但他们仍然与资产阶级有密切的关系。暴徒是个人主义者,而大众是反个人主义的。暴徒有强烈的企图心,而大众却是被动的。

大众是孤立的原子式的个人,他们没有共同利益的意识,也缺乏特殊的阶级关联,因而他们也没有什么特定的、有限的、可达到的目标。"大众"这个术语意味着人纯粹的数量,人的千篇一律。这种人不可能在共同利益的基础上形成任何组织。在通常情况下,他们在政治上都是冷漠的,不会入党,也不会去投票站。但是,一旦发生战争、革命、通货膨胀或

[1] Cf. Margaret Canovan, *Hannah Arendt: A Reinterpretation of Her Political Thought*, p. 53.

[2] Hannah Arendt, *Totalitarianism*, Part Three of *The Origins of Totalitarianism* (New York: Harcourt, Bruce & World, Inc., 1968), p. 9.

失业,旧秩序就此瓦解,那么他们就会成为极权主义运动最合适的动员对象。因为在这种情况下,他们感到孤立无援,感到再也没有什么利益可维护,有什么东西可指望,遂准备为任何能给他们归属感的事业奉献全部忠诚。大众就成了极权主义运动的"死士"。

但是,极权主义运动要成气候光有大众还不行,还需要有精英和暴徒暂时的联盟来充当运动的灵魂和头脑。精英和暴徒一样,也是被社会抛弃的人,因而对现存的秩序有本能的反感,这就使他们很容易被以现存秩序为打击目标的极权主义所吸引。他们毁灭现存的一切的欲望和虚无主义的倾向以及对暴力的推崇与暴徒同样的倾向一拍即合,遂在极权主义运动中结成暂时的联盟。他们和暴徒一样被极权主义的恐怖主义所吸引。"证明如此有吸引力的是恐怖主义成了一种哲学,人们通过它表达挫折、憎恶和盲目的仇恨,一种哲学表现主义,它用炸弹来表达自己……"[1]

如果说精英和暴徒是被极权主义本身的暴力所吸引,那么大众就是被它的宣传所吸引。"在极权主义国家宣传和恐怖是同一个硬币的两面。"[2] 极权主义宣传能打动大众的地方在于它总是宣传它已经洞察了历史发展的规律,因而它的预言都是不会错的。尽管它提供的理论和预言与常识相反,但却不要紧。因为大众已经失去了辨别现实和想象的能力,他们只需要一个能彻底解释一切的教条,只要这个教条把自己称为科学。极权主义的意识形态宣传恰恰符合这一点。至于它与常识和事实不符,并不影响它的贡献,相反正可起到迷魂汤的作用,其实大众并不愿意面对事实。这是因为:

> 大众被逃避现实的欲望所烦扰,因为在他们本质的无家可归中他们不再能忍受它偶然的、不能把握的方面,他们对虚构的渴望也的确与人心的那些能力有某种联系,它们结构的一致性要高于纯粹偶然的发生。大众逃避现实是对他们被迫在其中生活却不能在其中存在的世界的一个判决,因为一致成了它的上帝,人类需要不断将混乱和偶然的状况变为一种人造的相对一致的模式。大众对现

---

[1]   Hannah Arendt, *Totalitarianism,* Part Three of *The Origins of Totalitarianism* (New York: Harcourt, Bruce & World, Inc., 1968), p. 30.

[2]   Ibid., p. 39.

实主义、常识和一切"世界的花言巧语"（柏克）的反抗是他们原子化的结果，是他们失去社会地位，连带着失去整个公共关系的结果，常识只有在这公共关系的框架里才有意义。在他们的精神和社会的无家可归情况下，慎重的对任意的东西和计划的东西、偶然和必然的相互依赖的洞见不再起作用。极权主义宣传只有在常识已经失效的地方才能够无耻地攻击常识。在要么面对无政府的发展和衰败完全的任意，要么屈从一个意识形态最刻板、最异想天开的虚构的一致的选择面前，大众也许总是愿意选择后者，并准备为它付出个人牺牲——这不是因为他们愚蠢或邪恶，而是因为在普遍的灾难中这种逃避给了他们最低限度的自尊。[1]

对于纳粹来说，宣传的一个主要功能是实践的组织作用，"极权主义宣传的真正目的不是说服，而是组织"[2]。所以它并不在乎宣传内容的简陋和没有新意，它在乎的是通过宣传来使人们的行动步伐一致。"使纳粹主义等成为极权主义的不是它们的观点，而是它们根据这些观点行动的方式。"[3]当然，大众和精英对宣传的信仰程度是截然不同的。大众几乎全信，精英全不信，但这并不改变极权主义宣传的组织功能。

如果说极权主义的意识形态无甚新意的话，那么极权主义的组织形式却是"全新的"。它们的功能就是将围绕着一个核心虚构编织起来的运动的宣传谎言变成一个起作用的实在，甚至在非极权主义环境下建立一个社会，其成员根据虚构世界的规则来行动和反应。组织和宣传是同一个硬币的两面。[4]极权主义的组织形式类似洋葱，分外围、中间与核心。外围是同情者或积极分子，中间层是一般党员，核心是领导精英。越是核心的人员越脱离真实世界，也因而信仰更坚定，因为他们见不到与宣传相反的东西。即使见到，他们也相信他们可以改变现实，使之符合教义。

---

[1] Hannah Arendt, *Totalitarianism,* p. 50.

[2] Ibid., p. 59.

[3] Margaret Canovan, *Hannah Arendt: A Reinterpretation of Her Political Thought,* p. 56.

[4] Hannah Arendt, *Totalitarianism,* p. 62.

然而，权力就意味着直接面对现实，掌权的极权主义不断关心克服这个挑战。当宣传和组织不足以坚持不可能是可能的、不可信的东西是真的、脱离实际的一致性统治着世界时，极权主义虚构的对极权主义的心理支持就垮了。对于极权主义统治来说，真实的信息是比反宣传更具威胁的东西。[1]这时，极权主义就需要国家、秘密警察和集中营来维护它的统治了。国家是为了极权主义征服世界的长期目标。秘密警察则是为了不断制造各种敌人，使国家永远处于运动中。集中营是为了将人变得连动物都不如，把所有的人变得好像是一个人，只能有同一种反应。

虽然阿伦特是由于20世纪三四十年代特殊的历史事件转向政治研究的，但她对极权主义的研究却并不只是要说明纳粹主义或一般的极权主义，而是要揭示极权主义的政治含义。她强调极权主义不同于传统的任何政治形式、政治制度，就是要把读者引向这个政治含义。这个政治含义就是极权主义反映了"我们世纪的危机"，它揭示了西方文明及其价值体系的崩溃。她甚至相信："我们时代的真正困境……只有当极权主义已经成为明日黄花时才呈现它们的本真形式。"[2]如果是这样的话，那么"我们世纪的危机"一定有比阿伦特在《极权主义的起源》中分析得更深层的原因。阿伦特的另一部代表作《人类的条件》，实际上是在进一步追究这些原因。

《极权主义的起源》对"我们世纪的危机"的分析基本是在政治阶级社会的层面，类似马克思主义的帝国主义分析，而未涉及深层的思想的和形而上的原因。如果"我们时代的困境"并未随着极权主义的消亡而消亡，说明极权主义只是"我们时代的困境"的一个极端表现，单一的、排他的生产—消费的经济关怀同样正在吞没人类活动所有其他相对独立的领域，消灭人的复数性、自由和独特性，那么对极权主义的分析应该只是对"我们时代的困境"的反思的一个导引，还应该进一步对产生极权主义的"我们时代的困境"——资本主义现代性的深层原因进行反思。

在《极权主义的起源》中，阿伦特指出，极权主义之不同于以前的一切暴政，在于彻底破坏了人的政治领域，消灭了人与人之间交往的可

---

[1] Hannah Arendt, *Totalitarianism*, p. 90.
[2] Ibid., p. 158.

能性,使人处于完全的孤立无援的状态中,人的世界被剥夺了,人成了无世界之人。在《人类的条件》中,阿伦特从否定的恐怖现象学转向肯定的人类活动现象学,她要从考察人的基本活动形式入手,揭示人类世界、自由和意义的根基所在,同时表明现代性造成的人类的无世界性(worldlessness)除了现实的政治社会经济原因外,在西方政治思想传统中也有其深远的根源。

与《极权主义的起源》不同,《人类的条件》不是从政治出发,而是从政治必须由此开始的困境出发,因此,它实际上并不直接关心政治,而是关心对政治有影响的人类的基本活动。[1]在《人类的条件》一开头阿伦特就开宗明义地说:"我打算用 *vita activa* 这个术语来指三种基本的人类活动:劳动、生产和行动。它们之所以基本,是因为它们每一个都对应于一个地球上生命给予人类的基本条件。"[2]这三个基本条件是生命本身、世界性(人的存在的非自然性)和复数性。

阿伦特将人类的基本活动形式如此三分,显然与亚里士多德将人的基本生存活动形式分为 poiēsis(劳动生产), techne(技艺)和 praxis(实践)的实践哲学传统有关,但阿伦特对这三种人类基本的活动方式作了她自己的规定。

先来看劳动。"劳动是对应于人的身体的生物学过程的活动,身体的自发生长、新陈代谢和逐渐衰退都受到由劳动产生并流入生命过程的生命必然性的支配。劳动的人类条件就是生命本身。"[3]这个"劳动"的定义应该说并无什么新鲜之处。但我们应该将它置于阿伦特关于人类活动理论的整个语境下来考察。"劳动"在阿伦特那里是一个与"生产"形成对照的概念,它是自然的,主要受人的生物需要支配;而生产却是非自然的,对应于人存在的非自然性。但人的劳动还是不同于动物维持其生存的活动,动物消费它们找到的东西,而人类消费他们做出来的东西。劳动的产物是维持生命和繁衍后代必需的消费资料。劳动和消费是一个无限

---

[1]　Cf. Margaret Canovan, *Hannah Arendt: A Reinerpretation of Her Political thought,* pp. 99-100, 102.

[2]　Hannah Arendt, *The Human Condition*(Chicago: The University of Chicago Press, 1958), p. 7.

[3]　Ibid.

的循环过程,只要生命还存在。

生产与劳动有本质的不同。"生产是对应于人的生存的非自然性的活动,人的生存不会被总的周而复始的生命循环所埋没,它的必死性也不会被这种生命循环所补偿。生产提供一个截然不同于一切自然环境的'人造的'事物世界。每个个人的生命都在它的边界内安家,而这个世界本身要比所有人都活得长,超越一切人。生产的人类条件是世界性。"[1]阿伦特和她的老师海德格尔和师兄伽达默尔一样,认为只有人才有"世界",动物没有世界。这个世界是人通过生产加给地球的。换言之,世界是通过人的生产产生的。劳动产生的是当下就消费的消费资料;而生产产生的是使用对象,都具有持久性,并且脱离了自然界。例如,木匠生产的桌子是用木材做的,但桌子做成后,便不属于自然界,也不会马上消失(消费)。但是,工业革命以后,劳动和生产的这个区别除了在艺术作品领域外,正在消失。近代社会把使用对象当作消费对象来处理,像消费服装那么快消费桌椅,像消费食物那么快来消费服装。工业革命用劳动取代了一切手艺,结果是近代世界的一切事物都成了劳动产品,它们的自然命运就是被消费,而不是被使用。[2]

生产一般都是一个深思熟虑的活动,即它一般都有一个预先想好或拟定的计划或蓝图,然后按照计划和蓝图去做。也正因为如此,生产具有明确的起点和终点,终点是可预言的,不像劳动,是一个无限循环。并且,生产具有可逆性,人生产的东西,人也可以将它破坏。这就意味着人完全可以支配生产,人是生产的主人,也是地球的主人。[3]生产既然具有明确的目的,它就必须遵循功利主义的原则,即有用性,它必然陷入目的与手段的关系结构中,并且它的产物也将陷入这个关系中。本来作为目的的东西在生产出来之后就可以是达到新的目的的手段。

劳动和生产这两种活动都涉及的是人与自然的关系,而只有行动才涉及人与人的关系。"行动,是唯一不通过事物或物质的中介直接在人与

[1] Hannah Arendt, *The Human Condition*(Chicago: The University of Chicago Press, 1958), p. 7.

[2] Ibid., p.124.

[3] "生产人(*homo faber*)为人行事就像整个地球的主人。"(Hannah Arendt, *The Human Condition*, p. 139)

人之间进行的活动,它对应于复数性这个人类的条件,对应于人们,而不是单数的人,生活在地球上,居住在世界中。"[1] 在人类的条件中,复数性是最与政治相关的一个条件。复数性的意思其实再简单不过,就是人不是一个人,也不是作为抽象的类,而是作为无数人中的一个人,与他人生活在一起,或用海德格尔的术语,与他人"共在"(Mitsein)。并且,每个人生来就是独一无二的,即与当世的所有人不同,也与过去和未来的所有人不同。动物的行为模式是它们所属的那个种的特征;而人的言行只属于他自己,他通过他的言行来与别人相区别,来认出自己。可是,在阿伦特看来,恰恰是这个再明白不过的事实,却被西方哲学传统(包括马克思主义)否认或忽视,而极权主义更是想方设法要彻底消灭多数性和自发性。

在阿伦特的人类条件等级形态中,复数性排在最高,因为复数性最能动。复数性意味着人不断地降生,新人不断成长,通过言谈和行动进入人类世界。我们通过主动开始某些新的事情来回应这个世界。[2] 人生来就有重新开始或开创某事的能力,所谓行动,就是重新开始某事。这种重新开始与生俱来,所以行动与出生(natality)这个人类条件联系最密切。[3] 行动就是自发的与别人交往的活动,它不是例行公事,而要求个人的主动。

行动总是与言谈联系在一起。与行动一样,言谈以人的复数性为前提,正因为世界上有各种各样不同的人,才需要言谈,使自己被别人了解,也使自己了解别人。言谈不是众口一词,而是众声喧哗。但言谈不是行动,行动也不都包括言谈。但"许多,甚至多数行动是以言谈的方式进行的"[4]。

行动与生产有重要的不同。首先行动是不可预言的,因为行动有随机性。其次,行动不像生产那么"实"。生产总是将原材料加工成一个具体的东西;而行动则比较"虚"(futility),它往往并不产生什么具体的结果,如公民关于公共事务的讨论。行动还有一个与生产的根本不同,就是

---

[1] Hannah Arendt, *The Human Condition*, p. 7.

[2] Ibid., p. 177.

[3] Ibid., p. 9.

[4] Ibid., p. 178.

它的结果是不可控制的。生产者可以肯定他的生产结果，但行动者却不然。每个人生下来开始与人交往和交谈，他的行动和计划影响别人的行动和计划，也被别人的行动和计划影响。因此，不管一个人多么积极主动，他都不可能控制他一生的种种事情。人的故事只有在故事完了以后才能知道结果，它的作者和别人一样在这之前无法预言最终的结局。行动本身隐含着危险性，行动要不断重新开始，而这种首创性会使得事情过程变得收不住和不可逆。

由于行动的不可预言、虚而不实，不可逆和结果的不可控制（阿伦特认为这说明了"人类事务的脆弱性"），使得自古以来的哲学家和政治家都希望避免这些挫折。如果这些挫折是因为人类的复数性而引起的话，那么不如化繁为简，快刀斩乱麻，以单数的人作为考虑问题的出发点。与其各人自发行动，不如万众一心按部就班生产；与其允许众多公民行动，不如一人君临天下为好。行动自身的上述欠缺，很自然会引发人们作出尽量勾销复数性的选择。柏拉图以来的西方政治哲学传统主流，似乎正是被这样一种心智倾向所支配。

例如，鉴于上述"人类事务的脆弱性"，"柏拉图认为人类事务（ta ton anthropon pragmata），行动（praxis）结果不应该去认真对待……"[1]。这当然不等于说柏拉图不重视政治。相反，他和亚里士多德都极为重视政治，他们都是在真正意义上的政治哲学家。但他们的政治哲学关注的是制定法律和建立城邦，认为这是政治生活中最高层次的活动，因为在这些活动中，人们"像工匠那样行动：他们行动的结果是一个实质的产物，它的过程有一个可明确认出的目的"[2]。这就是说，在柏拉图看来，政治活动与生产活动是同样的活动。阿伦特说，柏拉图和亚里士多德似乎是认为，只要人们放弃他们的行动能力，及其结果的空虚、漫无边际和不确定，就能救治人类事务的脆弱性。[3]

在阿伦特看来，逃避"人类事务的脆弱性"，就是要取消复数性这个人类条件，因为行动造成的这个不幸结果正是由于人类的复数性，有了这个条件才有公共领域，有了公共领域才有政治。因此，逃避"人类事务的

---

[1]　Hannah Arendt, *The Human Condition*, p. 185

[2]　Ibid., p. 195.

[3]　Ibid.

脆弱性"就是在逃避政治。柏拉图以来大部分政治哲学其实都是试图找到完全逃避政治的理论基础和实践方法的各种努力。"所有这样的逃避的标志就是统治的概念，即只有当有人有权下命令的人，其他人被迫服从时，人们才能在法律上和政治上共同生活在一起。"[1]

柏拉图在《政治家篇》中表明，下命令就是知道要做什么，服从命令则是去做。统治者只需知道无须行动，而被统治者则反之。这非常类似孟子的"劳心者治人，劳力者治于人"的说法。但统治者的知识不是政治判断，而是像织工的织布技艺那样的专门知识。柏拉图的统治者或者说哲学王就像一个政治工匠，他根据一个理想的模型来将臣民塑造成一个秩序井然的统一整体。柏拉图的理想国的理型与一张桌子的理型没什么两样，都是用来生产的蓝图和检验产品的标准，这也意味着权威来自一个超越的根源，而不是来自政治领域本身。

柏拉图实际上是用生产来偷换了或取代了行动。随着生产代替了行动，政治成了达到更高目的的手段。[2]行动被生产的同化必然导致行动的工具化，即它不再是亚里士多德讲的本身就是目的的实践（praxis），因为"生产过程完全是由手段和目的的范畴决定的"[3]。因此，从柏拉图和亚里士多德到马基雅维利和霍布斯，再到马克思和韦伯，手段/目的的范畴支配着西方政治思想就毫不奇怪了。在政治思想和政治理论中，人们已经"不可能不用手段和目的的范畴，不根据工具性的思维来讨论这些问题了"[4]。

用生产取代行动意味着取消了行动者的创造性，或者用阿伦特的话，重新开始的能力。行动者只需要，也只能与更大的必然性或存在的秩序一致。自由是对必然的认识，政治行动者只是历史必然性的工具的思想，其实只是用生产来解释行动的逻辑结果。历史的主体不是各种各样的人们，而是一个体现了一般利益的历史代理人，如柏拉图的哲学王、霍布斯的主权代表、卢梭的普遍意志（公意）、黑格尔的理性国家极权主义一点也没有否定这个传统，而是将它一些最珍爱、最基本的转向彻

---

[1] Hannah Arendt, *The Human Condition*, p. 222.

[2] Ibid., p. 229.

[3] Ibid., p.143.

[4] Ibid., p.229.

底化。[1]

如果说柏拉图混淆了生产和行动，那么在阿伦特看来，马克思就既混淆了生产和行动，也混淆了劳动和生产。她认为，马克思从《1844年手稿》到《资本论》都坚持劳动创造人，这是完全混淆了劳动和生产。马克思以为人类的解放取决于人与自然的新陈代谢的进化是模糊了人造的自由领域（政治领域）和自然决定的必然领域（经济领域）间极为重要的界线。这就有可能导致以后者来代替前者。但是，阿伦特对马克思混淆了生产和行动的批评是说不通的。马克思的确认为资本主义的发展使得加快社会进化的下一阶段的政治行动有可能，他是将人类解放的行动建立在自然的必然性（经济发展）上。

阿伦特暗示，马克思混淆了人造自由和自然必然性，实际是以后者取代前者，但她又认为，马克思将共产主义理解为凭主观意志和意图来制造历史，这是将行动等同于生产。她由此得出结论说："马克思主义由于它误用，或将政治行动误解为制造历史，有可能发展出一种极权主义的意识形态。"[2] 但是如果马克思已经用劳动来等同生产，就不可能再用生产来等同行动。阿伦特对马克思后一个批评显然也是牵强的、自相矛盾的。

通过对劳动、生产和行动的及其误解的分析论述，阿伦特发现在西方政治思想传统中存在着要抹去复数性、克服自发性的"任意性"的倾向，将自由等同于控制、判断等同于知识、合法性等同于服从"更高的法则"是西方政治思想传统和极权主义最突出的特征。[3] 当然，这并不是像波普尔那样在柏拉图和极权主义之间画等号。阿伦特只是要表明在西方政治思想传统中有可能导致（但并不必然导致）极权主义的因素，极权主义和西方政治思想传统之间还隔着千山万水。这些因素要变成极权主义消灭复数性，消灭自发性，消灭自由的意识形态还需要许多社会历史条件，其中最重要的是资本主义的产生，它为极权主义的产生提供了现实的土壤。

---

[1] Cf. Dana R. Villa, *Politics, Philosophy, Terror* (Princeton: Princeton University Press, 1999), p. 197.

[2] Hannah Arendt, "The Ex-Communists", in *Essays in Understanding, 1930–1954*, p. 396.

[3] Cf. Dana R. Villa, *Politics, Philosophy, Terror*, pp. 197–198.

资本主义的产生与发展使得在古代泾渭分明的公私领域的界限不复存在,资本主义通过对私有财产的剥夺实际上剥夺了个人保持其私人性的基础,是社会对个人的入侵,或借用马克思的话说,是"人的社会化",即个人消失在社会一体化或划一化过程中。

在古希腊,公共领域和私人领域的界线是非常清楚的。"公共领域"即政治领域,它属于"自由的领域",是从生命必然性中解放出来的领域。而"私人领域"就是家政的领域,即家庭及其成员谋生的领域,是服从生命的必然性的领域。虽然对古希腊人来说,公共领域才是人生的价值和意义之所在,但城邦并不侵犯其公民的私生活和私有财产,因为没有私有财产(房子),就不能参与世界事务。[1]但是,私人事务,即以维持生计和生命过程为目的的行为也绝不允许进入公共领域。家政生活是为城邦中"善的生活"(政治)而存在,但政治绝不为生活而存在。[2]

近代产生了一个前所未有的东西,这就是社会。社会打破了原来公私领域的区分,它既不属于公共领域,也不属于私人领域。"社会总是要求它的成员就好像一个大家庭的成员那样行动,这个大家庭只有一种观点,一种利益。"[3]它是一个扩大了的全体国民的家,是无数家庭融合而成的一个共同体,原来只属于私人的经济问题现在成了共同体的公共问题。这样,原来传统的公私畛域就被打破了。政治变成了扩大的家政,换言之,经济取代了政治,变成了公共问题,经济问题现在成了政治问题,而且是唯一的政治问题,原来意义的政治反而被遗忘了。

在传统家庭中,家长代表家庭利益和意见,家长一个人说了算。在社会这个"大家庭"中,家长是海德格尔讲的"无人",科层制就是这个"无人"的家长。它要求社会成员遵守社会的规范,若不遵守,就将被视为不正常或反社会,被社会抛弃。在以前,个人保持他的独特性是因为有政治领域或公共领域,"换言之,公共领域是为个别性而保留的,它是人们能够显示其真我风采和不可替代性唯一的地方"[4]。现在,政治领域被非私人的经济领域所取代,人们没有了行动的可能,也就没有了成为独特个

[1]   Cf. Hannah Arendt, *The Human Condition,* p. 31.

[2]   Ibid., p. 37.

[3]   Ibid., p. 39.

[4]   Ibid., p. 41.

人的可能。社会要求人们循规蹈矩地行为,而不是追求优异的行动。它实际上取消了人的自发性、复数性(差异性)和自由,迫使人划一化。极权主义的消亡并没有改变这个事实。也许是有鉴于此,阿伦特才说我们时代的真正困境只有在极权主义成为明日黄花时才会呈现它们的本真形式的吧? 社会的兴起,意味着国家的灭亡、政治的灭亡。

根据阿伦特的思想,自由的领域在政治,要维护人的自由,就必须维护自由的领域,也就是政治空间或政治领域。"强调人的复数性和他们之间的政治空间是阿伦特政治思想最突出的特征。"[1] 阿伦特并不满足于指出"我们时代的困境",她始终在探索在现代性条件下新的政治可能性。她的选择是共和主义,但是与古典共和主义有别的共和主义。

根据阿伦特的共和主义,自由不是天赋的,也不是自决的,而是在人际交往中出现的东西。自由不同于解放(liberation),解放是摆脱身体必然性和他人的束缚,因而只是自由的前提条件,还不是自由。自由的根源在于所有人都有的"纯粹开始的能力",也就是行动的能力。行动总是与政治有关,"政治是自由能表现自己和实现自己的地方"[2]。对于阿伦特来说,革命是自由表现的典范,因为革命是"一种新的经验,它揭示人的创新能力"[3]。所以《论革命》这部著作在阿伦特的整个思想中有独特的地位,它试图通过对近代三次伟大的革命——美国革命、法国革命和俄国革命成败得失的分析,探寻在现代性条件下政治的可能性。

阿伦特很明显是从其共和主义的立场来进行分析的。她采取共和主义的立场完全不奇怪。我们知道,根据阿伦特的诊断,现代的一个基本现象就是社会的兴起,以及随着社会的兴起,原来意义上政治的没落和共同领域的丧失。人们越来越多是只顾谋生的市民,而不是参与公共事务的公民。而公民身份恰恰是古典共和主义的一大主题。强调复数性,强调政治空间的阿伦特秉承这个传统,是顺理成章的事。

但阿伦特对公民身份的理解与共和主义的传统也有重要不同,这

---

[1] Margaret Canovan, *Hannah Arendt: A Reinterpretation of Her Political Thought*, p. 205.

[2] Hannah Arendt, "Freedon and Politics", in A. Hunold (ed.), *Freedom and Serfdom* (Dordrecht: Reidel, 1961), p. 198.

[3] Hannah Arendt, *On Revolution* (Harmondsworth: Penguin, 1973), p. 34.

就是强调公民的复数性和他们之间的空间，以及给个别性留下余地。但她并不怀疑公民的公共责任高于私生活，进入公共领域并不是自我牺牲，而是可以从中得到内在于积极分担对"公共事情"的责任的快乐的补偿。[1]

在阿伦特看来，西方政治思想在其发轫时就被柏拉图这样的哲学家的反政治偏见所支配，一直到了18世纪，在美国革命和法国革命的过程中人们才重新发现了公共自由，把他们自己从哲学传统的偏见中解放出来。但社会问题又冒出来使他们又一次不去注意公民身份。[2]

所谓社会问题其实就是经济问题，即将贫穷作为政治问题而不是作为生活的事实来处理。结果是用经济问题转移了政治革命的根本目标——建立产生自由的公共领域或政治空间。法国革命者最初也是对公共自由感兴趣的，他们准备制定一部宪法为公共言论和行动建立永久的空间，但他们动员来反对旧制度的穷人却要首先解决经济问题。他们的问题似乎要比制定一部自由的宪法重要得多。但其实革命解决不了社会问题，反而会产生巨大的副作用。法国大革命之所以以恐怖收场，就是因为它们强行通过革命来解决社会问题。另一方面，"当大众还挣扎在贫困之中时，革命要创建新的政治体是完全不可能的"[3]。

美国革命之所以成功，就在于它没有这个问题，美洲殖民地不存在旧世界的贫困问题，美国人已经从必然性中解放了出来，所以他们可以把建立自由放在首位。但美国人也有革命以后只追求财富而不要自由的问题。阿伦特说："虽然只有那些需要已被满足的人才有自由千真万确，那些为他们的欲望而活的人没有自由也是千真万确。"[4]无论穷富，都有可能忽视自己的公民身份。衣食足是公民身份的必要条件，但不是充分条件。美国选民投票很可能更多是为了自己的私人利益，而不是为了公共事务。所以她认为美国革命虽然成功，但革命的结果却模棱两可，统治究

---

[1] Hannah Arendt, "Public Rights and Private Interests", in M. Mooney and F. Stuber (eds.), *Small Comforts for Hard Times: Humanists on Public Policy* (New York: Columbia University Press, 1977), p. 106.

[2] Cf. Margaret Canovan, *Hannah Arendt: A Reinterpretation of Her Political Thought,* p. 230.

[3] Hannah Arendt, *On Revolution,* p. 222.

[4] Ibid., p. 139.

竟是为了繁荣还是为了自由,这个问题美国至今没有解决。[1]以经济活动为中心的私人生活和作为政治自由制度化的宪法体制始终处于矛盾中[2],但前者显然越来越占上风。

阿伦特认为:"革命的目的在于缔造自由。"[3]美国革命通过宪法将政治自由制度化,正是在此意义上,美国革命是成功的。但是,美国革命在将"革命精神制度化"方面,也就是在巩固公民对公共问题的热情和政治参与方面,却是失败的。美国的代议制民主在促进公民自由(civic liberties)方面是有效的,但是,作为私人享受公民权利与作为共和国的公民享受政治自由(political freedom)还不是一回事。"因为政治自由……意味着'参与治理'的权利,否则它什么也不是。"[4]阿伦特虽然对美国的民主制不是全盘否定,但也是有很大的保留,她认为这还是一种少数人对多数人利益进行支配的统治形态。这种统治把人民的福利和个人幸福当作主要目标,在这个意义上,它可以说是民主的。但与此同时,它又把公共幸福和公共自由变成少数人的特权,在这个意义上,它又可成为寡头政治。[5]

现存的代议制民主虽然与暴政,更不用说与极权主义不可同日而语,但它还不是一个真正人民当家作主的制度,人们没有机会享受公共自由。人们在革命过程中发现了"公共幸福",但革命后大家都自求多福,奔个人私人的幸福去了,很难保持革命的精神,也就很难有真正的公民。人们把治理国家的任务交给政客,对他们的唯一要求就是维护他们的物质利益或私人利益。只有人民广泛参与公共事务,才会有真正共和精神的政府,才会有真正的人民当家作主。而要实现人民的广泛参与,不能借助现有的政党制度,因为那只是为各种利益集团服务的工具。阿伦特认为"委员会"制度才是最符合共和精神的制度。

阿伦特的"委员会"制度是取法法国大革命时期的革命协会、巴黎公社、俄国革命时的苏维埃、1918—1919德国革命时的工人士兵委员会

---

[1] Hannah Arendt, *On Revolution*, p. 136.
[2] 阿伦特一到美国就觉察到这种矛盾:一方面,美国人是世界上最热衷经济活动的民族;另一方面,世界上又少有像美国人关心公共事务的。
[3] Hannah Arendt, *On Revolution*, p. 223.
[4] Ibid., p. 268.
[5] Ibid., p. 269.

等。她认为这种人民自发组织的委员会应该取代现存的政党制和代议制统治形态,成为共和主义政治的制度。这种委员会既是政治活动的机关,也是建立秩序的机关。它本身就是自由的空间,公民在这里能够直接交换意见,对他们的公共事务采取行动。它的目的是要使这种自由的空间永久化,即成为真正的共和国。[1]真正委员会实行联邦制,从基层地方开始,逐级建立,最后当然是全国性的委员会。由于每一级都有委员会,人民可以直接参与政治。

阿伦特的委员会制度的设想作为一个具体的政治改良的建议的话当然是乌托邦,而且内在也有不少问题,她自己也意识到这一点。[2]其实不只是她关于直接参与的思想,而且她的全部政治哲学往往被批评为缺乏可操作性。用传统政治哲学的范畴来理解她得出这样的看法是一点也不奇怪的,但阿伦特的政治思想恰恰是要表明她自己在政治思想上的"重新开始",所以用传统政治哲学的思路的确可以对她提出许多批评,但不见得都得要领。她通过委员会制度来实现直接参与的想法的确是乌托邦,但这是由于她所批评的现状不但已经制度化,而且成了人们的生活方式。在这种情况下,乌托邦恰是她思想的价值之所在,它让我们看到我们心安理得认同的常态恰恰是不合理,甚至是荒谬的。

阿伦特从来就不是一个热衷躲在象牙塔里冥思苦想的人,促使她转向政治哲学的,除了极权主义外,还有她"对这个世界的爱"。虽然她自己早年决定学哲学,但对西方传统的反思却使她觉得哲学,确切地说,在柏拉图传统意义上,也就是西方哲学传统主流与极权主义之间可能有某种关联。哲学要求孤独,要求沉思,要求远离行动,它的存在论基础或者说人类的条件是 *vita contemplativa*(沉思的生活)。这就使它必然与建立在人的多数性基础上,要求行动,对应于 *vita activa*(行动的生活)这个人类条件的政治处于一种紧张关系。此外,哲学的逻辑推理也含有一种强制性,因而也能产生权力。这些都使得哲学可能是反政治的,甚至会接受极权主义。海德格尔接受纳粹,与纳粹合作的短暂历史更刺激和加强了阿伦特的这种想法。

---

[1] 参看川崎修:《阿伦特——公共性的复权》,第188页。

[2] Cf. Margaret Canovan, *Hannah Arendt: Reinterpretation of Her Political Thought*, pp. 236-238.

然而，在批评柏拉图和海德格尔的时候，阿伦特提出了苏格拉底和雅斯贝斯作为反例，来证明哲学与政治可以是一致的，至少在这两人那里，哲学与世界和他人是密切联系在一起的。阿伦特自己难道不是一身兼二任，同时具有哲学家与公民身份，同时过着公民的生活和精神生活？但她自己好像不这么看，她晚年公开说，她不是政治动物。她告诉她的老同学兼老朋友汉斯·约纳斯说，她已经在政治上尽了自己的力量，从现在起她要坚守哲学了。[1] 她未写完的《精神生活》似乎证明了她的这个决心。

　　但是，以为阿伦特在那样透辟地揭示了西方哲学传统的反政治性之后还会在哲学与政治的两端中选择哲学而摒弃政治，那等于是设想她全盘否定自己政治思想的理论前提和基础，没有什么比这更荒谬的了。事实上，正如加诺芬所指出的："调和哲学与政治的问题对于阿伦特试图重新思考政治的事业来说是中心的问题。"[2] 她在《人类的条件》之后曾计划写一部政治理论的著作，不仅要重新考察传统概念，系统考察公共领域中的行动，还要讨论行动和思维或政治和哲学之间的关系。[3] 虽然哲学和政治分别对应于两大不同的人类条件，即 *vita contemplativa* 和 *vita activa*，但它们毕竟都是人的活动，应该可以在人身上找到它们的联结点。阿伦特回到哲学，是要在哲学中找到被传统遮蔽了的可能性，即哲学与政治调和的可能。

　　但阿伦特计划中的书却没有写出来，因为她被一个现实的事件——艾希曼审判吸引住了。但是她对艾希曼事件的思考却给她的深入上述问题提供了新的契机。阿伦特在思考艾希曼案件时，提出了引起很大争议的"恶的平庸性"的思想。她认为像艾希曼这样的人之所以犯下骇人听闻的反人类罪行，并不是由于生性恶劣，而是由于"无思想性"，这种无思想性能够发挥潜伏在人类中所有恶的本能。[4] 阿伦特这里说的"无思想性"，不是说没有一般的思维能力，而是指没有判断是非善恶的判断能

[1]　Hans Jonas, "Acting, Knowing, Thinking: Gleanings from Hannnah Arendt's Philosophical Work", *Social Research* 44/1 (1977), p. 27.

[2]　Margaret Canovan, *Hannah Arendt: A Reinterpretation of Her Political Thyought*, p. 264.

[3]　Ibid.

[4]　Cf. Hannah Arendt, *Eichmann in Jerusalem: a Report on the Banality of Evil* (Harmondsworth: Penguin Books, 1987), pp. 287-288.

力。"正义,而不是宽恕,是一个判断问题。"[1]

既然"无思想性"是指不能作出判断,那么显然,判断是一种思想能力,而不是一种行动能力。然而,区分是非善恶,这显然是发生在公共领域里的事,属于 *vita activa* 的范畴。阿伦特明确表示:"判断的能力是一种特别政治的能力。"[2] 但是,判断本身又不是行动,而是思想。它是参与和从事行动的人的能力自不待言,但并不排除它也可以是旁观者的能力。果然如此的话,那么判断就是一种横跨行动的生活和沉思的生活两个领域的能力,至少在判断上,哲学与政治有共同的立足点。然而,阿伦特关于判断的论述却好像不作此想。相反,给人的印象似乎是,她关于判断的思想有一明显的断裂,一开始她将判断视为行动者的能力;但后来却变成了旁观者的能力。这表明在她那里,*vita activa* 与 *vita contemplativa* 的冲突没有解决(也就是哲学和政治最终未得到调和),"寻求在行动者和旁观者之间的某种解决继续是我们时代最深刻的问题之一"[3]。

伯恩斯坦的上述观察是否正确暂时不表,但对于判断阿伦特也许并没有一条先定的思路,而是随着问题本身的轨迹前行,所以根据她的好朋友玛丽·麦卡锡的说法,判断可能把阿伦特引到未曾预期的方向。[4]

阿伦特对判断的关注显然是受了康德的启发。康德在他的第三批判即《判断力批判》中,系统论述了他关于判断力的思想。他给判断力下的定义是:"判断力一般是将特殊思考包含在一般之下的能力。"[5] 也就是将特殊置于一般的概念之下,但并不被吸纳于一般概念。康德还区分了两种判断力,即限定判断力和反思判断力。前者是根据已有的一般(规则、原则或规律)来包含特殊;而后者是没有一般,得从特殊中产生一般。前者从一般出发;后者必须从特殊出发。

[1]   Cf. Hannah Arendt, *Eichmann in Jerusalem: a Report on the Banality of Evil* (Harmondsworth: Penguin Books, 1987), p. 296.

[2]   Hannah Arendt, "The Crisis in Culture", in *Between Past and Future* (New York: Penguin Books, 1977), p. 221.

[3]   Richard J. Bernstein, "Judging — the Actor and the Spectator", in *Philosophical Profiles* (Cambridge: Polity Press, 1986), p. 237.

[4]   Cf. Ronald Beiner, "Hannah Arendt on Judging", in Hannah Arendt, *Lectures on Kant's Political Philosophy* (Chicago: The University of Chicago Press, 1982), pp. 93–94.

[5]   Kant, *Kritik der Urteilkraft* (Stuttgart: Reclam, 1971), S. 33.

在康德那里,判断活动当然首先与审美有关,但它也内在的是社会的,因为我们的审美判断总是涉及一个共同的世界,涉及公开对所有判断主体出现的东西,因此不仅是主观偏好或私人怪想的问题。判断总是意味着要说服别人我的判断的有效性,因为在这里不存在与判断对象客观相符的可能,只能通过说服来取得一致。[1]在阿伦特看来,审美判断与政治判断间显然有着本质的类似,它们既不是主观的,也不是客观的,而是主体间的。因此,她认为《判断力批判》包含着政治哲学的种子,这种政治哲学实际上与《实践理性批判》的政治哲学正相反,她要发挥的是康德的这一种政治哲学。

在1961年发表的《自由与政治》中,阿伦特第一次阐明她的这个观点。她说,《判断力批判》的第一部分其实是政治哲学,却很少被论康德的著作提到。另一方面,从康德所有的政治著作来看,"判断"的主题对于康德本人来说比"实践理性"的主题更有分量。在《判断力批判》中,自由是想象力的属性,而不是意志的属性,想象力最密切地与较广阔的思维方式,即政治思维方式联系在一起。[2]阿伦特自己对判断的思考就是沿着康德这种政治哲学的路径展开的。

阿伦特重视判断肯定与她所揭示的哲学与政治的紧张有关,也与当代哲学在真理问题上的困境有关。自古以来,哲学追求的就是千古不移的真理,这真理不为尧存,不为桀亡。而政治处理的是各种各样的观点。因此,哲学家应该超越政治领域(观点)而进入真理的领域。我们从前面讲的施特劳斯那里仍然可以看到这种立场在当代的延续。近代认识论实际上加强了这种立场:既然真理应该是普遍有效和客观的,那么主观的观点当然应该尽量加以排除或不予考虑。近代认识论哲学实际上加强了阿伦特揭示的哲学的独裁倾向。然而,现代哲学的发展却使传统哲学真理的观念发生了根本的动摇。同时,相对主义和虚无主义却乘虚而入,成了另一种主要选择。但20世纪人类的灾难恰恰表明,虚无主义和独断论是一枚硬币的两面[3],它给人类带来的不是解放,而是后果更难预测的隐

---

[1] Cf. Ronald Beiner, "Hannah Arendt on Judging", pp. 119–120.

[2] Hannah Arendt, "Freedom and Politics", in *Freedom and Serfdom: An Anthology of Western Thought,* ed. by A. Hunold, (Dordrecht: Reidel, 1961), p. 207.

[3] 阿伦特讲的暴民就是这两种表面截然相反的倾向联姻的产儿。

性奴役。

判断让阿伦特看到了超越独断论真理和主观主义的第三条道路的可能。按照康德的看法,判断的基础是趣味,而趣味是一种共同体的感觉(*sensus communis*),不是私人的感受;也与认知理性的客观普遍性有别,因为它只对判断的人或判断对象出现的那个公共领域的成员有效。[1]它的有效性不是来自超越或先验的根据,而是来自他人的同意,这种同意只能通过劝诱说服的方式取得,而这也正是政治生活中思维模式的特征。

> 判断的力量在于与他人潜在的一致,判断的思维过程不像纯推理的思想过程,是一个我和我自己的对话,而是即使当我独自动脑筋时,也始终和首先在预期的与他人的交往中可以找到的东西,我知道为最终必须与他们达成某种一致。判断从这种潜在的一致中得到它的特殊有效性。另一方面,这意味着这样的判断必须把它自己从"主观私人的条件"下解放出来,即从种种私下自然决定每个个人的癖性中解放出来,只要它们是私人拥有的观点,它们就是正当的,但它们不适合进入市场,在公共领域里它们缺乏有效性。[2]

判断是在形成观点的过程中从"主观私人的条件"下解放出来的:

> 我通过从不同的看法考虑一个特定的问题,通过向我自己的心灵呈现那些缺席的人的看法,即我表现它们而形成一个观点。这个表现过程不是盲目采纳那些在别的什么地方的人的实际看法,因此从一个不同的角度来看世界;这既不是一个移情的问题,好像我试图像某个别人那样存在或感受,也不是数人组合成一个多数的问题,而是在我实际不在的地方以我自己的身份存在和思考。当我考虑一个特定问题时,我在我心里呈现的人们的立场越多,我就能更好地想象如果我处在他们的位置,我会怎样感受和思考,我表现性思维的能力越强,我最后的结论、我的观点就越有效。[3]

---

[1] Hannah Arendt, "The Crisis in Culture", p. 221.

[2] Ibid.

[3] Hannah Arendt, "Truth and Politics", in *Between Past and Future,* p. 241.

因此，在阿伦特看来，判断是一个与他人共有世界（sharing-the-world-others）得以发生的活动[1]，也就是说，判断是政治行动的基本条件。另一方面，观点既然可以是普遍有效的，说明政治还是有是非的。拯救了观点，也就拯救了政治。判断与此至关重要。

到了20世纪70年代，阿伦特关于判断的论说有了明显的变化，也就是从强调判断是政治行动者的能力转到强调它是旁观者的能力。这可能与她对自己身份的最终定位有关。1964年她在德国电视二台对她的电视采访中还说，她不属于哲学家的圈子，她的职业是政治理论。"我从来没有觉得我是哲学家。"[2]但到了她生命的最后几年，她改变了对自己的定位。她觉得她最终还是哲学家。哲学家不做什么，哲学家是旁观者，这样才能保证他寻求的真理的客观性。她多次赞同地引证第欧根尼·拉修斯在《名哲言行录》中引述的普罗塔哥拉的话："生活……就像一个节日：就像有些人来节日竞技，有些人来做生意，但最好的人是当旁观者那样，在生活中奴性的人追逐名利，哲学家追逐真理。"[3]她显然是认同西方传统对哲学和哲学家的规定。她说："其他人主要对做事感兴趣，我不是。我不做任何事能活得很好。但我不能不试图理解发生的无论什么而活着。"[4]这就是说，阿伦特把自己定位为旁观者。

但作为旁观者的哲学家并不是与政治无关或反政治的，他们只是不参与政治活动，但"他们的拒绝加入是有意识的，因而成了一种行动"[5]。阿伦特的确是区分思维和行动，*vita activa* 和 *vita contemplativa*，但她并没有认为这两者完全对立，有着不可沟通的界限。相反，苏格拉底的思维接生术——引出未经检验的观点的含义，从而破坏它们（包括价值、学说、理论，甚至确信）——隐含的是政治的。思维的这种破坏性对其他人类能力有解放的效应，判断就是思维这种解放效应的副产品。判断特殊事

[1] Hannah Arendt, "The Crisis in Culture", p. 221.

[2] Hannah Arendt, *Ich will verstehen*, S. 44.

[3] Hannah Arendt, *The Life of Mind,* I, p. 93, *Lectures on Kant's Political Philosophy*, p. 55, *Hannah Arendt: The Recovery of the Public World,* ed. by M. A. Hill, (New York: St Martin's Press, 1979), p. 304.

[4] *Hannah Arendt: The Recover of the Public World,* p. 303.

[5] Hannah Arendt, "Thinking and Moral Considerations", *Social Research* 38 (1971), p. 445.

物的能力与思维能力当然不是一回事,思维处理的是不可见的东西,是不在场的事物的表象;而判断始终关心特殊的东西和近在手边的东西。两者相互关联就仿佛意识与良心相互关联一般。即使作为旁观者,有了判断对错、美丑的能力,也能在千钧一发的时候防止灾难。[1]旁观者在紧急关头的判断仍然符合阿伦特早先判断是人类精神能力中最政治的能力的定义。

如果仅仅这样的话,人们也许就不会认为阿伦特的判断理论中存在着行动者的判断和旁观者的判断之间的紧张。但阿伦特晚年却越来越强调判断主要与过去有关,并且她比较系统论述的也是这种对过去或历史的判断,而不是在政治行动中所做的判断。阿伦特判断理论的这个重心转移,有很深的历史哲学的背景。

在写《精神生活》"意志"这一部分时,阿伦特触及人类自由的本质的问题。阿伦特的问题是:像意志能力这样极为偶然和短暂的东西怎么能给人类自由提供一个可证实的基础?在之前的著作中阿伦特一直把自由描述为本质上是世间的、公共的,与政治行动的现实世界有关的东西。但在她最后一部著作中却将在公共世界中作为行动的自由追溯到意志的自发性、偶然性和自主性。根据阿伦特,自发性意味着人天生的开始能力。但人们并不总是想重新开始,他们往往宁可援引历史的先例,萧规曹随,亦步亦趋。意志也含有强迫的意味,不一定受欢迎。的确,人生下来就有意志,但出生却不是我们的选择,它是不管我们愿不愿意降临到我们的东西。问题仍然是:如何肯定自由?意志提供不了有说服力的答案。阿伦特把这称为"死胡同"。在她看来,判断力是走出这条死胡同的唯一出路。[2]

近代西方思想传统认为人是生来自由的,存在主义甚至认为人不能不自由(萨特),但这样一来自由的责任却成了生命中不堪承受的重,人们想方设法用各种学说来逃避它,如宿命论或历史进程的思想,唯一能实际肯定人类自由的方法是通过反思和判断人的自由行动,从人的自由行动中得到乐趣。在阿伦特看来,讲故事和写人类历史就是这方面的典范。

---

[1] Hannah Arendt, "Thinking and Moral Considerations", *Social Research* 38 (1971), pp. 445-446.

[2] Cf. Ronald Beiner, "Hannah Arendt on Judging", pp. 117-118.

政治最终是由事后讲述的故事来证明的。人的行动是通过回顾的判断救赎的。[1]

所谓回顾性判断就是判断与思维一样，要远离行动，然后才能反思行动的意义。判断力是给予世界意义的能力。"康德相信没有人的世界将是沙漠，没有人的世界对他意味着没有旁观者。"[2] 可见，按阿伦特的理解，旁观者就是给世界意义的人。他由于是在事后追溯，所以他的判断和审美判断一样是无功利的，不偏不私的。如果世界的意义是人赋予的，那么最终的审判者就不是历史本身，而是作判断的旁观者（史学家、讲故事者、诗人）。[3] 他们的判断既得出历史的普遍意义，又保留了历史的特殊性，由此证明了人的自由和尊严。

虽然旁观者的判断的确是属于精神生活，是与思维、意志并列的人类精神能力，也不能就此得出"由于坚持精神活动和世间活动严格分离，阿伦特被迫将判断驱逐出 vita activa 的世界"[4] 的结论，因为现在还没有足够的证据表明阿伦特旁观者的判断概念就一定排除了任何与 vita activa 的关系，就一定要否定先前的判断概念；也没有足够的证据表明为什么判断只能是史学家、讲故事者和诗人的判断，而不能同时是行动者的判断。即使阿伦特将判断完全划归精神生活，也不可能否认它可以在行动的生活中起作用。事实上，她写《精神生活》固然是要弥补《人类的条件》只处理 vita activa 的不足，但另一个原因就是艾希曼审判刺激她产生的问题："善恶问题，我们辨别对与错的能力是否与我们的思想能力联系在一起？""思维活动本身……能否在使人不作恶或甚至实际上'制约'他们不作恶的条件之列？"[5] 但答案当然是肯定的，阿伦特直到最后也没否认艾希曼的罪恶是由于"无思想性"。

因此，我们可以说阿伦特的判断理论存在着内在的张力，但不能说她最后把判断"驱逐出 vita activa"。阿伦特判断理论这种内在的紧张，

---

[1]　Cf. Ronald Beiner, "Hannah Arendt on Judging", p. 118.

[2]　Hannah Arendt, *Lectures on Kant's Political Philosophy*, p. 62.

[3]　这似乎表明 *vita contemplativa* 不是哲学家和形而上学家的专有领地，其他人也能成为沉思的人。

[4]　Ronald Beiner, "Hannah Arendt on Judging", p. 140.

[5]　Hannah Arendt, *The Life of Mind*, I, p. 5.

当然是来自她虽然批评柏拉图的哲学和哲学家的观念，但仍不自觉地接受思想和行动、*vita contemplativa* 和 *vita activa* 截然两分的传统。这样，至少从逻辑上讲，阿伦特无法调和哲学与政治，因为哲学与政治之间的紧张，正是由于假定政治行动的复数性原则将有害于哲学对绝对真理的追求。但是，在阿伦特这里，*vita contemplativa* 已经不再是哲学家的特权领地了，史学家、讲故事者、诗人不但进入了这个世界，而且通过他们的判断弥补了哲学家和形而上学家的盲区：特殊的真理性。他们不但赋予人的行动以意义，而且保存了对政治来说至关重要的复数性和特殊性。这是否意味着在阿伦特看来，通过史学家、讲故事者和诗人的中介，通过判断，哲学可以与政治和解？《精神生活》预定的第三部分"判断"没有写出，阿伦特就撒手西去，把这个棘手的问题留给了她的读者。但不管怎么说，哲学与政治的内在关联，却通过她的政治哲学得到了深刻的揭示，就像通过施特劳斯的政治哲学得到揭示一样。

参考文献

一、外文文献

Altwegg, Jürg. *Die Heidegger Kontroverse*, Frankfurt am Main, 1988.

Arendt, Hannah. *Antisemitism*, Part One of *The Origins of totalitarianism*. New York: Harcourt, Brace & World, Inc., 1968.

Arendt, Hannah. "A Reply." *Review of Politics* 15 (January 1953).

Arendt, Hannah. *Between Past and Future*. New York: Penguin Books, 1977.

Arendt, Hannah. *Eichmann in Jerusalern: a Report on the Banality of Evil*. Harmondsworth: Penguin Books, 1987.

Arendt, Hannah. *Essays in Understanding, 1930–1954.* edited by Jerome Kohn. New York: Harcourt Brace & Company, 1994.

Arendt, Hannah. *Imperialism*. Part Two of *The Origins of Totalitarianisrn*. New York: Harcourt, Brace & World, Inc., 1968.

Arendt, Hannah. *Lectures on Kant's Political Philosophy*. Chicago: The University of Chicago Press, 1982.

Arendt, Hannah. *The Human Condition*. Chicago: The University of Chicago Press, 1958.

Arendt, Hannah. *The Life of Mind*. San Diego New York London: Harcourt Brace & Company, 1978.

Arendt, Hannah. *The Origins of Totalitarianism*. London: Unwin, 1967.

Arendt, Hannah. "Thinking and Moral Considerations." *Social Research* 38 (1971).

Arendt, Hannah. *Totalitarianism*, Part Three of *The Origins of Totalitarianism*. New York: Harcourt, Bruce & World, Inc., 1968.

Ballestrem, Karl Graf und Ottmann, Henning hg. *Philosophische Philosophie des 20. Jahrhunderts.* München: R. Oldenbourg Verlag, 1990.

Barnes, Johathan. *The Toils of Scepticism.* Cambridge: Cambridge University Press, 1990.

Baumgarten, Alexander, *Aesthetica.* Hildesham: Georg Olms, 1961.

Berlin, Isaiah. *Two Concepts of Liberty.* Oxford: Oxford University Press, 1958.

Bernstein, Richard. *Beyond Objectivism and Relativism: Science, Hermeneutics and Praxis.* Philadelphia: University of Pennsylvania Press, 1983.

Bernstein, Richard J. "Judging the Actor and the Spectator". *Philosophical Profiles.* Cambridge: Polity Press, 1986.

Biernel, Walter. "Einleitung". Husserliana IX. Dordrecht: Kluwer, 1991.

Bollnow, Otto F. *Dilthey.* Stuttgart: Kohlhammer, 1955.

Brentano, Franz. *Psychologie vom empirischen Standpunkt.* Hamburg: Meiner, 1973.

Brentano, Franz. *The Origin of Our Knowledge of Right and Wrong.* Trans. R. M. Chishmolm and E. H. Schneewind. London: Routledge & Kegan Paul, 1969.

Brentano, Franz. *The True and the Evident.* London: Routledge & Kegan Paul, 1966.

Cairns, Dorion. *Conversations with Husserl and Fink.* Phaenomenologica 66. Den Haag: Nijhoff, 1975.

Campos, Eliam. *Die Kantkritik Brentanos.* Bonn: Bouvier Verlag Herbert Grundmann, 1979.

Canovan, Margaret. *Hannah Arendt: A Reinterpretation of Her Political Thought.* Cambridge: Cambridge University Press, 1992.

Carr, David. *Interpreting Husserl. Critical and Comparative Studies.* Dordrecht: Martinus Nijhoff Publishers, 1987.

Cobb-Stevens, Richard. "The Beginning of Phenomenology: Husserl and his Predecessor". *Routledge History of Philosophy*, vol. VIII. London & New York: Routledge, 1994.

Derrida, Jacques. "Declarations of Independence." trans. Tom Keenan and

Tom Pepper, *New Political Science* 15 (1986).

Dilthey, Wilhelm. "Der Briefwechsel Dilthey und Husserl". Biemel, Walter. ed. *Man and World* 1 (1968), pp. 428–446.

Dilthey, Wilhelm. *Gesammelte Schriften.* Bd. 1. 4. 5. 6. 7. 8. 9. 10. 12. 14. 15. 16. 18. Göttingen: Vandenhoeck & Ruprecht, 1957.

Dilthey, Wilhelm. *Grundriss der allgemeinen Geschichte der Philosophie*, 6th ed. rev. and enlgd. by Hans-Georg Gadamer. Frankfurt am Main, 1949.

Ehrlich, Leonard H. *Karl Jaspers: Philosophy as Faith.* Amherst: The University of Massachusetts Press, 1975.

Ehrlich, Leonard H. and Wisser, Richard. *Ed. Karl Jaspers Today.* Washington, D. C.: Center for Advanced Research in Phenomenology & University Press of America, 1988.

Ellul, Jacque. *The Technological Society.* trans. John Wilkinson. New York: Vintage Books, 1964.

Ermarth, Michael. *Wilhelm Dilthey: The Critique of Historical Reason.* Chicago and London: The University of Chicago Press, 1978.

Farber, Marvin. *The Foundation of Phenomenology. Edmund Husserl and the Quest for a Rigorous Science of Philosophy.* New York: Paine-Whit-man Publishers, 1962.

Frings, M. *Max Scheler.* Pittsburgh: Duquesne University Press, 1965.

Gadamer, Hans-Georg *Die Aktualität des Schönen.* Stuttgart: Reclam, 1977.

Gadamer, Hans-Georg. *Gadamer in Conversation*, ed. & trans. by Richard E. Palmer. New Haven & London: Yale University Press, 2001.

Gadamer, Hans-Georg. *Gesammelte Werke*, Bd. 1. 2. 3. 4. Tübingen: J. C. B. Mohr, 1986.

Gadamer, Hans-Georg. "Hermeneutics and Social Science. " *Cultural Hermeneutics* 2 (1975).

Gadamer, Hans-Georg. *Philosophischer Lehrjahre.* Frankfurt am Main: Vittorio Klostermann, 1977.

Gadamer, Hans-Georg. "Practical Philosophy as a Model of Human Sciences." *Research in phenomenology*, vol. IX (1979).

Gurwitsch, A. "Problems of the Life-World". Natanson, M. ed. *Phenornenology and Social Reality.* The Hague: M. Nijhoff, 1970.

Habermas, Jürgen. "The Horrors of Autonomy: Carl Schmitt in English." *The New Conservatism.* Cambridge, Mass.: The MIT Press, 1990.

Habermas, Jürgen. "Work and Weltanschauung: The Heidegger Controversy from a German Perspective." *The Conservatism: Cultural Criticism and the Historians' Debate*, Cambridge: MIT Press, 1990.

Hegel, G. W. F. *Grundlinien der Philosophie des Rechts.* Frankfurt an Main: Suhrkamp, 1993.

Hegel, G. W. F. *Phänomenologie des Geistes. Werke 3.* Frankfurt am Main: Suhrkamp, 1991.

Heidegger, Martin. *Beiträge zur Philosophie. Vom Ereignis. Gesamtausgabe* Bd. 65. Frankfurt am Main: Vittorio Klostermann, 1989.

Heidegger, Martin. *Besinnung. Gesamtausgabe* Bd. 66. Frankfurt am Main: Vittorio Klostermann, 1997.

Heidegger, Martin. *Bremer und Freiburg Vorträge. Gesamtausgabe* Bd. 79. Frankfurt am Main, 1994.

Heidegger, Martin. *Contributions to Philosophy (From Enowning).* Bloomington & Indianapolis: Indiana University Press, 1999.

Heidegger, Martin, *Die Begriff der Zeit.* Tübingen: Max Niemeyer, 1989.

Heidegger, Martin. *Die Metaphysik des Deutschen Idealismus. Zur erneuten Auslegung von Schelling. Gesamtausgabe* Bd. 49. Frankfurt am Main: Vittorio Klostermann, 1991.

Heidegger, Martin. *Einführung in die Metaphysik. Gesamtausgabe* Bd. 40. Frankfurt am Main: Vittorio Klostermann, 1983.

Heidegger, Martin. *Erläuterungen zu Hölderlins Dichtung.* Frankfurt am Main: Vittorio Klostermann, 1971.

Heidegger, Martin. *Frühe Schriften, Gesamtausgabe* Bd. 1. Frankfurt am Main: Vittorio Klostermann, 1978.

Heidegger, Martin. *Grundprobleme der Phänomenologie (1919/20). Gesamtausgabe* Bd. 58. Frankfurt am Main: Vittorio Klostermann, 1993.

Heidegger, Martin. *Hölderlins Hymnen „Germanien" und „Der Rhein".* *Gesamtausgabe* Bd. 39. Frankfurt am Main: Vittorio Klostermann, 1980.

Heidegger, Martin. *Identität und Differenz.* Pfullingen: Verlag Günter Neske: 1957.

Heidegger, Martin. "In Memoriam Max Scheler". Heidegger, Martin. *Metaphysiche Anfangsgrunde der Logik im Ausgang von Leibniz.* *Gesamtausgabe* Bd. 26. Frankfurt am Main: Vittorio Klostermann, 1978.

Heidegger, Martin. *Logik. Die Frage nach der Wahrheit. Gesamtausgabe* Bd. 20. Frankfurt am Main: Vittorio Klostermann, 1995.

Heidegger, Martin. *Nietsche: Der europäische Nihilismus. Gesamtausgabe* Bd. 48. Frankfurt am Main: Vittrio Klostermann, 1986.

Heidegger, Martin. *Nietzsche* II. Pfullingen: Neske, 1989.

Heidegger, Martin. "Nur noch ein Gott kann uns retten." *Spiegel-* Gespräch mit Martin Heidegger am 23 September, 1966. *Der Spiegel,* No. 26, May 31, 1976.

Heidegger, Martin. *Ontologie. Gesamtausgabe* Bd. 63. Frankfurt am Main: Vittorio Klostermann, 1988.

Heidegger, Martin. *Phänomenologie der Anschauung und des Ausdrucks.* *Gesamtausgabe* Bd. 59. Frankfurt a. M.: Vittorio Klostermann. 1993.

Heidegger, Martin. *Phänomenologische interpretationen zu Aristotles, Gesamtausgabe.* Bd. 61. Frakfurt am Main: Vittorio Klostermann, 1985.

Heidegger, Martin. *Platon: Sophistes, Gesamtausgabe* Bd. 19. Frankfurt am Main: Vittorio Klostermann, 1992.

Heidegger, Martin. *Prolegomena zur Geschichte des Zeitbegriffs. Gasamtausgabe* 20. Frankfurt: Klostermann, 1994.

Heidegger, Martin. *Reden und Andere Zeugnisse eines Lebenswesens.* *Gesamtausgabe* Bd. 16. Frankfurt am Main: Vittorio Klostermann, 2000.

Heidegger, Martin. *Sein und Zeit.* Tübingen: Max Niemeyer, 1967.

Heidegger, Martin. *The Question Concerning Technology and other Essays.* trans. & intr. by William Lovitt. New York: Harper & Row Publisher, 1977.

Heidegger, Martin. *Unterwegs zur Sprache.* Pfullinge: Neske, 1990.

Heidegger, Martin. *Vorn Wesen der menschlichen Freiheit. Einleitung in die Philosophie. Gesamtausgabe* Bd. 31. Frankfurt am Main: Vittorio Klostermann, 1982.

Heidegger, Martin. *Vorträge und Aufsätze.* Pfullingen: Neske, 1978.

Heidegger, Martin. *Was Heisst Denken?* Tübingen: Max Niemeyer Verlag, 1954.

Heidegger, Martin. *Zur Bestimmung der Philosophie. Gesmatausgabe* Bd. 56/57, Frankfurt am Main: Vittorio Klostermann, 1999.

Heidegger, Martin. *Zu Platons Höhlengleichnis und Theätet, Geamtausgabe* Bd. 34. Frankfurt am Main: Vittorio Klostermann, 1988.

Heidegger, Martin. *Zur Sache des Denkens.* Tübingen: Max Niemeyer Verlag, 1969.

Heinsen, Douglas. "Husserl's Theory of the Pure Ego" . *Husserl, Intentionality, and Cognitive Science.* Cambridge, Mass.: The MIT Press, 1984.

Henckmann, Wolfhart. *Max Scheler.* München: Verlag C. H. Beck, 1998.

Hill, M. A. ed. *Hannah Arendt: The Recovery of the Public World.* ed. by New York: St Martin's Press, 1979.

Hodges, H. A. *The Philosophy of Wilhelm Dilthey.* London: Routledge and Kegan Paul Ltd., 1952.

Hoffmeister, Johannes. hg. *Wörterbuch der philosophischen Begriffe.* Hamburg: Verlag von Felix Meiner, 1955.

Hunold, A. ed. *Freedom and Serfdom: An Anthology of Western Thought.* Dordrecht: Reidel, 1961.

Husserl, Edmund. *Aufsätze und Rezensionen (1890–1910).* Husserliana XXII. DeN Haag: Nijhoff, 1979.

Husserl, Edmund. *Aufsätze und Vorträge 1911–1921.* Husserliana XXV. Den Haag: Nijihoff, 1986.

Husserl, Edmund. *Aufsätze und Vorträge 1922–1937.* Husserliana XXVII. Dordrecht: Kluwer, 1989.

Husserl, Edmund. *Briefwechel,* vol. II. Dordrecht: Kluwer, 1994.

Husserl, Edmund. *Cartesianische Meditationen und Pariser Vorträge.* Husserliana I. Den Haag: Nijhoff, 1973.

Husserl, Edmund. *Die Idee der Phänomenologie: Fünf Vorlesungen.* Husserliana II. Den Haag: Nijhoff, 1973.

Husserl, Edmund. *Die Krisis der europätschen Wissenschften und die transzendentale Phänomenologie.* Husserliana VI. The Hague: Nijihoff, 1954.

Husserl, Edmund. *Einleitung in die Logik und Erkenntnistheorie. Vorlesungen 1906/07.* Husserliana XXIV. The Hague: Nijhoff, 1984.

Husserl, Edmund. *Erste Philosophie (1923–1924). Erster Teil: Kritische Ideengeschichte.* Husserliana VII. The Hague: Nijhoff, 1956.

Husserl, Edmund. *Formale und transzendentale Logik. Versuch einer Kritik der logischen Vernunft. Mit ergänzenden Texten.* Husserliana XVII. Den Haag: Nijhoff, 1974.

Husserl, Edmund. *Ideen zu einer reinen Phänomenologie und phänomenologischen Philosophie. Erstes Buck: Allgemeine Einjührung in die reine Phänomenologie.* Husserliana III/1. Den Haag: Nijhoff, 1976.

Husserl, Edmund. *Ideen zu einer reinen Phänomenologie und phänomenologischen Philosophie. Zweite Buch: Phänomenologische Untersuchungen zur Konstitution.* Husserliana IV. Den Haag: Nijhoff, 1984.

Husserl, Edmund. *Intentionality and Cognitive Science.* edited by Hubert L. Dreyfus with Harrison Hall. Cambridge, Massachusetts: The MIT Press, 1984.

Husserl, Edmund. "Kant and the Idea of Transcendental Philosophy". trans. Ted E. Klein and William E. Pohl. *Southwestern Journal of Philosophy* 5 (Fall, 1974).

Husserl, Edmund. *Logische Untersuchungen I,* Husserliana XVIII (Den Haag: Nijhoff, 1975.

Husserl, Edmund. *Logische Untersuchungen. Zweiter Band: Untersuchungen zur Phänomenologie und Theorie der Erkenntnis.* Husserliana XIX. Den Haag: Nijhoff, 1984.

Husserl, Edmund. *Phänomenologische Psychologie. Vorlesungen Sommersemester 1925.* Husserliana IX. Den Haag: Nijhoff, 1968.

Husserl, Edmund. *Philosophie der Arithmetik.* Husserliana XII. Den Haag: Nijhoff, 1970.

Husserl, Edmund. *Shorter Works.* trans. by Frederick Elliston and Peter McCormick. Nortre Dame: University of Nortre Dame Press, 1981.

Husserl, Edmund. *Vorlesungen über Ethik und Wertlehre.* Husserliana XXVIII. Den Haag: Nijhoff, 1988.

Husserl, Edmund. *Zur Phänomenologie des inneren Zeitbewusstseins.* Husserliana X. Den Haag: Nijihoff, 1969.

Husserl, Edmund. *Zur Phänomenologie des Intersubjektivität. Texte auf dem Nachlass.* Husserliana XIII. Den Haag: Nijhoff, 1973.

Husserl, Malvine. "Skizze eines Lebensbildes von Edmund Husserl". Schuhmann, Karl. ed. *Husserl Studies* 5 (1988).

Inwood, Michael. *A Heidegger Dictionary.* Oxford: Blackwell Publishers Ltd., 2000.

Jaspers, Karl. *Der Philosophische Glaube angesichts der Offenbarung.* München: R. Piper, 1962.

Jaspers, Karl. *Nietzsche. Einführung in das Verständnis seines Philosophie.* Berlin: W. de Gruyter & Co. 1950.

Jaspers, Karl. *Philosohpie* I. II. III. Berlin. Göttingen. Heideilberg: Springer-Verlag, 1956.

Jaspers, Karl. *Psychologie der Weltanschauungen.* Berlin: J. Springer, 1954.

Jaspers, Karl. *Schicksal und Wille.* München: Piper, 1967.

Jaspers, Karl. *Vom Ursprung and Ziel der Geschichte.* München: Piper, 1983.

Jaspers, Karl. *Wahrheit und Leben.* Berlin/Darmstadt/Wien: Deutsche Buch-Gemeinschaft, 1964.

Jaspers, Karl. *Weltgeschichte der Philosphie. Einleitung. Aus dem Nachlaß.* hg. von H. Saner. München-Zürich: Piper, 1982.

Jonas, Hans. "Acting, Knowing, Thinking: Gleanings from Hannnah Arendt's Philosophical Work." *Social Research* 44/1 (1977).

Kant, Immanuel. *Kritik der Urteilskraft.* Stuttgart: Reclam, 1971.

Kant, Immanuel. *Logik. Einhandbuch zu Vorlesungen.* Akademie-Ausgabe Bd. IX. Berlin und Leipzig, 1923.

Kaplan, Gisela T. and Kessler, Clive s. ed. *Hannah Arendt, Thinking, Judging, Freedom.* Sydney: Allen & Unwin, 1989.

Kelly, Eugene. *Structure and Diversity.* Dordrecht: Kluwer Academic Publishers, 1997.

Kisiel, Theodore. "Das Entstehen des Begriffsfeldes 〉Faktizität〈 im Frühwerk Heideggers. " *Dilthey-Jahrbuch* 4 (1986–87).

Kisiel, Theodore. "Edition und Übersetzung: Unternegs von Tatsachen zu Gedanken, von Werken zu Wegen. " Dietrich Papenfuss und Otto Pöggeler eds. *Zur philosophischen Aktualität Heidegger.* Bd. 3. Frankfurt: Klostermann, 1992.

Kisiel, Theodore. "Heidegger's Gesamtausgabe: An International Scandal of Scholarship. " *Philosophy Today* 39 (Spring, 1995).

Kisiel, Theodore. *Heidegger's Way of Thought.* New York. London: Continuum, 2002.

Kisiel, Theodore J. *The Genesis of Heidegger's "Being and Time."* Berkeley/Los Angeles/London: University of California Press, 1993.

Krell, David F. ed. *Heidegger: Basic Writings.* New York: Harpe & Row, 1977.

Leibniz, G. W. *Political Writings.* Ed. and trans. by Patrick Riley. Cambridge: Cambridge University Press: 1988.

Löwith, Karl. *Der Mensch inmitten der Geschichte.* Stuttgart: J. B. Metzlersche Verlagsbuchhandlung, 1990.

Löwith, Karl. *Heidegger: Denker in dürftiger Zeit. Sämtliche Schriften.* Bd. 8. Stuttgart: J. B. Metzler, 1984.

Lübbe, H. *Bewußtsein in Geschichten. Studien zur Phänomenologie der Subjektivität.* Freiburg: Rombach, 1972.

Lutz, Bernd. hg. *Metzler Philosophen Lexion.* Stuttgart & Weimar: Metzler, 1995.

Macann, Christopher. Ed. *Martin Heidegger. Critical Assesments. 4 vols.*

London & New York: Routledge, 1992.

Mader, Wilhelm. *Scheler*. Hamburg: Rowolt, 1980.

Makita, Etsuro. *Gadamer-Bibliographie (1922–1994)*. Frankfurt am Main: Peter Lang, 1995.

Mcneill, William. *The Glance of the Eye: Heidegger, Aristotle, and the End of Theory*. Albany: State University of New York Press, 1999.

Mehring, Reinhard. *Carl Schmitt zur Einführung*. Hamburg: Junius, 1992.

Metzke, Erwin. *Handlexikon der Philosophie*. Heidelberg: F. H. Kerle Verlag, 1949.

Misch, Clara. Hg. *Der junge Dilthey: Ein Lebensbild in Briefen and Tagebüchern, 1852–1870*. Stuttgart: B. G. Teubner, 1960.

Misch, Georg. *Lebensphilosophie und Phänomenologie*. Darmstadt: Wissenschaftliche Buchgesellschaft, 1967.

Mooney, M. and Stuber, F. eds. *Small Comforts for Hard Times: Humanists on Public Policy*. New York: Columbia University Press, 1977.

Moran, Dermot. *Introduction to Phenomenology*. London and New York: Routledge, 2000.

Nietzsche, Friedrich. *Jenseits von Gut und Böse. Kritische Studienausgabe* Bd. 5. München: dtv/ de Gruyter, 1988.

Nota S. J., John H. *Max Scheler. The Man and his Work*. Chicago: Fraciscan Herald Press, 1983.

Olson, Alan M. *Transcendence and Hermeneutics: An Interpretation of the Philosophy of Karl Jaspers*. The Hague/Boston/London: Martinus Nijhoff, 1979.

Orozco, Teresa. *Platonische Gewalt: Gadamers politische Hermeneutik der NS-Zeit*. Hamburg: Argument Verlag, 1995.

Orth, Ernst Wolfgang. *Dilthey und die Philosophie der Gegenwart*. Freiburg/ München: Alber, 1985.

Otto, Hugo. *Martin Heidegger*. Frankfurt/New York: Campus Verlag, 1988.

Palmer, Richard E. *Hermenuetics*. Evanston: Northwest University Press, 1969.

Patocka, Jan. *Introduction to Husserl's Phenomenology.* trans. by Erazim Kohák, ed. with introduction by James Dodd. Chicago and La Salle, Illinois: Open Court, 1996.

Pattison, George. *The Later Heidegger.* London & New York: Routledge, 2000.

Pippin, Robert et al. eds. *Herbert Marcuse: Critical Theory and the Promise of Utopia.* South Hadley, Mass.: Bergin and Garvey, 1988.

Pöggeler, Otto. *Die Denkweg Martin Heideggers.* Pfullingen: Neske, 1983.

Polt, Richard and Fried, Gregory ed. *A Companion to Heidegger's Introduction to Metaphysics.* New Haven and London: Yale University, 2001.

Richardaon S. J., William J. *Heidegger: Through Phenomenology to Thought.* The Hague: Martinus Nijhoff, 1963.

Rickman, H. P. *Dilthey Today.* New York Westport, Connecticut London: Greenwood Press, 1988.

Riedel, Manfred. "Diltheys Kritik der begr nden Vernuft", Orth, Ernst Wolfgang. hg. *Dilthey und die Philosophie der Gegenwart.* Freiburg/ München: Alber, 1985.

Riedel, Manfred. *Verstehen oder Erklären?* Stuttgart: Klett-Cotta, 1978.

Ritter, Joachim. Hg. *Historisches Wörterbuch der Philosophie.* Bd. 2. Darmstadt: Wissenschaftliche Buchgesellschaft, 1972.

Roberts, Julian. *The Logic of Reflection. German Philosophy in the Twentieth Century.* New Haven and London: Yale University Publishing House, 1992.

Safranski, Rüdiger. *Ein Meister aus Deutschland.* Müchen Wien: Carl Hanser Verlag, 1994.

Sallis, John. *Reading Heidegger.* Bloomington and Indianapolis: Indiana University Press, 1993.

Samay, Sebastian. *Reason Revisited.* Dublin: Gill and Macmillan: 1971.

Saner, Hans. *Jaspers.* Hamburg: Rowohlt Taschenbuch Verlag GmbH, 1996.

Scheler, Max. *Frühe Schriften. Gesammelte Werke* Bd. 1. Bern und München: Francke Verlag, 1971.

Scheler, Max. *Der Formalismus in der Ethik und die Materials Wertethik.*

Gesammelte Werke Bd. 2. Bern: Francke Verlag, 1954.

Scheler, Max. *Vom Ewigen im Menschen. Gesammelte Wrerke* Bd. 5. Bern und Müchen: Francke Verlag, 1968.

Scheler, Max. *Schriften zur Soziologie und Weltanschauungslehre. Gesammelte Werke* Bd. 6. Bonn: Bouvier Verlag, 1986.

Scheler, Max. *Wesen und Formen der Sympathie. Gesammelte Werke* Bd. 7. Bern and München: Francke Verlag, 1973.

Scheler, Max. *Die Wissensformen und die Gesellschaft. Gesammelte Werke* Bd. 8. Bern und München: Francke Verlag, 1980.

Scheler, Max. *Späte Schriften. Gesammelte Werke* Bd. 9. Bern und München: Francke Verlag, 1976.

Scheler, Max. *Schriften aus dem Nachlass. Vol. I: Zur Ethik und Erkenntnistheorie. Gesammelte Werke* Bd. 10. Bonn: Bouvier Verlag, 1986.

Scheuerman, William E. *Karl Schmitt: The End of Law.* Lanham. Boulder. New York. Oxford: Rowman & Littlefield Publishers, Inc., 1999.

Schilpp, Paul Arthur. Ed. *The Philosophy of Karl Jaspers.* New York: Tudor Publishing Company, 1957.

Schmitt, Carl. *Theodor Däublers > Nordlicht<. Drei Studien über die Elemente, den Geist und die Aktualität des Werkes.* Berlin: Duncker und Humblot, 1991.

Schmitt, Carl. *Der Begriff des Politischen.* Berlin: Duncker & Humblot, 1963.

Schmitt, Carl. *Der Hüter der Verfassung.* Tübingen: Mohr, 1931.

Schmitt, Carl. *Die Kernfrage des Völkerbundes.* Berlin: Duemmlers Verlag, 1926.

Schmitt, Carl. *Die Theorie des Partisanen. Zwisckenbemerkung zum Begriff des Politischen.* Berlin: Duncker & Humblot, 1963.

Schmitt, Carl. *Die Verfassungslehre.* Berlin: Duncker & Humblot, 1983.

Schmitt, Carl. *Glossarium. Aufzeichnungen der Jahre 1947–1951.* hg. E. V. Medem, Berlin: Dunker & Humblot, 1991.

Schmitt, Carl. *Legalität und Legitimität.* Berlin: Duncker & Humblot, 1998.

Schmitt, Carl. *Political Romanticism.* Cambridge, Mass.: The MIT Press,

1986.

Schmitt, Carl. *Politische Theologie*. Berlin: Duncker & Humblot, 1996.

Schmitt, Carl. *Staat, Bewegung, Volk: Die Dreiliederung der politischen Einheit*. HamburgHanseatische Verlagsanstalt, 1933.

Schmitt, Carl. *The Crisis of Parliamentary Democracy* trans. by Ellen Kennedy. Cambridge, Mass.: The MIT Press, 1988.

Schmitt, Carl. *Uber die drei Arten des rechtswissenschaftlichen Denkens*. Hamburg: Hanseatische Verlagsanstalt, 1934.

Schnädelbach, Herbert. *Philosophie in Deutschland 1831–1933*. Frankfurt am Main: Suhrkamp, 1983.

Schneck, Stephen Frederick. *Person and Polis*. Albany: State University of New York, 1987.

Schneeberger, Guido. *Nachlese zu Heidegger*. Bern: Suhr, 1962.

Scott, Charles E. Schoenbohm, Susan M. Vallega-Neu, Daniel and Vallega, Alejandro ed. *Companion to Heidegger's Contributions to Philosophy*. Bloomington & Indianapolis: Indiana University Press, 2001.

Scruton, Roger. *A Dictionary of Political Thought*. London: Macmillan Press, 1982.

Shahan, Robert W. & Mohanty, J. N. ed. *Aspects of Heidegger's Thought*. Norman: University of Oklahoma Press, 1984.

Sluga, Hans *Heidegger's Crisis. Philosophy and Politics in Nazi Germany*. Cambridge, Mass.: Harvard University Press, 1993.

Smith, Barry. "Introduction." Smith, Barry. and Smith, David Woodruff. Ed. *The Cambridge Companion to Husserl*. Cambridge: Cambridge University Press, 1995.

Staff, Ilse. "Zum Begriff der Politischen Theologie bei Carl Schmitt." *Christentum und Modern Recht*. Frankfurt am Main: Suhrkamp, 1984.

Storck, J. Hg. *Martin Heidegger/Elisabath Blochmann: Briefwechsel 1919–1969*. Marbach: Deutsche Schillergesellschaft, 1989.

Strauss, Leo. *Jewish Philosophy and the Crisis of Modernity: Essays and Lectures in Modern Jewish Thought*. New York: State University of New

York, 1997.

Strauss, Leo. "Political Philosophy and the Crisis of Our Time. " Graham, G. J. and Carey, W. ed. *The Post-behavioral Era*. New York: David McKay Co., 1972.

Strauss, Leo. *The City and Man*. Chicago: Rand Mcnally, 1964.

Strauss, Leo. *The Rebirth of Classical Political Rationalism*. Chicago & London: The University of Chicago Press, 1989.

Strauss, Leo. *What is Political Philosophy*. Chicago: University of Chicago Press, 1986.

Ströker, Elisabeth. *Husserl's Transcendental Phenomenology*. Stanford: Stanford University Press, 1993.

Theunissen, Michael. *Der Andere*. Berlin: De Gruyter, 1965.

Thomä, Dieter. *Die Zeit des Selbst und die Zeit danach*. Frankfurt am Main: Suhrkamp, 1999.

Thornhill, Chris. *Karl Jaspers*. London & New York: Routledge, 2002.

Tugenhat, Ernst. *Der Wahrheitsbegriff bei Husserl und Heidegger*. Berlin: De Gruyter, 1970.

Tugendhat, Ernst. *Philosophische Aufsätze*. Frankfurt an Main: Suhrkamp, 1992.

Villa, Dana R. *Politics, Philosophy, Terror*. Princeton: Princeton University Press, 1999.

von Herrmann, Friedrich-Wilhelm. *Hermeneutik und Reflexion*. Frankfurt am Mian: Vittorio Klostermann, 2000.

von Herrmann, Friedrich-Wilhelm. *Hermeneutische Phänomenologie des Dasein*. Bd. 1. Frankfurt am Main: Vittorio Klostermann, 1987.

von Herrmann, Friedrich-Wilhelm. *Wege ins Ereignis*. Frankfurt am Main: Vittorio Klostermann, 1994.

Weinsheimer, Joel C. *Gadamer's Hermeneutics: A Reading of "Truth and Method,"* New Haven & London: Yale University Press, 1985.

Winner, Langdon. *The Whale and the Reactor: A Search for Limits in an Age of High Technology*. Chicago: University of Chicago Press, 1986.

Wisser, Richard. Hg. *Martin Heidegger im Gespräch*. Freiburg/München: Karl Albert Verlag, 1970.

Wolff, Janet. *Hermeneutic Philosophy*. London: Routledge and Kegan Paul, 1975.

Wolin, Richard. Ed. *The Heidegger Controversy: A Critical Reader*. Cambridge, Massachusetts: The MIT Press, 1993.

Wuchterl, Kurt. *Bausteine zu einer Geschichte der Philosophie des 20. Jahrhunderts*. Stuttgart; Wien: UTB, 1995.

y Gasset, José Ortega. *Concord and Liberty*. New York: Norton, 1963.

James, William. *The Letters of William James*. Boston: Atlantic Monthly Press, 1920.

Young, Julian, *Heidegger's Later Philosophy*. Cambridge: Cambridge University Press, 2002.

Young, Julian. *Heidegger's Philosophy of Art*. Cambridge: Cambridge University Press, 2001.

二、中文文献

贝尔纳·亨利·列维:《萨特的世纪》,阎素伟译,三联书店2005年版。

柏拉图:《理想国》,郭斌和、张竹明译,商务印书馆1986年版。

川崎修:《阿伦特——公共性的复权》,斯日译,河北教育出版社2002年版。

戴维·米勒和韦农·波格丹诺编:《布莱克维尔政治学百科全书》,中国政法大学出版社1992年版。

弗林斯:《舍勒的心灵》,张志平、张任之译,上海三联书店2006年版。

弗林斯:《舍勒思想述评》,王芃译,华夏出版社2003年版。

赫伯特·施皮格伯格:《现象学运动》,王炳文、张金言译,商务印书馆1995年版。

康德:《任何一种能够作为科学出现的未来形而上学导论》,庞景仁译,商务印书馆1982年版。

列奥·施特劳斯:《霍布斯的政治哲学》,申彤译,译林出版社2001年版。

列奥·施特劳斯:《剖白》,《施特劳斯与古典政治哲学》,上海三联书店

2002年版。

列奥·施特劳斯：《现代性的三次浪潮》,《学术思想评论》第六辑,吉林
　　人民出版社2002年版。

列奥·施特劳斯：《自然权利与历史》,彭刚译,三联书店2003年版。

鲁道夫·马克瑞尔：《狄尔泰传》,李超杰译,商务印书馆2003年版。

卢卡奇：《历史与阶级意识》,杜章智、任立、燕宏远译,商务印书馆1995
　　年版。

卢卡奇：《理性的毁灭》,王玖兴等译,山东人民出版社1997年版。

迈尔：《隐匿的对话——施米特与施特劳斯》,朱雁冰、汪庆华等译,华夏
　　出版社2002年版。

雅斯贝斯：《时代的精神状况》,王德峰译,上海译文出版社2005年版。

雅斯贝斯：《生存哲学》,王玖兴译,上海译文出版社1994年版。

凯尔森：《法与国家的一般理论》,沈宗灵译,中国大百科全书出版社
　　1996年版。

康德：《判断力批判》,邓晓芒译,人民出版社2002年版。

科佩尔·S.平森：《德国近现代史》上册,范德一译,商务印书馆1987
　　年版。

L. J. 庞格拉茨主编：《德国著名哲学家自述》下册,张慎等译,东方出版社
　　2002年版。

舒炜编：《施米特：政治的剩余价值》,上海人民出版社2002年版。

玛丽安妮·韦伯：《马克斯·韦伯传》,阎克文、王利平、姚中秋译,江苏
　　人民出版社2002年版。

斯宾诺莎：《伦理学》,贺麟译,商务印书馆1983年版。

谢地坤：《走向精神科学之路》,江苏人民出版社2003年版。

张汝伦：《哲人与爱》,《坚持理想》,上海人民出版社1996年版。

张汝伦：《边缘人阿伦特》,《文景》2003年第3期。

朱利安·扬：《海德格尔　哲学　纳粹主义》,陆丁、周濂译,辽宁教育出
　　版社2002年版。